VALENTIN · AARON

ORBIS BIBLICUS ET ORIENTALIS

D6

Zum Autor:

Heinrich Valentin (Jahrg. 1936) studierte in Münster/Westf. und Freiburg/Brsg. kath. Theologie (und in Jerusalem und Münster Neuhebräisch). Nach der Priesterweihe (1963) war er sechs Jahre in der Pfarrseelsorge und in der Schule tätig. Von 1969–1971 leitete er ein Bischöfliches Internat. Am 1.7.1977 wurde er aufgrund der hier gekürzt vorliegenden Dissertation vom Fachbereich Kath. Theologie der Universität Münster zum Doktor der Theologie promoviert. Jetzt ist er Pfarrer in einer niederrheinischen Gemeinde und Mitarbeiter in einem regionalen kirchlichen Bildungswerk.

ORBIS BIBLICUS ET ORIENTALIS 18

HEINRICH VALENTIN

AARON

Eine Studie zur vor-priesterschriftlichen
Aaron-Überlieferung

UNIVERSITÄTSVERLAG FREIBURG SCHWEIZ
VANDENHOECK & RUPRECHT GÖTTINGEN
1978

Paulusdruckerei Freiburg Schweiz

ISBN EU: 3-7278-0182-4 ISBN V & R: 3-525-53326-8

Meinen Eltern

VORWORT

Die vorliegende Untersuchung ist eine stark gekürzte Fassung der am 4.2.1977 vom Fachbereich Kath. Theologie der Westf. Wilhelms-Universität Münster angenommenen Dissertation mit gleichnamigem Titel. Vor allem aus Gründen der Raumersparnis, sprich: Kostensenkung, sind für die Veröffentlichung große Teile des Originaltextes gestrichen worden, so z.B. die Exkurse "Das Stabmotiv im vor-priesterschriftlichen Pentateuch" und "Der Traum im AT", die motivkritischen Untersuchungen (zu Num 12) "Das Begegnungszelt", "Mose und die Propheten", "Mose = Knecht Jahwes", der weitaus größte Teil des 64 Seiten umfassenden Vergleiches Ex 32 - Dt 9,8(7) - 10,11 sowie verschiedene ausführlichere Rekurse auf andere exegetische Positionen. Außerdem ist eine Anzahl von Texten beschnitten oder durch einen Kurztext ersetzt worden. So verringerte sich der Umfang der Arbeit um mehr als ein Drittel.

Die Analyse von Ex 4,10-17 (Berufung Aarons zum Sprecher des Mose) hat ergeben, daß dieser Text nicht als vor-priesterschriftlich gelten kann. Aber wegen der Bedeutung, die dies Ergebnis für das Urteil über den vor-priesterschriftlichen Aaron hat, ist die gesamte, gut 90 Seiten umfassenden Analyse in der Dissertation belassen worden. So hat der Leser die Möglichkeit, die hier vertretene Spätdatierung des durchweg als vor-priesterschriftlich eingestuften Textes zu überprüfen.

Allen, die am Zustandekommen der Dissertation bzw. dieses Buches beteiligt waren, möchte ich meinen Dank aussprechen:
An erster Stelle danke ich dem seinerzeitigen Kapitularvikar und jetzigen Regionalbischof Dr. R. Lettmann, der mich zum Weiterstudium freigestellt hat, sowie unserem Diözesanbischof Heinrich Tenhumberg, der durch die stillschweigende Verlängerung der Beurlaubungszeit den erfolgreichen Abschluß meines Weiterstudiums ermöglicht hat. Sodann gilt mein Dank Herrn Prof. Dr. H. Eising, Münster, der vor Jahren den ersten Anstoß zu meinem Spezialstudium im Bereich des Alten Testamentes gegeben hat. Prof. Eising, der mit viel Liebe zur Sache und mit viel Geduld meine Doktorarbeit betreut hat, hat mir vor allem durch manche kritische Rückfrage weitergeholfen. Zu Dank verpflichtet fühle ich mich weiter Herrn Prof. Dr. E. Zenger, Münster, dessen Exodus-Vorle-

sung im WS 1973/74 meinen Blick für die Lösung literarkritischer Probleme geschärft hat. Er brachte dem Thema meiner Untersuchung lebhaftes Interesse entgegen und sprach sich nach Fertigstellung der Dissertation nachdrücklich für die Veröffentlichung aus. Ihm und Herrn Prof. Dr. O. Keel, Freiburg/Schweiz habe ich für die Aufnahme der Arbeit in die von ihnen herausgegebene wissenschaftliche Reihe "Orbis Biblicus et Orientalis" zu danken. Danksagen möchte ich auch dem Wissenschaftl. Assistenten im Fachbereich Kath. Theologie der Universität Münster Herrn Dr. F.-L. Hossfeld für verschiedene Fachgespräche, die sich durch das gemeinsame Wohnen im Collegium Borromaeum in Münster ergaben, sowie dem Dozenten in der Abteilung für Nordwest- und Ostsemitische Sprachen des Instituts für Sprachen und Kulturen des Mittleren Ostens an der Universität Nijmegen/Holland Herrn drs. W. Delsman für bibliographische Hinweise. Ferner bedanke ich mich bei den Studenten meiner Wohngemeinschaft im Collegium Borromaeum für die Erstellung des Autorenregisters, bei Frau Schmettkordt und Frau Martin, beide Münster, für die schnelle und zuverlässige Anfertigung der Druckvorlage sowie bei Hans-Werner Buchner, Münster, für das mühevolle Korrekturlesen, das er als selbstverständliche Freundespflicht ansah. Nicht geringen Dank schulde ich schließlich der Bischöfl. Behörde, die mir einen erheblichen Druckkostenzuschuß gewährt hat.

Kervenheim/Ndrh., im August 1977

Heinrich Valentin

INHALTSVERZEICHNIS

Seite

Seite

Seite

ABKÜRZUNGSVERZEICHNIS

BH	Biblia Hebraica (Hrsg.: R. KITTEL), [15]Stuttgart 1968
BHS	Biblia Hebraica Stuttgartensia (Hrsg.: K. ELLIGER / W. RUDOLPH), Stuttgart 1968-76
chrGW	chronistisches Geschichtswerk
dtn	deuteronomisch
dtr	deuteronomistisch
dtrGW	deuteronomistisches Geschichtswerk
ExLit	W. RICHTER, Exegese als Literaturwissenschaft. Entwurf einer alttestamentlichen Literaturtheorie und Methodologie, Göttingen 1971
GesB	W. GESENIUS, Hebräisches und Aramäisches Handwörterbuch über das Alte Testament. Bearbeitet von F. BUHL, [17]Leipzig 1921
GesK	W. GESENIUS, Hebräische Grammatik. Völlig umgearbeitet von E. KAUTZSCH, [28]Leipzig 1909 (Nachdruck Hildesheim 1962)
HexSyn	O. EISSFELDT, Hexateuch-Synopse..., Leipzig 1922 (Nachdruck Darmstadt 1962)
Je	Jehowist
jGW	jahwistisches Geschichtswerk
M	Masora
ne	nachexilisch
S	Sonderüberlieferung
sek	sekundär
SynÜbHex	L. RUPPERT, Synoptische Übersicht über die drei großen Erzählungsfänden des Hexateuch J, E und P (Gen 1 - Ri 1, außer Dt 1-30), in: J. SCHREINER (Hrsg.), Wort und Botschaft, Würzbürg 1967, 382-388
TB	Taschenbuch
ÜPt	M. NOTH, Überlieferungsgeschichte des Pentateuch, Stuttgart 1948 ([3]Darmstadt 1966)
ÜSt	ders., Überlieferungsgeschichtliche Studien, Halle 1943 ([3]Darmstadt 1967)
UTB	Uni-Taschenbuch
VpBB	W. RICHTER, Die sog. vorprophetischen Berufungsberichte. Eine literaturwissenschaftliche Studie zu 1 Sam 9,1-10, Ex 3 f und Ri 6,11b-17, Göttingen 1970 (FRLANT 101)
Z	Zusatz

TECHNISCHE HINWEISE

Das Umschrift-System des Hebr. ist dem THAT entnommen. In einigen Punkten weiche ich jedoch von den Regeln des THAT ab:

1. Der Buchstabe Alef wird immer geschrieben.

2. Es werden grundsätzlich keine Wortakzente gesetzt.

3. Ist ein Vokal lang, so wird die Länge immer angezeigt, also auch bei der Klasse der Segolata (1. Silbe).

Das Umschrift-System des Syrischen, das nur die Konsonanten berücksichtigt, ist das allgemein übliche.

Zum Umschrift-System des Griechischen ist anzumerken, daß der Vokal Epsilon durch e, der Vokal Eta durch ē und der Doppelvokal Omikron-Ypsilon durch ou wiedergegeben wird.

Die Quellenangabe hinter einer Schriftstelle bezieht sich nicht immer auf den ganzen V., sondern häufig nur auf den betr. Satzabschnitt, der gerade (wegen eines einzelnen Wortes, einer Wendung oder eines Motivs) infragesteht.

Steht eine solche Quellenangabe in einer Klammer, so stammt sie aus der Hexateuchsynopse von O. EISSFELDT bzw. - soweit es um Ex 19-34 geht - aus dessen späterem Buch "Die Komposition der Sinaierzählung Exodus 19-34"[1] und gibt nicht ohne weiteres meine eigene Meinung wieder. Bei der Untersuchung der Wendungen und Lexeme sind gewöhnlich auch die Quellenzuteilungen von R. SMEND jr., L. RUPPERT und - was das Buch Exodus betrifft - die von E. ZENGER vermerkt. Die betr. Seitenzahlen beziehen sich für SMEND auf "Alttestamentliches Lesebuch. Literatur des alten Israel in ihrer ursprünglichen Gestalt", ^{2}Hamburg 1974 (Siebenstern - TB 182) (= Neuauflage von "Biblische Zeugnisse. Literatur des alten Israel", Frankf./Main - Hamburg 1967 (Fischer - TB 817)), für RUPPERT auf die "Synoptische Übersicht über die drei großen Erzählungsfäden des Hexateuch J, E und P (Gen 1 - Ri 1, außer Dt 1-30)", in: J. SCHREINER (Hrsg.), Wort und Botschaft. Eine theologische und kritische Einführung in die Probleme des Alten Testamentes, Würzburg 1967, 382-388 und für ZENGER auf eine Übersetzung des Buches Exodus (= Begleitpapier zur Exodus-Vorlesung an der Kath.-Theol. Fakultät der W.W.-Universität Münster im WS 1975/76) sowie auf "Die Sinaitheophanie. Untersuchungen zum jahwistischen und elohistischen Geschichtswerk", Würzburg 1971 (Forschung zur Bibel 3).

Bei der Datierung der Psalmen stütze ich mich auf A. DEISSLER, Die Psalmen. 3 Bde., Düsseldorf 1963-1965 (KK I/1-3) (seither mehrere Auflagen; neuerdings in 1 Bd.)

---

1) Die genauen bibliographischen Angaben zu beiden Veröffentlichungen finden sich im Literaturverzeichnis am Ende dieses Buches.

EINLEITUNG

1. Kapitel: Das Problem

1. Unterschiedliche Aaronbilder

1.1 Das priesterschriftliche Aaronbild

Mit dem Namen "Aaron" verbindet sich für den Durchschnittschristen die Vorstellung "Hoherpriester, Urahn der israelischen Priesterschaft".

Dies Aaronbild ist geprägt von der P. Danach hat Jahwe das israelitische Priestertum am Sinai begründet, indem er Aaron und seine Söhne Nadab und Abihu, Eleasar und Itamar durch Mose ins Priesteramt einsetzen ließ (vgl. Ex 28,1; 29; 40,12-15; Lev 8-9). Aaron selbst nahm die Stelle eines Oberpriesters ein[1], und einer seiner Nachkommen sollte ihm jeweils in diesem höchsten Priesteramt nachfolgen (vgl. Ex 29,29 f; Lev 21,10-15; Num 20,25-28; Dt 10,6).

Nach der P sind die Bezeichnungen "Priester" und "Söhne Aarons" ohne weiteres auswechselbar[2].

1.2 Andere Aaronbilder

Während die meisten Christen, wie schon gesagt, auf die Frage: "Wer ist Aaron?" antworten würden: "Der Hohepriester", werden kundige Bibelleser sicherlich eine detailliertere Auskunft geben und einzelne biblische Erzählungen referieren, in denen Aaron eine Rolle spielt. Ein uneingeweihter Zuhörer könnte bei den verschiedenartigen Rollen, in denen Aaron darin auftritt, den Eindruck gewinnen, es handle sich wohl um verschiedene Personen mit Namen Aaron. Es existieren im AT also unterschiedliche Aaronbilder, die nicht einfachhin als verschiedene Seiten eines Aaronbildes angesehen werden können, da sie z.T. miteinander konkurrieren[3].

In ausgesprochener Konkurrenz zum priesterschriftlichen (Hohen-) Priester Aaron steht z.B. der Aaron von Num 12, der zusammen mit Mirjam (die nach Ex 15,20 eine Prophetin ist) dem Offenbarungsemp-

---

1) Die Bezeichnung dieses obersten Priesters ist nach Lev 4,3.5.16; 6,15; 8,12 "Der gesalbte Priester" (vgl. Ex 29,7.29). Später wurden alle Priester gesalbt, so daß diese Benennung nicht mehr zur Differenzierung innerhalb der Priesterschaft verwandt werden konnte. Lev 21,20 u. Num 35,25.28 (2x) findet sich in der P die geläufige Bezeichnung "der Hohepriester" (eig.: der grosse Priester).

2) Vgl. Ex 25,9; 26,1.6 f.15.18 u. ö.

3) Vgl. H. OORT, De Aäronieden, ThT 18 (1884), 289-335, hier: 289. OORT spricht von einer "metamorphose van Aäron".

fänger Mose den Vorrang streitig macht: "Sie sprachen: Hat Jahwe denn einzig und allein mit Mose geredet? Hat er nicht auch mit uns geredet?" (V.2a)

Der Aaron von Ex 32, der während eines Bergaufenthaltes des Mose als kommissarischer Führer der Israeliten fungiert, steht zwar nicht in einer unaufhebbaren Spannung zum priesterschriftlichen Aaron, denn die Kapitel, in denen von Aarons Einsetzung ins Priesteramt berichtet wird, folgen erst später (vgl. Ex 40,12-16 u. Lev 8-9). Aber 1. müssen wir uns vor Augen halten, daß Ex 32 zur vor-priesterschriftlichen Aaron-Überlieferung gehört, in der offensichtlich schon in Ex 19,22.24 von Priestern die Rede ist, und in der Aaron, wie es scheint , (noch) nicht als Priester gilt. Man vgl. hierzu Ex 17,8-16, wo Aaron und Hur unterschiedlos nebeneinanderstehen (V.10b.12b: "Aaron und Hur") und am ehesten wohl als Vornehme aus der engeren Umgebung des Mose gelten können. Dasselbe ist von Ex 24,14 zu sagen[1]. 2. Gerade von Ex 32 her, wo Aaron (auf Bitten des Volkes) einen neuen Kult einrichtet, der von Jahwe als Bundesbruch und todeswürdiges Verbrechen gebrandmarkt (vgl. Ex 32,7-10 // Dt 9,13f) und von Mose und seinen levitischen Helfern mit Stumpf und Stiel ausgerottet wird, spitzt sich das Aaron-Problem zu: Wie konnte jener Aaron zum Priester par excellence werden?[2]. Auch wenn man den Aaron von Ex 32 wegen des kultischen Bezuges als priesterliche Gestalt deutet, bleibt das Problem: "Langs welke weg is hij dan geworden: de hoogepriester, de 'heilige van Jahwe' ...?"[3]. Die Entwicklung oder vielleicht besser: den Umschlag des Aaronbildes der alten Überlieferung zum Aaronbild der P ist wirklich schwer zu begreifen[4].

---

1) Ob Aaron aber nicht vielleicht in Ex 18,12 und 24,1.9 als vor-priesterschriftliche Priester-Gestalt zu interpretieren ist? Eine Antwort auf diese Frage wird erst bei der Besprechung dieser VV. im 5. Kap. des Hauptteils gegeben werden können.

2) Auch M. NOTH fragt sich, "Wie gerade er (= Aaron) dazu kommen konnte, in die bedeutende Rolle ... als Priester Israels hineinzuwachsen" (ÜPt, 195).

3) H. OORT, ThT 18 (1884), 289.

4) A. VAN DEN BORN (Art. "Aaron", in: H. HAAG (Hrsg.), Bibel-Lexikon, [2]Einsiedeln-Zürich-Köln 1968, 1f, hier: 1) sieht hier offenbar kein Problem: Die ältere (nach VAN DEN BORN elohistische) Überlieferung und die spätere (priesterliche) "stimmen in der Hauptsache (Levit oder Priester) miteinander überein".

Es besteht aber nicht nur eine auffallende Disparatheit zwischen dem Aaron der P und dem Aaron der außerpriesterschriftlichen Texte. Selbst das Aaronbild dieser Texte ist, wie wir bereits konstatierten (vgl. Ex 32 mit Num 12), in sich uneinheitlich. So liegt u.a. auch eine gewisse Inkonsequenz darin, daß Aaron in dem meist als elohistisch eingestuften Text Ex 4,14-16 einerseits zum stellvertretenden Sprecher des redeuntüchtigen Mose eingesetzt wird, daß andererseits aber bei den verschiedenen Auftritten von Mose und Aaron vor dem Pharao ausnahmslos Mose selbst das Wort führt.

Nach M. NOTH "zeigen weder die älteren noch erst recht die jüngeren (Aaron-Vorkommen) untereinander eine erkennbare Verwandtschaft".[1] Zum "ältesten Gute", so meint er, "würde man Ex 17,10.12 zu rechnen haben und dann vielleicht noch Ex 18,12 und allenfalls Ex 15, 20. So wenig nun diese Stellen sachlich so recht untereinander übereinstimmen - einmal erscheint Aaron zusammen mit Hur, dann mit den Ältesten, dann wieder mit Mirjam -, so wenig führt von ihnen aus ein erkennbarer Weg zu Aaron einerseits als dem Initiator des Kultes des 'goldenen Kalbes' und andererseits als dem Bruder Moses und dem 'Leviten' und dann wieder dem Konkurrenten Moses im Anspruch auf ein prophetisches Gottesverhältnis; und untereinander stehen diese letzteren Aussagen über Aaron sachlich nicht nur nicht in Einklang, sondern in ausgesprochenem Widerspruch"[2].

Es erhebt sich also die Frage, was es mit den unterschiedlichen Aaronbildern auf sich hat, und ob Aaron tatsächlich von Hause aus Priester ist. Da er auch in der vorpriesterschriftlichen Überlieferung, wie es scheint, gelegentlich in einem kultisch bestimmten Zusammenhang auftritt, kann man solches vermuten[3]. Dann aber darf man sich von der Lösung des Aaron-Problems einen nicht unwesentlichen Beitrag zur Aufhellung der noch wenig erforschten Frühgeschichte des israelistischen Priestertums erhoffen.

---

1) ÜPt, 197.
2) ÜPt, 197 f.
3) Vgl. z.B. J. PEDERSEN, Israel III, 192.

2. Die bisherige Behandlung des Aaron-Problems

2.1 Keine Forschungsgeschichte

Es wäre nun gewiß interessant, eine ausführliche Geschichte der Erforschung dieses Problems zu schreiben und darin vor allem die Beziehung zwischen der (bzw. den) von dem einzelnen Forscher angewandten Methode(n) und dem erzielten Ergebnis aufzudecken. Da ich eine solche Forschungsgeschichte an dieser Stelle aber nicht vorlegen kann, möchte ich den Leser wenigstens darüber informieren, welche Abhandlungen - seien es Monographien oder auch nur eingehendere Stellungnahmen in Büchern und Aufsätzen mit umfassenderer oder anderer Thematik - seit der Zeit J. WELLHAUSENS dem Aaron-Problem gewidmet worden sind - einschließlich der Exkurse und längeren Anmerkungen in Kommentaren und der einigermaßen kritischen Lexikonartikel.

Um dem Leser die bunte Vielfalt der Auffassungen über die überlieferungsgeschichtliche und quellenmäßige Einordnung der Aaron-Überlieferunge sowie über die Funktion, Bedeutung und Herkunft des Aaron der vor-priesterschriftlichen Texte vor Augen zu führen, sollen darüber hinaus noch die Positionen verschiedener Exegeten mit Hilfe einiger Zitate und Paraphrasierungen skizzenhaft dargestellt werden.

2.2 Stellungnahmen zum Aaron-Problem von WELLHAUSEN bis M. NOTH

J. WELLHAUSEN, Prolegomena zur Geschichte Israels, ^{6}Berlin - Leipzig 1905 (^{1}Berlin 1878), 133-136

H. OORT, De Aäronieden, ThT 18 (1884), 289-335

W.W. BAUDISSIN, Die Geschichte des alttestamentlichen Priesterthums, Leipzig 1889

H. HOLZINGER, Einleitung in den Hexateuch, Freiburg(Brsg.) - Leipzig 1893, 76 f.175 f.439 f

A. KUENEN, Gesammelte Abhandlungen zur biblischen Wissenschaft, Freiburg - Leipzig 1894, 466.491-496

R.H. KENNETT, The Origin of the Aaronite Priesthood, JTS 6 (1905), 161-186

G. WESTPHAL, Aaron und die Aaroniden, ZAW 26 (1906), 201-230

R. SMEND sr., Die Erzählung des Hexateuch auf ihre Quellen untersucht, Berlin 1912, 130.168 f (Anm. 3). 352-360.

H. GREßMANN, Mose und seine Zeit. Ein Kommentar zu den Mosesagen, Göttingen 1913 (FRLANT 18 [N.F. 1]), 212 f.257-283.342 f.440-442

TH.J. MEEK, Somme Religious Origins of the Hebrews, AJSL 37 (1920/21), 101-131, hier: 120-122.129

Ders., Aaronites and Zadokites, AJSL 45 (1928/29), 149-166

M. LÖHR, Zum Hexateuchproblem, OLZ 29 (1926), 4-13, hier: 10-12

K. MÖHLENBRINK, Die levitischen Überlieferungen des Alten Testaments, ZAW 52 [N.F.] 11 (1934), 184-231, hier: 216-223

G. BEER, Exodus, Tübingen 1939 (HAT 1/3), 36 f

J. PEDERSEN, Israel. Its Life and Culture III, London - Kopenhagen 1940 (Neudruck mit Ergänzungen 1959), 190-193

C.A. SIMPSON, The Early Traditions of Israel. A Critical Analysis of the Predeuteronomic Narrative of the Hexateuch, Oxford 1848, 625-627 (vgl. auch 195.202.206.387 u. ö.)

Nicht unerwähnt bleiben sollen die "Studien zur Geschichte des Zakokidischen Priestertums", die A. BENTZEN (in dänischer Sprache) im Programmheft zum Jahresfest der Universität Kopenhagen 1931 veröffentlicht hat (vgl. die kurze Vorstellung dieser Abhandlung durch den Verfasser selbst in ZAW 51 [N.F.] 10 (1933), 173-176) und in denen er auch das Aaron-Problem erörtert. BENTZEN hebt in der gen. Besprechung hervor, daß er sich im wesentlichen an W.W. BAUDISSIN (Priesterthum,199) und an H. GREßMANN (Mose, 275, vgl. 28) anschließt.

2.3 M. NOTH

M. NOTH hat in der Überlieferungsgeschichte des Pentateuch[1] seine (ziemlich zurückhaltend formulierte) Position in der Aaron-Frage dargelegt[2]. Mit seinen resümierenden Bemerkungen zur Frage nach der Möglichkeit einer letzten Aufhellung des Dunkels, das noch immer um die Aaron-Gestalt der älteren und ältesten Überlieferung gebreitet ist, desillusioniert er von vornherein jeden, der nach einer befriedigenderen Antwort auf die Frage nach Ursprung und Geschichte der Gestalt Aarons sucht. NOTH stellt dort nämlich

1) Stuttgart 1948 (^{3}Darmstadt 1960)
2) Ders., 195-199

fest, "daß das erhaltene Material nicht mehr dazu ausreicht, den Ursprung und die Geschichte dieser Überlieferungsgestalt wirklich zu klären"[1], und daß "die Herkunft der Gestalt Aarons ... für uns letztlich doch ziemlich im Dunklen liegt"[2].

2.4 Bearbeitungen des Aaron-Themas von M. NOTH bis heute

Trotz des ernüchternden Resümees, das NOTH aufgrund seiner Beurteilung der Quellenlage zieht, haben verschiedene Alttestamentler neue Versuche unternommen, das Aaron-Problem zu lösen.

So hat H. SEEBASS sich in seiner 1962 veröffentlichten Dissertation "Mose und Aaron, Sinai und Gottesberg"[3] u.a. eingehend mit dem Aaron-Problem befaßt[4].

Ein Jahr später legte J.M. SCHMIDT bei der ev.-theol. Fakultät der Universität Hamburg eine Dissertation mit dem Thema "Aaron und Mose. Ein Beitrag zur Überlieferungsgeschichte des Pentateuch" vor[5].

1965 erschien A.H.J. GUNNEWEGS, im Jahre 1962 von der ev.-theolog. Fakultät der Universität Marburg als Habilitationsschrift angenommene Arbeit "Levi, Aaron, Zadok" unter dem Titel "Leviten und Priester. Hauptlinien der Traditionsbildung und Geschichte des israelitisch-jüdischen Kultpersonals" im Buchhandel[6]. GUNNEWEG untersucht darin nicht nur die vor-priester-schriftlichen[7], sondern auch die priesterschriftlichen[8] und nach-priesterschriftlichen[9] Aaron-Vorkommen und versucht, sie zu orten und die auslösenden Momente für die Um- und Weiterbildungen der Aaron-Überlieferung(en) herauszufinden.

---

1) Ders., 198
2) Ders., 199. Ebenso resignierend urteilte schon W. RUDOLPH (Der "Elohist" von Exodus bis Josua, Berlin 1938 (BZAW 68), 32, Anm. 1): "Damit bleibt im Dunkel, wer und was Aaron ursprünglich war".
3) H. Bouvier u. Co. Verlag,Bonn (AEvTh 2)
4) Vgl. dort die SS. 5-50 (bes. 23-45) und 127-129
5) Diese Dissertation wurde nicht veröffentlicht.
6) Vandenhoek & Ruprecht, Göttingen (FRLANT 89)
7) Vgl. ders., 35f.81-98
8) Vgl. ders., 138-188
9) Vgl. ders., 204-318 passim

H. SCHMID hat in seinem 1968 herausgegebenen Buch "Mose. Überlieferung und Geschichte"[1] der Gestalt des Aaron in seinem Verhältnis zu Mose große Aufmerksamkeit[2] gewidmet.

1969 wurde der Vortrag, den E. AUERBACH 1968 auf dem Internationalen Alttestamentler-Kongreß in Rom gehalten hatte, veröffentlicht[3]. Er trägt den Titel: "Das Aharon-Problem". AUERBACH bewegen vor allem die beiden Fragen, wann und wie Aaron zum (Hohen-) Priester wurde[4], und was es mit der Beziehung Aaron - Zadok auf sich hat[5]. Aus diesem Grunde befaßt er sich hauptsächlich mit den späteren Aaron-Vorkommen.

Ebenfalls im Jahre 1969 kam A. CODY's Buch "A History of Old Testament Priesthood"[6] heraus, dessen 7. Kapitel überschrieben ist: "Aaronides, Levites, and Zadokites"[7].

Auch E. SABOURIN befaßt sich in seinem 1973 veröffentlichten Buch "The Priesthood. A Comparative Study"[8] auf einigen Seiten mit dem Thema "Aaron"[9].

Gegen Ende desselben Jahres schließlich erschien in der Reihe "Sacred Theology"[10] der "Catholic University of America" in Washington die Dissertation von M.M. MULHALL mit dem Titel "Aaron and Moses: their Relationship in the Oldest Sources of the Pentateuch".

(Bei dem von dem griech.-orthodoxen Autor P.N. TREMPELA 1970 in Athen herausgebrachten Buch "Ho Aarōn (Laikòn kḗrygma apò tēn Hágian Graphḗn)", das mir nur dem Titel nach bekannt ist, handelt es sich wahrscheinlich nicht um eine wissenschaftliche Veröffentlichung.)

---

1) Töpelmann,Berlin (BZAW 110)
2) Vgl. dort S. 36-38-43-74 f.81-87.89 f.107-109
3) In: Congress-Volume Rome 1968, Leiden 1969 (VTS XVII), 37-63
4) Ders., in: VTS XVII, 54
5) Vgl. ders., in: VTS XVII, 44-53
6) Pontificial Biblical Institute Rom (AnBib 35)
7) Ders., 146-166.170-174
8) Brill Leiden (Studies in the History of Religions (Supplements to Numen)) XXV
9) Vgl. ders., 122-130; auch 134-136
10) 2nd Series No. 244

Erwähnenswert sind noch vier weniger umfangreiche Aufsätze, die sich unter einem bestimmten Aspekt mit dem Aaron-Thema befassen:

F.S. NORTH, Aaron's Rise in Prestige, ZAW 66 (1954), 191-199

H.G. JUDGE, Aaron, Zadok, and Abiathar, JThSt [N.S.] 7 (1956), 70-74

M. ABERBACH / L. SMOLAR, Aaron, Jeroboam, and the Golden Calves, JBL 86 (1967), 129-140

L. YARDEN, Aaron, Bethel, and the Priestly Menorah, JJS 26 (1975/76), 39-47

Außerdem sei noch hingewiesen auf:

R. PFEIFFER, Introduction to the Old Testament, New York - London 1941, 294-298

I. EGNELL, Art. "Aaron", in: SBU I, 117-119

T.M. MAUCH, Art. "Aaron", in: The Interpreter's Dictionary of the Bible. An Illustrated Encyclopedia, Vol. I, New York - Nashville 1962, 1 f

K. KOCH, Art. "Aaron (hebr. ʼahărōn), Aaroniden", in: BHHW I, 1 f

A.H. McNEILE / P.R. ACKROYD, Art. "Aaron", in: J. HASTINGS (Hrsg.), Dictionary of the Bible, [2]Edinburgh 1963 (= Neubearbeitung der 1. Aufl. von 1906 durch F.C. GRANT / H.H. ROWLEY), 1 f

S. MOWINCKEL, Erwägungen zur Pentateuch-Quellenfrage, Oslo 1964, 127, Anm. 149

(unsignierter) Art. "Aaron", in: G. CORNFELD / G.J. BOTTERWECK (Hrsg.), Die Bibel und ihre Welt. Eine Enzyklopädie zur Hl. Schrift, Bilder - Daten - Fakten, Bergisch-Gladbach 1969, 1-6
(unsignierter) Art. "Moses", in: dieselben, Die Bibel und ihre Welt, 1053-1065, hier: 1063-1065

N.M. SARNA, Art. "Aaron. Critical View", in: EncJud II, 4-7

ders., Art. "Aaronides. The Critical View", in: EncJud II, 18-20

2.5 Einige (stichwortartig formulierte) Positionen in der bisherigen Aaron-Forschung

Nach J. WELLHAUSEN kommt Aaron in der J-Quelle nicht vor[1]. "Im Jehovisten gelten Aaron (Exod. 4,14; 32,1ss.) und Moses (33,7-11; Deut 33,8) als die Anfänger des Klerus"[2], wobei Mose - dieser "führt ... den priesterlichen Stab, ist der Herr des Heiligtums und hat dabei den Josua zur Seite, wie Eli den Samuel

---

1) Vgl. Prolegomena, 135. Die Aaron-Vorkommen in den J-Partien von Ex 7-11 stammen nach WELLHAUSEN vom R^{JE} (vgl. ders., 135, Anm. 1)
2) Ders., 134

(Exod. 33,7-11)"[1] - "offenbar die älteren Ansprüche"[2] hat[3].

Nach H. OORT war Aaron eine prophetische und priesterliche Gestalt und nahm in der Überlieferung des Nordreiches Israel ursprünglich dieselbe Stellung ein wie Mose in der Überlieferung des Südreiches: "Äaron, de stamvader der priesters, was even goed vanzelf de man, aan wien het huis Jozefs zijn wetten en instellingen toeschreef, als Mozes die man in Juda was"[4], und: "Äaron was de stamvader der geestlijken - priesters en profeten - van Noord-Israel ..."[5]

W.W. BAUDISSIN: Nach dem JE - eine Unterscheidung in J und E wagt er nicht zu treffen[6] - ist Aaron "der Levit", was nach ihm "soviel bedeutet wie 'Priester'"[7]. Aber auch Mose ist Priester, und zwar im Orakelzelt[8].

BAUDISSIN sieht übrigens die Aaroniden als Nachkommen Elis von Silo an, die "von Jerusalem verdrängt, ... die Hauptkultstätte des Nordreiches (Betel) aufsuchen"[9].

Nach H. HOLZINGER hat der J Aaron wahrscheinlich nicht gekannt, wohl aber der E: "Soweit die Person des Aaron bei E deutlich ist, kann man ihn sich fast nur als einen der z^e^qenīm, der Notablen, denken"[10].

Für F. BUHL ist Aaron "der Bruder Mosis und sein Gehilfe bei der Gründung des israelitischen Volkes. Die hervorragende Bedeutung dieses Mannes wird nach allen Quellenschriften gleich stark betont"[11].

Nach R. KENNETT stammte die Priesterschaft von Betel von Aaron ab[12]. Im Südreich galt Aaron in vorexilischer Zeit noch nicht als Priester.

Möglicherweise handelt es sich nach KENNETT bei dem Aaron von Ex 17,8-16 (nach KENNETT elohistisch), "the elder and seer, the associate of Hur"[13] um eine andere Person als bei dem Aaron, der "was honoured in the pre-Isaianic period as the founder of the cult of the golden calf"[14].

G. WESTPHAL meint, daß Aaron und Mirjam in den alten Quellen des Pt "gegenüber dem Volk eine Führerstellung einnahmen, die es als selbstverständlich mit sich brachte, daß sie bei den Unternehmungen des Mose zu einer Beratung mit herangezogen wurden, und daß eine eigenmächtige Tat des Mose von ihnen als Zurücksetzung empfunden wurde"[15]. Aaron sei ein "weltlicher Führer und Magnat"[16], "der während der Wüstenwanderung in der Umgebung des Mose eine wich-

---

1) Ders. 135
2) Ebd.
3) Vgl. auch ders., Composition, 73, wonach Aaron für Ex 12,31(E) vorausgesetzt wird.
4) ThT 18 (1884), 313
5) Ders., 290
6) Priesterthum, 58
7) Ders., 59
8) Vgl. ders., 59 f
9) Ders., 199
10) Einleitung, 176
11) Art. "Aaron", in: RE I ([3]1896), 13
12) JTS 6 (1905), 168
13) Ders., 166
14) Ebd.
15) ZAW 26 (1906), 211
16) Ebd.

tige Rolle spielte". Er sei "in alter Zeit nirgends als Prophet oder Priester vorgestellt"[1].

R. SMEND schreibt über Aaron: "Aharon erscheint bei J als Seher"[2]. "Indessen hingen Sehertum und Priestertum im alten Israel wie anderswo aufs engste zusammen, und auch J[1] kennt den Aharon gewiß schon als einen Priestervater"[3]. Nach dem J[1]-Strang von Num 12 verlangen die Aaroniden laut SMEND Gleichberechtigung mit den Mosiden[4]. Nach dem E-Strang erheben sie den alleinigen Anspruch auf das Priestertum.[5]

Aus der Erzählung vom goldenen Stierbild schließt SMEND, "daß die nordisraelitischen Priester sich zu einem Teil wenigstens von Aharon herleiteten"[6]. Die literarischen Zeugnisse lassen einen "Antagonismus der von Mose und Aharon abstammenden Priestergeschlechter"[7] erkennen, der zugunsten der Mosiden ausging[8].

Nach H. GRESSMANN ist Aaron von Hause aus ein El-Priester, der sich der durch Mose (und die Leviten) in Kadesch eingeführten, von Midian stammenden Jahwe-Religion widersetzt[9]. Die Opposition - repräsentiert durch Aaron, Nadab, Abihu und Korach - "söhnte sich allmählich mit Jahve aus, und man machte sogar seinen grimmigsten Gegner, den Aaron, zu seinem Priester und Leviten"[10].

W. RUDOLPH konstatiert: "... von seinem (= Aarons) Priestertum ist erst bei seinem Tode (Dt 10,6), und zwar in einer Sonderüberlieferung die Rede, in Wirklichkeit amtiert überall Mose als Priester"[11].

M. NOTHs Statement: "Das Älteste, was erhalten ist, zeigt Aaron als eine einigermaßen farblose Erscheinung, und zwar nur als einen führenden Repäsentanten der Israeliten, innerhalb des Themas 'Führung in der Wüste'"[12]. Der geschichtliche Aaron war wahrscheinlich "ein Führer südjudäischer Gruppen in Auseinandersetzung mit feindlichen Nachbarn"[13]. Nach NOTH gehören "Aaron und Mirjam ... in der Überlieferung zum Kreise jener Gestalten in der Umgebung des Mose, ... die ... mit der Zeit in verwandtschaftliche Verbindung mit Mose gebracht worden sind"[14].

Th.M. MAUCH sieht in Aaron eine von Hause aus priesterliche Gestalt. Bzgl. der lokalen Haftpunktes der ältesten Aaron-Überlieferung stellt er zwei mögliche Alternativthesen zur Debatte: Entweder war Aaron "the eponym of the Ephraimite priesthood"[15] oder "Aaron was a cultic figure among the South tribes at KADESH, or among theses tribes which moved northward during the conquest and formed an early cultic center at HEBRON"[16]. Im J-Strang ist Aarons Name wahr-

---

1) Ders., 209
2) Hexateuch, 168, Anm. 3
3) Ebd. u. 358
4) Vgl. ders., 358
5) Vgl. ebd.
6) Ders., 358, Anm. 3
7) Ders., 357 f
8) Vgl. ders., 360
9) Mose, 441
10) Ebd.
11) "Elohist", 32, Anm. 1
12) ÜPt, 196
13) Ders., 198
14) Das zweite Buch Mose. Exodus, [3]Göttingen 1965 (ATD 5), 98
15) Art. "Aaron", in: The Interpreter's Bible I, 2
16) Ebd.

scheinlich nicht original[1]. "In E, Aaron was an elder, a leader and judge of the people. He does not appear as the partner of Moses"[2].

H. SEEBASS meint die Bedeutung Aarons und zugleich seine strikte Unterordnung unter Mose nur so deuten zu können, "daß Aaron Repräsentant eines ursprünglich fremden Glaubens war und daß man diesen nur so aufnehmen konnte, daß man dessen sakralen Vertreter aufs Schärfste an Mose band"[3]. Aaron wurde dessen "sakraler Interpret"[4]. Aus der Bezeichnung "dein Bruder Aaron" in Ex 4,14 liest SEEBASS heraus, "daß beide Volksgemeinden zu einem Volk zusammengewachsen sind und so 'Brüder' wurden"[5]. "Der Verschmelzung der beiden Überlieferungen ist offenbar eine scharfe Auseinandersetzung zwischen ihren jeweiligen Vertretern vorausgegangen, deren Kernpunkt sich aus Ex 32 noch recht deutlich erheben"[6] läßt. "Es war der Verstoß der aaronitischen Religion gegen das Bilderverbot des Jahweglaubens"[7]. Andererseits wurde "eine große Fülle religiöser Aussagen ... vom Jahwe-Glauben aufgenommen"[8].

J.M. SCHMIDTs Remümée: "Aaron ist ursprünglich eine priesterliche Figur südpalästinischer Überlieferung"[9]. "Im Blick auf die z.T. sehr verschiedenen, ja widersprüchlichen Überlieferungen über Aaron kommt der Tatsache, daß in dieser priesterlichen Stellung Aarons alle Texte übereinstimmen, eine besondere Bedeutung zu: Sie läßt darauf schließen, daß man es diesbezüglich mit einem zuverlässigen und ursprünglichen Überlieferungselement zu tun hat, das sich durch alle sehr verzweigten Überlieferungswege hindurch verfolgen läßt"[10].

Die Vielgestaltigkeit der vor-priesterschriftlichen Aaron-Überlieferung - nach SCHMIDT sind bis zur Abfassung der P "die verschiedenen Überlieferungen und -ströme nebeneinander her gelaufen"[11] - läßt darauf schließen, "daß die Hochschätzung Aarons vor allem innerhalb der P, aber auch in den außerpentateuchischen Texten des AT (Ps 99,6 z. Bsp.) keineswegs als direkte Weiterbildung der Aussagen in den Erzählungsüberlieferungen von J und E anzusehen sind"[12]. Aaron und Mose entstammen nach SCHMIDT zwei verschiedenen Überlieferungsbereichen[13]. Sie sind aber schon vor J und E miteinander verbunden und aufeinander bezogen worden[14].

Nach S. MOWINCKEL kommt Aaron schon in der vor-jahwistischen Tradition vor, und zwar als Bruder und Sprachrohr des Mose. Der J habe diese Aaron-Überlieferung aufgegriffen und tradiert (Ex 4,10-17). - Aaron sei "gewiss als ein nord-israelitischer Priesterahn zu betrachten"[15].

Weil die Priester von Dan sich nach Ri 18,30 als Nachkommen des Mose

1) Ebd.
2) Ebd.
3) Mose u. Aaron, 23
4) Ebd.
5) Ders., 28
6) Ders., 81
7) Ebd.
8) Ebd.
9) Aaron u. Mose, I 48. Diese Überlieferung hat nach SCHMIDT als Sonderüberlieferung in das elohistische (!) Werk Eingang gefunden.
10) Ders., I 53
11) Ders., I 54
12) Ders., I 55
13) Vgl. Ders., I 58
14) Vgl. Ders., I 57
15) Erwägungen, 127, Anm. 149

verstanden, hätten die Betelschen Priester sich vermutlich auf Moses Bruder Aaron zurückgeführt. Dadurch sei Aaron zum Erfinder des goldenen Stierbildes geworden. Außerdem habe Aaron schon zur Zeit, als die Lade noch in Silo stand, als "Ahnherr der Lade-Priester" gegolten[1].

Die Jerusalemer Priester, die sich "in der ganzen vorexilischen Zeit nicht als Ahroniden, sondern als Sadokiden gerechnet" hätten, hätten ein zweispältiges Verhältnis zu Aaron gehabt: Einerseits habe die Jerusalemer Tradition (die MOWINCKEL im Hinblick auf die frühe Zeit offenbar mit der J-Tradition gleichsetzt) Aaron "als Ahnherr der Priester in Bet'el und als Urheber des Stierbildes" verurteilen müssen (Ex 32). Andererseits seien die Jerusalemer Priester "via Nob mit Schilo und damit mit Ahron verbunden" gewesen[2].

F. MAAS ist der Ansicht, die Verbindung Aarons mit dem Stierdienst entstamme einer späteren Polemik gegen die Aaroniden[3].

A.H.J. GUNNEWEG entnimmt der Erzählung Num 12, "daß Aaron schon vor P ... in einer höchstwahrscheinlich kultischen Funktion auftreten kann. Eine andere Funktion, insbesondere auch eine 'Führerstellung' läßt sich hier wenigstens nicht feststellen.

Das gilt nun aber auch von den verbleibenden Stellen"[4]: Ex 17,8-16; 18,12; 24,1.8-11 u. 14; 32.

Aus Ex 32 schließt GUNNEWEG, "daß Aaron in Bethel zu Hause gewesen sein muß und daß sein Name hier Eponym einer Priesterschaft war. Wie man sich auch immer die Entstehung von Ex 32 denken will, diese Erkenntnis ist - so GUNNEWEG - von den hier offengelassenen literarkritischen und überlieferungsgeschichtlichen Fragen unabhängig"[5].

GUNNEWEG spricht wiederholt davon, daß Aaron in einem Konkurrenzverhältnis zu Mose gestanden habe[6]. "Bezeichnend ist ... für den Gang der Geschichte, ... daß in der entscheidenden Auseinandersetzung zwischen Mose und Aaron Aaron das letzte Wort behält"[7] - womit GUNNEWEG auf Ex 4,14-16 anspielt.

In puncto "Historizität der Person Aarons" ist GUNNEWEGs Urteil äußerst zurückhaltend: "Aaron mag eine historische Person gewesen sein, sein Name tritt aber nur als Eponym in Erscheinung"[8].

A. CODYs Standpunkt: "Aaron is not a priest in the early traditions"[9]. "Only in P does he clearly appear as a priest in the Pentateuch, and for a fairly long period in the elaboration of the narrative traditions he seems to have been a polyvalent figure capable of taking a plurality of diverse aspects"[10].

"The figure of Aaron the Levite is late, though pre-exilic ... Aaron as a hero of the Mosaic period, and a hero particularly cherished in the traditions of

---

1) Ebd.
2) Ebd.
3) Art. "Aaron", in: RGG I (^{3}1957), 2
4) Leviten, 84
5) Ders., 90
6) Ders., 81.85.87.91
7) Ders., 95
8) Ebd.
9) Priesthood, 45.151. Vgl. ders., Jethro Accepts a Covenant with the Israelites, Bib 49 (1968), 153-166, hier: 163
10) Priesthood, 150

the South, lends himself to adoption as the eponymous head of a group of southern Levites - still very much an ethnic term - before he appears as a priest"[1]. Die Aaroniden waren nach CODY von Hause aus also "an ethnic group of the Levites"[2], "members of the tribe of Levi"[3].

Nach H. SCHMID, der in seinen Überlegungen bzgl. Aaron stark an H. SEEBASS anknüpft und auf seine Weise dessen Position weiter ausbaut, ist Aarons Ursprung im Bereich des "Gottesberges" (der nicht mit dem Sinai identisch sei) zu suchen[4].

Die von Schmid postulierte "Wüstenfestgruppe"[5], die "in den Oasenbereich von Kadesch gezogen"[6] war, trat dort "in Beziehung zu dem Leviten Aron, der ihr Priester wurde (Ex 4,14-16.27-28.30a)"[7]. Im Bereich von Kadesch kam dann die Mosegruppe "mit der sippenmäßig verwandten Wüstenfestgruppe, deren Ältesten und deren kultischen Repräsentanten Aron, Mirjam und den Leviten zusammen"[8]. Nachdem Mose dort "das aronitische Kultbild zerstört hatte und die Leviten zu ihm konvertierten, vermutlich mit Aron"[9], ging die (größere) zum Jahweglauben übergetretene Wüstenfestgruppe in der (kleineren) Mosegruppe auf[10].

SCHMID hält es für möglich, "daß in der Königszeit Aron im Nordreich ein grösseres Ansehen als Mose genoß, der offensichtlich in Jerusalem eine besondere Bedeutung hatte. Aron wurde wohl deswegen in Jerusalem nicht verdammt, weil er sich Mose unterworfen und wahrscheinlich mit den Leviten zu Mose und damit zu Jahwe gehalten hatte (vgl. Ex 32,25-29). Vielleicht führten sich schon bald die ursprünglich jebusitischen Zadokiten in Auseinandersetzung mit den 'mosaischen' Leviten auf den Priester Aron zurück (vgl. I Chr. 5,30-34; 6,35-38)"[11].

G. CORNFELD / G.J. BOTTERWECK: Die "frühen Quellen (die Schichten J und E) zeigen Aaron in einer hervorragenden Rolle als einen Führer Israels. Niemals jedoch zeigen ihn diese frühen Überlieferungen als Priester oder als Vorfahren von Priestern"[12].

"Aaron war der erste Levit, der den neuen Glauben annahm, und seinem Anspruch auf Führerschaft neben Mose scheinen sich alle Israeliten gefügt zu haben. Es ist aber hervorzuheben, daß es sich hierbei um ein weltliches Führertum handelte"[13].

"In den widersprüchlichen Erzählungen von Aarons Rolle im Buch Exodus spiegelt sich der Streit zwischen verschiedenen Priestergruppen, aber wir können diese Entwicklung nicht in Einzelheiten erkennen"[14].

---

1) Ders., 164
2) Ebd.
3) Ders., 165
4) Mose, 38
5) Vgl. ders., 31-48
6) Ders. 43
7) Ebd.
8) Ders., 108
9) Ebd.
10) Vgl. ebd.
11) Ders., 84
12) (unsignierter) Art. "Aaron", in: G. CORNFELD / G.J. BOTTERWECK (Hrsg.), Die Bibel und ihre Welt, 1
13) Dieselben, 2
14) Dieselben, 5

Die gen. Alttestamentler schließen sich in der Frage nach dem Ursprung der Aaron-Gestalt weitgehend an H. SEEBASS und H. SCHMID an[1].

Nach E. AUERBACH ergibt sich aus den "älteren Berichten über Aharon (Ex XV; XVII, XVIII; XXIV; XXXII; Num. XII) ... übereinstimmend ein Persönlichkeits-Bild, das dem späteren Bilde des frommen Hohenpriesters und Bruder Mose's krass widerspricht"[2]. In diesen älteren Erzählungen "ist er kein Priester, sondern ein Ältester im Volk, der dem Führer Mose das Leben schwer gemacht hat"[3].

"Der Hohepriester Aharon ist ein Geschöpf des Priesterkodex und der nachexilischen Zeit"[4]. "Die Zusammenstellung des PK und die Ausbildung der Aharon-Legende fallen zeitlich und inhaltlich zusammen"[5].

N.M. SARNA konstatiert: "... there is a wide measure of agreement that in the original J and E documents Aaron was neither a priest nor a Levite ..."[6].

L. SABOURINs Auffassung ist: "Aaron is no doubt the eponym of a class of priests, whom, for convenience's sake, we shall call 'the Aaronites'"[7]. SABOURIN übernimmt im wesentlichen A.H. J. GUNNEWEGs Standpunkt in der Aaron-Frage: In Num 12 "Aarons' role seems related to the ritual function of the priest described in Lev 13-14. Other passages as well suggest that even before P Aaron's role had to do with cultic functions"[8]. "... it can be assumed that Aaronites functioned at Bethel even before the Jeroboam schism"[9]. SABOURIN stellt eine "growing importance of the Aaronites and of their central sanctuary, probably at Bethel"[10] fest.

M.M. MULHALL: Nach ihm ist Aaron in den ältesten Traditionen "a priest-chief - also Priester und Stammesführer in einem -, similar to Mose's father-in-law"[11]. "Whatever other role Aaron may have played in Israel's history, the oldest sources portray him most clearly in the role of a cultic official ... Even though the term'priest' may be improperly used of him in the earliest period, the role he occupied and was remembered for is precisely that set of actions which are later performed only by priests (and prophets?). As small as Aaron's role is in the oldest sources, compared to that of Moses, it can be seen to be essentially perceived as cultic by the earliest traditions"[12]. Diese ältesten Überlieferungen liegen für MULHALL vor in Ex 5,1.20; 17,8-16; 24,1.9-11; 32; Num 12[13].

Aarons "inclusion in the canon of the Pentateuch may have been the result of

---

1) (unsignierter) Art. "Moses", in: G. CORNFELD, G.J. BOTTERWECK (Hrsg.), Die Bibel und ihre Welt, 1063
2) VTS XVII, 44
3) Ebd.
4) Ders., 58; vgl. 59
5) Ders., 62. AUERBACH datiert die P in die Zeit "etwa zwischen 500 und dem Auftreten Esra's" (ebd.)
6) Art. "Aaron. Critical View", in: EncJud II, 6 f
7) Priesthood, 122
8) Ders., 123
9) Ebd.
10) Ebd.
11) Aaron and Mose, 212
12) Ders., 213
13) Vgl. ders., 212

an attempt to tie the priesthood of the South more firmly to the tradition of the North"[1].

MULHALL sieht einen Zusammenhang zwischen dem Aaron, der in Ex 32 agiert, und dem Hathor-Kult,wie er in Timna[2] gepflegt wurde: "The existence of a Hathor cult in the Negeb suggests the possibility that Aaron could have been attached to the same shrine as that in the South at which place he came into contact with Moses and the Israelites. The calf need not be only the reflection of the Bull cult of the North"[3].

3. Ein neuer Versuch?

Das Aaron-Problem ist nicht gelöst. Selbst die Dissertationen haben keine wirklich überzeugenden Antworten auf die entscheidenden Fragen dieses Komplexes gegeben. Die weitgehend hypothetischen, z.T. stark voneinander abweichenden Ergebnisse haben das bestehende Dilemma eher vergrößert. Ist es auf dem Hintergrund der letzten Endes erfolglos gebliebenen Bemühungen nicht anmaßend, einen neuen Versuch zu wagen?

Wenn ich die Forschungslage bereits am Beginn meines Aaron-Studiums überschaut hätte, hätte ich mich wahrscheinlich nicht an das Thema herangewagt. Im übrigen mache ich mich nicht anheischig, die von NOTH für unmöglich gehaltene letzte Aufhellung des Zwielichts, in das die Aaron-Gestalt getaucht ist, doch noch erreichen zu wollen. Aber wegen mangelhafter Gründlichkeit, wegen methodisch nicht glücklichen oder gar unerlaubten Vorgehens oder auch wegen des Einwirkens nicht allgemein akzeptierter Grundsatzpositionen auf die bisherigen Versuche , das Aaron-Problem zu lösen, erscheint es mir sinnvoll, ja notwendig, dies Problem aufs neue anzupacken und einen Beitrag zu seiner Lösung beizusteuern. Ich habe dabei nicht den Ehrgeiz, auf alle Fragen des gesamten Aaron-Komplexes allseits befriedigende, gar endgültige Antworten zu geben. Meine eigentliche Aufgabe sehe ich darin, methodisch sauber und mit der erforderlichen Gründlichkeit alle einzelnen vor-priesterschriftlichen - einschließlich der nur möglicherweise vor-priesterschriftlichen - Aaron-Vorkommen einer erneuten Prüfung zu

1) Ders., 213
2) 1970 hat B. ROTHENBERG in Timna einen Tempel der Göttin Hathor ausgegraben. Vgl. seine Veröffentlichung "Timna. Das Tal der biblischen Kupferminen", Bergisch-Gladbach 1973 (= Übers. aus d. Engl.)
3) Ders., 211

unterziehen, um für die aus den einzelnen Texten zu erhebenden Aussagen über den vor-priesterschriftlichen Aaron und für die überlieferungsgeschichtliche und zeitliche Einordnung ein möglichst gut abgesichertes Fundament unter den Füßen zu haben. Falls es mir gelingt, in objektivierbarer Form Funktion und Bedeutung Aarons aus dem jeweiligen Einzeltext zu erheben und gut begründete Aussagen über die etwaige zeitliche Einordnung des betr. Aaron-Vorkommens zu machen, sehe ich meine eigentliche Aufgabe erfüllt.

Eine zusammenhängende Überlieferungsgeschichte zum Thema "Aaron" zu schreiben und die historischen Hintergründe der "Entwicklung" - wenn man so sagen darf - des Aaronbildes aufzudecken (so daß vor allem verständlich gemacht wird, wie Aaron zum Hohenpriester und Ahnherrn der Jerusalemer Priester werden konnte), liegt strenggenommen schon nicht mehr innerhalb des so abgesteckten Rahmens dieser Untersuchung.

Sollten die überlieferungsgeschichtlichen und zeitlichen Einordnungen nicht zu grob ausfallen, wird sich damit natürlich schon so etwas wie eine Chronologie der Aaron-Vorkommen ergeben. Ob sich sogar Verbindungslinien zwischen den Einzelüberlieferungen von Aaron ziehen, diese sich also auf eine überlieferungsgeschichtliche Linie bringen lassen (so daß sich ein überlieferungsgeschichtliches Relief herausbildet), muß sich zeigen.

Ich werde es mir jedenfalls aber nicht nehmen lassen, auch auf die Frage nach der Herkunft Aarons und nach dem Anlaß und der Möglichkeit, wie Aaron zum Priester par excellence werden konnte, eine Antwort zu versuchen, und überhaupt dort, wo es mir geraten erscheint, auch eine Hypothese zu wagen (die ich als solche aber deutlich von dem aus dem Einzeltext selbst Eruierbaren abheben werde).

2. Kapitel: Das methodische Vorgehen

1. Vorbemerkungen

1.1 "Dem unkritischen Leser scheint es selbstverständlich zu sein, daß es" bei einer thematischen Arbeit "nur um die Interpretation des Inhalts gehen kann"[1]. Doch kann man in der Literaturwissenschaft grundsätzlich "nicht beim Inhalt = Aussagegehalt ansetzen"[2]. Es gibt nur den Weg über die Sprache, d.h. über "die Beschreibung der Ausdrucksseite", die "zu einer differenzierten Eingrenzung der Inhaltsseite und damit des Inhalts führt, nicht umgekehrt. Nur über die Analyse der formalen Seite der Sprache läßt sich ein Zugang zum Inhalt finden"[3]. Bei diesem Vorgehen entgeht man auch der (immer naheliegenden) Gefahr, von anderswoher bestimmte Inhalte an den Text heranzutragen[4]. Der in dieser Untersuchung eingeschlagene,an W. RICHTERS[5] Methodenlehre orientierte Weg ist daher kein Seitenweg oder Umweg.

Einschränkend muß hier freilich gesagt werden, daß sich eine strikte Ausklammerung der inhaltlichen Momente bei einzelnen methodischen Schritten nicht ohne Gewaltsamkeit bewerkstelligen läßt. Eine rigorose Ausklammerung des Inhalts um der Systematik willen wäre Ausdruck einer überzüchteten Methode. Auch RICHTER selbst geht so nicht vor[6].

1.2 Nicht zuletzt die bisher erschienenen Dissertationen über Aaron veranlassen mich, bei den großen Einzelanalysen ganz konsequent die folgende (von E. ZENGER formulierte) Forderung der "Richterschen Methode" zu beachten: Die Analyse muß "solange als irgendwie möglich beim vorliegenden Text bleiben"[7].

---

1) W. RICHTER, Die Exegese als Literaturwissenschaft. Entwurf einer alttestamentlichen Literaturtheorie und Methodologie, Göttingen 1971
2) Ders., 42
3) Ebd.
4) Vgl. demgegenüber H. SEEBASS' Äußerung über die Interpretation der Aaron-Vorkommen in Ex 32: "Schließlich wird Ex 32 ganz Wesentliches zu unserem Problem beitragen; aber dazu müßte man wenigstens wissen, in welchen Bereich Aaron gehört, da man sonst ganz undeutliche Auskünfte erhalten würde" (Mose u. Aaron, 24). Einige Zeilen vorher hatte er dasselbe bereits zu den Aaron-Vorkommen in Ex 18,12; 24,1.9.14 angemerkt: Diese Stellen werden "nur zur Deutung beitragen, wenn man schon weiß, in welchem Bereich man Aaron zu suchen hat" (ebd.)
5) Vgl. Anm. 1
6) Vgl. etwa die SS. 51-57 in W. RICHTER, Exegese
7) Sinaitheophanie, 49

Diese Forderung impliziert für die Ebene der Gesamtuntersuchung, daß zunächst die infragekommenden literarischen Einheiten je für sich analysiert werden, daß es also strikt vermieden wird, von der einen zur anderen literarischen Einheit hinüber- und herüberzuargumentieren. Erst am Ende, wenn die einzelnen Einheiten analysiert sind, werden die Ergebnisse der Einzelanalysen in Beziehung gesetzt - wodurch sich evtl. die Notwendigkeit einer Korrektur dieser oder jener durch rein textimmanente Argumentation gewonnenen Aussage ergeben könnte.

2. Die methodischen Schritte[1]

2.1 Die Analyse der einzelnen literarischen Einheiten vollzieht sich in folgenden Schritten: 1. Literarkritik, 2. "Redaktionskritik", 3. Formkritik, 4. Gattungskritik, 5. Motiv- und Traditionskritik, 6. Zeitliche Einordnung, 7. Die Gestalt des Aaron (Ursprünglichkeit, Funktion, Bedeutung, Herkunft).

2.2 Erläuterungen zu einigen methodischen Schritten

2.21 Literarkritik

Ein m.E. entscheidendes Manko der bisherigen Arbeiten über Aaron sind gewisse Unzulänglichkeiten gerade bei der literarkritischen Analyse der infragekommenden Texte - sofern dieser methodische Schritt überhaupt vorkommt[2]: fehlende Gründlichkeit[3] und z.T.

---

1) Vgl. hierzu außer W. RICHTER, Exegese vor allem: H. BARTH/O.H. STECK, Exegese des Alten Testaments. Leitfaden der Methodik. Ein Arbeitsbuch für Proseminar, Seminar und Vorlesungen, Neukirchen-Vluyn 1971 (Die noch im selben Jahr erschienene 2. Aufl. enthält einen 18seitigen Nachtrag.); J. SCHREINER, Einführung in die Methoden der biblischen Exegese, Würzburg - Innsbruck - Wien - München 1971 (mit Beiträgen u.a. von K. LEHMANN und E. ZENGER); F. FOHRER u.a., Exegese des Alten Testaments, Heidelberg 1973 (UTB 267); vgl. auch E. ZENGER, Sinaitheophanie. Untersuchungen zum jahwistischen und elohistischen Geschichtswerk, Würzburg - Stuttgart 1971 (Forschung zur Bibel 3), 45-53.

2) So glaubt z.B.M.M.MULHALL (Aaron und Moses), fast ganz auf literarkritische Überlegungen verzichten zu können.

3) Zu Ex 32 vgl. J.M. SCHMIDT, Aaron u. Mose, F 2

Ausgehen von (außer-textlichen) Voraussetzungen[1]. "Jede Beschäftigung mit den Ergebnissen der kritischen Exegese wird" aber "zuerst nach der Korrektheit und Sorgfalt der verwendeten Methode fragen"[2].

Weil in der Literarkritik die Entscheidung darüber fällt, ob der betr. Text einheitlich oder uneinheitlich ist, und ob Aaron in dem gegebenenfalls herausgearbeiteten Grundtext von Hause aus verwurzelt ist, kommt ihr eine fundamentale Bedeutung für alles weitere zu. Eine Vernachlässigung der Literarkritik und ein Ansatz an anderer Stelle[3] kann daher fatale Auswirkungen haben.

Die vorliegende Untersuchung hat sich vor allem zur Aufgabe gemacht, den eben genannten Mängeln abzuhelfen. Sie legt somit das Schwergewicht auf eine mit möglichst großer Sorgfalt betriebene Literarkritik (die darum sehr umfangreich sein wird) und möchte damit ein tragfähiges Fundament für alle weiteren (eigenen und fremden) Überlegungen schaffen.

2.22 "Redaktionskritik"

Der Begriff "Redaktionskritik" wird hier nicht in dem anspruchsvollen und umfassenden Sinne benutzt, wie W. RICHTER[4], E. ZENGER[5] oder auch G. FOHRER[6] ihn verwenden, und wie er allgemein üblich ist.

Nach den genannten Forschern setzt die Redaktionskritik alle anderen methodischen Schritte - nach W. RICHTER: außer der Traditionskritik - unbedingt voraus; denn sie stellt "die Frage nach der literarischen Zusammenfügung und Bearbeitung der einzelnen Einheiten und Kompositionen"[7]. Sie "betrachtet den Text in seinem übergreifenden horizontalen Zusammenhang. Sie fragt nach der

---

1) Beispiele: Zu Ex 5 vgl. J.M. SCHMIDT, Aaron u. Mose, B 11 (vgl. im 5. Kap. des Hauptteils die Nr. 1.22, S. 371, Anm.1). Zu Ex 32 vgl. H. SEEBASS, Mose u. Aaron, 33
2) K. LEHMANN, in: J. SCHREINER, Einführung, 64
3) Zu Ex 32 vgl. S. LEHMING, Versuch zu Ex XXXII, VT (1960), 16-50, hier: 17 A.H.J. GUNNEWEG, Leviten, 30; M.M. MULHALL, Aaron and Moses, 185
4) Exegese, 165-173
5) In: J. SCHREINER, Einführung, 138 f; Sinaitheophanie, 52 f
6) G. FOHRER u.a., Exegese, 136-140
7) W. RICHTER, Exegese, 165

Arbeit der 'Redaktoren', welche mündliche oder schriftliche Einzelüberlieferungen zu Teilsammlungen bzw. zusammen mit Teilsammlungen zu größeren Schriften zusammenfassen und sie dabei 'redigieren', d.h. sichten, sprachlich überarbeiten, zusammenordnen, durch Rahmenbemerkungen verbinden, auch theologisch akzentuieren oder umprägen' (R. PESCH, Art. "Redaktor", in: A. GRABNER-HAIDER, Praktisches Bibellexikon, Freiburg 1969, S. 925)"[1]

Da die Redaktionskritik in diesem strengen und eigentlichen Sinne sich notwendig auf einen größeren, aus einer Reihe kleiner literarischer Einheiten zusammengesetzten Textkomplex bezieht, kommt sie bei der Analyse einer kleinen literarischen Einheit natürlich nicht zum Zuge. Solcherart Redaktionskritik ist hier also nicht gemeint. Das Wort ist hier in einem bescheidenen Sinne zu verstehen: Der hier gemeinten Redaktionskritik geht es um "die Feststellung der diachronen Verhältnisse, also die Aufstellung einer relativen Chronologie"[2] im literarkritisch analysierten Einzeltext.(Voraussetzung für diesen methodischen Schritte ist natürlich, daß sich der betr. Text als uneinheitlich erwiesen hat.)

Die Herausstellung der relativen Schichtung des Textes (die von E. ZENGER übrigens noch unter die Literarkritik subsumiert wird[3]) ist an dieser Stelle der Untersuchung deswegen sinnvoll, weil weiterhin von den jeweiligen redaktionellen (oder sonstwie gearteten) Zufügungen und Umformungen des betr. Textes nicht mehr die Rede ist, sondern nur noch von der herausgearbeiteten Grunderzählung. Selbstverständlich ist es auf dieser schmalen Textbasis noch nicht möglich, völlig sichere und endgültige Zuordnungen zu größeren literarischen Komplexen vorzunehmen.

2.23 Formkritik

Zur Formkritik zwei Anmerkungen:

1. Im Rahmen dieser Arbeit ist es nicht notwendig, ja nicht einmal sinnvoll, <u>alle</u> infragekommenden Einzeldaten aufzuführen. So werde ich mich im wesentlichen auf die unmittelbar relevanten Beobachtungen beschränken.
2. Die Richtersche Formkritik bezieht sich auf den jeweiligen, in der Literarkritik herausgearbeiteten Grundtext. Nun scheint es mir aber methodisch nicht vertretbar zu sein, die Formkritik nur auf den Grundtext anzuwenden. Würde man sich bei der Analyse des

---

1) E. ZENGER, in: J. SCHREINER, Einführung, 138
2) W. RICHTER, Exegese, 172
3) Vgl. E. ZENGER, in: J. SCHREINER, Einführung, 198 f; ders., Sinaitheophanie, 50

jetzt vorliegenden Textes zunächst noch aller formkritischen Überlegungen enthalten, so könnte das fatale Auswirkungen haben, indem etwa literarkritisch auffällige, formkritisch aber durchaus verständliche und erklärbare Elemente innerhalb des betr. Textes vorschnell für sek gehalten werden. Daher werden in dieser Untersuchung formkritische Beobachtungen nicht rigoros aus der (am vorliegenden Text betriebenen) Literarkritik herausgehalten, sondern da, wo es angebracht erscheint, schon in die literarkritische Analyse einbezogen.

2.24 Motiv- und Traditionskritik

Worauf es mir in der "Motiv- und Traditionskritik" - G. FOHRER bezeichnet so den 5. Schritt seiner exegetischen Methode[1] - ankommt, zeigt das vorausgestellte Vort "Motiv", das hier aber nicht in dem präzisen und eingeengten Sinn von G. FOHRER u.a.[2], sondern in einem weiten Sinne verstanden wird, in dem es sowohl für "(geprägtes) Thema" wie für "Topos" wie etwa auch für "Vorstellung" steht. Die Motivkritik kann dazu dienen, Deutungshilfen für ein zum Verständnis des Textes wichtiges Motiv zu erhalten (vgl. das Motiv des Handausstreckens bzw. -erhebens in Ex 17,8-16 oder das Traum-Motiv in Num 12) und so den betr. Text besser zum Sprechen zu bringen. In der Regel soll das Aufsuchen desselben Motivs an anderen Stellen des Alten Testamentes jedoch primär oder ausschließlich Anhaltspunkte für die überlieferungsgeschichtliche bzw. literaturgeschichtliche Einordnung erbringen. In jedem Falle spielt bei diesen Vergleichen die sprachlich-stilistische Seite eine mindestens ebenso große Rolle wie die inhaltliche Seite[3], da erst die Übereinstimmungen in der sprachlichen Form Beziehungen und Abhängigkeiten sichtbar werden lassen.

---

1) Vgl. G. FOHRER u.a., Exegese, 26.99
2) Dieselben, 102. FOHRER und seine Mitarbeiter unterscheiden zwischen "Motiven", "geprägten Themen" und "geprägten Zügen" (vgl. dieselben 102.107 f) und machen auch einen Unterschied zwischen dem "Motivthema" und seinen verschiedenen Ausprägungen in "Motiven" (= "geprägte Bedeutungssyndrome") (vgl. dieselben 102-126)
3) Vgl. in diesem Zusammenhang W. RICHTERs Bemerkung über die traditionsgeschichtliche Forschung: "Die traditionsgeschichtliche Forschung am AT leidet an einer methodischen Schwäche: ihrem inhaltlichen Ansatz" (Exegese, 156).

2.25 Zeitliche Einordnung

Die von der Motivkritik z.T. schon angezielte zeitliche Einordnung des auf verschiedene Weise analysierten Einzeltextes wird schließlich noch zum Gegenstand einer eigenen Untersuchung gemacht. Darin werden 1. die bisher erhaltenen Hinweise auf die Entstehungszeit des Textes resümiert und 2. eine Untersuchung der im Text vorkommenden Wendungen und Lexeme vorgenommen. Die letztere wurde aus der Formkritik herausgehalten, weil sie (a) stets sehr umfangreich gerät und den Rahmen einer Formkritik sprengen würde, und weil (b) gerade von ihr genauere Anhaltspunkte für die nun am Ende zu treffende Entscheidung über die zeitlichen Ansetzung des betr. Textes erwartet werden können.

3. Schlußbemerkungen

3.1 Bei der Besprechung der Einzelverse, in denen Aaron begegnet (vgl. das 5. Kap. des Hauptteils) ist es natürlich nicht möglich, in dieser systematischen Weise zu verfahren wie bei den Texten der vier großen Analysen. Immerhin aber wird auch bei den Einzelversen in der Regel[1] mit literarkritischen Überlegungen begonnen[2].

3.2 Das Inhaltsverzeichnis zu den vier Hauptanalysen zeigt, daß auch dort die dargelegte Vorgehensweise nicht starr gehandhabt wird. So gibt es z.B. in der Analyse von Ex 4 zwischen der Literarkritik und der Formkritik einen selbständigen Abschnitt ("Ursprünglicher oder sek Zusammenhang von Ex 4,10-12 und Ex 4*13-17"), in dem sowohl literarkritische als auch formkritische Gesichtspunkte eine Rolle spielen. In der Analyse von Ex 17,8-16 werden aus der "Formkritik" verschiedene "Formkritische Beobachtungen" herausgehalten und für die "Zeitliche Einordnung" aufgespart.

---

1) Anders etwa bei der Besprechung von Ex 18,12 (vgl. Nr. 4.2, S. 385 ff)
2) Hier läßt es sich aber nicht immer vermeiden, daß auch schnell quellenkritische Beurteilungen ins Spiel kommen (vgl. z.B. in der Besprechung von Ex 5 die Nr. 1.1, S. 366 ff).

Überhaupt werden hier und da, wo es von der Gedankenentwicklung her geraten erscheint, inhaltliche und formale Aspekte miteinander kombiniert, damit die Untersuchung durch ihre systematische Großeinteilung nicht den Charakter einer künstlichen Größe gewinnt, deren Einzelteile blockhaft und mehr oder weniger unverbunden nebeneinander stehen und die keinerlei organischen Charakter mehr aufweist.

3. Kapitel: Sondierung der Aaron-Vorkommen

1. Statistischer Überblick

Der Name "Aaron" begegnet im ganzen Alten Testament 346x. Das Vorkommen verteilt sich auf nur 13 der insgesamt 46 alttestamentlichen Bücher, wobei die sog. Weisheitsliteratur sowie das corpus propheticum (mit einer einzigen, sek Nennung Aarons) vollständig ausfallen. Es konzentriert sich im wesentlichen auf den Pt (der gut 1/4 des Alten Testamentes ausmacht), genauerhin auf die Bücher Ex, Lev und Num. Die 296 Erwähnungen Aarons innerhalb dieser drei Bücher machen ca. 6/7 des Gesamtvorkommens aus.

Übersicht:

Aaron-Vorkommen außerhalb des Pt		46
davon im dtrGW (ohne Dt)	9[1]	
im chrGW	27[2]	
in den Pss	9[3]	
bei den Propheten	1[4]	
Aaron-Vorkommen im Pt		300
davon in Ex - Num	296	
im Dt	4[5]	
Insgesamt:		346

Nach O. EISSFELDTs Hexateuch-Synopse[6] verteilen sich die pentateuchischen Aaron-Vorkommen quellenmäßig so:

259 Vorkommen = P bzw. von der P beeinflußte Texte[7]
27 Vorkommen = alte Quellen (10x L[8], 17x E[9])

---

1) Jos 21,4.10.13.19; 24,5.33; Ri 20,28; 1 Sam 12,6.8
2) 1 Chron 5,29 (2x); 6,34 f.39.42; 12,27; 15,4; 23,13 (2x).28.32; 24,1 (2x). 19.31; 27,17; 2 Chron 13,9 f; 26,18; 29,21; 31,19; 35,14 (2x); Esr 7,5; Neh 10,39; 12,47
3) Ps 77,21; 99,6; 105,26; 106,16; 115,10.12; 118,3; 133,2; 135,1
4) Mi 6,4
5) Dt 9,20 (2x); 10,6; 32,50
6) Für die Kapitel Ex 19-34 wird, wie anderenorts bereits angemerkt wurde, "Die Komposition der Sinai-Erzählung Ex 19-34" (Berlin 1966), in der EISSFELDT verschiedene kleine Änderungen vorgenommen hat, zugrundegelegt.
7) Außer den Aaron-Vorkommen in Ex 25-31,17(18); 35-40; Lev 1-27; Num 1-10,12 P sowie in Ex 6,13.29.23 f.26 f; Num 16,11.16-18; 17,1.5.18.21.23.25 P^s sind auch die von Ex 16,33.34 (2x), Num 25,7 und Dt 32,50 hier eingeordnet (vgl. HexSyn, 271*.278*.279*. Zu Dt 32,50 vgl. u.a. auch G. VON RAD, Dt, 144; M.M. MULHALL, Aaron and Moses, 3, Anm. 7).
8) Ex 15,20; 17,10.12; 24,1.9.14; 32,25; Num 12,5.9.11
9) Ex 4,14.27 f.30; 5,1; 12,31; 18,12; 32,1-3.5 (2x).21 f.35; Num 12,1.4. EISSFELDT rechnet übrigens auch noch 2 VV. des Jos-Buches zur E-Quelle: Jos 24,5 u. 33

11 Vorkommen[1] = gegenüber den alten Quellen sek - ausschließlich jener sek VV., die die P bereits voraussetzen

3 Vorkommen[2] = zu keiner der 3 Gruppen gehörend

2. Welche Stellen können in dieser Untersuchung unberücksichtigt bleiben?

2.1 Die außer-pentateuchischen Aaron-Vorkommen

Ein Blick auf die 46 außer-pentateuchischen Aaron-Vorkommen läßt sogleich folgendes erkennen:

Die Vorkommen im chrGW, in den nach A. DEISSLER sämtlich nachexilischen Psalmen und in der sek[3] Micha-Stelle sind gleich aus den für die älteste Aaron-Überlieferung infragekommenden Stellen auszuscheiden. Von den restlichen 9 Stellen (dtrGW) aber fallen die sehr späten VV. Jos 21,4.10.13.19[4] und 1 Sam 12,6b.8 (V.6b: "Jahwe, der Mose und Aaron bestellt hat" ($^{c}\bar{a}\acute{s}\bar{a}$), V.8bß: "Und Jahwe sandte Mose und Aaron ...")[5] ebenfalls fort. Die 3 verbleibenden außer-pentateuchischen VV. Jos 24,5.33 und Ri 20,28 können kaum den Anspruch erheben, eine alte Aaron-Überlieferung zum Ausdruck zu bringen: Aarons Ursprünglichkeit sowohl in Jos 24,33 ("Und Eleasar, der Sohn Aarons, starb, und man begrub ihn auf der Höhe

1) Ex 4,29; 5,4.20; 8,4.8.21; 9,27; 10,3.8.16; 19,24. In der HexSyn hielt EISSFELDT auch noch die Aaron-Vorkommen in Ex 24,1 u. 9 für sek, in "Die Komposition der Sinai-Erzählung Ex 19-34" tut er es nicht mehr (= L; vgl. dort S. 24)

2) Dt 9,20 (2x); 10,6

3) Vgl. T. LESCOW, Redaktionsgeschichtliche Analyse von Mi 6-7, ZAW 84 (1972), 182-212, hier: 185-187

4) EISSFELDT (HexSyn, 242*-244*) kennzeichnet Jos 21 als Zuwachs zum P-Faden, der nach ihm in Jos 23 (ebenfalls = P^{s}) endet. M. NOTH (ÜSt, 45, Anm. 4) sieht Jos 21,1-42 als eine sehr späte Einfügung an (vgl. auch: ders., Jos, 123)

5) Vgl. M.M. MULHALL, Aaron and Moses, 99 ("The traditions of both Samuel and Micah have been found late for internal as well as external reasons"). Während H.W. HERTZBERG (Die Samuelbücher, Göttingen 1965 (ATD 10), 75) diese VV. als dtr ansieht, betrachtet M. NOTH (ÜSt, 59, Anm. 3) sie als einen "späteren Zusatz aus Jos 24,5". Vgl. auch H.J. STOEBE (Das erste Buch Samuelis, Güterlsoh 1973 (KAT VIII/1), 237), der 1 Sam 12,6 als "Einschub" bezeichnet und bzgl. V.8 bemerkt, daß auch hier die Nennung von Mose und Aaron Ergänzung sein könnte, da diese V. "nicht so fest im Kontext verankert (ist) wie das Übrige".

seines Sohnes Pinchas, die ihm auf dem Gebirge Efraim gegeben worden war")[1] als auch in Ri 20,28a ("Und Pinchas, der Sohn Eleasars, des Sohnes Aarons, tat Dienst vor ihm (= Jahwe)[2] in jenen Tagen ...")[3] ist nicht unbestritten, bzw. es werden die beiden VV. als ganze sehr spät datiert[4]. H. SEEBASS[5] scheidet beide Stellen schon allein deswegen aus, weil sie "sich nur mit seiner (= Aarons) Nachkommenschaft beschäftigen". Und was Jos 24,5a ("Dann sandte ich Mose und Aaron und schlug Ägypten durch die Wunder, die ich in seiner Mitte wirkte") betrifft, so setzt dieser V. allem Anschein nach bereits das Vorkommen Aarons in Ex 4 und 5 sowie im Plagenzyklus - zumindest in den außer-priesterschriftlichen Partien - voraus und ist überlieferungsgeschichtlich wohl etwa mit 1 Sam 12,8 auf eine Stufe zu stellen. Jos 24,5a

---

1) Zu Jos 24,33 vgl. J. WELLHAUSEN (Prolegomena zur Geschichte Israels, ^{6}Berlin - Leipzig 1905 (^{1}Berlin 1878), 135), der als einer der ersten die Auffassung vertritt, daß wie Gerschom Ben Mose so auch Elieser/Eleasar Ben Mose später zu einem Ben Aaron gemacht wurde; H. OORT, De Äaronieden, ThT 18 (1884), 289-335, hier: 325-327 (Jos 24,33 in der vorliegenden Form = redaktionell); R. SMEND, Die Erzählung des Hexateuch auf ihre Quellen untersucht, Berlin 1912, 358; Anm. 3; den Literaturhinweis bei A.H.J. GUNNEWEG, Leviten, 164, Anm. 2, und nicht zuletzt E. AUERBACH, Das Aharon-Problem, in: Congress Volume Rome 1968, Leiden 1969 (VTS XVII), 37-63, hier: 51 f. Auch M.M. MULHALL ist argwöhnisch gegenüber Jos 24,33 (vgl. Aaron and Moses, 99).

2) Hebr.: ᶜōmēd lᵉfānāw

3) Zu Ri 20,28 vgl. u.a. O. EISSFELDT; Der geschichtliche Hintergrund der Erzählung von Gibeas Schandtat (Richter 19-21), in: FS G. BEER, Stuttgart 1035, 19-40, hier: 39; im übrigen gilt das bzgl. Jos 24,33 über Pinchas Ben Mose/Aaron Gesagte auch für Ri 20,28.

4) a) Jos 24,33: Nach M. NOTH beruht das ganze Kap. Jos 24,1-33 auf einer "sekundären deuteronomistischen Bearbeitung" (Das Buch Josua, ^{3}Tübingen 1971 (HAT 7), 10). V.33 aber wurde erst später angefügt, und zwar noch später als "die aus anderen alttestamentlichen Stellen ... zusammengesetzte Bemerkung Jos 24,32" (ders., ÜSt, 8 f, Anm. 3). Die genealogische Verbindung des Pinchas mit Aaron ist daher auch nach NOTH "wahrscheinlich sekundär, wie schon seine isolierte Stellung als einziger Aaron-Enkel ... andeutet" (Ders., 141). - b) Ri 20,28a: K. BUDDE (Das Buch der Richter, Freiburg - Leipzig - Tübingen 1897 (KHC VII), 136), W. NOWACK (Richter-Ruth, Göttingen 1900 (HAT I, 4.1), 170) und G.F. MOORE (Judges, ^{6}Edinburgh 1949), 433 f) halten die VV. Ri 20,27b und 28aα für späte Glossen, da sie den Zusammenhang zwischen V.27a und V.28aß unterbrechen, wobei V.28aα nach MOORE möglicherweise eine ältere Glosse ist als V.27b.

5) Mose u. Aaron, 24

hat keinen Anspruch auf hohes Alter[1]. D.h. die 3 zuletzt genannten Stellen gäben eine viel zu unsichere Basis für Auskünfte über die ältere Aaron-Überlieferung ab. Wir werden sie in dieser Untersuchung daher beiseitelassen.

Ergebnis: Für die Frage nach der Herkunft Aarons haben die außer-pentateuchischen Aaron-Vorkommen keine Relevanz. Wir sind damit ganz auf den Pt verwiesen[2].

2.2 Die Aaron-Vorkommen im Pt

2.21 Von den 300 pentateuchischen Aaron-Vorkommen interessieren uns nur die 41 vor-priesterschriftlichen[3]. Damit soll nicht grundsätzlich die Möglichkeit geleugnet werden, daß das priesterliche Aaronbild der ja ohne Zweifel mehrschichtigen P auf einer alten, aus vorexilischer Zeit stammenden kultischen Aaron-Tradition aufruhen mag[4]. Aber wenn die Überlieferung von Aaron, dem Priester, tatsächlich Anspruch auf hohes Alter erheben kann, muß sich das auch an den außer-priesterschriftlichen Aaron-Vorkommen verifizieren lassen. Falls eine solche Verifizierung nicht gelingt, steht der priesterliche Ursprung der Aaron-Gestalt ernsthaft in Frage. Wenn die Untersuchung der nicht-prie-

---

1) Vgl. M. NOTH, Jos, 140: "Die Ursprünglichkeit von 5aα mit dem Nebeneinander von Mose und Aaron ist nicht sicher, da der Satz in LXX fehlt". NOTH verweist auch auf G. VON RAD (Das formgeschichtliche Problem des Hexateuch, Stuttgart 1938 (BWANT 26), 6), der den V. als sek ausklammert.

2) H. SEEBASS und J.M. SCHMIDT beschränken sich in ihren Dissertationen von vornherein auf die Aaron-Vorkommen im Pt, ohne dies näher zu begründen. H. SEEBASS führt wohl dort, wo er die Stellen, die von Aarons Nachkommenschaft oder von Aarons Verwandtschaft mit Mose sprechen, aussondert, auch die entsprechenden außer-pentateuchischen VV. mit auf, die übrigen bleiben aber unerwähnt - ein Zeichen dafür, daß er von den außer-pentateuchischen Aaron-Vorkommen für die Lösung des Aaron-Problems nichts erwartet.

3) Das in der Einleitung(mit sehr groben Strichen) gezeichnete priesterliche Aaronbild der P behält für uns freilich ein gewisses Interesse, nämlich als eine Art Folie.

4) In diesem Zusammenhang sei auf das Buch von K. KOCH "Die Priesterschrift von Ex 25 - Lev 16. Eine überlieferungsgeschichtliche und literarkritische Untersuchung" (Göttingen 1959) aufmerksam gemacht. Darin zeigt der Verf. auf, "daß eine Sammlung von Ritualen die Vorlage für fast alle Kapitel von Ex 25 - Lev 16 gebildet hat" (ders., 96). Er glaubt in dieser Untersuchung auch aufgewiesen zu haben, "daß in den Ritualen wohl Aaron (und seine Söhne) einen festen Platz einnehmen, daß aber die Gestalt des Mose nirgends erwähnt wird" (ders., 97).

sterschriftlichen Aaron-Stellen gar ein entgegengesetztes Ergebnis zeitigt, ist das Urteil über die Möglichkeit, daß die Aaron-Gestalt aus dem priesterlichen Bereich stamme, gesprochen, auch wenn eine solche Möglichkeit durch Überlegungen innerhalb des Rahmens der P wahrscheinlich gemacht worden wäre.

Es wird hier also schon aus methodischen Gründen von einer Untersuchung der priesterschriftlichen Aaron-Vorkommen abgesehen.

H. SEEBASS[1] nimmt in diesem Punkte einen vollkommen anderen Standpunkt ein. Er sucht den Ursprung der Aaron-Gestalt gerade in der priesterschriftlichen Überlieferung.

Daß SEEBASS ausgerechnet hier ansetzt, beruht auf einer Vorentscheidung: Bevor er sich Gedanken darüber macht, welche Aaron-Stellen denn nun zu untersuchen sind, und welche Stellen man "für die traditionsgeschichtliche Herleitung der Aaron-Gestalt von vornherein ausschalten"[2] kann, hat er nämlich schon Ex 3 f und (z.T.) Ex 33 analysiert - und bereits eine bestimmte Auffassung über Alter und Herkunft der Aaron-Überlieferungen gewonnen[3].

Als Grund für den Einsatz der Untersuchung (die sich laut Titel nicht nur mit Aaron befaßt) bei Ex 3 f gibt SEEBASS zum einen an, "daß Mose in dieser Erzählung besonders fest verankert zu sein scheint und daß alle im Thema genannten Probleme durch sie gestellt und vertieft werden"[4].

Gegen Ex 4 als Einsatzstelle für die Untersuchung ist an sich nichts einzuwenden, zumal Ex 4,14 ff das erste Aaron-Vorkommen innerhalb des Pt ist, wohl aber sind Bedenken dagegen angebracht, daß die Analyse von Ex 3 f so unvermittelt einsetzt und einer ersten Sondierung aller Aaron-Vorkommen (die doch am Anfang stehen müßte) vorausgeschickt wird. SEEBASS' Begründung für die vorangestellte Analyse von Ex 3 f ("Darüber hinaus erhält man durch die Analyse der Berufserzählung auch die wichtigsten Hinweise für einen Weg, auf dem jene Probleme sich lösen lassen"[5]) läßt den Verdacht aufkommen, daß die Untersuchung von Anfang an in eine bestimmte Richtung gelenkt und damit das Ergebnis vorprogrammiert werde. Und das geschieht denn auch: Nicht zuletzt von dem (vorläufigen) Ergebnis dieser Vorweg-Analyse her fällt SEEBASS die Entscheidung darüber, welche Aaron-Texte zur Bestimmung von Aarons Herkunft besonders wichtig sind und welche man getrost beiseitelassen kann. So steht das ganze folgende Kap. "Die Überlieferungen um Aaron" von Anfang an unter der von Ex 4,16 (im Seebaßschen Verständnis) her[6] gewonnenen Erkenntnis, besser gesagt: Hypothese, daß in Lev 10,8 und Num 18,1.8.20, wo Aaron "allein

---

1) Mose u. Aaron, 24-27
2) Ders., 24
3) Vgl. ders., 22 f. So findet sich bereits auf S. 23 SEEBASS' Annahme, daß Aaron ursprünglich Repräsentant einer anderen Religion war.
4) Ders., 3
5) Ebd.
6) Übrigens dient die von Ex 4,16 (im Verständnis von SEEBASS) beeinflußte Sondierung der Aaron-Stellen umgekehrt wiederum dazu, die Interpretation von Ex 4,16 zu bestätigen sowie sie zu präzisieren und ihre Bedeutung herauszustellen.

vor Gott steht"[1] - er wird dort direkt von Jahwe angesprochen, ohne Vermittlung durch Mose -, "die ursprüngliche Stellung Aarons am besten zum Ausdruck"[2] kommt. SEEBASS' stillschweigende Prämisse ist hierbei, daß die anscheinend selbständige Rolle Aarons der Unterordnung unter Mose, wie sie außer in Ex 4,16 noch in Lev 6,1; 9,1 f; 10,12.16; 17,1 f; 22,1 f.17 f; Num (3,51;) 6,23; 8,1 f; 17,11 vorausgesetzt sei, und auch der Nebeneinanderstellung beider, wie sie in Lev 11,1; 13,1; 14,33; 15,1; Num 2,1; 4,1.17 zum Ausdruck komme, zeitlich vorausliegen müsse.

SEEBASS gesteht: "Die oben genannten Belege stehen zwar in Texten, die ihre Niederschrift anscheinend erst spät erlebten"[3], meint diesen Einwand aber mit der Bemerkung abtun zu können: "... andererseits hat wohl gerade der Raum der sakralen Gesetzgebung und darüber hinaus vor allem der der Kultgesetzgebung darauf Anspruch, daß sich in ihm sehr alte Anschauungen erhalten können"[4].

Eine derartige Aussage im Potentialis gibt aber keine solide Basis ab, um SEEBASS' These über die Herkunft der Aaron-Gestalt (mit ihren weitreichenden Konsequenzen) tragen zu können[5].

Ergänzend hierzu sei noch zitiert, was J.M. SCHMIDT in seiner Rezension des Buches von SEEBASS speziell zu dessen Vorgehensweise bei der Exegese von Ex 4,1-17 kritisch anmerkt. Denn ich sehe in dieser Anmerkung eine Bestätigung für das, was hier bereits über SEEBASS' Vorentscheidung gesagt wurde: "Die Auswahl der Fragen und Punkte, an denen S. seine bis auf die letzten Nuancen achtende Analyse ansetzt, läßt vermuten, daß alles auf ein (vorher?) bestimmtes Ziel ausgerichtet ist"[6].

2.22 Nach Ausscheidung der außer-pentateuchischen Aaron-Vorkommen sowie innerhalb des Pt der priesterschriftlichen[7] (und nach-priesterschriftlichen) Vorkommen bleiben die folgenden Stellen übrig[8]:

Ex 4,14.27 f(E).29(sek).30(E)
5,1(E).4.20(sek)
8,4.8.20(sek)
9,27(sek)
10,3.8.16(sek)

---

1) Ders., 25 f
2) Ders., 26
3) Ebd.
4) Ebd.
5) Vgl. hierzu die Rezension von SEEBASS' Dissertation durch J.M. SCHMIDT, VerkF 1960/62, München 1965, 210-215, hier: 213
6) Ders., 212
7) In der Bestimmung der priesterschriftlichen Partien des Pt (und der davon abhängigen Textstücke) herrscht in der alttestamentlichen Wissenschaft bekanntlich weitestgehende Übereinstimmung, so daß auf die hier zugrundegelegte EISSFELDTsche Zuteilung zur P nicht im einzelnen eingegangen zu werden brauchte.
8) Die in Klammern stehenden Quellenzuteilungen sind hier und sonstwo in dieser Untersuchung der EISSFELDTschen Hexateuch-Synopse (HexSyn) entnommen.

12,31(E)
15,20(L)
17,10.12(L)
18,12(E)
19,24(sek)
24,1.9.14(L)
32,1-3.5(2x).21 f(E).25(L).35(sek)
Num 12,1.4(E).5.9.11(L)
Dt 9,20(2x); 10,6

2.23 Aber auch aus dieser Liste der nach EISSFELDT vorpriesterschriftlichen VV. können einige Aaron-Vorkommen als für unsere Frage bedeutungslos ausgeklammert werden.

Aus der Aufstellung geht hervor, daß EISSFELDT Aarons Nennungen im Plagenzyklus - mit Ausnahme von Ex 12,31 - für sek hält. Mit dieser Auffassung steht er keineswegs allein, im Gegenteil: Die Exegeten sind aus guten Gründen der einhelligen Meinung, daß Aaron in Ex 8,4.8.21; 9,27; 10,3.8.16 erst nachträglich eingefügt wurde[1].

Daß Aaron in den genannten Stellen nachgetragen wurde, ist von vornherein zu vermuten, weil sein Name in allen Fällen lediglich durch ein "und" an den des Mose angehängt ist. Darüber hinaus enthalten die betr. Plagenerzählungen handfeste Indizien dafür, daß ursprünglich Mose allein agiert hat:

1. Im jetzigen Text geht Aaron zwar mehrmals mit zum Pharao, aber Mose allein führt dort das Wort - mit Ausnahme von Ex 10,3 (8. Plage) -, und Mose allein leistet nachher jeweils die vom Pharao erbetene Fürsprache (daß die Plage aufhöre).
2. Es gibt auch rein formale Indizien:
a) Im Ex 10,1 (8. Plage) erhält Mose von Jahwe den Auftrag,zum Pharao zu gehen. In der Ausführung Ex 10,3 heißt es dann aber: "Mose und Aaron gingen zum Pharao".
b) Bei der 4. Plage werden Mose und Aaron zum Pharao gerufen (Ex 8,21: "Der

---

1) Vgl. die Kommentare. So auch M.M. MULHALL, Aaron and Moses, 144. A.H.J. GUNNEWEGs erster Satz in seinem Abschnitt über "Aaron und die Aaroniden" lautet: "Es ist zunächst festzustellen, daß die Aaronsgestalt innerhalb der alten Pentateucherzählungen (JE), wo sie Mose an die Seite ... tritt, eine sekundäre Erscheinung ist" (Leviten, 81). GUNNEWEG verweist dabei in einer Anm. außer auf die Kommentare auf weitere atl. Wissenschaftler und meint: "Diese Ansicht bedarf nicht der erneuten Beweisführung" (ebd.). Mit welcher Selbstverständlichkeit die genannten Aaron-Vorkommen im Plagenzyklus als sek Eintragung angesehen werden, ist u.a. auch daran zu erkennen, daß H. SEEBASS kein Wort über diese Stellen verliert. Dabei wird von SEEBASS der V. Ex 12,31 (einschließlich der Nennung Aarons), der von verschiedenen Exegeten für elohistisch gehalten wird, stillschweigend mitausgeklammert.

Pharao ließ Mose und Aaron rufen ..."), dann aber heißt es in Ex 8,26: Mose ging vom Pharao fort". Genau derselbe Fall liegt bei der 7. Plage vor (Man vgl. miteinander die VV. Ex 9,27 und 9,31!). Bei der 8. Plage kommt diese Inkonsequenz sogar zweimal vor. Ex 10,3 lautet: "Mose und Aaron gingen zum Pharao ...", 10,6b aber: "Er wandte sich und ging vom Pharao fort". Gegen Ende dieser Plagenerzählung läßt der Pharao Mose und Aaron rufen (Ex 20,16: "Der Pharao beeilte sich, Mose und Aaron zu rufen"), das Fortgehen vom Pharao wird aber nur singularisch ausgesagt (Ex 10,18: "Er ging vom Pharao fort").

Es kann also kein Zweifel darüber bestehen, daß Aarons Name an allen genannten Stellen des Plagenzyklus erst später eingetragen wurde.

Neben der rein literarkritischen Argumentation ist mit A.H.J. GUNNEWEG übrigens auch noch folgendes in die Waagschale zu werden: "Auch von dem merkwürdigen Alternieren zwischen Mose und Aaron zusammen andererseits abgesehen, legt die Zweiheit der Gestalten, die das Volk vor dem Pharao vertreten und die überhaupt im umfassenden Sinn als Führer Israels erscheinen, die Annahme sehr nahe, daß nur eine der beiden hier ursprünglich sein kann. Daß aber Mose und nicht Aaron ursprünglich ist, ist unzweifelhaft"[1].

Was das Alter dieser Aaron-Zusätze betrifft, so beweist die Tatsache, daß es sich ausnahmslos um Eintragungen in die J-Plagenerzählungen handelt, noch nicht, daß hier ein inner-jahwistischer Zuwachs vorliegt. Denn die Einführung Aarons in die einzelne Plagenerzählung war nur bei den Gängen zum Pharao möglich, solche finden sich aber nur im J-Faden. In der E-Version, wo dem Mose stattdessen jeweils eine Hand-/Stabausstreckung befohlen wird, war eine Beteiligung Aarons schwerlich möglich.

Auffällig ist, daß Aaron nicht (in Konsequenz zu Ex 4,14-16) als Sprecher vor dem Pharao fungiert. Aber dann hätte die Struktur der J-Plagenerzählungen dahingehend verändert werden müssen, daß Jahwe zuerst zu Mose sagt: "Sprich zu Aaron: 'Rede zum Pharao: 'So spricht Jahwe ...''" Das hätte die Struktur des ersten Teils der jeweiligen Erzählung sehr umständlich gemacht. So wird Aaron denn jeweils nicht sofort, sondern - da dem Aufforderungsteil kein (ausdrücklicher) Ausführungsteil folgt - erst im 2. Teil (= 2. Erscheinen vor dem Pharao) in die Handlung einbezogen[2].

Trotzdem wäre eine solche Form der Plagenerzählung möglich gewesen; die P weist in ihrem Beauftragungsteil ja auch eine Zweistufigkeit auf. Nach Ex 4,10-17, wo die Rollen sauber verteilt werden, erwartet man eben, daß Mose generell den Stab handhabt, und daß Aaron generell den redeuntüchtigen Mose in der Sprecher-Funktion vertritt.

Daß Mose und Aaron nicht einmal gemeinsam als Sprecher gegenüber dem Pharao auftreten - in der Form eines pluralischen Subj.: "und sie sprachen zum Pharao: ..." -, könnte darauf hindeuten, daß dem Autor von Ex 4,14-16 schon der P-Plagenzyklus vorlag, der ja wegen der wundertätigen Funktion des Aaron (Handhabung des Stabes) dessen Beteiligung an Moses Sprecher-Funktion nicht mehr erlaubte, da sonst für Mose neben der Bewirkung des 7., 8. u. 9. Wunders (nach der E-Version) nur noch die Vermittlung zwischen Jahwe und Aaron als eigenständige Funktion übriggeblieben wäre.

Gerade unter Voraussetzung der P-Erzählungen hätte die konsequente Anwendung der Konzeption von Ex 4,10-16 den Plagenerzählungen vollends den Charakter

---

1) Leviten, 82
2) Bei der 8. Plage macht Aaron schon den 1. Gang zum königlichen Hofe mit.

des Konstruierten und Künstlichen gegeben, so daß sie stilistisch geradezu unerträglich geworden wären.

Danach wären die Aaron-Zusätze im Plagenzyklus also nach-priesterschriftlich[1].

Es sei noch vermerkt, daß diese Zusätze nicht von dem Verfasser des Textes Ex 4,14-16 stammen können. Denn der wertet das Motiv der Redeunfähigkeit des Mose gar nicht im Blick auf dessen Sendung zum Pharao aus, sondern nur für sein Auftreten vor den Israeliten (vgl. Ex 4,16a: "Er soll an deiner Stelle zum Volk reden!").
Die Aaron-Interpolationen in den Plagenerzählungen sind also wohl später zu datieren als Ex 4,14-16. Sie dürften aus einer Zeit stammen, da man Mose und Aaron als die gemeinsamen Führer der Israeliten ansah (vgl. Num 6,13.26(.27[2]) P^s; Jos 24,5; 1 Sam 12,6.8; Ps 77,21^{ne}; 105,26^{ne}).

Die Frage des Alters dieser Zusätze läßt sich hier freilich noch nicht definitiv beantworten. Eine präzise Datierung braucht an dieser Stelle, wo es um die Sondierung der Aaron-Vorkommen geht, aber auch nicht geleistet zu werden. Entscheidend ist vielmehr die gesicherte Erkenntnis, daß wir aus den Aaron-Vorkommen im Plagenzyklus nichts über Aarons Herkunft, sondern lediglich etwas über seine spätere Bedeutung erfahren.

Daher werden die (sek) Aaron-Vorkommen in den vor-priesterschriftlichen Teilen des Plagenzyklus in dieser Untersuchung nicht behandelt.

Alle noch verbleibenden vor-priesterschriftlichen bzw. allgemein als vor-priesterschriftlich angesehenen Aaron-Vorkommen werden Gegenstand dieser Untersuchung sein.

2.24 Die zu behandelnden Stellen

Auf den ersten Blick erkennt man, daß Aaron am häufigsten in den Kapiteln Ex 32 (9x), Ex 4 (5x) sowie Num 12 (5x) genannt wird. Diese umfangreichen Texte sind von besonderer Bedeutung, weil Aaron in ihnen eine echte Funktion wahrnimmt, sei es als Akteur, sei es als Betroffener, so daß es unmöglich erscheint, ihn aus dem Textganzen herauszulösen[3]. So ist von diesen Texten am ehesten eine zuverlässige Auskunft über den vor-priesterschriftlichen Aaron und die Herkunft der Aaron-Gestalt zu erwarten.

---

1) Vgl. z.B. G. BEER, Ex, 36: "Von P beeinflußte Redaktorenhand hat Aron öfter in die älteren Berichte Ex 7-11 eingeschmuggelt".
2) Hiernach fungiert Aaron zusammen mit Mose als Sprecher vor dem Pharao.
3) Man müßte denn schon aufzeigen können, daß Aaron im Nachhinein anstelle einer anderen, namentlich genannten Person eingesetzt worden wäre.

Zu diesen Texten ist Ex 17,8-16 (mit 2maliger Erwähnung Aarons) hinzuzurechnen, da Aaron auch in dieser Erzählung eine Funktion ausübt, die allem Anschein nach ein konstitutiver Bestandteil der dargestellten Handlung ist.

Der Hauptteil dieser Untersuchung wird also im Wesentlichen aus den Analysen der Kapitel Ex 4,10-17.27-31[1]; Ex 17,8-16; Ex 32, 1-35 (+ Paralleltext Dt 9,8(7)-10,12, in dem Aaron 3x erwähnt wird) sowie Num 12,1-16 bestehen (= Kapitel 1 - 4). Dann folgt in einem 5. Kapitel die Besprechung der VV. Ex 5,1.4.20; 12,31; 15,20; 18,12; 19,24; 24,1.9; 24,14[2].

---

1) Was die Aaron-Vorkommen in Ex 4 angeht, so wird sich die eigentliche Analyse nur mit den entscheidenden VV.10-17 befassen. Die VV.27-31, die erzählerisch die Fortsetzung von V.10-17 bilden, aber nicht dieselbe Bedeutung haben wie jene VV., werden nur anhangweise besprochen.

2) Was die Sichtung der Aaron-Vorkommen durch H. SEEBASS (Mose u. Aaron, 24-27) betrifft, so ist zu konstatieren, daß die Ausscheidung von Ex 15,20; 17,8-16 und Num 12 nicht ohne bestimmte Prämissen geschieht (Kriterium der "Doppelfädigkeit"; Annahme eines hohen Alters der sich in Lev 8P und Num 18,1.8.20P artikulierenden Tradition). Die Aaron-Vorkommen in Ex 5,1.4.20 und Ex 12,31 finden im übrigen nicht einmal Erwähnung. J.M. SCHMIDT gibt in seiner Dissertation über Aaron überhaupt keine Rechenschaft über die von ihm getroffene Textauswahl. Man hat den Eindruck, daß er NOTHs Beurteilungen zugrundelegt. An keiner Stelle seiner Untersuchung (die sich auf die pentateuchischen Aaron-Vorkommen beschränkt) kommt SCHMIDT auf die "und Aaron"-Vorkommen im Plagenzyklus sowie auf Ex 15,20 und Ex 19,24 zu sprechen. Auf Ex 24,14 wird lediglich einmal im Kapitel über Ex 17,8-16 hingewiesen (vgl. Aaron u. Mose, C 6).

HAUPTTEIL

I. Einzeluntersuchungen

1. Kapitel: Ex 4,10-17

1. Übersetzung

10a *Mose sprach zu Jahwe:*
"Mit Verlaub, mein Herr! Ich bin kein Mann, der reden kann[1]*,*
weder (war ich's) gestern noch vorgestern
noch (bin ich's,) seitdem du zu deinem Knechte redest.

b *Denn ich habe einen schwerfälligen Mund und eine steife Zunge*[2]*."*

11a *(Da) sprach Jahwe zu ihm:*
"Wer hat dem Menschen einen Mund gemacht?
Oder wer macht stumm oder taub oder hinkend[3] *oder blind?*

b *Nicht wahr, ich, Jahwe*[4]*!*

12a *Nun also geh!*

b *Und ich werde mit deinem Munde sein*
und werde dich lehren, was du reden sollst."

13a *(Da) erwiderte er:*
"Mit Verlaub, mein Herr!

b *Laß (deine Botschaft) bitte ausrichten, durch wen du willst*
(erg.: - nur nicht durch mich)!"

14a *(Da) entbrannte Jahwes Zorn gegen Mose, und er sprach:*
"Nicht wahr, Aaron ist (doch) dein Bruder, der Levit!
Ich weiß, daß er sich sehr wohl aufs Reden versteht[5]*.*

b *Er wird dir auch tatsächlich*[6] *entgegenkommen,*
und er wird sich von Herzen freuen, wenn er dich sieht.

15a *Du sollst (dann) zu ihm reden und ihm die Worte in den Mund legen.*

b *Und ich werde mit deinem Munde sein und mit seinem Munde*
und werde euch lehren, was ihr tun sollst.

16a *Er soll an deiner Statt*[7] *zum Volke reden.*

b *Und (so) soll es sein:*
Er soll dir zum Mund sein, und du sollst ihm zum Gott sein!

17a *Und diesen Stab nimm in deine Hand!*

b *Mit ihm sollst du die Zeichen tun."*

---

1) Eig.: "nicht ein Mann von Worten"
2) Eig.: " ... einen schweren Mund und eine schwere Zunge"
3) Zu der Korr. von piqqēaḥ zu pissēaḥ vgl. Nr. 2.21, S. 52 , Anm. 5
4) LXX^{min} hat statt Jhwh: ho theós, LXX^{MSS} kýrios ho theós. Da die LXX bekanntlich nie den Namen Jhwh als solchen wiedergibt, sondern ihn stets umschreibt, läßt sich von da aus nicht auf eine hebr. Vorlage (ha)'ᵆ-lōhīm anstelle von Jhwh schließen.
5) Hebr.: kī-dabbēr
6) "Auch tatsächlich" ist die Übersetzung der Partikel gam, die hier beteuernden Charakter hat (vgl. C.J. LABUSCHAGNE, The Emphasizing Particle gam and its Connotations, in: Studia Biblica et Semitica (FS T.C. VRIEZEN, Wageningen 1966, 193-203).
7) Hebr.:lᵉkā

2. Literarkritik zu Ex 4,10-12

2.1 Vorläufige Abgrenzung des Textkontinuums

2.11 nach rückwärts:

Ex 4,10 stellt einen Neueinsatz dar. Ein erster Hinweis liegt in der Art, wie Moses Gesprächsbeitrag eingeführt wird: Absender und Adressat werden namentlich genannt. So etwas ist nur am Beginn eines Gesprächs erforderlich, nicht aber innerhalb eines Gesprächsverlaufs. Der Hebräer kann in einem Zwiegespräch sogar durchgängig die Nennung des (jeweils anderen) Absenders unterlassen: "und er (= Gesprächspartner A) sprach: ..., und er (= Gesprächspartner B) sprach: ..."[1] Außerdem beginnt in V.10 sprachlich wie thematisch etwas Neues: Die entscheidenden Worte und Wendungen von V.1-9, nämlich ’mn hi., šmᶜ bᵉqōl und ’ōt kommen im weiteren Gespräch nicht mehr vor. Vor allem: Moses Einwand, er könne aber nicht reden, schließt sich gedanklich nicht sonderlich gut an die vorausgehende Bevollmächtigung zu den 3 Beglaubigungswundern an: Hinter Ex 4,1-4.5(.6-9) erwartet man keinen derartigen Rekurs des Mose auf seine mangelhafte Redefähigkeit mehr[2]. Eher könnte umgekehrt Moses Einrede von Ex 4,1 ("Aber Mose erwiderte und sprach: 'Wenn sie mir aber nicht glauben und nicht auf meine Stimme hören ...'") auf Ex 4.10-12 folgen!

Daß nun aber Ex 4,10 ff faktisch auf Ex 4,1-9 folgt, hat natürlich seinen Grund: Bevor Aaron ins Spiel gebracht wird, mußten zuerst die Beglaubigungszeichen dem Mose übergeben sein, da sie nachher nicht mehr untergebracht werden konnten. Da die Motiv- und Textkombination in ihrer jetzigen Abfolge schwerlich von der Hand eines Autors stammen kann, bleiben 2 Möglichkeiten: Entweder wurden hier 2 (alte) Texte verschiedener Herkunft zusammengestellt oder Ex 4,10 ff ist eine spätere Ergänzung.

---

1) Vgl. z.B. Ex 3,4bβ.5
2) So ist dem Urteil von H. SEEBASS zu widersprechen, daß Ex 4,1-4.6-7.10-13.14b-15 "eine glatte Berufungserzählung" (Mose und Aaron, 10) darstelle.

Auch mit der Schlußpassage des vorhergehenden Kap. 3, nämlich V.21-22(L), steht der Abschnitt Ex 4,10-12 nicht in innerem Zusammenhang[1].

"Neueinsatz" bedeutet aber keinen absoluten Anfang. Vielmehr setzt Ex 4,10-12 etwas voraus: die bereits erfolgte Beauftragung des Mose; gegen sie richten sich ja Moses Bedenken in V.10[2]. So sind die VV. Ex 4,10-12 in den größeren Zusammenhang der Erzählung von der Berufung des Mose eingebunden.

2.12 nach vorwärts:

Mit dem Befehl an Mose, er solle gehen, und der aufmunternden Beistandszusage ist in V.12 ein Ruhepunkt innerhalb des Dialogs Jahwe-Mose erreicht. V.12 verlangt von sich aus nicht nach einer Fortsetzung des Zwiegespräches (das nach dem vorliegenden Text aber noch bis V.17 weiterläuft), er könnte sehr wohl als Schlußwort dienen.

2.13 Ergebnis:

Die VV. Ex 4,10-12 können als kleine literarische Einheit angesprochen werden. Die Geschlossenheit dieses Textabschnittes ist jedoch keine absolute, sondern eine relative, da er in einen größeren Kontext gehört.

2.2 Zur Frage der Einheitlichkeit

2.21 Der Handlungs- und Gedankenablauf

V.10a Mose wendet gegen den von Jahwe erhaltenen Redeauftrag ein, er sei nicht redegewandt. Der in Moses Worten enthaltene

---

1) Der Hinweis auf die formale Verknüpfung von Ex 4,10-12 mit Ex 3,21-22 bzw. mit Ex 4,1-9 durch das einheitliche literarische Genus, die Dialogform, ist kein taugliches Argument für eine ursprüngliche literarische Zusammengehörigkeit der betr. Abschnitte.

2) Mit dem gam mē'āz dabbærka 'æl-ʿabdǣkā weist Mose sogar selbst ausdrücklich auf eine vorausgegangene Berufungsrede zurück.

leichte Vorwurf an Gottes Adresse ("... noch seit ich mit dir rede (hat sich an meiner mangelnden Redegabe etwas geändert)") läßt schon erkennen, daß Moses Einwand "keine Ausrede, sondern (vgl. V.11) sachlich begründet"[1] ist, wie es Gottes Antwort in V.11 f dann ja auch indirekt bestätigt.

V.10b Moses Unfähigkeit zu reden (und als Gottes Botschafter aufzutreten) ist in einem körperlichen Gebrechen begründet[2]: "denn[3] ich bin schwer(fällig) in bezug auf den Mund und schwer(fällig) in bezug auf die Zunge".

V.11 Jahwe tadelt in Form einer rhetorischen Frage Moses Zweifel an der Macht des Schöpfers und an dessen Bereitschaft, Mose bei seinem Redeauftrag beizustehen. Moses Auftraggeber ist der, der dem Menschen den Mund gegeben hat[4] und der darum auch stumm, taub, lahm[5] und blind machen kann, aber auch die Macht hat, diese naturbedingten Mängel zu beheben (und der im gegebenen Augenblick davon Gebrauch macht).

---

1) H. HOLZINGER, Ex, 15

2) Vgl. die parallele Ausdrucksweise kibdē lāšōn Ez 3,5, wonach "die unverständliche Rede auf einem Fehler des Sprachorganismus" beruht (B. BAENTSCH, Ex-Lev-Num, 31. BAENTSCH denkt für Ex 4,10 jedoch nicht an einen Sprachfehler, sondern einfach an fehlende Flüssigkeit im Reden). G. BEER spricht von "körperl. Unbeholfenheit" des Mose (Ex, 36). Die meisten Exegeten interpretieren die Schwerfälligkeit im Reden nicht als mangelhafte Artikulationsfähigkeit, bedingt durch anlagebedingte Mängel an den Sprechwerkzeugen, sondern einfach als "Mangel an Rednergabe" (A. DILLMANN, Ex, 40).

3) Die V.10b einleitende Konjunktion kī hat dem Zusammenhang nach kausale Bedeutung. So hat die Bible de Jérusalem (B. COUROYER) "car" und die deutsche Ausgabe dieser Bibel entsprechend "denn". Andere, z.B. M. STENZEL (Pattloch-Bibel) verstehen das kī fälschlicherweise adversativ (= "vielmehr"). Der Einwand des Propheten Jeremia Jer 1,6,in vergleichbarer Situation gesprochen, ist von gleicher Art, setzt nur einen etwas anders gelagerten Tatbestand voraus: "... denn ich bin noch ein Knabe".

4) eig.: "(zur Verfügung) gestellt, zubereitet, gemacht hat". Das Perf. śām meint hier wohl im Unterschied zu der folgenden Imperfektform jāśūm eine punktuelle Handlung in der Vergangenheit (so auch W. RICHTER, VpBB, 188). doch ist grundsätzlich auch ein präsentisches Verständnis nach Art des gnomischen Aorists im Griechischen möglich. Nicht auszuschließen ist schließlich noch das partizipiale Verständnis von śām (vgl. Ps 94,9: nōtēn ʼōzæn - jōṣēr ʿajin).

5) piqqēaḥ (= sehend) ist hier zu pissēaḥ (= lahm) korrigiert: 1. wäre das piqqēaḥ in der Aufzählung der einzige positive Begriff, 2. kommen die 4 Eigenschaftswörter des korrigierten Textes noch in Jes 35,5 f[sek] vor. Das Nebeneinander von pissēaḥ und ʿiwwēr findet sich im AT noch 7x (Lev 21,18; Dt 15,21[Z]; 2 Sam 5,6.8 (2x); Ijob 29,15; Jer 31,8; Mal 1,8). S. T. LACHS (Exodus IV.11: Evidence for an Emendation, VT 26 (1976), 249 f) weist zur Begründung dieser Textkorrektur vor allem auf die Behandlung von Ex 4,11 in der rabbinischen Literatur hin.

V.12 Jahwes Belehrung mündet in eine Wiederholung des Auftrages von Ex 3,10 samt Beistandszusage[1]. Das w^{e}^{c}attā[2] vor dem Imperativ charakterisiert den Befehl als Folgerung aus dem von Jahwe im voraufgehenden V.11 in Erinnerung gerufenen Tatbestand. Mit der (nun auf Moses Mund hin spezifizierten) Zusage (V.12bα) bestätigt Jahwe indirekt, daß Mose tatsächlich nicht gut reden kann. Er beseitigt aber nicht etwa den Defekt, indem er dem Mose eine leichte Zunge gibt. Vielmehr bringt er zum Ausdruck: Dieser Mangel, der ja letzten Endes auf mich selbst zurückgeht, kann mich in meinem Vorhaben keineswegs behindern.

Jahwe erscheint hier als geschichtsmächtiger Gott, der durch naturgegebene Begrenztheiten seiner menschlichen "Werkzeuge" in seinem Heils- (und Unheils)handeln nicht eingeengt wird[3]. Er vermag im entsprechenden Augenblick souverän die kreatürlichen Grenzen seiner Geschöpfe zu überspringen und die Situation nach seinem Willen zu beherrschen: "Ich werde mit deinem Munde sein ..."

Der zweite Teil der Beistandsverheißung (V.12bβ) bezieht sich nicht mehr auf die Form der Verkündigung, die hier eigentlich zur Debatte steht, sondern auf den Inhalt[4] (der freilich nicht völlig von der Form ablösbar ist): "... und werde dich lehren, was du reden sollst". Durch diese zweiteilige Zusage garantiert Jahwe eine verständliche und zuverlässige Übermittlung der göttlichen Botschaft. Und "Mose selbst soll gar nichts dazu tun, sondern sich nur der göttlichen Einwirkung willig unterstellen" (B. BAENTSCH, Ex-Lev-Num, 31).

---

1) Jahwes Antwort gleicht dabei in ihrem Grundtenor durchaus seiner Antwort an den jungen, redeunkundigen Jeremia, dem er seine Worte in den Mund legt (Jer 1,7-9).

2) ^{c}attā ist eine Partikel, mit der "zur aktuellen Situation des Redenden (und Angesprochenen) zurückgerufen wird, um eine auf die vorangehende Exposition folgende Reaktion einzuleiten" (E. JENNI, Zur Verwendung von ^{c}attā "jetzt" im AT, ThZ 28 (1972), 5-12). Vgl. auch H.A. BRONGERS, Bemerkungen zum Gebrauch des adverbialen we^{c}attāh im Alten Testament, VT 15 (1965), 289-299, hier besonders 294.

3) J.M. SCHMIDTs Kommentierung von V.12 ("Damit wird V.11 gleichsam konkretisiert") (Aaron und Mose, A9) kennzeichnet den Gang der Gedanken nicht scharf genug. Denn die VV.11 und 12 stellen eine keineswegs selbstverständliche Verbindung von "Gott, dem Schöpfer" und "Gott, dem Herrn der Geschichte" dar (vgl. hierzu Nr. 7.2, S. 96 f).

4) Vgl. H. HOLZINGER, Ex, 15

2.22 Ergebnis:

Aus der Darlegung des Gedankenganges in V.10-12 geht hervor, daß der kleine Abschnitt keine Spannungen, Brüche und Wiederholungen aufweist und deswegen als einheitlich bezeichnet werden kann. Das Ziel dieser kleinen Teileinheit liegt in der Wiederholung des Auftrages von Ex 3,10 und der Beistandsverheißung von Ex 3,12 (die jetzt aber auf die Befähigung zum Reden hin spezifiziert ist).

2.3 Gehören die VV. Ex 4,10-12 einer der alten Berufungserzählungen von Ex f (J-E) an?

2.31 Anknüpfung an Ex 3,1bβ.4b.6a.9.*10-15E

Zwar wird in Ex 4,10-12 weder von Mose noch von Jahwe der Adressat der von Mose zu überbringenden Botschaft (die Ältesten = Ex 3.16-18a oder das israelitische Volk = Ex 3,*10-15E[1]) erwähnt, so daß von daher nicht auf eine Anknüpfung an den J- oder E-Strang der Berufungserzählung geschlossen werden kann, doch enthält die Beistandszusage Ex 4,12 einen eindeutigen Rückbezug auf

---

1) M.E. ist die Textpassage in VV. Ex 3,10-15 literarisch nicht einheitlich: 1. Der Satz "und ich sende dich (hiermit) zum Pharao" V.10a unterbricht die Abfolge der Imperative "Nun also geh ... und führe mein Volk, die Söhne Israels aus Ägypten heraus!" Er ist daher als sekundär auszuscheiden. Dann aber wird man auch den ersten kī-Satz in V.11a ("daß ich zum Pharao gehe"), wenigstens aber das "zum Pharao", als nichtursprünglich weglassen. Das Motiv "Sendung zum Pharao" ist nicht-elohistisch: Im E-Faden des Plagenzyklus kommt kein Gang zum Pharao vor! (Die Zuweisung von Ex 5,1 f.5.9 - erste Verhandlung mit dem Pharao - zum E, wie O. EISSFELDT (HexSyn, 116*), L. RUPPERT (SynÜbHex,384) , G. FOHRER (Ex, 124) sie vornehmen, läßt sich nicht halten (vgl. im 5. Kap. des Hauptteils die Nr. 1, S.366-371 . W. RUDOLPH ("Elohist", 274) und M. NOTH (ÜPt, 32), rechnen diese VV. zum J. Nach ihnen hat der E überhaupt keinen Anteil an Ex 5.) 2. Die VV. Ex 3,13-15 haben m.E. eine (zweifellos hochbedeutsame) Umakzentuierung erfahren, die sowohl der ursprünglichen, rein sachlichen Anfrage des Mose, was er den Israeliten mitteilen soll (Ex 3,*13b: "Was soll ich zu ihnen sagen?") als auch der Antwort Gottes (Ex 3,*15a: "So sollst du zu den Israeliten sprechen: 'Jahwe ... hat mich zu euch gesandt, (erg.(?): damit ich euch aus Ägypten herausführe)'") eine andere Sinnspitze gibt. Im jetzigen Text geht es Mose um eine glaubwürdige Begründung seiner Rettungsbotschaft vor den Israeliten. Jahwe geht auf das von Mose angesprochene Beglaubigungsproblem ein, indem er ihm seinen Namen offenbart und dessen Bedeutung herausstellt.

Ex 3,12a wajjōmær kī ʾæhjæ- ʿimmāk und d.h. auf die elohistische Erzählung. Aus diesem Grunde und - unter der Voraussetzung, daß Ex 4,10-12 und 13-17 derselben literarischen "Schicht" angehören - auch aus anderen Gründen (Verwendung des Verbs šlḥ V.13, der Wendung śīm b^e fī V.15a, Nennung des Volkes V.16a sowie des Stabes V.17) rechnen die meisten Exegeten[1] Ex 4,10-12(.13-17) zum elohistischen Berufungsbericht.

2.32 Ursprüngliche oder sekundäre literarische Beziehung zwischen Ex 4,10-12 und der E-Berufungserzählung?

Die herkömmliche Einordnung von Ex 4,10-12(.13-17) in den E-Berufungsbericht muß als voreilig bezeichnet werden. Abgesehen davon, daß die Argumentation mit šlh[2] und mit dem Stab-Motiv[3] nicht zum Ziele führt, muß man sich zunächst einmal die Möglichkeit einer nachträglichen Erweiterung der E-Erzählung offenhalten. Tatsächlich ergeben sich beim näheren Zusehen aus der Annahme, daß die VV. Ex 4,10-12 die ursprüngliche und direkte Fortsetzung von Ex 3,*10-15 bilden, erhebliche Schwierigkeiten. Der Berufungsdialog sieht dann ja folgendermaßen aus: In seiner ersten Einrede verweist Mose darauf, daß er eine völlig unbedeutende Person ohne Macht und Einfluß ist: "Wer bin ich, daß ich zum Pharao gehen und die Söhne Israels aus Ägypten herausführen soll?" (Ex 3,11). Daraufhin sagt Jahwe ihm seinen Beistand zu: "Ich werde mit dir sein (V.12a). Moses zweite Äußerung ist schon kein Einwand mehr, sondern eine echte Sachfrage: "... was soll ich ihnen sagen?" (V.13)[4] - wobei der Adressat dieser Mitteilung das Volk ist. Der dritte Redegang beginnt wieder mit einem Einspruch: "Mit Verlaub, mein Herr, ich bin kein Mann, der reden kann, weder (war ich's) gestern noch vorgestern, noch (bin ich's) seit du mit deinem Knechte redest; denn ich habe einen schwerfäl-

---

1) So z.B. J. WELLHAUSEN, Composition, 70; R. SMEND sr., Hexateuch, 117; G. BEER, Ex, 34; O. EISSFELDT, HexSyn, 113*f; G. FOHRER, Ex, 124; H. SCHMID, Mose, 36.
2) Vgl. Nr. 8.31k, S. 112 f
3) Vgl. Nr. 3.23d, S. 76
4) Vgl. S. 54 , Anm. 1

ligen Mund und eine steife Zunge" (Ex 4,10). Diese massive Einwendung des Mose überrascht deshalb, weil "nach 3,10 gar keine großen Verhandlungen mit dem Volke ... in Aussicht" genommen sind[1] und weil von der Bereitschaft des Mose, die man aufgrund der Sachfrage Ex 3,13 annehmen mußte, nichts mehr zu spüren ist. Der Dialog ist also nicht organisch aufgebaut, seine Struktur macht nicht den Eindruck von Ursprünglichkeit.

Die Erzählregel, erst am Ende des Gespräches zum Höhepunkt der Spannung (und zu ihrer Auflösung) zu führen, dürfte als Begründung für die vorliegende Gesprächsstruktur nicht ausreichen. Man wird einem Autor nicht zutrauen dürfen, daß er Gesichtspunkte der Form denen des logischen Handlungsablaufes überordnet; man müßte ihn denn als Dilettanten ansehen - mit einer solchen Annahme läßt sich aber nicht argumentieren. Der fundamentale Einwand am Schluß (Ex 4,13) erweckt überdies den Eindruck, daß Moses vorheriger Einwand in Ex 4,10 mehr oder weniger ein Vorwand war und daß Mose außerdem der Beistandszusicherung Jahwes nicht traut. Es ist aber kaum denkbar, daß einer, der das Ziel hat, Moses Berufung darzustellen, das Zwiegespräch zwischen Jahwe und Mose ganz bewußt so anlegt, daß dabei ein Schatten auf die Gestalt des Mose fällt. Man mag einwenden: Wenn die VV.10-12 mit den VV.13f literarisch zusammengehören - und das ist, wie sich weiter unten zeigen wird[2], tatsächlich der Fall - und sie demnach auf die Einführung Aarons in V.14 hinzielen, dann ist der Einspruch V.10 einfach eine erzähltechnische Notwendigkeit. Dem ist kaum zu widersprechen. Nur wird man sagen müssen, daß ein Autor, der von Anfang an auf Ex 4,10 ff hinausgewollt, den Dialog Ex 3,*10-15; 4,10-12 anders aufgebaut hätte.

Die VV. Ex 4,10-12 stellen allem Anschein nach eine wohldurchdachte und, gemessen an den Vorgegebenheiten, sehr geschickte nachträgliche Erweiterung[3] des E-(+J+Je-?)Berufungsdialoges

---

1) B. BAENTSCH, Ex-Lev-Num, 30.
2) Vgl. Nr. 4.21, S. 84 f.
3) Der Verfasser von Ex 4,10-12 wird daher von nun an als "Interpolator" bezeichnet!

dar[1]. (Eine präzisere Antwort auf die Frage der literarischen Herkunft des Textes kann erst unter Nr. 8 (S. 101 ff) gegeben werden.)

2.33 Stilistische Beobachtungen

a) Die Freude an wortreicher Rede in Ex 4,10 mag ebenfalls ein stilistisches Argument gegen die Zugehörigkeit von Ex 4,10-12 zum E[2]-Berufungsbericht Ex 3,1bβ.(3b.)4b.6a.9.*10-15 liefern[3].

b) Die unterschiedlichen Imperativformen von hlk (l^{e}kā Ex 3,10 und lēk Ex 4,12) scheinen dagegen auf einem Bedeutungsunterschied zu beruhen. l^{e}kā fungiert nämlich meist als Interjektion mit der Bedeutung "wohlan, auf!", so offenbar auch hier: Die Divergenz der Personen in der Verbindung l^{e}kā w^e'æ slāḥ^{a}kā zeigt an, daß der Imperativ hier als "Monem für 'wohlan'" steht[4]. Sichergestellt ist diese Bedeutung aber nur für die jetzige (Je?-)Textform von Ex 3,10a! Ursprünglich, also in der E-Fassung,

---

1) O. PROCKSCH (Elohimquelle, 64) und G. HÖLSCHER (Geschichtsschreibung, 297) teilen Ex 4,10-12 dementsprechend einer jüngeren Schicht innerhalb des E zu (= E^2). J.M. SCHMIDT (Aaron u. Mose, A 7) rechnet mit einem jüngeren Zuwachs innerhalb des J.B. BAENTSCH (Ex-Lev-Num, 30) spricht Ex 4,10-12 dem jehowistischen Redaktor zu. BAENTSCH geht in seiner Argumentation u.a. von der Voraussetzung aus, daß Aaron in der E-Plagenerzählung vorkommt. Der jehowistische Redaktor habe diese Tatsache bei der Zusammenarbeitung von J und E berücksichtigen müssen und habe in Ex 4,14aβb-16 die Gelegenheit ergriffen, Aaron in die Erzählung einzuführen. Durch diese These läßt sich aber nicht erklären, wieso der Redaktor - was BAENTSCH selber zugibt - "dem Aaron eine noch viel höhere Bedeutung" zuschreibt, "als er in E wirklich hat" (ebd.). In dieser Hinsicht ist R. SMEND (Hexateuch, 117) recht zu geben, wenn er für Ex 4,13-17 die Klassifizierung "redaktionell" - im Sinne der Zusammenarbeit der Erzählfäden J und E - ablehnt. Ganz anders B.D. EERDMANS, der Ex 3,1-4,18+20b.27-31f "ein Stück aus einem Gusse" (Studien III 16) hält.

2) Kommentatoren für die Zuteilung zu E: R. SMEND sr., O. EISSFELDT, G. BEER, G. FOHRER

3) Die Aufzählung der 4 körperlichen Gebrechen in V.11a (zur Korr. von piqqēaḥ zu pissēaḥ vgl. Nr. 2.21, S. 52, Anm. 5) ist dagegen höchstwahrscheinlich aus Jes 35,5 f entnommen (vgl. Nr. 8.31h, S. 110).

4) W. RICHTER, VpBB, 104

dürfte das w^{ec}attā l^{e}kā V.10a (mit dem unmittelbar folgenden Imperativ w^{e}hōṣē' V.10b!) nämlich im wörtlichen Sinne als "Und nun geh (und führe ... heraus)!" verstanden worden sein. Dann aber wird man das weniger energische lēk Ex 4,12 kaum dem E zuschreiben können. Damit ist ein weiteres Argument für die literarkritische Scheidung zwischen Ex 4,10-12 und dem E-Berufungsbericht in Ex 3 gegeben.

2.34 Formkritischer Aspekt: Das Schema der vorprophetischen Berufungsberichte

W. RICHTER hat in seinem Buch "Die sog. vorprophetischen Berufungsberichte. Eine literatur-wissenschaftliche Studie zu 1 Sam 9,1-10,16; Ex 3 f und Ri 6,11b-17"[1] durch Analysieren und Vergleichen dieser Texte das Schema eines sog. "vorprophetischen Berufungsberichtes" herausgearbeitet.

Die Einzelglieder dieses Schemas[2] sind:

1. die Andeutung der Not,
2. der Auftrag[3],
3. der Einwand,
4. die Zusicherung des Beistandes,
5. das bzw. die Zeichen.

Von diesen Gliedern stellt jedoch "das letzte (5) keinen Satz, sondern einen Begriff dar, 'ōt im Singular oder im Plural" (VpBB, 139). Das heißt m.E. aber: Das 5. Glied ist kein wirklich vollwertiger Bestandteil des Schemas, weil durch das Vorkommen

---

1) Göttingen 1970 (Abkürzung: VpBB). - Vgl. hierzu noch die folgende Literatur: W. ZIMMERLI, Ezechiel I, Neukirchen-Vluyn 1969 (BK XIII/1), 16 ff; R. KILIAN, Die prophetischen Berufungsberichte, in: Theologie im Wandel. Festschrift zum 150jährigen Bestehen der Kath.-Theol. Fakultät der Universität Tübingen 1817-1967, München 1967 (Tübinger Theol. Reihe 1), 356-376; K. GOUDERS, Die prophetischen Berufungsberichte. Moses, Isaias, Jeremias und Ezechiel. Auslegung, Form- und Gattungsgeschichte, zu einer Theologie der Berufung. Diss. Bonn 1971; M. GÖRG, Der Einwand im prophetischen Berufungsschema, TrierThZ 85 (1976), 161-166.

2) VpBB, 139. Vgl. dort die Synopse S. 138. Für 1 Sam 9 f trifft die Abfolge der Glieder allerdings nicht zu.

3) Außer in 1 Sam 9 f beginnt die göttliche Beauftragung mit einem Imperativ von hlk.

des einen Begriffs noch lange kein gleicher oder auch nur ähnlicher Skopus in der jeweiligen Aussage gegeben ist! So ist das Zeichen von Ex 3,12 in der Tat kein wirkliches Beglaubigungszeichen (wobei überhaupt zweifelhaft ist, ob Ex 3,12 zum E-Faden des Berufungsberichtes des Mose gehört)[1]. Auch am J-Faden läßt sich das Zeichen als 5. Glied des Schemas nicht verifizieren: Die Zeichen Ex 4,1-9 u. 17 sind keine Zeichen für Mose. Außerdem ist nicht sicher, ob die Zeichen in Ex 4,1-9 - oder wenigstens das in V.2-4 - zum J zu rechnen ist. Überhaupt fehlen im J-Bericht die Glieder "Einwand" und "Zusicherung des Beistandes", so daß Ex 3 f J für die Erhebung des o.g. Schemas ganz ausscheidet.) Will man sich nicht allein auf 1 Sam 9,1-10,16 u. Ri 6,11b-17 stützen, so ist das Schema also auf die ersten 4 Glieder zu beschränken.

In der E-Version des Berufungsberichtes Ex 3 folgt auf die 4 Glieder dieses Schemas noch die Frage des Mose, was er den Israeliten über den (göttlichen) Auftraggeber sagen soll (Ex 3,*13) und die dazugehörige Antwort Jahwes (Ex 3,*14 f)[2]. Damit schließt dann aber der Berufungsdialog ab.

Hinter Ex 3,15 ist nach dem RICHTERschen Schema keine Einrede des Mose, erst recht keine direkte Ablehnung des Auftrages zu erwarten. Zwischen Ex 3,15 und 4,10 liegt also eine deutlich erkennbare Zäsur. Ähnlich wie in Ri 6 die nachhinkende 2. Zeichenforderung (V.36 f.39) von RICHTER mit Recht nicht zum originalen Berufungsbericht hinzugerechnet wird, muß auch Ex 4,10 ff als sek Hinzufügung angesehen werden[3].

---

1) E. ZENGER (Ex-Übersetzung, 6), der Ex 3,12 dem Je zuschreibt, vermutet die Beglaubigungszeichen des E-Berufungsberichtes in Ex 4,21. Aber 1. liegt hier ein anderer Terminus vor (mofᵉtīm statt 'otot), 2. dienen diese Zeichen nicht der Beglaubigung der dem Mose gegebenen Zusage gegenüber eben diesem Mose, 3. ist die Zuordnung von Ex 4,21 zum E-Faden sehr fraglich (vgl. S. 77 , Anm. 1).

2) Die im jetzigen Text vorliegende Deutung des Jahwe-Namens stellt eine (zweifellos höchst bedeutsame) Erweiterung des originalen E-Textes dar, die sowohl der Frage des Mose V.13 wie auch der Antwort Gottes V.14 f eine andere Sinnspitze gibt. (vgl. Nr. 2.31, S. 54, Anm. 1)

3) Das eigenständige Ziel dieser Interpolation ist die Einführung Aarons als Sprecher des Mose.

3. Literarkritik zu Ex 4,13-17

3.1 Vorläufige Abgrenzung des Textkontinuums

3.11 nach vorwärts:

Mit Ex 4,17 endet der Dialog Jahwe-Mose. V.17 bildet also in jedem Falle einen Abschluß. Was in V.18 ff folgt (eine Mitteilung über Moses Rückkehr nach Midian, die Entlassung durch seinen Schwiegervater Jitro sowie die Heimkehr mit Frau und Kind nach Ägypten), stellt nicht die unmittelbare und konsequente Fortsetzung dar. Die Ausführung dessen, was in unserem Dialogteil V.13-17 besprochen wird, beginnt mit V.27 (Auftrag an Aaron, dem Mose in die Wüste entgegenzugehen).

3.12 nach rückwärts:

Die Einführung des Mose-Einspruchs V.13 durch schlichtes wajjōmaer, also ohne ausdrückliche Angabe von Absender und Adressat - trotz Personenwechsel -[1], scheint auf einen ursprünglichen und organischen Zusammenhang mit den voraufgehenden VV. hinzudeuten. Dadurch ist der ursprüngliche literarische Zusammenhang mit V.10-12 jedoch keineswegs bewiesen. Denn es kann sich auch ein Interpolator dieses formalen Mittels bedient haben, um seine Ergänzung nahtlos anzufügen. Weil Moses energische Weigerung V.12 hinter V.10-12 sehr überrascht, liegt die Annahme einer sek Erweiterung von Ex 4,10-12 durch V.13 ff nahe[2]. So wie die letztgenannten VV. kann man also auch Ex 4,13-17 als eine kleine literarische Einheit betrachten. Wie Ex 4,10-12 setzt aber auch Ex 4,13-17 eine Mitteilung über einen an Mose ergangenen göttlichen Sendungsauftrag voraus. Wieder weist die Beistandsverheißung V.15bα auf Ex 3,12aα E zurück. Außerdem knüpft die Erwähnung des israeli-

---

1) Dieser Befund ist im Zusammenhang von Ex 4,(10-12)13-17 bemerkenswert, weil hier sonst außergewöhnlich häufig das Pers.-Pron. verwendet wird.
2) Vgl. J.M. SCHMIDT: "Nach der umfassenden Verheißung der Hilfe Jahwes an den zweifelnden Mose befremdet jetzt geradezu die abermalige Ablehnung Moses. Dies hat manche Ausleger dazu bewogen, V.13-16 als einen späteren Nachtrag zu streichen" (Aaron u. Mose, A 11).

tischen Volkes (als Adressat der von Mose auszurichtenden göttlichen Botschaft) an Ex 3*13-15 an.

3.13 Ergebnis

Ex 4,13-17 ist sowohl nach vorwärts wie nach rückwärts in einen übergreifenden Handlungsablauf eingebunden, so daß nicht von einer selbständigen Einheit gesprochen werden kann[1].

3.2 Zur Frage der Einheitlichkeit

3.21 Der Handlungs- und Gedankenablauf

V.13 Der Form nach ist Moses Einspruch zwar pietätvoll gehalten, dem Inhalt nach aber kommt er eine Ablehnung des Auftrages gleich. Wie ist diese Reaktion auf Jahwes erneute Aufforderung und Beistandsverheißung motiviert? Will der Verfasser damit zum Ausdruck bringen, daß Mose der von Jahwe erhaltenen Zusage glattweg mißtraut? Oder will Mose etwa sagen: "Herr, es gibt doch andere, die für diese Aufgabe bessere Voraussetzungen mitbringen als ich. Warum solche Umstände mit mir? Nimm dir doch einen Geeigneteren!"[2] Also auf die Spitze getriebene, und darum nicht mehr glaubwürdige Bescheidenheit? Die Bereitwilligkeit, mit der Jahwe dann doch auf Moses Einspruch eingeht, läßt auf jeden Fall erkennen, daß der Autor Moses entschiedene Widerrede nicht als Disqualifikation des Mose verstanden wissen will.

Freilich kann ein Zweifaches nicht geleugnet werden: 1. daß Jahwe sich selbst in dem "Kompromiß"[3], auf den das Ganze hinausläuft, nicht ganz treu bleibt (vgl. V.11), 2. daß der Gotteszorn als erste Reaktion Jahwes doch einen gewissen Schatten auf den "Knecht" Jahwes (V.10) wirft. Diesen Preis

---

1) Der Frage, ob Ex 4,10-12 und 13-17 literarisch nicht doch enger zusammenhängen, genauer: ob beide Abschnitte vielleicht nicht doch vom selben "Interpolator" (vgl. oben S. 56, Anm. 3) stammen, wird nach der Besprechung der Einzelverse und ihrer Verknüpfung nachgegangen werden.

2) Es ist kaum zu bestreiten, daß Moses Äußerung im Kontext einer prophetischen Berufung steht. Aber gleichzeitig ist zu konstatieren, daß es hierzu keine Parallelen gibt: "Die Ablehnung des Amtes durch Mose im Blick auf einen möglichen Anderen ist ... singulär" (J.M. SCHMIDT, Aaron and Mose, A. 11).

3) B. BAENTSCH, Ex-Lev-Num, 31. So auch G. BEER, Ex, 35. B.S. CHILDS spricht von "a concession" (Ex, 79).

mußte der "Erzähler" zahlen, um "seinen" Aaron in Spiel zu bringen[1]. Dies aber dürfte das eigentliche Ziel von Ex 4, (10-12.)13 ff sein.

V.14a a) Jahwes zornige Reaktion auf Moses Widerrede in V.14a (bis: b^eMōšæ) kommt für den Leser keineswegs überraschend. Denn Moses Worte beinhalten ja trotz ihrer pietätvollen Einleitung "eine glatte Ablehnung der Sendung"[2]. Völlig überraschend ist der versöhnliche Ton der *Worte* Jahwes[3]. Man hatte nach der Zornnotiz eine scharfe Zurechtweisung des Mose und vielleicht gar eine Strafansage von seiten Jahwes erwartet[4]. Stattdessen gesteht Jahwe dem Mose Unterstützung durch den redekundigen Aaron zu. Man ist daher versucht, die Mitteilung über den Zorn einerseits und die anschliessenden Worte andererseits zwei verschiedenen literarischen Schichten zuzuweisen, wie es manche Kommentatoren[5] tun. Doch sollte man mit dem literarkritischen Seziermesser nie zu schnell zu Werke gehen. Im vorliegenden Falle beispielsweise bietet sich eine erzähltechnische Erklärung an: Der betr. Autor hatte die Absicht, Aaron als Sprecher des Moses in die Erzählung einzuführen, ohne der Integrität des Mose Abbruch zu tun. Nun machten aber die Regeln der Erzählkunst in diesem fortgeschrittenen Stadium des Zwiegesprächs, nämlich auf seinem emotionalen Höhepunkt, den

---

1) Ex 4,14 enthält also keine Spitze gegen Mose. Gegen H. GRESSMANN (Anfänge, 34), W. RUDOLPH ("Elohist", 9), A.H.J. GUNNEWEG (Leviten, 95) u.a.

2) W. RICHTER, VpBB, 61

3) Vgl. u.a. G. WESTPHAL, ZAW 26 (1906), 227; J.M. SCHMIDT, Aaron und Mose, A 11, Anm. 31

4) A. DILLMANN meint, man könne "die nun folgende Beiordnung des Aaron ... als eine Art Strafe seiner (d.h. des Moses) Schwachheit" betrachten (Ex-Lev, 41). So noch kürzlich U. CASSUTO (vgl. Ex, 50). Nach RASCHIS Auskunft sehen die Rabbiner die Bestrafung des Mose darin, daß nicht ihm, sondern Aaron (der an sich dazu bestimmt war, (gewöhnlicher) Levit zu bleiben), das Priestertum übertragen wird, und daß Mose (nur) Levit bleibt (vgl. A.S. ONDERWIJZER, h^amīšā humm^ešē tōrā ʿim pērūš Raš"i w^etargūm 'Onkelos, Amsterdam 1897 (Nachdruck 1975), 38)

5) So z.B. B. BAENTSCH. Er zieht die Zäsur zwischen 4,14aα u. ß (vgl. Ex, 29), und d.h. doch wohl: nach b^eMōšæ; denn er bezieht die folgende Erwähnung Aarons bereits in seine Kommentierung von V.14aß-16 Rje ein. So auch H. HOLZINGER, der für V.14aα (ab: wajjōmær)ß-16 an R^p denkt.

Gotteszorn als literarisches Gestaltungselement mehr oder minder erforderlich[1]. Die Disparatheit zwischen der schroffen Gefühlsreaktion und der freundlichen Verbalreaktion Gottes war also kaum zu umgehen und kann deshalb nicht literarkritisch ausgemünzt werden[2].

b) in V.14a wird Aaron innerhalb des Pt zum 1. Mal erwähnt. Er wird als 'ah^{a}rōn hallēwī vorgestellt[3].

V.14aα (ab L: wajjōmær), ergänzt durch V.16a, enthält gegenüber V.10-12 die entscheidende Aussage, daß Aaron von Jahwe zum Sprecher des Mose berufen ist.

V.14b Aaron wird dem Mose nach Jahwes Worten entgegengehen (V. 14b). Sein Kommen wird als "unmittelbar bevorstehend und sicher eintreffend" angesagt. Das geht hervor aus dem part. act. mit vorangehendem hinnē (= futurum instans)[4].

Aus der Tatsache, daß Aaron dem Mose entgegengeht und nicht umgekehrt, herauszulesen, daß Mose im Verhältnis zu Aaron der Höhergestellte sei, geht kaum an. Denn Aarons Wanderung zum "Gottesberg" ist erforderlich im Hinblick auf Ex 4,27, dessen Intention dahin zu gehen scheint, Aaron mit dem "Gottesberg" in Verbindung zu bringen (der nach Ex 3,1; 17,6; 18,5 mit dem Horeb/Sinai gleichzusetzen ist[5].)

---

1) Daher ist dieser Anthropomorphismus nicht ohne weiteres ein Indiz für eine Frühansetzung des Textes.

2) Vgl. J.M. SCHMIDT: Daß Jahwe trotz seines Zornes auf Moses Einwand eingeht, ist nach ihm durch den "progressus der Darstellung auf ein bestimmtes Ziel hin bedingt" (Aaron und Mose, A 11, Anm. 31). - A. DILLMANN sieht ebenfalls keinen Anlaß zu literarkritischer Scheidung. Er erwägt aber bezüglich dessen, daß Jahwes Unwille in seinen Worten keinerlei Niederschlag findet,die Möglichkeit, daß "hier aus dem ursprünglichen Text später etwas ausgeworfen ist" (Ex-Lev, 41). - So auch B. BAENTSCH, Ex-Lev-Num, 30 und 31.

3) Was mit hallēwī gemeint ist, wird in diesem Kap. unter der Nr. 9.24 (S. 128 ff) untersucht.

4) O. GRETHER, Gramm., 214, § 84 f

5) Diese Gleichsetzung ist nach einhelliger Auffassung der Exegeten eine nachträgliche, ist m.E. aber für Aarons Kommen zum "Gottesberge" in Ex 4,27 bereits vorauszusetzen. H. SEEBASS ist in diesem Punkte anderer Meinung. Er kommt unter Auswertung weiterer Texte über Aaron, den "Gottesberg" sowie den Sinai zu der Auffassung, daß der "Gottesberg" von Haus aus dem Aaron als Sakralperson und "Religionsgründer" (Mose und Aaron, 127) zuzuordnen ist, aber später von Mose als dem einzig legitimen Offenbarungsempfänger der israelit. Religion ursurpiert worden ist. Ex 4,10-17.27b sei ein Ausdruck für diese Enteignung des "Mittlers Aaron" (127). Vgl. Mose u. Aaron, 127-129. - Auch M. MULHALL (Aaron u. Mose, 151 u. 170) glaubt, daß Ex 4,10 ff.27 ff eine alte, historisch glaubwürdige Tradition widerspiegelt: Aaron, eine Gestalt mit militärischer und kultischer Funktion, habe sich am "Gottesberge" in Midian Mose u. den Ältesten angeschlossen, und zwar erst nach dem Exodus.

V.15a In V.15a expliziert Jahwe die vorgesehene Beauftragung des Aaron: Es ist nicht daran gedacht, Mose durch Aaron zu ersetzen; vielmehr soll Aaron Mose lediglich vor dem Volk vertreten[1]. Aaron soll dem Volk die Worte mitteilen, die Mose ihm "in den Mund legt" (d.h. vorsagt).

Warum Mose die Worte, die er dem Aaron zur Weitergabe an das Volk vorsagt, nicht auch selbst zum Volke sprechen könnte, ist nicht recht einzusehen (vor allem wenn man davon ausgehen darf, daß Mose nicht etwa auf einer Massenkundgebung eine große "Rede an sein Volk" halten, sondern die Gottesbotschaft über eine institutionelle Vertreterschaft (nach dem J: die "Ältesten") an das Volk weitergeben soll). Hier verdichtet sich der zu V.14a geäußerte Verdacht, daß es sich in Ex 4,13 ff nicht um die Wiedergabe einer historischen Begebenheit handelt, daß auf der anderen Seite auch nicht die reine Lust am Fabulieren am Werke ist, daß hier vielmehr eine regelrecht "konstruierte Erzählung"[2] vorliegt, die nach einer Erklärung aus der Zeit des Interpolators verlangt[3].

V.15b In V.15bα greift der Verfasser die schon in V.12 gegebene Zusage Jahwes an Mose auf: "Ich werde mit deinem Munde sein." Durch die Einführung Aarons als Moses Sprecher gewinnt die Wiederholung dieser Zusage eine etwas andere Bedeutung: sie kann sich nur noch auf Moses Mitteilungen an Aaron beziehen.

Bzgl. Aaron fügt Jahwe hinzu: "und mit seinem Munde", obwohl man nach V.14a hätte annehmen können, daß Aaron als guter Redner eines besonderen göttlichen Beistandes zur Ausführung des Redeauftrages nicht mehr bedürfte. Aber hier zeigt sich wieder - wie schon in V.12b -, daß es im Zusam-

---

1) Diese Redefunktion ist eine echte Stellvertretung, so daß l^{e}kā mit "an deiner Statt" zu übersetzen ist. Gegen A. DILLMANN (Ex, 41) und B. BAENTSCH (Ex-Lev-Num, 32), die l^{e}kā als dat. comm. deuten.

2) Vgl. W. RICHTER, der auf das Vorkommen dieses Wortgebrauchs hinweist (Ex Lit 142), sich ihm aber nicht anschließt.

3) Vgl. hierzu vor allem Nr. 9, S. 117 ff (besonders Nr. 9.3, S. 132 ff)

menhang der Prophetenberufung eigentlich gar nicht um die Frage der Redegewandtheit gehen kann. Das Entscheidende ist vielmehr, daß bei der Übermittlung der Gottesbotschaft die lautere und unverfälschte Wahrheit zur Sprache kommt - und das wird durch eine jeweilige ad-hoc-Unterweisung von seiten Jahwes garantiert. Darüber hinaus wird einem an dieser Stelle endgültig klar, daß das Motiv der Redegewandtheit des Aaron ein rein literarisches Mittel war, um die Wahl Aarons zu begründen, und daß dies erzähltechnische Vehikel hier das (vom Theologischen her) erdorderliche Korrektiv bekommt.

Die Beistandszusage V.12 ("Ich werde mit deinem Munde sein und dich lehren, was du sagen sollst") die hier aufgegriffen wird, ist leicht verändert: sie ist nicht nur auf den inzwischen eingeführten Aaron ausgedehnt (Transponierung in den Plur.), sondern mit Hilfe des Verbs ᶜšh (statt dbr pi.) auch auf die gesamte Mission von Mose und Aaron bezogen: Jahwes Beistandsverheißung wird ausgeweitet auf alles, was Mose und Aaron tun sollen. Dabei wird offengelassen, welche Handlungen neben dem Ausrichten der göttlichen Botschaft sonst noch auszuführen sein werden[1]. Dies wird Jahwe erst in der jeweiligen Situation mitteilen: "Ich werde euch (zur gegebenen Zeit) lehren, was ihr tun sollt" (V.15bß)[2]. Jahwes Versprechen bezieht sich auf künftige Aufträge: Der Verfasser bezieht sich sicherlich nicht nur auf Jahwes Befehl an Mose, nach Ägypten zurückzukehren (V.19), und auf die göttliche Weisung an Aaron, Mose in die Wüste entgegenzugehen (V.27); höchstwahrscheinlich dachte der Verfasser bei der Formulierung von V.15bß auch an den bereits priesterschriftlich aufgefüllten Plagenzyklus, in dem beide, Mose und Aaron, jeweils auf einen Be-

1) Weil es in dem Dialog Jahwe-Mose eigentlich nur um den Verkündigungsauftrag geht, ist dieser in dem taᶜaśūn auf jeden Fall mitgemeint.

2) Die dem Mose bereits anvertrauten Beglaubigungswunder (V.1-9) können - unabhängig von der Frage, zu welcher Schicht jene VV. gehören - nicht gemeint sein. Denn dazu bedarf es keinerlei Instruktion von seiten Jahwes mehr. So ist auch in V.30b, wo die Ausführung der Zeichen vor dem Volk referiert wird, nicht von einer erneuten Unterweisung durch Jahwe die Rede.

fehl Gottes an Mose hin tätig werden[1], und an alle priesterschriftlichen Partien des Pt, in denen Aaron als mitverantwortlicher Begleiter des Mose - mit diesem zusammen[2] oder durch ihn[3] - angesprochen wird und entsprechend in Aktion tritt[4]. (So empfiehlt sich aufgrund von V.15bß eine frühestens priesterschriftliche Datierung von Ex 4,13-17!)

V.16a a) Nun beschreibt Jahwe mit lapidaren Worten Aarons Funktion: "und er spreche an deiner Statt zum Volke!" Nach V.15b, der in das Verb ʿśh ausmündet[5] und Abschlußcharakter[6] hat, ist die Wiederaufnahme des Themas "Reden" in V.16a schwer verständlich. Das Zurückgreifen auf den reinen Wortauftrag spricht gegen die Ursprünglichkeit der Abfolge V.15 - V.16. Auch ist verwunderlich, daß erst jetzt, also in V.16, der Adressat für die zu vermittelnde Gottesbotschaft genannt wird: das israelitische Volk. So stellt sich die Frage, ob V.16a ursprünglich hierher gehört. Die folgende These bietet eine Erklärung für die jetzige Position von V.16a: Dieser Versteil stand ursprünglich am Ende von V.14a, an den er sich vorzüglich anschließt: "(V.14a)... ich weiß, daß er[7] sich sehr wohl aufs Reden versteht; (V.16a) so mag (oder: soll) er für dich zum Volke reden"[8]

---

1) Im vorpriesterschriftlichen Anteil des Plagenzyklus ergeht Jahwes Befehl bekanntlich immer nur an Mose. In den P-Partien dagegen wird Aaron auf dem Wege über Mose jeweils mit in die vorgesehene (prophetische) Handlung einbezogen.

2) Vgl. Ex 12,43; Lev 11,1 f; 13,1; 14,33; 15,1 f; Num 2,1; 4,1.17

3) Vgl. Lev 6,1 f.17 f; 16,2; 17,1 f (+ an ganz Israel); 21,16 f; 22,1 f.18 (+ an ganz Israel); Num 6,22 f; 8,1

4) Rein formal würde zwar auch schon Jahwes Befehl an Mose in V.19 und der Auftrag an Aaron in V.27 ausreichen, um die plurale Anrede "Ich will euch lehren, was ihr tun sollt" V.15b zu rechtfertigen. Diese Interpretation ist aber doch wohl zu eng.

5) Möglicherweise will das taʿaśūn V.15b sprachlich eine Brücke schlagen zu dem - allerdings allein auf Mose bezogenen - taʿaśæ V.17, mit dem die Ausführung von Wunderhandlungen mit Hilfe des Stabes bezeichnet wird.

6) Ginge es nur ums Reden, so hätte der Autor sich in V.15b ohne Schwierigkeiten des Terminus dbr pi. bedienen können, auch wenn mit dem Reden hier zwei zu unterscheidende Handlungen gemeint sind (1. Mose zu Aaron, 2. Aaron zum Volk). Denn für beides wird ja dasselbe Wort dbr pi. gebraucht.

7) Die in der Verbform bereits mitgedachte 3. Pers. Sing. braucht hier durchaus nicht eigens durch das Pers. Pron. hū' zum Ausdruck gebracht werden. Auf jeden Fall gehört das hū' aus stilistischen Gründen nicht an das Ende des Satzes, an dem es sich im vorliegenden Text befindet.

8) Der Einschub von V.16a zwischen V.14a und 14b hat auch deswegen einiges für sich, weil V.14b, wie H. SEEBASS richtig gesehen hat (Mose u. Aaron, 8), keine gute Fortsetzung von 14a bildet. (An dem Übergang von V.14b zu V.15 muß man jedoch - gegen SEEBASS - keinen Anstoß nehmen.)

Die Wortfolge kī dabbēr j^{e}dabbēr w^{e}dibbæ r-hū' l^{e}kā ließ das Auge des Abschreibers wohl gleich von j^{e}dabbēr zum hū' hinübergleiten. Nach der voreiligen Niederschrift des hū'[1] war es aber stilistisch nicht mehr möglich, mit w^{e}dibbæ r-hū' l^{e}kā fortzufahren. Daher ließ der Abschreiber diesen Versteil notgedrungen weg, um ihn dann zwischen V.15 und V.17 als V. 16a nachzutragen.

Obwohl sich dieser V.16a nicht organisch dem bisherigen Gesprächsverlauf einfügt und deshalb wie ein Nachtrag wirkt, ist seine Position hinter V.17 doch nicht unüberlegt: Zuerst wird (in V.16a - V.16b bleibe zunächst einmal beiseite -) Aarons öffentliche Funktion beschrieben (= anstelle von Mose vor dem Volke reden), dann die des Mose (= mit Hilfe des Stabes Wunderzeichen wirken). Der versehentliche Ausrutscher in V.14a ist auf diese Weise geschickt kaschiert.

Als stilistische Narbe bleibt aber nicht zuletzt des fragwürdige hū' am Ende des kī-Satzes.

Nach dieser These gehört V.16a also von Anfang an zu Ex 4, 13 ff, nur stand er ursprünglich am Ende von V.14a. Die richtige Versfolge des Urtextes wäre demnach: V.14a16a[2].14b-15. 15b[3].17.

Hier die Übersetzung der VV. 14 - 17 in der ursprünglichen Versabfolge:

14a *(Da) entbrannte Jahwes Zorn gegen Mose, und er sprach:*
"Nicht wahr, Aaron ist (doch) dein Bruder, der Levit!
Ich weiß, daß er sich sehr wohl aufs Reden versteht.

16a *Er mag*[4] *(also) an deiner Statt zum Volke reden.*

14b *Er wird dir auch tatsächlich entgegenkommen,*
und er wird sich von Herzen freuen, wenn er dich sieht.

---

1) +l^{e}kā? Diese Frage ist m.E. zu bejahen. Denn die LXX hat hinter dem hū' in V.14a ein l^{e}kā - wie in V.16a. Da dies inhaltlich aber nicht die V.14a hineinpaßt, dürfte der LXX-Text mit seiner lectio difficilior in ursprünglichere Leseart wiedergeben, d.h. den fehlerhaften Text, wie er durch das Versehen des Schreibers entstanden war. Der MT dürfte demnach das l^{e}kā aus inhaltlichen Gründen getilgt haben. Daß die LXX das l^{e}kā aus stilistischem Grunde angefügt hat, ist nicht anzunehmen.

2) Unter dem Gesichtspunkt des Gedankenablaufes würde sich V.16a auch gut an V.15a anschließen. Das ist aber gewiß kein ausreichendes Argument für eine Textumstellung.

3) Demgegenüber ist die Versumstellung FOHRERs (Abfolge: V.10.13b14.15b.16 f), mit der die Ausscheidung der VV. 11-13a.15 einhergeht (!) keineswegs einsichtig (vgl. Ex, 40 f).

4) Die Imperfektform j^{e}dabbēr könnte an sich auch als Jussiv interpretiert werden. Der Zusammenhang und die parallele Struktur von V.10-12 und V.*14-16 legten jedoch die Deutung als Potentialis nahe.

15a *Du sollst (dann) zu ihm reden und ihm die Worte in den Mund legen.*

b *Und ich werde mit deinem Munde sein und mit seinem Munde und werde euch lehren, was ihr tun sollt.*

16b *Und (so) soll es sein:*
Er soll dir zum Mund sein, und du sollst ihm zum Gott sein!

17a *Und diesen Stab nimm in deine Hand!*
Mit ihm sollst du die Zeichen tun."

Weder die Unebenheit beim Übergang von V.14aα (bis: b^e^Mōšæ zu V.14aα (ab: wajjōmæ r)ß noch das Nachklappen des V.16a rechtfertigen also eine literarkritsche Scheidung.

b) Der Adressat für die Verkündigung der Gottesworte ist nach V.16a das Volk, also die Israeliten. D.h.: Das "Rede-Problem" stellt sich für Mose offenbar nur im Hinblick auf sein Auftreten vor seinem Volksgenossen, nicht aber vor dem Pharao. Das ist auffällig, weil doch gerade der Gang zum Pharao als das Schwierigere gelten mußte.

Der Grund für diese Beschränkung des "Rede-Problems" auf Moses Sendung zum israelitischen Volk kann nicht darin liegen, daß der Interpolator von Ex 4,*13-16b(17) (noch) keinen Gang des Mose zum Pharao gekannt habe, wie es für den E, wie wir sahen[1], angenommen werden muß. Denn Ex 4,13-17 ist, wie sich schon herausgestellt hat, nach-elohistisch, und d.h. - bei Zugrundelegung der bisher bekannten Quellen- und Bearbeitungsschichten - frühestens jehowistisch. Die jahwistische Überlieferung enthielt aber schon einen solchen Gang zum Pharao, und so ist das Wahrscheinlichste, daß (schon) der Je den auf den Pharao ausgerichteten Sendungsauftrag selbst in Ex 3,*10 f eingearbeitet hat. Der Gang zum Pharao und das daraus resultierende "Rede-Problem" (das für den Jahwisten freilich nicht existierte![2]) ist in Ex 4,*13-16b(17) also bewußt ausgeblendet.

Diese eigenartige Einschränkung auf der Verhältnis Mose - Israel (das im E-Faden, nämlich in Ex 3,*13-15E bzw. in dem (jehovistisch) erweiterten, jetzt vorliegenden Text Ex 3,13-15 im Blickfeld steht) muß solange unverständlich bleiben, als man den zur Diskussion stehenden Dialog Jahwe - Mose als Wiedergabe eines einmaligen historischen Geschehens ansieht, das

1) Vgl. Nr. 2,31, S. 54, Anm. 1
2) "... der Jahvist weiss nichts von Moses mangelnder Redefähigkeit, er lässt ihn sogar vor Pharao in Kap. 7 - 11 ausschließlich das Wort führen" (J. WELLHAUSEN, Composition, 71 f).

sich zwischen Jahwe und Mose zugetragen hat. Die Reduzierung des Botenauftrages auf die Relation Mose - Volk macht deutlich, daß der Oberflächentext mit dem aus ihm zu erhebenden Wortsinn auf eine Art "sensus plenior", einen Hintergrund-Sinn hinzielt, konkret: daß hinter unserer Erzählung ein bestimmtes Anliegen aus der Zeit und dem Interessenkreis des Interpolators steht.

V.16b a) V.16b bringt die in V.16a und 15b beschriebene Funktion beider Männer auf eine Kurzformel[1]. Diese ist nicht nur eine Zusammenfassung des schon Gesagten: 1. transzendiert sie die konkrete Situation (in der es um die Übermittlung der göttlichen Befreiungsbotschaft geht) ins Allgemeingültige hinein, 2. beseitigt sie jeden möglichen Zweifel an Moses Vorrangstellung, indem sie Aaron auf strikteste Weise dem Mose unterordnet: "Und (so) soll es sein: Er sei dir zum Mund, und du seist ihm zum Gott!"[2]

b) Wurde V.16b erst später angefügt?
Auch wenn man die Transponierung von V.16a nicht mitmachen und den V. an seiner jetzigen Stelle belassen wollte; in jedem Falle markiert das w^{e}hājā eine Art Neueinsatz. Da wir uns aber für die Umstellung von V.16a entschieden haben, ist hier die Abfolge V.15b.16b ins Auge zu fassen und zu fragen, ob V.16b gegenüber V.15b sek ist.

Abgesehen davon, daß man nach V.15b eigentlich keine Äusserung Jahwes zum Thema "Redeauftrag" mehr erwartet, ist festzustellen, daß V.15b und V.16b inhaltlich in gewisser Weise disgruent sind. V.15b: "... und ich werde <u>euch</u> lehren, was ihr tun sollt" (d.h. Jahwe wird mit Mose <u>und Aaron</u> reden), V.16b: "Er (= Aaron) sei dir (= Mose) zum Mund" (d.h. Jahwe wird nur mit Mose sprechen, und Aaron ist Moses Vermittler an das Volk). Aber das Sprachmaterial

1) Vgl. A. LACOQUE, devenir, 134 ("une précision philologique")
2) Zur Herkunft dieser gewagten Ausdrucksweise vgl. Nr. 8.23, S. 105-107 (Motiv- und Traditionskritik), zur Relevanz dieser Aussage Nr. 9, S. 117 ff (Was sagt Ex 4,14 ff über Aaron (und die Aaroniden)?).

von V.15b war ja durch die (schon in V.12 aufgegriffene und leicht modifizierte) Formel von Ex 3,12 vorgegeben, und es wäre eher verwunderlich, wenn der Autor diese Formel nicht als literarisches Gestaltungsmittel aufgegriffen hätte. Es läßt sich also gut denken, daß in V.15b nur die situationsgerechte Modifizierung der Formel von Ex 3, 12E auf den nach-elohistischen Verfasser von Ex 4,13 ff zurückgeht, daß V.16b ihm aber als ganzer zuzusprechen ist.

Was den Abschlußcharakter von V.15b (mit der doppelten Beistandsverheißung) betrifft: V.16b kann durchaus von vornherein als markanter, sich von der übrigen Struktur deutlich absetzender Schlußstein auf dem zweigeschossigen (und ganz parallel strukturierten[1]) Gebäude des Dialoges Jahwe - Mose (Ex 4,10-12 // *13-15) konzipiert worden sein.

Ein anderer Gesichtspunkt ist die Unterbrechung des Zusammenhangs zwischen dem ᶜśh in V.15b und dem in V.17 durch V.16b[2]. Aber diese Beobachtung könnte höchstens als Zusatzargument für eine literarkritische Ausscheidung dienen. Erst recht kommt der möglichen Idee, daß der hinter den VV. 14-15 nachhinkende und an seiner Stelle sek V.16a zur nachträglichen Anfügung eines prägnanten Schlußsatzes herausgefordert habe, kein hoher Argumentationswert zu.

Es ist zwar einzuräumen, daß das Gewicht von V.16b wegen des folgenden Abschlußverses 17 ein klein wenig abgeschwächt wird, diese leichte Einbuße war aber wohl nicht zu vermeiden, weil V.17 noch in dem Berufungsdialog vor Ex 4,20b-23 untergebracht werden mußte.

V.17 Am Ende des Gesprächs fordert Jahwe Mose auf, den Stab in seine Hand zu nehmen, um mit ihm die (Wunder-)Zeichen zu wirken. Rein thematisch steht V.17 zwar nur insofern zu den VV.13-15 in Beziehung, als dem Mose hier der Auftrag, Zeichenhandlungen zu vollziehen, wie ein Ersatz für die abgetretene Funktion der öffentlichen Rede gegeben wird. Darüber hinaus besteht jedoch, wie bereits notiert wurde,

---

1) Vgl. 5.31, S. 88 f
2) Im Unterschied zu V.15b (taᶜaśūn = Plur.) ist in V.17 allerdings Mose allein das Subj. (taᶜaśǣ = Sing.).

eine gewisse sprachliche Verbindung durch das Verb ^{c}śh. Der Themenwechsel ist kein Grund, V.17 als sek Zutat anzusehen. Denn der (den Geschehensablauf weitertreibende) Auftrag an Mose, den Stab in die Hand zu nehmen, um mit ihm die Zeichen zu tun[1], war nirgends anders als in dem Gespräch Jahwes mit Mose unterzubringen.

Das neue Thema ist, wie schon gesagt, kein Grund, an der Ursprünglichkeit von V.17 zu zweifeln. Der V. ist durchaus ein originaler Bestandteil des in Ex 3 beginnenden Wechselgespräches zwischen Jahwe und Mose. Wohl könnte man vermuten, daß der Autor von Ex 4,*13-16b diesen V. bereits in der Fassung des Berufungsberichtes, die er vorfand, vorliegen hatte[2].

3.22 Ergebnis:

a) Die VV. 13-14a.16a.14b-15.16b-17 stellen eine ursprüngliche literarische Einheit dar (die freilich nie für sich allein bestanden hat). Eine Zweifädigkeit, wie H. SEEBASS sie gefunden zu haben meint[3], liegt gewiß nicht vor.

b) Ex 4,13-17 gehört ebenso wie Ex 4,10-12 einer anderen literarischen Schicht an als Ex 3,*10-15. Schon daß Mose in Ex 4,13 anders als nach der gleichartigen Beistandszusage Ex 3,12E überhaupt noch einen Einspruch wagt, spricht dagegen, daß Ex 4,13 ff und Ex 3,*10-15E zur selben literarischen Schicht gehören[4]. Da der Text Ex 4,*13-16b(17) aber - ebenso wie Ex 4,10-12 - an Ex 3E anknüpft, ist er als nach-elohistisch einzustufen[5], was sich schon anderweitig nahegelegt hatte.

---

1) Zu der redaktionellen Funktion von V.17 vgl. Nr. 3.23, S. 72 ff.
2) Vgl. hierzu aber weiter unten S. 72 ff (Nr. 3.23)!
3) Mose und Aaron, 7. Welch ein eigenartiges Fragment bleibt nach SEEBASS für den E übrig: V.14b.16.17!
4) Sogar M. BUBER scheidet V.13-16 aus der Originalerzählung aus, hält die VV. jedoch für eine sehr früh anzusetzende Erweiterung (vgl. Moses, 58).
5) Der Verfasser von Ex 4,13-17 wird daher im Folgenden wie derjenige von Ex 4,10-12 als "Interpolator" gekennzeichnet.

3.23 V.17 im weiteren Kontext

Auf den ersten Blick erscheint V.17 unproblematisch, bei näherem Zusehen bereitet er jedoch erhebliche Verständnisschwierigkeiten, die für die Frage der literarkritischen Einordnung von Bedeutung sind[1].

a) Beginnen wir bei dem Wort hā'ōtōt!

Der Terminus 'ōtōt ist durch den Artikel determiniert, bezieht sich also auf bekannte Zeichen. Sind damit die Beglaubigungswunder von V.1-9 gemeint? Dagegen ist einzuwenden, daß Mose nur zur Ausführung des 1. Zeichens (Verwandlung des Stabes in eine Schlange) den Stab benötigt. Ein derartig pauschaler, sachlich unrichtiger Rekurs auf V.1-9 ist selbst einem Redaktor nicht zuzutrauen. Wegen der Pluralform kann andererseits das 1. Wunder allein auch nicht gemeint sein[2]. Die mögliche Vorstellung aber, daß Mose nach Meinung des Autors von Ex 4,17 bei der Verrichtung des 2. und 3. Wunders den Stab als Zeichen göttlicher Vollmacht in der Hand gehalten habe, kann man nur als an den Haaren herbeigezogen betrachten. Denn 1. ist keinerlei Andeutung dafür gegeben, 2. hätte der Stab hier eine neue, nämlich instrumentale Funktion, 3. wäre zu fragen, wie Mose das praktisch habe bewerkstelligen können. Außerdem kann noch ein stilistisches Bedenken angeführt werden: Weil der Stab in dem angenommenen Falle bei der 2. und 3. Zeichenhandlung nur eine instrumentale Funktion hätte - während er bei der 1. Zeichenhandlung selbst der Gegenstand des Wunders ist -, müßte man das bō in V.17b in Bezug auf das 2. und 3. Wunder durch "<u>mit</u> ihm" wiedergeben - im Unterschied zum 1. Wunder, bzgl. dessen man übersetzen müßte "<u>an</u> ihm". Ein solcher "Bausch-und-Bogen"-Wortgebrauch wäre stilistisch äußerst schlecht. Er könnte evtl. noch aus dem Dilemma eines Redaktors erklärt werden, der verschiedene Stoffe zu verknüpfen und "unter

---

1) Bei den hier anzustellenden Überlegungen werden wir mehrfach über den Rahmen von Ex 3-4 hinausgreifen und auch quellenkritische Überlegungen einbeziehen müssen.

2) Die Annahme, daß hier ursprünglich der Sing. gestanden und sich nur auf V.1-4(5) zurückbezogen hätte (und dementsprechend auch in V.30b der Sing. gestanden hätte), ist zunächst nur eine Hypothese. Weil V.1-9 aber nicht aus einem Gusse ist, wäre die aufgeworfene Frage einer Nachprüfung wert.

einen Hut zu bringen" hat, und der notgedrungen auch einmal Gewalt anwenden muß, doch ist eine solche verknüpfende Aussage hier überhaupt nicht erfordert!

b) Der Rückbezug von V.17 auf V.1-9 ist auch noch in anderer Hinsicht problematisch. Das Dem.-Pron. bei dem Wort "Stab" (hammaṭṭæ hazzæ) erweckt den Eindruck, als werde der Stab neu in die Erzählung eingeführt. Nach dem, was in V.1 ff bereits ausgeführt ist, würde der einfache Artikel besser passen.

In der Lesart der LXX[B+A] besteht diese Schwierigkeit nicht; denn dort ist das Wort "Stab" durch den Relativsatz "der in eine Schlange verwandelt wurde" eindeutig als der in V.1-4 genannte Hirtenstab des Mode gekennzeichnet: hammaṭṭæ hazzæ ᵓᵃsær. Doch scheint der Attributsatz von Ex 7,15b Je nach hier herübergewandert zu sein. Er schließt sich stilistisch nämlich besser an ein durch den Artikel determiniertes Substantiv an - wie es in Ex 7,15b der Fall ist (hammaṭṭæ ᵓᵃšær) - als an ein Substantiv, das durch ein Dem.-Pron. bereits eine starke Determinierung erfahren hat. Außerdem scheint es so, als handle es sich um eine Stabübergabe durch Jahwe (" ... nimm in deine Hand!") - im Unterschied zu Ex 4,1 f, wo es um Moses Hirtenstab geht.

c) Resümee der Problematik:

Die Schwierigkeiten, die V.17 dem Verständnis bereitet, bestehen also darin, daß 1. auf den Stab wie auf etwas Neues hingewiesen wird, daß 2. die mit dem Stab zu vollbringenden Zeichen durch den Artikel determiniert sind, also als schon bekannt hingestellt werden, obwohl von ihnen noch gar nicht die Rede war[1].

d) Problemlösung

Zu 1 (hammaṭṭæ hazzæ):
Das Dem.-Pron. hat seinem Wesen nach hinweisenden Charakter ("diesen Stab da"). So dient es im Leben - wie im "gespielten Leben", d.h. auf der Bühne, als Begleitwort zur Hinweisgeste. Bei dieser Verwendung des Pron. liegt die Frage, ob es sich im betr. Falle um einen Gegenstand handelt, der bereits vorgestellt wurde, oder um einen solchen, der neu eingeführt wird, außerhalb des Gesichtskreises.

1) H. GRESSMANN (Mose, 21) u. C.A. SIMPSON (Traditions, 165) korrigieren kurzerhand das ᵓæt hāᵓōtōt zu ᵓōtōt, so daß das Problem nicht mehr besteht.

Beim geschriebenen Wort ändert sich der Charakter des Dem.-Pron. in der Weise, daß es auf eine neue, noch nicht genannte Sache oder Person hinzuweisen pflegt, sofern die betr. Sache oder Person nicht unmittelbar vorher erwähnt wurde. Letzteres ist in Ex 4,17 nicht der Fall: Zwischen Ex 4,2-4 (wo Moses Hirtenstab vorgestellt wird) und Ex 4,17 liegen immerhin 12 VV. Ein ausdrücklicher Rückbezug fehlt, und der Interpolator hätte ihn doch so leicht durch Anhängen des Pers.-Suff. d. 2. Pers. Sing. an das Wort maṭṭæ oder durch die Verwendung des Pers.-Pron. (in demonstrativer Funktion: hahū') anstelle des Dem.-Pron. hazzæ [1] herstellen können.

Aus diesem Grunde - und weil "die Zeichen" nicht auf Ex 4,1-9 bezogen werden können[2] und weil außerdem eine Stabübergabe stattzufinden scheint - sehen verschiedene Exegeten in "diesem Stab" Ex 4,17 einen neuen Stab[3], d.h. den Stab eines anderen

1) "Weist das Dem.-Pron. auf bereits Erwähntes zurück, so tritt für zǣ usw. das Pronomen pers. der dritten Person hū', hī', hemmā (hēm), hennā ein ... und wird dann syntaktisch wie das Demonstrativum behandelt" (HOLLENBERG-BUDDE, 20 § 14 II, Anm.). Ein wenig zurückhaltender urteilt GesK, der das von ihm gebrauchte Wörtchen "stets" durch "fast" einschränkt: "Das Pron. demonstr. zǣ ... und das gleichfalls als Demonstrativum gebrauchte Pron. personale hū' ... unterscheiden sich so, daß zǣ (wie lat. hic, griech. hóde) fast stets auf eine vorliegende (neue), dagegen hū' (wie lat. is, ille, griech. autós, ekeînos) auf eine schon erwähnte oder schon bekannte Person oder Sache hinweist" (GesK, 463, § 136). Als Beispiel führt er u.a. an: "hajjōm hazzǣ dieser Tag = der heutige Tag, an welchem jemand spricht oder schreibt (Ge 26,33 al.), dagegen hajjōm hahū' der Tag oder der Zeitraum, von welchem der Historiker soeben erzählt (Ge 15,18; 26,32) oder der Prophet soeben geweissagt hat (Jes 5,30; 7,18.20 ff) und zu erzählen oder weissagen fortfährt" (ebd., Anm. 1).

2) Vgl. B. BAENTSCH, Ex-Lev-Num, 32; R. SMEND, Hexateuch, 117 u. 118 und andere Kommentatoren. Weil aber von dem Stab und den zu verrichtenden Zeichen an sich schon vorher die Rede gewesen sein müßte, postulieren sie z.T. eine frühere Beauftragung durch Jahwe, die entfallen sei.

3) So G. BEER (Ex, 35: "Der Stab 4,17 ist Konkurrent des Stabes 4,2 ff"); G. FOHRER, Ex, 29.38 f (FOHRER ist mit Recht der Meinung, daß der (unbetont eingeführte) Hirtenstab V.2-4 gegenüber dem (betont hervorgehobenen) Stab V.17 (vgl. V. 20b: "Gottesstab") primär ist (vgl. Ex, 29, Anm. 10)); H. SEEBASS (Mose u. Aaron, 11); so neuerdings auch W. RICHTER. Dieser kommt in der Formanalyse zu Ex 4,10-17 zu dem Resultat, daß V.17 nicht zurückweisen kann (vgl. VpBB, 119). "Vielmehr", so schreibt er, "führt 4,17 neu die Zeichen (zur Beglaubigung, wie sie 4,1-9 enthält) ein" (VpBB, 125). RICHTER will damit sagen: In Ex 4,17 werden in einem von Ex 4,1-9 zu unterscheidenden Erzählstrang die (vor dem Volk zu wirkenden) Beglaubigungswunder angekündigt.

Überlieferungsstranges[1] als Ex 4,2-4J(?)[2]. Um den E kann es sich hier jedoch nicht handeln[3]. Der Je aber kann unmöglich neben dem ihm vorliegenden Hirtenstab des Mose Ex 4,2-4 (sowie Ex 17,5fJ) von sich aus einen weiteren Stab eingeführt haben, der nicht mit dem Hirtenstab des Mose identisch wäre.

Das Problem ist also doch nicht so einfach (d.h. auf rein sprachlichem Wege) zu lösen. Wir müssen fragen: Gibt es nicht vielleicht einen Grund dafür, daß der Verfasser von Ex 4,17 doch den Hirtenstab des Mose meint, aber ihn bewußt nicht durch das Pers.-Suff. d. 2. Pers. Sing. auf Mose bezieht?

Auf diese Frage läßt sich folgende Antwort geben: Vielleicht wollte der Verfasser nach dem Wunder, das an dem Stab geschehen und wodurch dieser ein für allemal qualifiziert worden ist[4], nicht mehr ausdrücklich die profane Herkunft des Stabes (als Hirtenstab des Mose) in Erinnerung rufen und einen Übergang schaffen zu der Bezeichnung "Gottesstab" in V.20b(Je?)[5].

---

1) = E. So A. DILLMANN (Ex, 42), H. HOLZINGER (Ex, 9), B. BAENTSCH (Ex-Lev-Num, 32), R. SMEND sr. (Hexateuch, 118), S. R. DRIVER (Ex, 29), H. GRESSMANN (Mose, 21), G. BEER (Ex, 24), O. EISSFELDT (HexSyn, 113*f.169*), G. FOHRER (Ex, 29.38 f.124), H. SEEBASS (Mose u. Aaron, 8-10), M. NOTH (ÜPt, 31 und Ex, 33), G. TE STROETE (Ex, 38.53).

2) Diese Zuteilung von Ex 4,2-4 zum jahwistischen Erzählfaden nehmen A. DILLMANN (Ex-Lev, 38 f); J. WELLHAUSEN (Composition, 540/70); B. BAENTSCH (Ex-Lev-Num, 27-29); W. RUDOLPH ("Elohist", 274); M. NOTH (ÜPt, 31); H. SEEBASS (Mose u. Aaron, 8 f); J.M. SCHMIDT (Aaron u. Mose, A7); R. SMEND jr. (Zeugnisse, 68) vor. O. EISSFELDT, HexSyn, 33.113*, rechnet den ganzen Abschnitt Ex 4,1-9 (versuchsweise) zur L-Quelle. L. RUPPERT (SynÜbHex, 384) ordnet die VV. dem E zu, E. ZENGER (Ex-Übersetzung, 5) dem Je.

3) Anders A. DILLMANN, Ex, 41; B. BAENTSCH, Ex-Lev-Num, 32; R. SMEND sr., Hexateuch, 117.

4) Vgl. B.D. EERDMANS (Studien III, 15)

5) Daß derselbe Stab in den Plagenerzählungen nicht als "Gottesstab" tituliert wird, sondern als Stab des Mose oder einfach als "der Stab", dürfte zum einen daran liegen, daß dort primär Gott selbst von dem Stab spricht (bzw. Mose als sein Repräsentant), zum anderen steht das auf Mose bezogene "seinen Stab" in der Ausführung der 7. und 8. Plage in einer gewissen Entsprechung zu dem Ausdruck "deine Hand" in dem göttlichen Befehl.

Auf den ersten Blick scheint auch folgende Begründung möglich zu sein: Wenn V.17, wie oben[1] vermutet wurde, älter sein sollte als die VV. (10-12.) *13-16b, dann hätte der V. ursprünglich hinter V. (5 oder) 9 gestanden. In dieser Nähe zu V.2-4 erwartet man aber nicht unbedingt eine nähere Charakterisierung des Stabes, durch die er eindeutig als Moses Stab identifiziert wird. Denn es könnte sich dann ja nur um den Hirtenstab des Mose handeln.

Diese Argumentation kommt aber nicht zum Ziel. Denn in der angenommenen Position von V.17 (hinter V.(5 oder) 9) könnte das hā'ōtōt natürlich nur auf die unmittelbar vorausgehenden (Beglaubigungs-)Zeichen bezogen werden. Damit stehen wir wieder vor dem Dilemma, daß einerseits doch nur für das 1. Beglaubigungszeichen der Stab vonnöten ist, daß andererseits das hā'ōtōt aber mehrere mit dem Stab zu wirkende Wunder voraussetzt. (Man müßte denn schon annehmen, in V.17 habe ursprünglich der Sing. hā'ōt gestanden.)

Man muß V.17 also doch in seiner Position hinter V.16b belassen. Anderswo ist der V. sowieso nicht unterzubringen:

im J-Faden. Wenn das hā'ōtōt auf die Plagen zu beziehen ist - und das wird sich weiter unten herausstellen -, dann paßt Ex 4,17 nicht zur J-Quelle. Denn nach Ex 3,20 ist es Jahwe selbst, der "seine Hand ausstrecken und Ägypten schlagen wird mit all seinen Wundertaten", Mose aber hat in dieser Hinsicht keine Ausführungsfunktion[2].

im E-Faden. Dort wirkt Mose die Zeichen nicht mit dem Stab, sondern mit der Hand[3]. Das Stabmotiv innerhalb des Plagenkomplexes ist höchstwahrscheinlich jehowistischer Herkunft.

beim Je. Auch die Zuteilung zum Je ist kaum möglich, da Ex 4,17 nicht zu derselben Schicht gehören kann wie das Summarium Ex 4,21, das quellenkritisch sehr schwer einzuordnen ist[4] und das ich (versuchsweise) dem Je zuschreibe.

---

1) Vgl. Nr. 3.21, S. 71
2) Vgl. R. SMEND sr., der konstatiert, daß 1. "J^2 niemals von einem Stabe Moses redet" (Hexateuch, 118), 2. "bei J^2 keine Wunder in Moses Hand liegen" (ebd.). Vgl. auch H. SEEBASS, Mose u. Aaron, 11. Gegen B. BAENTSCH (Ex-Lev-Num, 32).
3) Vgl. Ex 10,21 sowie Ex 9,22; 10,12; 14,16a (ab: ūn^{e}ṭē).21
4) a) Ex 4,21 = J? Mit Sicherheit ist Ex 4,21 nicht jahwistisch: 1. gebraucht der J als Terminus technicus für die Verstockung des Pharao durch Jahwe nicht wie hier ḥzq pi. + lēb, sondern kbd pi. + lēb (vgl. Ex 3,11.28; 9,34; 10,1); 2. verwendet der J zur Bezeichnung der Plagen anstelle von mōfēt den Ausdruck 'ōt (vgl. Ex 8,19; 10,1 f), 3. weiß der vorausgegangene Teil der J-Berufungsgeschichte nichts von Zeichen. (Sollten die Zeichen von Ex 4,1-9 doch jahwistisch sein, so würden die mōf^{e}tīm von V.21 eben aus sprachlichen Gründen - die VV. 1-9 bedienen sich des Terminus 'ōt - nicht in den J-Strang hineinpassen.)
b) Ex 4,21 = E? Einerseits findet sich die Wendung ḥzq pi. + lēb (mit Jhwh als Subj.) auch in den elohistischen VV. Ex 10,20.27 und der Imper. r^e'ē in Gen 27,27E; 31,(12E?)50E; 37,14E; 41,41E. Andererseits geschehen die Wunder, die Mose nach dem elohistischen Erzählfaden wirkt (vgl. die 7., 8. u. 9. Plage) nicht "vor dem Pharao". Dann aber ist auch für die Berufungsgeschichte des Mose in dieser Hinsicht keine Beauftragung von seiten Gottes zu erwarten.

Das aber bedeutet, daß V.17 literarisch mit V.*13-16b zusammengehört.

Ergebnis: Das Fehlen des Pers.-Suff. stellt kein unüberwindliches Hindernis dar, um den Stab von V.17 mit dem von V.2-4 identifizieren zu können[1].
(Aus der möglichen Identifizierung des Stabes von V.17 mit dem von V.2-4 läßt sich aber nicht ohne weiteres dieselbe literarische Herkunft erschließen oder auch nur wahrscheinlich machen; V.17 kann auch redaktioneller und d.h. sek Natur sein.)

Es sei nun aber noch die Frage erlaubt, wieso in V.17 überhaupt noch eine eigene Aufforderung erfolgt, den Stab in die Hand zu nehmen. Die Antwort auf diese Frage wird sich aus den folgenden Ausführungen zu Punkt 2 ergeben.

---

c) Ex 4,21 = P, P^s oder R^P? In der P begegnet sowohl der Imper. reʾē als auch die Wendung ḥzq pi + lēb (vgl. Ex 9,12). Auch paßt das "alle Wunder ... vor dem Pharao" noch am ehesten zum P-Plagenzyklus (vgl. das Beglaubigungswunder Ex 7,8-13 und die 6. Plage Ex 9,8-12). Gegen eine spezielle oder gar ausschließliche Bezugnahme von Ex 4,21 auf die P-Plagen spricht aber die Tatsache, daß sowohl das Beglaubigungswunder als auch die 6. Plage nicht von Mose, sondern von Aaron gewirkt werden. Außerdem unterscheidet sich die Wendung ntn mōfēt in Ex 7,9P von der Wendung ʿśh mōfēt in Ex 4,21. Die letztgenannte Wendung wird aber in Ex 11,10P^s verwendet, und auch das ḥzq pi + lēb (mit Jhwh als Subj.) kommt in Ex 11,10P^s vor. Andererseits möchte man annehmen, daß P^s oder R^P in Ex 4,21 irgendwie Aarons Rolle im P-Plagenzyklus berücksichtigt hätte.

1) Gegen B. BAENTSCH (Ex-Lev-Num, 32); W. RICHTER (VpBB, 119.125). - Der eventuelle Einwand, es sei nach V.4 aber nicht ausdrücklich vermerkt, daß Mose den Stab aus der Hand gelegt habe, so daß er ihn in V.17 auch nicht "in die Hand nehmen" könne, zieht nicht. Denn die beiden Wunder in V.6-9 setzen doch wohl voraus, daß Mose den Stab aus der Hand gelegt hat. Im übrigen kann lqḥ bajjad soviel bedeuten wie "mitnehmen".

Zu 2 (hā'ōtōt):

Die determinierende Funktion des Artikels kann grundsätzlich eine zurück- wie auch eine vorausweisende sein. In unserem Falle mag man bei hā'ōtōt an die Zeichen in Ex 4,30b denken, die Aaron, ursprünglich aber doch wohl Mose[1], vor dem Volk verrichtet. Vom Stab ist dort in V.30b allerdings nicht die Rede. Deshalb könnte V.30b auch - und wohl noch eher - die Ausführung zu V.1-9 darstellen, ja, der in V.31a gegegnende Terminus 'mn hi., der schon in V.1.5.8 (3x) vorkam und sich dort wie hier auf das Volk Israel bezieht, spricht für eine Fortsetzung von V.1-9(J+Je?) und nicht von V.17 mit seinen Stabzeichen.

Von daher legt sich die Bezugnahme von hā'ōtōt V.17 auf die (mit dem Stab zu wirkenden) Plagen[2] (und einige weitere Wunderzeichen)[3] nahe[4]. Bei genauem Zusehen stellen sich sogar sprachliche Beziehungen ein: Mit V.17a dürfte auf die 1. Plagenerzählung angespielt sein, wo es in Ex 7,15bJe heißt: w^{e}hammaṭṭæ ... tiqqaḥ b^{e}jādǣkā [5], sowie auf die Erzählung vom Quellwunder Ex 17,1 ff, in der Mose von Jahwe den Befehl erhält: ūmaṭṭ^{e}kā ... qaḥ b^{e}jādkā (Ex 17,5b)[6].

---

1) Vgl. hierzu weiter unten S. 138 die Nachbemerkung zur Relevanz der VV.27-31.

2) So A. DILLMANN (Ex, 41 f), J. WELLHAUSEN (Composition, 540/70), B. BAENTSCH (Ex-Lev-Num, 32), R. SMEND sr. (Hexateuch, 117), S.R. DRIVER (Ex, 30), O. EISSFELDT (HexSyn, 269*), G. FOHRER (Ex, 29).

3) Vgl. S.R. DRIVER (Ex, 30)

4) Gegen B.D. EERDMANS (Studien III, 15), der hā'ōtōt V.17 auf V.2-9 zurückbezieht.

5) Dort ist übrigens in dem Attributsatz "der sich in eine Schlange verwandelt hat" bereits das Vorhandensein der Stabwunder-Erzählung Ex 4,1-4(5)J vorausgesetzt.

6) Der Attributsatz "mit dem du den Nil geschlagen hast" ist hier ausgelassen, weil er sekundär ist. Er bezieht sich nämlich zurück auf die m.E. jehowistische Erweiterung der 1. Plage durch das Stab-Motiv.

Auch wird sich ein Bezug von Ex 4,17 auf die Staberhebung in den (jehowistisch erweiterten) Erzählungen von der 7. und 8. Plage (Ex 9,23; 10,13), vom Schilfmeerwunder (Ex 14,16a) und (?) von der Amalekiterschlacht (Ex 17,8 ff) kaum abstreiten lassen. Eine Verbindung zum Plagenzyklus ist noch dadurch gegeben, daß im Hinblick auf die 4. Plage (Ex 8,19J) und dann noch in Ex 10,1.2J in bezug auf die Gesamtheit der Plagen der Terminus 'ōt verwendet ist[1].

Das hā'ōtōt V.17 dürfte sich demnach in der Tat auf alle jene Wunder beziehen, die Mose mit Hilfe seines Stabes (nicht: <u>an</u> dem Stab - wie in Ex 4,2-4!) in Jahwes Auftrag ausführen wird.

Die Intention von V.17 dürfte sein, analog zu der (bedingten) Ankündigung der Beglaubigungswunder vor dem Volk (V.1-4.5.6-9), die in V.30 zur Ausführung kommen, die Wunder - vor allem die Plagen -, die Mose mit dem Instrument des Stabes vollbringen wird, an dieser Stelle ebenfalls anzukündigen, da sie ja von noch größerer Bedeutung sein werden als die Beglaubigungswunder vor dem Volk. Dadurch wird auf eine erzähltechnisch nicht ungeschickte Weise ein Bogen geschlagen, der die Berufungs- und die eigentliche Exoduserzählung miteinander verkoppelt.

Die Verknüpfung des Wunderstabes von Ex 4,2-4 mit den Plagen drängte sich für den Autor von V.17 nicht zuletzt von den ein wenig später folgenden VV.21Je. 22 f(L (?); SMEND: nicht J; RUPPERT und ZENGER: E)[2] her auf[3]. In V.21 ist nämlich von den Wundern die Rede, die Jahwe dem Mose in die Hand gelegt hat, und die Mose vor Pharao vollbringen soll, also wohl von den Plagen.

---

1) Im letzteren Falle wird dies Zeichen freilich durch Anfügung des Suff. d. 1. Pers. Sing. als <u>Jahwes</u> Wunder gekennzeichnet.

2) B. BAENTSCH hält V. 21-23 für redaktionell: "Die VV. 21-23 enthalten eine der, namentlich bei Bearbeitern beliebten, Anticipationen" (Ex-Lev-Num, 34). B.D. EERDMANS sieht in Ex 4,21-23 den Nachtrag eines Gelehrten (vgl. Studien III, 18).

3) Wenn das so ist, ist Ex 4,*13-17 übrigens sehr spät zu datieren.

Es ist daher sehr verständlich, daß jener Verfasser von V.17 durch das ha'otot den Stab in ausdrücklichen Zusammenhang mit den (vor-priesterschriftlichen) Plagen bringt, auf die V.21 vorausblickt.

Die Verbindung des Stabes mit dem Auftrag Jahwes an Mose in V.21 ("alle Wunder (hammōf^{e}tīm), die ich in deine Hand gelegt habe"[1], auszuführen) impliziert nicht notwendig, daß alle diese Wunder tatsächlich mit Hilfe des Stabes zuwegegebracht werden sollen; sonst hätte der Stab in V.21 (wo eben nur von der Hand des Mose die Rede ist) nochmals erwähnt werden müssen. Eine solche Auffassung wäre auch gar nicht mit dem (J+E+Je-)Plagenzyklus zu vereinbaren, wonach nur die 1., 7. und 8. Plage mit dem Stab des Mose ausgeführt werden.

V.21 selbst enthält aber eine echte Spannung, deren Erklärung eine gewisse Rückwirkung auf V.17 hat! Es heißt dort, daß Mose "alle Wunder ... vor dem Pharao" wirken soll. Nun werden im gesamten vorliegenden Plagen-Komplex - neben dem Beglaubigungswunder Ex 7,8-13P! - nur 2 Plagen in Gegenwart des Pharao bewirkt: die 1. (aber nur nach dem jehowistischen Erweiterungsvers 7,20a!) und die 6. (Ex 9,8.10P). Daher trifft der Ausdruck "alle Wunder ... vor dem Pharao" weder auf die J+E+Je-Version noch auf die P-Version noch auf die von R^{P} geschaffene Endgestalt des Plagenzyklus wirklich zu[2]. Gegen eine spezielle Bezugnahme auf die P-Plagen spricht ohnedies die Tatsache, daß sowohl das Verwandlungswunder vor Pharao als auch das 1. Plagenwunder nach der P-Version nicht von Mose, sondern von Aaron gewirkt werden.

Was soll also der ausdrückliche Hinweis in Ex 4,21, daß die Wunder "vor dem Pharao" vollbracht werden wollen? Es ist offenkundig, daß man den Ausdruck nicht pressen darf. Am plausibelsten scheint das Folgende zu sein: Da dem Verfasser von Ex 4,(20b?)21 ein Terminus technicus für die Plagen fehlte, behalf er sich mit der Einfügung des "vor dem Pharao"; denn dieser ist ja der eigentliche Adressat der Plagen. (Man beachte die jeweilige Verstockungsnotiz am Ende der einzelnen Plagenerzählung sowie die letzte Plage,und die (J+E+Je-)Plagenerzählung beginnt ja auch mit einem Wunder, das Mose in Gegenwart des Pharao wirkt (und der Ersteindruck ist erfahrungsgemäß besonders nachhaltig und bestimmt das Weitere mit).)

Ergebnis: Die Rede vom Stab in Ex 4,17 ist nicht, wie W. RICHTER und verschiedene ältere Exegeten meinen[3], als Parallele zu V.1-9(+30b) aufzufassen, in der Jahwe dem Mose einen (anderen) Stab überreicht (der in V.20b wegen seiner Herkunft von Gott konsequenterweise "Stab Gottes" genannt wird). Hier in V.17 bezieht sich vielmehr ein späterer Ergänzer auf den Stab von V.2-4 und bringt ihn in Verbindung mit den Plagen, die Mose in Ägypten wirken soll (sowie mit den sonstigen Wundern, die Mose mit dem Stab tun soll).

---

1) Ein besonderes Problem besteht darin, daß vorher nirgends von dem Vorgang, an den hier erinnert wird, berichtet worden ist.

2) Am verständlichsten wäre V.21a auf dem Hintergrund eines Plagenzyklus, in dem mehrere oder gar alle Plagen der Gegenwart des Pharao hervorgerufen werden (und in dem Aaron noch keine Rolle spielt). Solch ein Plagenzyklus liegt uns aber nicht vor, und es fehlen auch weitere Andeutungen dafür, daß er einmal existiert hat.

3) Vgl. oben Nr. 3.23, S. 74 , Anm. 3

Aus den vorstehenden Überlegungen zu V.17 ergibt sich im Hinblick auf die quellenkritische Einordnung von Ex 4,*13-17 folgendes: 1. V.17 ist weder jahwistisch noch elohistisch noch jehowistisch, sondern dem Interpolator von Ex 4,*13-16 zuzuschreiben[1]. 2. Der Abschnitt Ex 4,*13-17 setzt aufgrund der redaktionellen Funktion von V.17 Ex 4,1-4(5.6-9)Je(?), Ex 4,(20b.)21Je.22 f (L(?); SMEND: nicht J; RUPPERT und ZENGER: E) und den J+E+Je-Plagenzyklus (sowie die Schilfmeer-, die Quellwunder- und die um das "Gottesstab"-Motiv erweiterte[2]) Amalekiterschlacht-Erzählung voraus und ist somit nach-jehowistisch[3].

---

1) Gegen die älteren Kommentatoren, die V.17 einmütig dem E, die VV.1-8(9) dagegen dem J zusprechen, und gegen M. NOTH (Ex, 33), die H. SEEBASS (Mose u. Aaron, 8). Auch gegen M. BUBER, der V.17 als Zusatz von den (freilich auch nicht originalen) VV.13-16 abhebt (vgl. Moses, 58).
2) Vgl. hierzu im folgenden Kap. über Ex 17,8-16 die Nr. 2.22, S.
3) Gegen G. FOHRER, Ex, 40, Anm. 43 ("Allerdings liegt kein stichhalter Grund dafür vor, die Einführung Aarons der Schicht E abzusprechen") und O. EISSFELDT, ThBl 18 (1939), 224-233, hier: 227.

4. Ursprünglicher Zusammenhang von Ex 4,10-12 und Ex 4,*13-17

4.1 Inhaltliche Gesichtspunkte

4.11 Wenn man Moses Bedenken gegen seine Berufung in Ex 4,10 nicht als bloßen Vorwand eines von vornherein nicht willigen Mannes ansieht - und dazu ist vom vorausgehenden Erzählungsverlauf, wie wir sahen, kein Anlaß gegeben -, dann scheint uns die ohne Angabe eines Grundes zum Ausdruck gebrachte Weigerung in V.13 einen anderen Mose zu präsentieren als in V.10: bī ʾ^{a}dōnī š^{e}laḥ-nāʾ b^{e}jad-tišlāḥ ("Mit Verlaub, mein Herr, laß (deine Botschaft) ausrichten, durch wen du (sie) ausrichten lassen willst (erg.: nur nicht durch mich)!"). Doch ist im Hinblick auf eine literarkritische Scheidung Vorsicht geboten. Denn aus Jahwes Hinweis auf die Redegabe des Aaron in V.14 und die versprochene Einsetzung Aarons in das Sprecheramt in V.16a.15 geht hervor, daß die energische Ablehnung des göttlichen Auftrages in V.13 immerhin noch durch die dem Mose fehlende Redegabe (V.10) motiviert ist. Vor allem aber ist zu bedenken, daß der Autor nach der Beistandszusage V.12 rein erzähltechnisch einen erneuten und schärferen Einspruch des Mose brauchte, um Aaron einführen zu können. Aus dem hartnäckigen Einspruch in V.13 läßt sich also kein Argument für eine literarkritische Scheidung zwischen den VV.10-12 und 13 ff gewinnen.

4.12 Das "Ich weiß, daß er gut reden kann" V.14a geht auffälligerweise ganz an Jahwes eigenen Worten in V.11 vorbei, in denen er implizit zum Ausdruck brachte, daß es hier gar nicht auf die natürliche Redebegabung ankommt. Aber auch hier darf man nicht zu schnell die Forderung einer literarkritischen Scheidung erheben. Denn aus erzähltechnischen Gründen bedurfte es ja eines in der Person des Aaron gelegenen Grundes, um gerade ihn als Sprecher (gegenüber dem Volk) geeigneter erscheinen zu lassen als Mose.

Man mag sich freilich fragen, ob denn die VV.11-13 überhaupt in einen ursprünglichen und organischen Gesprächsverlauf, der auf sein jetziges Ziel hinausläuft, hineingehören. Die VV.11 f, die an sich das Gespräch abschließen könnten, zögern im vorliegenden Gesprächsverlauf nicht nur die Einführung Aarons hinaus, sondern lassen diese auch nicht mehr wirklich notwendig erscheinen[1]. Und Moses Einwand muß die entschiedenste Tonart anschlagen, die überhaupt in einem Gespräch mit Gott möglich ist.

Wäre es nicht natürlicher gewesen, von V.10 gleich zu V.14 überzugehen? Setzt die einlenkende Antwort Jahwes nicht geradezu das Fehlen von V.11-13 voraus? Darauf ist zu erwidern, daß es 1. sehr naheliegend war (und der Lesererwartung entspricht), daß Jahwe (zunächst) seine Schöpfermacht ins Spiel bringt, daß 2. ein hypothetischer Rumpf-Dialog V.10.14 ff gegenüber dem vorliegenden Gespräch spannungslos wirken würde. Macht nicht gerade die erneute Weigerung des Mose in V.13 den Handlungsablauf erst wirklich dramatisch? Und ist Jahwes Eingehen auf Moses Einwurf nach der Zorn-Notiz nicht eindrucksvoll? Die jetzige Gesprächsstruktur ist nicht ungeschickt angelegt. Daß Jahwes Worte in V.11 und V.14a nicht ganz kongruieren, ist dem gestaltenden Erzähler wohl nicht so wichtig. Er hat einerseits sein Ziel (Einführung Aarons als Moses Sprecher) von Anfang an im Auge, arbeitet andererseits aber mit Spannungseffekten, d.h. er ist eben ein Schriftsteller (und kein ganz schlechter).

So kann man aus der leichten Diskrepanz zwischen V.11 (Hinweis auf die Möglichkeiten des Schöpfers) und V.14a (Hinweis auf das Redetalent des Aaron als Motiv für seine Einsetzung zum Sprecher) kein Argument für eine Quellenscheidung gewinnen.

4.2 Die Gesamtstruktur der beiden Dialogpartien V.10-12 und V.13 ff

4.21 Inhaltlicher Aspekt

Die VV.13 ff setzen erzähltechnisch die VV.10-12 voraus[2]. Deren Ziel liegt in der Beistandszusage V.12b, die gegenüber Ex 3,12 durch die Hinzufügung des Wortes "Mund" präzisiert ist. Erst nach V.12b ist eine so schroffe Gefühlsreaktion Jahwes, wie sie in V.14a vorliegt, möglich. Das auslösende Moment jedoch für Jahwes Zorn in V.14a - wie auch für seine "flankierende Maßnahme"

---

1) Vgl. A. KUENEN: "Nach IV, 10-12 ... erwarten wir nicht, daß der Klage von V.10 durch die Anweisung Aarons als des Sprechers abgeholfen werden wird, V.14-16" (Einleitung, 144).
G. WESTPHAL: "Die Worte (= V.14-16) sind ... neben vs.11 ... nicht erträglich, denn diese rhetorische Frage setzt voraus, daß nicht Aaron, sondern Jahwe selbst dem von Mose angeführten Übel abhelfen will" (ZAW 26 (1906), 227).

2) So z.B. auch W. RICHTER, VpBB, 119; J.M. SCHMIDT, Aaron, A 3

in V.14 ff - bildet erst V.13 mit dem ablehnenden Bescheid des Mose. Dieser energische Einspruch wirkt "sowohl retardierend als den Höhepunkt, die qualifizierte Einführung Aharons, herbeiführend"[1].

4.22 Formkritischer Aspekt

Die VV.10-12 und *13-15 sind, worauf in anderem Zusammenhang schon verwiesen wurde, parallel aufgebaut[2]:

V.10	Einspruch des Mose, eingeleitet durch Höflichkeitsformel	V.13
V.11-12	Jahwes Antwort, endend mit Beistandszusage und Verheißung künftiger Belehrung	V.*14-15

Viel wichtiger als die Feststellung dieser Parallelstruktur ist die Tatsache, daß die sogenannte "Auftragsformel"[3] lēk w^{e}'āmartā hier halbiert ist. In V.12 findet sich das lēk, erst in V.15 folgt mit w^{e}dibbartā[4] die 2. Hälfte (mit dem eigentlichen Redeauftrag):

V.12		V.15
Imperativ: "Geh!"	+	Suffixkonjugation: "und rede ..." (hier: zu Aaron reden)

---

1) W. RICHTER, VpBB, 120
2) Eine genauere Untersuchung der Parallelstruktur wird unter Nr. 5.31, S. 88-91 ausgeführt.
3) Imperativ von hlk + Suffixkonjugation. Vgl. W. RICHTER, VpBB, 152 ff. Als Vergleichsstellen sind dort aufgeführt: Ex 3,16J; 7,15aJ; Ri 6,14; 1 Sam 15,3; 23,2; 2 Sam 7,5; 1 Kön 17,9; Jes 6,9; Ex 3,4 (VpBB, 152, Anm. 41). In den Stellen Ri 6,14; 1 Sam 15,3; 23,2 und 1 Kön 17,9 handelt es sich jedoch nicht um einen Redeauftrag; die Suffixkonjugation bezeichnet eine andere Handlung. Die unmittelbare Abfolge lēk w^{e}'amartā bzw. lek w^{e}dibbartā ist im übrigen nur gegeben in Jes 6,9 bzw. 2 Sam 7,5. In Ez 3,4 heißt es læk-bō' ... w^{e}dibbartā; in Ex 3,16J folgt dem lēk zuerst ein w^{e}'āsaftā. W. RICHTER weist die "Auftragsformel" (Der Begriff stammt von ihm, VpBB, 153) dem Bereich des Prophetischen zu. In diesem Horizont stehen nach RICHTER auch Ex 3,16 und 1 Sam 9,16, ja sogar Ri 6,14 (vgl. VpBB, 155).
4) Weil hier kein konkretes Verkündigungswort folgt, es vielmehr um die Redefunktion geht, steht hier nicht das Verb 'mr, sondern dbr pi. So z.B. auch in Ex 3,4.

Die Halbierung der Formel "Geh und sprich ...!" dient dem Verfasser als Mittel, die Beauftragungsszene, die durch Aarons Einführung kompliziert ist, strukturell durchsichtiger zu machen. Hier wird die einheitliche Konzeption des Abschnitts V.*10-17 deutlich, woraus die gemeinsame Herkunft der VV.10-12 und *13-17 zu erschließen ist.

4.3 Ergebnis

Weder unter inhaltlichem noch unter formalem Aspekt ließ sich ein stichhaltiges Argument gegen die gemeinsame literarische Herkunft von V.10-12 und V.*13-17 finden[1]. Im Gegenteil: Die Benutzung der sog. Beauftragungsformel zur literarischen Gestaltung des Abschnittes V.*10-17 kann als Indiz für die literarische Einheitlichkeit[2] dieses Textes gelten.

Aufgrund des literarkritischen Gesamtergebnisses, daß es sich bei Ex 4,10-17 um eine originale - wenn auch nur relativ selbständige - literarische Einheit handelt, entfällt natürlich der ansonsten folgende Punkt "Redaktionskritik".

---

1) Gegen G. WESTPHAL (ZAW 26 (1906), 227); H. GRESSMANN (Mose, 21), der sich auf R. KITTEL, Geschichte I (2. Aufl., 458, Anm. 3) beruft. (Für die 6. und folgende Aufl. besteht diese Berufung aber nicht zu recht. R. KITTEL sagt dort mit Bezug auf die VV. Ex 4,13-16, die er für jahwistisch hält: "Von einem Widerspruch zu V.10 ff ist keine Rede" (Geschichte, ^{7}308, Anm. 1)); W. RUDOLPH, "Elohist", 9; M. BUBER, Moses, 58; A.H. GUNNEWEG (Leviten, 95); B.S. CHILDS (Ex, 52 und 53), die die VV.13(14)-16 als sek aussondern. H. SEEBASS verteilt die VV.10-17 auf den J und den E. (Er stellt mit Bezug auf Ex 4,1-17 kategorisch fest: "Im übrigen kann hier nur die Zweifädigkeit zur Quellenscheidung helfen" (Mose u. Aaron, 7)).

2) Vgl. R. SMEND sr., Hexateuch, 117; O. EISSFELDT, HexSyn, 113*f; G. BEER, Ex, 34. Auch J.M. SCHMIDT (Aaron und Mose, A 7) und E. ZENGER (Ex-Übersetzung, 5) rechnen die VV. - allerdings ausschließlich V.17 - einer literarischen Schicht zu (und zwar sehen beide sie als einen Nachtrag an).

5. Formkritik

5.1 Sprachliche Statistik

Ex 4,*10-17 besteht zum größten Teil aus Verbalsätzen (29[1]; demgegenüber 4[2] Nominalsätze). Von den 31 Verben sind 28 verba finita. Unter ihnen finden sich nur 5 Narrative (w-jiqtol (x), 4x = Redeeinführung), 1 Perfekt, 2 Imperative und 19 (!) imperfektische Tempora (11x jiqtol, 8x w-qatal). Außer den genannten Verbalformen begegnen noch 2 Infinitive und 1 Partizip.

Der großen Zahl der Verbalsätze läßt sich entnehmen, daß es sich in Ex 4,*10-17 um Handlungen dreht. Zugleich zeigt die erstaunlich geringe Zahl von Narrativen, von denen zudem 4 als Redeeinführung fungieren, daß über die zur Sprache kommenden Aktivitäten nur geredet wird: Sie liegen noch in der Zukunft. Nur in V.14aα (bis: b^{e}Mōšǣ) berichtet der Autor von einer gegenwärtig sich vollziehenden Handlung (die aber nicht einmal im eigentlichen Sinne eine Handlung ist): von Jahwes Zorn.

10x bezieht es sich auf Mose, 5x auf Aaron, 4x auf Jahwe, 1x auf Mose und Aaron, 1x auf den Stab. (Zu dem 9-maligen(!) Vorkommen eines Pers.-Pron. im Nominativ vgl. den folgenden Abschnitt 5.2.)

Am häufigsten begegnet in Ex 4,*10-17 der Wortstamm dbr, nämlich 8x (6x als Verb, 2x als Substantiv). Das zweithäufigste Lexem ist pæ. Es findet sich im Ganzen 7x. Außerdem kommen von den Lexemen aus dem Bereich der sprachlichen Äußerung noch vor: jrh hi. (2x), šlh (2x, "Terminus technicus der prophetischen Beauftragung"[3]) lāšōn (1x) und 'illēm (1x). Mit 21 Vorkommen und 6 bzw. 7[4] verschiedenen Wörtern liegen die Lexeme aus dem Bereich der sprachlichen Äußerung klar an der Spitze. So zeigt schon der statistische Befund, welche Sache hier verhandelt wird.

---

1) a) śām V.11aα ist als 3. Pers. Sing. Mask. Perf. gedeutet. So z.B. auch B. BAENTSCH, Ex-Lev-Num, 31; O. EISSFELDT, HexSyn, 114*; J.M. SCHMIDT, Aaron u. Mose, A1; M. NOTH, Ex, 18; A. LACOQUE, Le devenir, 129; F. MICHAELI, L'Exode, 46.
b) In V.11b liegt ein verkürzter Verbalsatz vor: Das Verb ist aus V.11a zu ergänzen.

2) Die verbale Ausdrucksweise hū' jōṣē' V.14bα gilt syntaktisch als Nominalsatz.

3) J.M. SCHMIDT, Aaron u. Mose, A 11

4) - wenn man dābār neben dbr pi. als eigenes Wort rechnet.

5.2 Das syntaktische Gewicht

a) Unter dem Gesichtspunkt der Verwendung einschlägiger Termini zum Thema des Dialogs (= "im Auftrage Jahwes reden") liegt das Hauptgewicht rein statistisch auf V.15 mit 6-maligem Vorkommen.

W. RICHTER sieht mit Recht das Wort pǣ, das 1x mehr als das Verb dbr pi. begegnet, als Leitwort des Dialogs an[1], da es im letzten V. des durch das Thema "im Auftrage Jahwes reden" bestimmten Passus vorkommt, wo dbr pi. nicht mehr erscheint, nämlich in V.16. Geht man von der Statistik des Wortes pæ aus, so bleibt das Hauptgewicht zwar auf V.15. Trotzdem: Die Zielaussage liegt, wie RICHTER feststellt, in V.16, wo pǣ nun nicht mehr wie vorher im wörtlichen Sinne gebraucht wird, sondern auf einmal die Bedeutung "Sprecher, Prophet" erhält. Die Verwendung des Leitwortes in den VV.10-12 und 15 dient in der Tat wohl nur der Vorbereitung des abschließenden Jahwewortes V.16b (das inhaltlich von ganz erheblichem Gewicht ist).

b) Faßt man die 30 grammatischen Subjekte ins Auge, so zeigt sich, daß sowohl Jahwe als auch Mose 11x als ein solches fungieren[2], Aaron 7x, Mose und Aaron zusammen 1x. D.h. die Hauptakteure in Ex 4,*10-17 sind Jahwe und Mose. Daß Mose ebenso häufig wie Jahwe in Subj.-Funktion vorkommt, liegt einfach daran, daß es sich um einen Ausschnitt aus der Berufungserzählung des Mose handelt[3]. Übrigens fällt Aaron als handelndes Subjekt nicht sehr erheblich gegenüber den beiden anderen Akteuren ab[4]. Ja, betrachtet man die entscheidenden VV. des Abschnittes, nämlich V.14-16 - die VV.10-13 haben im Hinblick auf V.14-16 mehr oder weniger vorbereitenden Charakter - liegt Aaron qua gramm. Subj. sogar mit 7-maligem Vorkommen mit einigem Abstand vor Jahwe (3x) und Mose (3x)[5]. Das bedeutet: Dem Autor des Dialogs Ex 4,*10-16

1) VpBB, 120
2) Außerdem 1x "der Zorn Jahwes"
3) Vgl. auch das 10x auf Mose bezogene Pers.-Suff.
4) Übrigens ist ja auch 5x das Pers.-Suff. auf Aaron bezogen (und nur 4x auf Jahwe).
5) 1x fungieren Mose und Aaron außerdem als gemeinsames Subj. (V.15b).

geht es - was die menschlichen Personen angeht - nicht primär um Mose, sondern um Aaron. Durch diesen Skopus heben die VV. sich deutlich von dem übrigen Teil der Berufungserzählung des Mose ab: Es handelt sich um die Berufungserzählung des Aaron, die an diejenige des Mose angebunden ist.

c) Die 9-malige Verwendung des im Hebr. an sich sehr sparsam gebrauchten selbständigen Personalpronomens ist ungewöhnlich, vor allem, da es sich um ein Zwiegespräch handelt (wo eine Verwechslung von Personen praktisch nicht möglich ist). Die 3 Personen Jahwe, Mose, Aaron (die in den 8 VV. des vorliegenden Textes ohnehin 7x beim Namen genannt werden) werden also stark hervorgehoben. Nun ist freilich der dreifache Gebrauch des Pers.-Pron. in einem Nominalsatz (V.10: 2x für Mose, V.14: 1x für Aaron) von der Zahl 9 abzuziehen, weil das Pronomen in diesen Sätzen syntaktisch erforderlich ist (und dementsprechend auch keine Betonung hat). Es bleiben aber 6 Fälle, in denen das Pers.-Pron. als Subj. eines Verbalsatzes fungiert. In diesen Fällen steht 3x das Pers.-Pron. d. 1. Pers. Sing. für Jahwe (V.11b: h^{a}lō’ ’ānōkī Jhwh, V.12b.15b: w^{e}’ānōkī ’æhjæ ^{c}im), 2x das Pers.-Pron. d. 3. Pers. Sing. Mask. für Aaron (V.16a: w^{e}dibbær-hū’ l^{e}kā, V.16b hū’ jihjæ-l^{e}kā l^{e}pæ) und 1x das Pers.-Pron. d. 2. Pers. Sing. Mask. für Mose (V.16b: w^{e}’attā tihjæ-lō lē’lōhīm). Jahwes Person ist damit quantitativ, aber auch durch die syntaktische Konstellation besonders stark herausgehoben. Bei Aaron und Mose handelt es sich um eine pointierte Form der Zuordnung. Das zweifache hū’ für Aaron zeigt an, daß es um seine Zuordnung, nämlich zu Mose, geht: Aaron steht mehr im Blick als Mose.

5.3 Aufbau

5.31 Die Parallelität von V.10-12 und *13-15

Der zur Diskussion stehende Dialog weist zwei Redegänge auf, die an zwei Stellen eine wörtliche Übereinstimmung bieten: in der pietätvollen Anrede Jahwes durch Mose in V.10a und 13a sowie in der Beistandsverheißung V.12b und 15b (hier aber auf Aaron ausgeweitet). Daß diese sprachliche Übereinstimmung nicht nur eine äußerliche und zufällige ist, zeigt eine nähere Betrachtung der beiden Abschnitte. Sie weisen eine streng parallele Struktur auf. Lediglich in zwei Punkten weichen sie geringfügig voneinander ab: 1. V.10-12 ist in seinem 1. Teil (Moses Einrede) etwas umfänglicher wegen der Beschreibung von Moses Zustand (die im 2. Einspruch V.13 nicht wiederholt zu werden braucht); 2. umgekehrt ist V.*13-15 im 1. Teil des Jahwe-Parts etwas umfangreicher (Einführung Aarons).

a) Rein formal sind die beiden Redeteile so aufgebaut:

1. Moses Einspruch
2. Jahwes Erwiderung, bestehend aus:

   Argumentation
   Handlungsbefehl
   Verheißung (zweiteilig)

b) Inhaltlicher Aspekt

1. Ein defizienter Zustand in der Natur des Mose ist der Ausgangspunkt für den Einspruch in V.10 u. in V.13.
2. Jahwes Erwiderung weist demgegenüber auf einen anderen (ebenfalls durch Erfahrung belegten) Tatbestand hin, der die Möglichkeit zur Abhilfe in sich birgt (vgl. V.11 (Jahwes Macht)// V.14a (Aarons Redegabe)). Im 2. Redegang (V.13 ff) folgt darauf die genannte Ausweitung: V.16a appliziert die aufgezeigten Möglichkeiten Jahwes auf das konkrete Dilemma des Mose: "Er (= Aaron) kann ja für dich zum Volke reden!" V.14 sieht die projektierte Maßnahme schon im 1. Stadium der Ausführung: Aaron wird Mose entgegenkommen und sich sehr freuen, wenn er ihn sieht.

In V.12 und in V.15 folgt jeweils ein abschließender Handlungsbefehl Jahwes, der die Konsequenz aus seinen argumentierenden Worten zieht.

Daran schließt sich eine ausdrückliche Verheißung an, in der Jahwe die Aktivierung seiner (vorher dargelegten) Machtfülle für den Ernstfall ankündigt.

Diese Parallelstruktur ist eine organische und abgerundete Größe, so daß nicht nur V.17 (der sich sowieso thematisch vom Voraufgehenden abhebt), sondern auch schon V.16b außerhalb steht.

Das sagt aber, wie oben bereits festgestellt wurde, noch nichts über die literarische Herkunft dieser beiden VV. aus. Übrigens hat V.16b in sich eine parallele Struktur. Vielleicht darf man darin einen Hinweis sehen, daß auch dieser Versteil dem (mit dem Mittel des Parallelismus arbeitenden) Verfasser von V.10-15 zuzuschreiben und nicht erst sek hinzugefügt ist.

Übersicht

über die Parallelstruktur der
Redepartien in Ex 4,10-12 und *13-15

Ex 4,10-12

10	Moses Einspruch	I.	Die beiden Nominalsätze drücken einen Zustand aus.
11	Jahwes Erwiderung a) Argumentation	II.	Die x-qatal-Verbform mit Präs.-Pers.-Bedeutung und der Potentialis (w-x jiqtol) bringen in Verbindung mit V.11b die in der Vergangenheit erwiesenen und der Gegenwart weiterbestehenden Möglichkeiten Gottes zum Ausdruck.
12	b) Handlungsbefehl + c) Verheißung	III.	Der Imperativ und die beiden imperfektischen Tempora sind ganz der Zukunft zugewandt (in der Mose seinen Auftrag zu erfüllen hat und Jahwe ihm beistehen wird).

Ex 4,13 ff

13	Moses Einspruch (Der Hintergrund:	I.	die Zustandsbeschreibung von V.10)
14a[1]	Jahwes Erwiderung a) Argumentation	II.	Der Nominalsatz bring im Verein mit dem Potentialis den gegenwärtigen Zustand zum Ausdruck, der die Möglichkeit zur Problemlösung in sich birgt.

---

1) kī dabbēr j^{e}dabbēr in V.14a wird hier als Potentialis gedeutet.

16a	Fortführung des Gedankens von V.14a		Der Potentialis beschreibt konkret die zur Verfügung stehende Lösungsmöglichkeit.
14b			Ausblick auf den 1. Schritt zur Lösung.
15	b) Handlungsbefehl + c) Verheißung (Wiederholung und Ausweitung auf Aaron	III.	Das durch hinnē eingeleitete Partizip und die 6 imperf. Tempora sind ganz der Zukunft zugewandt, in der sich das Geschehen abspielen wird.
16b	Das Projekt wird auf eine zeitlose Formel gebracht.		Das zweimalige Imperfekt weist in die Zukunft.
17	Ein weiterer Befehl und seine Erläuterung		Das 1. Imperfekt bezieht sich auf den unmittelbar folgenden Moment, das 2. auf die Zukunft (Exodusgeschehen).

5.32 Es ist zu beachten, daß das Subst. dābār zum einen in V.10, zum anderen in V.15 vorkommt, also im ersten und letzten V. des parallel aufgebauten Dialogteils V.*10-15. Diese Klammerfunktion deutet auf eine einheitliche Konzipierung des Textes hin.

5.33 Struktur der Jahwerede V.*14-16 unter dem Aspekt der handelnden Subjekte

Wie wir sahen, kommt Aaron in V.14-16 7x, Jahwe und Mose je 3x in Subj.-Funktion vor, außerdem Mose und Aaron 1x zusammen als pluralisches Subj. Im einzelnen sieht das so aus:

Von V.14a - über V.16a - bis zum Ende von V.14b fungiert Aaron in 1 Nominal- und 5(!) Verbalsätzen als handelndes Subj., mit Ausnahme des eingliedrigen Verbalsatzes jādā^{c}tī in V.14a, worin Jahwe auf sich selbst als den Wissenden verweist.

Dann tritt in V.15a Mose als Subjekt von zwei Verbalsätzen in den Mittelpunkt - jedoch innerhalb der von Jahwe ergehenden Direktive, in der es um die Einschaltung Aarons geht.

In dem gewichtigen V.15b ist Jahwe der Handelnde (Subj. in 2 Verbalsätzen). Von ihm hängt das Handeln von Mose und Aaron ab[1], die im abhängigen Objektsatz als gemeinsames Subj. fungieren.

An sich wäre mit V.15b ein herrlicher Abschluß gegeben: Jahwe kommt (2x) als Subj. eines Hauptsatzes vor, Mose und Aaron als plurales Subj. des abschließenden ’^{a}šær -Satzes. Trotzdem: Von hier aus läßt sich nicht für eine sekundäre Anfügung von V.16b argumentieren. Wenn Aaron und Mose hier nochmals in je einem Hauptsatz als Subj. auftreten, so entspricht ihre grammatische Hervorhebung durchaus dem Skopus des vorliegenden Textes, dem es ja gerade um Aaron und seine Zuordnung zu Mose zu tun ist.

Daß nun noch der V.17, worin Mose alleiniges Subj. ist (2x), folgt, ist dadurch bedingt, daß zu den zunächst nur von Mose (und Jahwe) handelnden VV.18-26 übergeleitet werden soll.

Übersicht

V.14a[2]		Aaron	=	Subj.
V.14aβ	(eingliedr. Satz)	Jahwe	=	Subj.
	(abhäng. Satz)	Aaron	=	Subj.
V.16a		Aaron	=	Subj.
V.14b		Aaron	=	Subj.
		Aaron	=	Subj.
		Aaron	=	Subj.
V.15a	(m. Bezug auf Aaron)	Mose	=	Subj.
		Mose	=	Subj.
V.15b		Jahwe	=	Subj.
		Jahwe	=	Subj.
	(abhäng. Satz)	M.+A.	=	Subj.
V.16b		Aaron	=	Subj.
		Mose	=	Subj.

V.17a		Mose	=	Subj.
V.17b		Mose	=	Subj.

1) Dasselbe kommt bezüglich Aaron schon in der syntaktischen Abhängigkeit des kī-Satzes in V.14a zum Ausdruck.

2) von h^{a}lō’ an

5.4 Stil

In V.12 begegnet das linguistische Signal $w^{e c}$attā; es kennzeichnet V.12 als Fazit aus dem vorhergehenden Gotteswort V.11 und legt auf V.12 eine starke Betonung.

Auch das w^{e}hājā am Anfang von V.16 hat eine Signalfunktion: es folgt eine zusammenfassende Aussage über das Verhältnis von Mose und Aaron. V.16 hebt sich außer durch das auf Aaron angewandte Leitwort pæ auch durch die strenge Parallelstruktur (Pers.-Pron. + hjh + l^{e} + Pers.-Suff. + l^{e} + Subst.) aus dem Ganzen heraus und erhält dadurch ein zusätzliches Gewicht.

6. Gattungskritik

Ex 4,10-17 stellt sich als Dialog zwischen Jahwe und Mose dar.

Der vorstehende Dialog entbehrt aber der Vollständigkeit. Denn er setzt, wie wir bereits festgestellt haben, einen ersten Teil voraus, der die Beauftragung des Mose durch Jahwe enthält. Er ist also als Teil des Gesamtdialogs in Ex 3-4 zu sehen, der selbst wiederum ein (wesentlicher) Teil der Erzählung über Moses Berufung ist und den man daher auch einen "Berufungsdialog" nennen kann.

Mit dieser Charakterisierung ist jedoch keine Gattungsbestimmung gegeben. Denn der Dialog konstituiert keine Gattung, er ist vielmehr ein Strukturmuster (man kann auch sagen: eine Kompositionsform), - das allerdings die wichtigste Formebene für die Unterscheidung von Gattungen ist[1]. Obwohl die Dialogform "nicht absolut gattungsgebunden"[2] ist, wird sie jedoch mit Vorrang in erzählender Prosa und im Drama angewendet[3]. Im Falle von Ex 3-4 liegt die Gattung der "erzählenden Prosa" vor.

Resümee: Weil Ex 4,*10-17 ein (übrigens relativ abgerundeter) Teil eines umfassenderen Dialogs ist, und dieser wiederum (Haupt-) Bestandteil der Berufungserzählung Ex 3 f, kann es von Ex 4,*10-17 keine eigene Gattungsbestimmung geben: Der Abschnitt ist (nur) ein Teil einer Prosa-Erzählung, ein Stück Erzählung in der Form einer Wechselrede.

---

1) G. PRIESEMANN, Art. "Stoff und Form", in: W.H. FRIEDRICH / W. KILLY (Hrsg.), Literatur 2,2, ⁵Frankfurt/Main 1975 (Fischer-Lexikon 35/2), 529-539, hier: 535.
2) Ebd.
3) Ebd.

7. Motiv- und Traditionskritik

7.1 V.10: Einwand gegen den Redeauftrag

7.11 Mose wendet gegen den göttlichen Sendungsauftrag ein, daß er nicht "ein Mann von Worten" ('īš d^{e}bārīm) sei, d.h. daß er nicht reden könne. Derselbe Einwand wird in gleicher Situation vom Propheten Jeremia vorgebracht: "Ach, Herr Jahwe, ich verstehe nicht zu reden" (lō' jāda^{c}tī dabbēr) (Jer 1,6). Zwar ist der Grund für die mangelnde Redefähigkeit bei Mose und Jeremia ein anderer: Mose verweist auf seine steife Zunge, also offenbar auf einen angeborenen körperlichen Defekt. Jeremia rekurriert auf die Ungeübtheit im Reden, die durch seine Jugendlichkeit bedingt ist. Doch sind die Einwände in ihrem Skopus identisch. Beide wollen sagen: "Sieh bitte von mir ab! Ich bringe nicht die erforderlichen Voraussetzungen für die Berufung zum Sprecher Gottes, d.h. zum Propheten,mit!"

Ungeachtet der Tatsache, daß ein derartiger Einwand bei den Schriftpropheten sonst nicht begegnet, kann man sagen, daß er in einem prophetischen Horizont steht.

7.12 Moses Einwand Ex 4,10 unterscheidet sich deutlich von demjenigen bei der Berufung eines "Retters". Die Berichte von der Berufung eines Retters pflegen nämlich auf die eigene Unbedeutendheit abzuheben. Man vgl. Ri 6,15 (Gideon: "Mit Verlaub, mein Herr, wie soll ich Israel retten? Siehe, meine Sippe ist die schwächste in Manasse, und ich bin der Geringste im Hause meines Vaters".), 1 Sam 9,21 (Saul: "Ich bin ja nur ein Benjaminit ...") und auch Ex 3,11E (Mose: "Wer bin ich, ...[1] daß ich die Söhne Israels aus Ägypten herausführe?"[2]). Daraus

1) Der Zwischensatz "(daß ich) zum Pharao gehe und ..." ist hier entsprechend der Anm. 1 auf S. 54 als nicht-elohistisch weggelassen.

2) Einen gleichartigen Einwand bringt David vor als Reaktion auf seine ehrenvolle Beauftragung: "Wer bin ich, und was ist mein Geschlecht, die Sippe meines Vaters in Israel, daß ich ...?" (1 Sam 18,18) Vgl. den Artikel von M. GÖRG "Der Einwand im prophetischen Berufungsschema", TrierThZ 85 (1976), 161-166

kann nun aber nicht unbedingt geschlossen werden, daß der Interpolator von Ex 4,*10,16(17) Mose nicht auch als Retter-Gestalt gesehen habe. Denn 1. lag ihm dieser Aspekt in der Berufungserzählung (Ex 3,*11E) schon vor; 2. zielt Ex 4,10 ff ja auf die Einführung Aarons ab, wodurch der Interpolator auf das (in prophetischem Horizont stehende) Motiv der Redefähigkeit verwiesen war; 3. legt sich durch die wörtlich gleiche Anrede ("Mit Verlaub, mein Herr!") und, wie sich später zeigen wird, durch weitere Bezüge, ein Rekurs auf die Gideonerzählung Ri 6 (hier: V.15) nahe.

7.2 V.11: Schöpfergott - Gott der Geschichte

Charakteristisch für Jahwes Antwort in V.11 f ist die Verbindung "Schöpfergott"[1] - "Gott der Geschichte"[2].

Bekanntlich hat Israel erst relativ spät "die Schöpfung auch in einem theologischen Zusammenhang mit der Heilsgeschichte sehen gelernt"[3]. In ausgeprägter Weise finden wir die Verbindung beider Topoi in Jes II[4], in der P sowie in einigen nachexilischen Pss[5]. Im Hinblick auf Jes II formuliert G. v. RAD: " ... Das Wort vom Schöpfer ... hat ... in der Verkündigung des Propheten nur eine dienende Funktion und tritt nirgends selbständig auf; es soll das Vertrauen in die Macht und Hilfsbereitschaft Jahwes stärken"[6]. "Die theologische Herleitung der Geschichtsmächtigkeit Jahwes aus seiner Schöpfervollmacht"[7] ist allem Anschein

---

1) Vgl. V.12
2) Vgl. V.11
3) G. v. RAD, Theol. I, 150
4) Vgl. R. RENDTORFF, Die theol. Stellung des Schöpfungsglaubens bei Deuterojesaja, ZThK 51 (1954), 3-13, hier bes.: 4-7
5) Z.B. in Ps 77 und 95
6) Theol. I, 150 f
7) Theol. I, 151

nach eine originale Leistung Deuterojesajas[1]. Die Aufnahme des Schöpfungsglaubens in seine Verkündigung ergab sich aus der Situation der Exilsgemeinde[2]. Bei ihm ist der Schöpfungsglaube "zum entscheidenden Bestandteil der Verkündigung des jetzt geschehenden und unmittelbar bevorstehenden Heilshandelns Jahwes geworden"[3].

Ex 4,11 f steht in diesem theologiegeschichtlichen Horizont. Die VV. gehören auf keinen Fall zur E-Quelle (die im Unterschied zum J und zur P keinen Schöpfungsbericht aufweist!).

7.3 V.12.15: Das Motiv der "Belehrung"

Jahwe wird Mose und Aaron lehren, was sie reden sollen. Für diese Belehrung wird der Terminus jrh hi. gebraucht. Nach J.M. SCHMIDT beschreibt dies Verb vorwiegend den priesterlichen Aufgabenbereich: "einmal als Unterweisung im ... Gottesrecht (Ex 24,12; Dt 33,10; 1 Sam 12,23) ...; zum anderen als priesterliche Einzelunterweisung (Lev 10,11; 14,57; Dt 17,10; 24,8; Ri 13,8; 2 Kön 12,3; 17,27; Mi 3,11. Daneben finden sich Stellen aus dem weiteren Bereich der Weisheit:
Jes 28,9; Hi 8,10; 12,7; 27,11)"[4].

Die Vorstellung von der Belehrung durch Gott weist nach J.M. SCHMIDT "in den kultisch-priesterlichen Bereich. Im Bereich des Heiligtums empfängt der suchende und fragende Beter die Unterweisung auf den 'rechten Weg' (vgl. Ps 25,8.12; 27,11; 32,8 u. ö. - vgl. dazu KRAUS, Psalmen, S. 210 f). Ferner hört man von einer Unterweisung im Gottesrecht ganz allgemein (Ps 93,12; 119,12.26 u.v.a 132,12, ferner auch 1 Kön 8,26; Hi 34,32;

---

1) Jes II übernimmt wohl Elemente der hymnischen Tradition (vgl. den Partizipialstil), stellt sie aber in einen neuen Bezugsrahmen. Hier ist "die Funktion des Schöpfungsglaubens in zweifacher Hinsicht verändert. Einmal ist an die Stelle der Betrachtung des Schöpferhandelns Jahwes als einer Großtat der Vergangenheit die unmittelbare Beziehung auf das gegenwärtig geschehende Heilshandeln getreten, und zum anderen hat der Glaube an Jahwe den Schöpfer einen völlig neuen, existentiellen Bezug auf die Hörer der Verkündigung bekommen" (R. RENDTORFF, Schöpfungsglaube, ZThK 51 (1954), 9).

2) Vgl. ders., 6. Diese Tatsache läßt sich besonders gut an den "Disputationsworten" ablesen (vgl. ebd.).

3) Ders., 7

4) Aaron u. Mose, A 10.

2 Chr 6,27, als eine Weiterbildung auch Jes 2,3 (Mi 4,2)). An all diesen Stellen herrscht das priesterliche Element vor"[1].

Die Verwendung von jrh hi. in V.12 u. 15b dürfte also am ehesten einen kultisch-priesterlichen Hintergrund haben. D.h. Ex 4,10 ff hat höchstwahrscheinlich einen priesterlichen Verfasser.

Weiterreichende Schlüsse - etwa im Hinblick auf die Art der Verkündigungstätigkeit, die dem Aaron aufgetragen wird - lassen sich aus dem Gebrauch des Verbum jrh hi. nicht ziehen. Es ist nämlich wohl zu beachten, daß die Tätigkeit des jrh hi. Jahwe zugesprochen wird, daß aber für die (Mose und) Aaron aufgetragene Verkündigung das Verb dbr pi. benutzt wird.

Wohl kann man von der wahrscheinlich gemachten priesterlichen Herkunft des Textes aus die Vermutung äußern, daß im Hintergrund von Ex 4,14-16 bereits das priesterschriftliche Bild von Aaron als dem Ahnherrn der Priester steht. Mehr nicht!

7.4 V.14-16b: Stellvertretendes Reden

7.41 Das Motiv als solches ist insofern geläufig, als der Prophet ja in Stellvertretung Jahwes zu den Menschen redet. Man denke an die häufig begegnende "Botenformel" kō 'āmar Jhwh ("So spricht Jahwe: ..."), die nicht seltene Formel n^{e}'ūm Jhwh ("Spruch Jahwes")[2] oder die Abschlußformel kī Jhwh dibbēr ("Wahrlich, Jahwe hat gesprochen")[3] bzw. kī pī Jhwh (ṣ^{e}bā'ōt) dibbēr ("Wahrlich, der Mund Jahwes (Zebaot) hat gesprochen")[4]. In dieser letzten Formel taucht auch das Stichwort "Mund" auf, das in Ex 4,16b eine so wichtige Rolle spielt: Obwohl der Mund des Propheten gesprochen hat, sagt dieser: Jahwes Mund hat gesprochen. Des Propheten Mund vertritt Jahwes Mund, der Prophet vertritt Jahwe[5]. In übertragener Redeweise nennt Jahwe dann in

---

1) Ebd. "Während die älteren Kommentare hier sehr allgemein von 'Eingebung' und 'Inspiration' sprechen (BAENTSCH, 31; GRESSMANN, SAT I/2, 34), denkt NOTH an die 'klassischen' Propheten (unter Hinweis auf Jer 28,1 ff, ATD 5, 32)" (ebd.).
2) Z.B. Jer 1,8.15 u. ö.
3) Z.B. Jer 13,15.
4) Z.B. Jes 1,10; 40,5; 58,14; Mi 4,4.
5) Ein weiterer Vergleichstext ist 1 Kön 8,15.24

Jer 15,19 den Propheten (als ganzen) seinen Mund. k^efī tihjæ ("(dann) sollst du (wieder) als mein Mund auftreten[1]!").

Dies ist also der erste Fall, in dem der Ausdruck "der Mund Jahwes" mit "der Prophet" identisch ist - sofern Ex 4,16b nicht zeitlich vor Jeremia anzusetzen ist (Das wird unter Nr. 9 (Zeitliche Einordnung) geklärt werden). Daß auch in Ex 4,16b mit "Mund" soviel wie "Prophet" gemeint ist, wird bestätigt durch die parallele Stelle Ex 7,1P: "... und Aaron, dein Bruder, soll dein Prophet (n^ebī'ækā) sein!").

7.42 Wir gingen von dem Motiv "stellvertretendes Reden" aus. Es ist nun für Ex 4,14-16 die Besonderheit zu konstatieren, daß hier Jahwes Stellvertreter selbst noch einmal einen Stellvertreter erhält. Das ist im AT ein singulärer Fall, der nicht nur wegen seiner Einzigkeit, sondern auch von der Sache her befremdlich wirkt. Warum wird der sich verweigernde Mose nicht durch Aaron ersetzt? Aber indem man diese Frage stellt, wird sogleich deutlich, daß eine Ausschaltung des Mose als der großen Gestalt aus Israels Frühzeit nicht ernsthaft zur Debatte stehen konnte. Die in religiöser Hinsicht maßgebende, d.h. kanonische, Autorität des Mose war ja wenigstens seit der frühen Königszeit unbestritten (vgl. das jahwistische Geschichtswerk) und konnte gar nicht mehr ernsthaft angefochten werden. Ganz offensichtlich gebraucht also der Interpolator von Ex 4,*10-16b(.17) das Motiv der beharrlichen Weigerung nur, um mit Hilfe dieses literarischen Mittels Aaron einführen zu können, dem sein ganzes Interesse gilt. Möglich wurde dies zweistufige Mittleramt
1. dadurch, daß Mose eine einzigartige historische Bedeutung für das Volk Israel besaß, die ihm nicht mehr streitig gemacht werden konnte[2], 2. dadurch, daß Moses Mission sich nicht in dem

---

1) In Verbindung mit hjh hat k^e nicht nur eine vergleichende Funktion. Vielmehr ist die Bedeutung von hjh k^e an mehreren Stellen des AT "auftreten als", so in Ex 22,24; Num 11,1; Hos 5,10; Ijob 24,14 (vgl. GesB, 178).

2) "Aaron kann nicht einfach die Stellung Moses einnehmen, das würde offensichtlich einer festen Tradition widersprechen" (J.M. SCHMIDT, Aaron u. Mose, A 15).

prophetischen Auftrag erschöpfte: er galt auch als Führer- und Rettergestalt der aus Ägypten befreiten Israeliten. Anderenfalls hätte eine derartige zweistufige Mittlerschaft in einem unerträglichen Maße konstruiert wirken müssen[1].

1) Es ist also kein Zufall, daß es in der prophetischen Literatur des AT und auch in den Berufungsberichten von charismatischen Rettergestalten in diesem Punkte keine Parallele gibt (aus der sich dann evtl. Hinweise auf die zeitliche Ansetzung von Ex 4,14-16 hätten entnehmen lassen).

8. Zeitliche Einordnung

8.1 Bisherige Hinweise

Die bisherigen Überlegungen haben an verschiedenen Stellen bereits die Erkenntnis erbracht, daß Ex 4,*10-17 nicht nur nach-elohistisch[1] ist, sondern sogar nach-jehowistisch[2]. V.11 wies sogar in nach-exilische Zeit (Jes II)[3], und V.15bβ machte eine frühestens priesterschriftliche[4] Herkunft von Ex 4.*10-17 wahrscheinlich[5].

Weil Aaron überdies erst in einer späten Schicht der P als Bruder des Mose in Erscheinung tritt (vgl. Ex 6,20; 28,1 f ("deinen Bruder" = Z?); Num 26,59)[6] ist es höchst zweifelhaft, ob Ex 4,*10-17 wirklich noch als vor-priesterschriftlicher Text gelten kann.

So soll die Datierung von Ex 4,*10-17 hier zum Gegenstand einer eigenen Untersuchung gemacht werden.

8.2 Formkritische Beobachtungen

8.21 In der Selbstvorstellung des Mose in V.10 liegt folgende syntaktische Struktur vor: negierter (Nominal-)Satz mit nachgestelltem Pers.-Pron. d. 1. Pers. Sing. und nachfolgendem nominalen Begründungssatz (eingeleitet durch kī) mit nachgestelltem Pers.-Pron. d. 1. Pers. Sing.: lō' 'īš̌ d^{e}bārīm 'ānōkī kī ... 'ānōkī. - Dieselbe Struktur findet sich in einer Antwort des Propheten Amos an den Priester Amazja, worin Amos sich als

---

1) Vgl. Nr. 2.32-2.34, S. 55-59 ; Nr. 3.22, S. 71 ; Nr. 3.23d, S. 81
2) Vgl. S. 81 (Nr. 3.23d)
3) Vg. Nr. 7.2, S.
4) Ob Ex 4,*10-17 aber der P selbst zugeschrieben werden kann, ist höchst unwahrscheinlich. H. SCHMID macht mit Recht darauf aufmerksam, daß Mose nach dieser Quelle nicht in Midian, sondern in Ägypten berufen wird. (vgl. Mose, 37).
5) Vgl. S. 66 (Nr. 3.21)
6) Darauf macht auch J.M.SCHMIDT, Aaron u. Mose, A 19, aufmerksam (" ... die ältesten levitischen Genealogien (enthalten) nicht den Namen Aaron (Num 26,58)").

Nicht-Berufsprophet - nämlich als Hirte und Maulbeerfeigenzüchter - vorstellt (Am 7,14). Der negierte Nominalsatz ist hier verdoppelt, und im ebenfalls zweigliedrigen kī-Satz steht das Pers.-Pron. schon hinter dem 1. Prädikatsnomen: lō'-nābī' 'ānōkī w^elō' bæn-nābī' 'ānōkī kī-bōqēr 'ānōkī ūbōlēm šiqmīm ("Ich bin kein (Berufs-)Prophet und kein Prophetensohn, vielmehr bin ich ein Hirte und ein Maulbeerfeigenzüchter".) Wie die Übersetzung bereits erkennen läßt, hat der kī-Satz hier wohl nicht kausale, sondern adversative Bedeutung[1]. Darin liegt ein kleiner Unterschied zu Ex 4,10 vor. Allerdings ist bei dieser Unterscheidung Vorsicht geboten. Denn der kī-Satz könnte an sich auch begründend auf das (durchaus nachprüfbare) Faktum verweisen, daß Amos von Hause aus einen anderen als den Prophetenberuf ausübt: " ... denn ich bin (von Hause aus) ja ...".

Am Ende des Sacharja-Buches (13,5 f) kommt dieselbe syntaktische Struktur in einer Drohweissagung vor, die gegen die Berufspropheten gerichtet ist. Hier folgt dem negierten Nominalsatz wiederum ein (adversativer?) kī-Satz, von dem freilich noch ein weiterer kī-Satz (mit kausaler Bedeutung) abhängt: "(Dann) wird jeder sagen: lō' nābī' 'ānōkī kī 'iš-ōbēd 'ānōkī kī '^adāmā qinjānī[2] minn^eᶜūraj (Ich bin kein Prophet, vielmehr[3] bin ich ein Bauer; denn[4] der Acker ist mein Erwerb von Jugend an)".

Schließlich ist noch Jer 1,6 zu nennen. Hier steht am Anfang statt des negierten Nominalsatzes ein Verbalsatz (jādaᶜtī). Doch auch in dieser Verbform (Suffix-Konjugation!) erfolgt die Nennung der

---

1) Die deutsche Ausgabe der Bible de Jérusalem (Die genaue Literaturangabe findet sich im Literaturverzeichnis unter "ARENHOEVEL, D.".) übersetzt das kī dementsprechend mit "sondern". E. OSTY, der Amos-Übersetzer der originalen frz. Ausgabe läßt das kī zwar unübersetzt ("je suis ..."), aber in dem einfachen Nebeneinanderstellen der beiden Vershälften liegt unverkennbar ein adversativer Sinn; desgleichen in der Übersetzung von M. STENZEL in der Pattloch-Bibel: "Hirt bin ich ...".

2) Mit BHS korr. aus 'ādām hiqnanī.

3) A. GELIN (La Bible de Jérusalem) läßt das kī unübersetzt, so auch die deutsche Ausgabe dieser Bibel sowie M. STENZEL (Pattloch-Bibel). All diesen Übersetzungen liegt ein adversatives Verständnis zugrunde.

4) So auch die deutsche Ausgabe der Bible de Jérusalem - entsprechend dem frz. "car" in der Übersetzung von A. GELIN. M. STENZEL wendet auch hier wieder die Parataxe an, die nun kausale Bedeutung haben muß.

Person erst am Schluß: lō' jāda^{c}tī dabbēr kī-na^{c}ar 'ānōkī ("Ich verstehe nicht zu reden: denn ich bin noch ein Knabe"). Der kī-Satz hat hier eindeutig kausalen Charakter.

Alle herangezogenen Vergleichsstellen haben über die Formalstruktur hinaus etwas Gemeinsames mit Ex 4,10-12: Es handelt sich jedesmal um die - an eine gerichtliche Verteidigung erinnernde - Richtigstellung eines Menschen, der sich einer falschen Beurteilung ausgeliefert sieht. Darüber hinaus stehen die betr. Texte in einem prophetischen Horizont. Jer 1,6 hat zu Ex 4,10 ohne Zweifel die größte Affinität, da die Übereinstimmungen viel weiter gehen: Die beiden VV. gehören zu einem völlig gleichartigen Kontext[1] (mit göttlichem Verkündigungsauftrag, Einwand des Berufenen mit Begründung sowie mit Beistandszusage Gottes). Ob zwischen Ex 4,10 ff und Jer 1,4 ff eine literarische Beziehung besteht, ist schwer zu sagen. Im Vokabularium ist, wie schon bei der Motivkritik angemerkt wurde, keine Abhängigkeit der einen von der anderen Stelle festzustellen, und die auffallende thematische und strukturelle Übereinstimmung ist noch kein sicheres Indiz für eine literarische Abhängigkeit.

Trotzdem: Da sich sonst in keinem prophetischen Berufungsbericht ein Einwand des Berufenen findet, liegt hier also kein "Schema" (eines prophetischen Berufungsberichtet) vor, mit dem die Übereinstimmung zwischen Ex 4,10 ff und Jer 1,4 ff erklärt werden könnte. Und da nun Ex 4,10 ff zum einen mehr Ähnlichkeit mit Jer 1,4 ff aufweist als mit den vorprophetischen Berufungen (vgl. Ri 6, 1 Sam 9 und auch die J- und E-Berufungserzählungen), zum anderen der Einwand des jungen Jeremia (Jer 1,6) ganz und gar in die geschilderte Situation paßt - während Moses Einwand in Ex 4,10 (und 13) sehr nach Anwendung eines erzähltechnischen Mittels aussieht -, ist am ehesten an eine Beeinflussung des Interpolators von Ex 4,10 durch die jeremianische Berufungserzählung zu denken[2].

---

1) Vgl. W. RICHTER, VpBB, 146
2) Falls sich im weiteren Verlauf der Untersuchung endgültig herausstellen sollte, daß Ex 4,*10-16b(.17) nachexilischen Ursprungs ist, dürfte kaum ein Zweifel möglich sein, daß Jeremias Einwand in Jer 1,6 dem Interpolator von Ex 4,*10-17 als inspirierende Vorlage gedient hat.

8.22 Die Wer?-Frage in V.11a ist ohne Zweifel ein Formelement aus der von Jes II fleißig verwendeten Figur der gerichtlichen Untersuchung[1]. Bei Jes II steht sie im Kontext der Auseinandersetzung Jahwes mit Israel bzw. mit fremden Völkern (und ihren Göttern) und dient der Herausstellung seiner Macht, um Israel zum Vertrauen auf ihn zu motivieren[2]. Demselben Zweck dient die Frage in Ex 4,11. Die Antwort, die bei Jes II mehrmals expressis verbis gegeben wird[3] - daß nämlich nur Jahwe es ist und keiner sonst, auf den das in Frage Gestellte zutrifft[4] -, stimmt in einem Falle sogar auch in ihrer formalen Struktur mit Ex 4,11 überein. In Jes 45,21 hat die Antwort nämlich wie in Ex 4,11 die Form der rhetorischen Frage: "(Bin) nicht ich (es), Jahwe?" (Und in Jes 42,24 heißt es ganz entsprechend in der 3. Pers. "(Ist es) nicht Jahwe?") Daß in Ex 4,11 als Pers.-Pron. d. 1. Pers. Sing. 'ānōkī gebraucht ist, in Jes 45,21 aber die Kurzform '^{a}nī, kann die Augenscheinlichkeit einer direkten Beziehung zwischen Ex 4,11 und Jes II nicht beeinträchtigen, zumal sich in Jes II neben '^{a}nī (das über 50x vorkommt) 19x auch die Vollform des Pers.-Pron. d. 1. Pers. Sing. findet[5].

Da nun die Art der aus dem Gerichtsverfahren entlehnten Fragen und der (jeweils leicht differierenden) Antworten als konstitutive Elemente dem deutero-jesajanischen Text zugehören, wird man den Einzeltext Ex 4,11 als von Jes II beeinflußt ansehen müssen (und nicht umgekehrt). Ex 4,11 ist vor Jes II kaum denkbar. Es ist höchstens vorstellbar, daß die Verfasser derselben Schule angehört haben.

---

1) Die Wer?-Fragen finden sich bei Jes II in 40,12-14.18.26; 41,2.4.25 f; 42,19 (2x).23 f; 42,9.13; 44,7; 45,21; 46,5; 48,14; 49,21 (2x); 50,1.8 (2x). 9; 53,1 (2x).8; 54,15.

2) Vgl. Jes 40,12.26; 41,2.4.25 f; 42,24; 43,9; 44,7; 45,21; 46,5; 48,14; 50,1. Die Antwort auf diese Fragen lautet ausdrücklich oder unausgesprochen: "Ich" bzw. "Jahwe".

3) Vgl. Jes 41,4; 42,24; 45,21; 48,15.

4) Diese prononcierte Herausstellung der Person Jahwes, wie sie eben auch in Ex 4,11 vorliegt, macht die x-jiqtol-Form in dem Beistandswort Ex 4,12b voll verständlich.

5) Jes 43,11 (2x).12.25 (2x); 44,24; 45,12 f; 46,9; 49,15.25 (2x); 50,5; 51,12 (2x).15; 54,11.16 (2x).

Auch für die Jahwe-Rede im 38. Kap. des Ijob-Buches ist die Wer?-Frage charakteristisch[1]. Wie in Ex 4,11 stellt Jahwe mittels dieser Fragen seine Schöpfermacht ins rechte Licht. Syntaktisch-stilistisch erinnert besonders Ijob 38,36 mit seiner Doppelfrage an Ex 4,11: "Wer legt (mī-šāt) die Weisheit in den Ibis, oder wer verleiht (ʼō mī-nātan) Verstand dem Hahn?" Nach Form und Thema ("angewandte Schöpfungstheologie") stehen sich Ex 4,11 und Ijob 38 also sehr nahe. Eine sprachliche Beziehung ist nicht gegeben: Statt śīm (Ex 4,11) werden die Verben šīt und nātan gebraucht. Es ist höchst unwahrscheinlich, daß Ijob 38,36 von Ex 4,11 inspiriert ist: Wenn eine geistige Beeinflussung vorliegt, dann ist sie umgekehrt zu denken; denn der universal ausgerichtete Schöpfungsglaube hatte gerade in der (übernationalen) Weisheit seinen festen Platz.[2]

8.23 Die syntaktische Figur Pers.-Pron. + hjh + l^e + l^e Ex 4,16b erinnert einmal an ein Wort Jonatans an David in 1 Sam 23,17: "Du wirst über Israel herrschen, und ich werde nach dir der zweite sein (w^eʼānōkī ʼæhjǣ-l^ekā l^emišnǣ)", dann an Ez 34, 24a: "Ich, Jahwe, werde ihr Gott sein (waʼ^{a}nī Jhwh ʼæhjæ lāhæm lʼēlōhīm), und mein Knecht David wird Fürst in ihrer Mitte sein"[3], sodann an einen entscheidenden Satz aus der bekannten (an David gerichteten) Natan-Weissagung, in dem die syntaktisch-stilistische Figur 2x hintereinander vorkommt - genau wie in Ex 4,16b. Es handelt sich um 2 Sam 7,14^{dtr}:
ʼ^{a}nī ʼæhjǣ-lō l^eʼāb w^ehūʼ jihjǣ-lī l^ebēn ("Ich werde ihm Vater sein, und er wird mir Sohn sein").

Vor allem aber wird man durch Ex 4,16b an die "Bundesformel" erinnert, und zwar in der Form, die auf lēʼlōhīm endet. Sie begegnet in der 3. und in der 2. Pers. Plur.: a) w^ehājū-lī l^{ec}ām w^eʼānōkī (bzw. ʼ^{a}nī) ʼæhjǣ lāhæm lēʼlōhīm[4]; b) wihjītæm lī

---

1) Vgl. Ijob 38,2.5 (2x).8.25.36 f.41; auch 39,5

2) Vgl. G. te STROETE (Ex, 51), der in Bezug auf V.11 schreibt: "Dit vs ademt de sfeer der wijsheidsliteratuur".

3) Im 2. Teil dieser Gegenüberstellung fehlt die zur Debatte stehende syntaktische Figur.

4) Jer 24,7$^{sek(?)}$; 32,38^{sek}; Ez 11,20; 14,11; 37,23; Sach 8,8.

l^{e}ʿām w^{e}'ānoki 'æhjæ lākæm lē'lohīm[1].

Außer der auffallenden formalen Übereinstimmung von Ex 4,16b mit der Bundesformel bei Jer^{sek}, Ez und Sach ist als weitere Gemeinsamkeit der deklaratorische Charakter des Gotteswortes zu nennen: Analog zur Bundesformel steht Ex 4,16b wie eine rechtskräftige Unterschrift unter der verfügten Einsetzung Aarons zum Sprecher des Mose.

Die ganz ungewöhnliche und gewagte Anwendung des Wortes '$^{\ae}$lōhīm auf Mose läßt sich am ungezwungensten dadurch erklären, daß dem Verfasser von Ex 4,10-16b die Bundesformel als Vorlage für sein Schlußwort gedient hat. In jener Bundesformel hat das Wort '$^{\ae}$lōhīm seinen völlig normalen und das heißt doch wohl: seinen ursprünglichen Platz. Für die zeitliche Ansetzung von Ex 4,16 bedeutet diese literarische Abhängigkeit, daß unser V. frühestens in die späte Exilzeit zu datieren ist, da die Jeremia-Stellen nach-jeremianisch sind.

Es ist darüber hinaus in Erwägung zu ziehen, ob nicht auch Ex 7,1P ("Siehe, ich mache dich hiermit gegenüber dem Pharao zum '$^{\ae}$lōhīm, und dein Bruder Aaron soll dein Prophet sein") inspirierend auf den Interpolator von Ex 4,*10-16b gewirkt hat. Denn in Ex 7,1P ist der Gebrauch des Begriffes '$^{\ae}$lōhīm näherliegend und also wohl ursprünglicher: Innerhalb des Plagenzyklus vertritt Mose Gott selbst gegenüber dem Pharao (und das ist durchaus nichts Befremdendes). So kann Mose in Ex 7,17J+Je zum Pharao sagen: "So spricht Jahwe: '... Siehe, ich werde mit dem Stab, der in meiner Hand ist, auf das Wasser schlagen, das im Nil ist ...'" und in Ex 11,4.8J: "So spricht Jahwe: 'Um Mitternacht gehe ich durch Ägypten ... Dann werden alle diese deine Diener zu mir kommen und sich vor mir niederwerfen und bitten:

---

1) Jer 11,4^{sek}; 30,22^{sek}; vgl. auch Hos 1,9.
Diese und die voraufgehenden Schriftstellen sind unter Zuhilfenahme von N. LOHFINKs Aufsatz "Beobachtungen zur Geschichte des Ausdrucks ʿam Jhwh", zusammengestellt (FS von RAD, München 1971, 276, Anm. 9):
a) Die Grundform der "Bundesformel" (vorangestelltes ʿam und nachfolgendes '$^{\ae}$lōhīm) in Jer 11,4; 24,7; 30,22; 32,38; Ez 11,20; 14,11; 36,28; 37,23; Sach 8,8.
b) die umgekehrte Form in Lev 26,12; Jer 7,23; 31,1.33; Ez 37,27.
Zur Struktur der Formel vgl. auch Ez 34,23bβ.24aα.

'Zieh hinweg ...' Alsdann werde ich wegziehen". In diesen Vollmachtsworten des Mose gehen das Ich Jahwes und das des Mose ineinander über.

Ex 7,1P stellt daher gewiß keine (abgemilderte) Nachbildung von Ex 4,16b dar[1], vielmehr hat höchstwahrscheinlich umgekehrt Ex 7,1P - neben der Bundesformel - als anregende Vorlage für die markante Formulierung von Ex 4,16b gedient[2].

Auch die gegenüber dem jihjæ n^{e}bī'ækā Ex 7,1P etwas zurückhaltendere Ausdrucksweise jihjæ l^{e}kā l^{e}pæ in Ex 4,16b mag für eine zeitliche Priorität von Ex 7,1P sprechen.

8.24 Resümée:

Unter formkritischem Aspekt ergab sich vor allem folgendes:

a) Aus der auffallenden Übereinstimmung zwischen Ex 4,10 ff und Jer 1,4 ff ergibt sich als Wahrscheinlichkeits-Schluß, daß der Interpolator von Ex 4,*10-17 Jer 1,4 ff als Vorbild benutzt hat.

b) Aus der wahrscheinlich gemachten Abhängigkeit des V.16b von Ex 7,1P ergibt sich die begründete Annahme, daß Ex 4,*10-16b zeitlich nach der P anzusetzen ist.

c) Die auffallende formale (+ inhaltliche + funktionale) Übereinstimmung von V.11 mit Jes II ließ auf eine literarische Abhängigkeit unseres Textes von Jes II schließen.

d) V.16b setzt Ez und Jer^{sek} voraus (Anknüpfung an eine in Ez und Jer^{sek} vorkommende Form der Bundesschlußformel).

e) Die formale (+ inhaltliche) Verwandtschaft zwischen V.11a und Ijob 38,36 machte auf eine mögliche Beeinflussung von seiten der Weisheitsliteratur aufmerksam.

---

1) Gegen B. BAENTSCH (Ex-Lev-Num, 30), J. WELLHAUSEN (Prolegomena^6, 338, Anm. 1), O. EISSFELDT (ThBl 18 (1939), 227), P. WEIMAR (Untersuchungen zur priesterschriftlichen Exodusgeschichte, Würzburg 1973 (Forschung zur Bibel 9), 192 f. 201 f. 228. 243).

2) Auch A. DILLMANN (Ex, 41) und H. HOLZINGER (Ex, 16) sehen Ex 4,16 als von Ex 7,1 f abhängig an.

8.3 Wendungen und Lexeme in ihrem sonstigen Vorkommen

8.31 Statistik

a) Das bī ʾ^{a}dōnāj V.10a und 13a als Anrede an Gott findet sich nur noch in Jos 7,8, also innerhalb der (in ihrem Grundbestand sehr alten) Gilgal-Überlieferungen, in Ri 6,15[1] (zu der aus alten Quellen stammenden, aber dtr überarbeiteten Gideon-Geschichte gehörend) und in Ri 13,8 (Teil der im Kern sehr alten Simson-Tradition).

Auch das an sich gleiche, nur an einen menschlichen Partner gerichtete bī ʾ^{a}dōnī begegnet in der gen. Gideon-Erzählung, nämlich in Ri 6,13, außerdem in den dtr Stellen 1 Sam 1,26; 25,24; 1 Kön 3,17.26, aber auch schon in Gen 43,20J; 44,18J[2] sowie in Num 12, 11(L(?); SMEND: nicht J; RUPPERT: E). Die Wendung fungiert hier überall als pietätvolle Einleitung zu einem Einwand einem Höhergestellten gegenüber[3].

Von allen Vergleichsstellen hat Ri 6,15 (vgl. auch V.13) - Gideons Einwand bei seiner Berufung zum Retter Israels - die größte Nähe zu Ex 4,10 (und 13).

b) Das Wort mēʾāz (V.10a) ist von Hause aus eine adverbielle Bestimmung der Zeit (min + ʾāz) in der Bedeutung "seit damals, seither, von jeher, schon früher"[4]. Sodann hat mēʾāz auch konjunktionelle Funktion gewonnen mit der Bedeutung "seitdem"[5].

---

1) Vielleicht ist ʾdnj aber mit 4 MSS u. Targ als ʾ^{a}dōnī zu lesen (Empfehlung der BHS).

2) Übrigens bestehen zwischen Ex 4,10 ff und Gen 44,18J auch noch andere Übereinstimmungen im Sprachschatz. So findet sich in Gen 44,18 das ḥrh ʾaf, die Selbstbezeichnung ᶜabd^{e}kā/ᶜabdækā , die Partikel -nāʾ (und im vorhergehenden V.17 noch die syntakt. Form "Pers.-Pron. + hjh + l^{e}" - allerdings fehlt das zweite l^{e}).

3) Vgl. auch I. LANDE, Formelhafte Wendungen der Umgangssprache im AT, Leiden 1949, 18 f: bī ʾ^{a}dōnī/ʾ^{a}dōnāj ist "eine Formel der Bescheidenheit. Ein Niedrigerstehender wagt etwas zu äußern, das den Gedanken der übergeordneten Persönlichkeit widerspricht, oder nimmt sich heraus, ein Gespräch zu beginnen, was dem Höherstehenden unter Umständen nicht angenehm sein könnte". LANDE verweist hierbei auf die Ausführungen von L. KOEHLER, ZAW 36 (1916), 26 f, an die sie anknüpft.

4) Vorkommen: 10x (6x bei Jes II, darunter auch die o.g. Stelle Jes 45,21)

5) Im AT 5x: Gen 39,5(J); Ex 5,23a (E; SMEND: J; RUPPERT: E; ZENGER: Je); 9,24b(J; ZENGER: Je); Jos 14,10 (EISSF.: sek); Jes 14,8

Schließlich hat mē'āz Verwendung als Präposition gefunden - wie in Ex 4,10. In dieser Funktion begegnet mē'āz nur noch in Rut 2,7 und Ps 76,8[ne(?)]. Der in Ex 4,10 vorliegende präpositionelle Gebrauch als wortgeschichtlich letzte Phase deutet auf eine relativ späte Zeit hin.

c) gam mitt[e]mōl gam miššilšōm V.10a: Diese Redefigur ist so, wie sie dasteht, singulär. Ohne das zweimalige min findet sie sich aber noch in 2 Sam 3,17 (Davids Aufstiegsgeschichte) und 1 Chron 11,2, und zwar in der Bedeutung "seit langem", und - mit hajjōm anstelle von šilšōm - in 1 Sam 20,27 (= "gestern wie heute", wieder ein V. aus Davids Aufstiegsgeschichte).

d) Das k[e]bad lāšōn in V.10b ("schwer(fällig) im Hinblick auf die Zunge") hat eine einzige Parallele in Ez 3,5 u. 6[sek]: ᶜam(mīm) ... kibdē lāšōn ("ein Volk bzw. Völker ... mit schwerfälliger Zunge")[1]. Der 1. Teil der Wendung aber, k[e]bad-pæ ("schwerfällig im Hinblick auf den Mund") ist ebenso wie das 'īš d[e]bārīm im selben V. singulär[2]. Es ist denkbar, daß der Interpolator die synonyme Ausdrucksweise ᶜam(mīm) ᶜimqē śāfā w[e]kibdē lāšōn aus Ez 3,5 u. 6 kannte und das 1. Glied bewußt durch kabēd + pæ ersetzt hat, weil das Artikulationsproblem bei Mose anders gelagert war und das ᶜ[a]mēq śāfā daher nicht paßte.

e) In unserem Text Ex 4,10 ff findet sich ausschließlich die Langform des Pers.-Pron. d. 1. Pers. Sing., so in V.10 (2x), V.11b und V.12. Dies spricht gegen die Herkunft des Textes aus der P. Denn 'ānōkī begegnet "sehr häufig beim J, E, D neben '[a]nī, während P mit einer einzigen Ausnahme, Gen 23,4, immer '[a]nī hat" (B. BAENTSCH, Ex-Lev, 19 f).

---

1) Übrigens liegt in Ez 3,5 f wie in Ex 4,10 eine synonyme Ausdrucksweise vor: "Völker mit unverständlicher Sprache (ᶜimqē śāfā) und schwerfälliger Zunge".

2) kābēd im Sinne von "schwerfällig, schwer beweglich, steif, unbeholfen" kommt vielleicht noch in 1 Sam 4,18 in einer Aussage über den alten Priester Eli vor: "... denn alt war der Mann und unbeholfen (oder: schwer?)". Zum Gebrauch von kābēd in einem von der Grundbedeutung aus weiter entwickelten Sinne vgl. schon die verbale Ausdrucksweise in Ex 9,7b(J) (qal); Ex 8,11a.28(J); 9,34b(J); 10,1b(J; ZENGER: Je) - betr. das Herz des Pharao.

f) śīm pæ 1[e] V.11a deutet ebenfalls nicht auf die P hin, die keine Vorliebe für das Verb śīm im Sinne von "herstellen, machen"[1] hat. Die P hätte stattdessen eher ʿśh verwendet[2] oder das Verb ntn[3].

g) śīm ʾillēm V.11a: In der Bedeutung "machen zu" mit dem doppelten Akk. kommt śīm schon in den alten Pt-Quellen vor, nämlich in Gen 13,16(L; SMEND: nicht J; RUPPERT: J); 27,37(E; SMEND: J; RUPPERT: J(+E?)); 28,18.22 (E; SMEND: nicht J; RUPPERT: J); 32,13J; 46,3(E: SMEND: nicht J); 47,6b(J).

h) Die 4 Bezeichnungen für körperliche Gebrechen[4] in V.11a, die in Obj.-Funktion mit śīm verbunden sind, sind, wie schon vermerkt, im AT nur noch 1x alle beieinander, nämlich in Jes 35,5 f[sek]. (Dieser V. gehört zur sog. "Kleinen Jesaja-Apokalypse", einer "spät-nachexilisch-apokalyptischen Komposition"[5].) Dort haben alle 4 Eigenschaftswörter ihre sinnvolle Funktion, nämlich gemeinsam den dunklen Hintergrund für das Leben in der kommenden Heilszeit zu bilden. In Ex 4,11 dagegen geht zumindest die Nennung der beiden letzten Gebrechen (hinkend und blind) über die dort vorliegende aktuelle Problematik hinaus. So besteht die hohe Wahrscheinlichkeit, daß die Vierzahl aus Jes 35,5 f[sek] übernommen worden ist.

---

1) Die P gebraucht śīm anscheinend nur im ursprünglichen und räumlichen Sinne: im Bereich des Bauwesens (vgl. den Bau des hl. Zeltes) und im kultischen Bereich - ausgenommen Lev 20,5 u. Num 6,27. Die einschlägigen Stellen: Ex 26,35; 28,12.26.37; 29,6.24; 29,7.19; 40,3.5.8.18.19.20.21.24.26. 28.30; Lev 20,5; Num 4,6.8.11.14.19; 6,27; 16,7; 17,11. Nicht selten wird das Verb mit ntn kombiniert, so z.B. in Ex 40,8.20; Num 4,6; 16,7; 17,11.

2) Vgl. Gen 1,7.16.26; 2,2; 3,1; 5,1; 6,6 (jeweils = "erschaffen"), auch Gen 18,7 f ("zubereiten, herrichten").

3) ntn wird von der P offensichtlich gern benutzt. Man vgl. hierzu die priesterschriftliche Wendung ntn b[e]rīt in Gen 9,12; 17,2 Num 25,12(P?) statt śīm b[e]rīt in 2 Sam 23,5; Ps 81,6[ne?] bzw. anderer Wendungen sowie die Wendung ntn mofet in Ex 7,9P.

4) Zur Korrektur des 3. Adjektivs piqqeaḥ zu pisseaḥ ("lahm") vgl. Nr. 3.21, S. 83, Anm. 4

5) O. KAISER, Der Prophet Jesaja. Kapitel 13-39, Göttingen 1973 (ATD 18), 280.

Die beiden Eigenschaftswörter pissēaḥ (lahm) und ᶜiwwēr (blind) kommen (durch ō oder ein Waw copulativum) miteinander verbunden noch 6x vor, in derselben Reihenfolge wie in Ex 4,11 in Dt 15, 21^{dtr} und 2 Sam 5,8 (aus der im Kern sehr alten Aufstiegsgeschichte Davids[1]), in umgekehrter Reihenfolge in Lev 21,18; 2 Sam 5,6 (u. nochmals in:) 8 sowie in Jer 31,8. In Parallele zueinander stehen die Begriffe auch noch in Ijob 29,15 u. Mal 1,8. ʼillēm (stumm) begegnet im Ganzen noch 5x, und zwar ausschließlich spät: in Jes 35,6^{sek} (s.o.); 56,10; Hab 2,18; Ps 38,14^{ne}; Spr 31,8. ḥērēš (taub) wird sonst noch 8x gebraucht: im eigentlichen Wortsinn in Lev 19,14; Ps 38,14^{ne}; 58,5^{ne}; im übertragenen Sinn in Jes 29,18^{sek}; 35,5^{sek} (s.o.); 42,18 f; 43,8. Auch hier handelt es sich um späte Texte.

i) hjh ᶜim pīkā/pihū V.12b.15b: Die Wendung hjh ᶜim mit Jhwh oder ʼᵆlōhīm als Subjekt ist weit verbreitet, von (L) J und E über Jes 1,17; Dt 31,8.23^{dtr} und das dtrGW (1x) bis hin zum chrGW (4x). Nirgends aber ist die Ausdrucksweise spezifiziert wie in Ex 4, 12b.15b. Diese spezifizierte - und das heißt: weiterentwickelte - Beistandsformel, die auch in den Berufungsberichten Ri 6 (V.16, vgl. auch V.12 - ohne hjh) und 1 Sam 9-10 (10,7 - ohne hjh) fehlt, ist wahrscheinlich nicht nur jünger als der J und der E, sondern auch als Ri 6 und 1 Sam 9-10.

j) Das Verb jrh hi. (V.12b.15b) kommt in der übertragenen Bedeutung "(unter-)weisen, belehren"[2] nur in späten Texten vor[3]: mit Jahwe als Subj.[4] außer hier in Ex 24,12b ^{sek}; Ri 13,8

---

1. Es ist aber anzumerken, daß das befremdliche Davidwort ganz aus dem Textzusammenhang fällt. Es besteht lediglich eine Stichwortbrücke zu V.6.
2. jrh hi. im ursprünglichen und räumlichen Verständnis (= "zeigen") findet sich nur 2x: in Ex 15,25 (L; SMEND und RUPPERT: J) und Spr 6,13
3. Der früheste dieser Texte mag der V. Dt 33,10 aus dem Levi-Spruch sein.
4. 13x fungieren die Priester bzw. ein Priester als Subj. der Belehrung, 2x der (falsche) Prophet, 1x Samuel. 8x begegnet jrh hi. in der Weisheitsliteratur, außerdem noch in Ex 35,34P (Subj.: Bezaleel). Dagegen ist das wᵉtōrᵉkā in Ps 45,5^{ne} zu korrigieren.

(Simson-Geschichte); 1 Kön 8,36 (// 2 Chron 6,27); Jes 2,3^{sek} (// Mi 4,2); 28,26^{sek}; Ps 25,8.12^{ne}; 27,11$^{ne(?)}$; 32,8^{ne}, 86,11^{ne}; 119,33.102^{ne}; Ijob 34,32; 36,22 (= insgesamt 18x). (Beachtenswert ist, daß unter den Vergleichsstellen wieder Ri 13,8 auftaucht.)

k) In V.13 wird das Verb šlḥ gebraucht, aber anders als in Ex 3,10a ^{sek}; 3,15(E; SMEND: nicht J; ZENGER: Je); 5,22b(E; SMEND und ZENGER: J); 7,16a(J), wo die gesandte Person als Akk.-Obj. von dem Verb abhängt. Hier nun fehlt ein Akk.-Obj., und die betr. Person ist mittels der Präposition b^{e}jad an das Verb angeschlossen: "Sende, durch wen du (senden) willst!" Obwohl nicht gesagt wird, was gesandt wird, so ist doch klar, daß es sich um eine Mitteilung, eine Nachricht handelt.

šlḥ b^{e}jad kommt auch vor mit ausdrücklicher Nennung der zu übermittelnden Sache (in Form des Akk.-Obj.), und zwar in Gen 38,20(L; SMEND und RUPPERT: J); Lev 16,21 (piel-Form); 1 Sam 11,7; 15,36; Ri 3,15; 1 Sam 16,20; 2 Sam 10,2; 11,14; 2 Kön 17,13; Sach 7,12; Ijob 8,4; Spr 26,6; Est 3,13; 8,10; 2 Chron 8,18[1]. Von diesen Stellen kommen 2 Sam 15,36; Spr 26,6 und Sach 7,12 sowie 2 Kön 17,13 inhaltlich schon recht nahe an unsere Textstelle Ex 4,13 heran. Denn bei der zu übermittelnden Sache handelt es sich um Worte bzw. um Vorschriften (wie z.B. die Tora).

In genauer Übereinstimmung mit Ex 4,13, und zwar inhaltlich wie formal, stehen folgende 4 Stellen, an denen die zu übermittelnde Botschaft/Weisung nicht expressis verbis genannt ist: 2 Sam 12,25 (erg.: Weisung); 2 Chron 36,15 (erg.: Botschaft); Jer 27,3^{LSS} (erg.: Botschaft) und 1 Kön 2,25 (šlḥ b^{e}jad hier = "einen Befehl ausführen lassen"). Die VV. 2 Sam 12,25 und 1 Kön 2,25, die innerhalb des Davidschen Thronfolgebuches stehen, könnten wohl alter Herkunft sein. Doch ist für šlḥ b^{e}jad jedenfalls eine längere Vorgeschichte zu postulieren, die über den Gebrauch von šlḥ b^{e}jad mit ausdrücklicher Nennung der zu übermittelnden Sache zum objektlosen Gebrauch von šlḥ im Sinne von "eine Botschaft überbringen" oder "einen Befehl ausführen lassen" hinführt. Denn in Ex 4,13 und den Vergleichsstellen ist

---

1) Die piel-Form j^{e}šallaḥ in 2 Sam 18,2 ist mit LXX in j^{e}šallēš zu korrigieren.

das Objekt bereits so festgelegt, daß es im Verb bereits mitgedacht ist und nicht eigens mehr zur Sprache gebracht zu werden braucht.

Auf jeden Fall harmoniert das šlḥ b^{e}jad Ex 4,13 nicht mit dem šlḥ + Person im Akk. in Ex 3,15 (E; SMEND: nicht J; ZENGER: Je); 5,22b (E; SMEND u. ZENGER: J) u. 7,16a (J; RUPPERT: E) und ist zeitlich nach dem J und dem E anzusetzen.

l) ḥrh 'af Jhwh b^{e}[1] V.14a kommt in nahezu allen literarischen Schichten des AT vor[2], aber nicht in der P! Daß Jahwes Zorn entbrennt, ist ein "Anthropopathismus, von P stets vermieden"[3].

Allerdings bedeutet dieser Hinweis auf das Fehlen der Wendung in der P nicht zugleich auch einen terminus ante quo. So findet sich ḥrh 'af Jhwh außer 10x im dtrGW auch noch in Sach 10,3^{sek}; Ps 106,40^{ne}; Ijob 42,7; 1 Chron 13,10; 25,15[4].

m) w^{e}gam hinnē-hū' jōṣē liqrā'tækā V.14b: Dieselbe Wendung, freilich ohne gam, begegnet noch 1x in 1 Sam 9,14: w^{e}hinnē Š^{e}mū'ēl jōṣē liqrā'tām.

Die Wortfolge (w^{e})gam hinnē findet sich noch in Gen 32,21 (E; SMEND: nicht J); 38,24 (L; SMEND und RUPPERT: J) und 42,28a(J). gam fungiert hier als Betonungs- bzw. Beteuerungspartikel, ist also nicht - wie später überwiegend - in dem abgeflachten Sinne einer Konjunktion (= "sowohl - als auch") zu verstehen. Es kommt aber auch in später Zeit noch als "emphasizing particle"[5] vor (vgl. z.B. Ps 118,11^{ne}).

---

1) Eingeschlossen sind die Wendungen mit Suff. hinter 'af ('appī, 'app^{e}kā oder 'appō).
2) So schon in (L,) J, E, B, bei Hos und Jes.
3) B. BAENTSCH, Ex-Lev-Num, 31.
4) An anderer Stelle (o.S. 96, Nr. 4.21) ist im übrigen schon darauf hingewiesen worden, daß eine Notiz dieser Art sich nach dem 3. Einwand des Mose (vgl. Ex 3,10 (E; SMEND: nicht J) u. 4,10) kaum vermeiden ließ.
5) Vgl. C.J. LABUSCHAGNE, The Emphasizing Particle gam and its Conotations, in: FS T.C. VRIEZEN, 193-203.

n) Singulär ist die Wendung šmḥ b^e libbō V.14b.

o) šīm haddebārīm bappæ V.15a mit Gott als Subj. wird noch in den Bileam-Erzählungen (Num 22,38b(E; SMEND: nicht J); 23,5a. 12b.16(E; SMEND: nicht J) und in Jes 51,16 und 59,21 verwendet[1]. Die Wendung weist nicht per se in den prophetischen Bereich, da sie in 2 Sam 14,3.19; Dt 31,19 und Esr 8,17 ohne Bezug auf Gott gebraucht wird. Stilistisch vergleichbar ist übrigens die Wendung šīm b^e'oznajim in Ex 17,14^dtr (Subj.: Gott).

p) Eine Entsprechung zu w^e hōrētī 'ætkæm 'ēt '^a šær ta^ca śūn in V.15b liegt in dem Wort vor, das Manoach, Simsons Vater, im Ri 13,8 (!) zu Jahwe spricht:
w^e jōrēnū ma-na^ca śæ .

q) Die Wendung ^cśh 'ōtōt in Verbindung mit der Stabübergabe in V.17 (vgl. V.30b) paßt weder zu šīt 'ōtōt in Ex 10,1b(J; ZENGER: sek[2]) noch zu ^cśh mōfēt in Ex 4,21 Je(EISSF.: L; SMEND: nicht J; RUPPERT: -; ZENGER: E) u. 11,10P^s (EISSFELDT u. SMEND: P) noch zu ntn mōfēt in Ex 7,9P[3] noch zu ntn 'ōt 'ō mōfēt in Dt 13,2 und 6,22 (Plur.) noch auch zu ^cśh niflā'ōt in Ex 3,20(J; SMEND: nicht J; ZENGER: Je); 24,10a(J)[4]; Ps 105,5^ne.

r) Die Wendung lqḥ mattēhū b^e jādō von V.17a taucht in Ex 7,15b Je (EISSF.: L; SMEND: nicht J; RUPPERT: E) wieder auf.

---

1) Man vgl. auch die inhaltlich gleiche Ausdrucksweise mit dem Verb ntn in Jer 1,9 u. 5,14 sowie in Dt 18,18

2) Dieses Sigel wird hier und künftig zur Kennzeichnung jener Texte verwendet, die ZENGER in seiner Exodusübersetzung (= Begleitpapier zur Exodus-Vorlesung im WS 1975/76 an der Kath.-Theol. Fakultät der W.W.-Universität Münster) durch den betr. Schrifttyp als nicht zum J, E, Je u. zur P gehörig eingestuft hat.

3) 'ot meint in der P immer nur dauerhafte Zeichen (Dinge aus dem Bereich der Natur, der Kultur oder der Religion), die für alle erkennbar ist. Vgl. Gen 1,14 (die Sterne); 9,12 f (der Regenbogen) - ebenso Gen 9,17; Gen 17,11 (Beschneidung), Ex 1213 (Blut des pæsaḥ-Lammes); 31,13 (Sabbat); Num 2,2 (Wappen oder militär. Zeichen).

4) Vgl. die neuere, bemerkenswerte Untersuchung von F.-E. WILMS, Das jahwistische Bundesbuch in Exodus 34, München 1973 (STANT 32), 207. So auch EISSFELDT, RUPPERT u. ZENGER. Anders SMEND.

8.32 Resümee

Aus dem Vergleich der Wendungen und Lexeme resultiert vor allem dies:

a) Es gibt Indizien, die gegen die Herkunft von Ex 4,*10-16 aus der P sprechen ('ānōkī V.10ab.11b.12b; śīm V.11a; ḥrh 'af Jhwh b^{e} V.14a).

b) Gegen die Zugehörigkeit zu E sprach die Wendung bī '^{a}dōnāj V.10a. (Es ist freilich auch festzuhalten, daß die Wendung śīm hadd^{e}bārīm bappǣ V.15a mit dem E übereinstimmt; mit Gott als Subj. kommt sie sogar nur in Num 22,38b; 23,5a.12b.16(E; SMEND: nicht J) vor.)

c) Auf nach-jahwistische sowie nach-elohistische Herkunft deutet das šlḥ b^{e}jad V.13 hin.

d) Ex 4,*10-16b ist aller Wahrscheinlichkeit nach nicht nur nach-jahwistisch und nach-elohistisch, sondern auch später als Ri 6 und 1 Sam 9-10 anzusetzen (vgl. die auf den Mund hin spezifizierte Beistandsformel 'æhjǣ ᶜim V.12b.15b).

e) Die synonyme Wendung (k^{e}bad-pǣ ūk^{e}bad lāšōn) V.10b hat möglicherweise Ez 3,5 f zur Vorlage.

f) In V.11a stellte sich eine Abhängigkeit von einer spätnachexilischen Bearbeitungsschicht des Jes-Buches heraus (Aufzählung der 4 Gebrechen 'illēm + ḥērēš + pissēaḥ + ᶜiwwēr in Jes 35,5 f^{sek}. 'illēm (5x) und ḥērēš (8x) begegnen für sich auch nur nachexilisch.).

g) Als Beispiel für die mehrfachen Übereinstimmungen mit Texten aus dem dtrGW sei die Wendung hinnē ... jōṣē' liqrā'tǣkā V.14b genannt, die sich (mit der <u>Perf.</u>-Form jṣ' und dem Suff. d. 2. Pers. <u>Plur.</u> hinter liqra't) noch in 1 Sam 9,14 findet.

h) Auf eine späte Entstehungszeit für Ex 4,*10-16b deuten das mē'āz V.10a in präpositionalem Gebrauch (vgl. Rut 2,7 und Ps 76,8^{ne}) und das jrh hi. V.15b (m. Jahwe als Subjekt).

i) Auch die Kombination von prophetischen[1] und kultisch-priesterlichen[2] Sprachelementen sowie von Wendungen aus den Berufungserzählungen charismatischer Retter[3] ist am ehesten aus einer späten Entstehungszeit verständlich.

8.4 Gesamtergebnis

Die aufgewiesenen und z.T. wenigstens wahrscheinlich gemachten Textbezüge sprechen für eine nachexilische Entstehung von Ex 4, *10-16b.

Mit dieser zeitlichen Einordnung verliert Ex 4,*10-16b(.17) unser besonderes Interesse, da wir ja nach dem vor-priesterschriftlichen Aaron fragen[4]. Trotzdem soll hier die spezifische Frage: "Welches Aaron-Bild zeichnet Ex 4,*10-16b?", die nach den entsprechenden vorbereiteten Kapiteln erst jetzt gewagt werden kann, nicht unbeantwortet bleiben. Das Schlußkapitel stellt sozusagen die Nagelprobe auf die gewonnene zeitliche Ansetzung dar und wird diese möglicherweise präzisieren können.

---

1) Vgl. V.10a (lō’ ’īš ...).13(slḥ).16b(pæ) und überhaupt das zur Debatte stehende Rede-Problem mit den vielen einschlägigen Ausdrücken aus dem Bereich sprachlicher Äußerungen.
2) Vgl. jrh hi. V.12b.15b
3) Ri 6 (V.13 u. 15: bī ’ᵃdōnī; V.14: lēk, rhetor. Satz mit hᵃlō’ und šlḥ; V.16: kī ’æhjæ ᶜimmāk) und Ri 13 (V.8: bī ’ᵃdōnāj und wᵉjōrēnū ma-na = ᶜaśæ ; V.15: -nā))
4) Übrigens kann man in dem Tatbestand, daß sich für die Bestimmung des Verhältnisses von Mose und Aaron, wie sie in Ex 4,*10-16b gegeben wird, in den pentateuchischen "Erzähltraditionen und deren Entwicklung keinerlei Anhaltspunkte finden lassen" (J.M. SCHMIDT, Aaron u. Mose, A 27), eine Bestätigung dafür sehen, daß Ex 4,*10-16b keine vor-priesterschriftliche Überlieferung wiedergibt.

9. Was sagt Ex 4,14-16b über Aaron (und die Aaroniden)?

9.1 Die Aussagen über Aaron in V.14aßb-16

9.11 W. RICHTER kommentiert Ex 4,15a.16b so: "Die für Propheten belegte Wendung - RICHTER meint die Ausdrucksweise śīm dābār bappæ V.15a - dient hier dazu, Mose vom Aaron abzuheben, wobei V.16b den Mose noch über die Propehten stellt"[1].

Diesem Textverständnis kann schwerlich Recht gegeben werden. Denn 1. ist hier die unterschiedliche Ausdrucksweise in V.15a und V.16b zu beachten[2]. Die gen. Wendung in V.15 sagt nichts anderes, als daß Mose dem Aaron (Wort für Wort) das vorsagen soll, was dieser an das Volk auszurichten hat. Damit ist nicht eo ipso ein prophetischer "Horizont" gegeben. Zwar ist die Wendung in Num 22,38b(E); 23,5a.12b.16(E) auf Gott bezogen, aber in 2 Sam 14,3.19; Dt 31, 19; Esr 8,17 hat sie menschliche Personen zum Subjekt[3]. Erst in V.16b wird die Kategorie des Prophetischen in Bezug auf das Verhältnis von Mose und Aaron herbeibemüht: Mose wird als ᵓæ lōhīm bezeichnet und Aaron als sein "Mund", d.h. als sein Prophet. 2. V.16b geht in seiner Formulierung zwar "bis hart an die Grenze des Zulässigen"[4]. Trotzdem ist die o.g. Kennzeichnung des Verhältnisses Mose - Aaron durch RICHTER nicht berechtigt. Denn Aaron wird wohl zum Propheten des Mose bestellt, dieser aber ist Aaron gegenüber ebenfalls Sprachrohr eines Anderen, nämlich Gottes, also dessen Prophet[5], darüber darf die Verwendung des Be-

---

1) VpBB, 121
2) H. SEEBASS weist ausdrücklich auf die "große Differenz" zwischen V.15 und 16 hin. Er sieht darin sogar einen Grund zur Quellenscheidung (vgl. Mose u. Aaron, 7 f).
3) Übrigens ist auch mit der anderen Wendung dbr pi. l^{e} in V.16a nicht auf eine spezifisch prophetische Tätigkeit angespielt. Denn das prophetische Reden im Auftrage Jahwes wird nie mit dbr pi. l^{e} Jhwh wiedergegeben.
4) H. SEEBASS, Mose u. Aaron, 8
5) Vgl. C.A. SIMPSON, Traditions, 165; G. te STROETE, Ex, 52; A. LACOQUE, devenir, 133 (+ Anm. 3); F. MICHAELI, L'Exode, 54

griffes ʼælōhīm auf Mose nicht hinwegtäuschen[1].

Wer weiß, daß der Begriff ʼælōhīm niemals auf einen Propheten angewandt wird, mag aus der Anwendung des Begriffes hier in Ex 4,16b Moses Sonderstellung erschließen. Doch ist mit Nachdruck darauf hinzuweisen, daß in Ex 4,14-16b der Blick gar nicht wie in Num 12 auf das Verhältnis des Mose zu den (anderen) Propheten gerichtet ist. Aaron ist in Ex 4,*14-16b nämlich nicht als Vertreter des Prophetentums gesehen[2] (sondern eben als Moses "Prophet").

Daß Jahwe sich nach V.27 - der Fortsetzung von V.10-17 - auch unmittelbar an Aaron wendet, qualifiziert diesen noch nicht zum Propheten. Denn hier handelt es sich nicht um eine Gottesoffenbarung im eigentlichen Sinne. Eine derartige göttliche Aufforderung zu einer bestimmten Handlung kann im AT an jeden Menschen ergehen. Hier in Ex 4 war ein solcher Gottesbefehl erzähltechnisch nötig, um Aaron an den Gottesberg zu bringen (an dem Mose die Offenbarung empfangen hatte).

Auch daß es in V.15b heißt: "Ich will euch lehren, was ihr tun sollt" kann nicht zugunsten eines Prophetentums des Aaron ausgelegt werden. Denn da es in der 2. Beistandszusage V.15b nicht bei dem ᶜim pīka von V.12b bleiben konnte, sondern eine Ausweitung auf Aaron durch das weᶜim pīhū geboten schien, ergab sich das plurale Akk.-Obj. ʼætkæm hinter wehōrētī wie von selbst. Ob darin eine (jeweils gesonderte) Anrede Aarons (und Moses) durch Jahwe impliziert ist, ist doch sehr fraglich[3].

Es ist demnach nicht so, daß Mose gegenüber dem Prophetentum herausgestellt werden soll. Es geht überhaupt nicht um Mose, auch nicht um seine Abhebung von Aaron, sondern um Aaron, aber auch hier wiederum nicht um Aarons Abhebung von Mose, sondern um seine Zuordnung zu Mose und seine Bindung an ihn[4]!

9.12 Wie ist dies Verhältnis zu deuten?

H. SEEBASS meint, mit Ex 4,16b werde einer Gefahr Einhalt geboten,

---

1) Nur wenn man mit Num 12,6 den prophetischen Offenbarungsempfang prinzipiell durch Visionen und Träume vermittelt sieht, dem Mose aber einen unmittelbaren Umgang mit Gott zuerkennt, kann und muß man Mose von den Propheten ab- und über sie erheben. Daß der Autor von Ex 4,16b ein solches Bild von Mose hat, ist zumindest dem Wortlaut des Textes nicht zu entnehmen.

2) Aus diesem Grunde dürfte hier der Terminus technicus nābīʼ vermieden sein, und darum hat auch F. MICHAELIS Feststellung "... son rôle apparaît ici plus prophêtique que sacerdotale" (L'Exode, 54) - wobei MICHAELI das priesterliche Moment in der Apposition "der Levit" findet - im Text kein reales Fundament.

3) Vgl. B. BAENTSCH: "Gott verkehrt mit Aharon nicht direkt, sondern nur durch Vermittlung des Moses" (Ex-Lev-Num, 32).

4) So spricht z.B. H. SEEBASS mit Recht mehrfach davon, daß Aaron hier an Mose gebunden werde (vgl. Aaron und Mose, 23). Unverständlich ist mir, wie G. WESTPHAL im Hinblick auf Aarons Sprecherrolle von einer "selbständigen Rolle gegenüber Mose" (ZAW 26 (1906), 203) reden kann.

die dem Mose von Aaron her gedroht hätte[1]. Wie im Einleitungsteil bereits erwähnt wurde, vertritt er die These, Aaron sei von Hause aus die sakrale Repäsentativperson einer fremden Religion[2], deren Kult von der mosaischen Religion übernommen worden sei. Die religiösen Inhalte beziehe Israel jedoch einzig und allein von Mose. Deshalb werde Aaron hier in Ex 4 als Offenbarungsempfänger und -mittler enteignet[3], "indem man nur noch die Funktion des zentralen Priesters als des 'Mundes' Moses gelten ließ"[4].

SEEBASS' Interpretation baut jedoch auf einer Reihe von Prämissen auf. Ohne versucht zu haben, den Text zunächst allein aus sich heraus zu verstehen und die textimmanente Aussage über Aaron zu erheben, kombiniert er ihn gleich mit Lev 10,8 und Num 18,1.8.20P, wo gesagt wird, daß Jahwe unmittelbar mit Aaron selbst

---

1) Vgl. Aaron u. Mose, 23
2) Vgl. Aaron u. Mose, 23.27-30. So auch H. SCHMID, der sich in der Interpretation von Ex 4,14-16 ausdrücklich H. SEEBASS anschließt (vgl. Mose, 37).
3) Dementsprechend wertet SEEBASS übrigens die Notiz, daß Aaron zu Mose an den Gottesberg kommt (Ex 4,27b) dahingehend aus, daß Aarons "Gottesberg" hier von Mose in Besitz genommen werde (vgl. Mose u. Aaron, 30). - Eine entgegengesetzte Auffassung bzgl. Ex 4,14-16 vertritt H. GRESSMANN, der von der "Verdrängung Moses durch Aaron" (Anfänge, 34) spricht, worin sich "der Einfluß der nachexilischen Priesterschaft geltend (macht), die Aaron zu ihrem Urahn erwählt hatte und ihn auf Kosten Moses zu verherrlichen suchte ... es war unmöglich, Mose ganz zu beseitigen, und so ist Aaron sein Doppelgänger geworden" (ebd.). W. RUDOLPH hat GRESSMANNs "Verdrängungs"Hypothese übernommen (vgl. "Elohist", 9). Auch G. te STROETE spricht von "Verdrängung" (Ex, 58). A.H.J. GUNNEWEG redet von einem "Ausspielen" Aarons gegenüber Moses (vgl. Leviten, 95, 97). Vgl. gegenüber den extremen Positionen von H. SEEBASS einerseits und H. GRESSMANN, W. RUDOLPH, A.H.J. GUNNEWEG, G. te STROETE andererseits das ausgewogene Urteil von B. BAENTSCH, das sowohl den Aussagen über Mose als auch denen über Aaron gerecht wird: 1. "Die Stelle ist charakteristisch ... für die Wertschätzung des Moses" (Ex-Lev-Num, 32). 2. (Dies ist freilich mit Blick auf den nach BAENTSCH's Auffassung jahwistischen Kontext gesagt.) "Ganz besonders auffallend ist ... die hervorragende Rolle, die ihm (= Aaron) hier als Sprecher Moses zugewiesen ist" (ders., 29).
4) Mose und Aaron, 28. Gleichzeitig enthält Ex 4,10 ff nach SEEBASS aber auch eine Legitimierung Aarons als unverzichtbarer Sakralperson im Sinne priesterlicher Tätigkeit (vgl. ders., 23). Wegen des Nebeneinanders beider Elemente sieht er in 4,10 ff "eine höchst zwiespältige Beurteilung ein- und derselben Person" (ebd.).

spricht - womit nach SEEBASS eine alte, selbständige Aaron-Überlieferung zu Wort kommt[1]. Außerdem setzt er ein z.T. aus überlieferungsgeschichtlichen Erwägungen gewonnenes Verständnis von Ex 18,12; 24,1.9.14 und Ex 32 voraus. Aus diesem Blickwinkel betrachtet SEEBASS die Unterordnung Aarons unter Mose als die entscheidende Aussage von Ex 4,14-16.

Die von SEEBASS angewendete Methode ist anfechtbar, weil er zu früh mit überlieferungsgeschichtlichen Überlegungen kommt[2]. Will man die Gefahr der "Eisegese" vermeiden, ist für die einzelnen infragekommenden literarischen Einheiten zuerst eine gründliche Literar-, Form- und Motivkritik sowie eine Untersuchung der Wendungen (und Einzelworte) auf ihr sonstiges Vorkommen hin zu leisten, um den einzelnen Text aus sich heraus[3] zum Sprechen zu bringen und Anhaltspunkte für die geschichtliche Einordnung zu gewinnen. Erst wenn diese Arbeit für alle zur Debatte stehenden Einzeltexte getan ist, ist die Voraussetzung geschaffen, um die betr. Einzelstellen zueinander in Beziehung zu setzen und unter Berücksichtigung der bisherigen Einzelergebnisse überlieferungsgeschichtliche Überlegungen anzustellen. Anderenfalls hängen die überlieferungsgeschichtlichen Reflexionen mehr oder weniger in der Luft[4].

Dieser Standpunkt in der Methodenfrage hat für Ex 4,10-17 weit-

---

1) SEEBASS' Auffassung, daß in Lev 10,8P und Num 18,1.8.20P sehr altes Material vorliege, ist eine pure Annahme. Vgl. S. 40f(Nr. 2.21 im 3. Kap. der Einleitung).- Vgl. M. NOTH z.St.: Lev 10,8-20 "gehörte schwerlich schon zur ursprünglichen P-Erzählung" (Das dritte Buch Mose. Leviticus, ²Göttingen 1966 (ATD 6), 69).

2) Dasselbe gilt in noch höherem Maße für die Dissertation von M.M. MULHALL, der die Literarkritik total vernachlässigt und die (Aaron-)Texte als solche überhaupt nicht zur Geltung kommen läßt. MULHALL sucht deren Verständnis fast ausschließlich von außen, d.h. von anderen Texten her zu gewinnen, ohne zunächst einmal dem Einzeltext seine ganze Aufmerksamkeit zu schenken und zu versuchen, ihn aus sich heraus zu verstehen. Auch J.M. SCHMIDT entgeht in seiner Dissertation nicht immer der hier aufgezeigten Gefahr.

3) Dabei ist selbstverständlich der gegenwärtige Kontext als hermeneutischer Schlüssel mitzuberücksichtigen, sofern die betr. kleine literarische Einheit nicht älter ist als der Kontext.

4) Das gilt auch für die Erhebung der Urtradition von Ex 17,1-7 und Num 20 durch SEEBASS (vgl. Mose und Aaron, 61-74.128), die nicht akzeptiert werden kann, weil sie von bestimmten, nicht gesicherten Prämissen ausgeht.

reichende Konsequenzen: Bei der Spätansetzung, die sich aus der oben vorgelegten Textanalyse ergeben hat, ist SEEBASS' These, daß Ex 4,14-16 den Endpunkt einer in der Wüstenzeit erfolgten "Auseinandersetzung der Mosegruppe mit der Aaron-Gemeinschaft"[1] markiert (die nicht-israelitischen Ursprungs ist und in Massa-Meriba beheimatet war[2]), nicht mehr möglich.

Es ist also gar nicht so selbstverständlich, daß die Unterordnung Aarons unter Mose in Ex 4,14-16 eine Abwertung Aarons beinhaltet. Im Gegenteil[3]: Schon die Koppelung von Aarons Berufung an die des Mose deutet an, welch großes Gewicht der Aaron-Gestalt gerade in später Zeit beigemessen wird. Vor allem: Da der terminus a quo für Ex 4,*10-17, wie sich herausgestellt hat[4], die (spät)-nachexilische Zeit ist, ist ein sehr hochentwickeltes Mosebild vorauszusetzen[5]. Das aber bedeutet, daß die Ineinssetzung von Aaron- und Moseworten, wie sie in den VV.15a und 16 vorgenommen wird, dem Aaron - unter der Voraussetzung der Kanonizität des Mose[6] - die höchstmögliche(!) Autorität verleiht, eine von Mose entliehene Autorität[7]: Aarons Worte sind Gottes Worte, da sie Moses Worte sind. Ex 4,10-16 zielt demnach ab auf die Legitimierung der religiösen Befugnis[8] Aarons, und zwar ohne daß die re-

1) Erzvater Israel, 72
2) Vgl. Erzvater Israel, 72.86 f
3) Vgl. B. BAENTSCH, der von der "hervorragenden Rolle" spricht, "die ihm (= Aaron) hier als Sprecher Moses zugewiesen wird" (Ex-Lev-Num, 29).
4) Vgl. 8.22, S. 104 f (u. auch schon Nr. 7.2, S. 96 f)
5) H. SEEBASS geht hier von einer völlig anderen Voraussetzung aus. Für ihn liegt Ex 4,10 ff dem J wie dem E zeitlich weit voraus. In seiner Analyse der Berufungserzählung des Mose Ex 3-4 kommt SEEBASS zu dem Ergebnis, daß die dem J und dem E zugrundeliegende gemeinsame Überlieferungsform G die 6. der insgesamt 7 Stufen in der Textentwicklung darstellt, die Bestimmungen um Aaron (Ex 4,10 ff) aber schon die 3. Stufe! (Vgl. Mose u. Aaron, 22).
6) Vgl. J.M. SCHMIDTS Bemerkung: "Mose ist für die Tradition schon eine absolut profilierte Persönlichkeit" (Aaron u. Mose, A 13).
7) H. SCHMID nimmt hier im Anschluß an H. SEEBASS eine ganz andere Position ein: "Welche Gründe hatte der Elohist oder seine Vorlage dafür, Aaron dem Mose zuzuordnen? Sicherlich soll damit nicht seine Bedeutung an die des Mose herangerückt werden, da er ja diesem untergeordnet wird" (Mose, 37).
8) A. LACOQUE deutet sie als priesterliche Autorität: "le sacerdoce est né" (devenir, 135)!

ligiöse Autorität des Mose eine Einbuße erfährt[1].

9.13 Welche Relevanz hat nun aber diese Aussage?

Es ist von vornherein klar, daß ihr ein großes Gewicht bezumessen ist, da sie "in einer Erzählung von den sakralen Grundlagen des Volkes untergebracht"[2] ist. Wie man die Bedeutung Aarons gewiß nicht richtig erfaßt, wenn man seinen Auftrag auf die konkrete historische Einzelsituation beschränkt sein läßt[3], so auch nicht, wenn man in ihm nur die historische Einzel-Person erblickt.

Wenn prinzipiell gilt, daß ein Text nicht nur etwas über die Zeit aussagt, die er "beschreibt", sondern auch - nicht selten: mehr - über die Zeit, in der er geschrieben wurde, dann ist nicht zuletzt hier mit dieser Erkenntnis ernstzumachen. Denn unserem Autor ein Interesse an Aaron als einmaliger historischer Individualperson zuzusprechen, wäre gewiß unhistorisch gedacht.

Ex 4,14-16 verlangt unbedingt nach einer Erklärung aus der Situation, in der der Text entstanden ist, und d.h. aus der nachexilischen Zeit.

Es legt sich gleich die Vermutung nahe, daß die Jerusalemer Priesterschaft, deren Priestertum von der P ja auf Aaron zurückgeführt wird, sich hier mit einem religiösen Anspruch zu Wort meldet. Innerhalb der priesterschriftlichen Nadab-Abihu-Erzählung Lev 10 gibt es einen inhaltlich mit Ex 4,15-16 verwandten Vers. In Lev 10,11 wird Aaron und seinen Söhnen aufgetragen, sie "sollen die Israeliten alle Satzungen lehren, die Jahwe zu ihnen durch Mose geredet hat". Hierbei ist auf die Unterschiede zwischen beiden

---

1) Gegen H. GRESSMANN (Anfänge, 34), W. RUDOLPH ("Elohist", 9), A.H.J. GUNNEWEG (Leviten, 95.97) u.a.

2) H. SEEBASS, Aaron u. Mose, 23

3) Innerhalb der Berufungserzählung, in der unsere VV. stehen, bezieht sich das Stellvertreteramt Aarons natürlich zunächst nur auf die göttliche Botschaft von der Befreiung Israels aus der Knechtschaft Ägyptens. Doch dem mit dem weiteren Verlauf der Dinge vertrauten Leser kommen bei dem Thema "dem Volke Israel Gottes Worte vermitteln" auch schon die vielen verschiedenartigen Einzelmitteilungen an Mose in den Sinn, die Jahwe während des Wüstenzuges seinem Volke ausrichten läßt, nicht zuletzt die Worte der Sinaioffenbarung. Es bedarf keines Beweises, daß die Beauftragung von Moses und Aaron auch für den Autor dieses Textes in diesem weiten Horizont steht.

Texten zu achten: In Lev 10,11 ist gemäß dem gesetzlichen Zusammenhang präzise von "Satzungen" die Rede. Diese "Satzungen" sind entsprechend dem vorausgehenden V.10 ("und zwar zu unterscheiden zwischen dem Heiligen und Alltäglichen und dem Unreinen und Reinen") wohl die kultischen Vorschriften des mosaischen Gesetzes: Die Aaroniden, d.h. die Priester erhalten den Auftrag, dem Volk die Kenntnis (und Einhaltung) der Kultgesetzgebung zu vermitteln[1]. Auch die Unterweisung, die den Priestern im Verfassungsentwurf des Ez-Buches ans Herz gelegt wird (vgl. Ez 44,23 f),ist kultischer Art.

In Ex 4,*14-16b wird dagegen allgemeiner von "den Worten" gesprochen. Dem Kontext nach handelt es sich dabei um die an Mose ergangene Botschaft von der Rettung Israels, die durch Aaron an das Volk weiterzuvermitteln ist. Gleichzeitig klingt für israelitische Ohren in dem hadd^{e}bārīm aber der Bund vom Sinai mit den beiderseitigen Verpflichtungen Jahwes und seines Volkes an[2].

O. Grether stellt in seiner Habilitationsschrift fest, daß für die Benennung der "alten, auf unmittelbare Gottesoffenbarung zurückgeführten Gebote des Sinaigesetzes, auf Grund deren der Bund Gottes mit dem Volke geschlossen wurde"[3], von den vorhandenen Bezeichnungen für (die in Israel geltenden) Gesetze nur d^{e}barīm gebraucht wurde. Der Begriff blieb jedoch nicht reserviert für die Worte des Bundesschlusses. Vom Dt an erfuhr der dabar-Begriff eine Erweiterung, "so daß er zur Bezeichnung von Gesetzen von geringerer Wichtigkeit Verwendung fand"[4]. Jedenfalls ist zwischen den debarim des Gottesrechts[5] und dem je aktuellen dabar (Sing.!)[6] des Propheten zu unterscheiden.

---

1) Das gilt natürlich nur, soweit diese das Volk unmittelbar betrifft.

2) Vgl. Ex 20,1; 24,3.4.8; 34,1.27 f sowie die vielen priesterschriftlichen Einzelunterweisungen in Lev 1 - Num 10P

3) O. GRETHER, Name und Wort Gottes im AT, Gießen 1934 (BZAW 64), 83. Vgl. auch O. EISSFELDTs Hinweis in seiner Einl. i. d. AT, [3]1964, 283. - Ob nicht auch die Auslassung des Suff. hinter d^{e}barīm in Ex 4,15a - die LXX hat demgegenüber "meine Worte" - eine bewußte Anspielung auf "die Worte" von Sinai sein will?

4) Zur Verwendung von hadd^{e}bārīm im apodiktischen Recht vgl. A. ALT, Die Ursprünge des israelitischen Rechts (Erstveröffentlichung 1934), in: Kleine Schriften zur Geschichte des Volkes Israel I, München [3]1963, 278-332, hier: 323, Anm. 1.

5) O. GRETHER, Name u. Wort Gottes, 83

6) Die (vielfach weiter bearbeiteten) Sammlungen der Prophetenworte kennen dann auch - doch nur selten verwendet - den Plural d^{e}barīm als zusammenfassende Überschrift über mehrere Einzelworte bzw. eine Sammlung von Einzelworten (vgl. z.B. Jer 1,1(.9); Am 1,1).

Im Unterschied zu Lev 10,11 ist in Ex 4,*14-16b ein spezieller Bezug zum kultischen Bereich nicht zu erkennen. Ein solcher ist vom Kontext her auch nicht zu erwarten. Wenn es dem betr. Autor jedoch darauf angekommen wäre, Aaron bzw. die Aaroniden speziell als die von Gott berufenen Sachwalter der mosaischen Kultgesetze hinzustellen, hätte er einen anderen Weg wählen müssen. Denn der unkultische Kontext der Berufungserzählung eignet sich schlecht dazu, eine Beauftragung zu kultischer Unterweisung aufzunehmen. In der Tat ist auch nichts von einer Beziehung zwischen der Berufung des Aaron und dem kultischen Bereich zu erkennen. Außerdem wäre nach dem Motiv einer solchen Erzählung über eine Beauftragung zu kultischer Unterweisung zu fragen: was hätte sie über die Darlegungen der P hinaus zur Aussage bringen können?

Wenn es also berechtigt ist, den Blick von dem konkreten Botenauftrag auf die Vermittlung des gesamten Gottesrechtes auszuweiten, so muß man feststellen, daß Aarons (also der Aaroniden) Funktion hier vom Ansatz her weiter gefaßt ist als in Lev 10,11[1] und Ez 44,23 f. Der "Lehrauftrag" der aaronidischen Priester erstreckt sich offenbar auf alle (schriftl. und mündl.) überkommenen Mose-Traditionen (die Kultgesetzgebung eingeschlossen). Danach dürfte Ex 4,14-16 eine spätere Stufe in der priesterlichen Überlieferung darstellen als Lev 10,11[2]. Welches ist nun aber der "Sitz im Leben" für eine solche Aussage?

Hierzu eine Hypothese:

Bekanntlich gibt es im Judentum eine zweifache mosaische Tora: die schriftlich überlieferte (tōrā sæ biktāb), die im Schriftkanon vorliegt, und parallel dazu und gleichrangig oder fast gleichrangig neben ihr die nur mündlich überlieferte (tōrā sæ b^{e}-^{c}alpǣ), die nachher vorwiegend innerhalb des babylonischen Talmud niedergeschrieben wurde.

---

1) Daß in Ex 4,*14-16 nicht auch Aarons Söhne mitgenannt sind wie in Lev 10,11, ist selbstverständlich durch die spezifische Berufungssituation bedingt und ist nicht als Argument gegen die These zu verwerten, daß es gerade die Söhne Aarons sind, die sich hier mit ihrem Anliegen zu Wort melden.

2) Wie unter Nr. 9.12 (S. 120, Anm. 1) im Anschluß an M. NOTH bereits konstatiert wurde, setzen die VV. Lev 10,8-11 den Abschnitt Ez 44,20-23 voraus und sind erst nachträglich an Lev 10,1-7 angefügt worden!

Meine Vermutung geht dahin, daß die Jerusalemer Priesterschaft, nachdem durch das babylonische Exil der Tempelkult ein für allemal in den Hintergrund getreten und demgegenüber die Übermittlung und Kenntnis der orthodoxen Lehre erheblich an Bedeutung gewonnen hatte, die zuverlässige Weitergabe der religiösen Traditionen - über den rein kultischen Bereich hinaus! - als eine ihrer wesentlichen Aufgaben ansah, und daß sie sich veranlaßt sah, ihre Lehrautorität in den nur mündlich überlieferten Dingen durch eine "Erzählung" von der Beauftragung Aarons zum Sprecher des Mose historisch zu legitimieren[1].

9.2 Der Beitrag des Satzes h^{a}lō' 'ah^{a}rōn 'āḥīkā hallēwī V. 14aα zur Interpretation von Ex 4,*10-16b[2]

9.21 Vorüberlegungen zur Übersetzung

1. Das Wort hallēwī kann syntaktisch nicht als Prädikatsnomen verstanden werden, da ein Substantiv in solcher Funktion nicht determiniert zu sein pflegt[3]. So müßte im Hebr. der Satz "Ist dein Bruder Aaron etwa (bzw.: denn) nicht (ein) Levit?" oder "Nicht wahr, dein Bruder Aaron ist doch (ein) Levit?!" lauten:

---

1) Diese grobe Situationsskizze wird weiter unten durch die Überlegungen zu hallēwī weiter präzisiert werden und einen etwas anderen Akzent erhalten.

2) Dieser kleine Satz (V.16b) ist bisher beiseitegelassen worden, um den Gedankengang nicht von vornherein zu komplizieren.

3) Die Determinierung durch den Artikel unterbleibt vor dem Prädikat deshalb, weil "dieses seiner Natur nach immer ein Allgemeines ausdrückt, unter welches auch das Subjekt zu subsumieren ist" (GesK, 424, § 126i). Gibt es aber - was sehr selten ist - von dem Prädikat nur ein einziges Exemplar (z.B. Gott, der König ...), dann wird der Artikel gesetzt. So in 1 Kön 18,21 ("Wenn Jahwe der Gott ist ...". Voraussetzung ist hier also, daß es nur einen Gott gibt: entweder Jahwe oder Baal), in Gen 42,6a ("Josef aber war 'der Gebieter über das Land' ..."). 2b ("Asarja, der Sohn des Zadok, war der Priester"). 3b ("Josafat, der Sohn des Achihud war der Kanzler"). In Ex 4,14 ist das Verständnis des hallēwī als Prädikatsnomen aber nicht möglich. Denn es fehlt die notwendige Voraussetzung, daß es nur einen Leviten geben könne. Deswegen kann man F.I. ANDERSEN nicht zustimmen, wenn er für Ex 4,14 folgende Beschreibung gibt: Interrogative + Negator + <(Proper Noun <Apposition> Suffixed Noun) - Definite Noun> und dementsprechend übersetzt: "is not Aaron your brother the Levite?" (The Verbless Clause in the Pentateuch, Nashville - New York 1970, 105 u. 529). ANDERSEN gesteht (vgl. ders., 47), daß er selber über die grammatische Bestimmung von Ex 4,14 im Zweifel ist.

h^{a}lō' 'ah^{a}rōn 'āḥīkā lēwī.

2. Falls der Satz ein Prädikatsnomen hat - und das ist bei der Häufung von 3 Substantiven anzunehmen -, dann kann das nur das 'āḥīkā sein[1]: "Ist denn nicht Aaron dein Bruder ...?" oder: "Nicht wahr, Aaron ist doch dein Bruder ...?!". Das determinierte hallēwī aber stellt dann eine Apposition zu 'āḥīkā dar: "dein Bruder, der Levit".

Diese Zuordnung von "der Levit" zum Präd.-Nom. "dein Bruder" klingt befremdlich. Sofern man das "der Levit" als eine Charakterisierung Aarons und nicht speziell seines Bruderseins ansieht - und Letzteres ist nicht sinnvoll -, erwartet man es eigentlich als Apposition zum Namen Aaron: "Ist Aaron, der Levit, nicht dein Bruder? oder: "Nicht wahr, Aaron, der Levit, ist doch dein Bruder?!". So kommt die Frage auf, ob denn das hallēwī an seinem jetzigen Platz oder überhaupt[2] ursprünglich ist. (Auf diese Frage wird weiter unten[3] eingegangen.)

9.22 Übersetzung

Nach den bisherigen Überlegungen ist Ex 4,14aα also zu übersetzen: "Nicht wahr, Aaron ist doch dein Bruder, der Levit?!"

9.23 Frage nach der ursprünglichen Textgestalt

Es würde inhaltlich wie formal am meisten befriedigen, wenn das hallēwī fehlte (a) oder statt hinter dem Präd.-Nom. hinter dem Subj. stünde (b).

Zu a: Es läßt sich kaum ein Grund für eine nachträgliche Einfügung des hallēwī finden. Eher lassen sich Gründe dagegen sagen:

1. Da Mose sozusagen schon immer als Sohn Levis galt (vgl. Ex 2, 1(L)!), und Aaron als sein Bruder vorgestellt wird, ist eine

---

1) Gegen B. BAENTSCH (Ex-Lev-Num, 31).

2) Wenn man daran denkt, daß Aaron hier im Pt zum ersten Mal erwähnt wird, überrascht einen an sich nicht, daß Aaron außer durch die Bezeichnung "Bruder" noch auf andere Weise charakterisiert wird, eben durch den Titel "Levit".

3) Vgl. Nr. 9.23 u. Nr. 9.27

nachträgliche Hervorhebung der levitischen Abstammung Aarons nicht nur überflüssig, sondern ausgesprochen merkwürdig.
2. Bei der Spätansetzung von Ex 4,*10-17 ist eine sek Zutat von vornherein unwahrscheinlich.
3. Die levitische Abstammung Aarons brauchte in so später Zeit - nach der Genealogie Ex 6,16P^{s} - nicht mehr eigens herausgestellt werden.

Bei Punkt 1 und 3 ist ein genealogisches Verständnis des hallēwī vorausgesetzt. Dies ist allerdings nicht selbstverständlich. Es ist deshalb zuerst zu untersuchen, was hier denn mit hallēwī gemeint ist. (Diese Untersuchung, die für das Gesamtverständnis von Ex 4,*10-17 von einiger Relevanz sein dürfte, liegt hier sowieso an.) Vielleicht läßt sich dann ein Motiv für die Einfügung eines anders verstandenen hallēwī finden.

Zu b: Daß hallēwī ursprünglich hinter 'ah^{a}ron gestanden hat und dann hinter 'āḥīkā gerutscht ist, könnte man so erklären: Ein Abschreiber verstand die ursprüngliche Abfolge "Apposition (2. Subj.) - Präd.-Nomen" = hallēwī 'āḥīkā als Doppelapposition zum Subj. 'ah^{a}rōn: "Aaron, der Levit, dein Bruder". Weil die Abfolge der Appositionen in Hebr. aber "(1) Verwandtschaftbezeichnung - (2) Berufsbezeichnung" zu sein pflegt, vertauschte er - bewußt oder unbewußt - die beiden Appositionen, so daß 'āḥīkā vor hallēwī zu stehen kam ("Aaron, dein Bruder, der Levit"). - Eine andere Erklärung: Nachdem für Aaron längst die Bezeichnung 'ah^{a}rōn hakkōhēn aufgekommen war[1], stieß sich ein Abschreiber an dem 'ah^{a}rōn hallēwī, weil diese formelhafte Ausdrucksweise den falschen Eindruck erwecken könnte, das Charakteristische an Aaron läge in seinem Levitsein (und nicht in seinem Priestersein), und rückte es daher vom Namen "Aaron" weg. (Eine abschliessende Stellungnahme zur Frage der Ursprünglichkeit von hallēwī findet sich unter Nr. 9.27, S. 132)

1) Vgl. Ex 31,10; 35,19; 39,41; Lev 7,34; 13,2; 21,21; Num 3,6; 18,26P; Jos 21,4.13(P?) (Die Wendung bæn 'ah^{a}ron hakkohen ist hier unberücksichtigt gelassen, weil die syntaktische Funktion von hakkohen nicht eindeutig ist.)

9.24 Die Bedeutung von hallēwī

Für das Verständnis des hallēwī kann uns vielleicht ein Blick auf das chrGW dienlich sein.

Im chrGW wird zwischen Priestern auf der einen und Leviten auf der anderen Seite unterschieden. "Freilich gelten auch die Priester als Leviten im weiteren Sinne (1. Chr 15,2; 2. Chr 29,5, vgl. mit V.4). Die Priester werden ja als Nachkommen Levis und als Angehörige des Levistammes betrachtet, wie die Levi-Genealogie von 1. Chr 5,27 ff lehrt"[1]. Die Leviten bilden aber als "nicht-priesterliches Kultpersonal"[2] den clerus minor - wie bei Ez und in der P.

Andererseits sind die Funktionen von Priestern und Leviten nicht sauber geschieden. Diese fehlende Konsequenz in der Beschreibung der Ämter und die schwankende Terminologie zeigen an, daß sich in der Praxis die levitischen und priesterlichen Funktionen nicht säuberlich scheiden ließen. "Nach 2. Chr 23,6 dürfen wie die Priester sogar die diensttuenden Leviten das Heiligtum betreten, da sie 'heilig' sind (vgl. 35,5). Es ist nicht statthaft, diese Stellen auf Grund von 2. Chr 29,19 abzuschwächen, weil es dort heißt, daß nur die Priester das 'Haus' betreten ...: dieser Widerspruch ist identisch mit demjenigen, der sich in der Zeit des Chronisten zwischen der von ihm übernommenen Theorie und der Praxis auftat"[3]. Die Leviten, wobei "zuerst und vor allem an die Kahathiter-Korachiter"[4] zu denken ist, haben in jener Zeit tatsächlich einen "hohen Rang"[5]. Überschneidungen von priesterlicher und levitischer Kompetenz liegen u.a. auch vor in "den Angaben über eine Lehrtätigkeit von Priestern und Leviten (2. Chr 15,3; 17,8 f; 33,3; Neh 8,7 f), wobei insbesondere an eine Lehrtätigkeit außerhalb Jerusalems

1) GUNNEWEG, Leviten, 207
2) Ebd.
3) GUNNEWEG, Leviten, 210
4) Ebd.
5) Ebd.

gedacht ist (2. Chr 17,8 f)"[1]. Im Zusammenhang von Ex 4,14, wo es um das Sprecheramt des Aaron geht, dürfte dieser Aspekt des Levitenbildes von erheblicher Bedeutung sein.

GUNNEWEG schreibt zur Lehrtätigkeit der Leviten nach dem chrGW: "Gleichviel ob in der Zeit Josaphats wirklich Leviten in die Ortschaften entsandt worden sind oder nicht, so zeigt doch 2.Chr 17,7 ff., daß dem Chronisten offenbar bekannt war, daß Leviten das Volk außerhalb Jerusalems das Gesetz zu lehren pflegten. Es mag ein Anachronismus sein, wenn hier notiert wird, daß diese Leviten ein Gesetzbuch Jahwes mit sich führten und offenbar ihrem Unterricht zugrunde legten. Desto sicherer wird man annehmen dürfen, daß solche Gepflogenheiten in der Zeit der Chronisten üblich waren. Insbesondere die Erwähnung eines Gesetzbuches ist interessant. In anderem Zusammenhang weiß ja Chr von einer Schreibertätigkeit von Leviten zu berichten (1.Chr 24,6; 2.Chr 34,13; vgl. 19,11). Es ist zu bedenken, daß 'Schreiber' längst soviel wie 'Schriftgelehrter' bedeuten kann; die Vokabel ist ja ständige Amtsbezeichnung Esras. Schreiben und Lesen ist Tradieren und Auslegen. Diese Überlegung wäre richtig, auch wenn sie sich nicht durch einen direkten Beleg beweisen ließe. Aber hierfür gibt es einen Beleg. Nach Neh 8,7 f. waren es Leviten, welche das Volk im Gesetz unterwiesen; hier wird auch deutlich gesagt, auf welche Weise sie das taten. Wie nach 2.Chr 17,7 ff geht die Belehrung von einem Gesetzbuch aus; die Leviten lesen daraus vor, und zwar so, daß - so wird ausdrücklich gesagt - das Volk das Vorgelesene verstehen kann. Auch wenn man die Stelle vielleicht pressen würde, wenn man das śūm śæ kæ l mit 'sie gaben Erläuterungen' übersetzen wollte, der Sache nach wird man diese Mitteilung kaum anders auffassen können. An ein mechanisches Ablesen ist, zumal bei der Eigenart der hier in Frage kommenden Texte, auf jeden Fall nicht zu denken. Vielmehr ist der Stelle zu entnehmen, daß Leviten die Pflege dieser Texte und die Sorge um ihre rechte schriftliche und mündliche Wiedergabe anvertraut war"[2].
"Von hier aus wird es sehr wahrscheinlich, daß in diesen spät-nachexilischen Leviten und levitischen Sängern Vorläufer der Masoreten zu sehen sind, wie neuerdings M. GERTNER ausgeführt hat und wie einige Masoreten ja selbst behaupten"[3].

"Daß heißt aber, daß Israels Traditionsgut in einem nicht näher bestimmbaren Umfang in den Händen von Leviten lag und von diesen Händen in einem nicht näher bestimmbaren Ausmaß geformt wurde. Ehe diese schreibenden Hände in die Literaturwendung von Israels Überlieferungen eingriffen, ist es eine mündliche Überlieferung und eine gesprochene Predigt gewesen, welche von Geschlecht zu Geschlecht Israel Jahwes Rechte und Gesetz gelehrt hat"[4].

1) Ders., 205 f
2) Leviten, 213 f
3) Ebd.
4) Leviten, 215 f. Mit diesem Levitenbild harmoniert auch die Vorstellung, daß ein Levit redegewandt ist: "In der Zeit, da unsere Verse (gemeint ist Ex 4,14-16) entstanden, verstand man mit dem Begriffe Levit den eines redegewandten Mannes" (G. WESTPHAL, ZAW 26 (1906), 230).

9.25 Die Aussageintention von Ex 4,14aα

In dem zuletzt herausgestellten Aspekt des chronistischen Levitenbildes[1] dürfte der richtige Ausgangspunkt[2] für die Deutung der Apposition hallēwī in Ex 4,14 liegen[3]. Das soll aber gerade nicht heißen, daß Aaron bereits durch das ihm zugesprochene Levitsein als ein mit der Verkündigung Beauftragter vorgestellt sei. Im Gegenteil: Den Leviten als solchen wird durch die spezielle Beauftragung des Leviten Aaron mit dem Verkündigeramt indirekt das Recht auf (die von ihnen de facto ausgeübte) Lehrtätigkeit bestritten. Es haben eben nicht alle Leviten den Auftrag, das mosaische Gotteswort zu verkündigen, sondern nur ein einziger (und dessen Nachkommen). Aarons (d.h. der Aaroniden) Verkündigeramt ist nicht schon mit dem Levitsein gegeben.

In Ex 4,14 erheben also die aaronidischen Priester in der Person des Aaron - auf sehr diskrete Weise - gegenüber den (Nur-) Leviten den alleinigen Anspruch auf die offizielle Vermittlung

---

1) Das Levitenbild des chrGW hat, wie schon deutlich wurde, natürlich auch noch andere Seiten. So sind die Leviten z.B. prinzipiell den Priestern zu- und untergeordnet, wenn auch nicht so strikt wie in der P und so scharf wie bei Ez, da die Leviten ja in bestimmten Punkten in etwa gleichen Ranges zu sein scheinen. In Ex 4,14 ist dieser Gesichtspunkt aber nur unterschwellig mit anwesend: Aaron (der designierte Priester) wird dargestellt als einer, der mehr ist als die Nur-Leviten.

2) Dieser Aspekt ist nach A.H.J. GUNNEWEG keineswegs nur einer unter anderen. Unabhängig vom chronistischen Levitenbild kommt er schon im Kap. "Deuteronomismus und Levitismus" (Leviten, 69-76) bei der Besprechung von Dt 31,9.24-26 (wonach "die Leviten als Hüter - und so wird man deuten dürfen - als Pfleger und Tradenten des Gesetzes" (Leviten, 70) gelten) zu der Feststellung: "In der 'lehrmäßigen Pflege und Weitergabe der alten Traditionen' (von RAD, Dt-Studien, S. 47), und zwar eben jener amphiktyonischen Traditionen, welche dann im Deuteronomium einen - späten - literarischen Niederschlag fanden, wird man mit Recht die eigentliche Funktion des Levitentums zu sehen haben. Und zwar dürfte dies die <u>eigentliche</u> Aufgabe Levis gewesen sein, und nicht etwa eine solche, welche erst die 'verproletarisierten' Leviten in Ermangelung eines Besseren, also erst im Laufe einer sekundären Entwicklung übernahmen" (Leviten, 72).

3) U. CASSUTO geht von einem anderen Ansatzpunkt aus: von der Etymologie des Wortes lēwī ("which means, 'joined to'" (Ex, 50)). Aaron "is worthy of accompanying Moses on his mission; compare Num. XVIII, 2: 'And your brethren also, the tribe of Levi, the tribe of your father, bring near with you, that they be joined to you, and to minister you'" (ebd.).

der an Mose ergangenen göttlichen Offenbarung: Schon geraume Zeit bevor Aaron am Sinai durch Mose ins Priesteramt eingesetzt wurde, war ihm von Mose (auf Jahwes Anweisung hin) am Gottesberge die Weitergabe der Gottesbotschaft an das israelitische Volk aufgetragen worden.

Das bedeutet: Aarons Nachkommen sind die legitimen Verwalter beider Ämter, des (kultisch verstandenen) Priesteramtes wie der religiösen Volksunterweisung (= Verkündigung der mosaischen Tora).

9.26 Nochmals: Das Levitenbild von Ex 4,14aα

Hier ist nun noch einmal nachzufragen, wie also der aaronidisch-priesterliche Interpolator von Ex 4,*10-17 die Apposition "der Levit" in Ex 4,14 verstanden hat. - Die von den Leviten wahrgenommene Predigttätigkeit ist, wie schon gesagt, jener Aspekt des vom chronistischen Autor gezeichneten Levitenbildes, der den Anlaß bildete, Aaron in Ex 4,14 als Leviten zu titulieren und nur diesem einen Leviten das Recht auf jene Predigttätigkeit zuzubilligen. Die implizierte Zurückweisung des Anspruchs der zeitgenössischen Levitenschaft beinhaltet eine deutliche Korrektur des zeitgenössischen Levitenbildes.

Eine weitere Abweichung vom Levitenbild der späteren Zeit liegt darin, daß in Ex 4,14 überhaupt kein Priesterstand in Sicht ist, dem (auch) der Levit Aaron zunächst zugeordnet gewesen wäre. Erst später wird ja - mit Aaron - der Priesterstand begründet (vgl. Ex 28 f; 39 f; Lev 8 f), ebenso der Levitenstand als der den Priestern untergeordnete clerus minor (vgl. Num 1,47-54; 3 f; 8; 18). In der Bezeichnung Aarons als "der Levit" in Ex 4,14 sind die Kategorien "clerus minor" - "clerus maior" also nicht mitgedacht - was ganz dem Levitenbild der alten Zeit (vgl. Ri 17-19 und die Dt-Stellen, die von "dem Leviten in deinen Toren (bzw.: in deiner Mitte)" sprechen) entspricht. So mag es berechtigt sein, von einem archaisierenden Gebrauch des Wortes "Levit" durch den späten Interpolator zu reden.

9.27 Zur Frage der Ursprünglichkeit des hallēwī

Der Rekurs auf das chronistische Levitenbild hat sich als ein fruchtbarer Ansatz zum Verständnis von Ex 4,14 herausgestellt und den Text erst richtig zum Sprechen gebracht. Aus diesem Grunde wird man den Gedanken, daß das hallēwī nachträglich eingefügt würde, fallen lassen müssen. Das hallēwī bildet einen nicht unwesentlichen Bestandteil des originalen Textes.

Eine andere Frage ist, ob das hallēwī an seinem ursprünglichen Platz steht, ob der Satz also nicht ursprünglich gelautet habe: "Nicht wahr, Aaron, der Levit, ist doch dein Bruder?!"

Gegen die formelhafte Ausdrucksweise "Aaron, der Levit" mag man vorbringen, daß in dieser Spätzeit der israelitischen Geschichte längst die priesterschriftliche Bezeichnung 'ahᵃrōn hakkōhēn (= "Aaron, der Priester") eingebürgert war[1], und daß beim Insistieren der Priesterschaft auf einer scharfen Trennung zwischen Priester- und Levitentum eine solche Bezeichnung wie "Aaron, der Levit" als Formel nicht mehr möglich gewesen sei. Dem kann jedoch entgegengehalten werden, daß in der israelitischen Frühzeit, die hier im Blick steht, noch keine unübersteigbare Trennungslinie zwischen Priestern und Leviten verlief, ja daß gemäß Ri 17,13 der Levit der alten Zeit sich gerade besonders gut dazu eignete, Priester zu werden[2], und daß Aaron an dieser Stelle des Pt - und d.h. vor Ex 28 ff bzw. Lev 8-9 - völlig gefahrlos als "Aaron, der Levit" vorgestellt werden konnte. Levit ist Aaron nach Ex 4,14 ja in jedem Falle.

Von hierher ist der "Umstellungsthese" (vgl. Nr. 9.21, S. 125 f u. Nr. 9.23, S. 126), die eine Lösung für das aufgezeigte syntaktisch-stilistische Problem anbietet, nichts Entscheidendes entgegenzuhalten[3].

9.3 "Sitz im Leben" - Zeitliche Einordnung

Die Erhebung dieses Anspruches der Priester ist aus der (spätnachexilischen) Zeit des Chronisten[4] heraus sehr verständlich:

Der Anspruch der Leviten, die im dtn-dtr Programm um ihre allge-

---

1) Vgl. o. S. 127, Anm.1 (Nr. 9.23)

2) Mit dem anderen Hinweis, daß nach dem dtn Programm alle Priester Leviten sein müssen, kann hier nicht für die Möglichkeit der Formel "Aaron, der Levit" argumentiert werden. Denn das genealogische Verständnis von hallēwī kommt ja für Ex 4,14 nicht ernsthaft infrage.

3) Wer dementsprechend die "Umstellungsthese" akzeptiert, kann dann freilich als Motiv für die spätere Textkorrektur nicht mehr die Vermeidung der Redeweise von "Aaron, dem Leviten" zur Geltung bringen.

4) "Das chronistische Werk ist demnach zwischen 300 und 200, seine abschliessende Redaktion vermutlich in die 1. Hälfte des 2. Jahrhunderts v.Chr. anzusetzen" (O. KAISER, Einleitung in das AT, 170).

meine Anerkennung als Priester gekämpft hatten (vgl. die programmatische Formel "die Priester, die Leviten" im Dt!), war durch die P endgültig abgewiesen: Nur die Aaroniden sind Priester, die Leviten bilden den clerus minor (wohl aber zusammen mit den Aaroniden den Stamm Levi)[1].

Nun hatten die Leviten aber im Lauf der Zeit auf eine andere Weise eine Aufwertung ihres Standes zuwegegebracht, nämlich dadurch, daß sie sich auf die religiöse Unterweisung verlegten - wobei anzumerken ist, daß diese Tätigkeit für sie nicht völlig neu gewesen sein dürfte[2].

---

1) Die "Zadokidenschicht" des Ezechielbuches zog die Grenzen noch enger: nur die Söhne Zakoks sind legitime Priester am Jerusalemer Tempel.

2) Aufgrund von Dt 27,14-16 u. 31,9-13 urteilt P.J. BUDD "that in certain public gaterings the Levites were responsible for a declaratory presentation of laws" (Priestly Instructions of Pre-Exilic Israel, VT 23 (1973), 1-14, hier: 7). Zwar werden in beiden Dt-Stellen die Leviten (hal^{e}wijjīm bzw. b^{e}nē lēwī) als Priester bezeichnet, aber die Bezeichnung "Priester" ist nach BUDD in diesem Zusammenhang überlieferungsgeschichtlich sek. Auch war die regelmäßige öffentliche Gesetzesverkündigung an bestimmten Festtagen nicht Sache von Propheten: "... the role of covenant spokesman does not fit very readily what is known of primitive prophecy" (ders., 10). So stellt P. J. BUDD resümierend fest: "... regular proclamation, in the context of a regular gathering, would in all probability be the duty of Levites" (ders., 11).

Meist wird eine derartige Verkündigung freilich für die Priester (qua Priester) in Anspruch genommen - wenn auch als eine Funktion, die ihnen erst im Laufe der Zeit zugewachsen ist.

R. de VAUX schreibt: Der Priester ist "der Mann der tōrā" (Lebensordnungen II, 188). Ursprünglich war die tōrā "eine kurze Belehrung über einen besonderen Gegenstand, eine Regel der praktischen Lebensführung, besonders zur Erfüllung des Kultes, wofür der Priester Fachmann ist" (ebd.). Als dann aber "die priesterliche tōrā zur Tora wurde, zum Gesetz, der Gesamtheit der Vorschriften, die die Beziehungen des Menschen mit Gott regeln, und die Priester als deren Ausleger anerkannt wurden, ... wurden die Priester Lehrer der Moral und der Religion" (ebd.). "Vom Exil an hört die Unterweisung in der Tora auf, das Monopol der Priester zu sein. Die Leviten, aus den eigentlich priesterlichen Ämtern verdrängt, werden die Prediger und Katecheten des Volkes" (ebd.).

Nach H. GROSS sind die alttestamentlichen Priester "neben der Opfertätigkeit auch und wesentlich in den Dienst der theologischen Erkenntnis und der pastoralen Verkündigung gestellt" (Institution und Charisma im Alten Testament, TrierThZ 82 (1973), 65-77, hier: 73). Interessanterweise sieht GROSS sich aber dort, wo er auf die Gesetzeslauslegung gemäß Dt 31,9 und 33,10 zu sprechen kommt, gezwungen, die Leviten miteinzubeziehen: Das in Hos 4,6 und Jer 2,8 Gesagte (worin vom "Priester" und von der "Tora" die Rede ist) "entspricht genau der Auffassung des Dt 31,9; 33,10, wonach Mose den Priestern und Leviten (von mir unterstrichen) das Gesetz zu be-

Hatte schon in der Exilszeit die religiöse Lehre gegenüber dem Kult (der durch die Zerstörung des Jerusalemer Tempels unmöglich gemacht war) eine möchtige Aufwertung erfahren[1], so setzte sich diese Tendenz nach dem Exil fort[2]. Dadurch erfuhr das Ansehen der (Nur-)Leviten im Lande eine erhebliche Stärkung, und die Priester an dem ohnehin nicht sehr glanzvollen Tempel in Jerusalem gerieten zunehmend in deren Schatten.

Früher hatten sich die Priester offenbar mit ihren alten, mehr

---

Fortsetzung von S. 133

wahren und auszulegen übergibt" (ders., 73). Dasselbe Phänomen einer unvermittelten Einbeziehung der Leviten findet man in K. KOCHs Artikel "Priester. 2. AT", in: BHHW III. An der Stelle, wo KOCH von der Gesetzesverkündigung und -auslegung spricht, wechselt er auf einmal vom "Priesterlichen" zum "Levitischen" über, ohne daß dem Leser dieser Wechsel einsichtig gemacht wird. Das deutet darauf hin, daß doch wohl speziell die Leviten etwas mit der Gesetzesauslegung zu tun hatten.

G. von RAD, der einen ursächlichen Zusammenhang zwischen der Tätigkeit der Leviten und der Entstehung des Dt erblickt, schreibt m.E. mit Recht: Es "läßt sich dem Deuteronomium mit ziemlicher Sicherheit entnehmen, daß die Leviten in der späteren Königszeit die Träger einer umfassenden Predigttätigkeit gewesen sind" (Theol. I, 85).

VON RAD bringt das Entstehen der levitischen Predigttätigkeit mit der Kultzentralisation in Zusammenhang: die "entamteten Leviten" hätten nun wohl ihr Betätigungsfeld in der "religiösen Unterweisung" gefunden und seien von Jerusalem aus als "Prediger ins Land hinausgegangen" (Die levitische Predigt in den Büchern der Chronik, in: ders., Gesammelte Studien zum Alten Testament, München 1965 (Theologische Bücherei 8), 248-261, hier: 259). Anders. H. MANTEL, der den Beginn dieser levitischen Tätigkeit ins Exil verlegt: "Anscheinend wurden die Leviten jetzt zu öffentlichen Lehrern" (Gesetz - Form oder Inhalt? Die Heiligung des Lebens durch das Gesetz, BiKi 29 (1974), 45-47, hier: 45).

1) Die eigentliche Ursache hierfür lag in der gewaltigen religiösen Krise, in die das Jahwevilk durch den Verlust des Tempels und der staatlichen Souveränität (auch) Judas gestürzt wurde und die zu gründlicher Neubesinnung zwang. Als verstärkendes Moment kam die durch die Diasporasituation der Exilierten bedingte Herausforderung zur geistigen Auseinandersetzung mit der andersdenkenden Umwelt hinzu.

2) Das instruktivste Zeugnis dafür sind die o.g. Notizen des chrGW, die sich auf das Ende der Exilszeit beziehen, aber doch wohl mehr die Verhältnisse zur Zeit des Chronisten schildern. (Dieser Zustand ist jedoch sicher nicht von heute auf morgen entstanden.)

oder weniger kultisch[1] bestimmten Funktionen zufrieden gegeben[2]. Wie die P lehrt, schufen sie für eben dieses ihr (kultisches) Amt (und die damit verbundene Vorrangstellung) - anscheinend (erst) in der unmittelbar nach-exilischen Zeit - eine historische Begründung durch die Ableitung des Priestertums von Aaron und durch die Abgrenzung gegenüber den (Nur-)Leviten.

In späterer Zeit suchten sie dann ihre alte religiöse Autorität neu zu stärken durch Beanspruchung des (levitischen) Amtes der Lehrtätigkeit. Eine genaue Datierung dieser priesterlichen Reklamation, wie sie in Ex 4,10-16 zum Ausdruck kommt, ist kaum zu geben. Es empfiehlt sich aber wohl eine Heranrückung dieses Datums an die Zeit des Chronisten. Eine exakte zeitliche Einordnung ist in unserem Zusammenhang jedoch nicht unbedingt erforderlich. Wichtig ist vor allem die Erkenntnis, daß Ex 4,*10-17 bereits auf dem Boden der P steht[3]. Damit scheidet dieser Text endgültig als Quelle für das vor-priesterschriftliche Aaronbild aus. Dies impliziert übrigens, daß für den vor-priesterschriftlichen Aaron keine Textstelle übrig bleibt, die eine Blutsverwandtschaft Aarons mit Mose zum Ausdruck bringt.

---

1) Nach R. de VAUX war der Priester im Unterschied zum Propheten "der Mitwisser und Ausleger eines Wissens, da^{c}at, das zwar von Gott kommt, aber in einer vergangenen, durch die menschlichen Kanäle der Überlieferung und der Ausübung weitergegebenen Offenbarung" (Lebensordnungen II, 188). Die hier konstatierte Vertrautheit des Priesters mit der religiösen Überlieferung ist aber doch wohl primär auf den kultischen Bereich zu beziehen (wobei anzumerken ist, daß Kult und Lebensführung in Israel natürlich eng zusammenhingen). Von einer "ausgedehnten geistigen Tätigkeit" (H. GROSS, TrierThZ 82 (1973), 73) der Priester wird man kaum sprechen können. Erst recht läßt sich nicht pauschal sagen - wie K. KOCH es tut -: "Vor allem aber pflegten sie die Überlieferungen der Heilsgeschichte und der Schöpfungslehre (Endergebnis Gen 1!)" (BHHW III, 1489). Der priesterschriftliche Schöpfungshymnus Gen 1 stammt in seiner vorliegenden Form immerhin erst aus dem 5. Jh. v. Chr. Im übrigen sind "Befassung mit der Tradition" und "Lehrtätigkeit" zwei verschiedene Dinge.

2) Eine systematische Belehrung des Volkes (als ein Vertrautmachen mit der gesammten religiösen Überlieferung) sah die Priesterschaft nicht als ihre Aufgabe und Verpflichtung an. Für H. MANTEL begann die öffentliche Verlesung und Auslegung der Tora überhaupt erst mit dem Exil: "Die Tora öffentlich zu lesen und auszulegen war ein revolutionärer Akt. Die Priester hatten das bis dahin nicht getan. Weder hatten sie das Volk die Tora gelehrt noch sich selbst bemüht, in ihren tieferen Sinn einzudringen" (BiKi 29 (1974), 45).

3) Wie oben (S. 122, Nr. 9.13) wahrscheinlich gemacht werden konnte, ist Ex 4,*10-17 sogar später als Lev 10,11P^{s} anzusetzen! Soweit ich sehe, hat bisher nur H. GRESSMANN diese Spätdatierung vertreten (vgl. Anfänge, 34). Seine mit dieser zeitlichen Spätansetzung verbundene These von der "verdrängung Moses durch Aaron" (ebd.) kann ich selbstverständlich nur ablehnen.

9.4 Verteidigung gegen den Vorwurf der Überinterpretation von Ex 4,14-16

Der Vorwurf, in der vorliegenden Untersuchung werde Ex 4,14-16 überinterpretiert - denn darin gehe es nach dem Wortlaut des Textes lediglich um die Person des Aaron und nicht um die Aaroniden -, ist unschwer zu entkräften:

9.41 Es wurde bereits im Anschluß an H. SEEBASS das grundsätzliche Gewicht der Aussagen in Ex 3-4 herausgestellt: Hier wird von den sakralen Grundlagen des Gottesvolkes gehandelt. Der Text kann also in seinem Gewicht und seiner dauernden Aktualität nicht leicht überschätzt werden.

9.42 Ein Motiv für ein rein historisch-biographisches Interesse an der Gestalt des Aaron als solcher ist nicht ausfindig zu machen.

9.43 Die Erzählung erweckt an einigen Stellen den Eindruck der Konstruiertheit, was bei Besprechung der Frage nach dem Zusammenhang mit dem E-Faden des Berufungsberichtes und vor allem bei der Besprechung von V.15a deutlich wurde. Hinter dem vordergründigen Text, der sich auf die Mosezeit bezieht, wurde ein Hintergrundtext (zunächst vermutet[1] und dann auch) entdeckt[2], der die Zeitsituation des späten Verfassers widerspiegelt[3].

9.44 Man mag vielleicht noch die Frage aufwerfen: Wenn hier tatsächlich nicht nur etwas über die Person des Aaron ausgesagt werden soll, warum wird dann nicht deutlich auch von den Söhnen Aarons, den Priestern, gesprochen - wenn das hier in Ex 4 noch nicht möglich war, warum dann eben nicht an späterer Stelle des Pt?

---

1) Vgl. Nr. 9.13, S. 122 f
2) Vgl. Nr. 9.25, S. 130 f
3) Vgl. Nr. 9.3, S. 132-136

Nun, das priesterschriftliche Bild der Aaronsöhne ist ganz und gar kultisch geprägt. Wir stellten schon fest, daß die den aaronidischen Priestern innerhalb der P aufgetragene Unterweisung kultisch-liturgischer Art ist. Der Verkündigungsauftrag in Ex 4,14-16 aber steht außerhalb der spezifisch kultpriesterlichen Berufung und Kompetenz gemäß der P. Um ihn als solchen unverwechselbar zur Geltung zu bringen und ihm ein ganz eigenes Gewicht zu geben, war es tunlich, ihn außerhalb der Bestimmungen über das kultische Priestertum, also auf jeden Fall vor der Sinai-Perikope unterzubringen. Gerade die Verbindung des aaronidischen Sprecheramtes mit der Berufung des Mose erfüllt aufs beste diese Intention.

Nachbemerkung: Zur Relevanz der Fortsetzungsverse Ex 4,27-31

In Ex 4,27 erteilt Jahwe dem Aaron den Befehl, zu Mose in die Wüste zu gehen. Aaron macht sich auf und trifft Mose am Gottesberg. Nach herzlicher Begrüßung erzählt Mose dem Aaron von dem göttlichen Auftrag, der ihm zuteil geworden ist. Beide gehen nun hin und versammeln die Ältesten, und Aaron gibt als Sprecher des Mose die göttliche Botschaft an sie weiter. Auch verrichtet er[1] die (an sich dem Mose aufgetragenen) Zeichen vor dem Volk. Dieses glaubt und wirft sich anbetend nieder.

Der vorstehende Abschnitt bringt die Ausführung zu Ex 3J+E(+Je); 4,1-9J(+Je).*10-16.

Gewiß enthalten die VV. Ex 4,27-31 älteres Material[2] neben jüngerem (= die VV., die Aaron erwähnen, bzw. nur die Nennung Aarons in diesen VV.)[3].

Die VV.28a (ohne Aaron und ursprünglich hinter V.29).29 (ohne Aaron).31b dürften auf den J zurückgehen (vgl. Ex 3,16 fJ). V.30b.31a auf den Je (= Verfasser von V.1-5 (6-9)?), während V.27.28a (Einfügung Aarons u. Verpflanzung des Halbverses an die jetzige Stelle).28b(?).29(Einfügung Aarons).30a auf "unseren" Interpolator zurückzuführen sein dürften.

Aber die genaue literarkritische Auf- und Zuteilung ist in diesem Zusammenhang nicht von speziellem Interesse.

Was hier interessiert, ist die Frage, ob die VV.27-30 gegenüber den VV.*14-16b etwas Neues über Aaron aussagen, und ob eine gründliche Analyse auch dieses Abschnittes nötig gewesen wäre.

1. In V.30b wird überrraschenderweise mitgeteilt, daß Aaron (auch) die Zeichen tut. Diese waren doch in V.1-9 dem Mose aufgetragen worden, und Aarons Stellvertreterschaft bezieht sich nur auf das Ausrichten der Gottesbotschaft[4].

---

1) So auch B.S. CHILDS, Ex, 104; F. MICHAELI, L'Exode, 62. Wäre der am Ende von V.30a genannte Mose das Subj. zu wajja aś V.30b - im Unterschied zu Aaron als Subj. zu wajj^{e}dabber V.30a -, so hätte der Verfasser statt wajja aś schreiben müssen: uMošæ aśa (gegen B.D. EERDMANS (StudienIII, 17), der den Abschnitt Ex 4,27-31 mit J. WELLHAUSEN übrigens für "gleichartig und geschlossen" hält (ebd.) und gegen A. LACOQUE (Le devenir, 156) u.a. Exegeten.

2) H. SEEBASS sieht nur V.27b als alt an (vgl. Mose und Aaron, 13), die V. 28-31 enthalten nach ihm "nur sek Überlieferungsmaterial" (ders., 12).

3) Vgl. J. WELLHAUSEN, Composition, 541/70; H. GRESSMANN, Mose, 21; Anfänge, 27 u. 34; W. RUDOLPH, "Elohist", 9; M. NOTH, ÜPt, 32 (+ Anm. 104) u. Ex, 33; V. FRITZ, Israel, 60. - Gegen W. RICHTER, der meint: "Dieser Abschnitt enthält keine hinreichenden Anzeichen für eine Uneinheitlichkeit" (VpBB, 123), und der den ganzen Abschnitt für jehowistisch hält (vgl. VpBB, 124).

4) Vgl. M. NOTH, Ex, 36

Diese Verschiebung ist m.E. ein ungewolltes Ergebnis der "Aaron-Überarbeitung", durch die das Verb wajja aś unversehens von dem ursprünglichen Subj. Mose getrennt wurde[1]. Der hier tätig gewordene Interpolator hatte gewiß kein anderes Aaronbild als dasjenige, das in den VV.*14-16b gezeichnet ist.

2. Nach V.27b trifft Aaron den Mose am Gottesberg. Das geht über V.14b (u. 27a) hinaus, wo davon die Rede war, daß Aaron dem Mose (V.27a: in die Wüste) entgegengehen werde.

Für sich genommen, aber auch in Kombination mit den vor-priesterschriftlichen Aaron-Stellen bietet der Gang Aarons zum Gottesberg keinen handfesten Anhaltspunkt für SEEBASS' und MULHALLs These, Aaron habe von Hause aus, und zwar ursprünglicher als Mose, etwas mit diesem Berge zu tun. Hier befinden wir uns im Bereich der Vermutung. Der V.(27b) könnte höchstens als Bestätigung für eine bereits verifizierte These dienen.

Was mag es mit der nach Ex 4,18.19.24-26 (wonach Mose bereits unterwegs ist) überraschenden Nennung des Gottesberges auf sich haben?

Vielleicht ist der Grund einfach der, daß der Gottesberg dem Erzähler gut geeignet schien, um als präzise Lokalität für das Rendezvous Aarons mit Mose zu dienen. Vielleicht sollte Aaron hier schon einmal mit dem hl. Berge bekanntgemacht werden, an dem Jahwe später durch Moses Vermittlung den Bund mit Israel schließen und an dem Aaron in sein Priestertum eingesetzt werden wird. (Der Gottesberg ist in Ex 3,1 ja - nachträglich - mit dem Horeb gleichgesetzt worden, was nachher in Ex 18,5 nochmals geschieht.)[2] Die Frage, warum der Gottesberg nicht schon in V.27a genannt wird, bleibt freilich offen. (Handelt es sich hierbei vielleicht nur um eine Stilfrage?)

---

1) Vgl. G. FOHRER, Ex, 41 ("Erst die redaktionelle Zusammenfügung der Quellen läßt Aron die Wunderzeichen verrichten (V.30bN), obwohl dies überall die Aufgabe des Mose ist") u. 54.

2) Vgl. A. DILLMANN: "Daß aber nach dieser Erzählung auch Aaron, wie Mose, schon vor der Gesetzgebung am Sinai gewesen ist, ist nicht ohne Bedeutung" (Ex-Lev, 47). H. HOLZINGER: "Das Entgegenkommen Aarons bis an den Berg Gottes soll ihm natürlich an Bedeutung dem Mose möglichst nähern" (Ex, 17).

3. In V.27a redet Jahwe mit Aaron. Daraus läßt sich aber nicht schließen, Aaron werde hier als Offenbarungsempfänger verstanden[1]. Denn wie schon gesagt wurde, kann Gott nach atl. Auffassung im Traume mit jedermann reden. Die Anrede Aarons durch Jahwe in V.27a ist einfach ein notwendiges literarisches Mittel.

Ergebnis: Die VV.27-31 tragen zu dem gewonnenen Aaronbild keinen neuen Gesichtspunkt bei.

1) M.M. MULLHALL liest aus diesem V. zu viel heraus, wenn er den Verdacht äußert: "There seems to be within these verses the remains of a tradition which sees Aaron as someone to whom God speaks directly" (Aaron and Moses, 149).

2. Kapitel: Ex 17,8-16

1. Teil: Der Gesamttext

1. Übersetzung

8a *Amalek kam*

b *und kämpfte mit Israel*[1] *in Refidim.*

9a *(Da) sprach Mose zu Josua:*
"Wähle uns Männer aus und ziehe hinaus
(und) kämpfe gegen Amalek morgen!

b *(Siehe:)ich(werde*[2]*) oben auf dem Hügel stehen,*
und der Gottesstab (wird dabei) in meiner Hand (sein)."

10a *Josua tat, wie Mose ihm befohlen hatte*[3]*,*
(und er zog hinaus[4]*,) um gegen Amalek zu kämpfen.*

b *Mose aber, Aaron und Hur stiegen auf die Kuppe*
des Hügels.

11a *Und es geschah:*
(jedesmal) wenn Mose seine Hand erhob, war Israel stärker[5]*;*

b *wenn er seine Hand aber ausruhen ließ, war Amalek stärker.*

---

1) Die parataktische Satzkonstruktion kann auch final aufgefaßt werden: "Amalek kam, um ... zu kämpfen".
2) Der partizipiale Nominalsatz 'ānōkī nissāb in V.9b steht recht unverbunden, gleichsam schwebend im Handlungskontext; da mit dem Partizip nicht per se ein zeitlicher Bezug gegeben ist. Das māhār muß man m.E. nämlich aus inhaltlichen Gründen zur 1. Hälfte von V.9 herüberziehen. (Vgl. H. HOLZINGER, Ex 60; B. BAENTSCH, Ex-Lev-Num. 161; H. GRESSMANN, Anfänge, 100; G. BEER, Ex, 92; C.A. SIMPSON, Early Tradition, 631; G. te STROETE, Ex 126. Fast in der Hälfte der Fälle steht māhār am Ende des Satzes, so in Ex 8,25; 13, 14; 16,23; 19,10; 32,5; Num 16,7.16; Dt 6,20; Jos 4,6.21; 22,27 f; 1 Sam 20,5; 2 Kön 6,28.) Wenn man nun dem 'ānōkī nissāb am Anfang von V.9b mit der LXX (kaì idoù) ein w^ehinnē voranstellt, so daß das Partizip futurische Bedeutung gewinnt (vgl. R. MEYER, Gramm. III, 69, § 104,2 f), wird die Verwendung der Partizipialform in V.9b verständlich: "siehe: ich werde auf der Kuppe des Hügels stehen".(Die Abfolge hinnē 'anōkī ist grammatisch durchaus möglich. Das handelnde Subj. muß sich nicht in suffigierter Form an hinnē anschließen, es kann ohne weiteres als selbständiges Pronomen hinter hinnē stehen bleiben.)
3) Evtl. + "und er wählte ihnen Männer aus".
4) Hier ist mit der LXX und der Syr entsprechend dem Auftrag in V.9a (w^esē') vor l^ehillahem ein wajjese' ergänzt (vgl. auch H. GRESSMANN, Anfänge, 100); denn der Infinitiv (samt der präpositionalen Ergänzung) erweckt den Eindruck des Nachklappens, da er eine überflüssige Interpretation des ... wajja^caś ... ka'^ašær darstellt.
5) Eig.: "war ... stark". Dasselbe gilt für die 2. Vershälfte.

12a *(Weil) aber die Arme[1] des Mose schwer (wurden),*
nahmen sie einen Stein und legten (diesen) unter ihn,
und er setzte sich darauf.

b *Aaron und Hur aber stützten seine Arme:*
von dieser (Seite) einer und von jener (Seite) einer,
und so blieben[2] seine Arme fest[3] bis zum Sonnenuntergang.

13 *Und Josua schlug[4] Amalek - und (zwar[5]) sein Kriegsvolk -*
mit dem Schwerte.

14a *(Darauf) sprach Jahwe zu Mose:*
"Schreibe (den) folgenden (Schwur)[6] in ein[7] Buch
und präge (ihn) dem Josua ein[8]:

b *"Wahrlich[9], vollständig austilgen werde ich*
das Andenken an Amalek unter dem Himmel!"

---

1) Im Hebr. steht hier dasselbe Wort jād (= "Hand") wie in V.11a
2) Das singularische wajᵉhī und das pluralische Subj. jādāw sind inkongruent. Es wäre nun grundsätzlich möglich, das wajᵉhī als "Vorschlag" zu dem folgenden Satz zu betrachten (= "und siehe:") und es auf diese Weise syntaktisch von jādāw 'ᵆmūnā abzulösen. Doch ist diese wenig befriedigende Aufteilung nicht nötig. Denn "das Verbum finitum kann, da in sich ruhend ... mit neutralem 3. m. Sg. voranstehen" (R. MEYER, Gramm. III, 20, § 94, 5c).
3) Eig.: "waren ... Festigkeit".
4) Eig.: "schwächte"
5) Zu diesem explikativen Verständnis des hebr. Waw vgl. die Literarkrtik S. 161
6) Hebr. zōʼt, eig.: "dies". Man kann das Demonstativpronomen auch nach rückwärts beziehen und den 1. Teil des Satzes so verstehen, daß Josua den Vorfall schriftlich festhalten soll: "Schreibe (einen Bericht über) dies (Ereignis) in ein Buch und präge den Ohren Josuas ein ..." So beziehen z.B. A. DILLMANN, Ex, 183; G. BEER das zōʼt auf das Vorhergehende (vgl. Ex, 92).
7) Hebr. bassēfær. Hier steht nach hebr. Sprachempfinden der bestimmte Artikel, weil das durch den Akt des Niederschreibens konstituierte Buch eben nicht mehr irgendein, sondern dies bestimmte Buch ist.
8) Eig.: "lege in die Ohren Josuas"
9) Das hebr. kī, das hier zugrundeliegt, markiert oft nur den Beginn einer direkten Rede. Vielleicht ist es hier aber (wie am Anfang von Schwursätzen, wo es häufiger begegnet; vgl. Gen 22,16; 42,16; 1 Sam 14,44; 20,3; 25,34; 26,16; 1 Kön 1,30; 2,23; Jes 49,18; Jer 22,24) in versicherndem Sinne zu verstehen und entsprechend mit "Jawohl", "In der Tat!" "Gewiß!" o.ä. wiederzugeben. A. DILLMANN (Ex, 163), G. BEER (Ex, 92) u.a. verstehen das kī im kausalen Sinne.

15a *(Da) baute Mose einen Altar*
b *und nannte ihn*[1]*: "Jahwe-(ist-)mein-Feldzeichen".*

16a *Und er sprach: "Die Hand zum Throne Jahwes*[2]*!"*[3]
Einen Krieg (führt)[4] *Jahwe gegen Amalek*
b *von Generation zu Generation*[5]*.*

---

1) Eig.: "rief seinen Namen"
2) Das umstrittene kes Jah des MT ist hier, wie es überwiegend geschieht, als kisse' Jhwh gedeutet. Nicht selten werden die problematischen Wörter kes Jah mit Blick auf Jhwh nissi in V.15a in nes Jah (= "Feldzeichen Jah(we)s") abgeändert. (so - nach B.S. CHILDS, Ex, 311 - schon J. CLERICUS im 17. Jh.; dann auch H. HOLZINGER, Ex, 60; B. BAENTSCH, Ex-Lev-Num, 162; O. EISSFELDT, HexSyn, 143* u. 272*; E. AUERBACH, Moses, Amsterdam 1953, 88; M. NOTH, Ex 115 u. andere; neuestens noch B.S. CHILDS, Ex 311 f u. F. MICHAELI, L'Exode, 153 f). Vom Schema der Ätiologie her (1. Namengebung - 2. Namenserklärung unter Aufgreifen des Wortstammes) ist dies die beste Lösung. Aber es entsteht durch diese Konjektur eine neue Schwierigkeit: In V.15b wird Jahwe selbst in übertragener Redeweise "Feldzeichen" genannt, in V.16a ist jedoch von einem realen Feldzeichen, an das Hand angelegt wird, die Rede. Dies Feldzeichen von V.16a - nach H. GRESSMANN (Mose, 161, Anfänge, 101) mit dem "Gottesstab" von V.9b identisch - mit Jahwe selbst gleichzusetzen (wie H. GRESSMANN es tut) geht ja wohl nicht an (vgl. V. FRITZ, Israel, 57, Anm. 11). So bleibt man am besten bei dem vorliegenden Text.
3) Das ki zu Beginn des Ausspruches hat nur die Funktion, die wörtl. Rede zu markieren (vgl. A. DILLMANN, Ex, 184).
4) Eig.: "Ein Krieg ist Jahwe (= Dat.!) mit Amalek". Ähnlich 2 Sam 21,15a (wo statt hebr. b^{e} die Präposition 'æt verwendet ist): "Und es war den Philistern ein Krieg mit den Israeliten".
5) Hebr. middor dor. Es handelt sich hierbei um das im Ugaritischen häufiger begegnende, im Hebr. seltene Phänomen, daß eine Mehrzahl durch Wiederholung des Singulars ausgedrückt werden kann (vgl. GesK, 412 f). So finden sich im AT etwa folgende Wortverdoppelungen: jom jom (Gen 39,10(P) Ex 16,5(P); Ps 61,9; 68,20; Spr 8,30.34) = "Tag für Tag", "alle Tage", šana šana (Dt 14,22) = "Jahr für Jahr", "alle Jahre", 'iš 'iš (Ex 36,4; Lev 15,2; 17,3.8.10.13; 18,6; 20,2.9; 22,4.18; 24,15; Num 4,19.49; 5,12; 9,10: lauter priesterschriftliche Stellen) = "Mann für Mann", "alle Leute". - Die Wortverdoppelung dor dor meint also die Abfolge von Generationen. Die Übersetzung kann daher lauten "Generation auf Generation". dor dor kommt außer in Ex 17,16b im AT nur noch in Ex 3,15b^{sek} und in Spr 27,24 vor. - In Ex 3,15 wird diese Wortverdoppelung durch die vorangestellte Präposition l^{e} auf die Zukunft bezogen (l^{e}dor dor). Man wird hier also übersetzen: "auf Generationen hin", "über die künftigen Generationen hin", " für alle Generationen". Dies Verständnis wird bekräftigt durch Spr 27,24. Denn hier steht l^{e}dor dor parallel zu l^{ec}olam. - In unserer Stelle Ex 17,16b geht der Wortverdoppelung die Präposition min voraus. Diese meint auf die Zeit bezogen immer einen gewissen Zeitpunkt, von dem an bzw. nach dem etwas geschehen ist oder geschieht. Dieser punktuale Aspekt verbietet es, middor dor etwa mit "während (vieler) Generationen", "über (viele) Generationen hin" zu übersetzen. Denn in solcher Übersetzung wird der in min enthaltene zeitliche Ausgangspunkt kruzweg übergangen. Der Sinnzusammenhang verbietet es auch, zu sagen: "nach (vielen) Ge-
(Fortsetzung s. S. 145)

2. Literarkritik

2.1 Abgrenzung des Textkontinuums

2.11 nach rückwärts:

Dem Textabschnitt Ex 17,8-16 geht unmittelbar voraus die Erzählung vom Wasser aus dem Felsen Ex 17,1b-7 (J + E), die in eine Massa-Meriba-Ätiologie ausmündet (V.7). Diese Erzählung ist in sich geschlossen und hat keine Beziehung zu Ex 17,8-16 außer der formalen, daß beide Ereignisse sich an demselben Ort zugetragen haben sollen, nämlich in Refidim.

Auch mit den weiter vorausliegenden Erzählungen über Mara und Elim Ex 15,22-27 (L) und über die Wachtel- und Mannaspende Ex 16,1-35 (L + J + P) - jenen Geschehnissen am Anfang der Wüstenwanderung - hat Ex 17,8-16 nichts gemeinsam.

2.12 nach vorwärts:

Auf Ex 17,8-16 folgt die Erzählung von der Begegnung zwischen Mose und Jitro und von der Einsetzung der "Obersten" zum Zwecke einer Entlastung des Mose bei der Rechtsprechung (Ex 18). Daran schließt sich der Sinai-Komplex an. Auch hier besteht also keine inhaltliche Verbindung. Eine sprachliche Beziehung ist ebenfalls nicht auszumachen.

(Fortsetzung von S. 144)

nerationen". Vielmehr kommt hier - unter der Voraussetzung, daß es sich bei dem dōr dōr um eine reine Wortverdoppelung handelt - nur die Bedeutung "seit (vielen) Generationen" im Sinne von "seit unvordenklichen Zeiten" infrage. Da diese rückschauende Perspektive innerhalb des Kontextes aber nicht sinnvoll ist - sofern man V.16aßb als Bestandteil des Mosewortes V.16 ansieht und nicht als Schlußbemerkung des Erzählers bzw. eines Glossators zu Ex 17,8-16)-, könnte einem die Idee kommen, das zweite dōr nicht als Verdoppelung des ersten, sondern als acc. adv. der Richtung aufzufassen (vgl. z.B. G. BEER, Ex, 92. Vgl. O. GRETHER, Gram., 198, § 73q; R. MEYER, Gramm III, 76, § 106,2a). Das ist jedoch kaum möglich: 1. wegen der oben besprochenen Stellen Ex 3,15b und Spr 27,24, 2. weil dōr sonst nirgends als acc. adv. vorkommt. Aus diesen Gründen ist es am besten, das middōr dōr Ex 17,16b gemäß Jes 34,10 zu middōr l^{e}dōr zu korrigieren.

2.13 Ergebnis

Das Textkontinuum Ex 17,8-16 stellt eine von seinem engeren und weiteren Kontext ablösbare literarische Einheit dar[1].

2.2 Zur Frage der Einheitlichkeit

2.21 Abtrennung der VV.14-16:

a) Die VV.8-13 unseres Textes bilden eine abgeschlossene Erzählung. Mit dem in V.13 konstatierten Sieg der Israeliten über die Amalekiter ist das Ziel der folgerichtig ablaufenden Handlung erreicht[2].

b) Die VV.14-16 heben sich 1. dadurch von V.8-13 ab, daß in diesem Abschnitt Jahwe, der dort kein einziges Mal erwähnt wurde[3], drei- bzw. viermal[4] beim Namen genannt wird, 2. daß im Hintergrund die Jahwekrieg - "Ideologie" steht, von der in den VV.8-13 keine Spur zu entdecken ist: Israels Kriege sind Jahwes Kriege[5].

Über diese die VV.14-16 in ihrer Gesamtheit betreffenden Fest-

1) H. GRESSMANN bezeichnet 8-16 als "Einzelsage" (vgl. Mose, 161), ebenso V. FRITZ (Israel i.d. Wüste, 63. Vgl. S. 56: "Einzelüberlieferung"). G.W. COATS: "The narration in Exod. XVII 8-16 ... appears to be so completely isolated from its context" (Moses versus Amalek: Aetiology and Legend in Exod. XVII 8-16, in: Congress Volume Edinburgh 1974, Leiden 1975 (VTS XXVIII), 29-41, hier: 29). Vgl. u.a. auch J.H. GRØNBÆK, Juda und Amalek, ST 18 (1964), 26-45, hier: 32.

2) Vgl. ders., 33

3) In V.9bß war nur von dem "Stabe Gottes" die Rede. Diese Erwähnung Gottes ist aber, wie die Besprechnung von V.9 zeigen wird, sek.

4) Hierbei ist das Jāh in kēs Jāh mitgezählt.

5) Vgl. G. von RAD, Der Heilige Krieg im alten Israel, [4]Göttingen 1965, bes. 7-12 und besonders folgende Schriftstellen: 1 Sam 17,47 ("Denn Jahwes Sache ist der (dieser?) Krieg"); 18,17 (Saul zu David: "Führe du die Kriege Jahwes!"); 25,28 (Abigail zu David: "Denn die Kriege Jahwes führt mein Herr"); 30,26 (Die Feinde Israels sind Feinde Jahwes).

stellungen hinaus, die dazu nötigen, diese VV. (die einen anderen Skopus haben als die VV.8-13) als sek Erweiterung von V.8-13 anzusehen[1], läßt sich über das Verhältnis der Einzelverse 14,15 und 16 zueinander und zur voraufgehenden Erzählung noch folgendes sagen:

α) zu V.14:

1. Josua trägt in V.14 in Weiterentwicklung der Vorstellung vom Feldherrn - der ganz an die Weisungsbefugnis des Mose gebunden ist (vgl. V.9f.13) - bereits die Züge des Mose-Nachfolgers.

2. Nach einem Siegesbericht erwartet man nicht unbedingt eine Aussage, wie sie in V.14 vorliegt, ob man die Zusage der totalen Ausrottung Amaleks mehr als ein Rachewort Jahwes oder als einen tröstenden Zuspruch an die Adresse Israels deutet. Liest man den V. losgelöst vom jetzigen Zusammenhang, so denkt man eher an eine vorausgegangene Demütigung Israels, wie sie in Dt 25,17 f zum Ausdruck gebracht ist[2], als an einen soeben errungenen Sieg.

3. V.14 verstärkt offensichtlich den theologischen Akzent des Amalekiter-Kapitels. Jahwe selbst wird die Vernichtung Amaleks herbeiführen.

Ergebnis: V.14 ist literarkritisch von den VV.8-13 abzutrennen und gegenüber diesem als sek anzusehen.

Der V. ist im übrigen relativ spät zu datieren: a) "Erst die Priesterschrift hat Josua zum Nachfolger Moses gemacht, Num 27,12-33; 32,28" (V. FRITZ, Israel, 58). b) Auch daß Mose als einer vorgestellt ist, der schriftliche Zeugnisse hinterlassen hat, weist in eine späte Abfassungszeit (vgl. J.H. GRØNBÆK, ST 18 (1964), 34.

In neueren Kommentaren wird Ex 17,14 vielfach als dtr eingestuft (so schon B. BAENTSCH, Ex-Lev-Num, 160; R. SMEND sr., Hexateuch, 147; dann auch W. RUDOLPH, "Elohist", 37; G. BEER, Ex 91; H. SEEBASS, Erzvater Israel, 57 f, Anm. 10; V. FRITZ, Israel, 12; H. SCHMID, Mose, 64.

---

1) Vgl. u.a. M. NOTH, ÜPt, 132, Anm. 343 (bzgl. V.15 f auch: Ex, 114); G.W. COATS, VTS XXVIII, 30 f (COATS bezeichnet die Erzählung Ex 17,8 ff in ihrer heutigen Textform als "legend plus aetiological appendices" (VTS XXVIII, 37, Anm. 22)); V. FRITZ, Israel in der Wüste, 56

2) Amalek "überfiel dich auf deinem Weg (nämlich: durch die Wüste) und schnitt, als du müde und erschöpft warst, alle deine marschkranken Nachzügler von dir ab" (Dt 25,18a). Zu der Frage, ob Ex 17,14 nicht vielleicht eine ältere Tradition von einer kriegerischen Auseinandersetzung Israel - Amalek zugrundeliegt als den VV. Ex 17,8-13, vgl. unter Nr. 8.3 (Die Amalek-Traditionen Dtn 25 und 1 Sam 15) S. 188 ff.

ß) zu V.15:

1. Wenn man davon ausgehen darf, daß der Sieg, der in V.13 konstatiert wird, nur mit viel Mühe errungen ist, so ist der Altarbau in V.15a hierdurch nicht sonderlich gut motiviert. Sinnvoller ist der Altarbau als Antwort auf die göttliche Zusage der Vernichtung Amaleks in V.14. Als Vergleich heranzuziehen sind die Texte Gen 12,7(L); 26,25;(J); 35,7(E); Ex 24,4(E); Ri 6,24, wo jeweils von einem Altarbau im Anschluß an eine Theophanie berichtet wird.[1] In Ex 17,15a wird zwar nicht vom "Erscheinen" Jahwes gesprochen, doch scheint in den aufgeführten Theophanie-Texten das ausschlaggebende Moment für den Altarbau überhaupt weniger die Theophanie selbst als die mit ihr verbundene Beistands- bzw. Segensverheißung[2] zu sein.

2. Auch der Name des Altares (V.15b) bezieht sich eher zurück auf Jahwes Verheißung in V.14b als auf den in V.13 mitgeteilten Ausgang des Kampfes. Denn das Jhwh nissī = "Jahwe-(ist-)mein-Feldzeichen" ist eine Parole, d.h. es steht stärker im Horizont noch zu erwartender kriegerischer Auseinandersetzungen, denen man um Jahwes willen zuversichtlich entgegenschaut, als daß es auf einen von Jahwe bewirkten kriegerischen Erfolg zurückschaut. (In einem solchen Falle würde man eher einen Namen wie "Jahwe-(ist-)mein-Retter(-geworden)" o.ä. erwarten.)

Daß die Altarbezeichnung sich mit dem in V.9bß erwähnten Gottesstab reibt (der als göttliches Machtinstrument so etwas wie ein göttliches Feldzeichen darstellt, während in V.15b Jahwe selbst in übertragener Weise "Feldzeichen" genannt wird), kann nicht als zusätzliches literarkritisches Indiz für die Abtrennung von V.15 gegenüber V.8-13 herangezogen werden, weil V.9bß, wie sich nachher zeigen wird, ein sek Zusatz ist.

Ergebnis: Wie es scheint, setzt V.15 den V.14 voraus.

Völlig zwingend ist diese Schlußfolgerung allerdings nicht:

1. V.13 konstatiert immerhin, daß ein Sieg errungen wurde. Viel-

---

1) H. HOLZINGER meint: "Die Errichtung eines Altars bezeichnet den Sieg als eine einer Theophanie gleichzuachtende Gotteswirkung" (Ex, 60).

2) In Ex 24,4 steht der Altarbau im Kontext des Bundesschlusses, der nicht minder als eine göttliche Zusage bezeichnet werden kann.

leicht wollte der Interpolator, der V.15 der Erzählung Ex 17,8-13 anfügte, mit Moses Altarbau und -benennung zum Ausdruck bringen, daß man den Sieg über die militärisch an sich viel stärkeren Amalekiter Jahwe und niemand anderem sonst zuzuschreiben hat. Denn die VV.8-13 verlieren, wie wir sahen[1], erstaunlicherweise kein Wort über Jahwe.

2. Der Altarname "Jahwe-(ist-)mein-Feldzeichen" paßt auch wohl zu dem nicht mit einem Schlage errungenen und nicht totalen Sieg, da dieser ja weitere Auseinandersetzungen mit dem Feind erwarten läßt.

3. (Eine quellenkritsche Zusatzüberlegung:)
Das Schema der Namensätiologie (1. Name, 2. Erklärung) begegnet zwar auch 2x im dtrG[2], häufiger jedoch im Pt, und zwar vornehmlich beim J[3], so daß man für Ex 17,15 an jahwistische Herkunft denken möchte. (Dann wären die VV.8-13 unter Voraussetzung des sek Charakters von V.15 f als vor-jahwistisch einzustufen!) Danach könnte V.15 also auch schon vor V.14 in den Text hineingekommen sein, so daß er sich zuerst an V.13 angeschlossen hätte[4].

γ) zu V.16:

V.16aα will allem Anschein nach eine Erklärung des Altarnamens von V.15b geben[5], d.h. V.16 gehört inhaltlich mit (dem höchstwahrscheinlich sek) V.15 zusammen. Daß V.16aα und V.15 auch li-

---

1) Vgl. Nr. 2.21b, S. 146
2) 1 Sam 1,20; 7,12. Die letztgenannte Stelle weist sogar genau dieselbe sprachliche Form auf wie Ex 17,15b.16 (wajjō'mær): 1. (Namensgebung) qr' + šᵉmō, 2. (Erklärung) 'mr + kī.
3) Gen 5,29; 16,11; 27,36; 29,32; 30,24 (EISSFELDT u. RUPPERT: E+J); 32,29 (EISSFELDT: L; RUPPERT: E); Ex 2,10aßb (EISSFELDT: L; RUPPERT: E; ZENGER: Je). 22 (EISSFELDT: L; ZENGER; Je).
4) Sollte V.14 tatsächlich später als V.15 (f) anzusetzen sein, so wäre V.14 jedenfalls äußerst geschickt eingefügt worden. - Übrigens glaubt B. BAENTSCH sogar an einen originalen Anschluß von V.15 f an V.13 (vgl. Ex.Lev-Num, 162); ebenso H. GRESSMANN (Anfänge, 101) und G. BEER (Ex, 91).
5) Wenn man auch diese formale Aussage über die Intention von V.16a machen kann, so bleibt der tatsächliche Inhalt ein Rätsel. Denn wegen der mangelnden Eindeutigkeit des Wortes bzw. der Wörter kes Jah vermag das Sätzchen den (inhaltlich ungewöhnlichen, sprachlich aber eindeutigen) Altarnamen von V.15b nicht verständlicher zu machen, als er schon ist.

terarisch zusammengehören, ergibt sich aus einem Blick auf vergleichbare Stellen wie Ex 2,10 (... wattiqrā' š^{e}mō Mōšæ wattō'mær kī min-hammajim m^{e}šītīhū) und 1 Sam (wajjiqrā' 'æt-š^{e}māh 'æbæn hā^{c}āzær wajjō'mær ^{c}ad-hennā ^{ca}zārānū).

V.16aßb gehört nicht mehr zur Deutung des Altarnamens. Daß dieser Schlußteil von V.16, der von einer langen Zeit der Feindschaft zwischen Israel und Amalek spricht, übrigens noch die Existenz des Amalekitervolkes voraussetze und daher zeitlich sehr früh anzusetzen sei[1] ist keineswegs zwingend. (Ob hier nicht vielmehr das für den Jahwegläubigen anstößige Fortbestehen dieses Erzfeindes Israels bis zur Zeit Sauls und Davids "theologisch eingeholt" werden soll? Oder wird hier das feindselige Verhältnis Israel/Jahwe - Amalek gar nur seiner exemplarischen Bedeutung wegen kommemoriert?)

δ) Resümierend kann zur Einordnung von V.15 f gesagt werden: Die VV. sind mit aller Wahrscheinlichkeit gegenüber der Erzählung V.8-13 sek[2], wenn sie auch durchaus schon jahwistischer (!) Herkunft sein können. Sie scheiden damit aus der weiteren Untersuchung aus.

2.22 Literarkritische Beobachtungen zu den VV.8-13

V.8b In V.8b wird als Ort der Auseinandersetzungen zwischen Israel und Amalek "Refidim" angegeben: "Es kam Amalek und kämpfte mit Israel in Refidim". Diese Ortsangabe wird von den meisten Kommentatoren als spätere Hinzufügung betrachtet[3]; denn sie hinkt nach. Gemäß der Logik des gedanklichen und sprachlichen Ablaufes würde man die Ortsangabe schon nach dem ersten Verb erwarten: "Und es kam Amalek nach Refidim ..."[4]

Ist diese Ortsangabe aber nicht vielleicht doch fester im Text verankert, als es scheint?

Ob man das Wort "Refidim" als "Stützungen" (abgeleitet von

---

1) So V. FRITZ, Israel in der Wüste, 56 f
2) Vgl. M. NOTH, Ex, 114 f; J.H. GRØNBÆK, ST 18,33 f; V. FRITZ, Israel, 56.
3) Vgl. z.B. V. FRITZ, Israel in der Wüste, 12. 63; M. NOTH, ÜPt, 132, Anm. 340, ATD 5, 113; ÜPt, 132, Anm. 340.
4) Vgl. Num 21,23 ("Und er (Sichon) kam nach Jahza und griff Israel an"); Jos 11,5 ("Und sie - nämlich die Könige des Nordens - kamen und lagerten an den Wassern von Merom, um mit Israel zu kämpfen") u.a. Stellen.

dem Verb rpd (= "ausbreiten" u. "stützen", vgl. GesB, 770)[1] oder als "Niedersinken, Schlaffsein der Hände" (r^{o}fi jādajim o.ä.[2]) bzw. "schwach in Bezug auf die Hände" (r^{e}fē jādajim) deutet[3]: in beiden Fällen ist eine inhaltliche Beziehung zwischen dem Ortsnamen und der Ermüdung der Mosearme und ihrer Stützung durch Aaron und Hur gegeben. Diese Beziehung ist schwerlich rein zufälliger Art. Daß aber das Ermüdungs- und Stützungsmotiv aus dem Namen "Refidim" herausgesponnen sei - eine These, die schon B.D. EERDMANS[4] und dann E. AUERBACH[5] vertreten hat-, ist unmöglich: 1. wird der Name "Refidim" nicht ausdrücklich erklärt; es handelt sich also nicht um eine Ortsätiologie. 2. wird nicht einmal dort, wo vom Ermüden der Mosearme die Rede ist, das Verb rph verwendet (sondern kbd), bzw. dort, wo vom Abstützen der Arme gesprochen wird, das Verb rpd (sondern tmk). Wenn also auch eine inhaltliche Beziehung zwischen dem Namen und den geschilderten Vorgängen schwerlich geleugnet werden kann, so kann der Name jedoch nicht als ein integrierender Bestandteil der Erzählung aufgewiesen werden[6]. D.h. ein Beweis <u>gegen</u> die obige (aus der syntaktisch-stilistischen Beobachtung abgeleitete) Vermutung, daß die Ortsangabe "Refidim" sek Natur ist, läßt sich nicht erbringen.

Diese Erkenntnis läßt sich durch Überlegungen anderer, also nicht-literarkritischer Art untermauern:

---

1) So B.D. EERDMANS, Studien III, 55
2) Das Subst. r^{o}fi kommt im bibl. Hebr. zwar nicht vor, kann aber leicht aus rph gebildet werden wie h^{o}li aus hlh, j^{o}fi aus jph oder ^{c}oni aus ^{c}nh. Zur Möglichkeit einer sprachlichen Verbindung von rph und jādajim vgl. 2 Sam 17,2 (r^{e}fē jādajim) und Jes 35,3; Ijob 4,3 (jādajim rafōt). An den gen. Stellen geht es aber nicht speziell um die Schwäche der Hände; diese stehen vielmehr als pars pro toto.
3) E. AUERBACH nennt beide Möglichkeiten, ohne sich für eine zu entscheiden (Mose, 85).
4) "Die Geschichte scheint mir auf ein Wortspiel und eine Etymologie des Namens Refidim zurückzugehen und ist eine Art Midrasch" (Studien III, 55).
5) Mose, 85
6) Desgleichen kann mit Hilfe des Ortsnamens Refidim auch nicht die Ungeschichtlichkeit des berichteten Geschehens bewiesen werden.

1. Der Kontext

Der Amalekiterschlacht-Erzählung voraus geht die Erzählung vom Wasser aus dem Felsen. Diese mündet in die Ortsätiologie "Massa und Meriba" aus (Ex 17,7), wovon allerdings nur der Name "Meriba" ursprünglich ist[1]. Bei dieser letzteren Ortsbezeichnung assoziiert man sofort das "Meribat-Kadesch" aus der Quellsage Num 20 und aus Ez 47,19 sowie "die Wasser von Meribat-Kadesch" Num 27,14[2]; Dt 32,51 und Ez 48,28: Der Quellort Meriba ist "in dem Bereich des Gebietes von Kades(-Barnea) zu suchen"[3].

Zwar soll sich auch das Quellwunder von Ex 17 "in Refidim" (V.1) abgespielt haben - wie die Amalekiterschlacht. Diese Ortsangabe hat aber mit der Erzählung, die folgt, "von Hause aus nichts zu tun"[4].

Wenn nun aber der Erzählung, die in die (Massa-)Meriba-Ätiologie ausklingt und die ihren lokalen Haftpunkt zweifellos in Kadesch hat, in V.1 eine andere Ortsangabe vorangestellt ist, so kann das kaum eine andere Funktion haben, als die vom Erzählungsende her naheliegende Identifizierung der betreffenden Örtlichkeit mit Kadesch abzuweisen[5]. Die (jetzige) Position der Erzählung im Pt - die Israeliten befinden sich auf ihrer letzten Station vor dem Berge Sinai - macht eine solche neue Ortsangabe ja auch erforderlich. D. h. es ist kaum zu bezweifeln, daß die Lokalisierung des Quellwunders in Refidim mit der Transponierung der Erzählung aus dem Kadeschsagenkranz in den Umkreis des Sinai-Komplexes zusammenhängt. Der größere Kontext dieser Transponierung ist die nicht zu bestreitende bewußte Reduzierung

---

1) Vgl. M. NOTH, ATD 5,111. Aufgrund des poetischen Parallelismus in Ps 95,8 und Dt 33,8 "hat eine spätere Hand in 2. Mos. 17 der alten Meriba-Geschichte den Namen Massa hinzugefügt und mit dem Stichwort 'versuchen' (nissah) in V.2 und 7 auf diesen Namen Massa angespielt" (ebd.)

2) Hierbei handelt es sich freilich um einen späten Zusatz.

3) M. NOTH, ATD 5, 11. Vgl. u.a. auch G. MORAWE, Art. "Meriba" in: BHH II, 1194; E. AUERBACH, Mose, 83-93; J.H. GRØNBÆK, Juda und Amalek, St 18 (1964), 29 f.35.37 f.

4) M. NOTH, ATD 5,110. Nach NOTH u.a. gehört der Name "Refidim" zu der Stationenliste der P (vgl. ebd. u. ÜPt, 132, Anm. 340).

5) Diese Funktion macht auch die fast demonstrativ wirkende Wiederholung der Ortsangabe in Ex 17,8 voll verständlich. Denn nach der Stationsnotiz von V.1 ist diese Angabe hier eigentlich überflüssig.

der historischen Bedeutung des Kadesch-Aufenthaltes zugunsten der Sinaiereignisse. Die unmittelbare Intention ist dabei wohl diese: Die Erzählung von der Behebung des Wassermangels durch Jahwes Eingreifen soll zusammen mit den Geschichten vom Meerwunder und von der Mannaspende und eben auch von der Amalekiterschlacht Jahwes große Fürsorge für sein Volk, wie sie von Jahwe selbst kurz darauf im sog. Adlerspruch rückschauend herausgestellt wird, durch konkrete Einzelfakten belegen[1].

Das aber impliziert für die Erzählung von der Amalekiterschlacht, daß diese in ihrem jetzigen Kontext notwendigerweise die vorliegende, erweiterte Form voraussetzt, wonach der Sieg ausdrücklich Jahwe zugesprochen wird. Daraus ergibt sich, daß die Erzählung erst relativ spät ihren jetzigen Ort vor dem Sinai-Komplex gefunden hat.[2] Erst bei dieser Gelegenheit wäre die (nachklappende) Ortsangabe "in Refidim" hinzugekommen - wie in Ex 17,1.

Ursprünglich könnte die Erzählung von der Amalekiterschlacht genauso wie die Erzählung vom Quellwunder Ex 17,1-7 also sehr wohl zum Kadesch-Sagenkranz gehört haben[3]. Historisch-geographische Überlegungen weisen für die Auseinandersetzungen zwischen Israel und Amalek eher in den nördlichen Negebbereich als in das Sinaigebiet (vgl. Ex 19,3): Nach Num 13,29 ist der Aufenthaltsort der Amalekiter der Negeb, nach Num 14,43.45(J) die Nähe des Kulturlandes, Ri 1,16[4] sieht als Wohngebiet der Amalekiter Arad an[5]. Daß hinter Ex 17,8 ff, wie M. BUBER meint[6], die Eroberung von Kadesch durch die Israeliten stehe, erscheint mir allerdings sehr fraglich.

---

1) Vgl. F. MICHAELI, L'Exode, 152
2) Schon H. HOLZINGER schreibt: "... das Stück steht danach hier verfrüht und gehört zur Schilderung der Kämpfe des Volkes auf dem Wege nach Kanaan" (Ex, 55). Auch H. GRESSMANN ist der Auffassung, daß die Erzählung "hinter den Sinai gehört und mit der großen Komposition des Auszugs nichts zu tun hat" (Mose, 161).
3) Vgl. B. BAENTSCH, Ex-Lev-Num, 160 f; H. GRESSMANN,Mose, 161; M. NOTH, ÜPt, 132, Anm. 340; E. AUERBACH, Mose, 83 f; F. MICHAELI, L'Exode, 152. Anders V. FRITZ: "Die Verlegung der Erzählung nach Kadesch ist ... nicht gerechtfertigt" (Israel, 56).
4) Dieser inhaltlich wie sprachlich nicht einwandfreie V. des MT bedarf der Konjektur. So ist gemäß dem Vorschlag der BHS wohl hā^{c}ămālēqî statt hā^{c}ām zu lesen.
5) Vgl. auch noch 1 Chron 4,42 f, wonach der Rest der von David geschlagenen Amalekiter sich in Seir niedergelassen hat.
6) "Der zeitlichen Reihenfolge der Begebenheiten nach gehört die Erzählung von dem Sieg über Amalek ... sicher an eine spätere Stelle, da es offenbar der Zugang zu Kadesch ist, der hier erkämpft wird" (Moses, 109).

2. Vorkommen des Namens "Refidim"

Die einzige Stelle, an der der Ortsname Refidim sonst noch begegnet, ist Ex 19,2a: "Und sie brachen auf von Refidim und kamen in die Wüste Sinai ...". Diese Notiz setzt die Lokalisierung in Ex 17,1 und 8 voraus. Da Ex 19,2a also von Ex 17,1.8 abhängig ist, kann dort nicht der Ursprung dieses Namens gesucht werden. Dieser liegt also - was das Vorkommen im Pt betrifft - in Ex 17.

Ergebnis: Die Ortsangabe "in Refidim" in Ex 17,8 (und in V.1) kann nicht den Anspruch erheben, Bestandteil einer alten Amalekiterschlacht-Überlieferung zu sein[1]. Das Wahrscheinlichste ist, daß bei der Transponierung der Erzählung aus dem Kadesch-Sagenkranz in den Sinai-Komplex (volks-) etymologische[2] Überlegungen zur Einfügung gerade dieses Namens in die Amalekiter-Tradition geführt haben. Das muß zu einem relativ späten Zeitpunkt geschehen sein. Am ehesten kommt hierfür R^P infrage[3].

Die Beziehung des Namens "Refidim" zur Erzählung vom Quellwunder scheint nicht weniger "eng" zu sein als diejenige zur Amalekiterkrieg-Erzählung. Denn die Namensdeutung "Schwäche der Hände" (vgl. oben S. 151f) könnte auch eine Anspielung auf die durch den furchtbaren Durst der Israeliten hervorgerufene Mattigkeit sein. Von daher ist eine Priorität bzgl. der Verbindung von Ortsname und Erzählung also nicht mit Sicherheit auszumachen.

Doch ist es wahrscheinlicher, daß die Amalikiterschlachtsage den Anlaß für die Ortsangabe gegeben hat. Es ist durchaus möglich, daß diese Sage gleichzeitig mit der Erzählung vom Quellwunder aus dem Kadesch-Sagenkranz an die jetzige Stelle im Pt kam und daß bei der Gelegenheit alle drei Ortsangaben (Ex 17,1abα, 17,8b und 19,2a) vom Redaktor in den Text hineinkomponiert wurden, wobei eine Wiederholung des Ortsnamens in Ex 17,8b wegen der Massa-Meriba-Ätiologie V.7 erforderlich wurde.

---

1) Der Frage, ob der Name "Refidim" nicht vielleicht eine tatsächliche Örtlichkeit im Umkreis von Kadesch bezeichnet, ist nicht nachgegangen worden, weil sich kein einziger Anhaltspunkt für eine solche These fand.

2) Auch H. GRESSMANN spricht von einer "volksethymologischen Pointe" (Mose, 15), bezieht diese Charakterisierung aber auf den Originaltext, worin er ein verlorengegangenes Wortspiel vermutet (vgl. ders., 155, Anm. 4).

3) Schon B. BAENTSCH stellt die Frage, ob Ex 17,8-16 "nicht erst bei der Endredaktion des Hexateuch an seine jetzige Stelle geraten ist" (Ex-Lev-Num, 161).

V.9 a) Die unterschiedlichen Präpositionen nach dem Verb lḥm ni. (V.8: ^{c}im, V.9 f: b^{e}) scheinen für eine literarkritische Scheidung zwischen V.8 und V.9 f zu sprechen.

Aus einer Statistik des Präpositionen-Gebrauchs zum lḥm ni. geht folgendes hervor:

Für lḥm ni. ^{c}im gibt es innerhalb der alten Pt-Quellen keine einzige Belegstelle (sofern man nicht mit EISSFELDT Jos 9,2; 11,5; 19,47 dem J zurechnet); die früheste ist Dt 20,4. Sonst begegnet lḥm ni. ^{c}im nur im dtrGW[1] und chrGW[2] sowie in Jer 41,12 und Dan 10,20 und 11,1.

lḥm ni. b^{e} findet sich dagegen schon in Ex 1,10bß(J); 14,25bß(J); Num 21,1(L; SMEND: nicht J; RUPPERT: J).23(L; SMEND. nicht J; RUPPERT: E). 26(E; SMEND: nicht J); Jes 30,32b.

Des weiteren kommt lḥm ni. b^{e} dann allerdings vornehmlich im dtrGW[3] vor (dominierend in Ri); sonst noch Jes 19,2^{sek}; 20,1^{sek}; 63,10; Jer 21,4 dtr; Sach 14,3.14$^{sek?}$; 1 Chron 10,1; 2 Chron 26,6; 35,20.22; Neh 4,2.

Der statistische - für den Pt die Quellenkritik voraussetzende - Befund zeigt, daß lḥm ni. b^{e} im Unterschied zu lḥm ni. ^{c}im schon in alter Zeit gebräuchlich war. Trotzdem läßt sich daraus nicht die Folgerung ziehen, daß Ex 17,9-12 dem einleitenden V.8 zeitlich vorausliegt, daß dieser also eine redaktionelle Notiz darstellt, die die folgende Erzählung in ihrem jetzigen Kontext einleitet. Denn im dtrGW z.B. werden die Präpositionen ^{c}im und b^{e} (nebst ^{c}al und 'æt) beim Verb lḥm ni. offensichtlich wahllos nebeneinander verwendet[4] - ohne erkennbaren Bezug zu den dortigen literarkritischen Gegebenheiten, so daß von daher kein Quellenscheidungskriterium gegeben ist. Auch findet lḥm ni. b^{e} sich ja noch in ausgesprochen späten Schriftstellen. Mit dem unterschiedlichen Präpositionengebrauch in V.8 und V.9 f läßt sich eine Abtren-

---

1) Ri 5,20; 11,5.20; 1 Sam 17,32 f.19; 13,5; 2 Sam 10,17; 1 Kön 12,21; 2 Kln 13,12; 14,15

2) 1 Chron 19,17; 2 Chron 11,1.4; 13,12; 17,10; 20,29; 27,5

3) Jos 10,31,24.9.11; Ri 1,1.3.5.8.9; 5,19; 8,1; 9,38 f.45.52; 10,9.18; 11,6.8 f.12.25 (2x).27.32; 12,1.3; 1 Sam 12,9; 15,18; 19,8; 23,1.5; 28,1. 15; 29,8; 31,1; 2 Sam 8,10; 12,26 f.29; 1 Kön 20,1; 2 Kön 3,21; 6,8

4) Jos 9,2: ^{c}im; 10,5: ^{c}al.25: 'æt.29; ^{c}im. 31: b^{e}.34.36.38: ^{c}al; 11,5; 19,47: ^{c}im; 24,8: 'æt.9.11: b^{e}; Ri 11,4.5: ^{c}im.6.8.9: b^{e}; 20: ^{c}im.25. 27: b^{e}; 12,1.3: b^{e}.4: 'æt; 2 Kön 19,8: ^{c}al.9: 'æt

nung von V.8 als sek Zutat also nicht begründen.

b) In der Abfolge der VV.8 und 9 liegt eine inhaltliche Unebenheit:

V.8 berichtet davon, daß die Amalekiter die Israeliten angreifen. Aus V.9.10a gewinnt man aber den Eindruck, daß die Israeliten die Angreifer sind, da auf israelitischer Seite in aller Ruhe wohlüberlegte Vorbereitungen für einen Angriff gegen die Amalekiter getroffen werden, der am folgenden Tage mit einer Truppe ausgewählter Krieger ausgeführt werden soll. Bei einem Überfall der militärisch überlegenen Amalekiter, der gewiß in aller Eile alle waffenfähigen Israeliten auf den Plan gerufen hätte, wäre Israel auch kaum zu einer derartigen, wohlvorbereiteten Offensive fähig gewesen. Man könnte also versucht sein, entweder 1. den V.8 als sek auszuklammern oder 2. die VV.9.10a auszulassen und von V.8 gleich zu V.10b (oder zu V.11, weil das rō'š haggib^{c}ā V.10b doch wohl V.9b voraussetzt.) überzugehen und im Schlußvers 13 Josua durch Israel zu ersetzen.

Die festgestellte leichte Divergenz von V.8 und 9 rechtfertigt jedoch nicht einen solchen Eingriff in den Text: V.8 ist die notwendige Exposition für die Erzählung V.9-13. Der V. liefert die Begründung für Israels Angriff (der also keine Aggression, sondern eine offensive Verteidigung darstellt). Amalek hatte Israel am Weiterzug gehindert[1] und das Exodusunternehmen infragegestellt.

Zu dem 2. Vorschlag (Weglassen der VV.9.10a(b), der ein Zusatzargument (die "Konkurrenz" der Gegenspieler-Paare Amalek - Israel und Amalek - Josua) benutzt, ist außerdem zu sagen: Daß in V.8 und 11 sich nicht wie in V.9 f.13 Amalek und Josua, sondern Amalek und Israel gegenüberstehen, wird einfach daran liegen, daß es letzten Endes um Israels Existenz geht: Da ist die Person des Josua zweitrangig. Daß Josua überhaupt eine Rolle spielt, ist im Blick auf die übrigen pentateuchischen Kriegsberichte[2] zwar erstaunlich, seine Erwähnung bietet aber ohne entsprechende Zusatzargumente keine ausreichende Handhabe, um aus dem Text eine Amalek-Israel- und eine Amalek-Josua-Tradition literarkritisch herauszusezieren und die Amalek-Josua-Überlieferung als sek auszuklammern.

1) Vgl. Dt 25,18: Amalek hat Israels Nachhut angefallen.
2) Vgl. unter Nr. 6 (Gattungskritik), S. 168

V.10 V.10a ("Josua tat, wie Mose ihm befohlen hatte, (und er zog aus,) um gegen Amalek zu kämpfen") ist die Ausführungsnotiz zu V.9a. Der Leser erwartet nun für V.10b eine Mitteilung darüber, daß auch Mose selbst zur Tat schreitet. Tatsächlich beginnt V.10b exakt gemäß dieser Erwartung mit einer (adversativ zu verstehenden) Inversion: ūMōšæ ... = "Mose aber ..." Diese Gegenüberstellung von Mose und Josua entspricht also der in V.9 gegebenen Exposition. Doch in der Fortsetzung des V.10b tauchen neben Mose plötzlich zwei namentlich genannte Personen auf, die in der Exposition nicht erwähnt waren, nämlich Aaron und Hur: "Mose aber, Aaron und Hur stiegen auf die Kuppe des Hügels" (V.10b). Die Nennung dieser Personen überrascht den Leser[1]. Für sich genommen ist dies Überraschungsmoment freilich noch kein ausreichendes Kriterium für eine literarkritische Ausscheidung von Aaron und Hur. Man kann von einer Exposition nicht verlangen, daß darin alle einzelnen Züge der Erzählung schon enthalten sind[2]. Wollte man dem Autor unbedingt abverlangen, daß er nicht nur Moses, sondern auch Aarons und Hurs Aufstieg auf den Hügel in Moses Wort an Josua V.9b habe ankündigen müssen, so würde man damit den Bogen der Literarkritik überspannen. (Dasselbe gilt erst recht für die anonymen Personen, von denen es in V.12aß heißt: "... und sie nahmen einen Stein und legten (diesen) unter ihn ..."[3])

---

1) Vgl. u.a. K. MÖHLENBRINK, Josua, 19; V. FRITZ, Israel, 60

2) Vgl. W. BAUMGARTNER, Ein Kapitel vom hebräischen Erzählstil, in: EUCHARISTERION. Studien zur Religion und Literatur des Alten und Neuen Testaments. 1. Teil: Zur Religion und Literatur des Alten Testaments (FS H. GUNKEL), Göttingen 1923 (FRLANT [N.F.] 19), 145-157, hier: 146

3) Aaron und Hur können syntaktisch nämlich nicht die Subjekte zu den betr. Verbalformen wajjiqq^ehu und wajjāśīmū sein: Im vorhergehenden V.11 sowie im 1. Teil des zur Erörterung stehenden V.12 ist nur von Mose, Israel und Amalek (V.11) und schließlich von den Armen des Mose (V.12aα) die Rede. Aaron und Hur aber werden, nachdem sie in V.10b zusammen mit Mose erwähnt wurden, erst wieder in V.12b - und zwar in adversativer Gegenüberstellung zu dem unmittelbar vorher (wenn auch nicht namentlich) genannten Mose ("und er setzte sich darauf" V.12aß) - als Subjekte zu dem neuen Verb tām^ekū genannt.

V.11 Eine Spannung besteht ohne Zweifel zwischen der Handhabung des Gottesstabes in V.9b und der Verwendung der Singularform von jād in V.11a und b[1] einerseits und der Erhebung, Ermüdung und Stützung der beiden Hände bzw. Arme des Mose in V.12 (2x) andererseits.

Das (pluralische) Hände-Motiv ließe sich aus der Erzählung nur dann als sek Element herausoperieren, wenn man aufzeigen könnte, daß Aaron und Hur aus einem ganz bestimmten Interesse nachträglich eingefügt worden sind. Für Hur, der nur noch in Ex 24,14[2] - wieder neben Aaron - erwähnt wird, läßt sich ein solches Interesse nicht ausweisen. Was Aaron betrifft, so ist zu sagen: Bei einer nachträglichen Einfügung Aarons von priesterlicher Seite - und wer käme sonst als Urheber infrage? - wäre Moses Geste gewiß als priesterliche Segensgeste oder zumindest als Gebetsgeste (Fürbitte für Israel) interpretiert und wohl entsprechend verdeutlicht worden. Dann aber wäre nicht verständlich, warum der mögliche Interpolator so inkonsequent gewesen wäre und den Gottesstab in V.9b und den zweimaligen Singular in V.11 belassen hat.

Der These einer ursprünglichen, konsequent durchgeführten Hände-Fassung(mit jādāw in V.11a u.b) und der späteren Einfügung des Stabmotives steht dagegen nichts im Wege: 1. Der Stab spielt im weiteren Verlauf der Erzählung keine Rolle mehr.[3] 2. Die nachträgliche Einfügung dieses Motivs läßt sich leicht erklären aus dem Bestreben, von einem ursprünglich magischen Verständnis der Zeichenhandlung[4] zur Deu-

---

1) jdw kann allerdings auch als Plural in Form einer scriptio defectiva (jadāw) gelesen werden, wie das Q^{e}rē es für Lev 9,22; 16,21 und Ex 43,36 vorschreibt.
2) Dieser V. wird meist dem E zugeschrieben, E. ZENGER betrachtet ihn als sek (Sinaitheophanie, 179. 217).
3) Hierauf machen u.a. M. NOTH (Ex, 113) u. G. te STROETE (Ex, 127) aufmerksam.
4) Vgl. dazu Nr 7.4, S. 178 ff

tung der Aktion als einer mit göttlicher Vollmacht vollzogenen Handlung zu führen. Den Anstoß zu dieser Korrektur könnte die voraufgehende Erzählung vom Wasser aus dem Felsen gegeben haben, in der Mose auf Veranlassung Gottes von seinem Stab Gebrauch macht[1]. In Ex 17,8-13 liegt zwar kein Gottesbefehl vor, dafür ist der Stab aber als"Gottesstab", d.h. als göttliches Vollmachtszeichen charakterisiert. Daß derjenige, der das Stabmotiv eingefügt, den Plural in V.12 nicht geändert hat[2], läßt sich durchaus plausibel machen: Die beiderseitige Stützung der Mosearme durch die zwei Helfer Aaron und Hur war so fest in der Erzählung verankert, daß hier nichts mehr geändert werden konnte.[3]

Die Händeversion mit jādāw in V.11ab[4].12b kann daher als die ältere betrachtet werden[5].

Für den sek Versteil 9bß ist aber wohl eine andere Fortsetzung des "(Siehe,) ich werde oben auf der Anhöhe stehen" als ursprüngliche Version zu fordern, worin von der Erhebung der Hände des Mose die Rede gewesen sein muß. Sie könnte etwa gelautet haben: ūmērīm jādaj ʼæ l/ᶜal ᶜᵃmālēq.

V.13 a) Ein Überblick über den Gebrauch der Wendung lᵉfī-ḥāræb, die am Ende von V.13 begegnet, läßt erkennen, daß diese - meist in Verbindung mit dem Verb nkh hi.[6] - durchweg die

---

1) So z.B. auch J.H. GRØNBÆK (Juda und Amalek, ST 18 (1964), 33) u. O. KEEL (Siegeszeichen, 93)

2) Das wajᵉhī in V.12bß kann nicht ohne weiteres für eine singularische (Hand-)Version in Anspruch genommen werden (vgl. S. 143, Anm. 2

3) Vgl. O. KEEL, Siegeszeichen, 93

4) Vgl. Sam, LXX, Syr, Targ u. Vulg

5) So auch H. GRESSMANN, Mose, 155, Anm. 1; G. BEER, Ex, 92; M. NOTH, Ex, 113, J. PLASTARAS, Und rettet sie aus Ägypten, Stuttgart 1970 (Bibl. Forum 5), 182, Anm. 41; F. STOLZ, Jahwes u. Israels Kriege, 99. Anders H. HOLZINGER, Ex, 60 (Stab = Zauberstab); H. SCHMID, Mose, 63. M. BUBER, Mose, 107 f.

6) nkh hi. begegnet 26x, und zwar Num 21,24; Dt 13,26; 20,13; Jos 8,24; 10, 28.30.32.37.39; 11,11.12.14; 19,47; Ri 1,8.25; 18,27; 20,37.48; 21,10; 1 Sam 22,19; s Sam 15,14; 2 Kön 10,25; Jer 21,7; Ijob 1,15.17. 3x findet sich hrm hi., nämlich Dt 13,16 MT; Jos 6,21 u. 1 Sam 15,8 (Außerdem wird hrm hi. zusätzlich zu nkh hi. Jos 10,28.35.37.39; 11,11.12 verwandt.) 2x npl, nämlich Jos 8,24 u. Ri 4,16; 1x hrg, nämlich Gen 34.26 (hrg begegnet außerdem zusätzlich zu npl und nkh hi. Jos 8,24); 1x hmm, nämlich Ri 4,15 (wo lᵉfī-ḥāræb aber wohl zu streichen ist).

totale Unterwerfung eines Feindes zum Ausdruck bringt[1]: die Einnahme einer Stadt und die Ausrottung ihrer (zweimal: der männlichen) Bevölkerung oder die Unterjochung eines ganzen Volkes[2]. Nach den VV.11 f (wo von dem auf und ab wogenden Kampfgeschehen die Rede ist) überrascht daher eine solche Ausdrucksweise: "Israel's defeat of Amalek was not an annihilation"[3]. Selbst der (sek) V.16aßb (der von einem Generationen währenden Kampf zwischen Israel und Amalek spricht), gibt ja noch Zeugnis, daß es Josua nicht gelang, Amalek vernichtend zu schlagen.

Auch das übrigens seltende[4] Verb ḥlš, das eigentlich "schwach machen" bedeutet[5] und von daher nicht sonderlich gut geeignet (ist), einen totalen und definitiven Sieg zum Ausdruck zu bringen[6], scheint ebenfalls noch auf einen knappen, jedenfalls nur vorläufigen Sieg (oder nur eine erfolgreiche Abwehr) der Israeliten hinzudeuten. Die Wendung hlš l^e^fī-ḥāræb aber erweckt den Eindruck, daß Israel Amalek vernichtend geschlagen habe.

M.E. handelt es sich bei l^e^fī-ḥāræb daher um die Einfügung eines Interpolators, der wahrscheinlich um des Ansehens Jahwes willen das Ausmaß des israelitischen Sieges meinte vergrößern zu müssen. Diesem Interpolator dürfte bereits ein

---

1) Eine Ausnahme ist in gewisser Weise Gen 34,25-26, wo das l^e^fī-ḥāræb noch nicht bei der Berichterstattung über die Tötung der sichemitischen Männer, sondern erst bei der gesonderten Nennung Chamors und seines Sohnes verwandt wird.

2) In 16 insgesamt 34 (33) Stellen, an denen l^e^fī-ḥāræb vorkommt, wird ausdrücklich vermerkt, daß keiner entkam (Jos 10,28.30.32 f.35.37.39; 11,11. 14) bzw. entkommen dürfe (2 Kön 10,25), daß keiner übrig blieb (Ri 4,16), daß nur einer entkam (Ijob 1,17), daß an allen (Dtn 13,16M; Jos 6,21; 1 Sam 15,8) bzw. allem Männlichen (Gen 34,26; Dtn 20,13) der Bann vollstreckt wird oder werden soll. 4x wird die Einäscherung der betreffenden Stadt erwähnt. Vgl. O. KEEL, Siegeszeichen, 79

3) B.S. CHILDS, Ex,311

4) hlš kommt in transitiver Bedeutung nur noch Jes 14,12 vor, in intransitiver Bedeutung ("schwach sein?") nur Ijob 14,10

5) Vgl. GesB, 238. A. GUILLAUME stellt diese Grundbedeutung allerdings von dem arab. Verb ḫls her (das die Bedeutungen "plündern", "erfolgreich (be)-kämpfen" und "ergreifen, sich bemächtigen" in sich vereinigt) infrage. Er übersetzt Ex 17,13 folgendermaßen: "Joshua seized the opportunitiy to smite Amalek..." (The use of hlš in Exod. XVII. 13, Jsa. XIV. 12, and Job XIV. 10, JTS N.S. 14 (1963); 91 f, hier: 91)

6) Vgl. jedoch Jes 14,12, wo hlš meist mit "niederwerfen, besiegen" übersetzt wird. A. GUILLAUME gibt das Verb hier mit despoil (="berauben, plündern") wieder (vgl. JTS [N.S.] 14 (1963), 91).

Text vorgelegen haben, der Jahwe die entscheidende Rolle beim Zustandekommen des Sieges zusprach (vgl. den Gottesstab in V.9b und den Altarbau zu Ehren Jahwes in V.15)[1].

b) Nicht ohne weiteres verständlich sind die beiden sich an 'æt-camālēq anschließenden Worte we'æt-cammō. An sich wäre wohl denkbar, daß sich jemand durch das bei Völkernamen wenig gebräuchliche maskuline Geschlecht des Namens Amalek (vgl. V.8 und 11b) hat verleiten lassen, diesen als Personennamen, nämlich als Namen eines Königs zu verstehen - was natürlich ein Mißverständnis ist -, und daß er daher das Bedürfnis hatte, "und sein Volk" hinzuzufügen[2].

Es gibt für das we'æt cammō aber noch eine andere Übersetzungs- und damit Verständnismöglichkeit: 1. kann man cam in einem speziellen Sinn, nämlich als "Kriegsvolk" verstehen (vgl. z.B. Num 20,20; 21,33), 2. muß man das Waw vor der nota acc. nicht kopulativ, sondern kann es auch explikativ auffassen und mit "und zwar", "genauerhin" o.ä. übersetzen. Der Sinn dieser Hinzugügung läge dann darin, die durch das radikale lefī-ḥāræb insinuierte vollständige Vernichtung Amaleks durch den Zusatz " - nämlich sein Kriegsvolk -" auf das amalekitische Heer einzuschränken.

Diese Bedeutung des we'æt-cammō, die die Funktion hat, das Objekt Amalek auf das amalekitische Heer einzuschränken, erscheint mir am einleuchtendsten[3]. Die fortdauernden Auseinandersetzungen zwischen Israel und Amalek, wie sie in V.16b (und schon in V.15b andeutungsweise) zum Ausdruck kommen, verlangten ja nach einer derartigen Eingrenzung des Objekts - wenn man das hyperbolische lefī-ḥāræb am En-

---

1) Vielleicht ist der Interpolator auch mit dem von V.9aß und/oder V.15 identisch.

2) Ein solches Mißverständnis liegt z.B. Num 21,1 vor, wo die (spätere) Apposition "der König von Arad" die voraufgehende Völkerbezeichnung hakkenacanī (vgl. auch V.3) als Individualnamen deutet.

3) So übersetzt schon A. DILLMANN: "... den Amalekiterstamm und die zu ihm gehörende Mannschaft" (Ex, 183), wobei er auf Jes 10,22 verweist. Auch G. BEER versteht cam hier als "Kriegsvolk" (Vgl. Ex, 92).

de desselben V. als bereits existent voraussetzt. Dann wäre das w^{e}'æt-^{c}ammō also (noch) später zu datieren als das höchstwahrscheinlich schon sek l^{e}fī-ḥāræb[1].

K. MÖHLENBRINK[2] rekonstruiert eine ursprüngliche Josuarezension, in der außer Mose, Aaron und Hur auch das Händemotiv und der Altarbau noch fehlt und an der Stelle des Mose- ein Jahwebefehl an Josua steht. Diese Josuarezension sei im Zuge der "Einfügung der älteren Josuasagen in die Moseüberlieferungen"[3] zuungunsten von Josua umgearbeitet worden[4]. Diese These ist, wie MÖHLENBRINK selbst zugibt, "im einzelnen gewiß problematisch"[5], m.E. sogar im Ansatz fragwürdig. Denn das (für K. MÖHLENBRINK verdächtige) Nebeneinander von zwei Personen, von denen eine die Hände, die andere das Schwert erhebt, ist namentlich in Ägypten[6] ein häufig verwendetes ikonographisches Motiv, das bei der Entstehung der Amalekiterschlacht-Erzählung (mit seinem Zusammenspiel von Mose und Josua) durchaus Pate gestanden haben könnte[7]. So besteht kein Grund, die Ursprünglichkeit der Kombination von Mose und Josua in Ex 17,8-13 anzuzweifeln[8].

Auf literarkritischem Wege ist einer eventuellen vorliterarischen Amaleküberlieferung bzw. einer literarischen Vorstufe der vorliegenden Überlieferung übrigens in keiner Weise beizukommen[9]: Die konsequent durchkomponierte Erzählung Ex 17,8-13 bietet keinerlei Ansatzpunkt, von dem aus eine ursprüngliche Josua-, Mose-, Aaron- oder Hurversion[10] oder auch, wie M. NOTH[11] und

1) H. GRESSMANN sieht nur das w^{e}'æt-^{c}ammō als Glosse an (vgl. Mose, 155, Anm. 1).
2) Josua im Pt (Die Josuaüberlieferungen außerhalb des Josuabuches), ZAW 18 (1942), 14-58
3) Josua, 21
4) Vgl. Josua, 22
5) Josua, 23
6) Vgl. O. KEEL, Siegeszeichen, 54.101-105, dazu die Abbildungen Nr. 51-53, S. 186 f. Zur Parallelität der Handlungen vgl. auch: ders., 55 f (+ Abbildungen Nr. 23 f). 99-101 (+ Abbildungen Nr. 47-50, S. 184-186).
7) Vgl. hierzu weiter unten die Nr. 7.5, S. 182 ff
8) Auch G.W. COATS lehnt MÖHLENBRINKs These von einer ursprünglichen Josuasage als nicht einsichtig ab (vgl. VTS XXVIII, 33, Anm. 9)
9) Vgl. M. NOTH, ÜPt, 183, Anm. 470
10) Vgl. H. SEEBASS, Mose und Aaron, 24 f und V. FRITZ, Israel in der Wüste, 62. Weil Hurs Vorkommen in keiner Weise ableitbar ist, ist er gewiß als originaler Bestandteil der Überlieferung von der Amalekiterschlacht zu betrachten. Doch läßt sich, wie sich vor allem aufgrund von Ex 32 // Dt 9 f sagen läßt, wenigstens bis zum Untergang des Nordreiches Israel ebensowenig ein Interesse an der Gestalt Aarons feststellen.
11) Vgl. M. NOTH, 182.183.196

J.M. SCHMIDT[1] meinen, Aaron-Hur-Überlieferung[2] erschlossen werden könnte, die dann einen entsprechenden Einschmelzungs- und Umformungsprozeß durchgemacht hätte.

2.23 Abgrenzungen innerhalb des Textkontinuums Ex 17,8-16

Die Literarkritik führte zu folgenden Abgrenzungen von den jeweils benachbarten VV.:

1. V. 8ab (ohne: biR^{e}fīdīm)
2. V. 8b (biR^{e}fīdīm)
3. V. 9abα(erg. etwa: ūmērīm jādaj 'æl / ^{c}al ^{ca}mālēq)
4. V. 9bß
5. V.10.*11.12.13 (bis: ^{ca}mālēq)
6. V.13 (w^{e}'æt-^{c}ammō)
7. V.13 (l^{e}fī-ḥāræb)
8. V.14
9. V.15 f

2.24 Zuordnungen

Zugleich lassen sich folgende VV. problemlos zu einem fortlaufenden, ungestörten Erzählfaden zusammenfügen: V.8ab (ohne: biR^{e}fīdīm). 9abα (erg. etwa: ūmērīm jādaj 'æl / ^{c}al ^{ca}mālēq). 10. *11.12.13 (bis: ^{ca}mālēq).

Zu einer gemeinsamen (Bearbeitungs-)"Schicht" könnten V.14 und das l^{e}fī-ḥāræb in V.13 gehören.

3. Redaktionskritik

3.1 Zeitliche Prioritäten

Die VV. 8ab (ohne: biR^{e}fīdīm). 9abα(erg. etwa: ūmērīm jādaj 'æl/ ^{c}al ^{ca}mālēq). 10.*11.12.13 (bis: ^{ca}mālēq) stellen die Grunderzählung dar. - Als erstes dürften die VV.15 f hinzugefügt worden sein. Möglicherweise geschah das sogar schon, bevor die Erzäh-

---

1) Vgl. Aaron und Mose, C 17-19
2) Vgl. die Stellungnahme zu NOTHs und SCHMIDTs Position weiter unten unter Nr. 9.2, S. 199-201

lung in den Kadesch-Sagenkranz aufgenommen wurde. - Von der (zuerst innerhalb der Kadesch-Sagen) unmittelbar voraufgehenden Quellwunder-Sage Ex 17,1 ff geriet dann wohl das (Gottes-)Stab-Motiv in die Mosesage hinein.

Erst später dürfte die Einfügung des V.14 und vielleicht auch des l^{e}fī-ḥāræb in V.13 durch einen dtr Bearbeiter geschehen sein.

Das w^{e}'æt-ammō wird erst nach dem l^{e}fī-ḥāræb in den Text gekommen sein. Wann das war, läßt sich nicht genauer ausmachen.

Die Ortsangabe biR^{e}fīdīm in V.8b gelangte möglicherweise erst ganz zum Schluß in den Text.

3.2 Redaktionsgeschichtlicher Aufriß

Mit aller Vorsicht kann man daher folgenden redaktionsgeschichtlichen Aufriß erstellen:

I. V. 8ab (ohne: biR^{e}fīdīm). 9abα (erg. etwa: ūmērīm jādaj 'æl / al ^{ca}mālēq). 10.*11.12.13 (bis: ^{ca}mālēq)

II. V.15 f

III. V. 9bβ

IV. V.14 u. viell. l^{e}fī-ḥāræb in V.13

V. w^{e}'æt-ammō in V.13

VI. biR^{e}fīdīm in V.8b

4. Übersetzung

8a *Amalek kam*
b *und kämpfte mit Israel* [...] .

9a *(Da) sprach Mose zu Josua:*
"Wähle Männer aus und ziehe hinaus (und) kämpfe
gegen Amalek morgen!
b *Siehe: ich werde oben auf dem Hügel stehen*
(und meine Hände gegen Amalek ausstrecken), [...] .

10a *Josua tat, wie Mose ihm befohlen hatte,*
(und er zog hinaus,) um gegen Amalek zu kämpfen.
b *Mose aber, Aaron und Hur stiegen auf die Kuppe des Hügels.*

11a *Und es geschah:*
(jedesmal) wenn Mose seine Hände erhob, war Israel stärker;
b *wenn er sie aber ausruhen ließ, war Amalek stärker.*

12a *(Weil) aber die Arme des Mose schwer (wurden),*
nahmen sie einen Stein und legten (diesen) unter ihn,
und er setzte sich darauf.
b *Aaron und Hur aber stützten seine Arme:*
von dieser (Seite) einer und von (Seite) einer,
und so blieben seine Arme fest bis zum Sonnenuntergang.

13 *Und Josua schlug Amalek* [...] .

5. Formkritik

5.1 Sprachliche Statistik

In Ex 17,*8-13 dominieren die Verbalsätze (21[1]) gegenüber den Nominalsätzen (2). Den größten Anteil der Verbalsätze machen die 11 Narrative aus (9x: w-jiqtol (x)[2], 2x: x-qatal). - Das am häufigsten gebrauchte Wort ist jād. Es begegnet 5x: 2x im Plur., und zwar in der Grundbedeutung "Hand"[3]. Dieser statistische Befund weist jād als einen Schlüsselbegriff der Erzählung aus[4]. - Die vorkommenden Personen werden in folgender Häufigkeit genannt: Mose und Amalek je 5x, Josua 3x, Israel, Aaron und Hur je 2x. Aus der wiederholten namentlichen Nennung der beteiligten Personen läßt sich nicht ohne weiteres auf ihr Gewicht innerhalb der Erzählung schließen. Denn um der Eindeutigkeit willen mußten

1) Ergänzt man in V.10aß zusätzlich ein wajjibḥar lāhæm ʼᵃnāšīm, so erhöht sich die angegebene Zahl um 1.
2) Siehe Anm. 1
3) Daher kann übrigens das Wort auch in dem sek V.16 schwerlich etwas anderes bedeuten als "Hand".
4) Vgl. hierzu Nr. 7.4, S. 178 ff.

die einzelnen bzw. die Kollektiv-Personen mehrmals neu genannt werden, da die Erzählung verhältnismäßig kompliziert ist.

Sehr aufschlußreich ist dagegen die Statistik der handelnden Subjekte. Mose fungiert 6x als ein solches, Josua und Amalek 2x, Israel, Aaron und Hur je 1x, eine nicht namentlich genannte Mehrzahl von Personen 2x. Mose ist eindeutig die Hauptfigur.

5.2 Die syntaktischen Gewichte

5.21 V.9b sticht durch die zwei Imperative und die $w^{e}hinn\bar{e}$ + part. act. - Verbindung von den übrigen Sätzen ab. Dadurch erhält Moses Ankündigung ein leichtes Sondergewicht.

5.22 In V.11, wo ein doppelter ka'^{a}šær-Satz vorliegt, dient die subordinierende Konjunktion dazu, den inneren, gesetzmäßigen Zusammenhang zwischen Moses Handlung und dem Geschehen auf dem Schlachtfeld zum Ausdruck zu bringen. Die Abfolge von zwei ka'^{a}šær-w^{e}gābar-Satzgefügen sowie die syntaktisch nicht unbedingt notwendige, aber faktisch gegebene Vorschaltung des nicht ungewichtigen[1] w^{e}hājā fangen die (durch die syntaktisch untergeordnete Funktion der ka'^{a}šær-Sätze bedingte) Minderbetonung auf, ja heben den Parallelismus V.11 aus dem Ganzen der Erzählung heraus[2].

5.3 Aufbau

Die Handlung gliedert sich in 4 Szenen - wobei es sich bei der 3. und 4. Szene genau genommen um zwei Parallelszenen handelt.

1. Amalek greift Israel an (V.8).
2. Mose im Gespräch mit Josua (V.9).
3. a) Josua führt Moses Befehl aus: Er zieht mit seiner Mannschaft gegen die Amaliker zu Felde (V.10a)
   b) Mose besteigt unterdessen mit Aaron und Hur den Hügel (V.10b)

---

1) In der prohetischen Literatur dient w^{e}hājā vornehmlich zur Einführung einer Wissagung (Heils- oder Unheilsverkündigung) und wird dort geradezu zu einem Struktursignal.

2) Inhaltlich sind die beiden Parallelsätze ja auch keineswegs nebensächlich, Moses Handlungsweise hat viel mehr gravierende Implikationen. Hier scheint geradezu der Angelpunkt der Erzählung zu liegen.

4. a) das Geschehen auf dem Hügel und
   b) seine gleichzeitige Auswirkung auf das Schlachtfeld, auf dem Josua schließlich über Amalek siegt.

Die Szenen konstituieren eine folgerichtig aublaufende Handlung, die in V.13 zu ihrem Ziel kommt.

Die Perikope enthält nur eine kurze Redepartie (= ca. 1/6 des Textes). Diese ist für den Fortgang der Handlung aber von entscheidender Bedeutung: Mose gibt Josua in V.9 den Auftrag zu der militärischen Unternehmung und kündet seinen eigenen Part in dem kommenden Geschehen an. Dies Mosewort gibt den notwendigen Impuls zum weiteren Handlungsverlauf - nur das Ermüdungs- und Stützungs-Motiv kommt als neues Moment hinzu - und läßt durch Moses Hinweis auf seine eigene Funktion bereits den positiven Ausgang der Schlacht ahnen.

Das Motiv der Ermüdung des Mose ist als erzähltechnisches Mittel eingesetzt, um das unausgeglichene Kräfteverhältnis der kämpfenden Parteien eindringlich vor Augen zu führen und durch die vorübergehende Infragestellung des positiven Ausgangs die Spannung zu steigern.

5.4 Stil

In den Satzgefügen ist die Parataxe vorherrschend. Nur an zwei Stellen findet sich eine Hypotyxe, in V.10a und V.11 (2x), wobei jeweils von der Konjunktion ka'^{a}šær Gebrauch gemacht wird.

Die Sätze sind kurz. Nur zwei von ihnen sind durch eine adverbielle Bestimmung ein wenig verlängert: V.12bαß und V.12bγ . Der Autor erzählt in gedrängter Form[1]. Er bleibt streng bei der Sache, auf schmückendes Beiwerk wird ganz verzichtet. Details werden nur beschrieben, sofern sie zum Verständnis nötig sind. Es handelt sich um einen einfachen Stil.[2]

1) Auch die beiden unverbundenen Imperative in V.9 fügen sich gut in dies Gesamtbild ein.
2) Vgl. die Unterscheidung von "einfachem" und "ausgeführtem" Stil bei H. EISING (Formgeschichtliche Untersuchung zur Jakobserzählung des Genesis, Emsdetten 1940), der auf GUNKELs Einleitung in den Gen-Kommentar verweist: "Der einfache Stil beschränkt sich auf das für die Darstellung der Handlung Notwendige. Die Reden der Personen sind kurz und prägnant. Es wird eher zu wenig als zuviel gesagt" (23).

1x greift der Erzähler zum Mittel des Parallelismus (vgl. V.11), 2x zu dem der Inversion (vgl. V.10b.12b). Man beachte auch den Gebrauch des w^{e}hājā als Stilmittel in V.11.

6. Gattungskritik

Die bisher zutage getretenen inhaltlichen wie formalen Elemente weisen den Abschnitt Ex 17,*8-13 als eine Erzählung aus, die sich um die Gestalt des Mose rankt[1]. Unter inhaltlichem Aspekt kann man von einer "Kriegserzählung" sprechen. Sie hebt sich von den sonstigen Mitteilungen über Israels Kriege während der Wüstenwanderung durch einige Besonderheiten ab:

In den pentateuchischen Kriegsberichten spielen auf Israels Seite Einzelpersonen keine Rolle[2]. Es heißt immer nur, daß Israel bzw. die Israeliten Krieg führen[3].

Num 14,39-45 (J; SMEND: nicht J): Israel - Amalekiter/Kanaaniter; 20,14-18 (J; SMEND: nichtJ; RUPPERT: E). 19-20a(E; SMEND: nicht J; RUPPERT: J).20b (J; SMEND: nicht J).21(L; SMEND: nicht J; RUPPERT: E): Edom - Israel(iten) (Es handelt sich um eine nicht zustande gekommene Schlacht: Israel fühlt sich Edom nicht gewachsen); 21,21 f(J; SMEND: nicht J; RUPPERT: E).23-25(L/J/E; SMEND: nicht J; RUPPERT: E).26-30(E; SMEND: nicht J).31(J; SMEND: nicht J; RUPPERT: E) (vgl. 22,2): Israel - Sichon, König der Amoriter (V.24: Ammoniter); 21,33-35(sek; SMEND: nicht J): Israel - Og, König von Baschan.

Der Anfangsvers von Ex 17,*8-13 entspricht zwar noch exakt diesem Darstellungsmuster: "Und es kam Amalek und kämpfte mit Israel" (V.8). Dazu paßt auch noch V.11, worin Israel und Amalek als sich gegenüberstehende Feinde dargestellt sind. Doch treten auf israelitischer Seite eine Reihe von Einzelpersonen als Ak-

---

1) J.M. SCHMIDT zu V.11: "Hier ist die Mitte der ganzen Erzählung, und sie wird allein von Mose beherrscht" (Aaron und Mose, C 6). B.S. CHILDS: "... the interest of the writer focuses on Moses" (Ex, 314).

2) Nur in Num 14,44 wird Mose im Zusammenhang mit einem Kriegszug der Israeliten gegen die Amalekiter/Kanaaniter erwähnt, freilich mehr nebenbei. Die Israeliten erleiden eine Niederlage, weil sie gegen den ausdrücklichen Willen Jahwes in den Kampf gezogen sind. Dabei wird eigens konstatiert: "Die Lade des Bundes Jahwes und Mose wichen nicht aus der Mitte des Lagers". Es ist allerdings zu erwägen, ob Moses Erwähnung nicht kommentierende Zutat ist. (Oder ist die Lade in diesem V. sek?)

3) Anders verhält sich das bei den Berichten über die Eroberungen einzelner Sippen in Num 32. Hier steht der Sippenführer als Repräsentant seiner Sippe den zu erobernden Ortschaften und ihren Bewohnern gegenüber. Num 32,41 (L): Jair - Zeltdörfer der Amoriter; 32,42(L): Nobach - Kenat und die dazugehörigen Ortschaften.

teure auf: neben einigen anonym bleibenden vier namentlich genannte: Mose, Josua, Aaron und Hur.

Die Vermutung, daß in Ex 17,8 ff eine ursprüngliche Amalek-Israel-Version durch eine Josua-Amalek-Version überformt worden sei, läßt sich literarkritisch nicht verifizieren: 1. Zwar würde V.13 eine gute Entsprechung zu V.8 und 11 darstellen, wenn dort stünde: "Und Israel schwächte Amalek", aber nun steht eben da: "Und Josua ...". Es ist wohl richtig, daß das Weglassen der VV.9.10a (Moses Auftrag an Josua und die Notiz über Josuas Ausführung) dem ungestörten Ablauf der Handlung keine Einbuße täte - die Inversion in V.10b (Mose, Aaron und Hur am Satzanfang) ist auch dann sinnvoll, nämlich als Hervorhebung dieser Personen aus dem übergreifenden Ganzen Israels! -, und daß sich unter Einsetzung von Israel in V.13 eine ganz konsequent aufgebaute vereinfachte Erzählung ergäbe. Die Literarkritik erbringt jedoch keinen handfesten Befund, um die Auslassung von V.9.10a und den Austausch der Namen "Josua" und "Israel" in V.13 zu rechtfertigen oder gar zu fordern. Derjenige, der "argumentiert": "Wenn man das und das wegläßt, ergibt sich auch eine ganz folgerichtige und geschlossene Erzählung", der ist unversehens aus dem Bereich der literarkritischen Argumentation herausgeraten[1].

2. Das die oben genannte Hypothese scheinbar stützende lhm ni. b^{e} V.9.10a auf der einen und lhm ni. ^{c}im V.8 auf der anderen Seite konnte als Quellenscheidungsindiz nicht anerkannt werden[2].

Auch Aaron und Hur lassen sich, wie bereits demonstriert wurde[3], auf literarkritischem Wege nicht aus der Erzählung herausoperieren. Das gilt erst recht von Mose.

Das Geschehen wird also differenzierter dargestellt. In V.12 treten die betreffenden Einzelpersonen sogar in einer einzigen Szene auf. Eine derartige Erzählung setzt eine fortgeschrittene Erzählkunst voraus[4], zumal der Erzähler fähig ist, zwei sich auf verschiedenen Schauplätzen abspielende Handlungen zugleich, nämlich innerhalb eines Satzgefüges (je in V.11a und b) in den Blick zu nehmen[5].

---

1) Damit ist natürlich nicht widerlegt, daß Josua evtl. erst später in die Überlieferung über Israel und Amalek (sowie Mose, Aaron und Hur) eingesetzt wurde. Denn für die nachträgliche Einfügung Josuas - nachdem dieser zum gesamtisraelitischen Feldherrn avanciert war - läßt sich leicht ein Grund angeben. Aus der Erzählung Ex 17,*8-13 allein kann man solches aber nicht aufweisen.

2) Vgl. o. unter Nr. 2.22, S. 155

3) Vgl. o. unter Nr. 2.22, S. 157

4) Nach Olrik (zit. v. GUNKEL in der Einl. z. Genesis, XXXVI) ist es ein unterscheidendes Merkmal der "Volksdichtung", daß in einer Szene nur zwei handelnde Personen auftreten.

5) Bei der Datierung ist aber zu beachten, daß schon die alten Vätersagen der Gen eine recht hoch entwickelte Erzählkunst aufweisen.

Wenn wir mit H. EISING[1] für die Darstellung eines Ereignisses, in der keine Einzelpersonen handelnd auftreten, den Terminus "Bericht" verwenden, so können wir - wie wir es bereits stillschweigend getan haben - Ex 17,*8-13 als "Kriegserzählung" begrifflich von den o.g. "Kriegsberichten" abheben. In der relativen Ausführlichkeit - neben der Nennung einzelner Akteure Beschreibung der Kriegsvorbereitungen und Darstellung des Kampfverlaufes! - steht die Erzählung Ex 17,*8-13 den dtr. Kriegserzählungen nahe, in denen auf Israels Seite Josua, ein "Richter", ein König oder ein Feldherr in Erscheinung tritt. Doch besteht andererseits ein gravierender Unterschied zum Gros dieser dtr Kriegserzählungen, nämlich zu den Kriegserzählungen des Buches Jos[2] und den meisten des Buches Ri[3] und des 1. Sam-Buches[4]; denn dort spielt Jahwe jeweils die entscheidende Rolle. Die dort beschriebenen Kriege sind Kriege Jahwes (der nicht selten vor dem Kampf um einen Orakelspruch angegangen wird)[5]. Die kriegerische Auseinandersetzung in Ex 17,*8-13 paßt nicht in die Kategorie des sog. Jahwekrieges[6]. Wie wir bereits feststellten, kommt Jahwe in der Erzählung gar nicht vor.[7]

---

1) "Der Verfasser kann auch einfach berichten, ohne daß einzelne Menschen als handelnde Personen hervortreten. Man würde eine so geartete literarische Einheit "Bericht" oder auch "Geschehnisreihe" nennen" (Jakobserzählung, 19).
2) Jos 6; 8,1-29; 10,1-27.28-43; 11,2-14.15-19.21-23
3) Ri 1; 3,7-11; 4,1-24; (5,1-31;) 7,1-8.28; 11,30-33; 20,14-48
4) 1 Sam 7,7-14; 11,1-13; 13,1-14,23; 14,31-35; 15,1-9; 17; 18,26-28; 23,1-6. Aus dem dtrGW können des weiteren genannt werden: 1 Kön 20,1-21.22-43; 2 Kön 3,4-27; 6,4-20.
5) Jahwe selbst führt Israels Kriege (bzw. der Feldherr Israels führt Jahwes Kriege), und er selbst gibt die Feinde in die Hand Israels bzw. seines Feldherrn. Zur Übereignungsformel vgl. W. RICHTER, Richterbuch, 21-25.
6) Vgl. G.W. COATS, VTS XXVIII, 36
7) G.W. COATS: "Moses makes no appeal to Yahweh for direction in the face of the Amalekite threat. Yahweh offers no instructions for meeting the crisis. There is no obvious divine protection from the enemy, no divine leadership, no divine initiative at all" (VTS XXVIII, 29). COATS stellt mit Recht die Frage: "... how can a holy war story fail to note that it was Yahweh, not Moses, who gave the enemy into the hands of the Israelites?" (VTS XXVIII, 36).

Mit der Gattungsbestimmung "Kriegserzählung" ist also nicht viel gewonnen. Nun gibt es im Buche Josua aber eine Kriegserzählung, die in anderer Hinsicht eine große Verwandtschaft zu Ex 17,*8-13 aufweist: die Grundüberlieferung von Jos 8 (die nachher durch die Jahwekrieg-Vorstellung theologisch überformt worden ist).

Beide Erzählungen gleichen sich darin, daß jeweils eine nicht-kriegerische Handlung der Hauptfigur (Mose bzw. Josua) abseits vom Kriegsschauplatz den Ausgang der Schlacht entscheidend bestimmt. Der bemerkenswerte Zug, daß hier wie dort eine mit besonderen Kräften ausgestattete[1] menschliche Person im Mittelpunkt der Erzählung steht[2], ist für die Bestimmung der Gattung von größerem Belang als die gemeinsame Kriegsthematik, die ganz unterschiedlich behandelt wird und darum nur eine vordergründige Gemeinsamkeit herstellt.

Wenn man das Wort "Held" in einem sehr weiten Sinne versteht, so daß darunter auch eine herosähnliche, mit außerordentlichen Kräften begabte Person verstanden werden kann[3], kann man Ex 17,*8-13 mit den anderen Vergleichstexten unter den Begriff "Heldensage"[4] subsumieren[5].

---

1) Hier wird auf das Ergebnis von Nr. 7.4 vorausgegriffen. Das ist kein methodisches Versehen. Der Vorgriff zeigt nur den unvermeidlichen "hermeneutischen Zirkel" an: Einerseits muß die Interpretation die vorliegende Gattung berücksichtigen, andererseits setzt die Gattungsbestimmung die Interpretation wenigstens bis zu einem gewissen Grade voraus.

2) Mit Bezug auf Ex 17,8-13 bemerkt G.W. COATS in dem hektographierten Resumée seines Vortrages "Moses versus Amalek: Aetiology and Legend in Ex 17,8-16" auf dem Alttestamentler-Kongreß in Edinburgh 1974: "In contrast to the battle reports in Num 21, the narration focuses on Moses". In seinem im Congress Volume Edinburgh 1974 im Wortlaut veröffentlichten Vortrag unterscheidet COATS zwei "structural patterns" im Pt: "the general system of themes, centered around Yahweh's initiative on Israel's behalf" (VTS XXVIII, 38) und das andere, zu dem Ex 17,8-13 gehört, und das er kennzeichnet als "a system of heroic structure, centered around Moses' initiative on Israel's behalf" (ebd.). Vgl. auch V. FRITZ, Israel, 58.

3) G.W. COATS charakterisiert den Mose von Ex 17,8-13 als einen "heroic giant" (VTS XXVIII, 41).

4) Den Begriff "Sage" wenden u.a. H. GRESSMANN (Mose, 161) und V. FRITZ (Israel in der Wüste, 56) auf Ex 17,8 ff an.

5) Vgl. G.W. COATS: "a heroic legend" (VTS XXVIII, 37)

Man mag mit Berufung auf die Nähe des Erzählten zur Geschichte gegen den Begriff "Sage" Einwendungen erheben. Doch dem ist entgegenzuhalten, daß in der Sage im Unterschied zum Märchen durchaus eine gewisse Nähe zur Historie gegeben ist[1].

Ein endgültiges Urteil, ob die Anwendung des Begriffs "Sage" in unserem Falle tatsächlich sachgemäß ist[2], wird erst gefällt werden können, wenn die immer noch in Diskussion befindliche Sagenforschung[3] zu einem gewissen Abschluß gekommen ist.

Was die "Heldensage" im besonderen betrifft, so hat C.W. von SYDOW sie in seinem wichtigen Aufsatz "Kategorien der Prosa-Volksdichtung"[4] dahingehend charakterisiert, daß sie "Gefühlen der Bewunderung und Liebe für den Helden, den sie gern als leuchtendes Vorbild hinstellt, Raum geben und dieselben Gefühle den Zuhörern einprägen"[5] will. Er fährt fort: "In weniger entwickelter Form ist die Heldensage einfach ein Zyklus von Sagen, die lediglich durch die Person des Helden miteinander verbunden sind"[6].

Nach G.W. COATS entstammt die vorliegende Mosesage, die er übrigens als "legend" (= Legende?[7]) bezeichnet, dem gleichen überlieferungsgeschichtlichen Wurzelboden wie die Sage über Moses Geburt und Heirat in Ex 2[8]. Zwar erzählt diese etwas ausführlicher - vielleicht deshalb, weil dort auf literarische Ausformun-

1) Nach GUNKEL schöpft die Sage nicht nur aus der Phantasie, sondern auch aus der Überlieferung (vgl. Einl. z. Genesis, IX).
2) Hier sei anmerkungsweise gesagt, daß z.B. C.W. von SYDOW im Anschluß an E. LITTMANNs Beduinenerzählungen, Straßburg 1908 die Gen-Erzählungen von Jakob und Esau nicht wie GUNKEL als (Väter-)Sagen, sondern als "semitische Novellenmärchen" bezeichnet (vgl. C.W. von SYDOW, Kategorien der Prosa-Volksdichtung, in: L. PETZOLDT (Hrsg.), Vergleichende Sagenforschung, Darmstadt 1969 (Wege der Forschung CLII), 66-89, hier: 76).
3) Vgl. die verschiedenen Beiträge in dem eben genannten Sammelband "Vergleichende Sagenforschung".
4) Zuerst erschienen in: E. SEEMANN (Hrsg.), Volkskundliche Gaben, John Meier ... dargebracht, Berlin - Leipzig 1934, 253-268
5) Vergleichende Sagenforschung, 83
6) Ebd.
7) Nach H. GRESSMANN ist es unangemessen, Ex 17,8-16 als eine (erbauliche) Legende zu charakterisieren: "Da ... gute volkstümliche Überlieferung vorliegt, so handelt es sich ... um eine Sage" (Mose, 155, Anm. 3).
8) VTS XXVIII, 37. (Vgl. zu Ex 2 D.B. BEDFORD, The Literary Motif of the Exposed Child (cf. Ex. II 1-10), Numen 14 (1967), 209-228). COATS zieht außer Ex 2 noch den Bericht über Moses Tod in Dt 34 und - bedingt - die Begegnung Moses mit Jitro Ex 18 zum Vergleich heran (vgl. ders., 38). Doch spielt in diesen beiden Erzählungen im Unterschied zu Ex 2 und 17 Jahwe eine nicht unwichtige Rolle.

gen eines alten Motivs[1] (vgl. besonders die Sargon-Sage[2]) zurückgegriffen werden konnte -, aber auch dort gilt das ganze Interesse Mose, und Jahwe wird überhaupt nicht erwähnt.

Ergebnis: Nimmt man den Begriff "Heldensage" in einem weiteren Sinne, so kann dieser Begriff durchaus als Gattungsbestimmung von Ex 17,*8-13 dienen[3]. Die Sage kreist um die (mit außergewöhnlichen Kräften ausgestattete) Gestalt des Mose[4].

Mit diesen Überlegungen soll es hier sein Bewenden haben. Denn das literarische Genus ist für den weiteren Gang der Untersuchung nicht von solcher Bedeutung, daß auf eine gesicherte Gattungsbestimmung auf keinen Fall verzichtet werden könnte.

7. Motiv- und Traditionskritik: Die Erhebung der Hände

7.1 Die Wendung rūm hi. jādāw

Das wichtigste Motiv in Ex 17,*8-13 ist das der Händeerhebung. Im Hebr. steht hier die Wendung rūm hi. jādāw. Um den Sinn der hiermit bezeichneten Geste zu ermitteln, sollen die übrigen 4 Stellen, an denen diese Wendung - aber stets mit dem Singular jād(ō) - im AT noch gebraucht wird, herangezogen werden. Erstaunlicherweise hat sie an allen 4 Stellen jeweils eine andere Bedeutung: Gen 41,44(E) meint rūm hi. jādō "die Hand rühren", Num 20,11(J) das Erheben der Hand, um mit dem Stab gegen den Felsen zu schlagen, Gen 14,22(P^s) den Schwurgestus.

Wie Dtn 32,40 erkennen läßt, wurde die Schwurhand zum Himmel, d.h. zu Gott erhoben[5]. Daß dort von der Hand im Sing. die Rede ist, muß nicht notwendig ein Unterscheidungskriterium gegenüber Ex 17,+11 (2x jadāw, korr. aus jadō, vgl. die Literarkritik) sein. Denn der Sing. mag (wie z.B. in Jes 25,11) für den Plur. stehen. Daß beim Schwur beide Hände zum Himmel erhoben werden konnten, ist durch Dan 12,7 belegt (wajjāræm jᵉmīnō uśᵉmō'lō 'æl-haššamajim).

---

1) Vgl. S. THOMPSON, Motif-Index of Folk-Literature. A Classification of Narrative Elements in Folktales, Ballads, Myths Fables, Mediaeval Romances, Exempla, Fabliaux, Jest-Books and Local Legends, ²Kopenhagen 1955-1958, IV (1957), 330; V (1957), 207

2) ANET, 119

3) COATS spricht den Mosesagen Ex 2 und 17,8 ff sowie Ex 18 und dem Bericht über Moses Tod in Dt 34 "heroischen Charakter" zu (Moses versus Amalek).

4) G.W. COATS: "The legend is about Moses" (VTS XXVIII, 40).

5) Vgl. die Wendung nś' jādō mit der Bedeutung "schwören" in Ex 6,8(P); Num 14,30 (P^s); Dt 32,40; Ps 106,26; Neh 9,15; Ez 10,5 (2x).6.15.23.28.42; 36,7; 47,14.

Die Bedeutungen der drei bisher genannten Vergleichsstellen sind für die Interpretation von Ex 17,*11 f nicht zu verwerten.

An der 4. Stelle, wo rūm hi. jād mit der Präposition b^{e} verbunden ist (1 Kön 11,26 f), bedeutet es soviel wie "sich empören gegen". Hier bezeichnet der Ausdruck also eine Zuwendung zu jemandem im feindlichen Sinne[1].

Dieselbe Bedeutung liegt auch dort vor, wo die genannte Wortkombination mit der qal-Form des Verbs (und dem Sing. von jād) begegnet. Mi 5,8: Israel soll sich gegen seine Widersacher erheben; Ex 14,8 und Num 33,3: Die Israeliten ziehen b^{e}jād rāmā aus; Num 15,30: eine Freveltat b^{e}jād rāmā (= vorsätzlich?) begehen.

Moses Händeerhebung während der Schlacht (Ex 17,*11) mag dementsprechend als feindselige Geste (= Agression oder nur Defensive?) zu verstehen sein, so daß man von einer Grundübereinstimmung mit dem rūm hi. jād 1 Kön 11,26 sprechen könnte. Doch ist zum einen der Unterschied zu konstatieren, daß in 1 Kön 11,26 das Objekt im Sing. steht. Zwar schließt der Gebrauch der Sing.-Form nicht per se eine Erhebung beider Hände aus (vgl. o. S. 173), doch wurde bei der militärischen Kommandogeste (= Zeichen zum Angriff), die den Hintergrund für die Verwendung dieses Ausdrucks bilden dürfte, nur <u>eine</u> Hand erhoben. Damit ist auch schon ein zweiter Unterschied angesprochen: in 1 Kön 11,26 liegt ein übertragener Sprachgebrauch vor, während die Händeerhebung Ex 17,11 ganz real ausgeführt wird. So bleibt festzustellen, daß das rūm hi. jād 1 Kön 11,26 und das rūm hi. jādāw Ex 17,*11 nicht zur Deckung gebracht werden können[2].

Weil sich aus dem Gebrauch der Wendung rūm hi. jādāw selbst der Sinn des Händeerhebungs-Gestus nicht eindeutig erschließen läßt, sind andere Schriftstellen zu untersuchen, an denen - mit anderem Vokabularium - vom Erheben der Hände (bzw. der Hand) die Rede ist.

---

1) In das gleiche Bedeutungsfeld gehört das rūm hi. jāmīn aus Ps 89,43, worin rūm freilich in kausativem Sinne zu verstehen ist: Jahwe hat die Feinde Israels die rechte Hand erheben lassen.

2) Vielleicht gibt 1 Kön 11,26 aber doch wenigstens einen 1. Hinweis für ein mögliches Verständnis der Händeerhebung in Ex 17,*11 im Sinne einer feindseligen Geste.

7.2 Moses Händeerhebung ein Gebetsgestus?

Ist Ex 17,*11 vielleicht als Gebetsgestus zu interpretieren? Tritt Mose hier also als Fürbitter für sein Volk auf?[1]

Aufgrund der einschlägigen Stellen im Pt, an denen von Fürbitteraktionen des Mose berichtet wird, ist diese Frage zu verneinen.

Hier ein Verzeichnis der betr. Schriftstellen, nach dem Vokabularium geordnet:

^{c}tr 'æl Jhwh: Ex 8,26(J)[2]; 10,18(J)
^{c}tr hi. 'æl Jhwh: Ex 8,4(J).5(J; ZENGER: Je)
(ohne 'æl Jhwh, mit l^{e} = "für").24(J)
(ohne 'æl Jhwh, mit b^{ec}ad = "für")25 (J; ZENGER: Je); 9,28(J); 10,17(J)
pll hitp. 'æl Jhwh: Num 11,2(L); 21,7(E) (2x; 1x ohne 'æl Jhwh mit b^{ec}ad = "für"); Dtn 9,20 (ohne 'æl Jhwh, b^{ec}ad = "für"); 9,26 (+ wā'ōmar)
npl hitp. lifnē Jhwh: Dtn 9,18.25 (2x, 1x ohne lifnē Jhwh)
^{c}md lifnē Jhwh: Jer 15,1
prš kappāw 'æl Jhwh: Ex 9,29 (J; ZENGER: Je).33(J)
ṣ^{c}q 'æl Jhwh: Ex 8,8(J); 14,15(L; SMEND: nicht J; RUPPERT: E; ZENGER: P); 15,25a (L; SMEND u. RUPPERT: J; ZENGER: Je); 17,4 (E; SMEND: J; RUPPERT: E; ZENGER: Je); Num 12,13 (L; SMEND: nicht J; RUPPERT: E).
ḥlh 'æt p^{e}nē Jhwh: Ex 32,11 (E; ZENGER: dtr) (+ wajjōmær)
ʾmr + wörtl. Rede (Adressat = Jahwe): Ex 5,22(J); 32,31(E; ZENGER: Je);
Num 14.13(J^{Z}) (+ 'æl Jhwh); 16,22 (P^{Z}) (npl ^{c}al pānāw; vgl. Num 20,6)
Man vgl. noch folgende außer-pentateuchischen Stellen: Ps 99,6b (qr' 'æl Jhwh); Ps 106,23 (^{c}md bappæræṣ l^{e}fānāw) u. Jer 15,1 (^{c}md lifnē Jhwh).

Im Unterschied zu Ex 17,*11 f ist in diesen Vergleichsstellen stets völlig unmißverständlich vom (Fürbitt-)Gebet die Rede. Fast immer ist Jahwe sogar expressis verbis als Adressat angegeben. In den wenigen anderen Fällen ist der Charakter von Moses Handlung durch den Kontext und überdies durch die verwendeten Verben ^{c}tr, ^{c}tr hi., pll hitp. und npl hitp. klar erkennbar (so in Ex 8,5.24; Num 21,7; Dtn 9,20.25) oder wenigstens durch den Kontext allein, so in den Fällen, bei denen das Verb ʾmr (mit folgendem Wortlaut des Gebetes) gebraucht wird (Ex 5,22; 32,31; Num 14,13 (+ 'æl Jhwh); 16,22 (+ npl ^{c}al pānāw)[3]. In Ex 17,*8-13 dagegen ist Jahwe überhaupt nicht erwähnt!

---

1) So z.B. H.L STRACK, Gen-Ex-Lev-Num, 219; H. HOLZINGER, Ex, 60; P. HEINISCH, Ex 139
2) Die Quellenangaben beziehen sich immer nur auf die Passage, die den betr. Ausdruck enthält, also nicht per se auf den ganzen V.
3) Hier wenden sich Mose und Aaron gemeinsam an Jahwe.

Von daher ist es höchst unwahrscheinlich, daß in Ex 17,*11 f, wo weder ein eindeutig als Synonym für "beten" erkennbares Verb verwendet noch Gott als Adressat der Handlung genannt ist, ein Gebet vorliegt. Der Tatbestand, daß Mose zur Händeerhebung auf den Hügel steigt, darf nicht mit dem Besteigen des Gottesberges zum Zwecke der Fürbitte Ex 32,30(E) und Dtn 10,1 verglichen werden, schon deshalb nicht, weil Aaron und Hur (und sogar wohl noch einige ungenannte Leute) mit Mose bis auf den Gipfelpunkt hinaufgehen, wogegen Mose - mit Ausnahme von Ex 24,1a.9-11, wonach die Ältesten als die Repräsentanten Israels beim Bundesmahl anwesend sind, - auf dem Gottesberg mit Gott allein ist.

Außerdem: Moses Einfluß auf das Kampfgeschehen hängt völlig von seiner Geste ab, so daß das Sinkenlassen der Hände automatisch die Wirkung aufhören läßt[1]. Das verträgt sich nicht mit dem, was qua Definition ein Gebet ausmacht. Beim Gebet besteht nicht ein derart enger Zusammenhang zwischen der äußeren Haltung des Betenden und dem Gebet selbst, daß z.B. wegen Ermüdung der Arme ein Weiterbeten nicht mehr möglich wäre, es sei denn, es handle sich um sog. "Gebets<u>magie</u>"[2].

Die Erhörung des Gebetes geht ja jeweils so vor sich, daß Gott eine Entscheidung trifft, deren Ausführung von ihm selbst bzw. sogar von Mose für einen bestimmten Zeitpunkt angekündigt[3] oder an der augenblicklich eintretenden Wirkung erkennbar wird, die also von einem bestimmten Zeitpunkt an ihre vom menschlichen Tun unabhängige Wirkung entfaltet[4].

Die mühevolle Aktion des Abstützens der ermüdeten Mosearme nimmt nimmt sich auf diesem Hintergrund fremdartig aus.

---

1) Nach G. te STROETE kommt hier der alte Gedanke zum Ausdruck, "dat van de handen, en vooral van de rechterhand, een bepaalde kracht uitgaat" (Ex, 127).

2) C. WESTERMANN meint: "Erinnerung an magische Wirkung des Gebets zeigen Ex 17,8 ff, wo die Wirkung des Gebets mit dem Sinken der Hände des Betenden nachläßt, und das Recken der Lanze gegen den Feind Jos 8,18. Eigentliche Gebetsmagie fehlt im AT" (Art. "Gebet, II. im AT", in: RGG^{3}II, 1213).

3) Vgl. die Fortnahme der Plage in Ex 8,5-9.25-27; 9,29.33, außerdem in Ex 9,5 f.18; 10,4 (Eintritt der Plage).

4) Vgl. Ex 7,20 f; 8,2.13; 9,10.22 f; 10,12 f.18 f.21 f; Num 11,2; 20,7-11.

Fazit: Moses Händeerhebung Ex 17,*11 f kann nicht als Gebetsgestus verstanden werden[1].

7.3 Moses Händeerhebung ein Segensgestus?

Nach Lev 9,22 gehört zur Segenshandlung (Aarons) das Erheben der Hände (nś' jādō) und zwar zum Volke hin ('æl -hā^{c}ām) bzw. allg. zu der zu segnenden Person hin. (Das Segensgeschehen als Ganzes wird dort übrigens mit dem üblichen Terminus technicus brk pi. bezeichnet: "Aaron erhob seine Hände zum Volk hin und segnete sie (wajj^{e}bār^{e}kēm)".)

Dasselbe ist Sir 50,22 zu entnehmen: "Dann stieg er (= der Hohepriester Simon) herab und erhob seine Hände über (epēren cheîras autoû) die Versammlung der Söhne Israels, um von seinen Lippen den Segen des Herrn zu geben (doûnai eulogîan)". Aus dieser Beschreibung geht zugleich hervor, daß das entscheidende Moment nicht das Erheben der Hände, sondern das Sprechen der Segensworte ist.

Daß der Händeerhebung des Mose in Ex 17,*11 f kein Gottesauftrag vorangeht, kommt ihrer Deutung als Segensgestus entgegen. Denn der Segnende bedarf jedenfalls in der Frühzeit Israels keiner eigenen Bevollmächtigung.

Nach C. WESTERMANN ist der Segen im AT nämlich ursprünglich "die vom Vater an den Sohn weitergegebene Lebenskraft. Die Weitergabe vollzieht sich in einem vorkultischen Ritus (Gen 27,25-30), zu dem Handlung und Wort gehören; das Segenswort ist geschichtsmächtig und hat Rechtskraft"[3]. Vgl. hierzu die Segens- (und Fluch-)sprüche Noahs und der Patriarchen (Gen 9,25-27; 27,27-40; 48,13-20; 49) sowie den Segen des Mose (Dtn 33). In einem 2. Stadium, greifbar im Dtn, ist nicht mehr die Familie der Bereich des Segenswirkens, sondern das Volk. Der Segen ist "die Kraft der Fruchtbarkeit und des Gedeihens für den Menschen, für das Vieh und für den Acker (Dtn 28,3-6). Der Segen ist hier dem Wirken Gottes an seinem Volk in der Weise zugeordnet, daß er als von den Vätern her verheißener Segen in seiner Auswirkung an den Gehorsam des Volkes gebunden wird"[4]. In einem 3. Stadium endlich wird der Segen mehr und mehr "auf die priesterliche Segenshandlung bezogen, wie es die Einsetzung des aaronitischen Segens (Num 6,22-26) und die vielen Psalmstellen zeigen, die von Segen reden. Daneben geht aber das vortheologische Reden vom Segen ... bis in die späteste Zeit weiter"[5].

---

1) Schon H. GRESSMANN lehnt die Interpretation der Händeerhebung als Gebetsgestus ab (vgl. Mose 156). So z.B. auch G. BEER, Ex 93; M. NOTH, Ex, 114; G. te STROETE, Ex, 127; J. PLASTARAS, Und rettet sie aus Ägypten, Stuttgart 1970 (Bibl. Forum 5), 181; B.S. CHILDS, Ex, 313 f; O. KEEL, Siegeszeichen, 105, Gegen die Targumim u. viele Exegeten.

2) Daß in später Zeit nur der Priester gültig den Segen spenden konnte, vermag diese aus der Geschichte des Segens gewonnene grundlegende Erkenntnis nicht umzustoßen.

3) Art. "Segen", in BHH III, 1757

4) Ebd.

5) Ebd.

Weil nun aber zur Segenshandlung konstitutiv das Wort gehört[1], ist die Deutung von Ex 17,*11 f als Segnung der Israeliten durch Mose kaum möglich, weil es sich hier offenbar um ein wortloses Geschehen handelt. Selbst der vortheologische, "magisch-dynamistische Segensbegriff"[2], wie er z.B. noch im Isaak-Segen Gen 27,1-41 durchschimmert[3], hat als integrierenden Bestandteil das Wort.

7.4 Moses Händeerhebung ein magischer Gestus?

Der Angelpunkt der Mosesage Ex 17,*8-13 liegt, wie schon gesagt wurde, in V.11, der von Moses Geste und ihrer Wirkung berichtet. Deshalb gilt es nun, sich diesen V. genauer anzusehen.

Er beginnt mit der Verbform w^{e}hājā, die uns vor allem aus der Redeform der prophetischen Heils- und Unheilsverkündigung bekannt ist.

---

1) "Segen und Fluch entstammen ... dem Bereich der von Haus aus als selbsthandelnd gedachten Wirkworte" (W. SUCKER, Art. "Segen und Fluch II. Im AT, in: RGG V. 1649). "Dem Wort kann sich als Segensgestus (Kontaktwirken) Auflegen (Gen 48,14) oder Aufheben der Hände (Lev 9,22) zugesellen" (ders., 1650). Der Ägyptologe M. MORENZ schreibt mit Bezugnahme auf den allgemeinen religionsgeschichtlichen Befund, man sollte "der Handlung weder zeitlich noch sachlich Priorität vor dem Wort geben, sondern beide als Einheit sehen, hinter die der Forscher schwerlich zurückkommt" (Art. "Segen und Fluch I. Religionsgeschichtlich", in: RGG V, 1648).
Vgl. auch C. WESTERMANN, der speziell zum atl. Segensbegriff schreibt: "Zum Segen gehört ursprünglich und dann wieder im gottesdienstlichen Segen Wort und Handlung ... Der sprachliche Ausdruck ist ursprünglich das wirkende Wort: gesegnet seist du ... später die des Wunsches oder der Bitte (z.B. Num 6,24-26) " (Art. "Segen", in: BHH III, 1757 f).

2) Wie W. SUCKER (vgl. d. vorige Anm.)so leitet auch A. BERTHOLET den Segen aus der Magie ab. Die Herkunft von Segen und Fluch beschreibt er (kurz und bündig) so: "Das magische Wort schafft, was es sagt" (Art. "Magie", religionsgeschichtlich, in: RGG IV, 596). Was die religionsgeschichtliche Einordnung von Segens- und Fluchhandlungen betrifft, warnt M. MORENZ jedoch davor, diese "auf eine 'magische' Sphäre zu beschränken und sie aus der Religion herauszuhalten. Mögen sie auch der Zuversicht des Menschen oder gewisser Bevorzugter, Herrschaft über die Umwelt üben zu können, manche Form verdanken, so fügen sie sich doch zwanglos in den Gottesglauben ein" (Art. "Segen und Fluch I. Religionsgeschichtlich", in: RGG V, 1648).

3) Nach C. WESTERMANN vollzieht sich hier mit dem Segensritus unwiderruflich die Übertragung der Segenskraft.

In unserem V., in dem nicht etwas Zukünftiges angezeigt, sondern über Vergangenes berichtet wird, erwartet man - namentlich nach dem perfektischen Tempus von V.10b - eigentlich das imperf. cons. waj^{e}hī ("und es geschah")[1]. Was mag den Autor bewogen haben, in V.11 imperfektische Tempora zu verwenden? Weil das w^{e}hājā die imperfektischen Verbalformen der folgenden ka'^{a}šær-Sätze verstärkend[2] vorwegnimmt, ist der Blick auf diese beiden Parallelsätze zu richten.

Denkt man sich zunächst einmal das zweifache ka'^{a}šær weg, so drängt sich sofort ein duratives Verständnis auf: "Mose hielt seine Hände hoch, und Israel war (währenddessen) stärker, und er ließ seine Hände ruhen, und Amalek war (währenddessen) stärker".

Das zweimalige ka'^{a}šær aber bringt einen neuen Akzent in die Geschehensbeschreibung hinein.

Ein duratives Verständnis verbietet sich jetzt, weil ka'^{a}šær anderwärts niemals "während" oder "solange" heißt. Aber auch die konditionale Bedeutung "wenn, falls" kommt hier nicht infrage; denn sie ergibt im vorliegenden Zusammenhang keinen Sinn. Die Wiedergabe durch ein temporales "als" oder "sobald"[3] ist wegen der imperfektischen Tempora ebenfalls nicht möglich, wo obendrein die Abfolge von V.11b und V.12a ein mehrmaliges Erheben der Hände voraussetzt. Es kann sich demnach nur um einen Iterativ handeln[4].

Die Konjunktion ka'^{a}šær fordert nicht nur ein iteratives Verständnis der Verbalformen in V.11, es kommt noch etwas Wichtiges hinzu: Es kehrt den Zusammenhang zwischen den beiden Geschehensebenen hervor, genauer: es läßt so etwas wie eine zwischen den gleichzeitig ablaufenden Handlungen waltende innere Gesetzmäßigkeit erkennen: "Wenn Mose ..., dann ..., wenn er aber ..., dann ...". In dieser syntaktischen Figur wird das Typische einer ma-

---

1) Vgl. aber auch Jer 3,9; 37,11; 38,28 f, wo w^{e}hājā eine Aussage über eine einmalige Handlung in der Vergangenheit einleitet.

2) R. MEYER (Gramm. III, 45, § 110,3b) und O. GRETHER (Gramm., 238, § 96cc) betrachten das w^{e}hājā und das waj^{e}hī allerdings als ein rein formal-syntaktisches Element (R. MEYER: wahrscheinlich eine "erstarrte Formel", Gramm. III, 45, § 11,3b), dem keinerlei akzentuierende Bedeutung zukommt und das deshalb in der Übersetzung unberücksichtigt zu lassen ist.

3) So O. EISSFELDT, HexSyn, 143*

4) Vgl. hierzu E. KÖNIG, Lehrgebräuche der hebr. Sprache III, 516, § 367h sowie B. BAENTSCH, Ex-Lev-Num, 161; B.S. CHILDS, Ex, 311.

gischen Handlung sichtbar: "Im Gegensatz zum Versuch, durch die Einwirkung auf den freien Willen eines übersinnlichen Wesens zum Ziele zu kommen, ist hier alles auf die Automatik der Wirkung einer bestimmten Art des Handelns eingestellt. Bedingt ist solche Handlung durch die der Handlung immanente Kraft"[1].

Hier bestätigt sich, was schon aus anderen Beobachtungen (Nichterwähnung Jahwes, also auch Fehlen eines göttlichen Auftrages; lange Dauer der Symbolhandlung) erschlossen wurde: Es handelt sich um eine Handlung, der der Charakter des Magischen eignet[2].

Mose, der im Mittelpunkt der Handlung steht, wirkt also nicht aufgrund einer im jeweiligen Bedarfsfalle ausdrücklich von Gott erteilten Vollmacht wie im E- und P-Strang des Plagenzyklus, sondern durch eine (naturgegebene) Begabung zu paranormalen Handlungen.

Dies Mosebild läßt einem die Figur des Medizinmannes und Zauberers bei primitiven Völkern in den Sinn kommen[3]. Diese Asso-

---

1) A. BERTHOLET, Art. "Magie", religionsgeschichtlich, in: RGG IV, 596. - So spricht H. GRESSMANN im Hinblick auf Moses Geste in Ex 17,11 f von einem "magischen Kontakt ... zwischen dem Aufheben seiner Arme und dem Sieg seines Heeres ..." (Mose, 156).

2) M. NOTH konstatiert die "unpersönlich-magische" Wirkung des Händegestus (Ex, 114). F. STOLZ spricht von "numinosen Kräften" des Mose und von einer Einwirkung "mittels magischer Gestik" auf die Amalekiter (Jahwes u. Israels Kriege, Zürich 1972 (AThANT 60), 98). V. FRITZ nennt Moses Gestik eine "magische Handlung" (Israel in der Wüste, 58). B.S. CHILDS: "In Ex 17 the hands are instruments of mediating power" (Ex, 315). CHILDS zieht als Parallele die Figur des Balaam (Num 22-24) heran. V. FRITZ: "Allein die Wirkung, die von der Haltung der Arme des Moses ausgeht, führt den Sieg Israels herbei" (Israel in der Wüste, 58. FRITZ spricht auch von einer "magischen Handlung" (ebd.)). J. SCHREINER: "... die Hände Moses sind kraftgeladen" (Die alttestamentlichen Lesungen, 113). O. KEEL spricht von "numinosen Fähigkeiten" des Mose (Siegeszeichen, 93). Den magischen Charakter hat auch J.M. SCHMIDT erkannt (vgl. Aaron, C.7.20 f): "Rein phänomenologisch liegt eine magische Praktik vor" (Aaron, C 7). Den, der die magische Praktik ausführt, "eine Art 'Priester'" (C 21) zu nennen, ist allerdings verfehlt. Diese Einstufung Aarons (der nach SCHMIDT ursprünglich die Händeerhebungsgeste ausgeführt hat) läßt sich m.E. nur aus dem Bestreben SCHMIDTs erklären, das in den zwei vorausgehenden Kapiteln gewonnene priesterliche Aaronbild bestätigt zu sehen.

3) So schreib z.B. GRESSMANN: "Mose gilt hier ... als Zauberer" (Mose, 156), und G. BEER:"... wie kaum in einer anderen Geschichte des Ex erscheint Mose hier als Zaubermann" (Ex, 91). E. AUERBACH: "Moshe ... nimmt am Kampf nicht teil, sondern beeinflußt seinen Gang durch eine Zauberhandlung" (Moses, 85).

ziation nimmt sich im Rahmen der Jahwereligion wie ein heterogenes Element aus (vgl. die betonte Absetzung Moses und Aarons von den ägyptischen Magiern und die wiederholten Verbote von Wahrsagerei, Traumdeuterei, Zauberei und dgl.[1]), ist jedoch dem Tenor von Ex 17,11 durchaus angemessen[2]. Zwar ist zu beachten, daß es sich bei Moses Geste um eine schlichte Händeerhebung ohne jedes okkulte Drum und Dran handelt. Das zeigt aber wohl nur die besondere Mächtigkeit des Mose, am magischen Charakter seiner Handlung ändert es nichts[3].

Damit ist nicht unbedingt gesagt, daß der Verfasser von Ex 17,*8-13 sich in ausdrücklichem Widerspruch zur Jahwereligion sieht. Vielleicht handelt es sich um einen Jahwegläubigen, der - etwa unter den Einflüssen einer heidnisch-kanaanäischen Tradition stehend - die vorliegende Sage von der (mit außerordentlichen Kräften ausgestatteten) Persönlichkeit des Mose in unbefangen-volkstümlicher Manier mit Hilfe eines ihm geläufigen magischen Vorstellungsmusters gestaltet hat. Es ist ja auch ganz offenkundig, daß den (oder die) Autor(en) kein spezifisch-religiöses Interesse geleitet hat, vielmehr ein Interesse an der Volksgeschichte, mit der der Name Mose unlöslich verknüpft ist. Daß in Israel magische Praktiken nicht nur bekannt waren, sondern auch ausgeübt wurden, ist bezeugt[4].

1) "Die zahlreichen Verbote gegen die Wahrsager, Traumdeuter, Vogelgeschrei, Tagewähler und Zauberer zeigen, daß Zauberei und Magie ausgeschlossen sind, wo Jahwe verehrt wird (Ex 22,17; Dt 18,10 ff; Jer 27,9). Zauberei ist Götzendienst (Dt 18,9-13; 1 Sam 15,23; 2 Kön 9,22). Weil Gott heilig ist und sein Volk heiligt (s. Heiligkeitsgesetz), kann es in Israel keinen Raum mehr geben, wo Zauberei und Magie betrieben wird" (G. FOHRER, Art. "Zauberei", in BHH III, 2204.

2) F. STOLZ zieht den kāhin aus dem arabisch-beduinischen Raum als Parallelfigur heran (vgl. Kriege, 178-183).

3) Anders z.B. M. BUBER, der von Mose alles Magische fernzuhalten sucht (vgl. Moses, 91).

4) "Auch in Israel hat man Zauberei immer wieder ausgeübt und an ihre Macht wie an diejenige der dabei beschworenen Dämonen geglaubt. Das zeigen einzelne Erzählungen, wie die von den kostbaren Liebesäpfeln der Lea (Gen 30, 14), den präparierten Stäben Jakobs (Gen 30,37 f), dem Zauberstab Aarons (Ex 7,12)" (G. FOHRER, Art. "Zauberei", in: BHH III, 2204). Es sei weiterhin erinnert an die Elischa-Wundererzählungen 2 Kön 4,18-37; 6,1-7; 13,14-19, in denen die zweifellos magischen Handlungselemente in den Dienst der Jahwe-Religion genommen sind. Vgl. auch G. FOHRER, Die symbolischen Handlungen der Propheten, 2Zürich - Stuttgart 1968 (AThANT 54), 121-123, wo es u.a. heißt: "Daher kann die Bedeutung des magischen Verhaltens für den Volksglauben in Israel schwerlich überschätzt werden" (121).

Des Näheren ist die magische Geste in Ex 17,11 als apotropäisch zu charakterisieren[1].

In bemerkenswertem Unterschied zum Topos des Schreckens und Verwirrung verbreitenden und den Feind zerstreuenden Gottes (vgl. Ex 14,24; 23,27 f; 1 Sam 14,15b.20; Ps 18,15; 46,9 f; 76,6; 83,15)[2] bedarf der Abwehrgestus des Mose übrigens der Ergänzung durch das kriegerische Geschick Josuas und seiner Soldaten, die trotz Moses Aktion offenbar noch alle Mühe haben, den Feind in die Knie zu zwingen.

Mit dieser Deutung der Händeerhebungsgeste ist das Entscheidende zur Interpretation von Ex 17,*8-13 gesagt. Der an dieser Handlung in gewissem Maße beteiligten Person des Aaron, die ja der eigentliche Gegenstand dieser Arbeit ist, wird ein eigenes Kapitel gewidmet.

7.5 Die ikonographische Herkunft des Händeerhebungsmotivs (und dessen Verbindung mit dem Ermüdungsmotiv)

O. KEEL dürfte auf der richtigen Spur sein, wenn er die Entstehung von Ex 17,*11 f ikonographisch erklärt. Danach wäre ein bestimmter ägyptischer Bildtypus das auslösende Moment für unsere Erzählung mit ihrer Konstellation "Mose mit erhobenen Händen - Josua als der mit dem Schwert dreinschlagende Heerführer" gewesen. KEEL denkt dabei konkret an die in der 19. Dynastie (1305 - 1196 v.Chr.) "nicht allzu selten"[3] vorkommenden "Andachtsbilder", auf denen der Pharao einen Feind niederschlägt, während der "Stifter" (= die Person, von der die betr. Stele stammt oder zu dessen Ehre sie errichtet wurde) mit erhobenen Händen

1) O. KEEL schreibt zum Gestus der erhobenen Hände: "Der für Ägypten typische Gebetsgestus der erhobenen Handflächen ... dürfte ursprünglich beschwörenden Charakter gehabt haben ... In der Folgezeit bekam er einen je nach den Umständen abwehrend-bannenden ... oder schützenden, segnend-lobpreisenden Sinn" (Bildsymbolik, 290).

2) Vgl. hierzu A. OHLER, Mythologische Elemente, 65: "Jahwe selbst greift für Israel in den Kampf ein, indem er durch Naturereignisse oder durch seinen Blick die Feinde erschreckt und verwirrt".

3) O. KEEL, Wirkmächtige Siegeszeichen im Alten Testament, Freiburg/Schweiz - Göttingen 1974 (Orbis biblicus et orientalis 5), 139

hinter dem Pharao steht[1] - wobei der Stifter die Macht des Pharaos zu seinen eigenen Gunsten beschwört[2]. Ein derartiges Bild sei aus dem Erfahrungshorizont der Geschichte Israels auf Mose und Josua gedeutet, richtiger: mißdeutet worden[3]. "Die Art, die erhobenen Hände des Mose zu schildern, ohne den Gestus auch nur andeutungsweise als Gebets-, Segens- oder Zaubergestus zu charakterisieren, erklärt sich am besten, wenn die Schöpfer der Überlieferung ein Bild vor Augen hatten, das diesen Gestus zeigte, dessen Sinn ihnen nicht völlig durchsichtig war und das gerade deshalb einen numinosen Zug erhielt. Dies Bild mag mit einer historischen Erinnerung an eine bestimmte Auseinandersetzung mit Amalek verbunden worden sein"[4].

Das Motiv der Ermüdung ist nach KEEL - wenn ich ihn richtig verstehe - auf einer 2. Stufe der Traditionsbildung hinzugekommen. Auslösendes Moment war hierfür ein "thronförmiger Steinblock auf dem Hügel, mit dem die Erinnerung an die Amalekiterschlacht verbunden war ... Er mag zur Erklärung Anlaß gegeben haben, Mose sei beim Erheben der Hände müde geworden und hätte sich auf ihn gesetzt. Da bei solcher Ermüdung die Hände notwendig zuerst betroffen werden, mußte man auch noch erklären, wie sie den ganzen Tag erhoben bleiben konnten. Um sie zu stützen, wurden Aaron und Hur eingeführt"[5].

---

1) Ders., 54.102-104.119. Weit häufiger - spätestens seit der 18. Dynastie (ab 1554 v.Chr.) - finden sich in Ägypten Darstellungen, auf denen eine Göttin im Hintergrund steht, eine Hand erhoben, in der anderen das Lebenszeichen oder ein Zeichen göttlicher Macht haltend (ders., 100). Weil jedoch nur eine Hand erhoben ist, kann dieser Bildtypus wohl nicht zur Deutung von Ex 17,*11 f herangezogen werden.

2) Vgl. ders., 105 f

3) Siegeszeichen, 103, Abschnitt 1. - KEEL weist mit Nachdruck auf einen kürzlich auf Tell Masos (ca. 15 km südöstl. von Beerscheva) gefundenen Skarabäus hin, auf dem die hintere Figur - so KEEL - mit Sicherheit kein Gott sei, wie es sonst häufig der Fall ist. Dieser Skarabäus entstammt der Zeit des Pharao Mernephtah (1220-1212 v.Chr.). Die Zeichnung auf dem Skarabäus ist allerdings nicht in einem guten Zustand, so daß einen die Sicherheit des KEELschen Urteils wundert.

4) Ders., 106

5) Ders., 107 - KEEL lehnt jedoch NOTHs weitergehende These ab, daß allein der Anblick eines auffälligen Steines möglicherweise die ganze Erzählung hervorgebracht habe (vgl. M. NOTH, ÜPt, 131 f). Ein derartiger Stein könne "als Haftpunkt dienen, nicht mehr" (ebd., Anm. 1).

Nun wird man aber für die aus der Ikonographie stammende Motivkombination "Händeerhebung - Dreinschlagen mit dem Schwert" einerseits und das durch einen markanten Stein hervorgerufene Ermüdungsmotiv andererseits nicht unbedingt zwei lokal verschiedene Herkünfte annehmen müssen. Die vorliegende Erzählung Ex 17, *8-13 ist m.E. ungezwungener so zu erklären: Ein großer, an einen vornehmen Sitz erinnernder Stein - Teil einer ägyptischen Stele - auf einem Hügel im südjudäischen Bereich (der etwa mit dem Wohngebiet der Kalebiter zu identifizieren wäre) enthielt die von KEEL beschriebene Darstellung des "triumphierenden Pharao" mit dem "anbetenden Stifter". Was lag näher, als den mit dem Schwert dreinschlagenden Pharao auf Josua, den Feldherrn, den "Stifter" mit seinen ausgestreckten Armen auf Mose und den besiegten Feind auf die Amalekiter zu deuten, den steinernen Sitz selbst aber durch eine Ermüdung des Moses zu erklären, die durch die Langwierigkeit des Kampfes hervorgerufen wurde[1])?

Das Problem der Abstützung der von der Ermüdung vor allem betroffenen Arme war durch die Einführung zweier Personen rasch gelöst: Die eine Stütze war schnell in einem berühmten[2]) Träger des bekannten judäischen, in der Kalebsippe beheimateten Namens Hur[3]) gefunden[4]). Der andere Mosehelfer, nämlich Aaron, dürfte ebenfalls einen im südjudäischen Raum (seiner aktuellen oder historischen Bedeutung wegen) sehr bekannten Namen darstellen und in Ex 17,*8-13 keine wirkliche historische Person aus der Mosegrup-

---

1) Daß Mose sich hinsetzen muß, um seine Arme abstützen zu lassen, ist einigermaßen verwunderlich. Eben deshalb darf man in diesem Zug der Sage einen Hinweis darauf erblicken, daß es tatsächlich auf einen bestimmten Hügel im nördlichen Negevbereich einen markanten (Sitz-)Stein gegeben hat, dem dieser Zug aus der Mosesage seine Entstehung verdankt.

2) Eine gewisse Bedeutung der beiden Männer, die Moses Arme stützen ist hier einfach deshalb vorauszusetzen, weil offenbar ein gewisses Interesse bestand, die beiden Namen hier "unterzubringen". (In V.12a sind anonyme Personen tätig!)

3) Vgl. 1 Chron 2,19.50; 4,4 und auch 1 Chron 4,1

4) Dieser Hur kommt im AT nicht mehr vor, außer in Ex 24,14, wo er wie in Ex 17 durch ein "und" dem Aaron beigeordnet ist und wie ein Statist wirkt. Er dürfte aus Ex 17 nach dort hinübergewandert sein.

pe bezeichnen - sofern sich nicht anderweitig (etwa aus Ex 32 oder Num 12) eine historische oder wenigstens sehr alte überlieferungsgeschichtliche Beziehung Aarons zur Mosegruppe erschließen läßt[1]. Der traditionsgeschichtliche Hintergrund für die Deutung von Bild und Stein wäre die lebendige Erinnerung an erbitterte Auseinandersetzungen (Plur.!) mit den Amalekitern.

Danach haben wir es in Ex 17,*8-13 mit einer "volkstümlichen Überlieferung"[2] zu tun, deren historischer Kern kriegerische (und manchmal für den betr. israelitischen Stamm wohl auch erfolgreiche) Auseinandersetzungen einer zum nachmaligen Juda gehörenden Volksgruppe (vermutlich der Kalebiter[3]) mit den Amalekitern bilden, und deren Haftpunkt ein markanter Stein[4] gewesen ist. In diesem Sinne kann man der Mosesage mit H. GRESSMANN durchaus einen "geschichtlichen Hintergrund"[5] zubilligen. Ein Mehr an historischen Reminiszenzen läßt sich dem Text nicht entnehmen. Ex 17,*8-13 gibt uns also keine historisch zuverlässige Auskunft darüber, ob der betr. Volksstamm vielleicht (auch) schon

1) Nach der Behandlung von Ex 32 und Num 12 ist auf diese Frage nochmals zurückzukommen.

2) H. GRESSMANN, Mose, 155, Anm. 3. Vgl. O. KEEL, Siegeszeichen, 94.

3) Die Kundschaftergeschichte Num 13-14, in der zum einen Kaleb eine besondere Rolle spielt, und die zum anderen in einen vergeblichen, durch die Amalekiter (!) und Kanaaniter verhinderten Versuch der Landnahme von Süden her ausmündet, stellt eine Ätiologie dar, "deren Ausgangspunkt der ist, daß Hebron - der Hauptort im südlichen Palästina - tatsächlicher Besitz der Kalebiter ist" (GRØNBÆK , Juda und Amalek, ST 18 (1964), 35). Diese Stadt nun, schon vor David "das amphiktyonische Kultzentrum des Stammesverbandes Juda" und "Hauptstadt im Süden" (ders., 36), wurde nach GRØNBÆK "der Ort der Zusammenschmelzung der heiligen Überlieferungen der an diese Amphiktyonie geknüpften Stämme" (ders., 37), zu denen u.a. die simeonitische Überlieferung von Horma (Num 21,1-3), die kalebitische von der Eroberung Hebrons und "die Überlieferung vom Amalekiterkampf in der Wüste" (ebd.) gehören. Nach GRØNBÆK ist es sogar denkbar, "daß es eben die Amalekiter und der Druck dieses Stammes waren" (ders., 38), die den Zusammenschluß mehrerer Stämme im Süden (= Juda) verursacht haben. Vgl. auch BERNH. LUTHER in: E. MEYER, Die Israeliten und ihre Nachbarstämme. Alttestamentliche Untersuchungen, Darmstadt 1967 (Nachdruck der 1. Aufl. Halle 1906), 133 und E. MEYERs eigene Stellungnahme zur Bedeutung der Amalekiter für die Südstämme (81 f).

4) Insoweit gehe ich also ganz mit M. NOTH einig, daß der Anblick "eines auffälligen Steines" auf einem Hügel "im Gesichtskreis Palästinas" sagenbildend gewirkt habe (ÜPt, 132).

5) Anfänge, 101.

<u>während der Wüstenwanderung</u>[1] eine (oder mehrere) kriegerische Begegnungen mit Amalek hatte[2].

Mit der Feststellung, daß man die Erzählung Ex 17,*8-13 nicht als "eine aus Wunschtäumen von der Vernichtung dieser Horden (gemeint sind die Amalekiter) erzeugte Projektion in die Urzeit des Volkes" abtun kann, hat GRØNBÆK[3] natürlich recht. Aber seine Vorstellung, daß der Erzählung ein ganz bestimmtes (wenn auch nicht mehr exakt zu rekonstruierendes) historisches Datum zugrundeliegt[4], ist nicht die einzige Alternative zu jener von GRØNBÆK mit Recht abgelehnten "Projektion". GRØNBÆK selbst sieht sich durch den Vergleich mit Dt 25,17 ff und 1 Sam 15,2 im Anschluß an K. MÖHLENBRINK[5] gezwungen zuzugeben, daß diese "Erinnerung ... aus der Zeit vor der Einwanderung wesentlich umgestaltet worden ist"[6]. Außerdem ist nicht einzusehen, wieso sich die Erinnnerung an diese Schlacht lebendig erhalten haben soll, wo sie doch, wie GRØNBÆK zu verstehen gibt, defensiver Natur war[7] und nicht zu einer Vernichtung, sondern nur zu einer Schwächung des Feindes führte.[8] Es ist daher verwunderlich, wenn GRØNBÆK von dieser Niederlage der Amalekiter als einem "entscheidenden Ereignis" spricht, das "die Voraussetzung der Einwanderung"[9] der Südstämme gewesen sei[10].

---

1) Vgl. V. FRITZ, Israel, 57. FRITZ rechnet mit einer (lokalen) Überlieferung aus der Zeit der Wüstenwanderung. Man beachte aber auch FRITZens Erwägungen im Anschluß an den Hinweis auf J.H. GRØNBÆKs Aufsatz "Juda und Amalek": "Möglicherweise liegen ihr (= der Tradition von Ex 17,8-13) aber geschichtliche Erfahrungen der Südstämme aus der Zeit zwischen Landnahme und der Entstehung des Königtums zugrunde ..." (Israel, 63). D.h. die vorliegende Form der Tradition (die aber ihre Vorstufen hat) setzt doch wohl die Landnahme und die Auseinandersetzung der seßhaft gewordenen Stämme mit den Amalekitern voraus. - Selbst B.S. CHILDS vermutet, "that elements from the subsequent history between Israel and the Amalekiter have been appended to the older wilderness tradition" (Ex 313).

2) R. SMEND sr. bemerkt hierzu lapidar: "... der hier berichtete Kampf mit Amalek (ist) ebenso ungeschichtlich wie der von Num 14,39 ff. Denn zu Moses Zeit muß das Verhältnis Israels zu Amalek ein freundliches gewesen sein, und nach dem Deboraliede (jdc 5,14) leitete Ephraim sich sogar von Amalek her. Wie bei Edom und Moab ist die spätere Feindschaft hier antedatiert". (Hexateuch, 147 f).

3) ST 18 (1964), 34

4) Ders., 34 f.40. Damit sei "natürlich nicht" gesagt, "daß alle Einzelheiten geschichtlichen Tatsachen entsprechen" (39).

5) Josua im Pentateuch, ZAW [N.F.] 18 (1943), 17

6) GRØNBÆK, ST 18 (1964), 41. Außer Hur habe wohl keine der namentlich genannten Personen "irgendein geschichtliches Verhältnis" (39) zu jenen Stämmen in und um Kadesch gehabt, die später im Kulturland den Verband Juda bildeten (vgl. 37.39).

7) Ders., 40.44. Allerdings mutmaßt GRØNBÆK, daß der Überlieferung von einem Defensivschlag das historische Faktum eines offensiven Krieges zugrundeliegt - mit dem Ziel, "den Kadesch-Stämmen Lebensraum zu verschaffen" (44).

8) Ders., 40.44

9) Ders., 41. So auch O. KEEL, der davon spricht, daß Josua Amalek "vernichtend geschlagen" habe (Siegeszeichen, 106), und der den Sieg über die Amalekiter als "den entscheidenden Ursieg Israels" (ders., 94) bezeichnet.

10) Vgl. H. GRESSMANN, Anfänge, 101 ("... nur muß man sich hüten, an eine entscheidende Niederlage der Gegner zu denken"); V. FRITZ, Israel, 63 (" ... eine Landnahmeerzählung ist die Tradition jedoch niemals gewesen")

8. Zeitliche Einordnung

8.1 Die ikonographische Herkunft

Der Bildtypus "kämpfender Pharao - anbetender Stifter" ist nach KEELs Auskunft namentlich für die 19. Dynastie der ägyptischen Pharaonen (13. Jh. v. Chr.) bezeugt.

Die bekanntesten Pharaonen dieser Dynastie, Sethos I. und Ramses II, haben die ägyptische Oberherrschaft über Palästina-Syrien noch einmal wiederhergestellt, nachdem sie am Ende der 18. Dynastie verfallen war[1]. "Um 1200 v.Chr. aber nahm mit dem endgültigen Niedergang der Macht des ägyptischen Neuen Reiches die Herrschaft der Pharaonen auch in dem ihnen nächstbenachbarten Palästina praktisch ein Ende, und nur in der Theorie haben sie weiterhin ihren Anspruch auf dieses Land noch aufrechterhalten. Das bei den Ausgrabungen in Megiddo gefundene Bruchstück einer Stele Ramses' IV. (1162 - 1156 v. Chr.[2]) ist die letzte greifbare Spur der damals im wesentlichen schon vergangenen ägyptischen Herrschaft über Palästina"[3].

O. KEEL mißt der ägyptischen Einflußnahme auf den palästinensischen Raum im 12. Jh. v. Chr. eine etwas größere Bedeutung bei, wenn er hervorhebt, "daß Ägypten bis tief ins 12. Jh. v. Chr. im südlichen Negeb aktiv war" (Siegeszeichen, 139).

Die historischen Fakten betr. die politischen Beziehungen zwischen Ägypten und Syrien-Palästina machen das Vorkommen des genannten ägyptischen Bildmotivs im palästinensischen Raum höchst wahrscheinlich. Falls KEEL mit der Deutung des kürzlich auf Tell Masos bei Beerscheva gefundenen Skarabäus aus der Zeit des Pharao Mernephtah (1224 - 1214 v. Chr.) recht hat, ist die Existenz dieses Bildtypus für Palästina sogar belegt.

Weiter ergibt sich aus den obigen Angaben (vgl. auch Anm. 3 auf dieser Seite!), daß mit der Regierungszeit Ramses' VI., d.h. mit dem Ausgang der Richterzeit, ein zeitliches Limit für das Entstehen ägyptischer Bildwerke in Palästina gesetzt ist.

Die in unserer Sage vorliegende Fehlinterpretation des betr.

---

1) Vgl. M. NOTH, Geschichte Israels, ^{7}Göttingen 1969, 35
2) Jahreszahlen nach J.v. BECKERATH, Abriß der Geschichte des alten Ägypten Oldenbourgh-Verlag, München - Wien 1971, 45 u. 67
3) Diese Auskunft M. NOTHs hat allerdings eine kleine Korrektur erfahren durch Funde in Bet Schean, die auf das Ägypten Ramses' VI (1152 - 1145 v. Chr.) verweisen.

ägyptischen Bildtypus zeigt einen unverkennbaren Abstand des (bzw. der) Interpreten zur Welt Ägyptens an. Wenn man das auch als einen Hinweis auf einen gewissen zeitlichen Abstand von der ägyptischen Oberherrschaft über Palästina ansehen darf, kommt man mit dem Ansatz für Ex 17,*8-13 etwa bis zum Übergang von der Richter- zur Königszeit als terminus a quo.

Damit ist eine erste, freilich sehr grobe Markierung gegeben.

8.2 Josua und Mose

a) Die Beteiligung des Efraimiten Josua an der Amalekiterschlacht, die nach V. FRITZ[1] darauf abzielt, "Josua in seiner späteren Funktion im jahwistischen Geschichtswerk auftreten zu lassen" und ihn "innerhalb der Wüstentradition zu verhaften", setzt dessen gesamtisraelitische Bedeutung voraus, liegt zeitlich also hinter der Grundüberlieferung von Jos 2-10, die überlieferungsgeschichtlich den Grundstock für die weiteren Josua-Überlieferungen bildet. Josua wird in Ex 17,*8-13 zwar schon mit Mose zusammengebracht, jedoch noch nicht unter dem Vorzeichen der Mose-Nachfolge gesehen wie im priesterschriftlichen Bestand des Buches Num und im dtr. Rahmen des Buches Dt und in den dtr Teilen des Buches Josua. Der Josua von Ex 17,*8-13 ist einerseits zeitlich hinter der Konstituierung des Stämmebundes "Israel" anzusetzen, andererseits liegt er sowohl dem dtrGW als auch der P zeitlich voraus.

b) Das Bild des Mose, der magische Praktiken ausführt, läßt an die frühe Zeit der israelitischen Geschichten denken. Das Moment des Magischen stellt jedoch kein sicheres Indiz für eine Frühdatierung dar, weil magische Vorstellungen sich namentlich im Bewußtsein des einfachen Volkes noch lange erhalten haben dürften[2].

8.3 Die Amalek-Traditionen Dt 25 und 1 Sam 15

Unter den biblischen Amalek-Traditionen gibt es zwei Notizen, die

---

1) Israel, 59 f
2) Vgl. S. 181, Anm. 4

sich wie Ex 17,*8-13 auf eine kriegerische Auseinandersetzung während des Wüstenzuges der Israeliten beziehen: Dt 25,17 f und 1 Sam 15,2. Es ist zu fragen, in welcher Beziehung Ex 17,*8-13 zu diesen Texten steht.

a) In Dt 25,17-19, einem kleinen, in das dtn Gesetzeskorpus nachträglich eingefügten, möglicherweise aber doch sehr alten Text, wird Israel aufgefordert, gut im Gedächtnis zu behalten, was Amalek Israel beim Auszug aus Ägypten angetan hat: Amalek habe die Nachzügler der erschöpften Israeliten vom Hauptzuge abgeschnitten und aufgerieben. Darum solle Israel, wenn Gott ihm einmal im Gelobten Lande Ruhe verschafft habe, das Andenken an Amalek unter dem Himmel austilgen.

Im Unterschied zu Ex 17 wird hier ein militärisches Ereignis der Wüstenzeit angedeutet, das für Israel recht unrühmlich ausging (was mit dem heimtückischen Verhalten der den Israeliten seither äußerst verhaßten Amalekiter erklärt wird).

Der Bericht über die Amalekiterschlacht in Ex 17 endet demgegenüber mit einem, wenn auch mühsam errungenen, Erfolg der Israeliten.

J.M. SCHMIDT, der Ex 17,8 ff auf ein historisches Datum zurückführt, warnt davor, Ex 17 und Dt 25 (und auch 1 Sam 15) per se auf ein und dasselbe Ereignis zu beziehen[1], da es mancherlei Auseinandersetzungen zwischen Israeliten und Amalekitern gegeben habe.

Was die Differenzen zwischen den genannten Texten betrifft, so ist zwar zu bedenken, daß die Erzählung Ex 17 und die Notiz Dt 25,17 f eine unterschiedliche Blickrichtung haben: Ex 17,*8-13 ist, wie wir bereits gesehen haben (vgl. die Gattungskritik), sehr an der Gestalt des Mose interessiert, der eindeutig im Vordergrund steht. Dt 25,17 f dagegen hat primär ein Interesse daran, Amalek als ein hinterhältiges und gottloses Volk darzustellen, dessen Ausrottung von Jahwe beschlossen und dem Volk Israel aufgetragen ist. Doch reicht das Moment der unterschiedlichen Blickrichtung nicht aus, um die erheblichen inhaltlichen Unterschiede zwischen Ex 17,*8-13 und Dt 25,17-19 zu erklären: Von dem glühenden Haß Israels gegen seinen Erzfeind Amalek, wie er uns aus Dt 25 entgegenschlägt, ist nämlich in Ex 17 - auch in den von der Jahwekrieg-Vorstellung geprägten Erweiterungsvern 15 f - nichts zu spüren.

---

1) Vgl. Aaron u. Mose, C 12

Nur wenn man den sek, wohl dtr[1] V. Ex 17,14 mit einbezieht, läßt sich eine deutliche Übereinstimmung zwischen Ex 17,8 ff und Dt 25,17-19 feststellen: In beiden Fällen wird dieselbe Formel mḥh ’æt zēkær ^{ca}mālēq mittaḥat haššāmajim verwandt.

Außerdem begegnet dann in beiden Vergleichstexten noch je 1x ein Wort vom Stamme zkr: in Dt 25,19 das Verb zkr, in Ex 17,14^{dtr} das Substantiv zikkārōn, so daß also auch eine sprachliche Verwandtschaft zu konstatieren ist. Freilich wird in Dt 25,19 die Ausrottung Amaleks dem Volk Israel aufgetragen, während in Ex 17,14^{dtr} Jahwe das Versprechen gibt, selbst die Vernichtung Amaleks vorzunehmen. Ex 17,14^{dtr} ist also theologischer.

Unter der Voraussetzung literarischer Abhängigkeit (vgl. die z.T. wörtliche Übereinstimmung[2]) wäre Ex 17,14 jüngeren Datums als Dt 25,19[3]. Der Interpolator, der V.14 in Ex 17 eingefügt hat, hätte also Dt 25,19 gekannt.

Ja, weil in Dt 25,17-19 unumwunden zugegeben wird, daß das von Jahwe aus Ägypten errettete und von ihm geführte Israel in lebensbedrohlicher Weise seine Unterlegenheit unter Amalek erfahren hat, wirkt Dt 25,17-19 in stärkerem Maße historisch glaubwürdig als (sogar) die Grunderzählung von Ex 17, die freilich auch (noch) die Gefährlichkeit und Übermacht der Amalekiter deutlich werden läßt.

---

1) Vgl. S. 147 (Nr. 2.21 b)
2) B.D. EERDMANS lehnt - in Absetzung von B. BAENTSCH (Ex, 162) - diese Auffassung ab. Die sprachliche Übereinstimmung im Vernichtungsurteil über Amalek erklärt er sich damit, "daß es sich hier um einen bekannten Spruch handelt" (Studien III, 55).
3) So nimmt B. BAENTSCH an, "daß V.14, der für den Zusammenhang ohnehin störend ist, erst von Rd aufgrund von Dtn 29,19 hier eingesetzt ist" (Ex-Lev-Num, 162). Ex 17,14 schaut m.E. schon auf die Ausrottung Amaleks als ein historisches Faktum zurück (= vaticinium ex eventu), während die Aufforderung an Israel in Dt 25,17 f wohl nur aus einer aktuellen Bedrohung Israels durch die Amalekiter zu verstehen ist. Konkret: Dt 25,17-19 muß vor dem Tode Davids (oder Sauls, vgl. weiter unten!) entstanden sein, weil wir danach von den Amalekitern praktisch nichts mehr hören. (Nur 1 Chron 4,43 wird noch ein "Rest der entkommenen Amalekiter" erwähnt.)

b) Auch 1 Sam 15 setzt eine sehr schwere, wohl existenzbedrohende Behinderung der auf dem Wüstenzuge befindlichen Israeliten durch die Amalekiter voraus, und es wird daraus dieselbe erbarmungslose Forderung nach vollständiger Austilgung des Volkes Amalek abgeleitet.

Sprachlich liegt keine Übereinstimmung mit Ex $17,14^{dtr}$ vor. Jedoch ist in 1 Sam 15,2 ähnlich wie in Ex 17,14 Gottes Part in den Vordergrund gestellt: "So spricht Jahwe Zebaot: 'Ich will ahnden, was Amalek an Israel verübt hat, da es ihm den Weg versperrte, als es von Ägypten heraufzog'". Gleichzeitig wird aber Saul die Erfüllung dieser Verheißung durch die Bekämpfung und Bannung Amaleks aufgetragen (vgl. Dt 26,19). 1 Sam 15,2 f nimmt sich daher scheinbar wie eine Verbindung der Texte Dt 25,19 und Ex 17, 8 ff (in der jetzigen Form) aus. Es ist aber zu beachten, daß 1 Sam 15,2 nicht ein Zitat von Ex 17,14 sein will: es ergeht hic et nunc ein aktuelles Gotteswort. Außerdem steht 1 Sam 15,2 f völlig organisch und literarkritisch unangefochten im Kontext - im Unterschied zu Ex $17,14^{dtr}$! Schließlich ist darauf hinzuweisen, daß das Nebeneinander der zwei kriegführenden und die Vernichtung des Feindes herbeiführenden Subjekte, nämlich Gott und Israel, gar nicht ungewöhnlich ist. Ein derartiger "Synergismus" ist nach H.H. GRØNBÆK[1], der sich auf G. v. RAD[2] und E. NIELSEN[3] beruft, für den Heiligen Krieg geradezu charakteristisch. "Die Ehre gehört Jahwe, was aber nicht ausschließt, daß der Feind in einem regulären Kampf geschlagen wird"[4]. 1 Sam 15 kann also durchaus literarisch selbständig sein.

Der geschichtliche Kontext für 1 Sam 15,2 f sind die kriegeri-

1) ST 18, (1964), 43
2) Der Heilige Krieg im alten Israel, ^{4}Göttingen 1965
3) La guerre considérée comme une religion et la religion comme une guerre, ST (1962), 110
4) J.H. GRØNBÆK, ST 18 (1964), 43. Vgl. z.B. auch Dt 2,24 f.30-36: Jahwe gibt die Feinde an Israel preis.

schen Auseinandersetzungen Sauls mit den feindlichen Nachbarn Judas[1]. Dieser Kontext, deutlicher aber Samuels Wort an den gefangenen amalekitischen König Agag ("Wie dein Schwert die Frauen kinderlos gemacht hat ..." 1 Sam 15,33), läßt die akute (vermutlich schon lange bestehende, von Zeit zu Zeit neu aktualisierte) Bedrohung Judas durch die Amalekiter erkennen und macht Judas bzw. Gesamtisraels Haß auf Amalek aus dieser konkreten Situation heraus sehr erklärlich. Ein einzelnes historisches Ereignis aus der Mosezeit könnte diesen Haß nicht verständlich machen.

Denselben Hintergrund hat die Erzählung von Davids Feldzug gegen die Amalekiter, die in den Negev und in die Stadt Ziklag eingefallen waren, diese geplündert und in Brand gesteckt hatten (1 Sam 30) - eine Erzählung, die sicher noch in der Freischärlerzeit des David spielt, da die Bannung und d. h. die Ausrottung des ganzen Amalekitervolkes ja dem König Saul zugeschrieben wird (s.o.).

Vieles spricht dafür, daß das, "was wir in Dtr 25,17 ff und 1 Sam 15,2 ff hören, tatsächlich eine Projektion rückwärts in die Wüstenzeit ist von dem, was die Südstämme oder der Stämmebund im Kulturland erlebten. Etwas Derartiges ist eigentlich aus 1 Sam 15 zu ersehen, denn es wäre doch höchst sonderbar, wenn Saul den Südstämmen gegen die Amalekiter zur Hilfe gekommen wäre, weil diese in der dunklen Vergangenheit Israel belästigt hätten! Das Rachegefühl, das in Dtn 25,17 ff und 1 Sam 15,2 ff enthalten ist, macht einen höchst aktuellen Eindruck ... Der Inhalt in Dtn 25,19 setzt mit aller Deutlichkeit das Kulturland voraus" (J.H. GRØNBÆK[2]).

Ergebnis:

1. Dt 25,17-19 (mit seiner kurzen historischen Reminiszenz an das unrühmliche Abschneiden Israels und dem deutlich durchschimmernden Haß gegen Amalek läßt eine unmittelbarere Nähe zu kriegerischen Auseinandersetzungen zwischen Amalek und Israel (= Juda) erkennen als Ex 17,*8-13. Schon Ex 17,*8-13 ist daher später

1) Vgl. auch 1 Sam 27,8 u. 2 Sam 8,12, wonach David Amalek bekämpft hat.
2) ST 18, (1964), 41

zu datieren als die Notiz Dt 25,17-19, die - ziemlich isoliert kurz vor dem Ende der dtn Gesetzessammlung Dt 12-26 stehend - ein recht altes Fragment sein könnte. Es handelt sich ja um einen Text, der nach der Vernichtung der Amalekiter durch Saul seine Aktualität verloren hat, also kaum später entstanden sein kann.

2. Darüber hinaus hat(wohl nicht erst)der Interpolator von Ex 17,14 an 1 Sam 15 angeknüpft und von dort das Motiv übernommen, daß Jahwe selbst eine Garantie für das Gelingen eines vernichtenden Schlages gegen Amalek gibt: nun aber transponiert in die Mosezeit. Schon die Grunderzählung von Ex 17 mag später als 1 Sam 15 entstanden sein - wenn auch nicht viel, da in ihr Amaleks Gefährlichkeit immerhin noch in lebendiger Erinnerung ist.

8.4 Wendungen und Lexeme

a) bḥr l^{e} (Ex 17,9a) kommt im Tetrateuch nur noch in Gen 13,11a (L; SMEND und RUPPERT: J) vor, im dtrGW dagegen 9x (u.a. 2x in der Elia-Erzählung 1 Kön 18)[1] im chrGW 3x[2], in den Pss 3x (Ps 33^{ne}, Ps 47^{ne}, Ps 135^{ne}) sowie in Ijob 34,4.

d) wajja^{c}aś ka'^{a}šær 'āmar lō (Ex 17,10a): Dieselbe Wendung findet sich nur noch in der (im Kern sehr alten, aber dtr überarbeiteten) Überlieferung von der Einnahme Hazors Jos 11 (vgl. V. 9).

ka'^{a}šær - w^{e}ka'^{a}šær (Ex 17,11) kommt nur hier in temporaler Bedeutung vor; sonst heißt es immer "wie - und wie"[3] (nur Jes 29,8: "wie wenn - und wie wenn").

e) ka'^{a}šær - Imperf. bezieht sich fast ausschließlich auf ein zeitloses, allgemeingültiges Geschehen oder auch auf die Zukunft. Gelegentlich heißt es auch "wenn" mit futurischer Bedeutung der

1) Die Stellen: Jos 24,15.22; 1 Sam 8,18; 13,2; 17,40; 2 Sam 24,12; 1 Kön 19,23.25; 11,36
2) 1 Chron 21,10; 28,6; 2 Chron 7,12
3) Vgl. Gen 26,29 (L; SEMND u. RUPPERT: J); Dt 29,12; Jos 10,39; Ri 2,15; Jes 14,24; Est 9,31

Verbform, nie aber wie in Ex 17,11 "jedesmal wenn" mit Bezug auf Vergangenes.

g) gbr (Ex 17,11a) wird in der P in anderer Weise verwendet, nämlich um das Hochsteigen der Flut zu bezeichnen. Parallelstellen zu Ex 17,11, wo gbr soviel wie "stärker sein als, die Oberhand haben" bedeutet, sind Gen 49,26 (+ ᶜal) (L; SMEND: nicht J; RUPPERT: J), (2 Sam 1,23 (+ min)); 2 Sam 11,23 (+ ᶜal); Jer 9,2; Ps 65,4[ne] (+ min); Gen 49,20 (L; SMEND: nicht J; RUPPERT: J).

Übersicht (Tetrateuch):	EISSFELDT:	2x L
	SMEND:	2x nicht J
	RUPPERT:	2x J

h) Vergleichbar dem nūaḥ hi. (hēniaḥ) in Ex 17,11 ist Koh 11,6 ('al-tannaḥ jādǣkā = "Laß deine Hand nicht ruhen!").

i) jād hat nur in Ex 17,12 maskulines Geschlecht[1]. Die gemeinsemitische Zweitbedeutung "Arm" (neben "Hand"), die auch im Westsemitischen noch manchmal vorkommt[2], liegt außer hier in Ex 17,12 noch in Gen 49,24 (L(?); SMEND: nicht J; RUPPERT: J) Hld 5,14 u. Sach 13,6 vor.

Übersicht (Tetrateuch):	EISSFELDT:	1x L
	SMEND:	1x nicht J
	RUPPERT:	1x J

j) Das Adj. kābēd (Ex 17,12a) wird in Verbindung mit jād sonst nirgends gebraucht[3].

k) tmk (Ex 17,12b) mit der Präposition bᵉ findet sich nur noch in Jes 42,1 und Ps 41,13[ne4].

m) 'æḥād - 'æḥād (Ex 17,12b): Derselbe artikellose Gebrauch (in substantivischer Funktion und unter Voraussetzung der Bekanntheit der betr. Person oder Sache) kommt noch vor in Lev

1) Vgl. Ges.-K., 487, § 145
2) Vgl. A.S. van der WOUDE, Art. jād, in: THAT I, 667-674, hier: 667
3) Der Grundbedeutung "schwer" steht das Verständnis des Verbs kbd in Gen 48,10a (J); Ex 9,7b(J); 1 Sam 4,18 und Jes 59,1 (noch) nahe (= "schwerfällig"?).
4) Beachtenswert und evtl. literarkritisch auswertbar ist die Feststellung, daß rūm hi. in V.11 nicht wie tmk mit der Präposition bᵉ, sondern mit dem Akk. konstruiert ist.

5,7(P); 12,8 (P); Num 6,11 (P); Ri 16,29; 1 Sam 10,3; Ez 37,17; Sach 4,3; Dan 12,5; 2 Chron 3,17.

n) waj^{e}hī '^{æ}mūnā (Ex 17,12b): Zu '^{æ}mūnā im Sinne von "Festigkeit, Beständigkeit" in der Funktion des Präd.-Nomens vgl. den weisheitlichen Ps 119 (V.86): kol miṣwōtǣ kā '^{æ}mūnā.[1]

o) ḥlš (Ex 17,13), das im AT nur 3x begegnet, hat außer in unserem Text auch in Jes 14,12 transitive Bedeutung. Vgl. dazu das Substantiv ḥ^{a}lūšā (= Niederlage) in Ex 32,18^{sek}(?)[2] (EISSFELDT: L; SMEND: nicht J; RUPPERT: E; ZENGER: Je[3]).

Schlußfolgerungen

Vom sprachlichen Befund her kommt die P als literarischer Herkunftsort für Ex 17,*8-13 nicht infrage[4]. Dasselbe läßt sich - wenn auch nicht mit der gleichen Stringenz - über die Beziehung von Ex 17,*8-13 zum E sagen. Ein Großteil der Worte und Wendungen aus der obigen Aufstellung begegnet aber beim J (und - nach EISSFELDT - in der L). Kommt eine Wendung oder ein Lexem beim E vor, so liegt das Vorkommen derselben Wendung und desselben Lexems beim J zahlenmäßig jedesmal höher[5]. So würde Ex 17,*8-13 sich noch relativ am besten in das jGW einfügen - wobei aber immerhin zu beachten ist, daß das wajja^{c}aś ka'^{a}šær 'āmar-lō in V.10aα, nūaḥ hi. (hēniaḥ) in V.11b sowie tmk und 'æḥād - 'æḥād in V.12b im jGW nicht vorkommen. Überhaupt weisen singuläre Wortverbindungen (kābēd + jād V.12) und Bedeutungen (kā'^{a}šær + Imperf. = "jedesmal wenn" V.11; ka'^{a}šær - ka'^{a}šær = "wenn - wenn") und singuläre grammatische Phänomene (jād = maskul. Ge-

1) Die Syr hat bhymnwt' = hebr. bæ'^{æ}mūnā. Vgl. hierzu Ps 33,4 und 1 Chron 9,26.31
2) Vgl. hierzu die Literarkritik auf S. 237 f
3) Sinaitheophanie, 187: S
4) Das māhar V.9b sowie das mizzǣ 'æḥād ūmizzǣ 'æḥād V.12b würden an sich wohl in die P hineinpassen.
5) Nur bei mizzǣ-mizzǣ ist das Verhältnis 1 : 1

schlecht) sowie seltene Wörter (hls V.13), seltene Wortverbindungen (wajjaᶜas ka'ᵃšær 'āmar-lō V.10; rūm hi. jād V.11; nūaḥ hi. (hēniaḥ) jād V.11; tmk bᵉ V.12) und die seltene syntaktische Verwendung eines Wortes ('ᵆmūnā als inneres Objekt V.12) Ex 17, *8-13 als einen sprachlich recht originellen Text aus, der noch am ehesten an eine ältere Sonderüberlieferung denken läßt (die dem J vielleicht in mündlicher Form vorgegeben war und von ihm dann teilweise neu formuliert wurde).

8.5 Resümee

Zusammenfassend läßt sich zur zeitlichen Ansetzung von Ex 17, *8-13 folgendes sagen:

8.51 Die Sage steht nicht in unmittelbarem Zusammenhang mit der Mosezeit. Darauf weisen hin:

1. die unter historischem Gesichtspunkt wenig wahrscheinliche Einordnung Josuas in die Mosegruppe,
2. der ikonographische Ursprung,
3. das Verhältnis zu Dt 25,17-19 u. 1 Sam 15.

8.52 Im Blick auf den J und den E ist zu sagen,

1. daß Ex 17,*8-13 mit seiner Ausführlichkeit von der Form der alten Kriegsberichte abweicht,
2. daß Mose mit relativ viel "Personal" umgeben ist,
3. daß das Vokabularium verschiedene singuläre Ausdrücke aufweist, daß sich aber eine Reihe der nicht-singulären Wendungen und Lexeme auch in den alten Pt-Quellen findet, namentlich beim J.

8.53 Einige Indizien sprechen für eine relativ frühe Entstehungszeit:

1. die magische Geste des Mose (- nur bedingt),
2. eine gewisse zeitliche Nähe zur Existenz des Amalekitervolkes, das schon durch Saul/David mehr oder weniger ausgerottet wurde[1],

1) Man beachte, daß die Amalekiter von den Propheten überhaupt nicht (mehr) erwähnt werden.

3. einige sprachliche Indizien,
4. die mehrfache Überarbeitung des Textes.

8.54 Ergebnis: Wegen der dtr Ergänzung V.14 f, worin der Feldherr Josua schon die Züge des Mose-Nachfolgers gewinnt, ist Ex 17,*8-13 per se vor-dtr (und vor-priesterschriftlich[1]: in der P liegt dasselbe Josuabild vor wie im dtrGW). Aufgrund der unter 10.52 aufgeführten Punkte wird Ex 17,*8-13 auch kaum von der Hand des J[2], erst recht nicht von der des E stammen.

Es dürfte sich in Ex 17,*8-13 um eine alte[3] und volkstümliche Mosesage handeln, die - weil sie ihren lokalen Haftpunkt im südpalästinensischen Raume hat - vom Jahwisten[4], spätestens aber

1) Die P kommt, wie wir schon sahen, auch aus rein sprachlichen Gründen nicht in Betracht.

2) Gegen H. MOTZKI (VT 25 (1975), 480), der mit Berufung auf V. FRITZ (Israel, 13) die Meinung vertritt, Ex 17,8 ff stamme "aus jahwistischer Feder".

3) A. CODY (Priesthood, 150) nennt Ex 17,8 ff "a very early tradition".

4) Vgl. W. RUDOLPH: "J (hat) hier eine Sonderüberlieferung aufgenommen" ("Elohist", 37). Auch F. MICHAELI ist der Auffassung, daß der J eine alte Vorlage - allerdings inklusive des Gottesstab-Motivs - aufgegriffen und ihr durch die VV.15 f eine mehr theologisch Perspektive gegeben hat V. FRITZ präzisiert genauer: Nach ihm hat der J in Ex 17,8 ff (einschl. V.15 f) eine Tradition aufgenommen, "die nicht im protojahwistischen Geschichtswerk gestanden" hat, sondern "dem Überlieferungsgut der südpalästinensischen Stämme" (Israel, 115) entstammt. FRITZ denkt offenbar an eine mündliche Überlieferung, die der Jahwist in seine eigene Sprache übertragen hat (vgl. ders., 13, Anm. 7) und die dabei neu akzentuiert wurde. Rechnet man Ex 17,*8-13 zum jGW, ist natürlich zu beachten, daß nach Num 14,39 ff (J) Israel von Amalek besiegt worden ist. Wenn man aber bedenkt, daß das jGW zu einem guten Teil eine - wenn auch irgendwie bearbeitete - Sammlung von Traditionen darstellt, dann ist ein gewisses Maß an Heterogenität nicht ausgeschlossen, und dann können auch wohl zwei voneinander differierende Überlieferungen wie Ex 17,*8-13.15 f und Num 14,49 ff zu dem einen jGW gehören. - O. EISSFELDT (HexSyn, 143*) und E. SELLIN/G. FOHRER (Einl., 176) lösen die Schwierigkeit dadurch, daß sie Ex 17,8 ff zu L bzw. N schlagen. M. NOTH (Ex, 113) und F. STOLZ (Kriege, 97) sprechen von jahwistischer Herkunft, ohne dabei weiter zu differenzieren. R. SMEND (Hexateuch, 119 - mit Hinweis auf den Gottesstab in V.9) und G. BEER (Ex 91) geben Ex 17,8 ff das Signum J^1. Für elohistische Autorschaft plädieren A. DILLMANN (Ex-Lev, 178), H. HOLZINGER (Ex, 55: "Der Stab Moses weist das Stück zu E"), B. BAENTSCH (Ex-Lev-Num, 160), H. GRESSMANN (Mose, 155, Anm. 1; Anfänge, 100 f), C.A. SIMPSON (Traditions, 631). Dagegen B.D. EERDMANS: "Als Teil eines zusammenhängenden elohistischen Geschichtswerkes läßt sich die Erzählung ... nicht verstehen" (Studien III, 55). - H. SEEBASS sieht in Ex 17,8-16 eine "Sondergut-Erzählung" des E (Erzvater, 57 f), wobei das ʾælohim in V.9b (umattæ haʾælohim) ihm Anlaß für die Zuteilung zum E ist.

vom Je[1], aufgenommen und (unter Hinzufügung der VV.15 f[2]) in den Kadesch-Sagenkranz eingesetzt wurde.

9. Die Gestalt des Aaron

9.1 Aaron als ursprünglicher Bestandteil von Ex 17,*8-13

Das Ermüdungsmotiv ist integrierender Teil der Mosesage Ex 17, *8-13 (und ihrer möglichen vorliterarischen Überlieferungsform, einschließlich des Teilmotivs, daß die beiden Arme des ermüdeten Mose abgestützt werden müssen). Die zwei für die Abstützung von Moses Armen erforderlichen Männer müßten natürlich nicht unbedingt mit Namen genannt sein, de facto ist es aber der Fall - woraus übrigens eine (ehemalige) Bedeutung dieser beiden Personen zu erschließen ist . Es hat sich weder literarkritisch noch sprachlich-stilistisch aufweisen oder auch nur wahrscheinlich machen lassen, daß die Namen von Aaron und Hur in V.10b u. 12b erst nachträglich eingesetzt worden sind. Hinzu kommt, daß der im AT nur noch ein einziges Mal (vgl. Ex 24,14) erwähnte Hur eine uns unbekannte Person ist, für dessen spätere Eintragung wir keinen Grund angeben könnten. So ist an der Ursprünglichkeit von Aaron und Hur festzuhalten. (Überlieferungsgeschichtliche Überlegungen können in sinnvoller Weise erst nach Behandlung der übrigen einschlägigen Aaron-Texte angestellt werden.)

9.2 Aarons Funktion und Bedeutung

Wie Mose, Josua und Hur wird Aaron nicht eigens vorgestellt. Er gehört wie selbstverständlich zur engeren Umgebung des Mose. Während er in Ex 32 und Num 12 als eine Art Gegenspieler des Mose auftritt, kann sein Verhältnis zu Mose nach Ex 17,8-13 nicht als "spannungsvoll" bezeichnet werden, wie J.M. SCHMIDT es tut[3].

---

1) Hierbei ist vorausgesetzt, daß der Jehowist nicht nur ein Kompilator war, der die beiden Erzählwerke des J und des E miteinander verbunden hat, sondern ein Kompositor (mit einer eigenständigen Konzeption), der auch noch von anderswoher ältere Überlieferungsstoffe in sein Geschichtswerk eingebracht hat. Mit dieser prinzipiellen Auffassung über den Jehowisten und sein Werk (die schon rein äußerlich durch das Siglum Je - statt JE - zum Ausdruck kommt) schließe ich mich E. ZENGER und P. WEIMAR an.

2) Oder waren diese VV. schon vorher mit der Erzählung Ex 17,8-13 verbunden worden? V. FRITZ (Israel, 57) weist ausdrücklich auf diese Möglichkeit hin.

3) Aaron, C 17. SCHMIDT spricht von einer "spannungsvollen Unterordnung" unter Mose.

Das heißt aber nicht, daß man ihn kurzerhand in die Kategorie des (ergebenen) Dieners[1] einreihen dürfe. Solches ist eher unwahrscheinlich. Denn er wird in einem Atemzug mit Hur genannt, ohne daß ein funktionaler Unterschied zwischen beiden erkennbar wäre. (Und daß Mose zwei Diener gehabt habe, ist nirgends auch nur angedeutet.) Allein der Umstand, daß Aaron und Hur namentlich erwähnt werden - während die, die den Stein herbeischaffen, anonym bleiben - läßt erkennen, daß die beiden nach dem Autor der Erzählung als besondere Persönlichkeiten der Mosegruppe anzusehen sind. Wenn Aarons und Hurs Stützaktion auch keine spezifische Funktionsausübung ist, sondern eine mehr oder weniger technische Hilfeleistung, so gewinnt sie aber durch ihre Symbolkraft - Mose ist in seinem (Weiter-)Wirken auf diese beiden Stützen angewiesen!- eine nicht geringe Bedeutung[2]. Eine Beziehung Aarons (und Hurs) zum priesterlichen Tätigkeitsbereich ist damit nicht gegeben, da Moses Geste mit einer priesterlichen Handlung nichts zu tun hat.

M. NOTH vermutet, daß Aaron und Hur "ursprünglich die siegverleihende wirksame Handlung selbst ausgeführt hatten"[3], und zieht aus dieser überlieferungsgeschichtlichen These im Hinblick auf die wirklichen historischen Gegebenheiten die Folgerung, daß diese beiden also wohl "ursprünglich die Führer der Israeliten im Kampf gegen die Amalekiter gewesen waren"[4].

NOTH ist zu dieser seiner These angeregt worden durch die Beobachtung, daß Aaron und Hur in der vorliegenden Erzählung "eine recht seltsame Hilfestellung leisten"[5], und daß sie ihm wie "Konkurrenten" des Mose vorkommen, die "in ihre jetzige untergeordnete Stellung abgedrängt worden sind"[6]. Das sind aber nur subjektive Eindrücke; handfeste Argumente werden nicht vorgetragen. Im Hintergrund steht zweifellos NOTHs Auffassung, daß Mose im Thema "Führung in der Wüste" "zunächst nicht beheimatet"[7] sei. Das erhellt auch aus der Bemerkung, die er seiner o.g. Vermutung anfügt: "Das letztere (also die Hypothese, daß Aaron und Hur ursprünglich an der Stelle von Mose und Josua[8])

---

1) Vgl. Josuas Verhältnis zu Mose in Ex 24,13a; 33,11b; Num 11,28
2) Vgl. A.H.J. GUNNEWEG, Leviten, 85. Gegen V. FRITZ. Dieser meint: "Die Rolle Aarons und Hurs ist ... von völlig untergeordneter Bedeutung und eigentlich für den Verlauf der Erzählung entbehrlich (Israel in der Wüste, 62, Anm. 38).
3) ÜPt, 183
4) ÜPt, 196
5) ÜPt, 183
6) ÜPt, 182 f
7) ÜPt, 186
8) Das soll nicht heißen, daß Mose und Josua unbedingt gleichzeitig in die Überlieferung von Ex 17,8 ff hineingekommen sind. NOTH rechnet auch mit der Möglichkeit, "daß der hier erstmalig auftretende Josua noch später als Mose in die Geschichte hereingekommen ist" (ÜPt, 183). Man möchte freilich gern wissen, wie NOTH sich diese Zwischenstufe - mit Aaron, Hur und Mose - zur jetzigen Form der Erzählung konkret vorstellt!

gestanden hätten) mag nun einleuchten oder nicht, jedenfalls wird man nicht behaupten können, daß die Gestalt Moses in Ex 17,8 ff besonders fest verankert sei"[1].

J.M. SCHMIDT[2] schließt sich der NOTH'schen These an und bemüht sich, diese Position noch besser zu begründen. Im krassen Gegensatz zu K. MÖHLENBRINK, der, wie wir sahen[3], die "Parallelität" von Moses und Josuas Funktion in Ex 17,8 ff zum Anlaß für eine Scheidung der Überlieferungen nimmt, ist SCHMIDT der Ansicht, daß "die Zuordnung von zwei führenden Personen" für die Erzählung Ex 17,8 ff geradezu konstitutiv ist und "zu dem Grundbestand der Überlieferung gehört"[4]. Dies Charakteristikum der Erzählung bildet die Voraussetzung zu seinen weiteren Überlegungen. Die "auffallende Vielzahl von namentlich genannten Einzelpersonen"[5] in Ex 17,8-16 veranlaßt ihn zu seiner Grundthese, daß nur eines der beiden vorkommenden Paare ursprünglich sei. Weil nun Josua aus Efraim stammt, kann er nur auf dem Wege über die gesamtisraelitische Überlieferung in die Amalekiterkrieg-Tradition hineingekommen sein. Da Josua aber nach SCHMIDT wohl "nicht von Mose gelöst werden kann"[6], fallen für ihn "auf Moses Verwurzelung innerhalb der Überlieferung von V.8-13 die gleichen Zweifel wie auf diejenige Josuas"[7]. SCHMIDTs Argumentation bezieht ihre Kraft aus 3 Voraussetzungen: 1. aus der stillschweigend gemachten Prämisse, daß die Überlieferung von der Amalekiterschlacht ein bestimmtes historisches Einzelereignis widerspiegelt; 2. aus der o.g. Auffassung, daß nur eines der beiden Paare ursprünglich sein könne; 3. aus der Meinung, daß die überlieferungsgeschichtliche Verbindung von Josua und Mose "(relativ) ursprünglich"[8] sei.

Zu 1: Historisch gesehen ist es in der Tat unwahrscheinlich, daß der Efraimit Josua an der betr. Schlacht beteiligt gewesen ist. Dementsprechend kann er auch kaum Urbestandteil der Überlieferung über ein solches (historisches) Geschehen sein[9]. Aber schon die Historizität der Amalekiterschlacht als solcher ist ja nach der im Anschluß an O. KEEL vertretenen These von der ikonographischen Verursachung der Sage Ex 17,*8-13 nicht zu halten. (Und diese These hat den Vorteil, daß sie die konkrete Ausformung der Amalekiterschlacht-Überlieferung am besten zu erklären vermag.)

Zu 2: Die relativ hohe Zahl der Akteure ist für sich allein nicht Grund genug, um die vorliegende Überlieferungsform als nicht ursprünglich anzusehen.

Zu 3: Die Annahme (die nach SCHMIDT große Wahrscheinlichkeit für sich hat),

---

1) ÜPt, 183
2) Aaron und Mose
3) Vgl. unter Nr. 4,22, S. 162
4) Aaron und Mose, C 16
5) Ebd.
6) Aaron und Mose, C 17
7) Ebd.
8) Ebd.
9) Hier ist vorausgesetzt, daß es sich in Ex 17,*8-13 nicht um ein historisches Datum aus der Wüstenwanderungszeit "Israels" bzw. der Josefstämme handelt, sondern um einen Nachhall der Erfahrungen eines schon im Lande seßhaften Stammes.

daß Josua nicht von Mose zu lösen sei, gewinnt er aus der von ihm richtig beobachteten "Abhängigkeit Josuas von Mose, wie sie sowohl in V.9 als auch in V.14 zu erkennen ist"[1]. Läßt man V.14 als sek Zutat beiseite, so bleibt in der Tat V.9 (und 10a) mit seiner engen Zuordnung von Josua und Mose: Literarkritisch lassen sich Mose und Josua hier nicht voneinander ablösen.

Aber SCHMIDTs schlußfolgerndes Verfahren geht auch hier von der Prämisse aus, daß das in Ex 17,*8-13 erzählte Geschehen ein historisches Ereignis ist: Weil Josua nicht an der (vermeintlich) historischen Schlacht teilgenommen haben und daher auch nicht in der ältesten Überlieferung über diese Begebenheit vorgekommen sein kann, dürfte - wegen der literarisch unauflösbaren Verbindung von Mose und Josua in Ex 17,*8-13[2] - auch Mose nicht dabeigewesen und deshalb ebenfalls nicht Bestandteil der Urüberlieferung über die Amalekiterschlacht gewesen sein.

Selbst wenn man von der inakzeptablen Prämisse absieht, hat dieser Schluß keine zwingende Kraft: Aus der innigen literarischen (!) Verbundenheit von Mose und Josua in Ex 17,*8-13 läßt sich nur vermutungsweise erschließen, daß die beiden - und nur sie - bereits Bestandteil der (angenommenen) vorliterarischen Überlieferung waren.

Wenn hier nun gegenüber M. NOTH und J.M. SCHMIDT an der Ursprünglichkeit von Mose und Josua in Ex 17,*8-13 festgehalten wird[3], dann sind Aaron und Hur nicht mehr so leichthändig als "die Führer der Israeliten im Kampf gegen die Amalekiter" zu bezeichnen.

9.3 Aarons Herkunft

Oben wurde festgestellt, daß die vorliegende Erzählung Aaron und Hur als zwei besondere Persönlichkeiten der Mosegruppe betrachtet. Historisch läßt sich diese Zugehörigkeit zur Mosegruppe aber nicht verifizieren - im Gegenteil: Da alle in Ex 17,*8-13 genannten Personen mit aller Wahrscheinlichkeit konstitutiv zur Amalekiterschlacht-Erzählung gehören, Josua aber historisch wohl nicht mit Mose zusammengebracht werden kann, steht die Nähe der Erzählung (bzw. der in der Erzählung sich artikulierenden Überlieferung) zur Historie grundsätzlich infrage. Diese Erkenntnis harmoniert gut mit der (o. S. 182 ff dargelegten) These von der ikonographischen Verursachung von Ex 17,*8-13, die ja die Annahme, es handle sich hier um ein historisches Datum, ausschließt. Bzgl. Aaron und Hur läßt sich aus Ex 17,*8-13 also auf keinen Fall erschließen, daß diese beiden Namen zwei wirkliche Persönlichkeiten aus der Mosegruppe bezeichnen. Um historische Persön-

---

1) Aaron und Mose, C 17
2) Vgl. V. FRITZ, Israel in der Wüste, 60
3) Vgl. u.a. auch G.W. COATS, VTS XXVIII, 33

lichkeiten handelt es sich aber mit höchster Wahrscheinlichkeit. Denn 1. waren für die Stützaktion nicht unbedingt zwei namentlich genannte Leute erforderlich, 2. gibt es keinen Hinweis darauf, daß die beiden hier lediglich als Eponymen einer bestimmten Gruppe auftreten.

M. NOTH, der den Grundbestand von Ex 17,8 ff zum "ältesten Gut"[1] rechnet, votiert mit Berufung auf diese Erzählung für eine Herkunft Aarons aus eben dem Bereich, in dem sich die Auseinandersetzung(en) zwischen Israel und Amalek zugetragen haben dürften: aus dem Süden Judas. Er schreibt: "Das überlieferungsgeschichtlich älteste Auftauchen Aarons im Bereich des Themas 'Führung in der Wüste' spricht für südjudäische Herkunft. Mit Ex 17,10.12 ... könnten wir dem geschichtlichen Aaron ... als einem Führer südjudäischer Gruppen in Auseinandersetzungen mit feindlichen Nachbarn verhältnismäßig nahe sein"[2].

M. NOTH drückt sich zwar sehr vorsichtig aus ("... könnten wir ... verhältnismäßig nahe sein", so wie er wenig vorher sagt: "... würde man ... zu rechnen haben"), aber seine Stellungnahme in dieser Richtung ist nicht leichthin gesagt: Was er hier in vorsichtiger Formulierung vorträgt, ist das Endergebnis seiner gesamten Studien zur vor-priesterschriftlichen Aarongestalt.

Bei diesen Untersuchungen hat NOTH die Überzeugung gewonnen, daß Ex 17,8 ff eine ursprünglich selbständige Aaron-Überlieferung zugrundeliegt, und daß dieser Erzählung darum eine relativ große Bedeutung zukommt in der Suche nach Aarons Herkunft, "die für uns letztlich doch ziemlich im Dunklen liegt"[3]. Als Indiz für das recht hohe Alter dieser Aaron-Überlieferung führt NOTH die durchaus beachtenswerte Tatsache an, daß Aaron in Ex 17,10.12 "noch verhältnismäßig unbetont neben Hur erscheint"[4]. In der Tat steht der Aaron der (nach-jehowistischen?) Plagenerzählung (Assistent des Mose) dem priesterschriftlichen Bild viel näher[5]

1) Eine kanppe Seite weiter spricht NOTH von "ziemlich altem Erzählgut" (ÜPt, 198).
2) Ebd.
3) ÜPt, 199
4) ÜPt, 198
5) Handelt es sich nicht gar schon um den priesterschriftlichen Aaron, der dort als einer gezeichnet werden soll, der dazu prädestiniert ist, Priester zu werden?

als diese "einigermaßen farblose Erscheinung"[1] von Ex 17,8 ff, die in keiner Weise gegenüber dem völlig unbekannten Hur hervorgehoben ist. Das dürfte in der Tat bedeuten, daß wir hier der Urüberlieferung über Aaron sehr nahe sind. Da nun aber nicht zu erkennen ist, daß der Erzählung eine selbständige Aaron-Überlieferung zugrundeliegt - spricht das Nebeneinander von Aaron und Hur nicht eher dagegen? - müssen wir mit Rückschlüssen auf den historischen Aaron, wie NOTH sie - von seinen Voraussetzungen aus legitimerweise - zieht, sehr zurückhaltend sein. Das gilt erst recht wegen der ikonographischen Herkunft der Erzählung. Das Äußerste, was möglich ist - und das ist nicht viel -, ist ein Analogieschluß: Wenn Aaron und Hur hier mit Mose in führender Position und im Kontext kriegerischer Auseinandersetzungen in Erscheinung treten, so könnte der Anlaß, diese beiden Namen hier einzusetzen, die historische Gegebenheit gewesen sein, daß es zur Zeit des Autors oder vor ihm im südjudäischen Raum einen Aaron (und einen Hur) in der Position von Stammes- bzw. Sippenführern gegeben hat. Mehr an Historie über Aaron (und Hur) ist der Erzählung nicht zu entnehmen.

1) ÜPt, 196

3. Kapitel: Ex 32 (// Dt 9,7-10,11)

1. Teil: Der Gesamttext

1. Übersetzung

1a *Das Volk bemerkte,*
daß Mose zögerte, vom Berg herabzusteigen,

b *und das Volk rottete sich gegen Aaron zusammen*[1]*,*
und sie sagten zu ihm:
"Auf, mach uns einen Gott[2]*, der vor uns herzieht!"*
Denn dieser Mose -
der Mann, der uns aus dem Lande[3] *Ägypten heraufgeführt hat, -*
wir wissen nicht, was (mit) ihm geschehen ist."

2a *(Da) sagte Aaron zu ihnen:*
"Nehmt die goldenen Ringe ab
die an den Ohren eurer Frauen, Söhne[4] *und Töchter (sind),*

b *und bringt sie zu mir!"*

3a *Und das ganze Volk nahm sich die goldenen Ringe ab,*
die (sie) an den Ohren (trugen),

b *und sie brachten (sie) zu Aaron.*

4a *(Dieser) nahm (sie) aus ihren Händen(entgegen)*
und formte das Gold[5] *mit einem*[6] *Griffel*
(oder: *und gestaltete das Gold mit (Hilfe) einer Gußform)*
und machte es zu einem gegossenen (Jung-)Stier.

b *Und sie sagten:*
"Dies ist dein Gott, Israel,
der dich aus dem Lande Ägypten heraufgeführt hat."

5a *Aaron sah (es)*
und baute einen Altar vor ihm (auf),

b *und Aaron rief aus und sagte:*
"Ein Jahwefest ist morgen!"

---

1) Vgl. die literarkritische Besprechung von V.1b (Nr. 2.21, S. 217, Anm. 1
2) Das Subst. 'ᵆlōhīm hat hier wie in V.4b.8b.23a eine pluralische Verbform hinter sich. Ob es mit dem singularischen Verständnis seine Richtigkeit hat, wird bei der Besprechung von V.4b zur Debatte gestellt.
3) Fehlt in der LXX
4) Fehlt in der LXX
5) Das Wort "Gold" gibt die nota acc. + Suff. d. 3. Pers. Sing. Mask. (= 'ōtō) wieder, die sich auf hazzāhab in V.3a zurückbezieht. Da der gen. qualit. des Hebr. im Deutschen akjektivisch wiedergegeben ist (= "golden"), mußte das Wort "Gold" zur Verdeutlichung eingefügt werden.
6) Im Hebr. steht hier der Artikel: "mit dem ..."

6a *Sie standen am anderen Tage in der Frühe auf,*
brachten Brandopfer dar
und opferten Gemeinschaftsopfer[1].

b *(Dann) setzte sich das Volk nieder,*
um zu essen und zu trinken;
(danach) erhoben sie sich,
um sich zu belustigen[2] (oder: *zu tanzen*[3]).

7a *Jahwe sprach zu Mose:*

b *Geh, steig hinab!*
Denn das Volk,
das du aus dem Lande Ägypten heraufgeführt hast,
hat verwerflich gehandelt.

8a *Sie sind schnell von dem Wege abgewichen,*
den ich ihnen vorgeschrieben habe[4]:
Sie haben (sich) einen gegossenen (Jung-)Stier gemacht,

b *sich vor ihm niedergeworfen, ihm geopfert und gesagt:*
'Dies ist dein Gott, Israel,
der dich aus dem Lande Ägypten heraufgeführt hat!'"

9a *(Weiter) sprach Jahwe zu Mose:*

b *"Ich habe (mir) dies Volk angesehen, und siehe:*
ein steifnackiges Volk ist es.

10a *Und nun laß mich (in Ruhe),*
damit[5] *mein Zorn gegen sie entbrenne,*
und ich sie vernichte!

b *Dich aber will ich zu einem großen Volke machen."*

11a *Mose suchte Jahwe, seinen Gott zu besänftigen*[6]

---

1) Hebr.: šᵉlāmīm. R. de VAUX (Lebensordnungen II, 273 f) verwendet den Ausdruck "Gemeinschaftsopfer" sowohl für zᵉbāḥīm als auch für šᵉlāmīm. Nach seiner Worterklärung könnte man šᵉlāmīm auch spezieller mit "Tribut-, Vergeltungs- oder Friedensopfer" wiedergeben (vgl. ders., 274).
2) S.R. DRIVER: "to play" (Ex, 350); ebenso J. PLASTARAS, God of Exodus, 235; G. BEER: "ihre Lust zu treiben" (Ex, 152).
3) Vgl. V.19a. B. BAENTSCH: "um sich (am Gesang und Tanz) zu ergötzen" (Ex-Lev-Num, 270); H. GRESSMANN: "... zum Tanz" (Anfänge, 65).
4) LXX: "den du ihnen vorgeschrieben hast"
5) Die Parataxe des hebr. Textes ist hier final gedeutet.
6) Eig.: "... das Antlitz Jahwes, seines Gottes, zu glätten"

b *und sagte:*
"Wozu, Jahwe, soll dein Zorn gegen dein Volk entbrennen,
das du aus dem Lande Ägypten mit großer Kraft und
mit starker Hand heraufgeführt hast?

12a *Wozu soll Ägypten folgendermaßen sprechen*[1]*:*
'In böser Absicht hat er sie herausgeführt,
um sie in den Bergen vom Erdboden zu vertilgen.'

b *Kehre dich ab von der Glut deines Zornes,*
und laß dich das Böse gereuen,
(das du mit) deinem Volke (vorhast)!

13a *Gedenke des Abraham, des Isaak und des Jakob,*
deiner Knechte,
denen du bei dir (selbst) geschworen
und zu denen du geredet hast:
'Ich werde eure Nachkommenschaft zahlreich machen
wie die Sterne des Himmels,

b *und dies ganze Land, das ich euch versprochen habe*[2]*,*
werde ich eurer Nachkommenschaft geben,
auf daß[3] *sie es für immer besitzen.'"*

14a *(Da) gereute Jahwe das Böse,*

b *das er seinem Volke angedroht*[4] *hatte.*

15a *Mose wandte sich um und stieg vom Berge hinab,*
und die beiden Tafeln des Zeugnisses (waren) in seinen Händen[5].

b *- Die Tafeln waren von beiden Seiten*[6] *beschrieben,*
von dieser und von jener Seite waren sie beschrieben,

16a *und die Tafeln waren ein Werk Gottes,*

b *und die Schrift war eine Schrift Gottes,*
eingraviert in die Tafeln -

---

1) Hebr.: wajjōm^{e}rū Miṣrajim (ohne Artikel!)
2) Hebr.: 'āmartī
3) Im Hebr.: Parataxe (w^{e}nāh^{a}lū)
4) Hebr.: dibbær la^{ca}śōt
5) Mit Rücksicht auf das mijjādāw V.19b muß man das b^{e}jādō als scriptio defectiva für b^{e}jādāw interpretieren (vgl. LXX).
6) Wörtl.: "von ihren beiden Seiten"

17a *Josua hörte den Lärm*
(,den)das Volk bei seinem sündigen Treiben[1] *(machte),*

b *und er sagte zu Mose: "Kriegslärm ist im Lager!"*

18a *(Mose) erwiderte*[2]*:*
"(Das) ist nicht der Laut von (Freuden-)Gesängen nach einem Sieg
und nicht der Laut von (Trauer-)Gesängen nach einer Niederlage,

b *den Laut von (Festtags-)Gesängen* (oder: *von Gesängen zu Ehren der Anat)*[3]
höre ich."

19a *Und es geschah:*
Als er nahe an das Lager herangekommen war,
sah er den (Jung-)Stier und die[4] *Tänze.*

---

1) Der Wortlaut des hebr. Textes von V.17a ist stilistisch unbefriedigend: "Josua hörte den Laut (qōl) des Volkes bei seinem Lärmen ($b^{e}re^{c}\bar{o}$)". Der Text scheint nicht in unversehrtem Zustand zu sein. - F.C. FENSHAM (New Light from Ugaritica V An Ex 32,17, Journal of Northwest Semitic Languages 2 (1972), 86 f) korrigiert $b^{e}re^{c}\bar{o}$ zu $k^{e}re^{c}\bar{o}$ und deutet das Wort $re^{c}\bar{o}$ vom ugarit. $r^{c}t$ her als "Donner" (= $re^{c}a$ + Suff. d. 3. Pers. Sing. Mask.): "... wie Donner". Er kann für diese Übersetzung auf Ijob 36,33 verweisen, wo dieselbe (suffigierte) Form wie in Ex 17,17a vorkommt, und wo das Wort - da das Suff. sich auf Gott bezieht - eindeutig den Donner bezeichnet (wörtl.: "sein Lärm", "sein Getöse"). Nach FENSHAM ist das Suff. der 3. Pers. Sing. auch in Ex 32,17a auf Jahwe zu beziehen (und nicht auf das Volk). $re^{c}o$ wäre demnach als feste Redeweise für "Donner" zu verstehen. Es fragt sich aber, ob man das Suff. in $re^{c}\bar{o}$ in jedem Falle, also unabhängig davon, ob Gott im Kontext genannt ist oder nicht, auf Gott beziehen kann. - Eine näherliegende Interpretation scheint mir folgende zu sein: Statt $b^{e}re^{c}\bar{o}$ liest man $b^{e}ro^{c}\bar{o}$ (= b^{e} + Inf. constr. qal von r^{cc} (="böse, schlecht sein") + Suff. d. 3. Pers. Sing. Mask.). Da man für "schlecht handeln" allerdings die hi.-Form zu verwenden pflegt, sollte man vielleicht besser zu $b^{e}har^{c}\bar{o}$ korrigieren, also ein He einschieben. Die Übersetzung von 'æt-qol ha am $b^{e}ro^{c}\bar{o}$ (bzw. $b^{e}har^{c}\bar{o}$) lautet dann: "... den Lärm (,den) das Volk bei seinem sündhaften Treiben (machte)".

2) Hebr.: wajjomær

3) Die textkritische Begründung dieser beiden Versionen findet sich wegen ihres Umfangs erst hinter dem Übersetzungstext auf S. 212 f

4) Das hebr. Wort $m^{e}h\bar{o}l\bar{o}t$ ist im Unterschied zu dem vorausgehenden Wort ^{c}ægæl eigenartigerweise nicht determiniert, obwohl in V.6b durch das l^{e}saheq schon auf die in V.19a erwähnte Tanzvergnügung angespielt ist. Der Sam und die LXX ergänzen wohl mit Recht ein 'æt-ha, so daß zu übersetzen ist: "... und die Tänze". So z.B. auch B. BAENTSCH, Ex-Lev-Num, 271 f; G. BEER, Ex, 154. Anders O. PROCKSCH (Elohimquelle, 93), der $m^{e}h\bar{o}l\bar{o}t$ für ursprünglich hält und ha^{c}ægæl ganz wegstreicht. Ursache für den Zorn des Mose (und seine folgenden Handlungen) ist aber nicht (allein), daß Mose die Tanzvergnügung der Israeliten bemerkt, sondern daß er den Jungstier, also das corpus delicti, entdeckt. PROCKSCH geht hier fehl wegen seiner grundsätzlichen literarkritischen Auffassung von Ex 32, wonach hier zwei (inner-elohistische) Erzählungsschichten vorliegen, von denen nur eine (V.1b.5a.20.24.35) den goldenen Jungstier kennt, während es sich in der anderen "vielleicht nur um ein wildes Freudenfest" (ders., 91) handelt (vgl. ders., 90 f.93).

b *(Da) entbrannte Moses Zorn,*
und er warf die Tafeln aus seinen Händen
und zertrümmerte sie unten am Berge,

20a *und er nahm den (Jung-)Stier, den sie gemacht hatten,*
verbrannte ihn im Feuer,
zermahlte ihn zu feinem (Staub),

b *streute (diesen) aufs Wasser*[1]
und ließ die Israeliten das Wasser trinken.

21a *(Dann) sagte Mose zu Aaron:*
"Was hat dir dies Volk (an)getan,

b *daß du über es eine große Sünde gebracht hast?"*

22a *Aaron antwortete*[2]*:*
"Nicht entbrenne (gegen mich) der Zorn meines Herrn!

b *Du kennst (doch) dies Volk (und weißt), daß es zügellos*[3] *ist.*

23a *Sie sagten zu mir:*
'Mach uns einen Gott, der vor uns herzieht!

b *Denn dieser Mose -*
der Mann, der uns aus dem Lande[4] *Ägypten heraufgeführt hat -,*
wir wissen nicht, was (mit) ihm geschehen ist.'

24a *(Da) antwortete*[5] *ich ihnen:*
'Wer Gold hat, nehme es sich ab und gebe es mir!'

b *Ich warf es ins Feuer,*
und heraus kam dieser (Jung-)Stier".

25a *Mose sah (sich) das Volk (an, und er stellte fest,)*
daß es (in der Tat) zügellos war.

b *Denn Aaron hatte ihm die Zügel schießen lassen*
zum Spott unter seinen Feinden.

---

1) Eig.: "auf die Oberfläche des Wassers"
2) Hebr.: wajjōmær
3) Im Hinblick auf das pārū^{c}a in V.25a ist auch hier - mit dem Sam - pārū^{c}a zu lesen (statt b^{e}ra^{c}). In der althebr. Schrift konnten die Buchstaben Pe und Bet relativ leicht verwechselt werden.
4) Fehlt in der LXX
5) Hebr.: wa'ōmar

26a *Und Mose stellte sich in das Tor des Lagers, und rief*[1]*:*
"Wer zu Jahwe (gehört), her zu mir!"

b *(Da) versammelten sich bei ihm alle Söhne Levis.*

27a *Er sagte zu ihnen:*
"So spricht Jahwe, der Gott Israels:
'Jeder gürte[2] *sein Schwert um die Hüfte!*

b *Geht im Lager hin und her von einem Tor zum anderen,*
und jeder töte[3] *seinen Volksgenossen,*
jeder seinen Freund und jeder seinen Verwandten!'"

28a *Die Söhne Levis taten gemäß dem Befehl*[4] *des Mose,*

b *und es fielen aus dem Volk an jenem Tage etwa 3000 Mann.*

29a *(Danach) sagte Mose:*
"Füllt eure Hand heute (mit Opfergaben) für Jahwe!
Denn jeder (war) gegen seinen Sohn und gegen seinen Bruder,

b *um auf euch heute Segen zu bringen."*

30a *Und es geschah am anderen Morgen:*
(da) sprach Mose zum Volk:
"Ihr habe eine große Sünde begangen[5]*.*

b *So will ich denn*[6] *zu Jahwe*[7] *(auf den Berg) steigen;*
vielleicht kann ich Sühne erwirken für eure Sünde."

31a *Mose kehrte (also) zu Jahwe zurück und sagte (zu ihm):*

b *"Ach*[8]*, Jahwe*[9]*,*
das Volk da (unten)[10] *hat eine große Sünde begangen:*
sie haben sich einen Gott aus Gold gemacht.

32a *Und nun (höre mich an):*
Wenn du ihre Sünde[11] *vergibst (,dann ist es gut*[12]*).*

---

1) Hebr.: wajjōmær
2) Hebr.: śīmu 'īš
3) Hebr.: w^{e}hirgū 'īš
4) Hebr.: d^{e}bar
5) Hier ist im Hinblick auf das w^{ec}attā in der 2. Vershälfte in Gedanken zu ergänzen: "Das bedeutet, daß ihr von Jahwe eine schwere Bestrafung zu erwarten habt." Vgl. A. DILLMANN, Ex-Lev, 342.
6) "so ... denn" für hebr. w^{ec}attā
7) LXX: pròs tòn theón
8) Der Sam setzt ein hinnē anstelle von 'ānnā' voraus.
9) Nach der LXX ergänzt. Die Syr hat mrj' 'lh (= hebr. '^{a}dōnaj '^{æ}lōhīm)
10) Hebr.: hā^{c}am hazzæ
11) Fehlt im Sam
12) Vgl. GesK,530, § 167a

b *Wenn nicht, dann streiche mich, bitte*[1], *aus dem Buch (des Lebens), das du geschrieben hast!"*

33a *Jahwe gab zur Antwort*[2] *"Wer gegen mich gesündigt hat,*

b *(nur) den streiche ich aus meinem (Lebens-)Buche.*

34a *Nun gut*[3], *geh, führe das Volk, wohin*[4] *(es zu führen) ich dir aufgetragen*[5] *habe!*

b *Am Tage meiner Vergeltung aber werde ich ihnen ihre Sünde vergelten."*

35a *Und Jahwe schlug das Volk, weil sie den (Jung-)Stier gemacht hatten, den Aaron gemacht hatte.*

Zur Übersetzung von V.18a:

Hinter ᶜannōt (= inf. constr. von nh pi. (= "singen")) dürfte ein Wort - und zwar ein Subst. - ausgefallen sein, das die Gesänge im Lager der Israeliten näher charakterisieren soll. Denn "das Wortspiel mit zweimaligem ᶜᵃnōt" - nämlich in V.18a - "und ᶜannōt ... ist selbst für einen punktierten Text fast zu dunkel"[6]. Darum wird man die masoretische Punktation korrigieren müssen, indem man entweder das annōt in V.18b an das zweimalige ᶜᵃnōt (= inf. constr. von nh qal (= "antworten")) in V.18b angleicht[7] oder umgekehrt auch in V.18a ᶜannōt liest. Die zweite Lösung mag die bessere sein.

Nachdem also in der 1. Vershälfte von ᶜannōt gᵉbūrā, d.h. von Gesängen nach einem Sieg, sowie von ᶜannōt hᵃlūšā, d.h. von Gesängen nach einer Niederlage die Rede war und gesagt wurde: solcher Art sind die Gesänge im Lager der Israeliten nicht, erwartet der Leser jetzt in der 2. Vershälfte die positive Charakterisierung, doch bleibt diese leider aus, weil das nomen regens hinter ᶜannōt in V.18b offensichtlich entfallen ist. Im Blick auf V.19b, wo von Tänzen die Rede ist, möchte man hinter ᶜannōt vielleicht ein mᵉḥōlā ergänzen: "den Laut von Tanzgesängen höre ich". Tanzgesänge stellen jedoch gegenüber den zuvor erwähnten Siegesgesängen keinen echten Gegensatz dar, weil in Israel zur Feier eines Sieges das Element des Tanzes hinzugehörte[8].

Die LXX denkt an Gesänge, die man bei Weingelagen anzustimmen pflegte, wenn

1) Fehlt in Sam, LXX, Syr, Vulg
2) Hebr.: wajjomær
3) Hebr.: wᵉᶜattā
4) Die LXX und der Targ setzen vor dem ᾿ᵃšær-Satz ein hammāqōm als Bezugswort voraus.
5) Hebr.: dibbartī
6) H. HOLZINGER, Ex, 111
7) So M. BUBER, Moses, 181
8) Vgl. Ex 15,20 f; Ri 11,34; 1 Sam 18,6; Jdt 15,12

sie übersetzt: phonèn exarchónton oînou. Das Verb ṣhq pi. (= "sich belustigen") in V.6b weist in diese Richtung. F.I. ANDERSON[1] macht daher den Vorschlag, hinter ᶜannot ein (der Form nach zu gᵉbura und hᵃluša V.18a passendes) ṣᵉhuqa (= "Belustigung", "Vergnügen") zu ergänzen. "It is no objektion" - meint ANDERSON - "that this word is not attested in the MT, for hᵃluša is also a hapax legomenon"[2]. Für den Wegfall des von ihm postulierten Wortes ṣᵉhuqa gibt ANDERSON keine Erklärung, er rechnet anscheinend mit einem Versehen. ANDERSONs Vorschlag kann mich nicht recht befriedigen, insofern auch die ᶜannot ṣᵉhuqa kein echtes Gegenstück zu den doch gewiß fröhlichen ᶜannot gᵉbura bilden. Dasselbe gilt für das Wort ᶜinnug (= "Vergnügen"), das G. BEER[3] hinter ᶜannot einfügt. (Auch ᶜinnug kommt übrigens im biblischen Hebr. nicht vor. BEER leitet es von dem Verb ᶜng ab.)

Ob man die ᶜannot von V.18b nicht eher als die kultischen Gesänge eines bestimmten israelitischen Festes verstehen und hinter ᶜannot den Terminus hag einsetzen soll? Hierdurch wäre 1. gegenüber den ᶜannot in V.18a ein echtes Unterscheidungsmoment gegeben, womit sich auch Moses Sicherheit im Urteil erklären ließe. 2. würde diese Konjektur dem tatsächlichen Charakter der Gesänge (gemäß den VV.5 f) entsprechen (vgl. den Terminus hag in V.5bβ). Dann wäre Ex 32,18b zu übersetzen: "den Laut von Festtagsgesängen höre ich"..

R.N. WHYBRAY[4] geht bei seiner Textinterpretation einen anderen Weg, vermutet aber hinter dem (jetzt vorliegenden) Ausdruck ᶜannot in V.18b ebenfalls bestimmte kultische Gesänge. Er will ᶜannot als eine Leseart des Namens der Göttin Anat verstanden wissen: "The spelling ᶜannot represents a dialectical variant of the pronounciation for the goddess' name, which is found in the place-name bet ᶜᵃnot in Jos XV, 59"[5]. Danach wäre das ᶜannot in V.18b zu ᶜᵃnot zu korrigieren und qol ᶜᵃnot mit "die Stimme bzw. den Lärm der Anot/Anat" zu übersetzen. WHYBRAYs Deutung bleibt sprachlich jedoch problematisch. Dann ist es schon besser, hinter qol ᶜannot ein durch Haplographie ausgefallenes l nt = lᵉᶜᵃnat anzunehmen: "den Laut von Gesängen zu Ehren der Anat (wörtl.: für Anat) höre ich". Religionsgeschichtlich ist dies Verständnis durchaus möglich. Denn die Göttin Anat (die durch eine Kuh dargestellt wurde) war Schwester und Gattin des durch den Stier symbolisierten Fruchtbarkeitsgottes Baal und war in Palästina wohlbekannt: "Ramses II. (?) baute ihr als Himmelkönigin (vgl. Jr 7,18; 44,17 ff) einen Tempel in Beth-Sean ... Ortsnamen wie bet ᶜᵃnat und Anathoth bezeugen sonst ihr Ansehen in Palästina"[6]. Im Hinblick auf die allgemein anerkannte Beziehung zwischen Ex 32 und Betel ist bemerkenswert, daß Texte aus Elephantine, einer jüdischen Militärkolonie in Oberägypten, neben Jahwe "Gottheiten mit Namen Aschim-Bethel, Herem-Bethel und Anath-Bethel (Anath-Jahu)" kennen, "die offenbar auf irgendeinen Zusammenhang mit Bethel hindeuten"[7].

---

1) A Lexicographical Note on Exodus XXXII, 18, VT 16 (1966), 108-112
2) VT 16 (1966), 111
3) Ex, 154
4) ᶜannot in Ex XXXII, 18, VT 17 (1967), 122
5) Ebd.
6) L. DELEKAT, Art. "Anath (ug., phön., hebr. ᶜᵃnat)", in: BHH I, 91 f, hier: 91
7) H. RINGGREN, Die israelitische Religion, Stuttgart 1963 (Religionen der Menschheit. Bd. 26), 57.

2. Literarkritik

2.1 Abgrenzung des Textkontinuums

2.11 nach rückwärts

Mit Ex 32 beginnt thematisch etwas Neues: die Erzählung von der Herstellung und Verehrung eines goldenen (Jung-)Stieres, von der Reaktion sowohl Jahwes als auch Moses auf diese "große Sünde" und von Moses Fürbittaktion für das sündige Volk.

Die Erzählung setzt voraus, daß die Israeliten am Sinai lagern und daß Mose sich bei Jahwe auf dem Berge aufhält. Von Moses Aufstieg und seinem Verweilen auf dem Berge sowie von der Beauftragung Aarons und Hurs als seiner Stellvertreter war in Ex 24, 12-15a.18b[1] (L + E; SMEND: nicht J; RUPPERT: E; ZENGER: Je + sek); 31,18aα (bis: Mōšæ ; EISSF.: P; SMEND: nicht J; RUPPERT: P; ZENGER[2]: Je).b(E; SMEND: nicht J; ZENGER: Je) die Rede.

2.12 nach vorwärts

Die Abgrenzung der Erzählung nach vorwärts, also gegen die Kap. 33 - 34 hin, ist nicht mit der gleichen Sicherheit durchführbar wie die nach rückwärts. Denn 1. geht es in Ex 32 wie in Ex 33 letztlich um die Frage der Gegenwärtigkeit Jahwes in seinem Volk, 2. geht das Thema "Versöhnung" aus den Schlußversen von Ex 32 (V.30-35) in Ex 33 (z.T. in Ex 34)weiter, so daß z.B. H. SEEBASS[3] in seiner Analyse von Ex 32-34 von Ex 32,30 an alles unter das Stichwort "Versöhnungsszene" fassen kann[4]. 3. "Das Theam der zerbrochenen (Kap. 32) und dann erneuerten Tafeln (Kap.

---

1) Die VV.16-18a sind priesterschriftlicher Herkunft.
2) Vgl. Sinaitheophanie, 180
3) Mose u. Aaron, 46
4) Hierbei handelt es sich freilich nicht, wie SEEBASS sehr wohl weiß, um eine urspr. literarische Einheit: "Die Versöhnungsszene ist im Verhältnis zur Erzählung vom Abfall viel zu lang. Wenn man irgendwo im AT von einer zersungenen Sage sprechen kann, so hier. Ununterbrochen werden neue Motive aneinandergereiht, deren Abfolge nicht ganz einsichtig wird: 32,30-33.35; 33,1-6; 7-11; 12-18; 19-23; Kap. 34" (ebd.). Vgl. bei SEEBASS auch die SS. 52 u. 53-55

34) hält das Ganze zusammen"[1]. Trotzdem ist mit Jahwes Antwort in V.34-35 ein gewisser Abschluß der Erzählung gegeben. Die Wiederholung des göttlichen Führungsbefehls an Mose (Ex 33,1) und die Verheißung eines Boten (Engels?), der vorangehen soll (Ex 33,2),sowie der literarische Charakter von Ex 33 und 34 sprechen dafür, daß diese Kap. gegenüber Ex 32 (relativ) eigenständige Größen sind, wenngleich eine Verzahnung von Ex 32 und 33 im vorliegenden, literarisch höchst komplizierten Textbestand von Ex 32-34 nicht zu leugnen ist.

2.13 Ergebnis

Ex 32 stellt durchaus eine in sich geschlossene Erzählung dar. Diese hat aber sowohl nach rückwärts als nach vorwärts Verbindungen mit dem Kontext und setzt überhaupt die Situation am Sinai voraus. Als Teil des Sinai-Komplexes ist Ex 32 also keine absolute, sondern nur eine relativ selbständige literarische Einheit.

2.2 Zur Frage der Einheitlichkeit[2]

2.21 Logischer Handlungs- und Gedankenablauf? Homogenes Sprachmaterial?[3]

Vorbemerkung:

Die Literarkritik von Ex 32 hat es mit so zahlreichen Schwierigkeiten zu tun, daß eine befriedigende Gesamtlösung der literarischen Probleme nahezu aussichtslos erscheint. So schreibt A.H.J. GUNNEWEG: Seit G. WESTPHALS resignierender Bemerkung, er sehe keinen Sinn darin, "die Menge der Scheidungsversuche ... noch um einen weiteren zu vermehren"[4], seien "die Aussichten auf ein Ergebnis, das auch andere als den Verfasser ... befriedigen könnte, nicht besser geworden. Tatsächlich ist hier außer der Erkenntnis, daß in 32,7-11 ein oder zwei Zusätze vorliegen, praktisch alles und jedes umstrit-

---

1) M. NOTH, ATD 5,200

2) Vgl. neben den Kommentaren vor allem E. ZENGER, Sinaitheophanie, 70-87 (wo man die bisher ausführlichste Literarkritik findet); weiterhin W. BEYERLIN, Herkunft und Geschichte der Sinaitraditionen, Tübingen 1961, 24-28 u. 150-153; S. LEHMING, Versuch zu Ex XXXII, VT 10 (1960), 17-50; H. SEEBASS, Mose u. Aaron, 33-45; J.M. SCHMIDT, Aaron u. Mose, F 1-15.

3) Vgl. G. BEER, Ex, 152

4) Aaron und die Aaroniden, ZAW 26 (1906), 212

ten. Auch darüber, ob der Grundbestand zu J oder zu E oder zu JE gehört oder auch ob es sich um ein den Quellenschriften gegenüber sek Stück handelt, besteht keine Einigkeit"[1]. Und R. de VAUX bemerkt im 1. Band seiner "Histoire ancienne d'Israel"[2]: "Cette histoire du 'veau d'or' est hérissée de difficultés: on ne s'accorde ni sur sa critique littéraire, ni sur son interprétation religieuse, ni sur ses rapports avec l'histoire des 'veaux' de Jéroboam"[3].

Wegen der Vielfältigkeit der literarischen Probleme ist die vorliegende literarkritische Analyse außergewöhnlich lang geraten. Der Leser wird dabei auf eine harte Geduldsprobe gestellt, nicht zuletzt deshalb, weil einige Probleme nicht gleich an Ort und Stelle gelöst werden können, ihre Lösung vielmehr bis zur Besprechung späterer VV. oder gar bis zum Ende der Literarkritik aufgeschoben werden muß. Man muß einen sehr langen Atem haben, um wirklich durchzukommen, d.h. am Ende noch zu wissen, was im einzelnen verhandelt wurde, welche VV. gegen welche anderen VV. hin abgetrennt wurden, wo welche ursprüngliche Textform herausgearbeitet wurde usw.

Trotzdem: Das versweise Durchgehen des Textes ist auch - ja vielleicht gerade - im Falle dieses umfang- und problemreichen Ex-Kapitels der beste Weg, um der literarischen Uneinheitlichkeit des vorliegenden Textes auf die Spur zu kommen, die ursprünglichen von den sek literarischen Elementen zu sondern und zur Grunderzählung vorzudringen. Denn 1. geht man nur bei dieser Vorgehensweise sicher, daß man nichts übersieht - bei der Literarkritik ist zunächst einmal jede kleine Beobachtung wichtig! -; 2. ist keine Vorentscheidung darüber nötig, welche literarkritischen Auffälligkeiten denn wohl am wichtigsten sind (um von einigen wenigen Punkten her die ganze Sache aufzurollen und so etwas wie "Grundraster" für die Lösung der literarkritischen Probleme zu gewinnen) - was auf verhängnisvolle Weise das Ergebnis der literarkritischen Untersuchung beeinflussen könnte und darum methodisch fragwürdig ist; 3. hat der Leser an der Versabfolge des Kapitels so etwas wie eine Leitlinie, so daß er nicht im Wust der Probleme verkommen muß.

Der Leser möge also die Mühe des geduldigen Entlanggehens an den VV. des Kapitels auf sich nehmen. Er kann ja zur Orientierung zwischendurch gelegentlich einen Blick auf die Abtrennungen (Nr. 2.22, S. 266) sowie auf die Übersetzung der herausgearbeiteten Grunderzählung (Nr. 5, S. 275-278) (voraus-) werfen.

V.1a Mose bleibt länger als erwartet auf dem Berge. Da greift das Volk zur Selbsthilfe.

1) Leviten, 30
2) Paris 1971
3) 426

V.1b Es rottet sich zusammen gegen[1] Aaron[2] und fordert ihn auf, er solle ihnen "einen Gott" (= eine Gottesstatue bzw. ein Gottesbild) machen, der vor ihnen herzieht. Ihre Begründung: "Dieser Mose, der Mann, der uns aus dem Lande Ägypten heraufgeführt hat (hā'īš 'ᵃšær hæᶜælānū mē'æræṣ Miṣrajīm),- wir wissen nicht, was ihm zugestoßen ist."

Das Volk rechnet wohl mit der Möglichkeit, daß Mose verstorben ist[3]. Moses Tod als solcher ist als Motiv für die Art ihrer Initiative freilich nicht ausreichend: Denn es scheint ja doch, daß ein Gottesbild die Nachfolge des Mose (der sie bisher geführt hat: 'ᵃšær hæᶜælānū ...) antreten soll[4]. Eine eigen-

---

1) Hebr.: qhl ni. + al. G.W. COATS weist in seiner Untersuchung der Murrgeschichten darauf hin, daß das Verb qhl ni. in Verbindung mit der Präposition al in Ex 32,1; Num 16,3.19; 17,7; 20,2 u. Jer 26,9 (Hier haben die meisten Handschriften allerdings 'æl statt al) Bestandteil des Murrmotivs ist (vgl. Rebellion, 23 u. 188), so daß ᶜal im feindlichen Sinne zu verstehen ist. (Anders übrigens H. HOLZINGER, Ex, 110, mit Verweis auf Gen 18,2; Ex 18,13). Es fragt sich freilich, ob des Verständnis auch für Ex 32,1b gilt, oder ob hier nicht wertneutral übersetzt werden kann/muß: "das Volk versammelte sich bei Aaron ..." Denn die Num-Stellen sind allesamt der P zuzurechnen, während Ex 32 wegen der mißlichen Rolle, die Aaron hier spielt, auf jeden Fall vor-priesterschriftlicher Herkunft ist. Auch ist zu beachten, daß Aaron nach V.2 so bereitwillig auf das Verlangen des Volkes eingeht, als wenn es in puncto Gottesbild keine Differenzen zwischen Aaron und dem Volk gäbe. Trotzdem: Das Letztgenannte mag am Ende vielleicht damit erklärt werden können, daß Ex 32 eine positive Tradition von der Herstellung eines Gottesbildes zugrundeliegt. Was das Erstere betrifft, so ist mit der Möglichkeit zu rechnen, daß die aaronidische Priesterschaft nachträglich das wajjiqqāhēl hāᶜām ᶜal 'ahᵃrōn eingetragen hat, um auf diese Weise die Schuld ihres Ahnherrn abzuschwächen. Läßt man Ex 32,1b beiseite, ist die Wendung qhl ni. + ᶜal ja auch nirgendwo vor (Jer und) P belegt. M.E. ist die späte priesterliche Herkunft von Ex 32,1b tatsächlich das Wahrscheinlichere. Ein weiteres Argument für den Zusatzcharakter dieses Versteils findet sich weiter unten S. 219 (am Ende der Besprechung von V.1b).

2) Von Hur, der nach Ex 24,14(L?) zusammen mit Aaron Mose während seines Bergaufenthaltes vertreten soll, ist im ganzen Kap. 32 und überhaupt im Pt keine Rede mehr!

3) Vgl. W. RUDOLPH, "Elohist", 50

4) Vgl. A. DILLMANN, Ex-Lev 336: "Sie verlangen einen anderen Anführer (erg.: als Mose)".

willige Vorstellung, in der zwei ungleichartige Führer in eine Sukzessionslinie gebracht werden, ohne daß dieser qualitative Umschlag dem Leser auf irgendeine Weise einsichtig gemacht wird!

Liegt diese Vorstellung denn wirklich vor? Dagegen spricht, daß im weiteren Handlungsablauf (Disqualifizierung und Zerstörung des Stierbildes) der "Gott" überhaupt nicht mehr im Zusammenhang mit dem Problem "Mose-Nachfolge" gesehen wird; er steht in einem ganz anderen Kontext. Schon der übergreifende Zusammenhang des Sinai-Komplexes würde als Anlaß für die Herstellung des Gottesbildes als Führungssymbol eher den bevorstehenden Abzug von dem Berge, auf dem Gott wohnt, nahelegen: Das Volk will, daß der Gott, der sich ihnen am Berge geoffenbart hat, nun mit ihnen zieht[1]. Man denke vor allem an die beiden folgenden Kap. 33 und 34! Überhaupt schließen sich die Führung durch einen menschlichen Führer und die Führung durch Gott nicht unbedingt aus (vgl. die Kombination der jahwistischen, elohistischen und priesterschriftlichen Exodus-Erzählung (Ex 3-11)).

Ob V.1b also nicht folgendes zum Ausdruck bringen will: Das Volk, das schon von Anfang an nach einer sichtbaren Form der göttlichen Gegenwart verlangt hat, sieht mit dem vermeintlichen Tode des Mose endlich die Gelegenheit der (von Mose verhinderten) Verwirklichung ihres Verlangens gekommen? In der so verstandenen Forderung des Volkes an die Adresse Aarons als des vermeintlichen Mose-Nachfolgers[2] steckt offensichtlich die Polemik gegen einen für die Bildlosigkeit des Kultes streitenden Mose. In diese antimosaische Polemik fügt sich auch das zæ Mōsæ hā'īš 'ᵃšær ... V.1bß gut ein[3]. Es fragt sich allerdings, ob dem auf Mose bezogenen hā'īš 'ᵃšær hæᶜæ lānū mē'æræṣ Miṣrajim

1) So auch H. GRESSMANN, Mose, 201

2) H. GRESSMANN, Mose, 200: Die an Aaron gerichtete Forderung ("Mach uns einen Gott...!") "ist sehr auffällig; denn in einer solchen Sitation bedarf Israel zunächst, wie man meinen sollte, eines Nachfolgers für Mose. Der Sinn dieser Worte kann aber unmöglich sein, daß der 'Gott' Nachfolger des Mose werden solle; man muß vielmehr annehmen, daß die Frage selbstverständlich zugunsten Aarons beantwortet wird und bereits entschieden ist".

3) "Von Mose ... wird in einem verächtlichen Ton gesprochen" (M. NOTH, ATD 5, 203).

V.1bß nicht mehr Gewicht beizumessen ist, da es dem ’ælōhīm ’ašær jēlekū lefanēnū V.1bα [1] gegenübersteht. Denn warum sollte Mose in V.1bß eigens durch den (im Satzgefüge etwas umständlich wirkenden) Attributsatz mit vorausgehendem hā’īš (= Apposition) als der bisherige Anführer des Volkes gekennzeichnet sein? Das ist anscheinend doch als Entsprechung zu dem Gottesbild als Führungssymbol gemeint. Daher möchte man der erstgenannten Interpretation den Vorrang geben[2]. Die Apposition "der Mann, der uns aus dem Lande Ägypten heraufgeführt hat" hat aber wohl doch einen anderen Stellenwert: Sie dürfte in Zusammenhang stehen mit jenen Murrgeschichten, in denen Mose die Herausführung des Volkes aus Ägypten zum Vorwurf gemacht wird[3]. Durch Aufgreifen der dort verwendeten Herauf- bzw. Herausführungsformel (mit Mose als Subj.) und Voranstellung des zæ Mōšæ hā’īš ’ašær (= "dieser Mose, der Mann, der ...") soll das Volksbegehren offenbar einen (gegen Mose gerichteten) polemischen Unterton bekommen und damit von vornherein in ein zweifelhaftes Licht gerückt werden.

Man fragt sich übrigens, warum in V.1b das Subjekt (hācām) wiederholt wird, obwohl es dasselbe ist wie in der 1. Vershälfte. Der kī-Satz V.1aß macht eine solche Wiederholung an sich nicht unbedingt erforderlich. Sollte damit vielleicht das mögliche, allerdings ziemlich unwahrscheinliche Mißverständnis abgewehrt werden, daß das wajjiqqāhēl die Fortsetzung des kī-bōšēs-Satzes darstelle? Näher liegt m.E. jedoch die andere Erklärung, daß es sich bei V.1bα (bis: ’aharōn) wie oben[4] bereits erwogen wurde, um eine Interpolation (von seiten der aaronidischen Priester) handelt.

Angemerkt sei noch, daß der Numeruswechsel von wajjar’ V.1a und wajjiqqāhēl V.1b zu wajjō’merū V.1b keine literarkritische Relevanz hat[5].

1) ’ælōhīm kann übrigens auch mit Bezug auf einen Gott durchaus mit dem Plur. konstruiert werden (vgl. GesK, 485, § 145i; R. MEYER, Gramm. III, 18, § 94d).
2) So auch J.M. SASSON, Bovin Symbolism in the Exodus Narrative, VT 18 (1968), 380-387 (nach R. de VAUX, Histoire I, 427, Anm. 9. de VAUX schließt sich dieser Meinung nicht an.)
3) Vgl. Ex 14,11b; 17,3b; Num 20,5a.
4) Vgl. S. 217, Anm. 1
5) Vgl. z.B. Ex 24,3

V.2 Aaron sträubt sich in keiner Weise (!) gegen das Ansinnen des Volkes, sondern bittet unverzüglich um Abgabe der goldenen Ohrringe. Diese bringen die Leute bereitwillig zu ihm.

Die leichte Differenz zwischen der piel-Form von prq in V.2a und der hitpael-Form wird man nicht literarkritisch auswerten können. Desgleichen kann man die beiden Ausdrucksweisen "Frauen, Söhne und Töchter" V.2a und "das ganze Volk" V.3a nicht als literarkritische Unterscheidungsmerkmale betrachten.

V.4a Aaron nimmt das goldene Geschmeide des Volkes entgegen und macht daraus ein Gußbild in der Form eines Jungstieres (ᶜēgæl massēkā, vgl. V.8a[1]).

Sprachlich überrascht in V.4a das singularische ʼōtō, das sich syntaktisch nicht auf die Ringe zurückbeziehen kann, wie auch das entsprechende Suff. d. 3. Pers. Sing. mask. in wajjaᶜaśēhū. H. SEEBASS[2] bezieht ʼōtō zurück auf ʼælōhīm in V.1b. Das ist aber kaum möglich: 1. ist ʼælōhīm in V.1b.4b.8b mit pluralen Verbformen konstruiert, 2. macht auch das wajjaᶜaśēhū ᶜēgæl massēkā V.4aß diese Deutung unwahrscheinlich. Dann bleibt nur die Möglichkeit, die singularischen Suffixe zu dem Wort "Gold" (hazzāhāb) in Beziehung zu setzen, das in V.2a u. 3a als gen. qualit. zu nizmē (= die Ringe) fungiert. Dieser Rückbezug ist stilistisch durchaus möglich[3]. Aarons Reminiszenz in V.24 spricht ganz für diese Interpretation: Das Suff. d. 3. Pers. Sing. in wāʼašlīkēhū V.24b bezieht sich dort eindeutig zurück auf zāhāb in V. 24a.

Schwierigkeiten bereitet auch der Satz wajjāṣar ... bahæ ræṭ V.4a. Denn wie kann Aaron ein Gußbild mit einem Griffel[4] (oder Meißel[5]) formen[6]? Mit dem Blick auf V.20, wo erzählt wird, daß

1) In der LXX fehlt die Apposition massēkā.
2) Mose u. Aaron, 34 f
3) Vgl. Ri 8,26 f. Gegen H. HOLZINGER, Ex, 110.
4) So z.B. B. BAENTSCH, Ex-Lev-Num, 270.
5) So z.B. H. HOLZINGER, Ex, 110; O. EISSFELDT, HexSyn, 153*; F. MICHAELI, L'Exode, 268.
6) Das Wort ṣūr - die Form wajjāṣar ist das imperf. cons. qal - kann gemäß 1 Kön 7,15 u. Jer 1,5 soviel wie "formen, bilden" bedeuten. (Vgl. GesB, 679: ṣūr III). Das wajjāṣar 1 Kön 7,15 ist mit der LXX zu wajjiṣṣar zu korrigieren. - Die Rückführung von wjṣr auf jṣr = formen, bilden, wie ZENGER (Sinaitheophanie, 248, Anm. 90) sie vornimmt, macht eine Korrektur der masoretischen Vokalisierung wajjāṣar zu wajjiṣæ r nötig.

Mose das Stierbild im Feuer verbrannt habe, vertreten nicht wenige Exegeten die Auffassung, es habe sich um die Herstellung eines hölzernen Gottesbildes gehandelt, das anschließend mit Gold überzogen worden sei (Für ein Gottesbild aus reinem Gold habe man in der Wüste sowieso nicht genug von dem edlen Metall zur Verfügung gehabt.)[1]. Als Material ist im Text jedoch nur das Gold genannt. J. CLERICUS[2] meint, Aaron habe das Rohprodukt mit einem Werkzeug verfeinert: A. DILLMANN[3] sucht die Lösung in der Unterscheidung zwischen Guß<u>werk</u> und Guß<u>bild</u>: In Ex 32 habe es sich um Letzteres gehandelt, und dies habe mit einem Gravurstift vollendet werden müssen.

Andere[4] sehen in Ex 32,4a eine Urerzählung durchschimmern, die von einem (nur) aus Holz bestehenden Gottesbild erzählt habe[5]. Das Motiv des aus Gold gegossenen Bildes sei eine spätere Umformung des ursprünglichen Erzählstoffes mit dem Blick auf die goldenen Stiere von Dan und Betel. Manche glauben in Ex 32 zwei Erzählfäden zu finden[6]. 1959 hat M. NOTH für den zur Diskussion stehenden Versteil im Anschluß an 2 Kön 5,23 (wajjāṣar bišᵉnē ḥarīṭīm = "und er band sie (= die Geldstücke) ... in zwei Taschen") vorgeschlagen, das ḥrṭ in Ex 32,4a als ḥarīṭ (= "Tasche", "Geldbörse") zu vokalisieren und die Verbform wajjāṣar als qal-Form von ṣūr = "zusammenschnüren" oder als hifil-Form von ṣrr = "zusammenbinden, einbinden" zu verstehen. Danach lautet die Übersetzung: "und er band (bzw.: verschloß) es (= das Gold) in einen Beutel".

---

1) Vgl. z.B. H. HOLZINGER, Ex, 111; G. HÖLSCHER, Geschichtsschreibung, 316
2) Pentateuchus Mosis ex eius tranlatione cum paraphrasi perpetua, Amsterdam 1753
3) Ex-Lev, 336
4) So H. SCHMID, Mose, 82; H. SEEBASS, Mose u. Aaron, 34 f; S. LEHMING, Versuch zu Ex XXXII, VT 10 (1960), 17-50, hier: 29
5) So z.B. neulich noch H. SEEBASS, Mose u. Aaron, 34 f. SEEBASS meint: "Man hat dabei an eine Ritzzeichnung ... zu denken" (35) und übersetzt:"und er zeichnete ihn mit einem Griffel" (34.42). wajjāṣar kann aber kaum mit "zeichnen" oder "einritzen" wiedergegeben werden. Wäre das gemeint, dürfte man eher das Verb ḥqq oder auch ktb (im Sinne von "aufzeichnen") erwarten. Außerdem ist der Rückbezug von 'ōtō (SEEBASS: "ihn") auf 'ᵃlōhīm in V.1b äußerst fragwürdig, wie oben S. 220 ausgeführt wurde.
6) So z.B. H. HOLZINGER, Ex,XVIII-XIX; H. GRESSMANN, Mose, 202-205; ders., Anfänge, 64-66; G.W. COATS, Rebellion, 188. R. SMEND (Hexateuch, 170) und später M. NOTH (Ex, 202) haben die Versuche, Ex 32 auf zwei durchlaufende Erzählungsfäden aufzuteilen, für undurchführbar erklärt.

Dies Textverständnis ist übrigens nicht neu. M. NOTH selbst verweist auf STADE, der diese Interpretationsmöglichkeit als erster aufgezeigt habe. Auch H. GRESSMANN hat diese Deutung vertreten ("... verschloß es 'in einen Geldbeutel'"[1]). Desgleichen J.M. SCHMIDT[2]. Zuletzt hat S.E. LOEWENSTAMM[3] diese Interpretation verteidigt. Nach seiner Auskunft[4] hat schon der Targum Jeruschalmi das Wort ḥrt nicht als "Griffel" oder "Meißel", sondern als "Tuch", "Tasche" o.ä. verstanden, wenn er übersetzt: wṣr jtjh bšwšjp' wrmh jtjh bṭwps' (= "und er band es in ein Tuch und warf es in eine Gußform").

Diese Deutung löst die inhaltliche Spannung zwischen dem wajjāṣar 'ōtō baḥæræṭ V.4a (im herkömmlichen Verständnis) und der Rede von dem Gußbild in V.4aß.8a auf[5]. Mit Recht merkt aber B.S. CHILDS[6] zu NOTHs Vorschlag kritisch an, daß gegen diese Interpretation zwei Einwände erhoben werden können: "First, it does require an emendation. Secondly, from a literary perspective it does not add anything significant in the story which is surprising in the light of the otherwise brilliant narrative style"[7].

Freilich: CHILDS' Eintreten für das traditionelle Verständnis ("and shaped it with an engraving tool, and made it into a molten calf") führt auch nicht weiter. Bliebe man bei diesem Verständnis, müßte man eigentlich den Wegfall eines Sätzchens, wie es sich im Targum Jeruschalmi findet ("und er warf es in eine Gußform") annehmen - sofern man die Ausdrücke "Gußbild" in V.4a und "Gott aus Gold" in V.31b und das Motiv vom Einsammeln der goldenen Ringe in V.2 f nicht für sek erklären will. Irgendeine Notiz über den eigentlichen Vorgang der Herstellung (die Einschmelzung des Goldes) müßte doch wohl im Text gestanden haben. Greift man zur Annahme eines Textausfalles, ist NOTHs Übersetzung übrigens noch passender als die herkömmliche, die sich nur sehr schwer mit dem Gußbild in Einklang bringen läßt. Wegen der mehr oder weniger notwendigen These von einem Textausfall empfehlen sich beide Übersetzungen aber nicht sonderlich.

Solange man nicht seine Zuflucht zu einer Mehrschichtigkeit der Überlieferung in puncto Kultbild suchen will, mag sich noch am ehesten ein anderes Verständnis des Wortes ḥrṭ anbieten. Akzeptiert man die grundsätzliche Möglichkeit der von M. NOTH empfohlenen Korrektur der masoretischen Leseart zu ḥārīṭ,

---

1) Anfänge, 64
2) Aaron u. Mose, F 1
3) The Making and Destruction of the Golden Calf, Bib 48 (1967), 481-490, hier: 485-487
4) Bib 48 (1967), 487
5) Noch nicht beseitigt ist damit die Spannung zwischen V.4aß (Herstellung eines Gußbildes) und V.20a (wo vom Verbrennen und Pulverisieren des Stierbildes erzählt wird). Vgl. dazu aber die Besprechung von V.20!
6) Ex, 556
7) CHILDS verweist auf die sorgfältige Widerlegung, die bereits J. CLERICUS, Pentateuchus Mosis ex eius translatione cum paraphrasi perpetua, Amsterdam 1753 geleistet hat. Vgl. auch A. DILLMANN, (Ex-Lev, 336) der KNOBEL zitiert: "wozu diese gleichgültige und entbehrliche Angabe hier, wo man die Nachricht von der Verfertigung des Bildes erwartet?".

so kann man mit G. BEER[1], A.B. EHRLICH[2], H. SCHNEIDER[3], G. te STROETE[4], B. COUROYER[5], K. JAROŠ[6] das Wort "Beutel, Tasche" weiter fassen[7] und in diesem Falle an eine Gußform denken[8]: "und formte es (= das Gold) in einer Gußform" oder: "und gestaltete es mit Hilfe einer Gußform". Diese Interpretation findet man nach S. LOEWENSTAMM (Bib 48 (1967), 486) schon im Targum Onkelos, in der Syr und im Midrasch Leqaḥ Tob (ed. S. BUBER, Wilna 1884, 202).

Es wird sich allerdings zeigen müssen, ob sich auf redaktions- oder überlieferungsgeschichtlichem Wege nicht vielleicht noch eine bessere Lösung finden läßt.

V.4b Nachdem Aaron das Gußbild hergestellt hat (V.4a), rufen die Leute sich zu: "Dies ist dein Gott, Israel, der dich aus dem Lande Ägypten heraufgeführt hat![9]". Stilistisch auffällig ist, daß hinter wajjō'm^{e}rū keine ausdrückliche Nennung des Subjektes (hā ām) folgt wie in V.3a; denn in V.4a war ja Aaron das Subjekt. Am angemessensten wäre an sich eine singularische Verbform mit nachfolgendem hā^{c}ām, da die (Selbst-)Anrede ("dein Gott, Israel, der dich ...") ja auch im Sing. steht. Diese Anrede würde allerdings viel natürlicher im Munde des Aaron klingen, der dem Volk das fertige Gottesbild präsentiert. Man vgl. hierzu 1 Kön 12,28a, wo König Jerobeam, der die Stierbilder für Betel und Dan herstellen ließ, diese dem Volk (mit denselben Worten - nur hinnē statt 'ēllæ-vorstellt. Der Plural wajjō'm^{e}rū Ex 32,4b könnte also eine nachträgliche Textänderung zugunsten Aarons darstellen[10], dessen aktives Mittun auf die Herstellung des Kultbildes, die Aus-

1) Ex, 152: "und schmolz sie in einen Behälter ein". Die Übersetzung von wajjaṣar und 'ōtō ist allerdings ungenau.
2) Randglossen zur Hebräischen Bibel, Leipzig 1908, 390 (zit. von S.E. LOEWENSTAMM, Bib 48 (1967), 486, Anm. 6)
3) Das Buch Exodus, in : Echter-Bibel I, ^{2}Würzburg 1955, 245
4) Ex, 219. Der 1. Teil des Satzes ("goot ze ...") wird allerdings dem hebr. wajjaṣar nicht gerecht: 1. kann man ṣūr hi. nicht mit "gießen" wiedergeben, 2. steht das Akk.-Obj. im Hebr. eindeutig im Sing.
5) L'Exode, in: La Bible de Jérusalem, ^{3}Paris 1973, 85-128, hier: 119
6) Elohist, 372. Für die alte (vor-elohistische) Vorlage denkt JAROŠ aber offensichtlich an die Übersetzung "und er sammelte sie (= die Weihegeschenke) in einem Beutel" (vgl. ders., 385, Anm. 2).
7) Wegen des nur 2-maligen Vorkommens von ḥārīt im AT läßt sich dies Wort m.E. nämlich nicht definitiv auf die (enge) Bedeutung "Beutel, Tasche" festlegen.
8) Bochartus' (Hierozoicon, Editio Quarta, Lugduni Batavorum 1712, p. 334) Bedenken betreffen - nach LOEWENSTAMM (Bib 48 (1967),486) - das Wort ḥæræt, nicht aber ḥārīt.
9) Dem Zusammenhange nach kann 'ēllæ '^{æ}lōhæ kā + plur. Verbform nur singularisch wiedergegeben werden.
10) So z.B. W. RUDOLPH, "Elohist", 49

rufung des Jahwefestes und den Bau des Altares eingeschränkt wird. Es ist wohl zur Kenntnis zu nehmen, daß V.4b (so wie er dasteht, also mit einleitendem pluralischem wajjō'm^e^rū sowie mit der Anrede "... Israel ...") in V.8bßγδ nochmals vorkommt, wo das wajjō'm^e^rū organisch im Kontext pluralischer Verbformen steht. So scheint auch das wajjō'm^e^rū V.4bα ursprünglich zu sein. Es ist jedoch nicht zu übersehen, daß V.8 pauschalisierenden Charakter hat, und daß es dementsprechend durchaus denkbar ist, daß das pluralische (hier das ganze Volk inclusive Aaron meinende) wajjō'm^e^rū in dem sek[1] V.8bα die freizügige Umformung eines singularischen wajjō'mær V.4bα darstellt. Das originale wajjō'mær V.4bα wäre dann also später - zugunsten von Aaron - an das wajjō'm^e^rū V.8bα angeglichen worden[2]. Dies ist m.E. das Wahrscheinlichste.

E. ZENGER[3] scheidet V.4b als sek aus dem Kontext aus, und zwar wegen des wajjō'm^e^rū am Beginn (1. Es fehlt die ausdrückliche Nennung des neuen Subj. ha^c^am. 2. Die Äußerung wäre verständlicher im Munde Aarons.) und wegen des schlechten Anschlusses von V.5b (Ein "Akklamationsruf" sei "wenig sinnvoll als Einleitung zur Vorbereitung auf einen Kultakt ..., wie sie in V.5b geschildert wird"[4]).

ZENGER weist darauf hin, daß das l^e^fānāw V.5b sich besser an das ^c^ēgæl massēkā V.4a anlehnt als an das pluralische 'ēllæ usw. V.4b.

Dazu ist zu sagen:

1. Das Fehlen des Subj. hinter wajjō'm^e^rū ist in der Tat verwunderlich (Man vgl. z.B. die Wiederholung des Subj. ha^c^am am Anfang von V.1b), läßt sich aber durchaus als nachträgliche Änderung zugunsten Aarons erklären. (Vgl. auch die Besprechung des folgenden V.5!) Die singularische Leseart des LXX wajjō'mær ist keineswegs "als lectio facilior... verdächtig"[5]. Denn der Übergang zu V.5a (wajjar' 'ah^a^rōn) wird durch sie nur noch schwieriger. Daß V.4b in V.8b nochmals im Wortlaut wiederkehrt, ist nicht eo ipso ein Argument für die Ursprünglichkeit der pluralischen Redeeinführung am Anfang von V.4b[6]. V.4b könnte immerhin sek der vorliegenden Form von V.8b nachgebildet worden sein . Daß in V.8b der Präsentationsruf Aarons zum Kultruf des ganzen Volkes geworden ist ("sie warfen sich nieder, opferten ihm und sag-

---

1) S. weiter unten zu V.7 f, S. 231 f
2) Die LXX^B^ hat mit seinem kaì eîpen V.4bα demnach den Originaltext bewahrt (so z.B. auch H. SCHMID, Mose, 82)
3) Vgl. Sinaitheophanie, 80 f
4) Ders., 81
5) Ebd.
6) Gegen E. ZENGER, Sinaitheophanie, 81

ten: ..."), deutet darauf hin, daß V.8b nicht derselben literarischen Schicht zuzurechnen ist wie V.4b.

2. Das Argument, daß "ein Akklamationsruf wenig sinnvoll als Einleitung zur Vorbereitung auf einen Kultakt ist"[1], wird durch die Korrektur von wajjo'm^e^ru zu wajjo'mær hinfällig. Denn dann ist der Ruf ein echter Präsentationsruf nach Fertigstellung des Kultbildes - wie im Munde Jerobeams nach 1 Kön 12,28.

3. Das wajjar' 'ah^a^ron V.5aα gewinnt auch bei direktem Anschluß an V.4a - also unter Ausklammerung von V.4b, wie ZENGER möchte -, keinen rechten Sinn: Aaron sieht (oder: betrachtet?) das Gußbild, das er selbst hergestellt hat. Diese überflüssige Notiz erscheint in der ansonsten straffen Darstellung des Geschehensablaufes unangebracht[2].

4. Daß die Formel in V.4b nicht genau dem Wortlaut der Forderung des Volkes nach "einem Gott, der vor uns herziehen wird", V.1b entspricht und statt dessen von "dem Gott, der uns aus dem Lande Ägypten heraufgeführt hat" die Rede ist, läßt sich sehr einfach damit erklären, daß die Formel von dem "Gott des Exodus" V.4b, die wohl von Anfang an angezielt ist - man beachte, daß sie bis auf ein Wort mit 1 Kön 12,28 übereinstimmt, - in V.1b noch nicht gebracht werden konnte, weil dort der Situation entsprechend das Thema "Weiterführung des Volkes" anlag[3].

5. Daß "statt des pluralischen Demonstrativpronomens 'ellæ die singularische Form zæ nach egæl masseka in V.4a konsequenter"[4] wäre, ist in der Tat wahr. Nun fragt sich aber, ob es sich bei dem pluralischen Dem.-Pron. wie auch bei der pluralischen Verbalform um den Originaltext handelt. Das ist mit aller Wahrscheinlichkeit nicht der Fall. Denn H. DONNER[5] hat kürzlich aufgezeigt, daß die Herauf- bzw. Herausführungsformel immer nur singularisch verwendet wird, daß in Ex 32,4bβ also eine bewußte Abänderung dieser Bekenntnisformel vorliegt, die nur den Sinn haben kann, das Gußbild von Ex 32 als Götzenbild zu desavouieren[6]. Trotz der Einzahl des Gottesbildes

---

1) Sinaitheophanie, 81
2) Man kann, um das wajjar' an dieser Stelle zu begründen, übrigens nicht damit argumentieren, daß hier ein Strukturmuster vorliege: In V.1aα hieße es mit Bezugnahme auf das Volk wajjar', in V.19a und 25a je einmal im Bezug auf Mose wajjar'. Darum stehe auch in V.5a im Hinblick auf Aaron ein wajjar'. Das sei ein linguistisches Signal. Hier gilt es vielmehr zu unterscheiden: 1. In V.1.19.25 folgt auf das wajjar' jeweils ein Akk.-Obj. oder ein Obj.-Satz, in V.5 nicht. 2. Das Tun des Volkes wie das des Mose beginnt mit einem wajjar'. Was Aaron betrifft, so hat dieser aber schon in V.2 und 4 gehandelt, warum soll nun gerade in V.5 sein Handeln herausgehoben werden? (Es ist wohl zuzugestehen, daß sich ein wajjar' am Anfang von V.2 stilistisch nicht gut machen würde.) Von einem Interpolator könnte das wajjar' durchaus stammen, und zwar als Nachahmung des wajjar' V.1. 19.25
3) Vgl. W. RUDOLPH: "Die Relativsätze zu '^æ^lohim in V.1 und 4b widersprechen sich nicht" ("Elohist", 50).
4) E. ZENGER, Sinaitheophanie, 81.
5) "Hier sind deine Götter, Israel!", in: Wort und Geschichte (FS K. ELLIGER), Kevelaer - Neukirchen-Vluyn 1973 (AOAT 18), 45-50
6) So schon A. DILLMANN, Ex-Lev, 336 ("... der Bildgott (soll) als Heidengott gekennzeichnet werden"); J. PLASTARAS, God of Exodus, 239; H. SCHMIDT, Mose, 82; H. MOTZKI, ZAW 25 (1975), 477 f. - So auch G.W. COATS: "Since Israel otherwise never confess a plurality in the God who brought her out of Egypt, we must assume that the form of the tradition about the calves of Israel ... carries a polemic against the cult represented by them" (Rebellion, 185).

muß man V.4bßγ also übersetzen: "Dies sind deine Götter, Israel, die dich ... heraufgeführt haben!"[1] Weil nun aber in V.5b von Aaron ein Jahwefest ausgerufen wird (und die Herstellung des Kultbildes am Sinai doch offenbar den Sinn hat, sich für den Weiterzug der Gegenwart und Führung Jahwes zu versichern), muß der Ausruf in V.4b (und wohl auch in V.1b) ursprünglich die singularische Form gehabt haben[2]: zǣ ʼælōhǣkā Jiśrāʼēl ʼašær hæʿælkā ... (= "Dies ist dein Gott, Israel, der dich ... heraufgeführt hat!") und: ʿaśē lānū ʼælōhīm ʼašær jēlēk lefānēnū (= "Mach uns einen Gott, der vor uns herzieht!"). Die pluralische Form ist also auf das Konto eines späteren Bearbeiters zu setzen. Auslösendes Moment war dabei vermutlich der Text von 1 Kön 12,26 ff mit seiner pluralischen Formel (die wegen der Zweizahl der Stierbilder von Dan und Betel dem Leser nicht sonderlich auffällt, die aber unzweifelhaft als numerischer Plural zu verstehen ist ("Sieh hier deine Götter ..."), also ebenfalls polemischen Charakter hat[3])[4]. Dieser Plural ist

---

1) Vgl. S.R. DRIVER, 350 f (vgl. schon 349 - zu V.1b); R. KITTEL, Geschichte, 328, Anm. 4; G. BEER, Ex, 152; H. SCHNEIDER, Ex (Echterbibel 1, [4]1964), 72; J. PLASTARAS, God of Exodus, 235; L. SABOURIN, Priesthood, 124; E. DHORME, Ex (La Bible I, 1956) z. St.; O. MICHEL /O. BAUERNFEIND / O. BETZ, Der Tempel der goldenen Kuh (Bemerkungen zur Polemik im Spätjudentum), Berlin 1958, 56-67, hier: 58; H. MOTZKI, ZAW 25 (1975), 477 (vgl. auch 475.

2) So auch G. BEER, Ex 152 und 154; M. WEIPPERT, ZDPV 77 (1961), 104; H.SCHMID, Mose, 82; H. MOTZKI, VT 25, 477 f. Auch H. DONNERs Ausführungen laufen letzten Endes auf diesen Standpunkt hinaus (wenn das auch nicht mehr explizit gemacht wird.).

3) Vgl. R.H. PFEIFFER, Introduction, 170; O. MICHEL / O. BAUERNFEIND / O. BETZ, FS E. FASCHER, 58; Y. KAUFMANN, Religion, 270; M. WEIPPERT, ZDPV 77 (1961), 104; M. NOTH, Könige, 282; S. HERRMANN, Geschichte Israels in alter Zeit, München 1973, 244 f und neuestens einen Aufsatz von H. MOTZKI, "Ein Beitrag zum Problem des Stierkultes in der Religionsgeschichte Israel" in VT 25 (1975), 470-485. MOTZKI schreibt: "Der Verfasser ist offensichtlich bestrebt, den Stierkult als Götzendienst hinzustellen" (475); er vertritt sogar - und zwar mit guten Gründen - die Auffassung, "daß die Errichtung des Stieres in Dan eine Fiktion ist, die dazu dient, den Plural in den Text zu bringen" (ebd.)! Auf diese Weise ließe sich auch am unkompliziertesten die auffällige Tatsache erklären, daß der Prophet Hosea, der äußerst heftig gegen den Betelschen Jungstier polemisiert, das nach Auskunft von 1 Kön 12,29 f in Dan aufgestellt Pendant mit Schweigen übergeht. Manche Exegeten helfen sich mit der Annahme, daß "das Jungstierbild von Dan ... spätestens 733, möglicherweise aber schon in den Wirren der Syrerkriege untergegangen" sei (W. ZIMMERLI, Das Bilderverbot in der Geschichte des alten Israel (Goldenes Kalb, Eherne Schlange, Mazzeben und Lade), in: Schalom. Studien zu Glaube und Geschichte Israels (FS A. JEPSEN), Stuttgart 1971 (Arbeiten zur Theologie 1/46), 86-96, hier: 89. ZIMMERLI verweist auf H.W. WOLFF, BK XIV/1,175 sowie auf A. WEISER.). Aber es ist doch eigentümlich, daß Hosea die (angenommene) Zerstörung des Danschen Kultbildes nicht für seine Verkündigung ausgemünzt hat, und daß ebenfalls die in Juda sitzende Anti-Jeroboam-Opposition die Zerstörung des Heiligtums von Dan offenbar nicht für ihre Zwecke (Desavouierung Jeroboams und seiner kultpolitischen Maßnahme) ausgeschlachtet haben.-Anders P. WEIMAR / E. ZENGER (Exodus, 143) die das ʼælōhīm in Jerobeams Präsentationswort 1 Kön 12,28 singularisch verstehen: "Hier ist doch dein Gott, Israel, der.."

4) Vgl. u.a. G.W. COATS, Rebellion, 185: "Vs.4b ... names the calf the Gods

Fortsetzung siehe S. 227

übrigens nach H. Donner höchstwahrscheinlich dtr Herkunft[1], so daß die heutige Form von Ex 32,4b (und wohl auch von V.1b) mit ihrem (numerisch zu verstehenden) Plural frühestens dtr ist.

Von dem jetzt vorliegenden pluralischen Dem.-Pron. her läßt sich eine Ausscheidung von V.4b demnach nicht begründen.

Was in V.4b noch auffällt, ist das ʼ^{a}šær hæ^{cæ}lūkā gegenüber dem ʼ^{a}šær jēl^{e}kū l^{e}fānēnū V.1b. Diese Differenzierung gibt aber keinen Anlaß zu literarkritischer Scheidung. Beides hat nämlich an seinem Platze seinen Sinn. Das erste Mal geht es um die bisherige Führung des Volkes (hæ^{cæ}lū) bis zum Sinai, das zweite Mal um die Weiterführung vom Sinai zum gelobten Land (jēl^{e}kū)[2]. Dabei ist V.4bßγ offenbar die Formel, auf die der Autor hinauswill: Hier wird auf das alte Bekenntnis zu Jahwe als dem Gott des Exodus angespielt ("der ... aus Ägypten heraufgeführt[3] hat").

V.5 Aaron sieht (es) - im Text heißt es einfach wajjarʼ, ohne Angabe eines Objektes - und baut vor dem Gottesbild einen Altar. Dann ruft er für den folgenden Tag ein Jahwefest aus.

Eigenartig ist das wajjarʼ am Versanfang: "Und Aaron sah". Das Kultbild ist gewiß nicht als Objekt er ergänzen, da Aaron es selbst hergestellt hat[4].

Manche übersetzen freilich "und er schaute es an"[5] - was rein semantisch durchaus möglich ist. Aber es fragt sich, was eine solche Notiz denn wohl solle. W. RUDOLPHs weitergehende Deutung "er sah es mit Lust" (Einfügung eines bō!)ist rein hypothetisch

---

Fortsetzung Anmerkung 4) S. 226

(a plural noun with a plural verb) of Israel. This is probably dependent on the account of Jerobeam's cultic manoeuver in establishing golden calves at Dan and Betel in order to prevent his people from going to Jerusalem for religious activities". Die Abhängigkeit der Erzählung Ex 32 von dem (dtr) Bericht 1 Kön 12,28 f - zumindest aber von einer "mündlich schon festgeprägten Form" - nimmt auch M. NOTH in seinem Ex-Kommentar (vgl. S.202) an. W. RUDOLPH ("Elohist", 48, Anm. 3) stellt bzgl. des Verhältnisses von Ex 32 und 1 Kön 12 fest: "Die literarische Fassung von I. Reg. 12,28 mag jünger sein als Ex 32". Möglicherweise hat außerdem in Ex 32,1b von Anfang an der Plural gestanden und die spätere Umformulierung von V.4b mitbeeinflußt.

1) Vgl. AOAT 18,49. So z.B. auch O. MICHEL /O. BAUERNFEIND/O. BETZ, in: FS E. FASCHER, 57 f
2) Vgl. B. BAENTSCH, Ex-Lev-Num, 269
3) Diese Bekenntnisformel begegnet übrigens auch noch mit Verwendung des Verbs jṣʼ hi.
4) H. GRESSMANN ist anderer Meinung. Er erkennt in V.1-4a und V.4b-6 zwei verschiedene Versionen, die im Widerspruch stehen (J und E): "Dort wird das goldene Kalb von Aaron, hier vom Volke gemacht" (Mose, 199, Anm. 4).
5) So neuerdings E. ZENGER, Sinaitheophanie, 182 (vgl. 81).

(vgl. "Elohist", 50). Eher möchte man r'h hier im weiteren Sinne verstehen und dementsprechend übersetzen: "Und er nahm (die freudige Zustimmung des Volkes) wahr"[1]. (Man vgl. V.1a : "Und das Volk stellte fest, daß Mose ...") Geht man davon aus, daß die ganze vorausgehende Vershälfte V.4b nicht erst nachträglich eingefügt wurde, dann ist das genannte Verständnis von wajjar' das einzig mögliche. Es setzt die pluralische Verbform wajjȯ'm^{e}rū 4bα voraus. Weil diese aber, wie oben angenommen wurde, aus einem ursprünglichen, auf Aaron bezogenen wajjō'mær entstanden ist, dürfte zugleich mit diesem (aaronfreundlichen) Numeruswechsel in V.4bα auch das wajjar' 'ah^{a}rōn V.5aα in den Text gekommen sein. Dadurch ist Aaron auf geschickte Weise die Rolle des mehr oder weniger unfreiwillig Mitmachenden zugeteilt, der sich durch die bösen Erfahrungen mit dem Volk gezwungen sieht, den ihm (als Führer des Volkes) zukommenden Part zu spielen.

Außer der Herstellung des Kultbildes und der Ausrufung des Jahwefestes scheint zu diesem ihm zustehenden Part offenbar auch die Errichtung des Altares gehört zu haben[2]. Andererseits beachte man den inhaltlich und sprachlich weitgehend mit Ex 32,5a.6 übereinstimmenden Text Ri 21,4, nach dem das Volk selbst den Altarbau vornimmt. Ob also die Errichtung des Altares dem Aaron erst nachträglich zugeschrieben worden ist? Das ist von der Position des Satzes wajjibæn mizbeaḥ l^{e}fānāw in seinem jetzt vorliegenden textlichen Zusammenhang her allerdings nicht sehr wahrscheinlich[3]. Man müßte dann schon annehmen, es habe am Anfang von V.5a ursprünglich ... wajjar' hā^{c}ām gestanden: "Und das Volk nahm es (freudig) zur Kenntnis und ...". Diese Annahme ist in der Tat gar nicht so abwegig! Denn sie liefert die beste Erklä-

1) So z.B. A. DILLMANN, Ex-Lev, 337; B. BAENTSCH, Ex-Lev-Num, 270; S.R. DRIVER, Ex, 350. Dies Verständnis ist durchaus möglich. Vgl. z.B. Gen 2,19; 42,1; Ex 20,18; Jer 33,24; Hab 2,1; vgl. Jer 2,31 (Stellenangaben bei GesB, 735, Art. r'h, 3.). Daher kann ich E. ZENGERs Argumentation gegen die Originalität von V.5aα ("V.5aα kann man schlecht als Reaktion auf den Akklamationsruf des Volkes verstehen" (Sinaitheophanie, 81)) nicht zustimmen.

2) Man vgl. Ex 24,4 fE: Mose ist es, der den Altar baut, während es junge israelitische Männer sind, die dann die Opfer darbringen.

3) Es macht im übrigen die These erforderlich, daß Ex 32 erst nachträglich auf die Ereignisse von 1 Kön 12,28 ff (wo es heißt, daß Jerobeam einen Altar errichtet habe) bezogen wurde.

rung für die ausdrückliche Nennung des Subjektes 'ah^{a}rōn in der 2. Vershälfte! Im anderen Falle ist Aaron ja schon in der 1. Vershälfte das Subj., und man fragt sich, warum er in der 2. Vershälfte noch eigens genannt werden muß. Evtl. könnte das allerdings auch daran liegen, daß der Ausrufung des Jahwefestes das Gewicht einer feierlichen Proklamation gegeben werden soll (vgl. die Doppelheit der Verben: wajjiqrā' ... wajjō'mær), und daß die angekündigte Festfeier als entscheidender Akt von den vorbereiteten Akten (Herstellung des Bildes, Bau des Altares) abgehoben werden soll.

Falls, wie vorgeschlagen wurde, das wajjō'm^{e}rū V.4b in einen ursprünglichen Sing. zurückzuverwandeln (und V.5aα auszuklammern) ist, ist die neue Nennung des Subj. "Aaron" in V.5b besonders verständlich, da dieses von der Entgegennahme des Goldes bis zum Bau des Altares nicht mehr namentlich genannt worden ist, obwohl Aaron in dieser Passage das Subj. zu 5 Verben (V.4: 4, V.5a: 1) ist.

Die beste Lösung bzgl. des ursprünglichen Wortlautes von V.4b.5a scheint mir aber zu sein: statt wajjō'm^{e}rū V.4bα ein ursprüngliches wajjō'mær , statt wajjar' 'ah^{a}rōn V.5aα ein ursprüngliches wajjar' hā ām anzunehmen. Bei der Übertragung des anrüchigen Ausrufes V.4b auf das Volk wäre durch den Numeruswechsel in V.5bα dem Aaron mit dem Wahrnehmungsakt auch der Altarbau zugefallen - sozusagen per accidens.

V.6 V.6 bringt die Ausführung zu V.5b: Man steht in der Frühe auf, bringt Brandopfer (ōlōt) und Gemeinschaftsopfer (s^{e}lāmīm) dar[1], und setzt sich nieder zum Essen und Trinken; danach erhebt man sich, um sich zu belustigen (oder: zu tanzen[2]) (l^{e}ṣaḥēq).

1) Syr hat außerdem wqrbw qwrbn' (hebr. = wajjaqrību haqqorbān). - H. HOLZINGER bemerkt richtig: "Die Opfer sind die auch im Jahwekult üblichen (s. 24,5; 20,24)" (Ex, 111). Er fährt dann aber fort: "Der Vorgang wird als Abfall von Jahwe geschildert". Setzt man jedoch für den Präsentationsruf Aarons in V.4bß und für V.1b die singularischen Formen als ursprünglich voraus, so liegt in den VV.1-6 kein Anhaltspunkt für einen "Abfall von Jahwe" vor (vgl. V.5bß). Es handelt sich vielmehr um eine Verletzung des Verbotes von Jahwebildern (= 2. Gebot).

2) So O. EISSFELDT, Lade und Stierbild, ZAW 58 [N.F. 17] (1940/41), 190-215, hier: 202

Das mimmohorāt V.6aα verbindet diesen V. sprachlich mit V.5b, der auf māḥār endet.

Die Abfolge der Handlungen ist durchaus logisch. Nur in stilistischer Hinsicht stellt sich die Frage, wieso die 4 Verbformen in V.6abß im Plur. stehen, dazwischen (V.6abα) aber eine singularische Verbform mit folgendem hā^{c}ām erscheint, wo es sich doch ganz offensichtlich um denselben Personenkreis handelt. Wäre Aaron in V.6a das Subj., so wäre das wajjēšæb hā^{c}ām in V.6bα verständlich. Soll das Essen und Trinken und die Belustigung des Volkes (V.6b) etwa nur stilistisch von der Opferdarbringung (V.6a) abgehoben werden? Oder war das Darbringen der Opfer im ursprünglichen Text vielleicht dem Aaron vorbehalten? Die LXX hat in den betr. Verbformen tatsächlich den Sing., und das Subj. ist eindeutig Aaron, sogar schon in V.6a (LXX: kaî orṭrîsas tê epaûrion). Man versteht nun allerdings nicht recht, warum Aaron allein in der Frühe aufgestanden sein und (in Abwesenheit des Volkes) die Opfer dargebracht haben soll. D.h.:wenigstens das wajjaškīmū V.6aα des MT dürfte - als sinnvollste Version - Bestandteil des ursprünglichen Textes sein. Höchstwahrscheinlich sind aber alle drei Plur.-Formen in V.6a original. Man vgl. Ri 21,4, wo es heißt: wajjaškīmū hā^{c}ām ... wajja^{ca}lū ^{c}ōlōt ūš^{e}lāmīm.

Das Umschwenken vom Plur. in V.6a auf den Sing. am Anfang von V.6b (+ hā^{c}ām) läßt sich leicht als eine Textänderung zugunsten von Aaron erklären[1]:

Wir glaubten ja schon in V.4bα (vgl. S. 223 f) wie auch in V.5a (vgl. S. 228 f) auf Spuren einer aaronfreundlichen Bearbeitung zu stoßen. Hier nun in V.6b könnte das Verb ṣḥq pi. das auslösende Moment für die betr. Textkorrektur gewesen sein. Denn dies Verb "can have ... a decidely sexual connotation (Gen. 26,8; 29,14)"[2], so daß B.S. CHILDS in seiner Kommentierung von V.6b schreiben kann: "A religious orgy has begun"[3]. Zwar dürfte O. EISSFELDT mit seiner Auffassung, daß der Textautor das Verb nicht in diesem negativen Sinne verstanden wissen wollte[4], im Recht sein. Denn es ist doch wohl anzunehmen, daß eine intendierte Bezugnahme auf die orgiastischen Feiern des kanaa-

---

1) So auch W. RUDOLPH, "Elohist", 49
2) B.S. CHILDS, Ex 556. Vgl. G. BEER: "ṣḥq pi. hat erotischen Sinn" (Ex, 152)
3) Ders., 566. Vgl. auch H. GRESSMANN, Mose, 204: "Den Schluß bilden, wie beim Stierkult, fast regelmäßig die obszönen Tänze".
4) Vgl. Lade u. Stierbild, 202

näischen Fruchtbarkeitskultes (die vielfach mit der Verehrung des Stierbildes assoziiert werden) eindeutiger zum Ausdruck gebracht worden wären (vgl. Num 25,1)[1]. Zudem ist das Kultbild ja ein Jahwebild und das Fest ein Jahwefest. Aber es läßt sich gut denken, daß dem gen. aaronfreundlichen Bearbeiter die Ambivalenz des Verbs ṣḥq pi. ein Dorn im Auge war, weil Aaron dadurch in den Verdacht kommen konnte, an sündhaften Ausschweifungen teilgenommen zu haben. So sah er sich veranlaßt, den ursprünglichen Plur. in V.6b in den Sing. + hāᶜām umzuwandeln, um die zwielichtigen Vergnügungen auf das Volk einzuschränken.

Die Einschaltung der Sing.-Form (hāᶜām) in V.6b wäre danach auf das Konto eines Textbearbeiters zu setzen. Die leichte Holprigkeit, die hierdurch entstanden ist (unerwarteter Subj.-Wechsel) dürfte sich in der Tat am ehesten aus einem derartigen Interpolationsvorgang erklären lassen.

Eine andere mögliche Lösung wäre übrigens, daß lediglich am Ende eines urspr. wajješᵉbū in V.6bα das Waw versehentlich entfallen ist. Diese Lösung vermag aber insofern nicht ganz zu befriedigen, als man das Subj. hāᶜam eher am Anfang von V.6 (hinter wajjaškīmū erwarten würde.

Die LXX hätte in ihren auf Aaron bezogenen singularischen Verbalformen in der 1. Vershälfte nach dieser These nicht die Originalfassung bewahrt. Welches Motiv könnte sie wohl zur Abänderung des Textes in V.6a bewegt haben? Vielleicht wollte sie Aarons aktive Teilnahme an dem Geschehen herausstreichen. (Es ist ja doch bemerkenswert, daß jedenfalls der Codex Vaticanus auch in V.4bα die auf Aaron bezogene Sing.-Form eîpen (beibehalten) hat[2], so daß Aaron in den VV.4-6a einschließlich durchgehendes Subj. ist!) Man fragt sich nur, was die LXX hierzu veranlaßt haben sollte. Daher liegt die von O. EISSFELDT[3] geäußerte Auffassung näher, daß "sie sich von der späteren Vorstellung Arons als Priester beeinflussen" ließ.

V.7-14 Mit V.7 verläßt der Erzähler die Szenerie unten am Berge und blendet ein Gespräch ein, das Jahwe mit Mose auf dem Berge führt.

V.7f Jahwe informiert Mose über die frevlerische Handlung des Volkes (das Jahwe in distanzierender Weise als Moses Volk hinstellt!) und fordert ihn auf, zum Volk hinabzusteigen.

Der Sinn der göttlichen Aufforderung kann nur sein, daß Mose ge-

---

1) Die umgekehrte Argumentation, der Autor hätte ja, wenn er den negativen Sinn um jeden Preis hätte ausschließen wollen, das im Dt (vgl. Dt 12,7.12. 18; 16,11; 26,11; 27,7) mehrfach im Zusammenhang mit religiösen Festen begegnende śmḥ (+ lifnē Jhwh ʼᵆlōhīm) verwenden können, ist nicht ohne weiteres schlüssig.

2) Der Codex Alexandrinus hat eîpan.

3) Israels Führer in der Zeit vom Auszug aus Ägypten bis zur Landnahme, in: Studia Biblica et Semitica (FS T.C. VRIEZEN), Wageningen 1966, 62-70, hier: 66

gen das sündhafte Treiben einschreite. Letzteres wird beschrieben mit dem Ausdruck "abweichen von dem Wege, den ich (= Jahwe) ihnen vorgeschrieben habe" (V.8aα). Hiermit wird anscheinend auf Ex 20,4 fJ (+ Z) (Verbot der Herstellung und Verehrung kultischer Bilder) zurückverwiesen (vgl. auch Ex 20,23B sowie Ex 34, 17(J?)).

In der Darstellung des Geschehens durch Jahwe wird die Schilderung des Erzählers von V.1-6 in bemerkenswerter Weise modifiziert: Aaron wird nicht erwähnt, vielmehr wird generalisierend gesagt: "Dein Volk hat gefrevelt" (V.7bß) und: "Sie haben sich ein gegossenes Kalb gemacht" (V.8aß; vgl. demgegenüber V.4aß: wajja-aśēhū). In dem wajjištaḥ^{a}wū-lō V.8bα (= "und sie haben sich vor ihm niedergeworfen") begegnet uns ein Zug, der in der Beschreibung von V.4-6 nicht vorkam.

Außerdem ist (nach dem masoretischen Text sowie nach den LXX-Versionen außer dem Codex B) der Ausruf von V.4b als Teil des Kultaktes verstanden, so daß die Abfolge "Anfertigung des Bildes - Prostratio - Opfer - Kultruf" ist; in V.4-6 ist der Handlungsablauf dagegen "Herstellung des Bildes - (Präsentations-)Ruf (Aarons!) - Altarbau - Opfer".

In der LXX^{B} findet sich die letztgenannte erhebliche Differenz i.d. Darstellung der Ereignisse nicht, da in V.8b die Darbringung der Opfer ausgelassen ist.

Es ist also vor allem zu konstatieren, daß in V.7 f nur undifferenziert vom "Volk" gesprochen und nicht (mehr) zwischen Aaron und dem Volk unterschieden wird. Man muß daher, wie schon bei der Besprechung von V.4b, S. 224 f gesagt wurde, literarkritisch zwischen V.4b und V.8b scheiden, und das bedeutet - da einerseits die VV.*1-6, andererseits V.7 und 8 literarisch zusammengehören -: zwischen V.1-6 und V.7 f. Da V.1-6 für die Handlung konstitutiv ist, ist V.7 f sek.

Die VV.7 f setzen die VV.1 ff voraus. Das zeigen außer den erwähnten Rückbezügen das '^{a}šær hæ^{cæ}līṯā V.7b, das den Attributsatz aus V.1bß aufgreift, das wajjō'm^{e}rū 'ēllæ usw. bis Miṣrajīm V.8bγδ, das sich schon in V.4b findet, und das lækrēd V.7bα, das das lāræd æt min hāhār V.1aß aufzugreifen scheint (vgl. auch Ex 24,18bE).

Auffällig ist übrigens noch das schwerfällige dbr pi. + wörtl. Rede V.7a, das in V.13a noch 1x vorkommen wird.

V.9 f Jahwe erklärt dem Mose, er habe festgestellt, daß "dies Volk" einen steifen Nacken habe (V.9). Darum woll er es vernichten, Mose aber zu einem großen Volke machen (V.10).

In V.9a setzt die Jahwerede neu ein: "Und Jahwe sprach zu Mose: ..." Diese Beobachtung kann nicht ohne weiteres literarkritisch ausgewertet werden, weil eine derartige Redeeinleitung nach dem wajjō'm^{e}rū V.8b nötig war. Trotzdem: Inhaltlich paßt der Schluß, den Jahwe in V.10 zieht, nämlich das ganze Volk zu vernichten, nicht sonderlich gut zu der Aufforderung an Mose, er solle hinabsteigen (und dem Treiben des Volkes Einhalt gebieten)[1].

V.9 stimmt wörtlich mit Dt 9,13 überein (mit dem einzigen kleinen Unterschied, daß Dt 9,13 am Ende der Redeeinleitung ein lē'mōr hat). Weil der zur Diskussion stehende V. bestens in den dtn Kontext (Mahnrede des Mose) paßt und das ^{c}am-q^{e}šē-$\bar{ }$ōræf schon in Dt 9,6b vorkommt - außerdem in Dt 9,27 die substantivische Wendung q^{e}šī-hā^{c}ām, in Dt 31,27 ^{c}ōræf qāšǣ -, ist es am wahrscheinlichsten, daß Ex 32,9 aus dem dtn Paralleltext herübergewandert ist[2]. Dementsprechend wird der V. von den meisten Exegeten als dtn angesehen[3]. Das w^{ec}attā V.10a schließt sich überhaupt besser an V.8 an, weil es auf die Darstellung von Handlungen bzw. Vorgängen zu folgen pflegt, also auf verbale Ausdruckweisen und nicht auf einen Nominalsatz. Auch macht sich w^{ec}attā stilistisch nicht gerade gut nach V.9bß, weil dieser Versteil durch hinnē eingeleitet wird. Im übrigen passen die beiden Pluralsuffixe in V.10aß am besten zu V.8, dessen Verbformen alle im Plural stehen (während V.9 im Sing. vom Volk redet). Last, but not least ist noch darauf hinzuweisen, daß Ex 32,9 in

1) Es sei zugestanden: Vielleicht wird in dieser Argumentation eine Strenge der Logik vorausgesetzt, die nicht in allen literarischen (Original-)Werken per se vorausgesetzt werden kann.

2) Zwar kommt dieselbe Wendung auch in Ex 33,3b.5a; 34,9b vor. Aber diese VV. scheinen ebenfalls späterer (dtr) Herkunft zu sein. Vgl. E. ZENGER: Ex 33,3b = Z; 33,5a u. 34,9 = dtr (vgl. Sinaitheophanie, 193.201 und 223 f. 228). F.E. WILMS schreibt Ex 34,9 dem R^{JE}, d.h. den Jehowisten, zu (vgl. Das jahw. Bundesbuch, 207).

3) Vgl. H. HOLZINGER, Ex, 108

der LXX fehlt. So dürfte dieser V. innerhalb der (wahrscheinlich sek) VV.7 f.10 (nochmals) sek sein[1].

Daß V.10 - wie V.7 f - wohl nicht zum Originaltext von Ex 32 gehört, darauf weist auch die Wendung ḥlh pi. + p^{e}nē hin, die sich nach H. HOLZINGER (Ex, 111) "durchweg in jüngeren Texten" findet.

V.11-14 Mose sucht den zürnenden Gott zu besänftigen (V.11a). Er fragt Jahwe, welchen Sinn denn die zornige Ausrottung seines (!) Volkes habe (V.11b) und was die Ägypter wohl denken werden. Sie müßten ihn ja für einen bösartigen und hinterlistigen Gott halten, der sein Volk nur deshalb aus Ägypten herausgeführt habe, um es im Gebirge vollständig vernichten zu können. Deshalb möge Jahwe seinen (berechtigten) Zorn auf Israel fahren lassen und seinen Entschluß rückgängig machen (V.12). Endlich erinnert Mose Jahwe noch an den Schwur, mit dem er den Vätern unzählige Nachkommen und den Besitz des Landes Kanaan verheißen habe (V.13). Dieser massiven Argumentation kann Jahwe nicht widerstehen. Er läßt sich von Mose umstimmen und nimmt Abstand von seinem Vorhaben[2].

Die VV.11-14 schließen sich völlig organisch an V.10 an: Mose reagiert auf Jahwes Vernichtungsplan, wie es der Leser von ihm als dem Fürbitter seines Volkes[3] erwartet.

Auch sprachlich bestehen Verbindungen zu den voraufgehenden VV. 7-8.10: Dem ^{c}amkā V.7b, mit dem Jahwe sich von Israel distanziert hat, setzt Mose ein zweimaliges, an Jahwe gerichtetes ^{c}amkā (V. 11a.12b) entgegen. V.11 greift das ḥrh + 'af von V.10a auf, V.12 das klh pi. von V.10a - jetzt aber nicht mehr im Munde Jahwes, sondern der Ägypter, was erzähltechnisch sehr geschickt ist. Der Zusage Jahwes an Mose, ihn zu einem großen Volk zu machen (w^{e}'æ^{c}æśæ 'ōtkā l^{e}gōj gādōl V.10b) stellt Mose die Väterver-

1) So z.B. auch W. RUDOLPH, "Elohist", 49
2) "Selbstverständlich ist damit noch nicht (wie Wel. XXI.561 meint) die Vergebung Gottes für den Abfall des Volkes erlangt ..., ... sondern nur die sofortige Vertilgung des Volkes oder der erste Zornesausbruch ist abgewandt ..." (A. DILLMANN, Ex-Lev, 339).
3) Vgl. Ex 5,22 f; 8,4; 9,28; 10,27; Num 11,2; 12,13; 14,13-19; 16,22; 21,7; Dt 9,25-29 sowie Jer 15,1; Ps 99,6; 106,23; Sir 45,3.

heißungen gegenüber. Mit seiner Formulierung spielt er wohl auf Gen 12,2(L; SMEND u. RUPPERT: J) an, wo es heißt: w^{e}'æ^{c}æŝkā l^{e}gōj gādōl.

Das dbr pi. + wörtliche Rede - ohne vorausgehendes lē'mōr - V.13a stimmt stilistisch mit derselben Redeeinleitung in V.7a überein.

Das Stichwort "Hartnäckigkeit" aus V.9, das scheinbar maßgebend war für Jahwes Entschluß in V.10, wird dagegen in Moses Erwiderung nicht aufgegriffen - ein weiterer Hinweis auf den sek Charakter von V.9 (in Bezug auf den Kontext V.7-14).

Was die literarische Einheitlichkeit von V.11-14 angeht, so ist neben dem störungsfreien und glatten Gedankenablauf noch die Entsprechung von V.14a und V.12bß (nḥm pi.) zu nennen.

So ergibt sich bzgl. der VV.7-14, daß sie gegenüber V.1-6 sek sind (und daß V.9 nochmals innerhalb der VV.7-14 sek ist).

Ex 32,7(9)-14 wird auch überwiegend als sek Einschub angesehen[1]. M. NOTH hält die VV.9-14 für 'einen nach seinem Stil deuteronomistischen Zusatz'. Dagegen hält J. HOFTIJZER[2] es nach Auskunft von J.G. PLÖGER[3] "für 'unmöglich, die Verheißungsstellen in Ex XXXII einem deuteronomischen Überarbeiter zuzuweisen', weil 'im Deuteronomium die Fürbitte nach dem Herabsteigen Mosis genannt wird (IX 18)', und weil man in den Verheißungsstellen 'keinen typisch deuteronomischen Wortschatz findet'". J.G. PLÖGER, der bei seiner Überprüfung des Wortschatzes von Ex 32,13 u. Dt 9,27 "eine gewisse,aber nicht ausschließliche Verwandtschaft zu Dt"[4] aufweisen kann, schließt sich der Stellungnahme HOFTIJZERs an. Vgl. auch W. BEYERLEIN, Sinaitraditionen, 27. Zuletzt hat J. LOZA[5] sich entschieden gegen eine dtn bzw. dtr Herkunft von Ex 32,7-14 ausgesprochen[6]. Er rechnet die VV. wie J. WELLHAUSEN[7] zum R^{JE}, der schon nach der Auffassung von WELLHAUSEN "in bestimmten Fällen ... nicht ein einfacher Kompilator vorliegender Materialien, sondern ein wahrer Autor ist"[8]. R^{JE} ist nach LOZA übrigens "der unmittelbare Vorgänger des Deutero-

1) Vgl. H. HOLZINGER, Ex, 108; B. BAENTSCH, Ex-Lev-Num, 268; R. SMEND, Hexateuch, 170 (V.7 stammt jedoch aus E); H. GRESSMANN, Mose, 199, Anm. 4 ("später, aber relativ alter Zusatz"); S.R. DRIVER, Ex, 351 (R^{JE}); W. RUDOLPH, "Elohist", 49; G. BEER, Ex, 152 u. 153; H. HÖLSCHER, Geschichtsschreibung, 316 ("ein jüngerer Einschub"). Anders A. DILLMANN (Ex-Lev, 339: J).
2) Die Verheißungen an die drei Erzväter, Leiden 1956, 32, Anm. 6
3) J.G. PLÖGER, Literarkritische, formgeschichtliche u. stilkritische Untersuchungen zum Dt, Bonn 1967 (BBB 26), 77
4) J.G. PLÖGER, Untersuchungen, 77
5) Ex XXXII et la rédaction JE, VT 23 (1973), 31-55
6) Ders., 31.36-38.54 f
7) Composition^{3}, 561
8) J. LOZA, Ex XXXII, 54

nomiums"[1]. Lassen wir die Frage "jehowistisch oder nicht?" beiseite! Hier ist zunächst nur 1. die fast einhellige Meinung der Exegeten zur Kenntnis zu nehmen, daß es sich bei Ex 32,7(9)-14 um einen sek Einschub handelt, 2. auf den wahrscheinlich gemachten Tatbestand hinzuweisen, daß Ex 32,7-8(9)10-14 nicht dtn bzw. dtr[2] Herkunft ist, aber doch in gewisser Weise mit Dt 9,12-14.26-29 verwandt ist[3]. Es ist zu vermuten, daß Ex 32,7-8(9)10-14 dem Dtn/Dtr bereits als Vorlage gedient und dieser die VV. "seinem eigenen Sprachgebrauch gleichartig gemacht hat"[4] (Vgl. hierzu Nr. 7: Vergleich Ex 32 - Dt 9,7-10,11!)

V.15 f "Die VV.1-6 werden durch V.15 ff fortgesetzt"[5]. V.15: Mose steigt mit den beiden Gesetzestafeln vom Berge hinab.

Das wajjifæn wajjēræd Mōšæ min-hāhār V.15a paßt gut zu laraedæt min-hāhār V.1a, nicht ganz so gut zu dem Imperativ læk-rēd V.7b. Dabei spielt das Fehlen der Ortsbestimmung hāhār in V.7b keine Rolle[6]; denn die ist in V.7b überflüssig (Jahwe braucht Mose ja nicht eigens zu sagen, wovon er herabsteigen soll). Aber es fehlt die genaue Entsprechung zu dem Imper. lēk[7]. Statt wajjēlæk steht in V.15aα wajjifæn. Der entsprechende Imp. p^{e}nē + Waw + Imper. kommt nun allerdings nur in der Psalmensprache vor[8], ist in der Erzählsprache also völlig ungebräuchlich; wohl findet sich der Plural p^{e}nū + Waw + Imper. 3x im Pt[9] und 1x im Buche Jos[10]. Anhand der Differenz zwischen dem læk-rēd V.7bα und dem wajjifæn wajjēræd V.15a läßt sich demnach keine literarkritische Scheidung durchführen.

---

1) Ders., 55
2) Neben M. NOTH ist u.a. L. PERLITT dieser Auffassung (vgl. Bundestheologie, 209).
3) Vgl. J.G. PLÖGER, Untersuchungen, 77 f, der Ex 32,11-14 mit der vor-dtn Predigt zusammenbringt (vgl. ders., 78).
4) A. KUENEN, Einleitung I/1, 235
5) B.D. EERDMANS, Studien III, 73
6) Gegen E. ZENGER, Sinaitheophanie, 83
7) Dieser hat syntaktisch die normale Funktion einer Verbform. Anders wäre das, wenn die verlängerte Imper.-Form l^{e}kā dastünde. Denn l^{e}kā dient nicht selten als Lexem für "wohlan!". Vgl. GesK, 317 f, § 105 b.
8) Vgl. Ps 25,16; 86,16; 119,132
9) Vgl. Num 14,23; Dt 1,7.40
10) Vgl. Jos 22,4

Der Terminus hā^c ēdūt in V.15aß ist als priesterschriftlich aus dem Kontext herauszulösen. Die Tafeln als solche können aber kaum aus V.15 u.16 gestrichen werden[1], da sie in V.19b vorausgesetzt sind[2].

Die Kennzeichnung der Tafeln (und ihrer Inschrift) nach ihrem Aussehen und ihrer Herkunft nimmt freilich einen ungebührlich breiten Raum ein. Darum ist zu fragen, ob nicht ein Teil des Textes von V.15b.16 als sek Auffüllung anzusehen ist. Im unmittelbaren Kontext der Erzählung hat V.15b ("Tafeln, die auf ihren zwei Seiten beschrieben waren, von dieser und von jener Seite waren sie beschrieben") keinerlei Bedeutung[3]. V.16 dagegen ("Und die Tafeln waren ein Werk Gottes, eingraviert in die Tafeln") bereitet das Verständnis der Tafelzertrümmerung V.19b vor: sie geben diesem symbolischen Akt ein besonderes Gewicht. Trotzdem kann der weitausladende V.16 auch ein späterer kommentierender Zusatz sein (wie der pleonastische V.15b)[4].

Übrigens ist der Gebrauch der Langform des Pers.-Pron. d. 3. Pers. Plur. (hēmmā) in V.16a und der Kurzform (hēm) in V.15b kein Quellenscheidungskriterium. Die Langform kann durchaus durch die Position am Satzende bedingt sein. Vielleicht gab auch das Wort 'æ lōhīm vor dem Pers.-Pron. den Ausschlag für die Verwendung der unverkürzten Form: 'æ lōhīm hēm ... würde stilistisch schlecht klingen.

V.17-18 Josua (!) hört das Geschrei des Volkes und deutet es als Kriegsgeschrei (V.17). Mose ist anderer Meinung; er identifiziert das Schreien als den Lärm von Feiernden (V.18).

Bisher war in Ex 32 nur vom Volk und von Aaron, von Mose und von Jahwe die Rede. Nun ist auf einmal eine weitere Person mit im Spiel: Josua. Seine Erwähnung hängt zwar nicht völlig in der Luft; denn er war schon in Ex 24,13a als Moses Begleiter beim

---

1) Gegen E. ZENGER, Sinaitheophanie, 83 f.87.184-187. Gewiß sind die Tafeln in Ex 24,*12 u.31,18aαb schon genannt worden, so daß sie dem Leser präsent sein dürften. Das Gewicht, das der Zertrümmerung der Tafeln in V. 19b beizumessen ist, wird es aber kaum erlauben, die ganze Tafel-Notiz von V.15 f so leichthändig auszuklammern.

2) Dieser V. gehört zur vordeuteronomischen Form der Erzählung, so stuft auch E. ZENGER sie ein (= Je).

3) Vielleicht fühlte sich ein Späterer bemüßigt, die Meinung abzuwehren, die Tafelinschrift sei auf den Dekalog beschränkt gewesen (vgl. Dt 10,4: "die 10 Worte"!), vielmehr habe das ganze Bundesbuch darauf gestanden.

4) Vgl. M. NOTH, Ex, 204

Aufstieg auf den Berg genannt worden. Aber wie Josuas Nennung dort überrascht - nachdem Mose in Ex 24,12 allein den Befehl erhalten hatte, zu Jahwe auf den Berg zu steigen -, so auch hier. Ob das "und Josua, sein Diener" in Ex 24,13a nicht erst nächträglich im Blick auf Ex 32,17 eingefügt wurde? Die Fortsetzung des Satzes "und Mose stieg auf den Berg Gottes" (V.13b; Ex 24,13b) spricht dafür. Auch im weiteren Verlauf von Ex 32 kommt Josua nicht mehr vor. Schon der folgende Satz V.19 fährt im Sing. fort - ohne das Subj. zu nennen, das aber nur Mose sein kann: "Und es geschah: als er sich dem Lager näherte, ...". Damit ist allerdings nur die Nennung Josuas als sek aufgewiesen, nicht schon die VV.17 f als ganze: Denkt man sich die VV.7-14 als sek Zutat weg (vgl. die obige Besprechung), so erfüllen die VV.17 f eine nicht unwichtige erzähltechnische Funktion: sie steigern erheblich die Spannung.

So ist mit der Möglichkeit zu rechnen, daß nur der Name "Josua" in V.17 sek Ursprungs ist, daß vorher vielleicht nur allgemein von Moses "Diener" (vgl. das hanna^{c}ar in Num 11,27 sowie die Bezeichnung m^{e}šārēt in Ex 24,13; Ex 33,11b und Num 11,28) die Rede war[1]. Der rhythmische Teil von V.18 macht ja auch durchaus einen altertümlichen Eindruck[2]. Abgesehen von Josuas Nennung läßt V.17 f sich also ohne weiteres zur Grunderzählung rechnen - wenn man nicht bei den "Gesängen für Anat" V.18, die ja ein der Grunderzählung offensichtlich noch fremdes, polytheistisches Element in den Text bringen, bleiben will.

V.19 Als Mose sich dem Lager nähert und den (Jung-)Stier und die Tänze gewahrt, zerschmettert er zornig die (Bundes-)Tafeln. Da-

---

1) Daß hier Moses (anonym bleibender) Diener in die Erzählung einbezogen wird, ohne daß er weiterhin eine Rolle spielt, hat ja nichts Auffälliges an sich. Auch kann es nach der Erwähnung des Dieners in V.19 ohne weiteres heißen: "... als er (= Mose) nahe an das Lager herangekommen war..."

2) R. SMEND (Hexateuch, 168): J^1 (= versprengtes Textstück innerhalb der elohistischen Erzählung wie V. 25); H. GRESSMANN (Mose, 199 f, Anm. 4): J.

mit, daß Mose in V.19 nicht wieder beim Namen genannt wird, läßt sich nicht literarkritisch argumentieren[1]. Denn wenn schon in V.18 Mose als Subj. zu wajjō'mær fehlen kann, wo doch Josua (bzw. Moses Diener) das Subj. des voraufgehenden wajjō'mær V. 17b ist, dann erst recht hier.

Das Gottesbild wird hier hā^c^ēgæl genannt, es fehlt also gegenüber V.4b.8b die Apposition massēkā. Aber auch hierin kann kein Quellenscheidungsindiz gesehen werden. Denn in V.4b u. 8b wird das Kultobjekt jeweils vorgestellt, daher auch die indeterminierte Form ^c^ēgæl. Hier in V.19a (wie nachher in V.20a u. 24b) wird dagegen von dem Stier wie von etwas Bekanntem gesprochen, darum genügt vollkommen das determinierte hā^c^ēgæl ohne massēka.

V.20 Mose packt sich den (Jung-)Stier, wirft ihn ins Feuer, zermahlt die Überbleibsel zu Pulver, streut dies ins Wasser und gibt den Israeliten davon zu trinken. Bemerkenswert ist, daß in diesem V. die Herstellung des Gottesbildes nicht Aaron zugeschrieben wird, sondern generalisierend "ihnen", d.h. allen: 'æt hā^c^ēgæl 'ašær ^c^āśū. Das stimmt inhaltlich überein mit Jahwes Auskunft in den VV.7-8. Formal ist aber zu beachten, daß dort (vgl. V.7) für die Gesamtheit der Israeliten (einschl. Aaron) der terminus ha^c^ām gebraucht wird, während in V.21, von dem V.20 wohl nicht literarkritisch abzutrennen ist, Aaron dem ^c^am gegenübersteht wie in V.1a.3a.6b.22.25. Deswegen konnte in V.20 nicht vom <u>Volk</u> gesagt werden, daß es das Bild hergestellt hat. Sofern das Volk <u>miteinbezogen</u> werden sollte, mußte also die (das Volk + Aaron umfassende) Pluralform gewählt werden.

Vor allem ist nun aber noch anzumerken, daß der zur Debatte stehende Attributsatz 'ašær ^c^āśū an dieser Stelle vollkommen überflüssig zu sein scheint, da im vorangegangenen V.19 gerade von hā^c^ēgæl gesprochen worden ist, und daß der Nebensatz deswegen beim aufmerksamen Leser Verwunderung auslöst. Fände sich dieser

---

1) Gegen E. ZENGER, Sinaitheophanie, 84

ʾašær-Satz hinter dem hāʿēgæl von V.19a, so wäre daran nichts Auffallendes, weil seit V.8, richtiger: seit V.5 - nämlich unter Ausklammerung der sek VV.7-14 - nicht mehr auf den (Jung-) Stier Bezug genommen war. So aber fragt man sich, was dieser attributive Nebensatz denn noch solle.

Für H. SEEBASS beweist "der nachklappende Satz"[1], "daß das goldene Kalb eingefügt ist"[2]. "Denn es ist von der Zerstörung des Kultbildes die Rede, und wenn das Kalb für diesen Zusammenhang erst eingeführt werden muß, geht daraus hervor, daß hier ursprünglich ein anderes Kultbild genannt wurde"[3]. SEEBASS kommt offensichtlich zu dieser Interpretation (die er selbst als eine objektive "Beobachtung" ansieht[4]), weil er die Fortführung des Satzes im Auge hat, wo vom Verbrennen und Pulverisieren des Kultobjektes die Rede ist[5].

Nun muß diese Redeweise aber keineswegs zur Annahme eines ursprünglich hölzernen Kultbildes[6] führen (vgl. weiter unten die Ausführungen von S.E. LOEWENSTAMM). So ist man nicht gezwungen, das Motiv des (Jung-)Stiers in V.20a als ein sek Element zu betrachten. Wahrscheinlicher ist dann schon, daß nur der kurze ʾašær-Satz nachträglich eingefügt wurde, der - im Rückzug auf V.8a? - herausstellt, daß letztlich alle Israeliten an der Herstellung des Gottesbildes beteiligt waren (und deshalb alle - nicht nur Aaron - von dem Wasser mit den pulverisierten Resten des Kultbildes trinken müssen (V.20b)). Man mag die Frage stellen, wieso denn in dem Attributivsatz nur von der Herstellung und nicht auch von der kultischen Verehrung des (Jung-)Stieres

1) Mose u. Aaron, 34
2) Ebd.
3) Mose u. Aaron, 34
4) Ebd.
5) "Denn wenn man vom Verbrennen und Pulverisieren des Kultbildes und seiner Asche liest, denkt man kaum an ein massives Gußkalb und das Zerreiben eines geschmolzenen Goldklumpens, sondern an einen Gegenstand, der wenigstens überwiegend aus Holz besteht" (Mose u. Aaron, 34).
6) So H. HOLZINGER, Ex, 109 (jahwist. Version; E = Gußbild); H. GRESSMANN, Mose, 204, Anm. 3 (elohistische Version); S. LEHMING, Versuch, 24.

(vgl. V.6) gesprochen wird. Das ist sicher dadurch bedingt, daß die Zerstörung des Bildwerks und seine völlige Vertilgung eben das genaue Gegenteil von der Herstellung des Bildes ist. Daß das Verb ᶜśh hier nicht im Sing. steht - faktisch hat ja doch Aaron das Gottesbild hergestellt! -, dient wohl der Vorbereitung auf den Akt des Wassertrinkens, den alle Israeliten vollziehen müssen.

Zu guter Letzt fragt man sich, warum das ʼᵃšær ᶜāśū überhaupt sek sein muß, wenn es doch einen guten Sinn hat. Zeigt sich in dieser subtilen Kontrastierung nicht gerade die Kunstfertigkeit des Erzählers? Ich bin daher der Auffassung, daß man den zur Diskussion stehenden Attributsatz zum Originaltext zu rechnen hat.

Zum ersten und zum letzten Male wird hier, und zwar in V.20bß, innerhalb von Ex 32 von dem "Söhnen Israels" gesprochen. Sonst ist meist von dem "Volk" die Rede, 2x (in dem Ruf "Das ist dein Gott, Israel, ..." V.4b.8b) von "Israel"[1]. Vielleicht ist der Grund für die Bezeichnung "Söhne Israels" darin zu sehen, daß der Ausdruck das "Volk" Aaron ausgeschlossen hätte (vgl. die Gegenüberstellung von Aaron und "Volk" in V.1a.3a.6b und in V. 21 f.25[2]). So lag es eigentlich ziemlich nahe, daß der Autor den Plur. ᶜāśū von V.20a fortsetzte und das Subj. mit bᵉnē Jiśrāʼēl präzisierte. Der Gebrauch des Ausdrucks "Söhne Israels" ist also kein geeignetes literarkritisches Indiz, um V.20bß vom Kontext abzugrenzen.

Die Ausdrucksweise "und er verbrannte (es) im Feuer und zermahlte (es) zu Staub" V.20a steht anscheinend quer zu der Vorstellung von einem Gußbild (vgl. V.2-4.8a)[3]. Es ist hier aber zu bedenken, was S.E. LOEWENSTAMM[4] durch Vergleich mit 2 ugariti-

1) Diese Bezeichnung ist gegenüber hāᶜām insofern bemerkenswert, als sie ganz auf die Situation in 1 Kön 12 abgestimmt ist (Israel = Nordreich).
2) In V.7 f ist das anders. Dort sind, wie wir sahen, unter den Begriff hāᶜām alle Volksangehörigen (incl. Aaron) subsumiert.
3) Vgl. M. NOTH, ATD 5, 205
4) The Making and Destruction of the Golden Calf, Biblica 48 (1967), 481-490

schen Texten[1] herausgearbeitet hat:

"In view of the parallel Ugaritic motifs observed above we may conclude then that the biblical description of the destruction of the Golden Calf constitutes an Israelite development of an early literary pattern that was employed in Canaan to describe the total annihilation of a detested enemy"[2]

Gemäß den überzeugenden Ausführungen von LOEWENSTAMM greift der Autor von Ex 32 eine alte literarische Figur aus dem Bereich des Mythischen (die unrealistische Züge an sich hat!) auf und macht sie seinem Anliegen dienstbar. Die Verwendung des Verbrennungsmotivs kann danach also durchaus mit einem Gußbild zusammengebracht werden. Das bedeutet: Man braucht keine Urversion mit einem hölzernen Gottesbild postulieren. Durch LOEWENSTAMMs Interpretation löst sich auch eine zweite Spannung: Der Akt des Wassertrinkens (V.20bß), der meist als Fluchwasser-Ordal verstanden wird[3] und sich dann (nicht nur mit dem levitischen Strafgericht, sondern auch) mit Moses Fürbittaktion und Jahwes Antwort in V.30-35 reibt, ist in Wirklichkeit kein Gottesgericht, sondern der letzte Akt der totalen Vernichtung des Gottesbildes[4] von seiten derer, die ihm vorher kultische Verehrung entgegengebracht hatten. Dt 9,21 stützt diese Auffassung. Das dortige Fehlen des Trinkmotivs - der Staub des zermahlenen Kultbildes wird in einen Bach geschüttet - läßt erkennen, daß es nicht speziell um den Akt des Trinkens geht, sondern einfach um die restlose Vertilgung des sündhaften Kultbildes.

1) Diese Texte sind zu finden in: C.H. GORDON, Ugaritic Textbook, Rome 1965, 49: II: 30-37 u. 49: II: 12-15
2) S.E. LOEWENSTAMM, Golden Calf, 485
3) So z.B. H. HOLZINGER, Ex 109,111; B. BAENTSCH, Ex, 268.272; R. SMEND, Hexateuch, 169; H. GRESSMANN, Mose, 200.204 sowie Anfänge, 66; S.R. DRIVER, Ex 353; R. KITTEL, Geschichte, 328; G. BEER, Ex 153 u. 155; M. NOTH, ÜPt, 158, Anm. 410 sowie Ex, 201.205 f; S. LEHMING, Versuch zu Ex XXXII, VT 10 (1960), 17-50, hier: 22-24; te STROETE, Ex, 216; U. CASSUTO, pērûš ᶜal sefær šᵉmōt, Jerusalem ⁵1969, 283; J. LOZA, Ex XXXII et la redaction JE, VT 23 (1973), 31-55, hier: 35; H. SEEBASS, Aaron u. Mose, 39. Andere Autorennamen bei S.E. LOEWENSTAMM, Golden Calf, 485, Anm. 1.
4) So oder ähnlich schon B.D. EERDMANS, StudienIII, 73; W. BEYERLEIN, Herkunft u. Geschichte der ältesten Sinaitraditionen, Tübingen 1961, 25.150 f; R. GRADWOHL, Die Verbrennung des Jungstiers, Ex 32,20, ThZ 19 (1963), 50-53; G. te STROETE, Ex, 222: "... alle herinneringen aan de afgodendienst moeten verdwijnen ... Een godheid die men kan verbranden, opdrinken en verteren is waardelos".

V.21-24 Die VV.21-24 enthalten einen Dialog zwischen Mose und Aaron.

Im Anschluß an die vollständige Auslöschung des sündigen Objekts zieht Mose seinen Vertreter Aaron zur Rechenschaft[1]. Mose fragt ihn vorwurfsvoll, was ihm "dies Volk (denn) getan" habe, daß er "über es eine (so) große Schuld gebracht" habe.

Auf keinen Fall darf man aber dem Schuldanteil des Volkes nach Moses Worten ein zu starkes Gewicht beimessen. Denn: "Moses accost Aaron with a typical idiom of the disputation (cf. Gen 20.9)" (B.S. CHILDS, Ex 569). Der übergeordnete Satz mæ-ᶜāsā lᵉkā hāᶜām (d.h. die darin ausgesprochene evtl. Schuld des Volkes) hat also mehr floskelhaften Charakter und daher kein starkes argumentatives Gewicht. Der Ton liegt ganz auf der Aussage des Konsekutivsatzes, daß Aaron unverantwortlich gehandelt und das Volk in eine schwere Schuld gestürzt habe.

V.22 Aaron erinnert Mose zu seiner eigenen Entlastung an dessen schlechte Erfahrungen mit dem Volk (die ja in dem hāᶜām hazzǣ V.21 anklangen):

"Du kennst (doch) dies Volk (und weißt), daß es zügellos ist"[2].

Der unterwürfige Ton (vgl. die Titulierung des Mose als ʼᵃdōnī!) verrät allerdings ein Schuldgefühl auf seiten des Aaron. Er bittet Mose, seinen Zorn gegen ihn fahren zu lassen: In V.19b bezog sich das ḥrh + ʼaf auf das ganze Volk - so wie der Zorn Jahwes in V.10a. Die Spezifizierung auf Aaron in V.22 ist von der Sache her sehr wohl verständlich: Aaron hatte als stellvertretender Führer des Volkes eine besondere Verantwortung für das Ganze (und dessen war er sich offenbar auch bewußt). Es ist also kein

1) Daß Mose sich jetzt an Aaron wendet, ist ganz normal. Jedenfalls gibt die Abfolge von V.20 und V.21 keinen Anlaß zu literarischer Abtrennung. So z.B. auch B.D. EERDMANS, Studien III, 73: R. SMEND, Hexateuch, 170. Gegen J. WELLHAUSEN, Comp., 92 (WELLHAUSEN geht von der falschen Voraussetzung aus, der Vorgang des Trinkens in V.20 sei ein Ordal.) u. H. GRESSMANN, Mose, 199 f, Anm. 4.

2) Vgl. die textkritische Anm. zur Übersetzung von V.22a (S. 210).- So auch H. GRESSMANN (Mose, 199 f, Anm. 4), der sich hier an A.B. EHRLICH, Randglossen zur Hebr. Bibel, anschließt.

Anlaß gegeben, um von einer Disparatheit zwischen V.22a und 19bα zu sprechen.

V.23 Aaron referiert in V.23 exakt, was in V.1a erzählt ist, wobei der Wortlaut aber in 2 Punkten geringfügig abweicht (Statt wajjō'm^{e}rū V.1b steht hier wajjō'm^{e}rū lī, und die Aufforderung qūm aus V.1b fehlt). Diese beiden kleinen Änderungen, die den Satzanfang stilistisch leichter und flüssiger machen, lassen sich gut aus dem erzählerischen Mittel der "Rekapitulation" erklären.

V.24 In V.24 rekapituliert Aaron in verkürzter Form, was in V. 2-4 erzählt wurde. Statt 'mr 'æl (V.2a) steht hier (V.24aα) wieder 'mr l^e, statt bō' hi. + 'æl (V.2b) steht ntn + l^e (V. 24aß). Hier gilt dasselbe, was zu V.23 gesagt wurde. Außerdem wird statt der piel-Form von prq V.2a in V.24aß die hitpael-Form gebraucht (die aber schon in V.3a vorkam).

Vor allem wird die Entstehung des (Jung-)Stierbildes von Aaron in V.24b anders beschrieben als vom Erzähler in V.4: Ganz gleich, ob man das wajjāṣar 'ōtō baḥæræṭ in V.4a bereits als Teil des Herstellungvorganges begreift oder nicht, in V.24 wird Aarons Rolle bei der Herstellung viel geringer veranschlagt als in V.4 (wajja^{c}^{a}śēhū ^{c}ēgæl massēkā): "und ich warf es (= das Gold) ins Feuer, und heraus kam dieser (Jung-)Stier." Danach war bei der Entstehung des Kultbildes anscheinend der Zufall stark beteiligt. Das ist sehr erstaunlich und klingt nach einer billigen Ausrede[1]. H. GRESSMANN spricht in diesem Zusammenhang von "kindlicher Naivität, die ihre schönste Parallele in Adams Rechtfertigung vor Gott findet"[2]. Die jüdischen Kommentatoren suchen dagegen fast ausnahmslos Aarons Darstellung des Hergangs zu rechtfertigen (um dadurch ihren Hohenpriester zu entlasten). So noch neuerlich

---

1) Nach W. RUDOLPH ist Aarons Entschuldigung "so plump und lächerlich, daß dieser Zug nicht von einer dem Aaron günstig gesinnten Seite stammen kann" ("Elohist", 51)

2) Mose und seine Zeit, 202

S.E. LOEWENSTAMM[1]. Auf die Frage "Is Aaron's claim to be taken as crass falsification of what the narrator described happended?"[2] gibt er die Antwort: "This assumption, however, finds no support in the text; there is no allusion on the part of the narrator that this was so nor is Aaron punished or reprimanded"[3].

Gewiß, LOEWENSTAMMs Argumentation vermag deutlich zu machen, daß aus Aarons Wiedergabe der Entstehung des Gottesbildes keine "kindliche Naivität" spricht im Sinne einer allzu offenkundigen Lüge. Aarons Aussage hat mehr Hintergrund: Der Autor der Erzählung bringt hier die damals offenbar geläufige Vorstellung ins Spiel, daß ein Kultobjekt von selbst zu entstehen pflegt. Ob Aaron damit ernsthaft meint, den wahren Sachverhalt anzugeben, ist eine andere Frage. Schauen wir uns mit B.S. CHILDS Aarons Wiedergabe der Geschehnisse von Ex 32,1-4a einmal genauer an:

"When Aaron relates the role of the people, he repeats verbatim the entire dialogue as recorded in V.1 along with its demand for other gods and the abusive reference to Moses. When he comes then to his own role in gathering the gold, the account is considerably abbreviated and minimizes Aaron's own role. The people bring the gold of their own accord, as if it had not been requested by him. When he reaches the crucial point on the actual construction of the calf, Aaron's story diverges completeley from the original account. He pictures himself uninvolved. The calf came out all by itself. Moreover, the fact that Aaron commences his defence with a broad condemnation of the people as evil by nature and ends up disavowing any responsibility for himself, hardly speaks well for Aaron"[4].

Aaron macht in der Tat in den zur Diskussion stehenden VV.22-24 keine gute Figur. Sein Statement gegenüber Mose, worin er das Volk schwer beschuldigt, sich selbst aber weitgehend entschuldigt, macht einen geradezu peinlichen Eindruck.

Aus diesem negativen Aaronbild sollte man übrigens nicht gleich auf eine ausdrückliche Aaron-Polemik schließen. Der (nicht ungeschickt angefangene) Versuch, den eigenen Schuldanteil herunterzuspielen, muß nicht bewußt auf

---

1) The Making and Destruction of the Golden Calf, Biblica 48 (1967), 481-490
2) Bib 48 (1967), 488
3) Ebd.
4) Golden Calf, 570

den historischen Aaron (bzw. die Aaroniden) gemünzt sein, sondern stellt möglicherweise ein rein literarisches Gestaltungsmittel des Erzählers dar.[1].

Anlaß zu literarkritischen Überlegungen ist durch die Diskrepanz zwischen der Rolle Aarons in V.1-6 und V.22-24 nicht gegeben,[2] da die Ereignisse ja in V.1-6 aus der Sicht des Erzählers selbst, in V.22-24 dagegen aus der Sicht einer der in der Erzählung auftretenden Personen beschrieben werden[3].

Die Ausdrucksweise hā^cēgæl hazzæ̅ am Ende von V.24 überrascht, weil der Stier doch bereits vollständig vom Erdboden vertilgt ist. Man würde stattdessen eigentlich hā^{c}ēgæl hāhū' (= "jener (Jung-)Stier") oder einfach die determinierte Form hā^{c}ēgæl erwarten. Haben die VV.21-24 evtl. ursprünglich vor V.20 gestanden? Näherliegend scheint mir zu sein, daß das Demonstr.-Pron. zæ̅ deswegen gewählt wurde, weil es - im Unterschied zu hū' - einen abfälligen Unterton haben kann (vgl. V.1b.9b.21a.23b(31?): "der da!". Durch das abfällige hā^{c}ēgæl hazzæ distanziert Aaron sich von dem Bilderkult und gesteht damit indirekt ein, daß die Sache, bei der er selbst mitgewirkt hat, sehr anrüchig war. Er weist ja auch nicht Moses Wort von der "schweren Sünde" (V.21b) zurück, die er, Aaron, über das Volk gebracht habe (hēbē'tā V. 21b). Nach Aarons Statement (V.22-24) erwartet man nun eine Stellungnahme des Mose. Doch diese bleibt aus. Was folgt, ist das im Auftrag des Mose von den Leviten zu vollziehende Strafgericht über das Volk V.25(26)-29.

V.25 Mose stellt fest, daß (Aarons Behauptung stimmt, nämlich

---

1) Im Hinblick auf den Aaron der VV.1-6 ist übrigens die gleiche Vorsicht angebracht. Es steht nämlich keineswegs von vornherein fest, daß es dem Erzähler darum zu tun ist, gegen Aaron (qua Ahnherrn der Priester) zu polemisieren. Man muß auch die Möglichkeit erwägen, ob Aaron hier nicht einfach als literarisches Mittel herhalten muß, d.h. daß er (in Ex 32!) eine erzähltechnisch bedingte Projektion Jerobeams I. in die Mosezeit darstellt, daß also von Anfang an König Jerobeam angezielt ist.

2) Vgl. auch W. RUDOLPH, "Elohist", 51 f

3) Anderer Meinung ist z.B. H. HOLZINGER, Ex, 108. W. RUDOLPH wendet sich gegen H. HOLZINGERs Auffassung, die VV. 21-24 stellten einen nachträglichen Einschub zur Ehrenrettung Aarons dar (vgl. "Elohist", 51)

daß) das Volk zügellos (pārūᶜa)[1] ist. Auf diese Mitteilung des Erzählers folgt der erklärende Zusatz, daß Aaron das Volk habe verwildern lassen (kī pᵉrāᶜō 'ahᵃrōn), und zwar zum Spott (lᵉšimṣā)[2] unter seinen Feinden (bᶜqāmēhæm).

Moses Beobachtung kommt eigentlich ziemlich spät. Hat er denn nicht gleich bei seiner Ankunft im Lager - als er den (Jung-) Stier und die Tänze sah - festgestellt, was mit dem Volke los war?

Dazu ist jedoch zu sagen, daß 1. der Erzähler nicht exakt und konsequent chronologisch fortschreitend erzählen muß. (Er hat die Freiheit, schon Gesagtes aufzugreifen und von da aus in einem Neuansatz zu einem weiteren Gedanken bzw. einer weiteren Handlung überzuleiten.) und daß 2. V.10 (mit seinem wajjar' vielleicht die aktuelle Augenblickssituation wiedergibt, die Mose bei seiner Rückkunft vom Berge antraf, daß in V.25a aber von einer Verwilderung des Volkes im Sinne eines fortdauernden Zustandes gesprochen wird. V.25 macht sich als Nachbemerkung zu dem Gespräch Mose - Aaron (das ja nicht einfach mit Aarons Statement enden konnte, ohne daß dessen Inhalt irgendwie aufgegriffen wird) und als Überleitung zu Moses weiterer Aktivität, jedenfalls recht gut[3]. (Vollkommen glatt ist der Übergang allerdings nicht, weil nachher in V.30aγ doch wieder von einem einmaligen Geschehen (Perf.!) gesprochen wird: "Ihr habt eine große Sünde begangen".)

Es ist also gar nicht so verwunderlich, daß die Bemerkung über die Entartung des Volkes an dieser Stelle der Erzählung erfolgt.

---

1) Übersetzung nach GesB, 660. Das Wort ist nicht ganz eindeutig. In Verbindung mit dem lᵉṣaḥeq V.6b versteht man es weitgehend als einen Ausdruck für sexuelle Zügellosigkeit in Form kultischer Unzucht. Manche sehen eine sprachliche Beziehung zu "(Baal)Peor" und damit zu der Erzählung von Israels Sünde in Num 25. R. de VAUX lehnt diese Beziehung jedoch strikt ab: "Ex., XXXII, 5-6, n'a rien à faire avec l'orgie de Baal Peᶜor" (Histoire I, 427, Anm. 10). Bzgl. des Stierbildes von Ex 32 stellt de VAUX fest: "Ce n'est pas le taureau de Baal, c'est le taureau d'El" (ders., 427).

2) Nach GesB, 847 "unsicheres Wort", das "ungewöhnlich von šms flüstern, zischen, abgeleitet wird, aber vielleicht auf die Lesart śimḥā zurückgeht".

3) Vgl. G.W. COATS, Rebellion, 187 ("a connective link between the two units").

Ja, der Gebrauch des Verbs r'h läßt sogar einen sehr bewußten Kompositionsplan erkennen[1]: In V.1 folgt auf ein erstes wajjar', dessen Subj. das Volk ist, die frevelhafte Handlung eben dieses Volkes, in V.19 nach einem zweiten wajjar' (Subj. = Mose) Moses erste Reaktion: Zorn und Zerstörung des Kultbildes (einschließlich Tränkung der Israeliten) sowie Zurechtweisung Aarons, schließlich in V.25 nach einem dritten wajjar' (Subj. wieder = Mose) eine zweite und dritte Aktion des Mose.

Wenn man die nach übereinstimmendem Urteil der Exegeten sek VV.26-29 herausnimmt, kann man V.25 nicht ohne weiteres mit herausnehmen, da das Gespräch Mose - Aaron, wie gesagt, mit V.24 keinen befriedigenden Abschluß hat (Man müßte schon annehmen, daß V.25 eine ursprünglich anderslautende Überleitung ersetzt habe). Wohl wird man das wajᵉhī mimmoḥorat am Anfang von V.30 streichen müssen und den V. mit wajjō'mær Mōsæ beginnen lassen. (Die Zeitangabe "und es geschah am anderen Morgen" dürfte durch die Einschaltung des levitischen Strafgerichtes V.26-29 veranlaßt worden sein.)

Durch die Herausnahme von V.26-29 wird die Struktur noch klarer und ausgewogener: Das zweifache wajjar' in Bezug auf Mose ist durch das zweifache Eingreifen des Mose bedingt (a) eine negative, nämlich strafende Handlung, (b) eine positive Fürbittaktion).

V.25 - wie sich zeigen wird, aber nur die 1. Vershälfte - ist also in seiner Position hinter V.24 vermutlich Bestandteil des Originaltextes von Ex 32.

V.25 hat zweifellos die Funktion, zu der Strafexpedition der Leviten überzuleiten.

Das "zur Schadenfreude unter seinen Feinden" am Ende des Satzes ist aus der konkreten Situation des Wüstenzuges heraus unverständlich. Diese Wendung wird man aus der geschichtlichen Situation Israels im Lande Kanaan erklären müssen. Vielleicht liegt hier eine Anspielung auf die Vorgänge um den Untergang des Nordreiches Israel vor.

Stilistisch schwerfällig wirkt in V.25 die Abfolge von 2 kī-Sätzen, die jeweils in den ersten 6 Buchstaben gleichlauten. Eigenartig steif ist schon das wajjar' Mōsæ 'æt hā ām kī ... V.25[2].

---

1) Vgl. S. 225, Anm. 2
2) Die gleiche Konstruktion findet sich allerdings auch in Gen 1,4aP. Vgl. auch Ex 32,22: ... jādaᶜtā 'æt-hāᶜām kī...

Glatter wäre wajjar' Mōsæ kī hā^c^ām oder: wajjar' Mōšæ 'æt hā^c^ām w^e^hinnē ... Man vgl. etwa Gen 1,31: wajjar' '^æ^lōhīm 'æt kol '^a^šær ^c^āśā w^e^hinnē ṭob,Ex 34,30a: wajjar' 'ah^a^rōn ... 'æt Mōšæ w^e^hinnē qāran ^c^ōr pānāw und in unserem Kontext Ex 32,9b: rā'ītī 'æt hā^c^ām hazzæ w^e^hinnē ...

Der Vergleich von V.25 mit V.35b ("weil sie den (Jung-)Stier gemacht hatten, den Aaron gemacht hatte") legt es aber nahe, daß V.25b ("denn Aaron hatte es verwildern lassen ...") wie V.35bß eine nachträgliche Ergänzung[1] ist, durch die - vielleicht im Blick auf Jerobeams Sünde oder aus Polemik gegen Aaron (bzw. die Aaroniden) oder einfach aus Gerechtigkeitsempfinden - der Schuldanteil Aarons ausdrücklich festgehalten werden soll.

Wahrscheinlich ist V.25b also eine sek Zutat[2] (die mit V.35bß in Verbindung stehen könnte). V.25a dagegen gehört wohl zum Grundtext von Ex 32 und greift V.22 (pārū^c^a statt b^e^rā^c^, vgl. S. 210, Anm. 3) auf. (Anderenfalls müßte man annehmen, daß zwischen V.24 und V.30 etwas entfallen und durch V.25(a.26-29) ersetzt worden ist; denn V.24 kann schwerlich unmittelbar zu V.30 übergehen.)

V.26-29 Der Leviten-Passus V.26-29 hat ein eigenes Ziel. Es handelt sich um eine ätiologische Erzählung, die den Ursprung des levitischen Priestertums erklärt.

Die Leviten sind bisher noch nicht erwähnt worden. Gemäß dem in V.26-29 beschriebenen jahwetreuen Verhalten der Leviten hätte in V.1-6 eigentlich eine Notiz darüber stehen müssen, daß die Leviten sich nicht an der Herstellung des Kultbildes beteiligt haben, doch davon hören wir nichts. Im Gegenteil: In V.3 hörten wir, daß das ganze Volk sich die goldenen Ohrringe abriß und zu Aaron brachte. Mit dem Leviten-Passus kommt somit ein

---

1) Vgl. die Besprechung von V.35. M. NOTH: "Daß in V.35 und ebenso in V.25 die Nebensätze mit Bezugnahme auf Aaron sekundäre Zusätze sind, ist ganz deutlich" (ATD 5, 200).
2) Vgl. M. NOTH, ATD 5, 201

ganz neues Moment in die Erzählung hinein. Für die literarkritische Beurteilung ist weiter von Wichtigkeit, daß mit dem Zielvers 29 die Leviten-Episode zu Ende ist, und daß wir dann über die Leviten nichts mehr erfahren. Auch schließen sich die VV. 30-35 ausgesprochen schlecht an V.26-29 an[1]. Diese fehlende Verknüpfung mit dem Erzählfaden "macht schon die Annahme einer ursprünglichen literarischen Verwurzelung unwahrscheinlich"[2]. So sind die Kommentatoren denn auch durchweg der Überzeugung, daß es sich bei Ex 25(26-29) um einen sek Zuwachs handelt[3].

V.26 Mose stellt sich in das Tor des Lagers und ruft alle zu sich, die zu Jahwe halten (mī l^{e}Jhwh)[4]. Daraufhin versammeln sich bei ihm alle Söhne Levis (und nur sie!). Der Leser, der von der Priesterschrift her um die levitische Abstammung Aarons weiß, fragt sich, ob denn auch Aaron als der Hersteller des Stierbildes nun plötzlich als "treuer Levit" auftritt und das Strafgericht mitvollzieht. Diese Vorstellung ist vom bisherigen Erzählungsverlauf her höchst unwahrscheinlich: Aaron ist in Ex 32 ganz offensichtlich nicht als Levit vorgestellt![5] Andererseits richtet sich die Polemik der VV.26-29 auch nicht gegen Aaron. Dieser wird hier überhaupt nicht beim Namen genannt. Die Polemik "richtet sich gegen das Volk, genauer noch gegen die engsten Angehörigen der Leviten, an denen die blutige Strafe vollzogen wird. Daß Aaron hier wirklich ... nicht die Zielscheibe war, zeigt ja deutlich der Zusatz von V.25b, der nicht einfach verknüpft - das tut ja schon V.25a -, sondern korrigiert und

---

1) R. SMEND bezieht in diesem Punkte eine Gegenposition: "Im Gegenteil würde die Fürbitte von V.30-34 ohne vorherige Strafe befremden" (Hexateuch, 170). Ihm schließt sich W. RUDOLPH an (vgl. "Elohist", 57)

2) A.H.J. GUNNEWEG, Leviten, 35

3) So z.B. schon B.D. EERDMANS, Studien III, 73; vgl. auch B. BAENTSCH, der (allerdings) von den ebenfalls sek VV.9 ff her argumentiert: "Moses erwirkt Zurücknahme des Vernichtungsurteils. Ein kleineres Strafgericht ist darum noch nicht ausgeschlossen. Gleichwohl müßte Moses der schlimmste Heuchler gewesen sein, wenn er danach der Handlung V.25 ff fähig gewesen wäre" (Ex-Lev-Num, 270). Anders R. SMEND, Hexatecuh, 170; G. HÖLSCHER, Geschichtsschreibung, 317; L. PERLITT, Bundestheologie, 209; M. NOTH, Ex, 201.

4) = "wer für Jahwe ist". Diese Übersetzung entspricht dem Kampfruf l^{e}Jhwh ul^{e}Gid^{c}on (= "Für Jahwe und für Gideon!") in Ri 7,18 und 20.

5) Gegen M. MULHALL, Aaron and Moses, 189.193.202

umbiegt"[1]. Wenn das vom Volk geforderte und von Aaron hergestellte Kultbild von Hause aus ein Ausdruck der - wenn auch nicht orthodoxen - Jahweverehrung war (vgl. V.5b und die Besprechung von V.1b und 4b), dann kann Moses Ausruf: "Wer zu Jahwe (gehört), her zu mir!" V.26 kaum zur originalen Erzählung gehören; denn darin ist ein Abfall von Jahwe vorausgesetzt. V.26(-29) liegt eher auf der Ebene der jetzt vorliegenden pluralischen Formulierung in V.1b und 4b.

In V.26 ist vom Lager (hammaḥanæ) die Rede. Dies Stichwort tauchte schon in V.17b und dann wieder in V.19a auf; es wird noch einmal in V.27 vorkommen.

V.27 Mose gibt den Söhnen Levis den Befehl, ohne falsche Rücksichtnahme auf den Volksgenossen (? = 'āhīw)[2], Freund (? = rē^cēhū)[3] und Verwandten (= q^erōbō) alle treulosen Israeliten mit dem Schwerte niederzumachen.

Das Verb 'mr wird hier wie in V.23a.24a sowie in 30a.33a mit der Präposition l^e konstruiert - im Unterschied zu V.1b.9a.17.21, wo die Präposition 'æl benutzt wird. Ob man diesen Wechsel im Ausdruck allerdings literarkritisch auswerten kann, scheint doch sehr fraglich zu sein[4]; denn man kann ja nicht V.21 von V.23 f trennen.

Nach V.26 möchte man annehmen, das Lager habe nur ein einziges Tor gehabt. Hier in V.27 ist jedoch ausdrücklich von (mindestens) zwei Toren die Rede: Die Leviten sollen ja von einem Tor zum anderen (miššaʿar lāšaʿar) gehen. Wenn man die Ausdrucksweise "und Mose stellte sich in das Tor des Lagers" V.26 nicht preßt, liegt kein Grund vor, die beiden VV. voneinander zu scheiden.

1) A.H.J. GUNNEWEG, Leviten, 35
2) Vgl. A.H.J. GUNNEWEG, Leviten, 30-32; ZENGER, Sinaitheophanie, 86
3) Vgl. dieselben, ebd.
4) Anders ist das mit dem Gebrauch von dbr pi. + wörtl. Rede in V.7a und 13a.

V.28 Die Leviten führen Moses Befehl gehorsam aus und töten rund 3000 Personen. Offenbar werden also längst nicht alle (nicht-levitischen) Israeliten umgebracht. Diese stillschweigend vorausgesetzte Differenzierung zwischen Schuldigen, die getötet werden, und Unschuldigen, die am Leben bleiben, reibt sich mit der kollektiven Betrachtungsweise im bisherigen Erzählfaden. Man mag einwenden, die Aktion der Leviten sei ein letzter Aufruf zur Entscheidung für oder gegen Jahwe gewesen, und dabei habe sich das Gros des Volkes eben doch für Jahwe entschieden. Aber abgesehen davon, daß dieser Ruf in die definitive Entscheidung doch gerade von Mose selbst ergangen war und daß daraufhin nur die Leviten sich zu Jahwe bekannt hatten, bleibt vor allem immer noch als Unterscheidungsmoment zwischen V.26-29 und der bisherigen Erzählung die Differenz in puncto Wertung des Individuums und seiner unvertretbaren Einzelverantwortung[1]. Daher kommt man nicht daran vorbei, literarkritisch zu scheiden[2].

Über Aarons weiteres Schicksal schweigt sich der Leviten-Passus und der Rest des Kap. 32 aus. Dt 9,20 weiß zwar davon zu berichten, daß auch Aaron der Tod gedroht habe. Da habe Mose für ihn Fürsprache eingelegt, und Jahwe habe ihm vergeben. Wahrscheinlich ist diese Version aber nur eine Verarbeitung der Tatsache, daß Aaron offenbar am Leben bleibt (Denn in Num 12 tritt er später ja noch einmal - zusammen mit Mirjam - auf!)

V.29 Das Verständnis von V.29 bereitet einige Schwierigkeiten. Der Inhalt ist insoweit klar, als hier die Söhne Levis ins Priestertum eingesetzt werden, und zwar weil sie aus Eifer für die Sache Jahwes sogar gegen ihre Angehörigen vorgegangen sind.

Bei dem unvollständigen kī-Satz (V.29aß) dürfte es sich um die Ausführung

---

1) Mit dem Argument, daß V.26-29 und V.20a (Mose läßt die Israeliten das Wasser trinken) sich gegenseitig ausschließen, kann man nicht mehr operieren, nachdem oben klargestellt wurde, daß der Akt des Wassertrinkens nicht als Ordal verstanden werden kann.

2) Man kann noch manche Vorstellung entwickeln, um mit ihrer Hilfe die aufgewiesene Differenz aufzulösen oder abzumildern. So mag man etwa sagen, die Leviten seien nur gegen jene eingeschritten, die nicht von den (sexuellen) Ausschweifungen hätten lassen wollen, und hätten jene, die sie in flagranti antrafen, umgebracht. Mit solchen Überlegungen kann man aber zumindest nichts <u>für</u> die Einheitlichkeit von Ex 32 beweisen.

eines Zitates handeln, das durch kī eingeleitet wird: "denn, so heißt es ja ..." oder: "denn es hat sich ja gezeigt ..."[1],

Die Verständnisschwierigkeiten liegen hauptsächlich im sprachlichen Detail (1) und im Verhältnis zu V.27 (2).

Zu 1:
Ist die Verbalform mil'ū als Imper. Plur. Akt. qal (= "füllt")[2] oder als 3. Pers. Plur. Perf. piel (= "sie haben gefüllt" oder "man hat gefüllt") zu verstehen?

Der Zusammenhang spricht für das imperativische Verständnis; denn es liegt im Text kein Hinweis vor, daß die Handfüllung, von der Mose spricht, bereits geschehen ist - was bei dem perfektischen Verständnis vorausgesetzt wäre. Sie soll vielmehr jetzt geschehen, und zwar als Belohnung dafür, daß die Leviten aus Eifer für die Sache Jahwes sogar gegen ihre Angehörigen vorgegangen sind. Man wird also am besten übersetzen: "Füllt eure Hand ...!" Auch das fehlende Dagesch im Konsonanten Lamed im MT empfiehlt diese Interpretation.

Nun hat das Verb ml' dort, wo es - im Zusammenhang mit dem Subst. jād - als Term. techn. für die Einsetzung ins Priestertum gebraucht wird, stets die piel-Form[3]. D.h. man muß die Vokalisation ändern und lesen: mall^{e}'ū[4]. Wenn man mit R. de VAUX[5] und M. NOTH[6] die "Handfüllung" als die Berechtigung des Priesters versteht, vom Anteil der Opfergaben des Volkes zu leben, ergibt das mall^{e}'ū jædkæm (= "Füllt euch die Hand ...!") einen guten Sinn.

Versteht man die "Handfüllung" als Entlohung des Priesters (vgl. Ri 17,10; 18,4), so wäre ein "Füllt euch (selbst) die Hand ...!" nicht so sinnvoll. Man müßte daher ein Jod voranstellen und zu j^{e}mall^{e}'ū jædkæm (= "Man soll euch die Hand füllen") konjizieren. Diese Konjektur ist freilich keine Empfehlung für das hier gegebene Verständnis.

Das bisher nicht beachtete l^{e}Jhwh scheint nun schließlich ein drittes Verständnis des ml' pi. + jād zu fordern, nämlich das priesterschriftliche: jdm. die Hand mit einer Opfergabe für Jahwe füllen[7]. So legt Mose dem Aaron und seinen Söhnen am Tage der Priesterweihe das Opfer für Jahwe in die Hand (vgl. Ex 28,41; 29,24 f; Lev 8,27 f), so daß ml' pi. ("jdm. die Hand füllen") nach der P geradezu den Sinn "jdn. zum Priester weihen" erhält. Bei dieser prie-

---

1) A.H.J. GUNNEWEG, Leviten, 32 f
2) So z.B. H. GRESSMANN, Anfänge, 65; S.R. DRIVER, Ex, 354; H. HOLZINGER übersetzt V.29aα großzügig mit "... nehmet den Priesterdienst an euch!" (Ex, 111)
3) Vgl. die entsprechende, in priesterschriftlichen Texten begegnende Subst.-Form millū'īm in Ex 29,22-34; Lev 7,37; 8,22-33 u. anderswo.
4) So z.B. B. BAENTSCH, Ex-Lev-Num, 273
5) Lebensordnungen II, 178
6) Gesammelte Studien zum AT I, 313
7) Vgl. A. DILLMANN, Ex-Lev, 342. - H. OORT sieht dabei die Angehörigen der Leviten als deren Opfergabe an und übersetzt - unter großzügiger Ausklammerung des kī am Anfang von V.29aß: "vult heden uw handen vor Jahwe, ieder met zijn zoon en zijn broeder ..." (Äaroniden, 314). S.R. DRIVER sieht die Leviten selbst als Opfernde und Opfergabe: "Consecrate yourselves ... to the LORD!"

sterschriftlichen Deutung ist ebenfalls der Imperativ nicht sinnvoll, so daß man also auch hier zu j^e mall^e'ū (= "Man soll ... füllen") korrigieren muß - was aber eher gegen diese Deutung spricht. Außerdem findet sich ml' pi. in dem gen. Sinne nur in priesterschriftlichen Texten, so daß seine Inanspruchnahme für den vor-priesterschriftlichen V. Ex 32,29 - hier wird ja nicht wie in der P dem Aaron, sondern den Leviten das Priestertum übertragen - schwerlich infragekommt.

Überhaupt ist m.E. der Imperativ mall^e'ū sinnvoller, da die Betroffenen selbst angeredet werden. Am besten wird man daher das ml'w j^e dekæm hajjōm l^e Jhwh so übersetzen: "Füllt eure Hand heute (mit Opfergaben) für Jahwe!" im Sinne von "Laßt euch von heute an die Hand mit Opfergaben für Jahwe füllen, d.h. fungiert von heute an als Priester!"

Zu 2:
Auffällig ist, daß die menschlichen Objekte der levitischen Strafaktion in V.29 anders beschrieben werden als in V.27b, "wo doch die sonst im AT häufig begegnende Stilform der Wiederholung hier eher zu erwarten wäre"[1]: In V.27b wurde in allgemeinerer Form gesprochen von "seinem Volksgenossen (eig.: "Bruder"), seinem Freund (von reᶜæ ; oder: "seinem Stammesgenossen" - von reᶜa) und seinem Verwandten", hier in V.29 wird dagegen von "seinem Sohn" und "seinem Bruder" (im wörtlichen und engen Sinne) geredet. "Aus der nichtwörtlichen Wiederholung ... ist ... zu folgern, daß ein Vers offenbar den anderen interpretieren will"[2]. Zweifellos ist "der allgemeiner gehaltene Vers als überlieferungsgeschichtlich sek gegenüber der präzisen, engeren Formulierung von V.29 zu betrachten"[3]. D.h. V.27bß will V.29aß in den gegenwärtigen Zusammenhang einpassen. Wenn V.29aß demnach auch ein höheres Alter hat als der Kontext V.26-29a α.b, so ist der letztere doch als eine ursprüngliche literarische Einheit anzusehen, die sich um das Zitat V.29aß herum gebildet hat. Der Passus Ex 32,26-19 kam also in der vorliegenden Form, die als original zu bezeichnen ist, nachträglich in Ex 32 hinein.[4]. Was die ursprüngliche Zusammengehörigkeit der VV.26-29 betrifft, sei noch auf das zweimalige hajjōm in V.29 hingewiesen, das in dem bajjōm hahū' in V.28b eine Entsprechung hat.

V.30-35 Der Schlußpassus des Kap. 32, nämlich der Abschnitt V. 30-35, schließt sich, wie schon bemerkt wurde, schlecht an V.25-29 an:

Wieso sieht Mose sich noch veranlaßt, Jahwe zu versöhnen, d.h. die Vernichtung des schuldig gewordenen Volkes abzuwenden (vgl. V.30-32), wo die Schuldigen doch gerade von den Leviten umge-

1) A.H.J. GUNNEWEG, Leviten, 31
2) Ebd.
3) Ebd.
4) Zu dem ursprünglichen Sinn des Zitates vgl. A.H.J. GUNNEWEG, Leviten, 33 f.44

bracht worden sind? Hier zeigt sich wieder, daß die VV.25b-29 literarkritisch aus dem Grundbestand des Kap. auszuklammern sind[1]. Für den Schreiber von Ex 30 ff existierte die Leviten-Passage offenbar noch nicht.

Aber es besteht noch eine andere Diskrepanz zum vorherigen Teil der Erzählung, worauf im Zusammenhang mit der Besprechung von V.17 f schon hingewiesen wurde: Nach V.11-14 gelang es dem Mose bereits auf dem Berge, Jahwe zu versöhnen und die Ausrottung des Volkes zu verhindern. Hinzu kommt, daß Mose in V.31b Jahwe noch erst informieren muß über das sündige Tun des Volkes, während es nach V.7 f(.9) doch umgekehrt Jahwe war, der Mose über die Geschehnisse am Fuße des Berges ins Bild setzte. Daraus ist zu schließen, daß die VV.7-14 bei der Abfassung von V.30 ff - dabei ist die heutige Textform von V.30 ff vorausgesetzt - noch nicht existierten, jedenfalls nicht innerhalb von Ex 32. Damit wird der sek Charakter von V.7-14 bestätigt.

V.30 Am anderen Morgen teilt Mose dem Volk mit, er werde nun zu Jahwe auf den Berg steigen und für ihre große Sünde um Vergebung nachsuchen.

Eigenartig ist, daß Mose nicht sogleich, sondern erst am folgenden Tag zum Volke sagt: "Ihr habt eine große Sünde begangen ..." Ob diese Zeitbestimmung nicht erst nachträglich, nämlich aufgrund der (viel Zeit in Anspruch nehmenden) zwischengeschalteten Levitenaktion eingesetzt wurde? Das ist wahrscheinlich[2]. Denn V.30 schließt sich am ungezwungensten ohne das waj^{e}hī mimmoḥorāt an V.24 an, weil die Unterredung zwischen Mose und Aaron in V.24 keinen rechten Abschluß hat - wenn man sich die sek Leviten - VV. wegdenkt[3]: Nachdem Mose Aaron zur Rede gestellt und dieser

---

1) Viele Exegeten halten auch V.25a für sek bzw. rechnen ihn zu derselben literarischen Schicht wie V.25b-29 und schließen V.30 direkt an V.24 an. So A. DILLMANN, Ex-Lev, 341 f; H. OORT, Aäroniden, 312.

2) Vielleicht sollte auch Moses 2. Fürbittaktion, die ja in gewisser Weise mit der 1. (V.10-13) konkurriert, durch die Verschiebung auf den folgenden Tag ein wenig weiter von V.7-14 weggerückt werden.

3) Die andere Möglichkeit, daß V.25 eine fortgefallene Notiz ersetzt, läßt sich allerdings nicht beweiskräftig bestreiten.

dem Volk die eigentliche Schuld gegeben hat, wendet sich Mose gleich wieder dem Volk zu ("und er[1] sagte zum Volk: ...") - jetzt aber (vgl. demgegenüber V.20bß) als der um das Volk Besorgte. Diese Handlungsabfolge empfiehlt sich auch aufgrund des Paralleltextes Dt 9,8 ff. Denn dort begibt Mose sich unverzüglich zur Fürbitte auf den Gottesberg (vgl. Dt 9,18). Daß V.21-24 und V.30 ff von derselben Hand stammen, darauf deutet übrigens der terminus ḥaṭā'ā g^e^dōlā V.30aγ und 31bα hin, der schon in V.21b vorkam.

Sprachlich fällt das Pers.-Pron. 'attæm von h^a^ṭā'tæm auf (V. 30aγ). Die Betonung des "ihr" ist wohl als Gegenüberstellung zu Aaron gedacht, der in V.21 von Mose zur Rechenschaft gezogen wurde und in V.22-24 seine Stellungnahme abgab.

V.31 f Mose kehrt zu Jahwe zurück (der offenbar als auf dem Berg wohnhaft vorgestellt ist). Er informiert Jahwe über die Sünde des Volkes ("Ach, Jahwe[2], dies Volk hat eine große Sünde begangen: sie haben sich einen Gott aus Gold gemacht!") - was nach V.7-10, wo umgekehrt Jahwe dem Mose Mitteilung gemacht hatte über die Vorgänge im israelitischen Lager, unsinnig erscheint und somit den sek Charakter von V.7-14 bestätigt[3]. Mose bittet Jahwe um Verzeihung, anderenfalls möge dieser ihn aus dem Buche (des Lebens) streichen.

Bemerkenswert ist, daß die Herstellung des Gottesbildes nicht Aaron, sondern dem Volk als Ganzem zugeschrieben wird, was zu

---

1) Bei direktem Anschluß von V.30aß an V.24 ist die Nennung des Subjektes (= Mose), wie sie im vorliegenden Text gegeben ist, überflüssig.
2) Die Anrede "Jahwe" ist hier nach der LXX (= kyrie) ergänzt. Die Syr hat mrj' 'lh'.
3) A. DILLMANN meint, V.31 stehe mit V.7-10 in organischer Verbindung und es bestehe kein Anlaß zu einer literarkritischen Scheidung: "Schon dieses vorausgesetzte 'anna' zeigt, daß das folgende ḥaṭa' w^e^gomer nicht den Sinn einer erstmaligen Anzeige (KNOBEL) hat, sondern nur das Vergehen, dessen Vergebung er erbittet, kurz namhaft macht" (Ex-Lev, 342). Gewiß, die folgende wertende Aussage "dies Volk hat eine große Sünde begangen" steht dem nicht entgegen, wohl aber die sich anschließende Mitteilung "sie haben sich einen Gott aus Gold gemacht"!

V.8a.20a paßt. Zum Unterscheid von diesen beiden Vergleichsstellen wird hier das Kultobjekt nicht ᶜēgæl massēkā genannt, sondern allgemeiner 'ælōhē zāhāb, was sich auf das Verbot der Herstellung goldener Gottesbilder[1] Ex 20,23 zurückbezieht und den (Jung-)Stier als sündhaftes Kultobjekt kennzeichnet.

Mit dem weᶜattā am Anfang von V.32 markiert Mose das Folgende als das, worauf er hinauswill: "Und nun (höre mich an): wenn du ihre Sünde vergibst, (dann ist es gut[2].) Wenn nicht, so streiche mich bitte aus dem Buch (des Lebens), das du geschrieben hast!" Mit dieser Bitte geht Mose aufs Ganze: Wenn Jahwe nicht bereit ist, dem Volke Vergebung für die schwere Versündigung zu gewähren, sieht er für sich selbst im Weiterleben keinen rechten Sinn mehr[3].

V.33 f Um so mehr überrascht die Ablehnung dieser Bitte durch Jahwe: "Wer gegen mich gesündigt hat, (nur) den streiche ich aus

---

1) Ich übersetze Ex 20,23: "Ihr sollt - was mich betrifft - keine silbernen Gottesbilder machen, und goldene Gottesbilder sollt ihr euch nicht anfertigen!" 1. Die übliche Übersetzung "... neben mir ... keine silbernen Götzen (= -bilder) ..." setzt für 'et die Bedeutung "neben, außer" voraus, die aber von 1 Kön 11,1 nicht gestützt werden kann. Das in 'tj enthaltene Wort 'ēt ist (im Sinne von Dan 9,13 und anderer Stellen) als Hervorhebungspartikel zu verstehen und 'ōtī zu vokalisieren. (vgl. R. MEYER, Gramm. III, 71-73, § 105, 1b u. c). 2. Die vorgeschlagene Übersetzung wird dem Kontext der VV.22 und 24 ff besser gerecht (V.22: Jahwe redet vom Himmel her. Er braucht weder eigens herabzusteigen, um mit seinem Volk in Kommunikation zu treten noch bedarf es eines Bildes dafür, daß er gegenwärtig sei. V. 24 ff: Statt eines Bildes sollen sie einen Altar aufstellen.

2) Vgl. GesK, 530, § 167a

3) Man vgl. Num 11,15(J). Dort sagt Mose zu Jahwe: "Wenn du so mit mir verfährst, dann töte mich (doch lieber), ja töte mich ...!" - In vielen Kommentaren wird Moses Bitte an Jahwe, ihn im Falle einer Nicht-Erhörung zu töten, Ex 32,32, als Selbstaufopferung des Mose für sein Volk gedeutet. Vgl. A. DILLMANN, Ex-Lev, 342 f; W. RUDOLPH, "Elohist", 52; H. SCHNEIDER, Ex (Echterbibel 1, ⁴1964), 74. Diese Interpretation entspringt jedoch einem bestimmten, von anderswoher gewonnenen Mosebild und muß als "Eisegese" bezeichnet werden.

meinem (Lebens-)Buch" (V.33b). Diese Antwort scheint in einem unversöhnlichen Gegensatz zu V.14 zu stehen. (Hierauf wird bei der Besprechung des folgenden V.34 eingegangen!)

Sprachlich schließt sich Jahwes Antwort in V.33b eng an den Wortgebrauch von V.32 an (vgl. das Vorkommen von mḥh min hassēfær und die Verwendung der Wurzel ḥt').

Erst in V.34b scheint Jahwe den Gedanken von V.33b weiterzuführen: "und am Tage der Vergeltung werde ich ihnen ihre Sünde vergelten". Dazwischen steht eine Aufforderung Jahwes an Mose, das Volk zu dem versprochenen (Land) zu führen, sein Bote (= Engel) werde ihm voraufgehen[1]. Dieser Befehl wird eingeleitet durch w$^{e c}$attā - wie Moses Bitte in V.32. Während das Wort dort aber das signalisieren soll, worauf Mose eigentlich hinauswill, hat das w$^{e c}$attā in V.34 stärker zeitlichen, und damit dem Zusammenhang nach gleichzeitig adversativen Sinn: "Jetzt (führe zunächst einmal ...)". Dabei kommt die zeitliche/adversative Bedeutung des w$^{e c}$attā besonders in der Gegenüberstellung zu dem ūb^{e}jōm poqdī V.34b zum Tragen: "am Tage der Vergeltung aber ..."

Gedanklich läßt sich so also doch V.34a (ohne ß[2]) als Forsetzung

1) Über das Thema "Versöhnung" hinaus verbindet dieser Führungsbefehl an Mose und die Rede von dem vorausgehenden Boten das vorstehende Kap. mit den Kap. 33-34.

2) Bei Ex 32,34aß (Verheißung eines Boten/Engels) handelt es sich aller Wahrscheinlichkeit nach um einen Zusatz (vgl. E. ZENGER, Sinaitheophanie, 86 f). Der sek Charakter dieses Sätzchens wird m.E. nicht zuletzt daran erkennbar,daß hier nicht das Volk, sondern der Führer des Volkes, Mose, einen Führer erhält. Ursprünglicher ist gewiß der Gedanke von Ex 33,2, daß Jahwe einen Boten/Engel vor dem Volke hersenden wird. (Ex 33,2 ist übrigens selbst schon von Ex 23 abhängig (das ganze Sprachmaterial von Ex 33,2 stammt von dorther, vgl. Ex 23,20a.23a.28-31) und ist gegenüber Ex 33,1 und 3 ebenfalls sek, weil diese beiden VV. ursprünglich in direktem Zusammenhang gestanden haben müssen, und Ex 33,3b ist wohl seinerseits bereits von Ex 32 abhängig, da hier Jahwes Zorn über das steifnackige Volk vorausgesetzt ist.) - Ex 32,34aß läßt sich von Ex 33,1 ff gut als spätere harmonisierende Hinzufügung erklären, und zwar aus folgendem Grunde: Wenn Moses Führerschaft ausreicht - und daran ist nicht zu zweifeln, da sie dem Mose ja doch von Jahwe selbst übertragen ist (vgl. Ex 32,34aα) -, ist Jahwes Auskunft an das Volk, er werde nicht mitziehen, aber einen Boten/Engel als Führer voraussenden, eigentlich nicht verständlich. Damit nun der Abschnitt Ex 33,(1-3a)3b-6 (ein Bote/Engel als Führer des Volkes) nicht durch Ex 32,34a (Mose als Führer des Volkes) seiner Sinnhaftigkeit beraubt wird, mußte im Zusammenhang mit Ex 32,34aα deutlich gemacht werden, daß es mit Jahwes Führungsauftrag an Mose tatsächlich nicht getan ist. So wurde der Bote/Engel von Ex 33,2a (auch) zu Moses Führer. - Die Fortsetzung siehe S. 259

von V.33b verstehen.

Trotzdem ist dadurch nicht sichergestellt, daß die Abfolge der VV.33 und 34 in ihrer vorliegenden Textform ursprünglich ist und ob diese beiden VV. als ganze derselben literarischen Schicht wie V.30-32 angehören. Denn die letztgenannten VV., und daß heißt: der Grundbestand von V.30-35, sind aller Wahrscheinlichkeit nach zur Grundschicht von Ex 32 zu rechnen - während V.7-14 und 25b-29 als sek auszuklammern sind. Nun paßt aber die Vorstellung von der Ausrottung des je und je schuldig Gewordenen (V.33b) nicht zu dem Tatbestand, daß in der bisherigen Erzählung (abzügl. V.7-14 und 25-29) stets nur vom Volk in cumulo die Rede gewesen und nur Aaron als einziger Israelit hervorgetreten ist. Auf einmal wird nun - wie in V.26-29 - beim Volk fein säuberlich differenziert zwischen solchen, die gesündigt und dadurch die Austilgung (!) verdient haben,und den übrigen. Denn Jahwe hat nach V.33 ff gewiß nicht im Sinn, das Volk als ganzes zu vernichten: Das pqd in V.34b sowie das ngp in V.35a wollen mit Sicherheit keine Vernichtung des ganzen Volkes anzeigen. Bei genauem Zusehen fügt sich daher V.33b ("Wer gegen mich gesündigt hat, den streiche ich aus meinem Buche, d.h. den töte ich") nicht völlig organisch in den Kontext ein. Daher wird man diese Verhälfte (+ folgendem w$^{e c}$attā V.34a?)[1] als nachträgliche Zutat ansehen

---

Fortsetzung von S. 258, Anm. 2

ser Bote/Engel, von dem es heißt, daß er "hergeht vor ..." (V.34aß) ist offenbar zugleich als Gegenstück zu dem vom Volk erwünschten "Gott, der vor uns hergeht" (V.1b) gedacht (wenn er es auch nicht im exakten Sinne geworden ist, eben weil Mose als Führer des Volkes bestehen bleibt (- aufgrund des E-Berufungsberichtes bleiben mußte): Der Bote/Engel wird ihn,den Führer, führen). Das aber heißt doch wohl: Ex 32,34aß ist auch innerhalb von Ex 32 sek.

1) Für die literarkritische Abtrennung auch des w$^{e c}$attā V.34aα spricht doch wohl die unterschiedliche Funktion gegenüber derjenigen des w$^{e c}$attā in V.32aα. Daß Jahwes Gesprächsbeitrag mit einem waw copulativum beginnt, kann man aber nicht als zusätzliches Argument verwerten. Denn solches ist durchaus möglich (vgl. GesK, 508, § 154b).

müssen[1]. Läßt man diesen Versteil weg, so ergibt sich ein glatter Text. Jahwes Antwort an Mose besteht dann aus dem Befehl, das Volk (zunächst einmal) in Richtung "verheißenes Land" zu führen (V.34a), und aus der Ankündigung einer künftigen Heimsuchung, die an dem von Jahwe bestimmten Tage über das (ganze) Volk kommen wird.

Der sek Charakter von V.33b legt sich auch nahe durch eine über den Erzählungskontext von Ex 32 hinausgreifende (motiv- bzw. theologiegeschichtliche) Überlegung: Das Prinzip, daß der Mensch von Gott nur für seine eigenen Sünden zur Rechenschaft gezogen wird und nicht auch für die Sünden anderer - und seien es die nächsten Angehörigen - taucht im AT erst spät auf. So schreibt die Jerusalemer Bibel (deutsch) in einer kommentierenden Anmerkung zu Gen 18,24J: "... der Grundsatz der individuellen Verantwortung wird erst in Dt 24,16[2]; Jr 31,29-30; Ez 14,12-23 aufgestellt"[3]. Den hier genannten Schriftstellen sind noch Dt 7,10;

---

1) S. LEHMING vertritt in diesem Punkte die diametral entgegengesetzte Position: Für ihn ist Ex 32,33b geradezu der Kristallisationspunkt für die Entstehung von Ex 32: "Derjenige nun, der diesen Satz dem Geschehen vv. 20.35a angliederte, tat das nicht, weil er von diesem Geschehen her dachte u. es auf seine Konsequenz hinausführen wollte. Vielmehr ist deutlich, daß die Erzählung vom ᶜegäl für ihn sozusagen das Material abgab, mit dem dieser theologische Satz dann zur Darstellung gebracht wurde" (Versuch zu Ex XXXII, VT 10 (1960), 17-50, hier: 27). Er hält übrigens dafür, daß der zur Erörterung stehende Satz Ex 32,33b ursprünglich hinter Ex 34,28J gestanden habe und also jahwistischer Herkunft sei.

2) Das ist an verschiedenen Stellen des Dt noch anders. Dort wird in puncto Schuld und Strafe noch ganz kollektiv gedacht. Vgl. z.B. Dt 5,9.

3) Man beachte auch den ausführlichen Kommentar der deutschen Ausgabe der Jerusalemer Bibel (Die genaue Literaturangabe ist zu finden im Literaturverzeichnis unter "ARENHOEVEL, D.") zu Ez 14,12-23, in dem es u.a. heißt: "... Die alten Texte betrachteten den einzelnen vor allem als Glied der Familie, der Sippe, später des Volkes ... Diese Vorstellung wurde auch auf die Verantwortung und Vergeltung angewandt ... Es galt als etwas Selbstverständliches, daß eine Stadt oder ein Volk als Ganzes bestraft wurde, die Gerechten zusammen mit den Sündern, und daß das Los der Kinder dem Verhalten ihrer Väter entsprach, Ex 20,5; Dt 5,9, vgl. Jr 31,29 = Ez 18,2. Die Verkündigung der Propheten sollte aber ein stärkeres Gewicht auf den einzelnen legen und damit eine Korrektur an den alten Grundsätzen anbringen. Während Jeremia die Überwindung der Solidarität der Geschlechter in Schuld und Bestrafung erst für die Zukunft sieht, Jr 31,29-30, erhebt das Deuteronomium bereits Einspruch gegen eine Bestrafung der Söhne für die Väter; Dt 24,16; vgl. 2 Kg 14,6. Ezechiel ... wird dann zum Verfechter und gewissermaßen auch zum Theoretiker der individuellen Verantwortlichkeit ..." (1202). G. v. RAD ist demgegenüber der Auffassung, "daß die Vorstellung von einer allgemeinen Entwicklung von der Kollektivhaftung
Fortsetzung siehe S. 261

2 Kön 14,6 (wo Dt 24,16 zitiert wird) und Ez 18 hinzuzufügen. Die stärkste Affinität hat Ex 32,33b zu Dt 24,16b und Ez 18,4b und 20a. Dt 24,16b lautet: ʾīš b^{e}ḥæṭʾō jūmātū (bzw. jūmāt[1]) = "Jemand soll (nur) wegen seiner (eigenen) Sünde getötet werden (bzw. sterben)". In Ez 18,4b und 20a heißt es: hannæfæš haḥōṭēʾt hīʾ tāmūt = "(Nur) die Seele, die sündigt, die soll sterben". Die Übereinstimmung betrifft also den Inhalt wie die apodiktische Formensprache.

Da es sich bei den oben aufgeführten Schriftstellen um in sich geschlossene und literarisch offenbar einheitliche Textstücke handelt, der Einzelsatz Ex 32,33b dagegen relativ leicht aus seinem Kontext herauszulösen ist - der Satz macht einen jüngeren Eindruck als die es umgebende Erzählung, die von kollektiver Versündigung und kollektiver Bestrafung bzw. Vergebung des Volkes handelt (wobei immerhin zwischen der Verantwortung des Führers Aaron und der des Volkes differenziert wird) - und im Zusammenhang durchaus entbehrlich ist, kann man Ex 32,33b schwerlich als älteste literarische Bezeugung des Grundsatzes von der individuellen Vergeltung ansehen. Auf jeden Fall ist also Dt 24,16 älter als Ex 32,33b.

Eine direkte literarische Abhängigkeit von einer der beiden Vergleichsstellen scheint nicht gegeben zu sein, besteht doch

---

Fortsetzung von S. 260, Anm. 3

hin zur Individualität unzutreffend ist. Das Prinzip der persönlichen Verantwortlichkeit war den älteren Zeiten keineswegs unbekannt. Das ganze Bundesbuch weiß nichts von einer solchen Solidarhaftung der Familie. Es ist also mit der Möglichkeit zu rechnen, daß unsere dt. Bestimmung (gemeint ist Dtn 24,16) doch viel älter ist als man früher annahm" (Das fünfte Buch Mose. Deuteronomium, Göttingen 1964 (ATD 8), 109). Zu v. RADs Urteil ist zu sagen: Wenn man im AT den Bereich des Rechtes auch nicht von dem des religiösen Lebens trennen kann, so muß man in unserem Falle aber doch unterscheiden zwischen der rechtlichen Haftung und Strafverfolgung einerseits und der göttlichen Vergeltung der Sünden andererseits. Während schon im Bundesbuch die individuelle Verantwortung und Bestrafung zum Zuge kommt, war die alte theologische Auffassung über die Sündenvergebung stark kollektiv gefärbt (vgl. Ex 20,5; 34,6; Num 14,18; Dt 5,9-10; Jer 32,18). Was die Berechtigung dieser Unterscheidung von "(rein) rechtlich und religiös" angeht, so ist auf die unterschiedliche Sprache hinzuweisen: Die Begriffe ᶜawon und ḥ^{a}ṭāʾā / ḥaṭṭāʾā / ḥaṭṭāʾt aus den eben gen. Textstellen kommen im ganzen Bundesbuch nicht vor (pæsa nur in Ex 22,8 in anderem, nicht-theologischen Sinne). - Vgl. auch noch F. MICHAELI, L'Exode, Paris 1974: "... l'idée d'une rétribution individuelle des péchés ... n'est apparue en Israel qu'à l'époque de l'exil, avec Jérémie et Ezéchiel" (275). Darum weist MICHAELI die VV.30-34 einem jüngeren Redaktor" (ebd.) zu.

1) LXX, Syr, Vulg (u.a.) haben diese Lesart, und zwar auch im Zitat dieses V. in 2 Kön 14,6 (wo übrigens auch der Targum Onkelos die qal-Form hat).

rein sprachlich gesehen nur eine schmale Brücke durch das Verb ḥṭ'. Wenn man allerdings davon ausgeht, daß Ex 32,33b erst nachträglich zwischen Ex 32,33a und 34 eingefügt wurde, ist es nicht nur möglich, sondern so gut wie sicher, daß der Interpolator den anderen wichtigen Terminus, der in Dt 24,16b und Ez 18,4b.20a vorkommt, nämlich mūt, in Anlehnung an Ex 32,33a durch die Wendung mḥh min hassēfær ersetzt hat.

Daß Ex 32,33b erst nach den VV.26-29 (Leviten-Passus, wonach jeder, der sich nicht zu Jahwe bekennt, getötet wird) in den Text hineinkam, ist nun andererseits schwer vorstellbar, wogegen das Umgekehrte gut denkbar ist, weil der Leviten-Passus eine eigenständige Absicht verfolgt und die Abstimmung auf den Kontext daher gewiß nicht mit letzter Sorgfalt erfolgt ist[1].

So läßt sich hier schon als terminus post quem für Ex 32,33b das Dt (Grundschicht) und als terminus ante quem Ex 32,26-29 angeben.

B.S. CHILDS nimmt in seinem Ex-Kommentar eine andere Position ein. Er vertritt die Priorität von Ex 32,33[2] gegenüber dem weiteren Kontext der Kap. 33-34. Das entscheidende Argument ist für ihn: Die fehlende Bereitschaft Gottes zur Vergebung in Ex 32,33b steht in Spannung zu dem größeren Rahmen der Kap. 33-34. Das mache die Zugehörigkeit von Ex 32,33 zur originalen Erzählung[3] evident.[4]

CHILDS geht davon aus, daß Ex 32 ein integrierender Teil des größeren literarischen Komplexes ist, der Kap. 33 u. 34 einschließt, da eine Reihe von grö-

1) Das zeitliche Verhältnis von V.33b und V.7-14 ist schwieriger zu bestimmen. Denn die beiden Texte stehen keineswegs in so offenkundiger Spannung zueinander wie V.33b und 26-29. Die Spannung ist mehr eine hintergründige: die von kollektiver und individueller Haftung. Von daher legt sich die Priorität von V.7-14 nahe (wie die von V.30-33a.34). Das Umgekehrte würde auch voraussetzen, daß die von kollektivem Denken geprägten VV.7-14 jünger wären als V.25-29, das aber ist sehr unwahrscheinlich.

2) CHILDS hebt V.33b nicht literarkritisch von V.30.33.34 ab, sondern sieht V.30-34 als einheitlichen Text an.

3) CHILDS vermutet in Ex 32 eine jahwistische Erzählung (vgl. Ex, 559), die durch einen vor-dtn-Redaktor in dessen größere Erzählung der Kap. 32-34 einverleibt wurde (ders., 561), die nachher auf Jerobeams Stierbilder von Dan u. Betel bezogen und entsprechend umgeformt wurde (vgl. ders., 560) und die dann noch in den VV.7-14 und V.25-29 je eine Erweiterung erfahren hat (vgl. ders., 559).

4) Vgl. ders., 559

ßeren Themen die 3 Kap. eng zusammenbinden: die Motive vom Sprechen des Mose mit Gott, von der Fürsprache des Mose für Israel, von den Tafeln, von der Präsenz Gottes in seinem Volk und von dem Gott, der richtet und vergibt[1]. Die thematische Verflochtenheit der Kap. Ex 32-34 ist von CHILDS ohne Zweifel richtig gesehen. Sein Urteil über die zeitliche Einordnung von Ex 32,30-34 kommt aber zu schnell und ist nur grob "über den Daumen gepeilt":

1. ist bei einem Urteil über die zeitliche Priorität oder Posteriorität von Ex 32,33 gegenüber Ex 33-34 das Problem der äußerst komplizierten Textschichtung[2] in Ex 32-34 mitzuberücksichtigen. Darüber läßt sich nur sehr detailliert reden.

2. ist es keineswegs so, als zeichne Ex 33-34 das Bild eines gütigen, stets zur Versöhnung bereiten Gottes, der keine Bestrafung vornimmt, Ex 32,33b aber das eines gerechten und unversöhnlichen Gottes, der bittere Rache übt: Gemäß Ex 34,7b vergibt Jahwe zwar die Schuld, "läßt aber doch nicht ungestraft, sucht vielmehr die Schuld der Väter an den Kindern und Kindeskindern, an Enkeln und Urenkeln heim". Hier liegt eine sehr massive Form der Bestrafung vor. So steht das Gottesbild von Ex 34,7b dem von Ex 32,33b in der Strenge kaum nach.

3. Nach Ex 33,3b wendet Jahwe die Vernichtung des halsstarrigen Volkes dadurch ab, daß er sich nicht in der Mitte des Volkes aufhält: "sonst müßte ich dich vertilgen". Das Volk wird hier unzweifelhaft als kollektiver Adressat gesehen. Der Gedanke der Kollektivhaftung liegt ebenfalls, wenn auch in anderer Weise, in Ex 34,7b vor (Vergeltung einer Schuld über Generationen hin).Die differenziertere Sicht des Schuld-Strafe-Problems in Ex 32,33b spricht für ein jüngeres Alter von Ex 32,33b gegenüber Ex 33-34.

Der Grund für die spätere Einfügung von Ex 32,33b könnte etwa folgender gewesen sein: Der Interpolator sah den Ernst und das Gewicht der großen Sünde vom Horeb vielleicht durch die Ankündigung einer (inhaltlich wie terminlich) völlig unbestimmt gehaltenen Strafe (V.34) und das, was in Ex 33 folgt, zu stark vermindert. Dadurch fühlte er sich bemüßigt, herauszustellen, daß Gott durchaus auch die Todesstrafe verhängt. Möglicherweise steht im Hintergrund dieses (als aktuelle Warnung verstandenen) Wortes die konkrete Erfahrung eines Kriegsereignisses oder dergleichen, bei dem Gott eine große Anzahl von Israeliten umkommen ließ. Vielleicht ist an den Untergang des Nordreiches 722 v. Chr. gedacht.

---

1) Ders., 562
2) Vgl. M. NOTH, ÜPt, 33, Anm. 115; ATD 5,200; S. MOWINCKEL, Erwägungen zur Pentateuchquellenfrage, Trondheim 1964, 97; B. COUROYER, L'Exode, in: La Bible de Jérusalem, [3]Paris 1968, 145, Anm. a; R. de VAUX, Histoire I, 426

V.35 V.35 schließt den in V.30 beginnenden Abschnitt und zugleich das ganze Kap. Ex 32 ab. Er enthält die Mitteilung, daß Jahwe das Volk schlug (wajjiggōf - dasselbe Verb, das mehrfach im Plagenzyklus verwendet wird), "weil sie den (Jung-)Stier gemacht hatten, den Aaron gemacht hatte" (V.35b).

Diese Auskunft reibt sich in gewisser Weise mit der Strafansage (für einen unbestimmten Tag), wie sie in V.34b vorliegt; denn dort hatte Jahwe doch gesagt, Mose solle zunächst einmal mit dem Volke losziehen. Das heißt aber doch, daß erst hinter Num 10 (Aufbruch der Israeliten vom Sinai) eine solche Notiz zu erwarten ist. Ob das wajjiggōf so weit vorausgreifen will? (Warum steht dann aber nicht eine wenigstens grobe Zeitangabe dabei?)

Doch selbst wenn man V.35 so interpretiert, und seine Aussage somit in Einklang mit der Ansage in V.34b steht, wird V.35 kaum von derselben Hand stammen wie V.34, wo anstelle von ngp das Verb pqd gebraucht ist[1]. D.h. V.35 dürfte sekundär sein[2]. Es ist nicht schwer, einen Grund für die Hinzufügung von V.35 zu finden: In der weiteren Pt-Erzählung wird nirgends mitgeteilt, wie Jahwe die Drohung von V.34b wahrgemacht hat. So fühlte sich ein gewissenhafter Interpolator veranlaßt, die Erfüllung der göttlichen Vorhersage zu konstatieren[3].

W. BEYERLIN begründet den Zusatz allein von Ex 32 her: "32,35 schließlich ist als nachträglicher Zuwachs ... vielleicht verursacht durch die befremdliche Tatsache, daß die Überlieferungsstücke des 32. Kapitels, abgesehen von dem offenbar noch später eingeschalteten Abschnitt Ex 32,25-29, nirgends von einer wirklich vollzogenen Bestrafung des Volkes berichteten"[4].

---

1) Vgl. u.a. B. BAENTSCH, Ex-Lev-Num, 274
2) So schon R. SMEND, Hexateuch, 170; O. EISSFELDT, HexSyn, *156; W. RUDOLPH, "Elohist", 53; dann auch G. HÖLSCHER, Geschichtsschreibung, 317; W. BEYERLIN, Sinaitraditionen, 27 f; H. SEEBASS, Mose u. Aaron, 46 (V.35 = dtr) u.a.
Die umgekehrte Auffassung, nämlich daß V.35 älter ist als V.(30-)34, vertreten u.a. H. HOLZINGER, Ex, 108; H. GRESSMANN, Mose, 200 (V.35b aber = sek); M. NOTH, ATD 5, 206 (V.35b aber = sek) (anders noch in der ÜGdPt, 33); S. LEHMING, VT 10 (1960), 22-24.
3) So z.B. auch G. te STROETE, Ex 224
4) Sinaitraditionen, 27

Daß der Leviten-Passus V.26-29 (mit seinem Strafgericht über die sündigen Israeliten), wie BEYERLIN meint, noch später eingeschoben wurde als V.35, ist allerdings kaum anzunehmen. Nach der Anfügung von V.35 war doch gerade kein Anlaß mehr gegeben für die Einführung der levit. Strafexpedition.

Will man die Zahl der Interpolatoren von Ex 32 nicht unnötig erhöhen, kann man V.35 ohne weiteres dem Interpolator von V.33b zuschreiben. Dann könnte man sich - im Blick auf die Verwendung des Wortstammes ngp im Plagenzyklus[1] - die in V.35 notierte Realisierung der von Jahwe in V.33b angedrohten Tötung der Schuldigen etwa als eine Seuchenplage oder - was noch näher liegt - eine schwere Niederlage (man denke etwa an den Untergang des Nordreiches!) vorstellen, wobei viele Israeliten das Leben lassen mußten.

Sehr eigenartig klingt die 2. Hälfte von V.35: "weil sie den (Jung-)Stier gemacht hatten, den Aaron gemacht hatte". Wahrscheinlich handelt es sich in dem Attributsatz V.35bß um einen Zusatz zu V.35a, wie eine Reihe von Exegeten annimmt[2]. In diesem Anhängsel wird nachträglich Aarons Schuldanteil hervorgekehrt - analog zu V.25bα. Ebenso wie die dortige Interpolation könnte auch V.35bß entweder im Blick auf König Jerobeams Schuld, aus Polemik gegen Aaron (bzw. die Aaroniden) oder einfach aus Gerechtigkeitsempfinden vorgenommen worden sein und von demselben Ergänzer stammen.

2.22 Abgrenzungen innerhalb des Textkontinuums Ex 32

Nach dem kritischen Durchgehen des Textes, in das übrigens auch schon einige motiv- und traditionsgeschichtliche Überlegungen miteingeflossen sind, steht es fest, daß die literarische Einheitlichkeit von Ex 32 in vielfältiger Weise gestört ist. Die Literarkritik hat zu folgenden Abgrenzungen geführt:

---

1) Vgl. Ex 7,27(J; SMEND: nicht J); 12,13(P).23 (2x; EISSF.: L; SMEND u. RUPPERT: J; ZENGER: Je).27a(sek; SMEND: nicht J; RUPPERT: nicht J, E u.P). Sonst wird im Plagenzyklus das Verb nkh hi. gebraucht.

2) So z.B. H. GRESSMANN, Mose, 200; M. NOTH, ATD 5, 206; E. ZENGER, Sinaitheophanie, 87. Anders W. RUDOLPH, der sich mit der Übersetzung "weil sie dasselbe Kalb gemacht hatten, das ..." ("Elohist", 53) hilft.

1. V.*1-6
2. V.1bα (bis: 'ah^{a}rōn)
3. V.7-8.10-14
4. V.9
5. V.15a (ohne hā^{c}ēdūt)
6. V.15b
7. V.16
8. V.17-18
9. V.19-24.25a
10. V.25b
11. V.26-29
12. V.30-33a.34aαb
13. V.33b
14. V.34aß
15. V.35a
16. V.35b

2.23 Zuordnungen

Zu einer glatten und störungsfreien (Grund-)Erzählung lassen sich zusammenstellen: V.*1-6.15a (ohne hā^{c}ēdūt). (17 - statt Jehōšūa: na^{ca}rō oder m^{e}šartō -.18) 19-25a.30aß (ohne Mōšæ)-33a.34aαb.

Der Abschnitt V.26-29 stellt eine Art Parallele zu V.30-33a.34aαb dar, da es in beiden Fällen um die Bestrafung der Schuldigen geht. Um eine echte Parallelversion handelt es sich aber wohl nicht, weil von einem zweiten durchgehenden Erzählfaden nichts zu erkennen ist[1].

Der Abschnitt V.7-8.10-14 ist erst recht keine konkurrierende Parallele zu V.26-29 sowie zu V.30-33a.34aαb; denn in V.7-8.10-14 steht die Ausrottung des (ganzen) Volkes zur Debatte, die beiden anderen Male (nur) die Bestrafung der je schuldig gewordenen Einzelnen.

---

1) M. NOTH, der den Grundbestand von Ex 32 zu J$^{(s)}$ rechnet (vgl. ÜPt, 33 + Anm. 115) meint: "Es ist ganz unsicher, ob von den literarisch sekundären Elementen in Ex 32 etwas aus einer E-Variante stammt" (ÜPt, 158, Anm. 408).

Von den übrigen 9 Textstücken könnten die (Aaron betreffenden) Vershälften V.25b u. 35b von einer Hand stammen, vielleicht auch die (den weiteren Kontext berücksichtigenden) VV.15b (Bundesbuch oder gar schon Ex 25-31,17P vorausgesetzt?), 34aß (vgl. Ex 23,23 u. 33,1 ff) u. 35a. Sonst lassen sich außerhalb der Grunderzählung keine möglichen innertextlichen Bezüge ausmachen.

3. Redaktionskritik

3.1 Zeitliche Prioritäten

Ganz offensichtlich haben im Laufe der Zeit sehr viele Hände am Text von Ex 32 gearbeitet, bis er schließlich die heutige Form gefunden hat. Wie hat man sich nun die "Schichtung"[1] des Textes zu denken?

Beim versweisen Durchgehen des Kap. haben sich gewisse zeitliche Prioritäten herauskristallisiert. So muß das Gespräch Mose-Josua beim Abstieg vom Berge (V.17-18) vor der Einfügung von V.7-8.10-14 angesetzt werden, weil es sonst seine erzähltechnische Funktion nicht erfüllen kann. Es ist kaum denkbar, daß Jahwes Gespräch mit Mose schon vorlag, als V.17-18 in die Erzählung hineinkam.

Andererseits können der Leviten-Passus V.26-29 (wonach die Schuldigen im Volk bestraft werden) sowie V.33b kaum schon vor der Einarbeitung des Gespräches Jahwe-Mose V.7-8.10-14 im Text gestanden haben, weil in V.26-29 und V.33b eine persönliche Schuld des Einzelnen Voraussetzung für die Bestrafung ist, also keine Kollektivstrafe droht wie in V.7-8.10-14[2]. V.33b wiederum dürfte V.26-29 vorausliegen (vgl. S. 262).

1) Dieser Begriff will hier nicht im engen Sinne verstanden sein, als handle es sich um tatsächliche Schichten im Sinne von Quellen- und Redaktionsschichten, sondern im weiteren Sinne von Textbearbeitungen jeder Art.

2) Diese Unterscheidung ist als Kriterium für die zeitliche Einordnung freilich mit großer Vorsicht zu handhaben. Denn wie hätte Israel z.B. mit den nationalen Katastrophen von 722 und 586 anders fertig werden können, als sie im Sinne einer kollektiven Strafe zu interpretieren? So achte man in unserem Kap. Ex 32 auf die relativ spät anzusetzende Schlußbemerkung "und Jahwe schlug das Volk ..." Auch übersehe man nicht die kollektiven Heils- und Unheilsansagen der Propheten (vgl. z.B. Jer 1,10; 18,7-17 sowie die vielen Fremdvölker-Orakelsprüche bei Jes und Jer) sowie die durch das literarische Genus (Predigt an das Volk Israel) bedingte kollektive Redeweise in weiten Teilen des Dt.

Die beiden Halbverse 25b und 35bß, die Aarons Schuldanteil festhalten, sind auf jeden Fall vor der aaronfreundlichen Bearbeitung anzusetzen. Der Zusatz in V.25b "zur Schadenfreude unter ihren Feinden" mag schon auf den Untergang des Nordreiches als Folge der religiösen Verwilderung des Nordreiches anspielen[1]. Dann wären die beiden Halbverse also nach 722 v. Chr. anzusetzen.

Die Abschwächung von Aarons aktiver Beteiligung am Geschehen setzt doch wohl die Existenz der aaronidischen Priesterschaft voraus, die bestrebt ist, ihren Ahnherrn zu entlasten. Bisher (!) gibt es dafür aber kein früheres Datum als die P - wodurch ein später terminus a quo gegeben ist.

Somit liegen verschiedene Anhaltspunkte für eine textinterne, also relative, z.T. sogar für eine absolute Chronologie vor. Trotzdem kann der redaktionsgeschichtliche Aufriß, der im folgenden vorgelegt wird, nur als ein Versuch gewertet werden, weil es in manchen Punkten andere Möglichkeiten der Beurteilung gibt.

3.2 Redaktionsgeschichtlicher Aufriß

I. V.*1-6.*15a.19-25a.30-33a.34aαb
(= Grunderzählung = Ex *32)

II. V.17-18 (evtl. ohne Nennung Josuas schon zu I gehörig)

III. V.7-8.10-14[2]

IV. V.25b.35b

V. V.33b

VI. V.25-29.30a

VII. aaronfreundliche Überarbeitung in V.1bα
(wajjiqqāhēl hāʿām ʿal ʼah^{a}rōn und hinter wajjōʼm^{e}rū: ʼæl ʼah^{a}rōn statt ʼelāw); 4bα (wajjōʼm^{e}rū statt wajjōʼmær); 5aα (ʼah^{a}rōn statt hāʿām); 6bα (wajjēšæb hāʿām statt wajjēš^{e}bū)

Zur Einordnung der restlichen VV. bzw. Versteile 9.15b.16.34aß. 35a ist folgendes zu sagen:

---

1) Vgl. 1 Kön 14,15 f: "Und Jahwe wird Israel schlagen ... Er wird Israel (den Feinden preis-)geben wegen der Sünden Jerobeams, die er selbst begangen und Israel zu begehen verführt hat". Hier steht eindeutig die Katastrophe von 722 im Blickfeld. Vgl. auch 1 Kön 8,33.

2) Vgl. H. GRESSMANN, Mose, 199, Anm. 4: "Als späterer, aber relativ alter Zusatz sind 7-14 zu betrachten". (Unterstreichungen von mir).

V.9 kann als Erweiterung der Jahwerede V.7-8.10-14 frühestens hinter III. eingesetzt werden.

V.16 ist später als V.17 f in den Text hineingekommen, da V.17 von Hause aus gewiß einen engeren Zusammenhang mit V.15a gehabt hat, als den, der jetzt gegeben ist. Der Aramaismus[1] ḥārūt weist in eine relativ späte Zeit[2].

V.35abα ist zeitlich vor V.35bß anzusetzen.

Die Versteile 15b u. 34aß könnten neben den aaronfreundlichen Korrekturen den jüngsten Zuwachs des Kap. bilden.

4. Vergleich von Ex 32 und Dt 9,8(7)-10,11

4.1 Vorbemerkung

An dieser Stelle der Untersuchung empfiehlt sich ein Blick auf die Parallelstelle Dt 9,8(7)-10,11, da sie in der Beschreibung des Geschehensablaufs und im Reden über Aaron von Ex 32 abweicht.

Welche von beiden Darstellungen ist die ältere? Diese Frage interessiert uns vor allem im Hinblick auf das Thema "Aaron".

4.2 Vergleich von Ex 32 und Dt 9,8(7)-10,11 in der jeweilig vorliegenden Textgestalt

Ein ausführlicher Vergleich von Ex 32 und Dt 9,8(7)-10,11 (der in der Original-Dissertation 33 Seiten umfaßt, hier aber aus Raummangel beiseite bleiben muß) fördert eine stattliche Anzahl von Übereinstimmungen vorwiegend inhaltlicher, aber auch struktureller und sprachlich-stilistischer Art zutage. Diese lassen zweifelsfrei erkennen, daß zwischen beiden Texten eine literarische Abhängigkeit besteht.

---

1) Vgl. B.D. EERDMANS, Alttestamentliche Studien III: Das Buch Exodus, Gießen 1910, 73

2) E. ZENGER rechnet Ex 32,16 zur P (vgl. Sinaitheophanie, 84.187.220).

Die ebenfalls nicht geringen Unterschiede (Abweichungen in Inhalt, Aufbau, Stil sowie fehlende Entsprechungen) vermögen diese Abhängigkeit nicht infragezustellen. Vielmehr lassen sich die meisten von ihnen als bewußte Änderungen und Umgestaltungen des Ex-Textes durch den dtn Autor plausibel machen, so daß sich gerade an den textlichen Unterschieden die konstatierte literarische Abhängigkeit als Abhängigkeit des Dt- vom Ex-Text erweist. Einige darüber hinaus verbleibende sprachlich-stilistische Unterschiede wird man dann einfach als einen Ausdruck dafür werten, daß der dtn Autor das ihm zuhandene Material in seine eigene Sprache und seinen eigenen Stil transformiert hat.

Die Abhängigkeit des Dt-Textes vom Ex-Text gilt auch für die Parallele Ex 32,11-14 // Dt 9,25 f sowie für Ex 32,7-10 // Dt 9,12-14[1]. Von der letzteren Parallele sind allerdings die VV. Ex 32,9 // Dt 9,13 und ebenso wohl Ex 32,8a // Dt 9,12b auszunehmen: In diesen Fällen wird man die Ex-VV. als spätere Zusätze aufgrund des dtn Textes zu betrachten haben.

4.3 Zur Literarkritik von Dt 9,7-10,11[2]

4.31 Abgrenzungen

Dt 9,7-10,11 stellt keine ursprüngliche literarische Einheit dar. Die literarkritische Durchsicht (die in der Original-Dissertation auf 17 Seiten geleistet ist, hier aber aus Gründen der Raumersparnis nicht vorgelegt werden kann) führt zu folgenden Abgrenzungen:

1. 9,(6b.)7-8
2. 9a
3. 9b-10

---

1) Gegen M. NOTH (Ex, 200) u. andere Exegeten

2) In der Einleitung zu Kap. 7 (Dtn 9,8-10,11) seines Buches "Das Hauptgebot. Eine Untersuchung literarischer Einleitungsfragen zu Dtn 5-11", Rom 1963 (Analecta Biblica 20) macht N. LOHFINK auf die enormen Schwierigkeiten der Analyse aufmerksam. Er schreibt dort: "Der Abschnitt ist wie ein Trümmergrundstück, aus dem zwecks Rekonstruktion der älteren Zustände des Buches Dtn verschiedenste Autoren sich willkommene Baumaterialien herausbrachen" (207). LOHFINK spricht angesichts der äußerst stark differierenden literar- und redaktionskritischen Lösungsversuche von einem "Hypothesendschungel" (208).

4.	11-12
5.	13-14
6.	15-19
7.	10
8.	21
9.	22-24
10.	25
11.	26-29
12.	10,1-5
13.	6-7
14.	8-9
15.	10-11

4.32 Zuordnungen

Entsprechend den wechselseitigen Beziehungen lassen sich einander zuordnen:

1. Dt 9,(6b.)7-8.22-24
2. Dt 9,9a.11-17.21.18.-19a.26-29.19b
3. Dt 9,25; 10,1-5.(9-9.)10-11

Daneben stehen die als Einschübe erkannten kürzeren Textstücke Dt 9,9b-10; 9,20; 10,6-7.

4.4 Redaktionskritik

4.41 Zeitliche Prioritäten

a) Dt 10,6-7 stellt einen späten Zusatz dar, der Dt 10,8-9 voraussetzt. Es handelt sich hier wohl um das jüngste Textstück innerhalb von Dt 9,7-10,11.

b) Dt 9,25(.26-29); 10,1-5.10 f: Die stilistisch wenig befriedigende Wiederaufnahme des Themas "Sünde am Horeb" in Dt 9,25 (mit inhaltlichem und sprachlichem Rückgriff auf Dt 9,18 f), die recht gewaltsame Verkoppelung des Bergaufenthaltes zum Empfang der neuen Tafeln mit dem Fürbittgebet auf dem Berge durch den V. Dt 10,10 sowie das starke Interesse an Tafeln und Lade in Dt 10,1-5 nötigt uns zu der Annahme, daß bereits Dt 9,25 (+ die jetzige Position von Dt 9,26-29); 10,1-5.10 f ein Zusatz ist.

c) Die Frage, ob der Leviten-Passus Dt 10,8-9 demselben Texterweiterer zuzuschreiben ist, kann nicht mit derselben Entschiedenheit beantwortet werden. M.E. haben aber die Indizien, die eher dafür sprechen, insgesamt mehr Gewicht als jene, die dagegen sprechen, so daß ich für Dt 10,8-9 keinen zusätzlichen Textbearbeiter annehme.

d) Bedeutsamer ist die folgende Frage: Ist der Textabschnitt, der Dt 9,8 ("Und am Horeb erzürntet ihr Jahwe ...") fortsetzt, nämlich die VV. Dt 9,9a. 11-17.21.18-19a.26-29.19b, evtl. eine sekundäre Auffüllung mit Erzählstoff oder bilden vielmehr die VV. Dt 9,9(6b.)7-8 und 22-24 von vornherein eine Art Rahmen für jene ausführliche Darstellung des Horeb-"Sündenfalles"? Sprachlich spricht nichts gegen das Letztere, und unter dem Aspekt des ungestörten Gedankenablaufs steht dieser Annahme ebenfalls nichts im Wege. So entscheidet sich alles an der Beantwortung der Frage, ob Dt 9,*7-24 eine stilistisch befriedigende literarische Größe darstellt oder ob dem Text wegen des ausladenden Mittelteils die für eine ästhetische Befriedigung nötigen Proportionen fehlen. Hierzu ist zu sagen: 1. Für ein Urteil in dieser Sache kann nicht unser heutiges Empfinden maßgebend sein[1]. 2. Es gilt, die (damals) möglichen (und uns z.T. vielleicht nicht geläufigen) stilistischen Gestaltungsmittel zu beachten. N. LOHFINK[2] weist im Zusammenhang mit Dt 9,22-24 auf die stilistischen Figuren der "Akzeleration" und der "Inklusion" hin, die hier offenbar angewendet werden. Unter Voraussetzung des obigen literarkritischen Ergebnisses bezügl. des erzählenden Mittelteils (wonach dieser von Anfang bis Ende folgerichtig abläuft und durchaus beim Rahmen-Thema bleibt) gibt es keine wirkliche Handhabe, um Dt 9,*9 ff als sekundäre Zutat aus dem Rahmen Dt 9,(6b)7-8 und 22-24 herauszunehmen. So sehe ich die VV. Dt 9,(6b.)7-9a.11-17.21.18-19a.26-29.19b.22-24 als älteste literarische Schicht von Dt 9,7-10,11 an.

e) Der Nachtrag Dt 9,9b-10 bringt gegenüber Dt 9,11 mehrere neue Motive: 1. Moses Fasten, 2. die göttliche Herkunft der Tafelbeschriftung, 3. Jahwes Sprechen mit dem Volke am Versammlungstage, 4. die feurige Erscheinungsweise Jahwes.

1. Die Einfügung des 1. Motivs ist wahrscheinlich veranlaßt worden durch die Bemerkung in Dt 9,18a "wie das erstemal". 2. Der Hinweis, daß die Tafeln "vom Finger Gottes beschrieben waren" Dt 9,9,10a greift auf Ex 31,18b zurück. 3. Das "gemäß all den Worten, die Jahwe mit euch gesprochen hat" Dt 9,10b weist auf Dt 5,4.6-22 zurück, 4. auch die (möglicherweise nicht auf einmal hineingekommenen) Bestimmungen "am Berge mitten aus dem Feuer am Versammlungstage" Dt 9,9b (+ 10,4a)[3].
Wann Dt 9,9b-10 in Dt 9,7 ff Eingang fand, ist schwer auszumachen. Vielleicht kamen die VV. zusammen mit dem großen Nachtrag Dt 9,25 (+ jetzige Position von Dt 9,26-29); 10,1-5.8-9 in den Text.

f) Dt 9,20 berücksichtigt nachträglich Aarons maßgebende Rolle in Ex 32 und bietet eine Erklärung für das Ausbleiben der an sich zu erwartenden Bestrafung.

Jahwes heftiger Zorn über Aaron (der im Dt-Text bisher überhaupt noch nicht genannt wurde!) und Moses Fürbitte für ihn hat in dem dtn-Bericht Dtn 9,9-19 keinerlei Anhalt. Diese Kommemorierung Aarons ist nur von Ex 32 her erklärbar. Dort spielt Aaron eine nicht unwichtige Rolle. Trotzdem wird dort mit keinem Wort von einer Bestrafung des Aaron gesprochen[4]; es geht bei dem Thema "Strafe" immer nur um das Volk. Dieser Tatbestand ist befremdlich und

---

1) Vgl. N. LOHFINK, Hauptgebot, 262 f
2) Ders., 211
3) Man vgl. auch Dt 4,12a.15b.36b ("mitten aus dem Feuer"), Dt 18,16 ("am Horeb am Versammlungstage") und Dt 4,10 ("Versammle mir das Volk ...").
4) Es ist auch nicht zu erkennen, daß in Ex 32 ursprünglich einmal von einer Androhung der Todesstrafe für Aaron die Rede gewesen ist.

mußte das Gerechtigkeitsempfinden der Leser verletzen. Der dtn Verfasser will offenbar diesem Gerechtigkeitsempfinden Rechnung tragen. Das bedeutet zugleich, daß hier keine Polemik gegen Aaron vorliegt.
Der terminus ante quo ist selbstverständlich der (aaronfreundliche) Einschub Dt 10,6-7 (= jüngste Schicht; setzt bereits den großen Nachtrag Dt 9,25-10,5.8-9 voraus). Möglicherweise ist Dt 9,20 ebenfalls mit Dt 9,25-10, 5.8-9 zusammenzubringen. Der V. könnte aber auch ohne weiteres die früheste Interpolation innerhalb von Dt 9,7 ff darstellen.

Damit sind im Wesentlichen die Materialien für den redaktionsgeschichtlichen Aufriß bereitgestellt[1].

4.42 Redaktionsgeschichtlicher Aufriß

I. Dt 9,(6b)7-9a.11-17.21.18-19a.26-29.19b.22-24

II. Dt 9,25 (+ Umstellung von Dt 9,26-29 an die jetzige Stelle); 10,1-11
+ 9,9b-10(?)
+ 9,20(?)

III. Dt 10,6-7

4.5 Folgerungen

Die Untersuchung von Dt 9,7-10,11 und der Vergleich mit Ex 32 ermöglicht im Hinblick auf Ex 32 und auf die Gestalt des Aaron einige neue Erkenntnisse:

1. Der Grundtext von Dt 9,7 ff konnte offenbar schon auf einen stark entwickelten Ex-Text zurückgreifen, wenn nicht sogar auf die heute vorliegende Textform (außer den sehr späten aaronfreundlichen Überarbeitungsspuren). Möglicherweise fehlte in der (Ex-)Vorlage außer Ex 32,9 noch der Leviten-Passus Ex 32,26-29 (und der Aufbruchbefehl Ex 33,1). Die beiden nachträglichen VV. Ex 32,25b und 35b, die Aarons Schuldanteil herausstreichen, dürften dagegen schon vorgelegen und den Zusatz Dt 9,20 (mit-)herausgefordert haben.

Aus dem redaktionsgeschichtlichen Aufriß von Dt 9 f im Vergleich mit Ex 32 lassen sich drei neue Erkenntnisse gewinnen:

2. Wie soeben gesagt, lag dem dtn Grundtext der heutige Ex-Text im Wesentlichen vor. Es kommt nun sehr darauf an, wie früh oder spät der Grundtext von Dt 9,7 ff anzusetzen ist. Um diese Ansetzung machen zu können, ist eigentlich eine umfangreiche Untersuchung des Dt nötig. Diese kann hier selbstverständlich nicht geleistet werden. G. SEITZ, der sich ausführlich

---

1) Zu besprechen wären an sich noch 1. die überfüllt wirkenden Satzteile (a) "am Berge mitten aus dem Feuer am Tage der Versammlung" in Dt 9,10b und 10,4a, (b) "die beiden Steintafeln, die Tafeln des Bundes" in Dt 9, 11b sowie (c) "die Steintafeln, die Tafeln des Bundes, den Jahwe mit euch geschlossen hat" in Dt 9,9a und vielleicht (d) "die beiden Tafeln des Bundes" in Dt 9,15b. 2. wirkt die Parenthese "und der Berg brannte im Feuer" Dt 9,15 aß wie ein Zusatz.
Im Rahmen dieser Arbeit kann auf diese Detailfragen jedoch nicht eingegangen werden.

mit der Redaktionsgeschichte des Buches Dt befaßt hat,[1] kann wegen des anders gearteten Ergebnisses seiner Analyse von Dt 9 f (Anbindung eines Teiles von Dt 9 f an Dt 5, Ausklammerung der VV.7b.22-24) nicht zu Rate gezogen werden[2]. Auch N. LOHFINKs[3] Datierung kann wegen seiner Aussonderung der VV. Dt 9,1-7 und 22-24 nicht übernommen werden.

Da nach unserer Analyse die VV. Dt 9,(6b)7 und 22-24 zum Grundbestand von Dt 9 f gehören, kann man aufgrund der Zuteilung der VV.1-7.22-24 durch LOHFINK zum "Schlußbearbeiter von Dt 5-11"[4] (= Phase E[5]) den Grundtext von Dt 9 f gewiß nicht mehr zur alten dtn Sammlung rechnen (wie SEITZ es mit den beiden Strängen tut). Darauf deuten u.a. die erwähnten Affinitäten zu den dtr Kap. 1 und 4 sowie zu den jeweils letzten Abschnitten der Kap. 3 und 32 hin[6] (woraus freilich noch nicht ohne weiteres eine dtr Herkunft von Dt 9,7-9a usw. herzuleiten ist). So neige ich dazu, Dt 9,7-9a usw. dem dtn Überarbeiter (der SEITZschen Redaktionsgeschichte) zuzuschreiben, der nach SEITZ[7] etwa in oder kurz nach der Zeit des Königs Josia anzusetzen ist, also rd. zwischen 640 u. 600 v. Chr. Dieser Zeitpunkt wäre für Ex 32 I - V (VI) also der terminus ante quem. Wenn man nun die (freilich undifferenzierte, weil noch ohne Kenntnis der Redaktionsgeschichte von Ex 32 und Dt 9 f gemachte) Äußerung von SEITZ aufgreift, daß Dt 9 f und Ex 32 zeitlich "weit auseinanderliegen"[8], und andererseits eine größere Zeitspanne für den Wachstumsprozeß[9] von Ex 32 annimmt, dürfte der Grundtext von Ex 32 (= I) jedenfalls nicht nach 700 v. Chr. entstanden sein, eher einige Zeit vor 700. Es liegt daher nahe, an die Mitte des 8. Jh. v. Chr. zu denken. Die Entstehung von Ex *32 fiele damit in die letzten Jahrzehnte des Nordreiches Israel[10].

---

1) Redaktionsgeschichtliche Studien zum Deuteronomium, Stuttgart - Berlin - Köln - Mainz 1971 (BWANT 93)
2) SEITZ ordnet die beiden Stränge in Dt 9 f noch der dtn Sammlung zu (vgl. Studien, 49.56.58 ff).
3) Das Hauptgebot. Eine Untersuchung literarischer Einleitungsfragen zu Dt 5-11, Rom 1963 (AnBib 20)
4) Hauptgebot, 217
5) Ders., 290
6) Es ließe sich eine recht ansehnliche Liste mit Ausdrücken aus Dt 9,7 ff aufstellen, die nur noch in den angegebenen dtr Kap. vorkommen.
7) Vgl. SEITZ, Studien, 311
8) Ders., 51
9) "Die Forschung ist sich darin einig, daß die heutige Gestalt ... für das Endergebnis einer sehr bewegten Geschichte anzusehen sei" (J.M. SCHMIDT, Aaron und Mose, F 1). "Schon ein flüchtiges Lesen dieses Kapitels erweckt den Eindruck von einer ungewöhnlich bewegten und spannungsreichen Geschichte" (ders., F 15). Die Bemerkungen beziehen sich zwar wohl nicht primär auf die Redaktions-, sondern auf die Überlieferungsgeschichte, SCHMIDT nimmt aber auch eine sehr verwickelte Redaktionsgeschichte an (vgl. F 3-15). Vgl. auch A.H.J. GUNNEWEGs Bemerkung, "daß ... dieser Text eine außerordentlich komplizierte Vorgeschichte gehabe haben muß" (Leviten, 88 f). Auch G. te STROETE spricht von "een gekompliceerde wordingsgeschiedenis" (Ex, 216).
10) Hierbei handelt es sich natürlich nur um eine vorläufige Datierung, die der Ergänzung durch andere Gesichtspunkte bedarf. Weitere Überlegungen werden in dem einschlägigen Kap. 9 "Zeitliche Einordnung" angestellt werden.

3. Wenn der Grundtext von Dt 9,7 ff gegen Ende des 7. Jh. v. Chr. entstanden ist, könnte der erste auf Aaron Bezug nehmende Zusatz Dt 9,20 noch gerade vor dem Untergang des Südreiches, also vor 587 v. Chr. zu datieren sein. D.h. der terminus a quo für die Aaron-Notiz ist die unmittelbar vorexilische Zeit. Daß aber dieser Nachtrag (noch) nicht an Aaron selbst interessiert ist (sondern eine erforderlich gewordene Erläuterung zum Ex-Text bringt) und offenbar noch unbefangen über Aaron reden kann (also weder beabsichtigt, gegen Aaron zu polemisieren noch ihn durch Abschwächung seiner Schuld in Schutz zu nehmen), bedeutet, daß Aaron zu jener Zeit zumindest noch nicht als der Urahn der Jerusalemer Priesterschaft galt.

4. Wenn der auf Aaron Bezug nehmende Nachtrag V.20 noch kein eigentliches Interesse an Aaron selbst hat, dann wird man das Schweigen des Grundtextes von Dt 9 f über Aaron erst recht als mangelndes Interesse an der Person des Aaron interpretieren müssen[1]. D.h.: man kann in diesem Schweigen über Aaron nicht das Bestreben sehen dürfen, Aarons (= der aaronidischen Priester) Schuld schamhaft zu übergehen.

1) Das Augenmerk des Verfassers ruht ganz auf dem gestörten und wieder herzustellenden Verhältnis des Volkes zu Jahwe. Die Rolle Aarons (und die historische Rolle Jerobeams) kann dabei ganz aus dem Spiel bleiben.

2. Teil: Die Grunderzählung von Ex 32[1)]

5. Übersetzung

1a *Das Volk bemerkte,*
daß Mose zögerte, vom Berge herabzusteigen,

b *... und sie sagten zu Aaron*[2)]*:*
"Auf, mach uns einen Gott, der vor uns herzieht!
Denn dieser Mose
- der Mann, der uns aus dem Lande Ägypten heraufgeführt hat, -
wir wissen nicht, was (mit) ihm geschehen ist."

2a *(Da) sagte Aaron zu ihnen:*
("Nehmt) die goldenen Ringe ab,
die an den Ohren eurer Frauen, Söhne und Töchter (sind),

b *und bringt sie her zu mir!"*

3a *Und das ganze Volk nahm sich die goldenen Ringe ab,*
die (sie) an den Ohren (trugen),

b *und sie brachten (sie) zu Aaron.*

4a *(Dieser) nahm (sie) aus ihren Händen (entgegen)*
und formte das Gold mit einem Griffel ...
(oder: *und gestaltete das Gold mit (Hilfe) einer Gußform)*
und machte es zu einem gegossenen (Jung-)Stier.

b *Und er sagte*[3)] *(zum Volk*[4)]*):*
"Dies ist dein Gott, Israel,
der dich aus dem Lande Ägypten heraufgeführt hat!"

5a *Das Volk*[5)] *sah (es)*
und baute einen Altar vor ihm (auf).

b *(Dann) rief Aaron aus und sagte*[6)]*:*
"Ein Jahwefest ist morgen!"

6a *Sie standen am anderen Tage in der Frühe auf,*
brachten Brandopfer dar
und opferten Gemeinschaftsopfer.

b *(Dann) setzten sie sich*
um zu essen und zu trinken,
(danach) erhoben sie sich,
um sich zu belustigen (oder: *zu tanzen*[7)]*).*

---

1) Um der leichteren Zitierbarkeit willen wird die Grunderzählung künftig mit dem Siglum Ex *32 bezeichnet.

2) Wegen der Auslassung von wajjiqqāhēl hā^{c}ām ^{c}al ’ah^{a}rōn ist hinter der Präp. ’æl statt des Suff. d. 3. Pers. Sing. (’ēlāw) der Name "Aaron" (wieder-) eingefügt.

3) Die auf das Volk bezogene Verbform wajjō’m^{e}rū ist entsprechend der Literarkritik zu V.4b (Nr. 2.21, S. 223 f)in den Sing. (zurück-)verwandelt und auf Aaron bezogen worden (vgl. LXX^{B}).

4) Aus stilistischen Gründen ist zu der auf Aaron bezogenen Redeeinführung wajjō’mær eine ausdrückliche Adressierung des Volkes zu postulieren.

5) Für das Subj. ’ah^{a}rōn ist gemäß der Literarkritik zu V.5, S. 229 wieder das ursprüngliche hā ām eingesetzt.

6) V.5aßbα könnte in der Grunderzählung evtl. auch so gelautet haben: "und Aaron baute einen Altar vor ihm (auf). (Dann) rief er aus und sagte".

7) Vgl. V.19a

(17a *Sein Diener hörte den Lärm,*
(den) das Volk bei seinem sündigen Treiben (machte),

b *und er sagte: "Kriegslärm ist im Lager!")*

(18a *(Mose) erwiderte:*
"(Das) ist nicht der Lärm von (Freuden-)Gesängen nach einem Sieg
und nicht der Lärm von (Trauer-)Gesängen nach einer Niederlage,

b *den Laut von (Festtags-)Gesängen* (oder: *von Gesängen zu Ehren der Anat)*
höre ich.)

19a *Und es geschah:*
Als er nahe an das Lager herangekommen war,
sah er den (Jung-)Stier und die Tänze.

b *(Da) entbrannte Moses Zorn,*
und er warf die Tafeln aus seinen Händen
und zertrümmerte sie unten am Berge.

20a *Und er nahm den (Jung-)Stier, den sie gemacht hatten,*
verbrannte ihn im Feuer,
zermahlte ihn zu feinem (Staub),

b *streute (diesen) aufs Wasser*
und ließ die Israeliten das Wasser trinken.

21a *(Dann) sagte Mose zu Aaron:*
"Was hat dir dies Volk (an-)getan,

b *daß du über es eine große Sünde gebracht hast?"*

22a *Aaron antwortete:*
"Nicht entbrenne der Zorn meines Herrn!

b *Du kennst (doch) dies Volk (und weißt), daß es zügellos ist.*

23a *Sie sagten mir:*
'Mach uns einen Gott, der vor uns herzieht!

b *Denn dieser Mose*
- der Mann, der uns aus dem Lande Ägypten heraufgeführt hat,
wir wissen nicht, was (mit) ihm geschehen ist.'

24a *(Da) antwortete ich ihnen:*
'Wer Gold hat, nehme es sich ab und gebe es mir!'

b *Ich warf es ins Feuer,*
und heraus kam dieser (Jung-)Stier."

25a *Mose sah (sich) das Volk (an, und er stellte fest,)*
daß es (in der Tat) zügellos war.

30a *... (Da) sprach Mose*[1] *zum Volk:*
"Ihr habt eine große Sünde begangen.

b *So will ich denn zu Jahwe (auf den Berg) steigen;*
vielleicht kann ich Sühne erwirken
für eure Sünde.

---

1) Möglich ist auch, daß die Namensnennung ursprünglich gefehlt hat.

31a *Mose kehrte (also) zu Jahwe zurück und sagte (zu ihm):*
b *"Ach*[1], *Jahwe*[2],
das Volk da (unten)[3] *hat eine große Sünde begangen:*
sie haben sich einen Gott aus Gold gemacht.

32a *Und nun (höre mich an):*
Wenn du ihre Sünde vergibst (dann ist es gut).
b *Wenn nicht, dann streiche mich, bitte,*
aus dem Buch (des Lebens), das du geschrieben hast!"

33a *Jahwe gab zur Antwort:*

34a *"... Geh, führe das Volk,*
wohin (es zu führen) ich dir aufgetragen habe ... !
b *Am Tage meiner Vergeltung aber*
werde ich ihnen ihre Sünde vergelten."

6. Formkritik

6.1 Sprachliche Statistik

Beachtenswert an der formal-sprachlichen Seite von Ex *32 scheint mir folgendes zu sein:

Ex *32 weist 75 Verbalsätze (66 verba finita, 9 Imperative) und nur 10 Nominalsätze auf. Unter den insgesamt 83[4] Verbalformen finden sich 43 Narrative, außerdem noch 16x ein perfektisches Tempus (x qatal und qatal x), aber insgesamt nur 7x ein imperfektisches Tempus (6x jiqtol, 1x w-qatal).

Von den Substantiven wird - abgesehen von den Namen - am häufigsten, nämlich 10x, das Wort hā^c^ām gebraucht, je 4x ʼ^æ^lōhīm, ^c^ēgæl und zāhāb. Erwähnenswert ist noch das 3-malige ḥ^a^ṭāʼā und das dazugehörige 3-malige ḥaṭṭāʼt. Nimmt man das 2-malige Vorkommen des Verbs ḥtʼ hinzu, so ergibt sich ein 8-maliges Vorkommen des Wortstammes ḥtʼ.

6.2 Aufbau

Das Ganze gliedert sich in 3 Szenen:

---

1) Der Sam setzt ein hinnē anstelle von ʼānnāʼ voraus.
2) Nach der LXX ergänzt. Die Syr hat mrjʼ ʼlh (= hebr. ʼ^a^dōnaj ʼ^æ^lōhīm)
3) Hebr.: hā^c^ām hazzǣ
4) Darin sind die 6 Verben, die syntaktisch als Nomina fungieren, eingeschlossen.

1. Lagerszene ohne Mose (Tag 1 und 2)
2. Lagerszene mit Mose (2-teilig)
3. Bergszene

Diese Szenen sind nicht nur notdürftig miteinander verbunden. Vielmehr bringen sie samt den Zwischenversen ein folgerichtig ablaufendes Geschehen zur Darstellung:

V.1 bietet die Exposition (Zustandsbeschreibung und Reaktion des Volkes) mit dem entsprechenden Handlungsimpuls (Imperativ!), der zu dem unerlaubten Tun (Aarons und des Volkes) in V.2-6 führt.

Die Notiz über Moses Abstieg (V.15aα) und seine überraschende Entdeckung (V.19a) führt mit Mose, der nach V.1b als verschollen galt, überraschenderweise die Hauptperson für die 2. Szene ein und bringt sie in unmittelbare Beziehung zu dem Geschehen im Lager.

V.19b-24 beschreibt Moses Reaktion auf die Zustände im Lager: Zertrümmerung der Tafeln, Zerstörung des Kultbildes, Tränkung der Israeliten, Zurechtweisung Aarons.

Die Vorfälle aus der 1. Szene und Aarons massive Beschuldigung des Volkes (der Mose zustimmen muß (vgl. V.25a)) bilden den Anstoß zu einer weiteren Aktion des Mose, nämlich der Fürbitte bei Jahwe (V.31-33a.34aαb). Die VV.30a (Mose wendet sich ans Volk und verspricht ihnen Fürbitte bei Jahwe) und 31a (Mose steigt zu Jahwe hinauf) leiten von der 2. zur 3. Szene über, die wesentlich kürzer ist als die beiden ersten, und die sich ganz aus dem Gespräch Mose-Jahwe konstituiert.

Das Ziel dieser letzten Szene - und der ganzen Darstellung - liegt in dem Bescheid, den Mose in V.34aαb von Jahwe erhält: Jahwes Plan mit seinem Volk (Hineinführung in das gelobte Land) bleibt trotz der Untreue des Volkes weiter bestehen: Mose erhält von Jahwe die Weisung, mit dem Volk in Richtung auf das gelobte Land weiterzuziehen. Die schuldig gewordene Wüstengeneration (? ^{a}lēhæm V.34 bß) wird jedoch ihre Schuld büßen müssen.

V.34 enthält mit dem göttlichen Aufbruchbefehl einen Handlungsimpuls, der zu Kap. 33 hinüberführt.

6.3 Stil

Im Satzgefüge herrscht die Parataxe vor. Bei der Darstellung des Handlungsablaufs wird nur an einer einzigen Stelle hypotaktisch konstruiert (V.19a: ka'^{a}šær). Sonst begegnet aber noch 19x eine subordinierende Konjunktion (11x '^{a}šær, 6x kī, 2x 'im).

Die Sätze sind kurz. Nirgends verwendet der Autor eine längere adverbielle Bestimmung. Lediglich in V.1b (Wiederholung in V. 23b!) ist eine lange Apposition an den Namen "Mose" angefügt ("der Mann, der uns aus dem Lande Ägypten heraufgeführt hat"). Ca. 2/3 des Textes sind Redepartien (von annähernd 19 VV. fast 11 VV.).

7. Gattungskritik

Die Gattung von Ex *32 ist unschwer zu bestimmen. Die 74 Verbalsätze (= ca. 86 % aller Sätze) mit ihren 44 Narrativen und die parataktische Konstruktion machen deutlich genug, daß eine Darstellung von Handlungen vorliegt. Wohl ist der Anteil der Dialoge sehr groß (ca. 2/3 des Textes), aber 1. enthalten auch die Redeanteile viele Verben, 2. liefern gerade die Reden wichtige Impulse für den Fortgang der Handlung. Diese läuft, wie bereits konstatiert wurde, völlig logisch und konsequent ab. Es handelt sich demnach beim Grundtext von Ex 32 um die Gattung der "Erzählung".

Die wichtigste menschliche Person in dieser Erzählung ist ohne Zweifel Mose. Rein statistisch rangiert er mit 10-maliger Nennung (+ 1x in Form des Pers.-Pron.) ziemlich weit vor Aaron (5x). Trotzdem: Er, der einerseits als der treue und unerschrockene Sachwalter Jahwes auftritt und als eine unanfechtbare Autorität vorgestellt wird und der andererseits als der Fürsprecher des Volkes dessen Sache vor Jahwe mit größtem Engagement vertritt, steht nicht im Mittelpunkt der Erzählung - wie etwa in Ex 17,8-13. Man kann den Begriff "Erzählung" hier also nicht auf den Begriff

"Mosesage" (H. GUNCKEL) oder "Moselegende" (G.W. COATS[1]) hin präzisieren. Daß Mose nicht im Zentrum steht, läßt sich schon rein statistisch daran ablesen, daß vom Volk sogar 12x ausdrücklich die Rede ist (10x hā^{c}ām, je 1x Jiśrā'ēl und b^{e}nē Jiśrā'ēl), dazu noch 3x in Form eines Pers.-Pron. (2x hū', 1x 'attæm). Ja, das Volk fungiert weitaus am häufigsten als Subjekt, nämlich 32x (7x 3. Pers. Sing.[2], 12x 3. Pers. Plur.[3], 3x 1. Pers. Plur., 2x 2. Pers. Plur.), Mose 22x, Aaron 11x, Jahwe 5x, das Gußbild ebenfalls 5x (3x '^{æ}lōhīm, 2x hā^{c}ēgæl).

Es geht "um die Polarität Jahwe-Volk, um das Bundesverhältnis als Ganzes, dem die Rolle Moses als Fürbitter entspricht"[4]. D. h. konkret: Im Blickpunkt von Ex *32 steht auf der einen Seite das untreue Volk, auf der anderen Seite der strenge, aber treue Gott, dazwischen als Mittler Mose. Dieser sucht zwischen den beiden "Parteien" zu schlichten, indem er in der 2. Szene als Sachwalter Jahwes gegenüber dem Volk auftritt und energisch gegen das sündige Treiben des Volkes einschreitet und in der 3. Szene (einschließlich des Einleitungsverses 30) mit aller Entschiedenheit des Volkes Anliegen vor Jahwe vertritt. Auf dieser letzten Szene liegt ohne Zweifel das eigentliche Schwergewicht der Erzählung. Hier geht es um die Frage: Läßt Jahwe sein sündiges Volk fallen oder hält er weiter zu ihm? Die Sünde und ihre Implikationen stehen zur Debatte. Darauf weist allein schon das 8-malige Vorkommen des Wortstammes ḥṭ' hin. In einem an die Propheten erinnernden Ton wird hier von dem schweren Treuebruch des Volkes gesprochen und in apodiktischer Form die Bestrafung des Volkes als von Jahwe beschlossene Sache angekündigt: Unmiß-

1) G.W. COATS sagt über Ex 17,8-16: "The legend is about Moses" (Moses versus Amalek: Aetiology and Legend in Ex XVII 8-16, in: Congress Volume Edinburgh 1974, Leiden 1975 (VTS XXVIII), 20-41; hier: 40). Einige Seiten vorher spricht er von der "heroic legend, with its focus on Moses" (37). In einer auf dem Alttestamentler-Kongreß in Edinburgh verteilten summary zu diesem seinem Vortrag bedient er sich freilich auch des (GUNCKELschen) Ausdrucks "the Moses saga".

2) 1x (V.31bα) ist Aaron miteingeschlossen.

3) In V.6 (5 Narrative) und V.31bß (1 Narrativ) ist Aaron mitgemeint.

4) J.M. SCHMIDT, Aaron u. Mose, F 17

verständlich wird gesagt, "daß Jahwes Gericht bevorsteht, ... und daß es daraus keine Rettung gibt, auch nicht durch die Fürbitte eines Mose"[1].

So wenig also Mose im Zentrum der Erzählung steht, so wenig geht es letzten Endes um Aaron[2]. Das Volk (mit seinem kommissarischen Führer Aaron) steht als Exempel für ein der Gefahr des Synkretismus ausgesetztes und damit in seiner Existenz bedrohtes Israel[3].

Berücksichtigt man den religiösen Horizont und die paränetische[4] Intention von Ex *32, so kann man die Erzählung ein wenig präziser als "religiöse Erzählung mit paränetischer Abzweckung" bezeichnen. (Die nähere Charakterisierung von Ex *32 als einer "paränetisch motivierten Erzählung, die einen exemplarischen Fall aus der spannungsvollen Geschichte Jahwes mit seinem Volk behandelt" ist wohl schon zu speziell, um noch als Gattungsbestimmung gelten zu können.)

---

1) Aaron u. Mose, F 14

2) Die Erzählung benötigt rein aus erzähltechnischen Gründen eine Person wie die des Aaron (vgl. A. CODY, Priesthood, 150 oben).

3) Ich kann daher dem Urteil G. HÖLSCHERs, daß die Pointe von Ex 32 "die Gegenüberstellung Ahrons und Moses " (Geschichtsschreibung, 316) sei (vgl. auch W. RUDOLPHs Bemerkung zu V.30 ff, darin werde Mose "bewußt dem Aaron entgegengesetzt" ("Elohist", 52)), nicht zustimmen, auch nicht der Auffassung von W. RUDOLPH, hier liege eine "doppelseitige Polemik" vor: sowohl gegen das Stierbild von Betel und Dan als auch gegen Aaron ("Elohist", 49.53), ebensowenig der Meinung A.H.J. GUNNEWEGs und anderer, "eines der Hauptmotive der Erzählung" (Leviten, 35) sei die Polemik gegen Aaron. Auch die Feststellung G. BEERs, daß Aaron in Ex 32 "die Hauptschuld" (Ex, 155) gegeben werde, wird dem Tenor der Erzählung nicht gerecht: Das Volk ist der Angeklagte (vgl. V.22b.25a.30), von ihm ging ja auch die Initiative aus. Dem Führer Aaron (der sich natürlich mitschuldig gemacht hat) wird keine eigene Bestrafung angedroht.

4) "In diesem Abschnitt ... dominiert ein stark paränetisches Motiv" schreibt J.M. SCHMIDT mit Bezug auf Ex 32,30-34 (Aaron u. Mose, F 14). Dt 9 f verstärkt übrigens genau diesen Tenor. So kann man Dt 9 f als sachgemäße dtn Neuformulierung von Ex *32 ansehen.

8. Motiv- und Traditionskritik

8.1 Die Heraufführung aus Ägypten[1]

Von der Verwendung der ᶜlh hi.-Formel in Ex 32,1b her, worin Mose und nicht Jahwe als Subj. erscheint, läßt sich für die Grunderzählung von Ex 32 erschließen, daß sie nicht jahwistischer Herkunft ist. Denn nach dem J-Berufungsbericht ist es Jahwe selbst, der die Heraufführung seines Volkes aus Ägypten bewerkstelligen will (vgl. Ex 3,8.17). Man vgl. auch in Ex 13,21 f das jahwistische Motiv der Wolken- und Feuersäule, in der Jahwe selbst dem Volke voraufzieht.

8.2 Die Tafeln[2]

Nach Ex 32,19b zerschmettert Mose die Tafeln, die dieser nach Ex 24,12 auf dem Berge bei Jahwe holen sollte und nach Ex 31, 18aα (bis:Mōšæ).b dann auch - nach 40tägigem Bergaufenthalt (vgl. Ex 24,18b) - empfangen hatte.

Die (von Jahwe angefertigten) Tafeln stellen die Urkunde des Bundes dar, den Jahwe mit dem Volk Israel geschlossen hat. Demgemäß ist die Zertrümmerung der Tafeln durch Mose der sinnfällige Ausdruck dafür, daß durch die Sünde des Volkes der Bund außer Kraft gesetzt ist.

In Ex 24,1 f erhält Mose von Jahwe den Auftrag, zwei neue Steintafeln anzufertigen und mit ihnen auf den Berg Sinai hinaufzusteigen. Mose haut sich dementsprechend zwei Steintafeln "wie die ersten" (vgl. Ex 34,4). Gegen Ende der Theophanie-Szene gebietet Jahwe dem Mose, die Bundesworte, die er ihm mitgeteilt hat, aufzuschreiben (vgl. V.27), und Mose führt diesen göttli-

1) Zum Thema vgl. P. Humbert, Dieu fait sortir, ThZ 18 (1962), 357-361; H. LUBSCZYK, Der Auszug Israels aus Ägypten. Seine theologische Bedeutung in prophetischer und priesterlicher Überlieferung, Leipzig 1963 (Erfurter Theol. Studien 11); J.WIJNGAARDS, hoṣī' and hæᶜlah: A Twofold Approach to the Exodus, VT 15 (1965), 91-102; E. ZENGER, Funktion und Sinn der ältesten Herausführungsformel, ZDMG Supp. I, Wiesbaden 1969, 334-342.

2) Die priesterschriftlichen Passagen des Sinai-Komplexes bleiben hier unberücksichtigt.

chen Befehl aus (vgl. V.28b)[1].

Die überwiegende Zahl der Exegeten ist nun der Auffassung, daß dem 34. Kap. des Ex-Buches eine jahwistische Theophanie-Schilderung zugrundeliegt. Diese erzählte von der Übergabe der Bundestafeln an Mose, wußte aber noch nichts von einer vorherigen Zertrümmerung der Tafeln und von ihrer Neuanfertigung.

Daß das "... wie die ersten; und ich will auf die Tafeln die Worte schreiben, die auf den ersten Tafeln standen, die du zerbrochen hast" (Ex 34,1) literarkritisch vom J-Strang des Kap. abzuheben ist[2], geht u.a. aus den unterschiedlichen Subjekten der Beschriftungshandlung hervor: Nach V.27 f ist, wie oben bereits gesagt wurde, Mose der Schreiber, nach V.1aß (hārī'šōnīm).b dagegen ist es Jahwe selbst. Das Letztere aber entspricht den nicht-jahwistischen VV. Ex 24,12; 31,18aα (bis:Mōšæ) und der (sek) Notiz Ex 32,16.

Das innerhalb der Theophaniedarstellung Ex 34 sek Motiv der Tafelzertrümmerung und -neuanfertigung ist offensichtlich erst durch die Vorschaltung des 32. Kap. notwendig geworden (das seinerseits einen bereits geschehenen Tafelempfang voraussetzt, sich also - wie schon konstatiert - an Ex 24,12; 31,18aα (bis: Mōšæ). b anschließt). So liegt in Ex 34,1aß (hārī'šōnīm).b und 4a (hārīšōnīm) eine spätere Überarbeitung des J-Textes vor.

Das bedeutet: Ex 32 kann jedenfalls nicht als jahwistisch angesehen werden.

8.3 Mose als Fürsprecher

Das Motiv vom "Fürsprecher Mose" ist dem Bibelleser geläufig, weil es sowohl in einigen der Plagenerzählungen (2.,4.,7.,8. Plage[3]) als auch der sog. Murrgeschichten[4] sowie in der hier zur

1) Jahwe als Subj. zu wajjiktōb V.28a anzunehmen, wie E. ZENGER es tut (V. 1.4a (bis: hārišōnīm)b.5aα.9b.28 = dtr), weil ein Subj.-Wechsel von satah (V.28a, Subj. = Mose) zu wajjiktōb irgendwie hätte angezeigt werden müssen, ist m.E. nicht möglich. In V.27a gibt Jahwe ja auch ausdrücklich Mose den Befehl, die (mündlich empfangenen) Worte aufzuschreiben. Vgl. auch die neue Untersuchung von F.-E. WILMS "Das jahwistische Bundesbuch in Exodus 34", München 1973 (StANT XXXII), 207. WILMS teilt V.27 (vielleicht ohne "mit Israel") u. 28 dem J zu.

2) So alle Kommentatoren in E. ZENGERs Übersichtstafel, Sinaitheophanie, 226. Nur M. NOTH setzt den gen. Text noch mit dem J-Faden in Beziehung ("späterer Zuwachs zur J-Erzählung", Ex, 214).

3) Ex 8-10; vgl. Sir 45,3

4) Vgl. Num 11(L); 14,11 ff[sek]; 16,22(P^s); 21,7(E)

Diskussion stehenden Erzählung vom "goldenen Kalb" Ex 32// Dt 9 f[1] verwendet wird.

Darüber hinaus ist von Mose, dem Fürsprecher, noch in Ex 5,22-6,1 (Moses Klage vor Jahwe nach seinem ersten Gang zum Pharao), in Ex 15,25 (Moses Bitte um trinkbares Wasser für die Israeliten) und in Num 12,13 (Moses Fürbitte für Mirjam) die Rede sowie in den Stellen Ps 99,6 und Jer 15,1, wo Mose zusammen mit (Aaron und) Samuel als Fürsprecher par excellence hingestellt wird.

In dem hier zu behandelnden 32. Kap. des Ex-Buches tritt Mose - außer in den sek VV.11-13, die jetzt beiseite gelassen werden - in V.31 f als Fürsprecher in Aktion (V.30 = einleitender V.). Er tut es ganz aus eigener Initiative. Das unterscheidet sein Tun von den Fürbittaktionen in den gen. Plagenerzählungen, in denen Mose (jetzt: und Aaron) jeweils vom Pharao um Fürsprache bei Jahwe angegangen wird. Auch in den vor-priesterschriftlichen Murrgeschichten Num 11 und 21 wird Mose um Fürsprache gebeten[2].

Ein weiterer Unterschied zu den Plagenerzählungen besteht darin, daß Mose sich dort zugunsten Pharaos und seines Landes an Jahwe wendet (in der Hoffnung, daß der Pharao Israel nun ziehen lasse), in Ex 32,31 f aber - wie auch in den Murrgeschichten - für die Israeliten Fürsprache einlegt.

Sowohl in den Plagenerzählungen wie in den vor-dtn Murrgeschichten führt Moses Fürbittaktion jeweils zum vollen Erfolg - in den Plagenerzählungen ist das allerdings aus redaktionstechnischen Gründen notwendig! -, in Ex 32,30 ff bewirkt sein Gebet dagegen nur einen Aufschub der Bestrafung (vgl. 33 f). In diesem Punkte ist Num 14 mit Ex 32 eng verwandt: Jahwe vergibt zwar, aber keiner von der Wüstengeneration außer Kaleb soll das gelobte Land zu sehen bekommen (vgl. Num 14,20 ff). Der betr. Passus Num 14,11 ff erweist sich durch Sprache, Stil und Umfang aber ein-

---

1) Vgl. auch Ps 106,23
2) Num 12 kann hier nicht angeführt werden, weil V.11 f nicht als Bitte um Fürsprache gelten kann (vgl. die Besprechung von V.11 in der Untersuchung von Num 12).

deutig als Kompilation aus Ex 32,9-14 und Dt 9,13 f.26-29[1)]. So gibt es keinen vor-dtn, ja überhaupt keinen Text - sofern er nicht schon von Ex 32 abhängt -, der in diesem Punkt mit Ex 32, 30-34 übereinstimmt.

Eine Übereinstimmung in dem hebr. Ausdruck für "beten, Fürbitte leisten" besteht weder mit den J-Plagenerzählungen (wo ᶜtr qal u. hi. sowie prš kappajim gebraucht wird) noch mit den Murrgeschichten (wo pll hitp + ṣᶜq qal verwendet wird). Nur in der von Ex 32 (und Dt 9,7-10,11) abhängigen späten Stelle Num 14,13 findet sich wie in Ex 32,31 einfaches ʼmr + wörtliche Rede.

Eine deutliche sprachliche Übereinstimmung besteht aber mit der Fürbitte des Mose nach der 1. Verhandlung mit dem Pharao Ex 5,22. Die 1. Vershälfte (J) lautet genau wie Ex 32,31: wajjāšōb Mōšæ ʼæl Jhwh. Auch spricht Mose in seinem Gebet von hāᶜām hazzǣ (Ex 5,22b (ZENGER, Je; EISSFELDT: J).23a (ZENGER: Je, EISSFELDT: E). Falls hier eine direkte literarische Beziehung vorliegt - die exakte sprachliche Übereinstimmung spricht m.E. dafür -, dann ist für Ex *32 am ehesten an jehowistische Herkunft zu denken.

9. Zeitliche Einordnung

9.1 Erste Indizien

9.11 Aus der Verwendung der ᶜlh hi.-Formel mit Mose als Subj. läßt sich - wenn auch nicht mit letzter Sicherheit (vgl. die Synergismus-Vorstellung[2)]) - erschließen, daß Ex *32 nicht jahwistischer Herkunft ist.

9.12 Auch die Besprechung des Tafelmotivs[3)] zeitigte das Ergebnis, daß Ex *32 nicht vom J stammen kann.

9.13 Vom Motiv "Mose als Fürsprecher" aus wurde eine jehowistische Herkunft von Ex *32 einigermaßen wahrscheinlich gemacht.

---

1) Es liegen aber auch noch andere Abhängigkeiten vor, so z.B. von Ex 34 u. Jes 6,3.
2) Vgl. S. 191
3) Vgl. Nr. 8.2, S. 283 f

9.2 Wendungen, Wortverbindungen und Lexeme

9.21 Von den zum Vergleich herangezogenen 30 Wendungen, Wortverbindungen und Lexemen konnten 23 an anderen Stellen des Tetrateuch aufgewiesen werden. Von diesen sind nach O. EISSFELDTs Quellenzuteilung[1] 12 zugleich dem J und dem E, 8 nur dem E und 3 nur dem J zuzurechnen[2]. Es liegt also keine eindeutige Prävalenz einer der beiden Quellen[3] vor: Das Vorkommen verteilt sich etwa gleichermaßen auf den J und den E. Außerdem begegnen 4 Wendungen, 2 Wortverbindungen und 2 Lexeme weder beim J noch beim E. (Die in der Original-Dissertation auf den SS. 577 - 580 aufgeführten Belege sind hier fortgelassen worden, um Raum zu sparen.) Dieser Befund spricht am ehesten für jehowistische Herkunft von Ex *32, also für eine Entstehung um 700 v. Chr.

9.22 Bemerkenswerte Übereinstimmungen

a) bnh mizbæḥ u. ᶜlh hi. ᶜōlōt + (...) šᵉlāmīm Ex 32,5a.6a
Die auffallendste Übereinstimmung besteht mit Ri 21,4, wo sich

---

1) Die Quellenzuteilung von R. SMEND jr. (Biblische Zeugnisse). L. RUPPERT (Wort u. Botschaft, 384-387) und - für das Buch Ex - von E. ZENGER (hektographierte Übersetzung des Ex-Buches) ist jeweils mitaufgeführt, sofern sie von der EISSFELDTschen abweicht. Die Differenzen halten sich sehr in Grenzen. L. RUPPERT stimmt fast vollständig mit EISSFELDT überein, SMEND (der in seiner Übersetzung nur den J und die P bringt, so daß "nicht J" in unserem Falle praktisch heißt: =E) ist sich weitgehend mit EISSFELDT einig.

2) Was die infragekommenden Ex-Stellen betrifft, so teilt E. ZENGER Ex 20,5 (EISSFELDT: E, in der HexSyn noch: dtr. vgl. S. 148*.273*) dem dtr Bearbeiter zu, die beiden VV. Ex 24,4a und 5(E) dem J, umgekehrt Ex 34,7(J) dem E. Berücksichtigt man das, so kommt für J : E das Verhältnis 4 : 6 heraus.

3) EISSFELDTs "Laienquelle" (L) sowie die P haben für unseren Zusammenhang nur geringere Bedeutung und werden daher jeweils nur anmerkungsweise aufgeführt.

auch noch škm hi. + mimmoḥorāt findet: waj^{e}hī mimmoḥorāt wajjaš-kīmū hā^{c}ām wajjibnū šām mizbeaḥ wajja^{ca}lū ^{c}ōlōt ūš^{e}lāmīm. Gegenüber Ex 32,6a fehlt wohl ein eigenes Verb zum Obj. š^{e}lāmīm.

Man vgl. auch Ex 24,4 f (E; SMEND: nicht J; ZENGER: J)[1]: wajjaš-kēm babbōqær wajjibæn mizbeaḥ taḥat hāhār ... wajja^{ca}lū ^{c}ōlōt wajjizb^{e}ḥū š^{e}lāmīm. Hier begegnet auch noch das taḥat hāhār von Ex 32,19b. Andererseits steht hier babbōqær statt mimmoḥorāt und zbḥ statt nśg hi. (Auch ist es nicht das Volk, sondern Mose allein, der früh aufsteht und den Altar errichtet.)

Weiter ist hier zu vergleichen 2 Sam 24,25: wajjibæn šām Dāwīd mizbēaḥ l^{e}Jhwh wajja^{c}al ^{c}ōlōt ūš^{e}lāmīm. Hier fehlt ein eigenes Verb für das zweite Obj. š^{e}lāmīm.

c) mæ-^{c}āśah l^{e}kā hā^{c}ām kī hēbē'tā ^{c}ālāw ḥ^{a}ṭā'ā g^{e}dōlā. Dieselbe Wendung begegnet nur noch in Gen 20,9 (E; SMEND: nicht J)[2]: mæ-^{c}aśītī l^{e}kā ... kī hēbē'tā ^{c}ālaj ... ḥ^{a}ṭā'ā g^{e}dōlā. Die stilistische Figur mæ-^{c}aśītī (l^{e}kā) ... kī findet sich noch in Num 22,28(J) und 1 Sam 20,1b. In diesen Stellen liegt im Prinzip der gleiche Sinnzusammenhang vor wie in Ex 32,21 und Gen 20,9.

d) 'al-jiḥar 'af '^{a}dōnī Ex 32,22. Hier sind zwei Stellen zu nennen: Gen 44,18(J) (aus der Josefsgeschichte), wo das '^{a}dōnī unmittelbar vor dem Prohibitiv steht, und Ri 6,38 (aus der Gideongeschichte), wo das '^{a}dōnī fehlt. In der Ri-Stelle findet sich im voraufgehenden V.38 auch noch das wajjaskēm mimmoḥorāt von Ex 32,6.

e) jd^{c} + Akk.-Obj. + kī-Satz Ex 32,22. Dieselbe syntaktische Figur mit jd finden wir noch in 2 Sam 3,25; 17,8 und 1 Kön 5,17.

9.23 Folgerung: Auch die Vergleichsstellen außerhalb des Tetrateuch (die zu einem guten Teil im dtrGW zu finden sind) sprechen eher dagegen, daß Ex *32 einer der alten Pt-Quellen

---

1) In V.5 ist mit R. RENDTORFF das z^{e}bāḥīm zu streichen (vgl. Geschichte des Opfers, 150 f).

2) Das 2. u. 3. Wort sind nach der Syr korr. aus ^{c}āśītā lānū.

zugehöre. Die Zuteilung zum Je erscheint auch von hier aus als das Nächstliegende.

9.3 Ergebnis:

Ex *32 stammt höchstwahrscheinlich vom Je und dürfte um 700 v. Chr. entstanden sein.[1]

10. Die Gestalt des Aaron

10.1 Aarons Funktion und Bedeutung

10.11 in der Grunderzählung

In Ex *32 fungiert Aaron für die Zeit von Moses Bergaufenthalt als dessen Stellvertreter, d.h. als kommissarischer Führer des Volkes[2], - in den Augen dieses Volkes, das Mose für tot hält, schon als Moses Nachfolger. Als solcher ist Aaron auch in Sachen "öffentlicher Kult" der zuständige Mann: Er sorgt auf die Petition des Volkes hin für die Herstellung des Kultbildes und ruft ein Fest aus. Das Volk aber baut einen Altar und bringt die Opfer dar. Von Priestern ist in diesem Zusammenhang nicht die Rede. Das bedeutet: Obgleich Aaron in Ex *32 in enger Beziehung zum Kult steht, werden ihm keine priesterlichen Funktionen zugesprochen[3].

Wäre Aaron hier als Priester vorgestellt, so wäre gewiß auf irgendeine Weise angedeutet worden, daß er bei der Opferdarbringung des Volkes eine besondere, nämlich priesterliche Funktion ausgeübt hätte. Und wollte man annehmen, daß das Kultbild einer dauernden priesterlichen Betreuung bedurft hätte - wie das Gußbild des Micha von Ri 17 f -, so wäre dieser Priester eben gerade nicht in dem (kommissarischen) Volksführer Aaron zu suchen.

So läßt sich von Ex *32 her nicht die These begründen, daß schon der vor-priesterschriftliche Aaron eine priesterliche Gestalt gewesen sei[4], auch nicht in der Form, daß Aaron als politischer

---

1) In der Datierung des Je folge ich E. ZENGER.
2) Vgl. A. CODY: "Aaron's role in the narrative is ... that of a leader at Sinai" (Priesthood, 149 f).
3) Vgl. O. EISSFELDT, Israels Führer in der Zeit vom Auszug aus Ägypten bis zur Landnahme, in: Studia Biblica et Semitica (FS T.C. VRIEZEN), 62-70, hier: 66; A. CODY, Priesthood, 148
4) Gegen H. SEEBASS, Mose u. Aaron, 36 f (vgl. 23-27.129-131); J.M. SCHMIDT, Aaron u. Mose, F 8 u.a.; vgl. auch M.M. MULHALL, Aaron and Moses, 212 f.

Führer zugleich Priester gewesen sei.

Aaron spielt in dem Geschehen von Ex *32 vielmehr dieselbe Rolle wie König Jerobeam I. in 1 Kön 12,26 ff - und eben nicht wie die von Jerobeam eingesetzten Priester. Die zahlreichen Übereinstimmungen zwischen Jerobeam und Aaron sind von M. ABERBACH und L. SMOLAR[1] in extenso dargestellt worden[2]: Wie in Ex *32 die Initiative nicht von Aaron ausgeht - Das Volk spricht ja zu Aaron: "Mach uns einen Gott!" -, so in 1 Kön 12 nicht, jedenfalls nicht allein, von Jerobeam. In 1 Kön 12,28 heißt es, daß Jerobeam sich beraten ließ (wajjiwwā^{c}aṣ)[3]. Das Kultbild, das Aaron herstellt, ist ein Gußbild (massēkā), das des Jerobeam ebenfalls. Der Präsentationsruf Aarons ist mit dem des Jerobeam bis auf ein Wort gleichlautend. Aaron ruft ein Fest aus, Jerobeam ordnet ebenfalls einen bestimmten Festtermin an.

So hat die vielfach vertretene Auffassung, Aaron trete in Ex 32 als Ahn der Priesterschaft von Betel in Erscheinung[4], keinerlei Fundament[5]. Den Vertretern dieser Hypothese müßte schon die Tatsache zu denken geben, daß es neben (dem so interpretierten Text von) Ex 32 keinerlei Anhaltspunkte für ein derartiges Aaronbild gibt[6].

---

1) Aaron, Jerobeam and the Golden Calves, JBL 86 (1967), 129-140.
2) Allerdings sind nicht alle 13 Übereinstimmungen überzeugend, und sie betreffen auch nicht alle den vor-priesterschriftlichen Aaron.
3) Zu diesem Verständnis des Verbs j^{c}ṣ hitp vgl. M. ABERBACH/L. SMOLAR, JBL 86, 129, Anm. 3. M. NOTH konstatiert in einer Anmerkung zu 1 Kön 12,6 (wajjiwwā^{c}aṣ hammælæk R^{e}hab^{c}ām 'æt-hazz^{e}kēnīm ...): "j^{c}ṣ hi. bedeutet 'sich (untereinander) beraten'" (Könige, 267). In Abweichung hiervon versteht er das wajjiwwā^{c}aṣ 1 Kön 12,28 aber als "mit sich zu Rate gehen" und übersetzt: "So beschloß der König ..." (Könige, 266).
4) Vgl. u.a. H. OORT, Aäroniden, 290 u. ö; A. KUENEN, Einleitung, 233 sowie Ges. Abhandlungen, 493; B. BAENTSCH, Ex-Lev-Num, 269; R.H. KENNETT, Origin, 168; R. SMEND, Hexateuch, 168 f, Anm. 3 u. 358, Anm. 3; W. BEYERLIN, Sinaitraditionen, 148 f; S. MOWINCKEL, Pentateuchquellenfrage, 127, Anm. 149; A.H.J. GUNNEWEG, Leviten, 90 f (vgl. auch 89 u. 91, Anm. 3); G. te STROETE, Ex, 318 f; L SABOURIN, Priesthood, 123.124 f; H. MOTZKI, VT 25 (1975), 478.479.481 f; L. YARDEN, Aaron, Bethel, and the Priestly Menorah, JJS 26 (1975/76), 39-47.
5) Vgl. A. CODY, Priesthood, 148 f. CODY stellt u.a. heraus, daß von der offensichtlichen Polemik gegen den Betelschen Kult nicht auf eine ausdrücklich intendierte Polemik gegen die Betelsche Priesterschaft geschlossen werden kann: "that is not a direct opposition - and certainly not an opposition of rivalry- to the priesthood itself in Bethel: it remains an opposition to the cult" (ders., 149).
6) So kann also auch nicht, wie u.a. M. NOTH (ÜPt, 140 f) annimmt, die Rivalität verschiedener Priestergeschlechter den Hintergrund von Ex 32 bilden.

10.12 in der zugrundeliegenden Überlieferung (= Kultlegende)

Wie aber kommt Aaron zu der zweifelhaften Ehre, in der Mosezeit als Pendant zu dem späteren, in der geschichtlichen Rückschau Israels (sprich: Judas) nicht nur politisch, sondern auch religiös als abtrünnig geltenden Königs Jerobeams I. zu fungieren?

Interessanterweise zeigt der Autor von Ex *32 kein besonders grosses Interesse an der Gestalt des Aaron[1]. In den VV.1-6 (Herstellung des illegitimen Gottesbildes) ist eine Führerfigur rein aus erzähltechnischen Gründen notwendig. In dem Passus V.21-24 (Moses Rechenschaftsforderung und Aarons Antwort) rückt Aaron zwar nochmals eigens ins Blickfeld, aber das war wegen seiner Funktion in V.1-6 nicht anders zu erwarten, hat also wieder primär einen erzähltechnischen Grund[2]. Wie schon in der Gattungskritik herausgestellt wurde[3], hat der Verfasser von Ex *32 weniger Aaron (und Mose) als vielmehr das Volk im Blick[4]. Dieses wird von Aaron als der eigentlich Schuldige hingestellt (vgl. V.22b), und Mose erkennt die schwere Beschuldigung des Volkes als berechtigt an (vgl. V.25a). Das Volk, und nicht Aaron, ist es denn auch, für das Mose sich veranlaßt sieht, bei Jahwe Fürbitte einzulegen.

Da Aaron faktisch einen maßgeblichen Anteil am Zustandekommen des illegitimen Kultbildes hat, muß man sagen, daß die Erzählung hier einen gewissen Mangel an Folgerichtigkeit aufweist.

Es gibt nun keinerlei konkrete Indizien dafür, anzunehmen, daß zwischen V.1 (Das Volk tritt mit seinem Begehren an Aaron heran) und V.2 (Aaron willfährt ihnen) ein Satz entfallen sei, der Aarons Sträuben und die dann folgende Nötigung durch das Volk zum Ausdruck gebracht hätte (womit Aaron weitgehend entschuldigt

---

1) Vgl. J.M. SCHMIDT, Aaron u. Mose, F 23
2) Aaron "serves as an interlocutor in what dialogue the narrative requires" (A. CODY, Priesthood, 150).
3) Vgl. S. 281 f
4) Vgl. auch H. SEEBASS, Mose u. Aaron, 38

worden wäre). Andererseits bietet Ex *32 auch keinen konkreten Anhaltspunkt dafür, daß ursprünglich einmal speziell dem Aaron eine Strafe angedroht[1], diese Drohung nachher aber durch die aaronfreundliche Bearbeitung beseitigt worden sei. Die zur Diskussion stehende Unebenheit ist der Erzählung also von Anfang an eigen.

Wie läßt sich diese merkwürdige Tatsache erklären?

Die plausibelste Erklärung ist die, daß die herausgearbeitete Grunderzählung nicht die älteste Überlieferungsschicht darstellt, daß hinter Ex *32 vielmehr eine positiv gehaltene Erzählung von der Herstellung eines Kultbildes steht, also eine Kultlegende oder Kultätiologie. Diese These ist m.E. zum erstenmal von R.H. KENNETT vertreten worden[2]. Sie hat nicht wenige Verfechter gefunden[3]. Die betr. Exegeten finden diese Kultlegende in den VV.1-6. Sie weisen mit Recht darauf hin, daß diese VV. - wenn man den Verklammerungsvers 1 beiseite läßt - "so gut wie gar nicht polemisch akzentuiert sind"[4]. "Wenn etwa die Erzählung

---

1) Gegen W. RUDOLPH, der postuliert, daß "hinter V.25 notwendig die Strafe oder ein Strafwort für Aaron gestanden haben (muß), wie es auch in Dtn 9,20 vorausgesetzt wird" ("Elohist", 52). - Die sek Notiz in der Dt-Parallele, nämlich Dt 9,20, ist - wie oben S. 272f(Nr. 4.41) bereits festgestellt wurde - aus späterer Reflexion entstanden.

2) The Origin of the Aaronite Priesthood, JTS 6 (1905), 161-186, hier: 166-168.

3) Vgl. T.J. MEEK, Some Religious Origins of the Hebrews, AJSL 37 (1920/21), 101-131, hier: 120 (der auf SMEND, Die Erzählung des Hexateuch auf ihre Quellen untersucht, LXIX u. 204 verweist - eine Angabe, die ich an der (1.) Auflage von 1912, die mir zur Verfügung stand, nicht verifizieren konnte); R. DUSSAUD, Les origines cananéens du sacrifice israelite, Paris 1921, 243; S. MOWINCKEL, AcOr 8 (1929/30), 262; G. BEER, Ex, 139; O. EISSFELDT, ZAW 58 N.F. 17, 205 sowie Einleitung[3], 270 f; C.A. SIMPSON, The Early Tradition of Israel. A Critical Analysis of the Pre-deuteronomic Narrative of the Hexateuch, Oxford 1948, 197-219; hier: 205 f: W. BEYERLIN, Sinaitraditionen, 146-149; M.L. NEWMAN, The People of the Covenant. A Study of Israel from Moses to the monarchy, New York - Nashville 1962, 182 f; J. DUS, ZAW 77 (1965), 272-76; A.H.J. GUNNEWEG, Leviten, 89-92; J. PLASTARAS, The God of the Exodus Narratives, Mulwaukee 1966, 273 f; W. ZIMMERLI, FS A. JEPSEN , 86-96; J.A. SOGGIN, ZAW 78 (1966), 200; V. FRITZ, Israel, 61; H. MOTZKI, VT 25 (1975), 478; O. MICHEL u.a., FS E. FASCHER, 58.

4) W. BEYERLIN, Sinaitraditionen, 146. Bzgl. der VV. 2-4a vgl. auch J.M. SCHMIDT, Aaron u. Mose, F 5 f und 29 f.

Aaron ohne Zögern und Bedenken auf den Wunsch des Volkes eingehen läßt und wenn sie dabei seine Wahl auf das Stierbild fallen läßt, als sei nicht so natürlich wie dies, so handelt es sich hier offenbar gerade um Züge dieser alten noch unkritischen Tradition"[1].

Der prinzipielle Einwand, daß eine derartige Form der Gottesverehrung wegen ihres synkretistischen[2] Charakters niemals als legitimer Jahwekult gegolten haben könne, ist leicht zu entkräften. Den Ausdruck "der Stier Jakobs"[3] Gen 49,24 u. Jes 1,24 mag man zwar noch bildlich verstehen können oder müssen. Der religionsgeschichtliche Hintergrund dürfte gleichwohl der sein, daß Jahwe tatsächlich "u.a. im Zeichen des Stieres verehrt"[4] worden ist.[5] Ob man nun gerade mit E. MEYER sagen kann: "In Dan und Bet'el wird Jahwe als 'Stier Jakobs' (neben dem Stein Israels ...) in Stiergestalt verehrt"[6], ist allerdings fraglich. Denn man wird kaum geglaubt haben, "daß die Gottheit im Jungstierbild wohnte oder gar dargestellt wäre"[7]. Die Vorstellung von einer solchen Identität von Gottheit und Bild war nicht einmal in Israels Umwelt die herrschende[8]. Wohl sollte das Kultbild nach M. WEIPPERT

1) W. BEYERLIN, Sinaitraditionen, 146
2) Vgl. T.C. VRIEZEN, godsdienst, 155; J.A. SOGGIN, Der offiziell geförderte Synkretismus in Israel während des 10. Jahrhunderts, ZAW 78 (1966), 179-203, hier: 203. - M. NOTH spricht im Zusammenhang mit dem "Stierkult" von "akuter 'Kanaanisierung' der Gottesverehrung Israels" (Könige, 284).
3) Diese Übersetzung von ʾᵃbīr Jaʿᵃqōb ist ohne weiteres möglich(vgl. Jes 34,7; Ps 22,12; 50,13; viell. auch Jer 46,15), ja, im Hinblick auf den "Stierkult" in Betel sogar naheliegend - trotz A. ALTs spöttischer Bemerkung über die "Tauromanen" (Kleine Schriften, I, 25).
4) G. BEER, Ex, 156.
5) Vgl. E. MEYER, Israeliten, 474; T.C. VRIEZEN, godsdienst, 154; M. NOTH, Könige, 284 ("Es muß wohl schon im vorköniglichen Israel den Gedanken der Verbindung des Gottes Israels mit dem Stier als Symbol der Kraft und Fruchtbarkeit gegeben haben")
6) E. MEYER, Die Israeliten und ihre Nachbarstämme. Alttestamentliche Untersuchungen, Darmstadt 1967 (= unveränderter Nachdruck der 1. Aufl. Halle/Saale 1906), 474
7) W. ZIMMERLI, FS A. JEPSEN, 88. Das Volk wird sich - zumindest auf die Dauer - allerdings kaum von einer solchen Vorstellung freigehalten haben. Vgl.H.T.OBBINK, Jahwebilder, ZAW 47 [N.F. 6], 264-274, hier: 269; H. SCHRADE, Der verborgene Gott, 29; J.A. SOGGIN, ZAW 78 [N.F. 37] (1966), 203; M. BUBER, Moses, 176.
8) Vgl.H.T.OBBINK, Jahwebilder, ZAW 47 [N.F. 6] (1966), 268 f; W. von SODEN, Art. "Stierdienst", in: RGG³ VI, 372 f; W.H. SCHMIDT (Atl. Glaube, 79); - auf den syrisch-kanaanäischen Raum bezogen - K. JAROŠ (Elohist, 362.365); J.A. SOGGIN, ZAW 78 (1966), 201 f. H. GRESSMANN geht gewiß fehl, wenn er beispielsweise den Gottesstab von Ex 17,9 mit Jahwe identifiziert (vgl. Mose, 157. GRESSMANN spricht dort vom "Stabgott"). Vgl. auch noch T.J. MEEK, der den goldenen Jungstier als eine "form of Jahwe" betrachtet (AJSL 37 (1920/21), 121).

"die wirkungskräftige Gegenwart der Gottheit am hl. Ort sichern und bezeugen"[1], so daß nach seiner Meinung doch von einem "Jahwebild" gesprochen werden kann[2]. Die Mehrzahl der Exegeten sieht das Stierbild als Attribut der Gottheit an, etwa als Postament für den unsichtbar darauf thronenden Gott[3].

In diesem (weiteren) Sinne wird dann auch von einem Gottessymbol[4] gesprochen. Es ist jedenfalls unbezweifelbar, daß es sich bei den von Jerobeam in Dan und Betel aufgestellten goldenen Jungstieren um Kultobjekte im Rahmen der Jahweverehrung gehandelt hat.[5]

---

1) M. WEIPPERT, Gott und Stier. Bemerkungen zu einer Terrakotte aus jāfa, ZDPV 77 (1961), 93-117, hier: 107

2) G. FOHRER schließt sich übrigens der Auffassung WEIPPERTs an (vgl. Israelit. Religion, 124, Anm. 28). Dem Einwand, "daß man sich für gewöhnlich Jahwe menschengestaltig gedacht hat" (125), hält WEIPPERT entgegen, daß diese zweifellos vorherrschende Vorstellung durchaus neben einer tauromorphen habe bestehen können. Im hethitischen Großreich nämlich habe es nachweislich ein derartiges Nebeneinander von anthropomorpher und theriomorpher Vorstellung bei einer und derselben Gottheit gegeben. So sei "ein Wettergott in Yazilikaya anthropomorph, in Hanyeri tauromorph dargestellt worden" (106). So würden sich auch eine anthropomorphe und eine tauromorphe Vorstellung von Jahwe nicht per se ausschließen.

3) So deuten viele Exegeten die Stiere in Ex 32 und 1 Kön 12,26 ff. Vgl. die Literaturangaben bei M. WEIPPERT, ZDPV 77, 103, Anm. 55. Ergänzend sei hingewiesen auf H.TOBBINK, ZAW 47 (1929), 267; M. BUBER, Moses, 176; Y. KAUFMANN, Religion, 271; M.L. NEWMANN, People, 182; W. EICHRODT, Theologie I, 66; M. NOTH, Ex, 203; G. von RAD, Theologie I, 72; H. DONNER, AOAT 18,48; J.A. SOGGIN, ZAW 78 (1966), 201 f; M. NOTH, Könige, 283; O. MICHEL u.a., FS E. FASCHER, 57 f. O. EISSFELDT denkt demgegenüber an eine Kultstandarte (vgl. ZAW 58 [N.F. 17] , 205-210). K. JAROŠ hält EISSFELDTs These für die wahrscheinlichere. Er variiert sie jedoch dahingehend, daß Jerobeam "ein ehemaliges Führungssymbol ... durchein festes Kultbild ersetzt" (Elohist, 369) habe. M. NOTH lehnt EISSFELDTs Deutung der Stierbilder als göttlicher Führungssymbole ausdrücklich ab: "Bei dieser Erklärung wird der Deuteformel von 28bß zu viel Gewicht begemessen" (Könige, 284).

4) So z.B. H. HOLZINGER; Ex, 110; W.F. ALBRIGHT, Von der Steinzeit zum Christentum, Bern 1949, 258 f; W. EICHRODT, Theologie I, 66; T.C. VRIEZEN, De Godsd. v. Israel, 154 (H. GRESSMANN spricht in Bezug auf den hl. Stab auch von einem "Symbol Jahwes" (Anfänge, 101), versteht "Symbol" dort aber geradezu im Sinne einer Identität (vgl. Mose, 157)).

5) Vgl. Y. KAUFMANN, The Religion of Israel. From its Beginnings to the Babylonian Exile, Chicago 1960, 270 f; J. DEBUS, Die Sünde Jerobeams, 40; H. EISING, Bild Gottes ohne Gottesbild, in: Bild-Wort-Symbol in der Theologie, Würzburg 1969, 35-54, hier: 37; H. MOTZKI, VT 25 (1975), 476 f

So ist auch darauf hinzuweisen, daß die kultische Verehrung Jahwes unter Verwendung des Stierbildes für die Propheten Elia und Amos nichts Anstößiges an sich hatte, und daß auch der für die reine Jahweverehrung eifernde[1] Jehu nicht Hand an das Stierbild von Betel (und Dan) gelegt hat[2].

Daß in den Jahwekult auch bildliche bzw. figürliche Darstellungen und andere Objekte, denen man kultische Verehrung entgegenbrachte, Eingang fanden, ohne daß die betr. Kultform von Anfang an als illegitim betrachtet wurde, läßt sich auch an anderen Beispielen demonstrieren[3]. So ist darauf hinzuweisen, daß in Dan "ein bildhaftes Kultobjekt stand und eine sich von Mose herleitende Priesterschaft Dienst tat"[4]. Ein anderes Beispiel ist die Eherne Schlange im Tempel von Jerusalem, der bis zur Zeit des Königs Hiskia (715/14-697/96) kultische Verehrung entgegengebracht wurde[5] und deren Anfertigung Mose zugeschrieben wurde[6] - sogar noch in dem Bericht über ihre Beseitigung[7].

Weiter sei auf die Stellung gegenüber den Mazzeben im alten Israel hingewiesen, auch wenn jene hl. Steine nicht mit bildlichen Darstellungen versehen waren. Denn die Mazzeben sind ein Beispiel dafür, wie sehr Israel einerseits auch in religiösen Vorstellungen und Praktiken ein Kind seiner Zeit war, an-

1) Vgl. 2 Kön 10,16
2) "Der dortige Kult scheint also selbst für die strengen Jahweanhänger Ausdruck der echten Jahweverehrung gewesen zu sein" (H. MOTZKI, VT 25 (1975), 477).
3) Vgl. W. ZIMMERLI, FS A. JEPSEN, 87-91
4) Ders., 87. R. DUSSAUD hält es für sehr wahrscheinlich, "que cette idole représentait un taureau" (origines, 243), wobei er auf VATKE verweist. W. BEYERLIN schließt sich dieser Auffassung an (vgl. Sinaitraditionen, 147)
5) Vgl. die Notiz über die Vernichtung der Schlange 2 Kön 18,3 f. - Zur Schlangendarstellung als apotropaicum und als Heilssymbol vgl. K. JAROS, Elohist, 270.272.275.
6) Vgl. Num 21,4-9. - Nach K. JAROŠ haben die Untersuchungen von JOINES (The Bronze Serpent, JBL 87 (1968), 254) und schon von H.H. ROWLEY (ZADOK, ZBL 58 (1939), 133 ff) gezeigt, daß die Eherne Schlange "unter ZADOK zur Zeit Davids als Kultobjekt in Jerusalem eingeführt worden" (Elohist, 276) ist. Mit der Rückführung der Schlange auf Mose wollten "priesterliche Kreise Jerusalems zur Zeit Davids ... ein ursprünglich kanaanäisches Emblem vom Anfang Israels her legitimieren" (ders., 277). "Die Schlange als Lebensmacht und heilkräftiges Symbol wird gleichsam den Göttern Kanaans entrissen und zu einem lebensspendenden und heilkräftigen Symbol Jahwes umgedeutet" (ders., 280) - ein Beispiel für den Assimilations- und Integrationsprozeß, den der Jahweglaube in Kanaan durchgemacht hat.
7) Vgl. 2 Kön 18,4

dererseits diese Vorstellungen und Praktiken aber irgendwie in den Jahweglauben zu integrieren wußte: "Nicht nur die Jakobgeschichte berichtet unbefangen von der Errichtung einer Mazzebe in Betel durch den Ahnen Israels, sondern sogar die Schilderung des fundamentalen Bundesaktes in Exod. 24,3-8 läßt die 12 Stämme durch 12 Mazzeben repräsentiert werden"[1]. Die Mazzeben wurden in der Tat lange Zeit hindurch unangefochten im Jahwekult verwendet[2], wie nicht zuletzt die positive Bewertung noch des E belegt (vgl. Gen 28,18; 31,13; 35, 14). Erst "Deut. 16,22 (vgl. 7,5; 12,3; Lev 26,1) verbietet das Errichten von Mazzeben in aller Strenge und stellt die mit den für Israel von vornherein (weil mit einer weiblichen Gottheit verbunden) nicht legitimen Ascheren auf eine Stufe"[3].

In diesem Zusammenhang sind auch die sog. "Höhen" zu erwähnen, offene Kultstätten auf Bergen und Anhöhen, bestehend aus Altar, Mazzeben und Ascheren. So wird von Samuel[4], von Salomo[5] und Elia[6] erzählt, daß sie auf einer Höhe geopfert haben, und von Jerobeam I. wird in Verbindung mit der Aufstellung der Stierbilder in Betel und Dan berichtet, daß er auch Höhen eingerichtet habe[7].

Die Höhen hatten also keineswegs von Anfang an etwas Anrüchiges an sich.

Auch ist an die sog. Terafim zu erinnern, die nach 1 Sam 19,10 ff menschengestaltige Gottesbilder gewesen sein müssen[8]. Noch in der Geschichte von Jakobs Flucht vor Laban (Gen 31,18 ff (L/J, SMEND: nicht J; RUPPERT: E)) erfahren die Terafim keine negative Wertung.

O. EISSFELDT[9] führt als weiteren Kultgegenstand den "Gottesstab" aus der Amalekiterschlacht-Sage Ex 17,8-16 an (vgl. Ex 4,20b). Denn dieser Stab, der möglicherweise - wie H. GRESSMANN[10], M. NOTH[11], V. FRITZ[12] u. andere annehmen - mit einem Emblem versehen gewesen sei, sei nach dem Sieg der Israeliten wohl als Banner aufgerichtet worden[13]. Vor diesem Banner-Stab, dem

---

1) W. ZIMMERLI, FS A. JEPSEN, 92. "In Exod. 24,3-8 könnte sich ein Kultvorgang widerspiegeln, der die Stämmevertreter in Sichem vereinte" (ebd.).
2) Vgl. W. EICHRODT, Theologie I, 65; H. SCHRADE, Der verborgene Gott, 32: "Tatsächlich ist die Verehrung von Steinen, der Mazzeben, bei den alten Israeliten außerordentlich verbreitet".
3) Ebd. vgl. W. EICHRODT, Theologie I, 66
4) Vgl. 1 Sam 9
5) Vgl. 1 Kön 3,4
6) Vgl. 1 Kön 18
7) Vgl. 1 Kön 12,31
8) Vgl. u.a. A. JIRKU, Mantik in Israel, Rostock 1913, 13-28 (jetzt in: ders., Von Jerusalem nach Ugarit. Gesammelte Schriften, Graz 1966); H. SCHRADE, Der verborgene Gott, 30 f.
9) Vgl. ZAW 58, 206 f
10) Er meint, der (Banner-)Stab habe das Bild der Schlange getragen und sei mit der "Ehernen Schlange" identisch (vgl. Mose, 161; Anfänge, 101), "doch ist die Identität des heilkräftigen Bildes von Num 21,4b-9 und des Feldzeichens von Ex 17,15 f schon aus traditionsgeschichtlichen Gründen völlig ausgeschlossen" (V. FRITZ, Israel, 57, Anm. 11)
11) Vgl. Ex, 115
12) Israel, 57. FRITZ weist zur Begründung seiner Ansicht auf verschiedene Funde altorientalischer Feldzeichen hin (ebd., Anm. 12).
13) Vgl. ders., 207. Vgl. H. GRESSMANN, Mose, 160. GRESSMANN spricht vom "Banner-Stab" (Mose, 157), ebenso E. AUERBACH, Moses, 85.

EISSFELDT vorkanaanäisches Alter zubilligt, sei dann der Altar errichtet worden[1]. EISSFELDT geht hier jedoch von falschen Voraussetzungen aus: 1. Er hält den Gottesstab fälschlicherweise für einen ursprünglichen Bestandteil der Sage. 2. Er geht von der Annahme aus, daß an der Stelle von V.14 ursprünglich "wohl Jahwes Befehl an Mose gestanden (hat), den Gottesstab (V.9), dem die Erringung des Sieges zu danken war, als Banner (nes) aufzurichten und vor ihm einen Altar zu erbauen"[2]. 3. Die Annahme, der Banner-Stab sei "mit einem Gottessymbol, etwa einem Tierbild geschmückt"[3] gewesen, hat lediglich in V.16a einen sehr schwachen Anhalt.

Was nun speziell das (wahrscheinlich "aus der kanaanäischen Umwelt in die Jahwereligion aufgenommen(e)"[4]) Jungstierbild als kultischen Gegenstand betrifft, so wissen wir - wie schon erwähnt -, daß dieses erst von der Mitte des 8. Jahd. an massive Ablehnung erfuhr[5]. Auf die Dauer mußte es natürlich wegen der Gefahr des Abgleitens in eine (nicht nur der kultischen Form, sondern auch dem Inhalt nach) synkretistische Religion[6] oder gar in regelrechtes Heidentum zur Verwerfung nicht nur der Mazzeben, sondern vor allem auch der bildlichen Darstellungen wie Jungstier und Eherne Schlange kommen. Zur Zeit Jerobeams I. konnte davon aber noch keine Rede sein[7].

---

1) Vgl. ebd. Ebenso schon H. GRESSMANN (Mose, 157; Anfänge, 101).
2) Ebd.
3) Ebd.
4) J. DEBUS, Sünde, 43
5) Bis dahin wurde das Stierbild offensichtlich wie Mazzeben und Ascheren "unangefochten neben der Lade verehrt" (ebd.).
6) M. WEIPPERT ist der Auffassung, daß die Verwischung von "Repräsentanz" (Jahwes durch das Kultbild) und "Identität" (Jahwe-Kultbild) nicht nur auf dem Sektor der Volksfrömmigkeit eine sehr akute Gefahr darstellte, sondern daß "auch die 'offizielle Theologie' des Nordreiches sich dieser 'Grenzverwischung' schuldig gemacht habe" (ZDPV 77 (1961), 105). Vgl. auch H. SCHRADE, Der verborgene Gott, 29. T.C. VRIEZEN (godsdienst, 148 ff) und J.A. SOGGIN (ZAW 78, 179-203) stellen heraus, daß hier eine massive Einflußnahme von seiten des Königtums vorliegt (mit David/Salomo beginnend). Vgl. zum Thema "Synkretismus in Israel" noch G. FOHRER, Geschichte der israelitischen Religion, Berlin 1969, 119. Ebenso S. HERRMANN, Geschichte Israels, 245.
7) Man beachte in diesem Zusammenhang den genauen Wortlaut von 1 Kön 12,30a: waj^{e}hi haddābār hazzæ l^{e}ḥaṭṭā't (= "und diese Sache wurde zur Sünde") " ... this very statement suggests the possibility that Jerobeam's original activity was not a sin; rather its 'became' a sin, which was a subsequent development" (M.L. NEWMAN, People, 180).

Mit Recht ist verschiedentlich darauf hingewiesen worden, daß König Jerobeam es bei der Reichsteilung selbstverständlich darauf anlegen mußte, dem Lade-Heiligtum in Jerusalem ein kultisches Pendant von ähnlichem Gewicht im Nordreich gegenüberzustellen[1]. Er konnte es sich nicht leisten, sich den Vorwurf der Häresie oder gar der Apostasie auszusetzen[2].

So ist es nicht abwegig, sondern sehr naheliegend, hinter Ex 32, 1-6 die Betelsche Kultlegende zu vermuten[3], die die Absicht verfolgt, den "Stierkult" durch Herleitung aus der Mosezeit als alte und völlig legitime Form der Jahweverehrung hinzustellen[4]. Wie hinter der "karrikierenden Erzählung" (W. ZIMMERLI) Ri 17 f die Kultlegende von Dan stecken dürfte, so also hinter Ex 32 diejenige von Betel. Wahrscheinlich hat Jerobeam mit seiner Maßnahme "an die schon bestehenden Verhältnisse an den Heiligtümern von Bethel und Dan angeknüpft und diese durch die Stiftung neuer Kultbilder offiziell bestätigt"[5].

Man mag sich nun fragen, ob in dieser Kultlegende wohl der tatsächliche Betelsche Kultgründer in die mosaische Zeit zurücktransponiert oder ob nicht umgekehrt Aaron als eine Person aus der Mosezeit für die Kultgründung in Betel in Anspruch genommen worden ist.

---

1) Vgl. z.B. O. EISSFELDT, ZAW 58 [N.F. 17], 205; M.L. NEWMAN, People, 182; M. NOTH, Könige, 282. 284; J. DEBUS, Sünde, 45
2) Vgl. u.a. H. SCHMID, Mose, 83; J.M. SCHMIDT, F 29; L. SABOURIN, Priesthood, 124. Es ist zwar mitzubedenken, daß Jerobeam bei religiösen Maßnahmen dieser Art beim Volk auch dann auf Zustimmung stoßen würde, wenn die betr. Kultform volkstümlich aber nicht ganz orthodox war, da im Volk gewiß ein starkes Bedürfnis nach Versinnlichung der religiösen Vorstellungen vorhanden war. (Das ist ja ein allgemeines religionsgeschichtliches Phänomen.) Einen völlig neuen Kult wollte Jerobeam aber auf jeden Fall nicht begründen. Das ist die überwiegende Meinung unter den Exegeten. Vgl. neuestens H. MOTZKI, VT 25 (1975), 479. - Nach T.J. MEEK wurde der Stierkult "re-established" (Origins, 121). S. HERRMANN gilt der Stierkult als "eine gegenüber den nomadischen Traditionen außergewöhnlichen Neuerung" (Geschichte Israels, 245).
3) Vgl. die bereits S. 291ff gegebene Begründung für diese These und S. 292, Anm. 3 ein Verzeichnis jener Autoren, die diese (m.E. zuerst von R. KENNETT vertretene) These verfechten.
4) Aus dem Zug, "daß noch der Bericht über die Beseitigung dieses Bildes unbekümmert feststellt, daß Moses dieses angefertigt habe", ist zu ersehen, "daß das, was in Israels Jahwedienst legitim zu sein beansprucht, das Signum der Herkunft aus der Wüstenzeit, in der Mose das Volk nach seinem Auszug aus Ägypten geführt hat, tragen muß" (W. ZIMMERLI, FS A. JEPSEN, 90).
5) W. BEYERLIN, Sinaitraditionen, 147

Dazu folgende Überlegung: In der relativ alten Mosesage Ex 17, *8-13, deren Schauplatz der amalekiternahe Raum des südlichen Juda bzw. des nördlichen Negev ist, begegnete uns ein Aaron. Bei der Besprechung der Sage wurde vermutet, daß dieser Aaron, zusammen mit Hur, der dort neben Aaron genannt wird, herkunftsmäßig dieser südlichen Region zuzuordnen sei. Gibt es also zwei Aaron, einen, der im Bereich südliches Juda/nördlicher Negev, und einen, der in Betel zu Hause ist? Mehr Wahrscheinlichkeit hat von vornherein die These, die die beiden Aaron als eine und dieselbe Person betrachtet, die also ohne die traditionsgeschichtliche Hypothese einer Fusion zweier ursprünglich selbständiger Aaron-Personen auskommt[1].

Die Kultätiologie Ex 32,*2-6 greift also aller Wahrscheinlichkeit nach auf den Aaron der Mosezeit zurück, der uns bisher aus Ex 17,*8-13 als Mitarbeiter des Mose bekannt ist.

10.2 Aaron = Ersatzmann für Mose?

Nun ist aber doch wohl zu fragen, warum der Verfasser der Kultlegende dann nicht Moses eigene Autorität für den Betelschen Kult in Anspruch genommen hat. Gezielter gefragt: Ob in Ex 32, *2-6 ursprünglich nicht Mose selbst als Kultgründer fungiert hat und Aaron erst bei der polemischen Umgestaltung und Erweiterung der Kultätiologie hineingekommen ist?

Diese Frage kann mit Fug und Recht gestellt werden. Denn 1. ist schwer einzusehen, wieso man sich mit einem Mitarbeiter des Mose zufrieden gab, um der kultischen Verehrung Jahwes unter dem Stierbild den Stempel der Legitimität zu geben und diesen Kult vor der Verdächtigung, er sei unisraelitisch zu schützen[2], 2. läßt sich die spätere Ersetzung Moses durch eine andere Person aus der Mosezeit leicht erklären.

---

1) R.H. KENNETT (Origin, 166) sagt zwar ausdrücklich "it is not certain that the Aaron of golden calf fame is the same as the Aaron, the elder and seer, the associate of Hur", hält die überlieferungsgeschichtliche und historische Identität der beiden Aaron aber doch für "not improbable".

2) J.M. SCHMIDT gibt sich mit dem Schluß, den er aus der Inanspruchnahme Aarons für den Betelschen Stierkult zieht, nämlich "daß Aaron für eine hoch angesehene Persönlichkeit galt, die die Anziehungskraft von Jerobeams Kult durchaus erhöhen konnte" (Mose u. Aaron, F 30), zufrieden.

Zu 1: J. PLASTARAS meint zwar: " ... one could not claim the authority of Moses for the Golden Bull (Moses seems to have been a rigorist in the matter of cultic images), but they could claim the authority of one who was second only to Moses"[1].

Diese Begründung ist jedoch nach dem, was wir über die Vielfalt der Kultformen bis ins 8. Jh. hinein gehört haben, nicht stichhaltig - unter der Voraussetzung (die ja auch von PLASTARAS[2] angenommen wird), daß der Urtext von Ex 32 die Kultlegende von Betel darstellte.

Zu 2: Daß Mose auf die Dauer, konkret seit Hoseas massiver Kritik an Betel um die Mitte des 8. Jh., endgültig aber nach dem Untergang des Nordreiches, nicht in der Funktion des Betelschen Kultgründers verbleiben konnte, bedarf keiner näheren Erläuterung. (Auf Aaron, der - jedenfalls nach dem jetzigen Stand dieser Untersuchung - den Israeliten in der alten Zeit eben noch nicht als "eine hochangesehene Persönlichkeit"[3] galt, brauchte man noch nicht eine solche Rücksicht nehmen.)

M.L. NEWMAN (der freilich keine Überlegungen bezgl. einer späteren Ersetzung Moses durch Aaron anstellt) hebt mit Verweis auf ANDERSON (Understanding the Old Testament) hervor, daß es Jerobeams Intention war, "to connect the religion of the Northern Kingdom with the main stream of the Mosaic tradition"[4]. Dabei kommt es natürlich nicht eigentlich auf die Rückführung einer Überlieferung bis in die mosaische Zeit, sondern auf die Verbindung mit Mose selbst an. Daher hat schon O. EISSFELDT die Möglichkeit erwogen - wenn auch offengelassen -, ob "eine ältere nordisraelitische Erzählung ... jenes Symbol ... vielleicht ursprünglich auf Mose zurückgeführt hat, genauso wie die Judäer in starkem Selbstbewußtsein ihre Lade von Mose herleiteten"[5].

---

1) God of Exodus, 238
2) Vgl. S. 292 , Anm. 3
3) Vgl. J.M. SCHMIDT, Mose u. Aaron, F 30
4) People, 183
5) ZAW 58 [N.F. 17] (1940/41), 205

EISSFELDT erinnert in dem Zusammenhang daran, daß die Priesterschaft von Dan nach Ri 18,30b von Jonatan Ben-Gerschom Ben-Mose[1] begründet wurde.

Nach E. MEYER hat E^1 auch die Eliden von Silo "auf Mose zurückgeführt, indem er Exod. 18,2 f dem Mose von Sippora außer dem aus J übernommenen Gersom noch einen zweiten Sohn Eli ezer (d.i. El azar) gibt"[2]. H. GRESSMANN steht bezgl. der älteren Überlieferung von der Priesterschaft in Silo auf demselben Standpunkt. Er schreibt: "Nun hat man längst beobachtet, daß Eleasar und Elieser nur in den Vokalen voneinander abweichen und daß folglich ein und derselbe Priester bald als Sohn Moses bald als Sohn Aarons bezeichnet wird. Die Abstammung von Mose muß als die ältere Tradition betrachtet werden, weil sie unverdächtig ist und weil nachweislich später die Tendenz herrscht, Aaron zum Ahnherrn der Priester zu machen. In diesem Sinne ist die gegenwärtige Überlieferung überarbeitet worden. Demnach lautete die jetzige Genealogie: Aaron, Eleasar, Pinehas ursprünglich: Mose, Eleasar (oder Elieser), Pinehas"[3]. Auf dem internationalen Alttestamentler-Kongreß in Rom hat E. AUERBACH 1968 die These von der mosaischen Herkunft der Eliden im Zusammenhang mit der Behandlung des Aaron-Problems ausführlicher begründet und dabei namentlich für Jos 24,33 (wo vom Begräbnis des Eleasar Ben Aaron auf dem Hügel des Pinchas im Gebirge Efraim berichtet wird) plausibel machen können, daß dieser Pinchas dem von den Eliden betreuten Heiligtum in Silo zuzuordnen ist und ursprünglich als Ben-Elieser Ben Mose gegolten haben muß[4].

O. EISSFELDT nimmt auch für Ri 20,28 statt des jetzigen "Pinchas Ben Eleasar Ben Aaron" als ursprüngliche Lesart "Pinchas Ben Elieser Ben Mose" an. In Ri 20,27b.28a aber wird von Betel gesprochen[5]. Dann wäre auch für Betel - jedenfalls für die Zeit, da dort noch die Lade stand (bevor sie nach Silo kam) - eine von Mose abstammende bzw. sich auf die Abstammung von Mose berufende Priesterschaft bezeugt. Allerdings halten die meisten Exegeten Ri 20,27f für eine sekundäre Eintragung, die rechtfertigen soll, daß die Israeliten in dem später so berüchtigten Betel "vor Jahwe" Opfer dargebracht haben[6].

Jedenfalls neigen nicht wenige Alttestamentler zu der Annahme, "daß in der älteren Zeit die beiden berühmtesten Priestergeschlechter Israels, die von Dan und die von Silo, als Nachkommen Moses galten"[7]. Ja, für E^1 (und d.h. für die ältere Tradition) ist - gemäß E. MEYER - "Mose noch der Ahnherr aller israelitischen Priester"[8].

Neuerdings hat W. ZIMMERLI die These von der Betelschen Kultgründung durch Mose (statt durch Aaron) wieder in Erwägung gezogen[9].

---

1) Daß die masoretische Lesart "Ben-Manasse" statt "Ben-Mose" nicht original ist, ist allgemein anerkannt. Vgl. die BHS z.St.
2) Israeliten, 93
3) Mose, 274
4) Vgl. ders., Das Aharon-Problem, in: Congress Volume Rome 1968, Leiden 1969 (VTS XVII), 37-63, hier:
5) O. EISSFELDT erkennt der Notiz über die Lade in Betel einen hohen Grad an Glaubwürdigkeit zu (vgl. ZAW 58 [N.F. 17] (1940/41), 198
6) Vgl. Kap. 3 der Einleitung (Nr. 2.1, S. 38 , Anm. 4)
7) H. GRESSMANN, Mose, 275
8) E. MEYER; Israeliten, 93
9) Vgl. FS A. JEPSEN, 92. ZIMMERLI bezieht den Kult am Heiligtum von Dan, wo nach Auskunft von 1 Kön 12,28-30 seit Jerobeam ebenfalls ein Jungstierbild gestanden haben soll, mit ein.

Die grundsätzliche Intention einer Kultlegende, dem betr. Kult eine möglichst hohe Dignität zu geben, spricht m.E. stark für die von O. EISSFELDT und W. ZIMMERLI zur Diskussion gestellte These. Sie ist darum vorzuziehen[1].

Die Änderung der Vorzeichen, also die Umpolung der Kultsage zu einer Ächtung des Stierkults, nach dem Untergang des Nordreiches[2] führte dazu, daß Mose aus der Rolle des Kultbild-Herstellers in die des Kultbild-Verurteilers hinüberwechselte. Für die (jetzt sehr mißliche) Rolle des Kultbild-Herstellers mußte eine Person aus der Umgebung des Mose herhalten. Der betr. Umgestalter der alten Kultätiologie setzt hier den Aaron ein. Es ging ihm dabei selbstredend weder um die Person des Aaron als solche noch um etwaige Aaron-Nachkommen[3]. Diese hätten sich in jedem Falle gegen die Verunglimpfung ihres Ahnherrn zur Wehr gesetzt und die Erzählung Ex*32 mit ihrem lädierten Aaronbild als eine böswillige zeitgenössische Erfindung diskreditiert.

10.3 Aarons Herkunft

Die hier favorisierte These, daß man Mose und nicht Aaron als Begründer des Jungstierkultes von Betel betrachtete, und daß Aaron erst später, nämlich ersatzweise für Mose, in die ins Ge-

---

1) Der mögliche Einwand, daß es nicht angehe, eine ganze Reihe von Kultobjekten auf einen und denselben Hersteller, nämlich Mose, zurückzuführen, ist unwirksam. Denn es ist nun einmal eine Tatsache, daß sowohl die Lade als auch die Eherne Schlange Mose zugeschrieben werden. Warum soll dann nicht auch der Jungstier von Betel auf Mose zurückgeführt worden sein? Was den dtr (vgl. Dt 10,1-5) wie den priesterschriftlichen (vgl. Ex 25, 10,22; 37,1-9) Bericht über die Herstellung der Lade durch Mose betrifft, so sind diese ohnehin später anzusetzen als die (postulierte) Kultlegende von Betel.

2) Wenn es sich, wie hier angenommen wird, in Ex*32 um die Umarbeitung einer nordisraelitischen Kulttradition handelt, kommt eine Datierung dieser gegen Betel und das ganze Nordreich gerichteten Erzählung vor 722 v. Chr. schwerlich infrage; außerdem dürfte diese im Südreich entstanden sein: ein weiteres Argument für die Zuordnung von Ex*32 zum Je!

3) Vgl. J.M. SCHMIDT, Aaron u. Mose, F 23. Nach SCHMIDT "ist eine Aaronpolemik als Entstehungsmotiv der Erzählung neben demjenigen der Jerobeampolemik nirgends zu erkennen" (ebd.).

genteil verkehrte Kulttradition von Betel hineinkam, ist von erheblicher Bedeutung für die Frage nach Aarons Herkunft. Diese ist von Ex 32 - und zwar von der ältesten Überlieferungsschicht (= Betelsche Kultlegende) - her zunächst nur negativ zu bestimmen: Betel kann nicht als der (älteste und damit eigentliche) lokale Haftpunkt der Aaron-Überlieferung angesehen werden[1]. Mit dem Blick auf die Amalekiterschlacht-Sage kann man sagen: Der Aaron von Ex 17,*8-13 liegt dem Aaron von Ex*32 zeitlich voraus.

1) Gegen die S. 292, Anm. 2 u. 3 genannten und weitere Exegeten.

4. Kapitel: Num 12

1. Teil: Der Gesamttext

1. Übersetzung

1a *Mirjam und Aaron machten Mose Vorwürfe*[1)]
wegen der kuschitischen Frau, die er (sich) genommen hatte;
b *denn er hatte (sich) eine kuschitische Frau genommen.*

2a *Sie sprachen:*
Hat Jahwe (etwa) einzig und allein mit Mose geredet?
Hat er nicht auch mit uns geredet?
b *Jahwe hörte (das).*

3a *Der Mann Mose aber war der demütigste*
b *von allen Menschen auf Erden.*

4a *Und es sprach Jahwe plötzlich*
zu Mose und zu Aaron und zu Mirjam:
"Geht (alle) drei zum Offenbarungszelt hinaus!"
b *Die drei gingen hinaus.*

5a *(Da) stieg Jahwe in einer Wolkensäule herab*
und stellte sich am Eingang des Zeltes auf,
b *und er rief Aaron und Mirjam herbei,*
und die zwei traten vor.

6a *(Nun) sprach Jahwe*[2)]*: "Hört doch meine Worte!*
b *Wenn ein Prophet unter euch ist*[3)]*,*
so offenbare ich mich ihm in der Vision,
und im Traum rede ich mit ihm.

7a *Anders*[4)] *(verhält es sich mit) meinem Knecht Mose.*
b *- In meinem ganzen Hause genießt er Vertrauen -:*
(oder: - *Mit meinem ganzen Haus(wesen) ist er betraut-)*[5)]

---

1) hebr.: dbr pi. b[e] = "reden gegen jdn.", auch: "mit jedm. streiten" (vgl. 1 Kön 3,22)
2) Der Gottesname Jhwh ist nach dem Vorschlag der BHS vom Versende, wo er überfällig ist, an den Versanfang herübergeholt und fungiert hier als Subj. zu dem Verb wajjōʼmær
3) Der Konditionalsatz ʼim jihjæ n[e]bīʼ[a]kæm V.6b ergibt keinen rechten Sinn. Daher gibt die BHS mit Recht die Empfehlung, gemäß dem Text der VetLat und der Vulg zwischen nbjʼ und km ein Bet einzufügen und zu lesen: nābīʼ bākæm = "ein Prophet unter euch". So auch A. DILLMANN, Num-Dt-Jos, 66 (evtl. mikkæm); B. BAENTSCH, Ex-Lev-Num, 513; H. GRESSMANN, Anfänge, 93; C.A. SIMPSON, Traditions, 383; J. MARSH, Numbers, in: The Interpreter's Bible. Vol. II, 202; M.L. NEWMAN, Covenant, 70; M. NOTH, Num 83; H. CAZELLES, Les Nombres, in: La Bible de Jérusalem ([4]1973), 175. O. PROCKSCH (Elohimquelle, 100, Anm. 4) konjiziert zu mikkæm. Möglich ist aber vielleicht auch die Annahme von Haplographie, nämlich der Wegfall eines zweiten Kaf zwischen nbj und km, so daß der Originaltext gelautet hätte: nābīʼ kakæm = "(Wenn da) ein Prophet (ist) wie ihr ...
4) Eig.: "Nicht so ..."
5) Eine erklärende Anmerkung zu den beiden Alternativübersetzungen dieser Vershälte findet der Leser hinter dem gesamten Übersetzungstext auf S. 308-310

8a *(Von) Mund zu Mund rede ich mit ihm*
auf sichtbare Weise[1] *und nicht in Rätselreden,*
und die Gestalt Jahwes darf er schauen.

b *Warum aber habt ihr euch nicht gescheut,*
meinem Knecht Mose Vorwürfe zu machen?"

9 *Und es entbrannte der Zorn Jahwes gegen sie,*
und er ging fort,

10a *und die Wolke wich vom*[2] *Zelte,*
und siehe: Mirjam (war) aussätzig wie Schnee.

b *Aaron wandte sich zu Mirjam*
und siehe: (sie war) aussätzig.[3]

11a *(Da) sprach Aaron zu Mose:*

b *"Mit Verlaub, mein Herr!*
Lege doch nicht auf uns die[4] *Schuld,*
die wir in unserer Torheit begangen haben[5]*!*

12a *Möge sie doch nicht sein wie ein totes (Kind),*

b *dessen Fleisch beim Hervorgehen aus dem Leibe seiner Mutter*
(schon zur) Hälfte verzehrt ist!"

---

1) Das ūmar’æ des Originaltextes fügt sich nicht ins Satzgefüge ein. Will man das Wort nicht leichtfertig als eine Art "Irrläufer" beiseite tun - M. NOTH streicht das Wort gemäß der Empfehlung der BH; vgl. ders., Num, 82 - und auch nicht zu der Annahme greifen, hier sei etwas ausgefallen, so ändert man es - vorbehaltlich einer eventuellen literarkritischen Lösung - am besten nach einigen hebr. Handschriften, der LXX, der Syr und dem Targ in Entsprechung zum folgenden w^{e}lō’ b^{e}ḥīdōt in b^{e}mar’ǣ (= "in (der) Erscheinung", "in (der) Sichtbarkeit") um. So auch A. DILLMANN, Num-Dt-Jos, 66; H.L. STRACK, Gen-Ex-Lev-Num, 401; G.B. GRAY, Numbers, 125 u. 126 f; B. BAENTSCH, Es-Lev-Num, 513. Anders H. HOLZINGER, Num, 48.

2) Grundbedeutung: "von oberhalb des ..." (mē^{c}al). Vgl. aber Gen 17,22; 18,3; Ex 16,26 f u. andere Stellen.

3) Das w^{e}hinnē in V.10b ist korrekterweise doch wohl als w^{e}hinnā zu lesen, weil das m^{e}ṣōra^{c}at am Versende sonst keinen syntaktischen Bezugspunkt hat.

4) Der stat. abs. ḥaṭṭā’t ist in den stat. constr. ḥaṭṭa’t umzuwandeln, da das Subst. durch die beiden ’^{a}šær-Sätze näher bestimmt ist: Es handelt sich nicht um irgendeine Sünde, sondern um die aus der bisherigen Erzählung klar ersichtliche Sünde Aarons und Mirjams. Denselben Effekt (Determinierung des Subst.) könnte man durch Voranstellung des Artikels erzielen; doch ist die Korrektur, die ohne Änderung des Konsonantenbestandes auskommt, vorzuziehen.

5) Eig.: "bzgl. derer wir töricht gehandelt und durch die wir gefehlt haben"

13a *Mose schrie zu Jahwe mit den Worten:*

b *"Nicht*[1] *doch! Heile sie doch!"*

14a *(Da) sprach Jahwe zu Mose: "(...)*
und wenn ihr Vater ihr gar[2] *ins Gesicht gespuckt hätte,*
müßte sie sich (da) nicht sieben Tage lang schämen?

b *(Darum) soll sie sieben Tage aus*[3] *dem Lager ausgeschlossen bleiben*
und (erst) danach wieder hinzugelassen werden."

15a *(So) wurde Mirjam sieben Tage aus dem Lager ausgeschlossen,*

b *das Volk aber zog nicht weiter,*
bis Mirjam wieder hinzugelassen wurde.

16a *Danach aber zog das Volk von Chazerot aus weiter,*

b *und sie schlugen in der Wüste Paran das Lager auf.*

Zur Übersetzung von V.7b:

Die Bedeutung des Partizips næ'æmān ist für Num 12,7b nicht gesichert. Die einen übersetzen næ'æmān be mit "bewährt in"[4], die anderen verstehen es als "betraut mit"[5] (oder sie machen den präpositionalen Ausdruck bekol-bētī in der Übersetzung zum Subj.: "Mein ganzes Haus(wesen) ist ihm anvertraut"[6]).

---

1) Das 'ēl am Beginn von V.13b ist in die Negationspartikel 'al umgeändert, weil die Verbindung 'ēl-nā' im gesamten AT singulär wäre, 'al-na' jedoch in den voraufgehenden VV.11 f bereits je einmal vorkommt. So auch A. DILLMANN, Num-Dt-Jos, 67; H.L. STRACK, Gen-Ex-Lev-Num, 401; B.BAENTSCH, Ex-Lev-Num, 514; H. HOLZINGER, Nu, 46; G.B. GRAY, Numbers, 128 ("for (1) nā' elsewhere always follows a particle or a verb; (2) 'ēl though common in compound expressions and in poetry ... is very rare elsewhere"); C.A. SIMPSON, Traditions, 383. - Im Unterschied zu V. 11 f liegt in dem so rekonstruierten Anfang der 2. Vershälfte von V.13 ('al-nā') ein elliptischer Satz vor. Ob vorher nicht vielleicht 'annā (= "bitte") dagestanden und durch versehentliches Einschieben eines Lamed eine Angleichung an die beiden 'al-nā'-Wendungen stattgefunden hat?

2) Hiermit soll das in der Verwendung des inf. abs. liegende Moment der Verstärkung zum Ausdruck gebracht werden.

3) Eig.: "von außerhalb" (mihus le)

4) So z.B. B. BAENTSCH, Ex-Lev-Num, 513; O. EISSFELDT, HexSyn, 165*; Jerusalemer Bibel (deutsch), 187

5) So u.a. H. HOLZINGER, Num, 48 (wörtl. vielleicht "zuverlässig in"); W. RUDOLPH, "Elohist", 71 f; J. MARSH, Numbers, in: "The Interpreter's Bible, 202 ("he is entrusted with all my house"; wörtl.: "faithfull in ..."); M.L. NEWMAN, Covenant, 70 ("entrusted with"); M. NOTH, Num, 82; H. GRESSMANN, Anfänge, 93; M. NOTH, Ex, 82.

6) So z.B. M. STENZEL, in: Pattlochbibel, 197; H. CAZELLES in der neuen Auflage (1973) der Bible de Jérusalem, 175 ("Toute ma maison lui est confiée"; in der Aufl. von 1958 hieß es noch: "lui est à demeure dans ..."

Welche Bedeutung hat 'mn ni. in Num 12,7b? Ohne Frage scheidet die Grundbedeutung "fest, sicher sein"[1] von vornherein aus, ebenso die Bedeutungen "andauernd, beständig, von Dauer sein, Bestand haben"[2], "als wahr erwiesen werden" (von einem Wort)[3] sowie "zuverlässig, treu sein (von Personen)"[4] und "treugemeint (sein)"[5]. Die beiden o.g. gängigen Übersetzungen leitet man aus 1 Sam 3,20 bzw. Ijob 12,20 ab:

Das l^{e}næ'^{æ}mānīm Ijob 12,20 wird durchweg mit "den Bewährten" übersetzt. Vom Kontext her (wo von den Ratsherren, Richtern, Priestern, Mächtigen, Edlen, Starken die Rede ist) ist jedoch am ehesten an eine der Grundbedeutung von 'mn (= "fest, sicher") nahestehende Bedeutung zu denken: "Die Sprache nimmt er den Selbstsicheren (d.h. denen, die fest (in sich selber) stehen)" oder: "... denen, die in einer festen (oder: gesicherten) Position sind".

Die andere Vergleichsstelle ist 1 Sam 3,20b. Dort heißt es von Samuel: kī næ'^{æ}mān Š^{e}mû'el l^{e}nābī l^{e}Jhwh (= "da Samuel zu einem Propheten Jahwes bestellt war"[6]). Hier bringt das næ'^{æ}mān offenbar eine feste Anstellung, die Betrauung mit einer Daueraufgabe (nach Art eines Berufes) zum Ausdruck. Von hier aus könnte sich für Num 12,7b die Übersetzung nahelegen: "In meinem ganzen Hause ist er angestellt". Allerdings klingt das "in" recht eigenartig. Man würde eher einen Satz erwarten wie: "über mein ganzes Haus ist er gesetzt"[7]. Man vgl. etwa Gen 39,4b (wajjafqidehū ᶜal-bētō = "Er setzte ihn als Aufseher über sein Haus") und andere Stellen mit pqd hi. in demselben Sinne[8]. Nun gibt es aber bei dem gen. Verb pqd hi. (mit derselben Bedeutung) auch die Präposition b^{e}, so in Jer 40,5.7; 41,2.18. Beachtet man weiter, daß auch in Gen 24,2 (hammošel b^{e}kol '^{a}šær-lō = "der sein ganzes Besitztum verwaltete") nicht die Präposition ᶜal, sondern b^{e} steht, mag man auch in Num 12,7b die Präposition b^{e} mit "über" wiedergeben können: "(Zum Verwalter) über mein ganzes Haus ist er bestellt".

---

1) Jes 7,9; 2 Chron 20,20
2) Dt 28,59 (2x); 1 Sam 2,35; 25,28; 1 Kön 11,38; 1 Chron 17,23; Ps 89,38; Jes 33,16; Jer 15,18
3) Gen 42,20 (E; SMEND: nichtJ); 1 Kön 8,26; 2 Chron 1,9; 6,17
4) Dtn 9,7; 1 Sam 2,35; 2 Sam 7,16; 22,14; 1 Chron 17,24; Neh 13,13; Ps 19,8; 78,8.37; 89,29; 93,5; 101,6; 111,7; Spr 11,13; 25,13; Jes 1,21.26; 8,2; 49,7; 55,3; Jer 42,5 (Hos 12,1 ist verderbt). - Einige Exegeten nehmen diese Bedeutung freilich auch für Num 12,7b an, so H. OORT, De Aäronieden, ThT 18 (1884), 315; R. SMEND sr., Hexateuch, 191 ("als treu befunden"); C.A. SIMPSON, Traditions, 430 ("faithful"); G. von RAD, Theologie I, 303. Was soll dann aber die adverbielle (Orts-)Bestimmung "in meinem ganzen Hause" bedeuten?
5) Spr 27,16
6) R. de VAUX, in: "Bible de Jérusalem" (1973), 316: "accredité"
7) J. de VAULX (Les Nombres, 158) meint auf diese Weise ("... établi sur ...") das næ'^{æ}mān b^{e} wiedergeben zu können. Das ist m.E. aber nicht möglich.
8) Gen 41,34; Num 1,50; Jes 10,18; 2 Kön 7,17; 25,22; Jer 1,10; 40,11; Ps 109,6; 1 Chron 26,32

Eine andere Verständnismöglichkeit für das b^{e} ergibt sich aus Stellen wie Gen 13,2; Am 2,15, wo es die Bedeutung "in Bezug auf" hat: "Für mein ganzes Haus ist er bestellt".

Auf diesem Wege läßt sich die Übersetzung "Mit meinem ganzen Haus(wesen) ist er betraut" wohl rechtfertigen.

Nun ist allerdings zu bedenken, daß die Präposition b^{e} vor bajit, soweit ich sehe, immer die Bedeutung "in" bzw. gelegentlich "an" hat. Darum sollte man auch in Num 12,7b diese Übersetzung beibehalten. Dann aber muß man für das næ'^{æ}man b^{e} nach einer anderen Übersetzung Ausschau halten.

Oben wurde gesagt, daß 'mn ni. an einigen Stellen die Bedeutung "als wahr befunden werden, sich als wahr erweisen" hat. Nimmt man hinzu, daß 1. das næ'^{æ}mana in Hos 5,9 b mit "Untrügliches"[1] oder "verläßliche Kunde"[2] o.ä. wiederzugeben ist[3], und daß 2. 'mn hi. "trauen, Glauben schenken" bedeutet[4], daß es hierzu aber keine entsprechenden hofal-Formen gibt, dann könnte man das næ'^{æ}man Num 12,7b als (Ersatz-)Passiv zu 'mn hi. auffassen[5] und übersetzen: "In meinem ganzen Hause wird ihm Vertrauen geschenkt (oder: genießt er Vertrauen)"[6]. Das ist auch der nächstliegende Sinn des pistós im LXX-Text von Num 12,7b. Denn nach dem "Griechisch-Deutschen Wörterbuch" von G.E. BENSELER[7] bedeutet pistós nicht primär "zuverlässig, treu", sondern "Glauben erweckend, dem man glauben oder trauen darf, glaubwürdig, ... vertrauenswürdig, Zutrauen genießend".

Daher halte ich diese zweite Interpretationsmöglichkeit für die zutreffende. (Doch läßt sich auch wohl die erstgenannte vertreten).

---

1) A. WEISER, Das Buch der zwölf Kleinen Propheten I, ^{4}Göttingen 1963 (ATD 24), 53
2) Jerusalemer Bibel (deutsch), 1284
3) Vgl. auch Sir 36,15: kaì hoi prophêtaî sou empisteuthêtōsan = "und deine Propheten mögen sich als glaubwürdig erweisen". Dem empisteuthētōsan dürfte im Hebr. eine Verbform von 'mn entsprechen.
4) Vorkommen: über 50x
5) Das hält auch B. BAENTSCH für möglich (vgl. Ex-Lev-Num, 513).
6) Ähnlich schon A. DILLMANN, der von der Bedeutung "zuverlässig" über "der vollen Glauben hat und verdient" zu der Übersetzung "beglaubigt" kommt (und auch "bewährt" für sinnvoll hält). DILLMANN denkt freilich daran, daß Mose bei Gott volles Vertrauen genießt und von ihm als bewährt gilt (Num-Dt-Jos, 66). So auch G.B. GRAY (Numbers, 124): "In all My house he showeth himself trustworthy": "Moses has proved himself worthy of Yahweh's confidence" (125). - Sowohl DILLMANN (der Mose als "Oberknecht" bezeichnet) als auch GRAY (der von Moses "administration of all" und "conduct of al Yahweh's affairs" spricht) entnehmen V.7b zugleich, daß Mose der oberste Verwalter in Jahwes Haus ist.
7) Neubearbeitet von A. KAEGI, Leipzig - Berlin 1904, 718

2. Literarkritik

2.1 Abgrenzung des Textkontinuums

Num 12 stellt eine selbständig erzählerische Einheit dar. Die einzige inhaltliche Beziehung zum Kontext besteht in einer gewissen thematischen Nähe zu Num 11,16 f.24b-30 (Thema: Mose und das Prophetentum), einer an sich selbständigen (aber nicht ganz einheitlichen) Erzählung, die in die Wachtelgeschichte Num 11, 1 ff eingebettet ist.

Die Einbindung von Num 12 in den fortlaufenden Erzählfaden wird durch die Itinerar-Notiz im letzten V. von Kap. 11 hergestellt: "Von Kibrot Hattaawa brach das Volk auf nach Chazerot, und sie waren in Chazerot" (Num 11,35(L)). Diese Ortsangabe wird im Schlußvers von Num 12 wieder aufgegriffen: "Und danach brach das Volk von Chazerot auf, und sie lagerten in der Wüste Paran" (Num 12,16). Vermutlich hat diese Notiz nur eine redaktionelle Funktion[1]. Jedenfalls stellt sie die Selbständigkeit der Perikope Num 12 nicht infrage.

2.2 Zur Frage der Einheitlichkeit

2.21 Logik des Handlungs- und Gedankenablaufs

Vorbemerkung

Um das Ausmaß der Schwierigkeiten ahnen zu lassen, die sich dem Literarkritiker bei der Analyse von Num 12 stellen, seien drei diesbezügliche Bemerkungen M. NOTHs zitiert. In der "Überlieferungsgeschichte des Pentateuch" schreibt NOTH: "Es gibt Stücke, deren überlieferter Zustand so ist, daß wohl niemals irgendeine literarkritische Analyse ihr literarisches Zustandekommen wirklich enträtseln wird. Es muß in diesen Fällen stets genügen, aufgrund anderwärts bewährter Ergebnisse der literarkritischen Analyse eine Möglichkeit der Er-

---

1) Vgl. J. WELLHAUSEN (Composition, 99: "... der Inhalt von Kap. 12 ist gegen den Ort Haseroth indifferent und es wird zufällig gekommen sein, daß dies der Schauplatz geworden ist"); C.A. SIMPSON, Traditions, 230; M. NOTH, ÜPt, 140 und Num 86; V. FRITZ, Israel, 76 (FRITZens diesbezügliche Bemerkung bezieht sich freilich auf seinen Mirjam-Erzählungsfaden V.1.9 (ohne wajjelak).10aß.13-15.). Nach H. GRESSMANN (Mose, 264, Anm. 1) stammt V. 16 zwar "erst von dem Sagensammler", aber der Ortsname Chazerot gehört nach ihm doch schon "zum Urbestandteil der Erzählung". Die volksetymologische Pointe sei jetzt verdunkelt. M. NOTH bestreitet die Richtigkeit der Auffassung GRESSMANNs (vgl. ÜPt, 242, Anm. 595).

klärung aufzuzeigen. Solche Stücke sind beispielsweise Gen. 15, Ex. 19, Ex. 24, Ex. 33, Num. 12 ..."[1]. Und zu Num 12 im besonderen bemerkt er an späterer Stelle: "Das in sich sehr brüchige Kapitel Num 12 gehört mit zu den verzweifelten Fällen der Pentateuchanalyse; ich verzichte daher auch nur auf einen Versuch der Zergliederung. Da als Gottesname durchweg Jhwh steht, dürfte es sich um einen jahwistischen Grundbestand mit allerlei Wucherungen, Veränderungen und in diesem Falle auch Verlusten handeln"[2]. Auf S. 139 schließlich spricht er davon, daß die Geschichte von Num 12 "in sich selbst so uneinheitlich und brüchig (ist), daß hinter ihren ursprünglichen Inhalt und Sinn nicht mehr zu kommen ist"[3].

D.h.:die gegenwärtige Gestalt des Kapitels läßt keinen Zweifel daran zu, daß in Num 12 mancherlei Hände am Werk waren, und daß die Grunderzählung (oder vielleicht: die Grunderzählungen) erhebliche textliche Veränderungen erfahren haben. Daher ist von vornherein anzunehmen, daß man bei dem Versuch, die Grundschicht(en) herauszuarbeiten, im einzelnen Falle kaum ohne Textkorrekturen auskommt.

V.1 a) Das erste, was dem kritischen Leser auffällt, ist dies, daß Mirjam vor Aaron genannt wird[4] und daß aus diesem Grunde das Verb am Satzanfang, das sich inhaltlich auf Mirjam und Aaron bezieht, in der 3. Pers. Sing. Fem. steht. Die damit gegebene Subsumierung eines männlichen Subj. unter eine weibliche Verbalform ist ungewöhnlich, wenn auch syntaktisch möglich[5].

Es scheint übrigens möglich zu sein, daß watt^{e}dabbēr eine Form der 3. Pers. Sing. Mask. darstellt:

N.M. SARNA[6] hat durch einen Vergleich mit Amarna-Texten für Ijob 18,14 f u. 20,9 wahrscheinlich zu machen gesucht, daß die in den gen. hebr. Textstellen vorkommenden mit einem Taw beginnenden Imperf.-Formen als 3. Pers. Sing. Mask. zu bestimmen sind. W. L. MORAN[7] hat zwar die Richtigkeit der Auffassung

---

1) ÜPt, 6
2) ÜPt, 34, Anm. 120
3) In ähnlicher Weise äußerte sich schon G. WESTPHAL: "... dieses Kapitel bietet eine Reihe von Rätseln und Widersprüchen, die aufs deutlichste auf eine weitgehende Überarbeitung schließen lassen, so daß es äußerst schwer ist, den ursprünglichen Kern herauszuschälen" (ZAW 26 (1906), 208). Vgl. auch J.M. SCHMIDT, der Num 12 für das "Endstadium einer langen und komplizierten überlieferungsgeschichtlichen Entfaltung" (Aaron u. Mose, G. 23 f) ansieht. Im selben Sinne äußert sich A.H.J. GUNNEWEG (Leviten, 83).
4) W. RUDOLPH spricht von einer "unnatürlichen Reihenfolge: Mirjam-Aaron" ("Elohist", 79 f).
5) Vgl. GesK, 490 f, § 146g; O. GRETHER, Gramm., 228, § 93d; R. MEYER, Gramm. III, 22, § 94, 7b
6) JBL 82 (1963), 317-318
7) *taqtul = Third Masculine Singular?, Bibl 45 (1964), 80-82

SARNAs bestritten, H.J. van DIJK[1] hat jedoch die These SARNAs aufs neue verfochten. Er stellt W. MORANs Behauptung "... das Vorkommen von vergleichbaren Formen in Ijob steht und fällt mit der Amarna-Evidenz"[2] infrage, indem er darauf verweist, "daß das Ugaritische von einer 3. Pers. Plur. Mask. mit dem Präformativ t weiß. Die Formen sind reichlich bezeugt auf den zahllosen Täfelchen, die bisher ausgegraben wurden"[3]. Die von van DIJK analysierten VV.[4] vermögen die These zu stützen, "daß im Hebräischen das Phänomen eines *taqtul, 3. Pers. Sing. Mask. mit dem Präformativ t, tatsächlich existiert"[5].

Wenn die These N.M. SARNAs und H.J. van DIJKs stimmt, ist die einseitige syntaktische Beziehung der Verbform in V.1a zu Mirjam zwar aufgelöst, aber es bleibt, ja verschärft sich sogar das Problem, daß Mirjams Name dem des Aaron vorgeordnet ist.

Warum steht Mirjam hier dem Aaron voran? Will die Hervorhebung Mirjams vielleicht zum Ausdruck bringen, daß sie die treibende Kraft in der Kritik an Mose war? In V.5bα treffen wir aber die umgekehrte Reihenfolge "Aaron und Mirjam" an[6]. So kommt der Verdacht auf, daß in V.1 Mirjam ursprünglich das alleinige Subj. war und Aaron nachträglich eingefügt worden ist[7]. Falls der vorliegende Text sich durch Doppelungen, inhaltliche Spannungen, heterogenes Sprachmaterial usw. als uneinheitlich herausstellen sollte, wird die Frage, ob in Num 12 vielleicht eine ursprüngliche

---

1) Does the Third Masculine Singular *taqtul exist in Hebrew?, VT 19 (1969), 440-447
2) Bibl 45,80
3) VT 19 (1969), 440
4) Jes 7,20; 42,20; 53,10bs; Ez 12,25; Hab 1,14; Ps 10,13.15; 42,2; Koh 10,15
5) VT 19 (1969), 447
6) Vgl. auch V.4a, wo die beiden zusammen mit Mose in der Reihenfolge Mose - Aaron - Mirjam aufgeführt werden.
7) So B. BAENTSCH, Ex-Lev-Num, 511; H. HOLZINGER, Num, 46 f (HOLZINGER hält im Hinblick auf Ex 15,20 ein ursprüngliches '^{a}hōt 'ah^{a}rōn (anstelle von w^{e}'ah^{a}rōn) für möglich; vgl. 46.). So auch V. FRITZ, Israel, 70. Die Auffassung, daß der Vorwurf gegen Mose, eine fremdländische Frau geheiratet zu haben, ursprünglich wohl nur zu Mirjam gehört, vertreten auch W. RUDOLPH, "Elohist", 71; J. MARSH, Numbers, in: The Interpreter's Bible II, 201; M.L. NEWMAN, Covenant, 68, Anm. 58; M. NOTH, ÜPt, 197, Anm. 505; Num, 82 f (Nach NOTH sind die beiden verschiedenen Stoffe - V.1 u. V.2 - schon auf der vorliterarischen Stufe der Überlieferung miteinander kombiniert worden und sind daher "so eng miteinander verquickt, daß eine Scheidung in getrennte literarische Quellen nicht durchführbar ist" (Num, 83). So könne man das w^{e}'ah^{a}rōn in V.1a nicht einfach als redaktionellen Zusatz ausscheiden (vgl. ebd.).). - Einige Exegeten sehen dagegen keinen Anlaß zur Quellenscheidung bzw. zur Annahme einer Überlagerung oder Veränderung einer älteren Tradition und lesen aus der Voranstellung Mirjams heraus, daß sie die Anstifterin war (So z.B. A. DILLMANN, Num-Dt-Jos, 64).

Mirjam-Version auf Aaron ausgeweitet oder eine Mirjam-Version und eine (Mirjam-)Aaron-Version zusammengearbeitet worden sind, geprüft werden müssen.

b) Die Begründung "denn er hatte sich eine kuschitische Frau genommen" V.1b ist überflüssig[1], weil dasselbe schon in V.1a ausgesagt ist ("wegen der kuschitischen[2] Frau, die er (sich) genommen hatte"). Diese Notiz wird daher von sehr vielen Exegeten als Glosse angesehen[3].

Ein möglicher Grund für die Einführung dieses Begründungssatzes ist dieser: Der Glossator wußte aus Ex 2,21(J) u. Ex 18(J+E), daß Mose eine midianitische Frau geheiratet hatte. Weil er nun befürchtete, daß andere Leser, die ebenfalls um Moses midianitische Heirat wußten, die Mitteilung in Num 12,1b für einen Irrtum halten könnten, fügte er ein eigenes diesbezügliches Sätzchen hinzu. Damit ist auf unmißverständliche Weise klargestellt, daß Mose neben der midianitischen zusätzlich eine zweite, nämlich eine kuschitische Frau geheiratet hatte.

Eine andere Möglichkeit: Vielleicht fühlte sich der Glossator bemüßigt, die Aktualität der Auseinandersetzung zwischen Aaron und Mirjam auf der einen und Mose auf der anderen Seite verständlich zu machen; denn die Heirat der midianitischen Frau lag ja doch wohl zu weit zurück, um noch Gegenstand der Kritik werden zu können. Der Glossator hätte danach also sagen wollen, daß die Heirat der kuschitischen Frau erst soeben geschehen war[4].

Einen Anlaß zur Quellenscheidung gibt V.1b nicht.

V.2 a) Mirjams und Aarons Polemik gegen Mose enthält zwei Punkte: den Vorwurf, eine fremdstämmige Frau geheiratet zu haben (vgl. V.1aß) und den Vorwurf, eine unumschränkte religiöse Autorität zu beanspruchen (vgl. V.2a). Auf den ersten Vorwurf wird im Verlauf der Erzählung nicht weiter eingegangen; es geht nur

---

1) H. GRESSMANN spricht von "Dublette" und verteilt V.1aß und V.1b auf den E und den J (vgl. Mose, 264, Anm. 1; Anfänge, 93).

2) Hierbei ist nicht unbedingt an eine Äthiopierin zu denken; es kann sich auch um die Angehörige eines nordarabischen Stammes handeln (vgl. G.B. GRAY, Numbers, 121).

3) J. WELLHAUSEN, Composition, 99, Anm. 1 ("V.1b ist apokryph"); B. BAENTSCH, Ex-Lev-Num, 512; H. HOLZINGER, Num, 46; W. RUDOLPH, "Elohist", 72, Anm. 1; C.A. SIMPSON, Traditions, 228; M. NOTH, Num 82. - G.B. GRAY betrachtet V.1aß und 1b als zusammengehörig und erblickt in dem ganzen Versteil wegen des Themas "Heirat einer fremdstämmigen Frau" eine späte Hinzufügung (vgl. Numbers, 121 f).

4) Daß der Anlaß für Mirjams Kritik die ausländische Herkunft von Moses Frau war, wird übrigens mit Recht allgemein angenommen. Denn anderenfalls hätte das nomen gentilicium auch unerwähnt bleiben können. Gegen V. FRITZ (Israel, 77), der der Meinung ist, daß "der Grund der Auseinandersetzung ungenannt" bleibe.

noch um die nach Ansicht von Mirjam und Aaron nicht berechtigte Sonderstellung des Mose[1].

Ist es schon verdächtig genug, daß am Anfang der Erzählung zwei Gegenstände der Auseinandersetzung genannt werden[2], so verstärkt die Tatsache, daß der eine Streitpunkt ganz unter den Tisch fällt, den Verdacht, daß es sich in Num 12 nicht um eine einheitliche Erzählung handelt.

Gegen diesen Verdacht mag man einwenden, daß die beiden Vorwürfe gegen Mose sich nicht nur nicht widersprechen, sondern unschwer unter einen Hut gebracht werden können: Moses Heirat mit der Kuschitin als ein konkreter Punkt, an dem ablesbar ist, daß Mose nicht immer und in allem recht hat.

In der Tat kann man zwischen den beiden auf den ersten Blick konkurrierenden Anklagepunkten einen Zusammenhang herstellen: der zweite Punkt könnte als das Grundsatzproblem verstanden werden, das hinter der sich in Punkt 1 äußernden Polemik steht[3]. Es ist aber vor einer vorschnellen Harmonisierung zu warnen[4]. Denn zum ersten fehlt zwischen beiden Streitpunkten eine ausdrückli-

---

1) Vgl. E. MEYER, Israeliten, 94, Anm. 1 (Das Motiv von V.1 hat "inhaltlich mit der weiteren Erzählung ... nicht den mindesten Zusammenhang"); J. MARSH, Numbers, in: The Interpreter's Bible II, 200

2) Vgl. B. BAENTSCH: "Wie schon die doppelte Motivierung in V.1 f zeigt, ist die Erzählung nicht einheitlich" (Ex-Lev-Num, 511).

3) Man beachte hierbei auch, daß nur der zweite, umfassendere Vorwurf in wörtlicher Rede formuliert ist.

4) Vgl. R. KITTEL: "... in V.2 ff handelt es sich um ganz andere Dinge" (Geschichte, 330, Anm. 1). R. SMEND sr. sieht die Motive von V.1 und V.2 geradezu als widersprüchlich an (vgl. Hexateuch, 191). Ebenso A.H.J. GUNNEWEG (Leviten, 83). K. MÖHLENBRINK spricht gar von "grellem Widerspruch" (ZAW 52 [N.F. 11] (1934), 219). Das ist aber gewiß zu streng geurteilt, "da man sonst nicht begreift, wie eins mit dem anderen verbunden werden konnte" (H. GRESSMANN, Mose, 264).

che Verbindung[1]. Zum zweiten ist noch ein weiterer Aspekt zu berücksichtigen: Während V.2 (zweiter Vorwurf) konsequent im Plur. gehalten ist (vgl. wajjō'meru̅ und bānū), begann V.1 (erster Vorwurf), wie wir sahen, mit einer Verbalform der 3. Pers. Sing. Fem. und nachfolgender Nennung des Names Mirjam. V.1 hebt sich dadurch nicht nur von V.5bα ab, wo Aaron vor Mirjam genannt wird, sondern auch von V.6a und 8b, wo die beiden unterschiedslos von Jahwe zur Rede gestellt werden, sowie von V.11b, wo Aaron in der Form eines plur. com. die gemeinsame Schuld beider zugibt. Hiervon unterschieden und mit V.1 korrespondierend sind dagegen die VV.10 und 12-16, in denen von Mirjams Aussatz gehandelt wird.

(Schon) diese Unterschiede erlauben es kaum noch, von einer einheitlichen Erzählung zu sprechen[2].

b) Wir waren von dem Verhältnis von V.1a und 2a ausgegangen. Es läßt sich zwischen ihnen auch noch ein sprachlicher Unterschied feststellen, der der postulierten literarkritischen Scheidung zwischen beiden VV. recht gibt: In V.1 ist das Verb dbr pi. + b^e anders verstanden als in V.2a. In V.1 hat es die negative Bedeutung "gegen jdn. reden", "jdm. Vorwürfe machen" oder auch "mit jdm. streiten", in V.2a dagegen bezieht es sich in ganz positivem Sinne auf das Sprechen Jahwes mit den Propheten bzw. mit Mose (vgl. auch V.6 und 8a)[3]. Der Gebrauch der Wendung dbr pi. +

---

1) Es steht auch gar nicht von vornherein fest, ob die Heirat mit der heidnischen Frau aus religiösen Gründen Anstoß erregte. So meint A. DILLMANN: "Nicht die Heidin ist der hochstehenden Mirjam anstößig (wie etwa den späteren), sondern die (schwarze) Ausländerin als Frau des Führers Israels" (Num-Dt-Jos, 64). Mirjams Kritik sei ein Ausdruck des Nationalstolzes der alten Zeit. B. BAENTSCH (Ex-Lev-Num, 511) spricht von einem "Familienskandal", J. de VAULX (Les Nombres, 159) von einer "opposition familiale". Es geht allerdings nicht an, Mirjam als Moses Schwester anzusehen: Erst in Num 29,59P gelten die beiden als Geschwister, in Ex 15,20 ist sie noch allein Aarons Schwester. Auch Aaron "n'est pas encore considéré comme frère de Moïse" (J. de VAULX, Les Nombres, 159), das ist erst in Ex 6,20 der Fall. - W. RUDOLPH spricht vorsichtiger von einer "privaten Angelegenheit Moses" ("Elohist", 73). Bei einer Interpretation dieser oder ähnlicher Art muß man dem Urteil von G.B. GRAY über das Verhältnis von V.2 zu V.1 zustimmen: "the question has no relation to the occasion mentioned in V.1b" (Numbers, 122).

2) Gegen G. HÖLSCHER (Geschichtsschreibung, 323), der auch sonst keinerlei Anlaß sieht, die Einheitlichkeit von Num 12 infragezustellen (vgl. 324).

3) J. MARSH (Numbers, in: The Interpreter's Bible II, 200) versteht das b^e in V.2a instrumental (- allerdings nicht das in V.6a und 8a); ebenso M.L. NEWMAN, Covenant, 70

b^{e} in diesem zweifachen, stark voneinander abweichenden Sinne ist im Munde eines und desselben Autors so kurz hintereinander schwer vorstellbar[1].

Ein solcher zweisinniger Wortgebrauch ist wohl als bewußtes literarisches Mittel möglich, nämlich als Wortspiel, worin das zweite Wort das erste etwa in ein neues Licht stellt, vertieft, ergänzt, relativiert, konkretisiert, verallgemeinert o.ä. Das ist hier nicht der Fall. Wäre hier nur ein einziger Verfasser am Werk gewesen, hätte er sich mit höchster Wahrscheinlichkeit wenigstens nicht derselben Präposition bedient oder in V.1 eben ein anderes Verb gewählt wie etwa rīb oder jkḥ hi. oder khh pi.

Es muß sich zeigen, ob in Num 12 zwei Erzählungsfäden ineinandergearbeitet wurden[2] oder ob eine Grunderzählung überarbeitet wurde[3].

V.3 Moses Charakterisierung, er sei der demütigste aller Menschen (vgl. V.3),steht zumindest unter formalem Aspekt nicht gerade geschickt zwischen der Notiz, daß Jahwe Aarons und Mirjams Kritik vernommen hat (vgl. V.2b),und derjenigen, daß Jahwe die drei augenblicklich anredet und zum Zelt beordert (vgl. V.4). Der Satz stellt so etwas wie eine in Parenthese zu setzende Zwischenbemerkung dar. Sollte sie erklären wollen, warum Mose nicht selber zum status quaestionis Stellung bezieht, sondern Gott das Urteil in dieser Sache überläßt? Dann bleibt aber festzuhalten, daß diese Bemerkung nicht unbedingt erforderlich ist,

---

1) So u.a. schon R. SMEND sr., Hexateuch, 192; O. EISSFELDT, HexSyn, 164* f. W. RUDOLPH teilt diese Meinung nicht, "da der Zusammenhang einwandfrei über den Sinn unterrichtet und der Verfasser mit verständigen Lesern rechnen darf" ("Elohist", 72).

2) So A. DILLMANN, Num-Dt-Jos, 63 f; R. SMEND sr., Hexateuch, 191 f

3) Das letztere nehmen u.a. H. HOLZINGER (Num, 46.47) und G.B. GRAY (Numbers, 121 f) an. GRAY betrachtet das Motiv von der Heirat der kuschitischen Frau als "editorial insertion". O. PROCKSCH (Elohimquelle, 98) teilt V. 1aßb dem Rp zu.

da Mose nachher ja ohnehin ins Recht gesetzt wird[1]. Oder sollte sie einfach im vorhinein die völlige Unbegründetheit der Anklage feststellen?[2] Dann muß man V.3 erst recht als erzähltechnisch ungeschickten Zwischensatz ansehen, der kaum zur Originalerzählung gehören kann. Hinzu kommt, daß der konstatierende Nominalsatz mit seiner barocken Redeweise der sonstigen Stilart reichlich unangepaßt ist und daher kaum zum ursprünglichen Text gehören kann. Offenbar hatte ein Glossator[3] das Bedürfnis, Jahwes Auskunft, daß Mose tatsächlich einen uneinholbaren Vorrang vor allen (anderen?) Propheten besitzt (vgl. V.6-8), nach der subjektiven Seite - also im Hinblick auf Moses moralisches (Wohl-) Verhalten - zu ergänzen: Obwohl Mose der höchstgestellte Mensch ist, "macht er nichts aus sich", sondern gibt sich geradezu, wie wenn er der niedrigste wäre.

Nach H. HOLZINGER ist im übrigen der Gebrauch von ᶜānāw "sonst in der vorexilischen Literatur nicht nachzuweisen (vgl. Num, 48).

Gegenüber der Jahwerede V.6-8 gibt es noch das literarkritische Scheidungskriterium, daß Mose in V.3a nicht wie in V.7 f als "Knecht Jahwes" bezeichnet wird, sondern als "der Mann Mose".

V.3 weist darüber hinaus auch in sich selbst eine Unausgeglichenheit auf: Einerseits ist das Adj. ᶜānāw durch mᵉ'ōd (= "sehr") verstärkt, so daß in V.3a ein Elativ gegeben ist[4]. Andererseits versteht V.3b sich als komparativische Ausdrucksweise: mikkol 'ādām ... Die fehlende syntaktische Übereinstimmung zwischen der 1. und 2. Vershälfte zeigt an, daß der Originaltext von V.3 versehrt ist.

---

1) H. HOLZINGER betrachtet V.3 sogar als eine "Unterbrechung des Zusammenhangs" (Num, 46). Das neben formalen Gründen vorgebrachte inhaltliche Argument "Die Charakterisierung Moses als des sanftmütigsten aller Menschen stimmt mit der sonstigen Schilderung seiner Persönlichkeit in den alten Quellen nicht überein" (ebd.) setzt freilich schon HOLZINGERs Quellenzuteilung (E) voraus. H. GRESSMANN beurteilt V.3 in der gleichen Weise wie HOLZINGER (vgl. Mose, 264, Anm. 1 und 265, Anm. 2). Nach M. NOTH "ist V.3 ein späterer Zusatz, der den engen Zusammenhang von V.2b und V.4 zerreißt" (Num, 84 f).

2) So O. PROCKSCH, Elohimquelle, 100, Anm. 1

3) Gegen A. DILLMANN (der V.3 zu seinem B(=E)-Strang rechnet; vgl. Num-Dt-Jos, 65: "Ein Einschub ... ist der V. auf keinen Fall."); W. RUDOLPH, "Elohist", 73, Anm. 1; C.A. SIMPSON, Traditions, 229.630; V. FRITZ, Israel, 18 f.

4) Vgl. O. GRETHER, Gramm., 203, § 75s; R. MEYER, Gramm. III, 37, § 98, 3c

Wie aber ist der vorliegende verderbte oder jedenfalls stilistisch schlechte Text zustandegekommen?

Eine mögliche Erklärung ist diese: Ursprünglich fehlte das meʼōd, so daß der Text gleich von ʿānāw zu mikkol ʼādām überging. "... demütiger als alle Menschen ..." Dann vertat sich ein Abschreiber, er übersah das kol und schrieb ʿānāw meʼad... Da er den Fehler sogleich bemerkte und das vergessene kol noch gern unterbringen wollte[1], fügte er es samt dem zugehörigen Subst. ʼādām einfach an, nachdem er erkannt hatte, daß man die Konsonanten mʼd als meʼōd, d.h. als adverbielle Verstärkung des ʿānāw verstehen könne. Daß der ursprünglich glatte Komparativ dadurch verunklart ist, ist zwar einigermaßen mißlich, war aber nicht zu vermeiden, wenn der Abschreiber das kol samt folgendem ʼašær-Satz retten wollte.

Vielleicht ist dem Abschreiber das meʼōd aber auch von Ex 11,3 her (wehāʼīš Mosæ gādōl meʼōd ...) in die Feder geflossen.

Der ursprüngliche Text des sek V.3 hätte danach gelautet: wehāʼīš Mōšæ (hājā) ʿānāw mikkol ʼādām ʼašær ...

V.4 Auffällig an der sprachlichen Form von V.4 ist zum einen das dreimalige ʼæl vor den drei Namen Mose, Aaron und Mirjam, zum anderen die zweimalige Hervorhebung der Dreizahl der beteiligten Personen durch das Zahlwort šālōš. Vielleicht lassen sich diese zwei Beobachtungen im Laufe dieser literarkritischen Untersuchung zu gewissen Feststellungen betr. die literarische Uneinheitlichkeit des Textes in Beziehung setzen.

Was die Anrede "ihr drei" V.4aß betrifft, läßt sich hier schon folgendes sagen: Jahwes unvermittelte Anrede an Aaron und Mirjam mit der Aufforderung, zusammen (vgl. "ihr drei") zum Zelt zu kommen, präsumiert, daß Aaron und Mirjam nicht in Abwesenheit über Mose geredet, sondern ein Gespräch mit ihm geführt haben, und daß sie (noch) alle drei beisammenstehen, als Jahwe sie anruft. (Daher hat man V.1a zu übersetzen: "Mirjam und Aaron machten Mose Vorwürfe"[2] oder "... gerieten mit Mose in Streit".) Diese Voraussetzung ist aber nach V.2 - Die Opponenten des Mose sprechen <u>über</u> diesen (3. Pers.!), und das wajjōʼmerū hat keinen

---

1) Der folgende Attributivsatz ʼašær ʿal penē haʼadāmā bedurfte ja auch eines voraufgehenden <u>determinierten</u> Wortes!

2) So M. NOTH, Num, 82. - Auch G.B. GRAY (Numbers, 123) denkt an ein Gespräch. Anders H. GRESSMANN, Anfänge ("... redeten übel von ..."); J.M. SCHMIDT, Aaron u. Mose, G 1 ("... redeten abfällig über ...").

Adressaten - nicht gegeben. V.4 ist also nicht die organische Fortsetzung von V.2, vielmehr legt sich die Zuordnung von V.4 zu V.1 nahe. Andererseits wird diese Zuordnung wieder fraglich, wenn man dem singularischen watt^{e}dabbēr V.1aα Rechnung trägt, also der Tatsache, daß Mirjam dort im Vordergrund steht. Darum ist das Wahrscheinlichste, daß V.4 in der jetzigen Form bereits die Kompilation der Version von V.1 (vermuteter Mirjam-Faden) und derjenigen von V.2 (vermutete Aaron-Mirjam-Version) voraussetzt.

V.5b "Und er rief Aaron und Mirjam, und die beiden gingen hinaus (wajjēṣ^{e}'ū)". Diese Aussage verwundert den Leser, nachdem er schon in V.4 gelesen hatte, daß Jahwe Mose, Aaron und Mirjam zum Begegnungszelt beordert hatte (vgl. V.4aß; ṣ^{e}'ū ... 'æl 'ōhæl mō^{c}ēd), und die drei hinausgegangen waren (vgl. V.4b: wajjēṣ^{e}'ū). Gemäß dem Fortgang der Erzählung muß mit dem zweiten wajjēṣ^{e}'ū also wohl etwas anderes gemeint sein als mit dem ersten in V.4b. Das erste meint eindeutig ein Hinausgehen aus dem Lager[1]. Dies kann in V.5bß also nicht noch einmal gemeint sein. Ob das zweite jṣ' als ein "Heraustreten aus dem Zelt" zu interpretieren ist? Dann müßte aber doch wohl ein min hā'ōhæl dastehen[2]. Auch ist die Vorstellung befremdlich, daß Aaron und Mirjam mit Mose zum Zelt gerufen werden und mit Mose auch ins Zelt eintreten, nach ihrer Ankunft aber sofort von Jahwe hinauskomplimentiert werden[3]. Überhaupt liegt die Vorstellung näher, daß Jahwe, in der Wolkensäule herabgekommen, jemanden <u>zum</u> Zelte ruft, als daß er jemanden <u>aus</u> dem Zelte nach draußen ruft. Außerdem ist von Ex 33,7-11

---

1) Vom Lager ist zwar nicht ausdrücklich die Rede, man vgl. aber Ex 33,7-11!

2) O. PROCKSCH "löst" das Problem des doppelten wajjēṣ^{e}'ū dadurch, daß er V.5bß kurzerhand streicht: "Nach V.4b sind die Worte überflüssig und zu streichen" (Elohimquelle, 100, Anm. 2). Er gibt aber keine Erklärung für die spätere Eintragung. V. FRITZ (Israel, 18 f) klammert die ganze Vershälfte 5b als sek Zutat aus. Er führt diese Hinzufügung auf den Kompilator der beiden von ihm herausgeschälten Erzählungen zurück - was aber nicht einsichtig ist.

3) Gegen H. OORT, De Aäronieden, ThT 18 (1884), 315; M. HARAN, The Nature of the "'Ōhel Môēdh" in: Pentateuchal Sources, JSS 5 (1960), 50-65, hier: 55.

her kaum zu erwarten, daß jemand so unbefangen und selbstverständlich (mit Mose) ins Begegnungszelt hineingegangen sei, wie es bei dem Verständnis des wajjēṣeʾū V.5b in dem Sinne von "und sie gingen (wieder) aus dem Zelt hinaus" vorauszusetzen wäre. Schließlich ist es unmöglich anzunehmen, daß die beiden nach dem Herabsteigen der Wolkensäule noch den Zelteingang passiert hätten.

Darum kann das wajjēṣeʾū V.5b dem Zusammenhange nach wohl nur als ein "Vortreten"[1] verstanden werden[2]. Die beiden Angeredeten haben vorzutreten, weil nur ihnen das folgende vorwurfsvolle Wort Jahwes gilt.

Nun erscheint es aber nicht gerade als wahrscheinlich, daß ein und derselbe Autor das Wort jṣʾ so kurz hintereinander verwendet, ohne daß er mit demselben Wort dasselbe meint. Der Verfasser hätte, wenn er nicht dasselbe meinte, leicht im Ausdruck wechseln und für den Vorgang des "Hervortretens" etwa md oder nṣb ni. oder jṣb hitp. verwenden können. Im übrigen war er ja überhaupt nicht gezwungen, von einem Vortreten Aarons und Mirjams zu sprechen. Er hätte ja einfach schreiben können: "Und er sagte zu Aaron und Mirjam ..."[3]

Hier sind nun zwei Thesen möglich:

1. These: In V.4 wurde ursprünglich Mose allein zum Zelt beordert, in V.5b dann Aaron und Mirjam.
2. These: Das zweite wajjēṣeʾū hat eine andere Bedeutung als das erste und stammt von einem anderen Autor[4].

---

1) So W. RUDOLPH, "Elohist", 71; G.B. GRAY, Numbers, 124: "step forward".
2) Es ist aber zu konstatieren, daß diese Bedeutung von jṣʾ ganz ungewöhnlich ist. Vgl. G.B. GRAY, Numbers ("a sense ... in itself unusual").
3) H. HOLZINGER ist der Auffassung, daß V.5b von einem Bearbeiter der Originalerzählung stammt: Ursprünglich seien wohl nur Mose und Mirjam zum Zelt beordert worden; der Bearbeiter, der Aaron in die Erzählung eingeführt habe "hat den Aaron mitgehen, dann, da in der ursprünglichen Relation nur zwei vor Gott treten, die beiden Schuldigen vor Gott treten lassen" (Num, 47).
4) So z.B. A. DILLMANN, Num-Dt-Jos, 63.65; R. SMEND sr., Hexateuch, 191; H. GRESSMANN, Mose, 264, Anm. 1 und Anfänge, 93 (2 E-Varianten).

Zur 1. These: Hiernach hätte V.4f in seiner ursprünglichen Gestalt so gelautet: "(4) *Jahwe sprach plötzlich zu Mose: 'Geh zum Begegnungszelt hinaus!' Und der ging hinaus.* (5) *(Nun) stieg Jahwe in einer Wolkensäule herab und stellte sich an den Eingang des Zeltes, und er rief Aaron und Mirjam, und die beiden*[1] *gingen (aus dem Lager zum Zelt) hinaus*"[2].

Wie aber hat man sich die Entstehung des vorliegenden Textes zu denken?

Vielleicht fand der betr. Interpolator es merkwürdig, daß zunächst Mose allein zum Zelt gerufen wird, obwohl er dort nach der Herabkunft Jahwes lediglich zu warten hat, bis die von Jahwe ebenfalls herbeigerufenen Aaron und Mirjam am Zelt erscheinen, und er auch bei dem eigentlichen Geschehen keinerlei Funktion hat - es sei denn als betroffener Zuhörer -; denn Jahwe redet ja nicht mit Mose, sondern nur mit Aaron und Mirjam. (Erst nachdem Jahwe weggegangen ist, wird Mose in die Handlung eingeschaltet.)

Von daher wäre es verständlich, daß jener Interpolator Aaron und Mirjam gleich zusammen mit Mose zum Zelt gehen lassen wollte.

Er hätte demnach den Sing. sē’ V.4aß in s^{e}’ū und das wajjēsē’ V.4b in wajjēṣ^{e}’ū verwandelt, dem "zu Mose" V.4aα das "und zu Aaron und zu Mirjam" angehängt sowie das "ihr drei" und "die drei" V.4aß und 4b eingefügt. Durch die letztgenannte Einfügung wird das gemeinsame Hingehen von Mose, Aaron und Mirjam zum Zelt noch besonders hervorgehoben - in bewußter Gegenüberstellung zu dem (wohl schon vorhandenen) š^{e}najīm am Ende von V.4b. Das zweite, auf Aaron und Mirjam bezügliche wajjēṣ^{e}’ū V.5bß konnte der Interpolator stehen lassen, weil damit dem Kontext nach ja durchaus ein Vortreten gemeint sein kann.

Es bleibt in dem uns heute vorliegenden Text in der Schwebe, ob Mose nach der Ankunft der drei beim Zelt allein eingetreten ist, oder ob der Interpolator die Vorstellung hatte, daß Mose mit den beiden anderen draußen stehengeblieben sei. Nach der Originalversion hat man sich aber gewiß vorzustellen, daß Mose nach seiner Ankunft am Zelte nicht draußen stehen geblieben, sondern in

---

1) Eine andere, aber weniger wahrscheinliche Möglichkeit ist die, daß das an sich nicht erforderliche "die beiden" erst bei der Erweiterung von V.4 als Pendant zu dem "ihr drei" und "die drei" hinzugekommen ist.

2) Nach dieser Version betritt also nur Mose allein das Begegnungszelt. Das entspricht der Vorstellung von Ex 33,7-11 und Num 11,24b. Man vgl. auch Dt 31,14 f, wo Josua zum Zwecke seiner Einsetzung als Mose-Nachfolger das Zelt betreten darf.

es hineingegangen ist, worauf Jahwe sich dann in der Wolkensäule herabließ (vgl. Ex 33,9).

Zur 2. These: Im Gegensatz zur 1. These nimmt sie an, daß V.5b nicht ursprünglich ist: Aaron und Mirjam werden von Jahwe aufgefordert, zum Begegnungsszelt hinauszugehen, und sie gehorchen diesem Befehl. Als sie am Zelt angekommen sind[1], steigt Jahwe in der Wolkensäule herab und stellt sich an den Zelteingang. Und nun geht die Erzählung gleich weiter mit "und Jahwe sprach: ..." (V.6a) - unter Auslassung von V.5b.

Der Text hätte danach ursprünglich so gelautet: "(4) *Jahwe sprach plötzlich zu Aaron und Mirjam: 'Geht zum Begegnungszelt hinaus!' Und sie gingen hinaus.* (5) *Jahwe stieg in einer Wolkensäule herab und stellte sich an den Eingang des Zeltes,* (6) *und er*[2] *sprach: ...*"

Bei dieser These entfällt also das "zu Mose" und die zweimalige Zahlenangabe "ihr drei" bzw. "die drei" V.4 sowie die zweite Hälfte von V.5, worin Aaron und Mirjam aufgerufen werden und sie hinausgehen.

Nach dieser Version kam Mose in dem Geschehen von V.4 f ursprünglich nicht vor. Der spätere Bearbeiter nahm Anstoß daran, daß Moses Anwesenheit bei der Theophanie im/am Zelt und dem für ihn so wichtigen Rehabilitationsakt nicht expressis verbis konstatiert wird. Er änderte den Text dahingehend ab, daß nun nicht mehr Aaron und Mirjam allein, sondern daß Mose mit ihnen zum Zelt hinausgeht.

Aus diesem Grunde fügte er in V.4aα das "zu Mose" ein. Weil Jahwe sich in seiner Rede V.6-8 aber nicht an alle drei, sondern nur an Aaron und Mirjam wendet, mußte das "und er rief Aaron und Mirjam" V.5bα vor der Jahwerede eingefügt werden. Gleichzeitig kam das wajjēṣ^e'ū š^{e}nēhæm V.5bß in den Text hinein. Vielleicht wollte der Interpolator dadurch die beiden Delinquenten nur plastisch von Mose abheben: "Und die beiden traten vor"[3]. Es ist aber auch

---

1) Das "Geht zum ('æl) Begegnungsszelt hinaus! Und sie gingen hinaus" V.4aßb läßt zwar offen, ob die beiden sich vor dem Zelt hingestellt haben oder ob sie ins Zelt hineingegangen sind. Doch legt die Vorstellung, wie sie in Ex 33,7-11 vorliegt, nahe, daß die beiden draußen vor dem Zelt stehengeblieben sind.

2) Weil nach dieser Fassung in V.5 kein Subj.-Wechsel stattfindet, ist die Nennung des Gottesnamens in V.6a überflüssig.

3) Es sei aber nochmals darauf hingewiesen, daß jṣ', soweit ich sehe, sonst nirgendwo diese spezielle Bedeutung hat.

eine andere Erklärung möglich: Da nach der Einfügung von Mose in V.4 der Eindruck entstehen konnte, daß Aaron und Mirjam mit Mose ins Zelt hineingegangen seien - die zwei werden in V.5 ff ja direkt von Jahwe angesprochen, während die "Jahwesucher" (Ex 33,7) sonst doch wohl draußen blieben und von Mose, der allein das Zelt betreten durfte, über Gottes Antwort unterrichtet wurden -, hielt der Kompilator die Feststellung für nötig, daß Mirjam nicht im Zelt, sondern draußen vom Aussatz befallen wurde. Daher fügte er hinzu: "Und die beiden traten (aus dem Zelt) heraus".

Fazit: Aus dem zweimaligen wajjēṣeʼū V.4b und 5b lassen sich nicht zwei parallele Erzählfäden erschließen[1]. Demgegenüber konnte eine Überarbeitung der VV.4 f wahrscheinlich gemacht werden. Dabei wurden hypothetisch zwei alternative Originalversionen vorgestellt. Für den Fortgang der Untersuchung ist es nicht notwendig, sich sogleich für eine der beiden Versionen zu entscheiden.

Wichtig ist vor allem die Erkenntnis, daß Aaron in den VV.4 f offensichtlich fest verwurzelt ist, und daß er hier in enger Beziehung zu Mirjam steht.

V.8a[2] Das Wort mrʼh in V.8a kann nicht dieselbe Bedeutung haben wie das Wort mit demselben Konsonantenbestand in V.6bß. Während es in V.6bß, da es innerhalb eines synonymen Parallelismus parallel zu dem Wort "Traum" steht (vgl. V.6bγ), mit "Vision, (Nacht-?)Gesicht" wiederzugeben ist, kann es dies in V.8aα gerade nicht meinen, weil V.8aα sich als Antithese zu V.6bγδ versteht. Im Sinne einer zu V.6bß kontrastierenden Vorstellung ist mit mrʼh in V.8bα eine "wirklichere", der hellen Tageswirklichkeit entsprechende Realität angesprochen. Dementsprechend haben die Masoreten das Wort in V.8a als marʼæ vokalisiert, was soviel heißt wie "Aussehen, Gestalt". (Die LXX unterscheidet demgemäß korrekt zwischen hórama und eîdos.)

1) A. DILLMANN versteht beide wajjēṣeʼū (V.4b und V.5bß) als ein Hinausgehen aus dem Lager und muß dann natürlich V.4 und V.5 literarkritisch voneinander trennen. So auch H. HOLZINGER, Num, 46.

2) In den VV. 6 und 7 stellen sich keine literarkritischen Probleme. Es ist lediglich zu erwähnen, daß in V.6bγ das Verb dbr pi. + bᵉ in demselben (positiven) Sinne gebraucht wird wie in V.2a (2x), was auf eine literarische Zusammengehörigkeit hindeutet.

Der vokalische Klangunterschied zwischen mar'ā und mar'ǣ konnte in der alten, unvokalisierten hebr. Schrift aber nicht zum Ausdruck gebracht werden. Daraus folgt: Der Gebrauch des Wortes mr'h in verschiedenem Sinne läßt sich kaum als ein Wortspiel des Autors erklären, weil dies aus dem Schriftbild nicht zu erkennen ist (und ohnehin nicht sehr geistreich wäre)[1]. Hinter der Verwendung des Wortes mr'h in der zweifachen Bedeutung sind eher zwei verschiedene Autorenhände[2] zu vermuten.

Es kommt ein weiteres hinzu: Das b^{e}mar'ǣ V.8aα steht einigermaßen störend zwischen pǣ 'æl-pǣ '^{a}dabbær-bō V.8aα und 'ūt^{e}mūnat Jahwh jabbīt V.8aß. Denn als Begriff der visuellen Kategorie greift das Wort auf das ūt^{e}mūnat Jhwh jabbīt V.8aß voraus, während das folgende, in Verbindung mit b^{e}mar'ǣ einigermaßen befremdliche w^{e}lō' b^{e}hīdōt sich eher auf das pǣ 'æl-pǣ '^{a}dabbær-bō in V.8aα zurückbezieht.

Darüber hinaus muß man sogar den ganzen Versteil 8aα (ab: b^{e}mar'ǣ) mit Argwohn betrachten:

1. stört er den Chiasmus, den <u>die VV.6bßγ und 8aα</u> (bis: '^{a}dabbær-bō)ß miteinander bilden. Läßt man nämlich das b^{e}mar'ǣ w^{e}lō b^{e}hīdōt in V.8aα weg, so lautet V.8a: pǣ 'æl-pǣ '^{a}dabbær-bō ūt^{e}mūnat Jhwh jabbīt. Das aber bedeutet, daß V.6b und V.8a einen antithetischen Parallelismus in chiastischer Form bilden. (Die beiden Vor-Sätze V.6bα und V.7 geben dabei an, über wen die Aussagen in V.6bßγ bzw. in V.8aα (bis: -bō)ß gemacht werden.)

---

1) So schon B. BAENTSCH, Ex-Lev-Num, 513. Er vokalisiert b^{e}mar'ā und fügt vor dem Wort ein lō' ein: lō' b^{e}mar'ā. (Die Streichung von bmr'h empfiehlt sich nach seiner Meinung nicht, weil das den Rhythmus stören würde.) Auch H. HOLZINGER hält die Unterscheidung von mar'ā und mar'ǣ für "eine gequälte Künstelei" (Num, 48) - und streicht das im MT-Text vorliegende umar'ǣ, "sei's als Abschreibefehler, sei's als eine Glosse" (ebd.)

2) "Autor" ist hier im weiten Sinne zu verstehen, also nicht als "Original-Schriftsteller" im Unterschied zu "Kompilator", "Redaktor", "Glossator".

Im Schaubild sieht das so aus:

a) unter inhaltlichem Aspekt

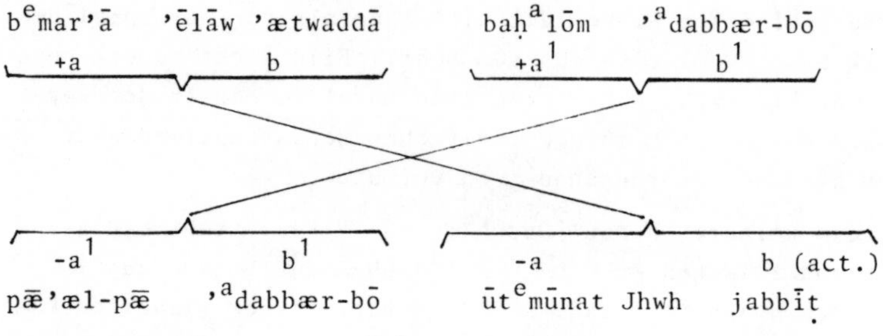

b) unter syntaktisch-funktionalem Aspekt

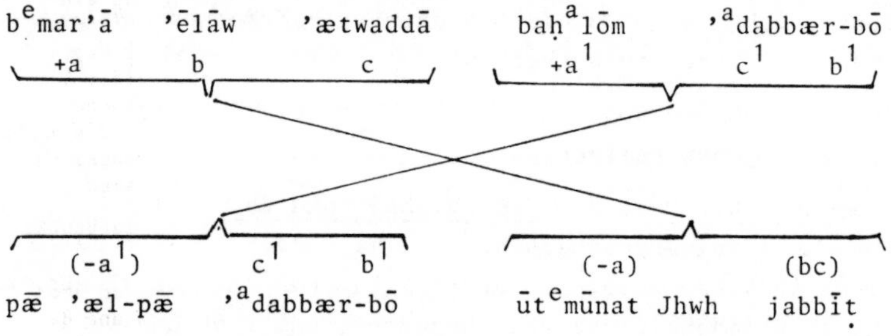

2. ist nicht einzusehen, wieso in die Aussage über Mose nochmals eine negative Formulierung im Sinne eines Hintergrundkontrastes eingeschoben ist, wo V.6b (ab: bemar'æ) doch bereits eine scharf konturierte Hintergrundfolie abgibt und das betonte lō'-kēn am Anfang von V.7 den Übergang von der negativen zur positiven Aussageform markiert[1].

1) Deswegen scheint es mir auch keine befriedigende Lösung zu sein, wenn man nur das bemar'æ bzw. ūmar'æ V.8a streichen würde - wie G.B. GRAY (Numbers, 121) und M. NOTH (Num, 82) es tun -, auch wenn sich dann rhythmisch kein schlechtes Bild ergäbe:
V.6b : 3
V.6b : 3 + 2
V.7 : 3 + 3
V.8a : 3 + 2
V.8aß : 3
Es wäre dann auch nicht ganz leicht, das spätere Hinzutreten von bemar'æ zu erklären, das den vorhandenen Rhythmus stört, aber nichts Wesentliches hinzufügt.

V.8aα (ab: b^{e}mar'æ) ist daher gewiß nicht ursprünglich[1].

Der Text von V.6b-8 weist unter Weglassung des einleitenden Konditionalsatzes 6bα sowie des fraglichen Satzteiles 8aα (ab: b^{e}mar'ǣ) folgende rhythmische[2] Gestaltung auf:

V.6b	:	3	+	2
V.7	:	3	+	3
V.8a	:	3	+	3.

im Wortlaut (mit Akzenten):

b^{e}mar'ā 'ēlāw 'ætwaddā / bah^{a}lōm '^{a}dabbær-bō
lō'-kēn ᶜabdī Mōsæ / b^{e}kol(-)bētī næ'^{æ}mān hū'
pæ 'æl-pæ '^{a}dabbær-bō / ūt^{e}mūnat Jhwh jabbīṭ

Dabei fällt auf, daß V.6bγ im Unterschied zu den anderen Versteilen nur zwei Hebungen hat[3]. Ob zwischen bah^{a}lōm und '^{a}dabbær-bō nicht vielleicht ein Wort versehentlich entfallen ist? Aber welches? Es müßte ein mit bah^{a}lōm und bammar'ā verwandtes Wort sein. Nun gibt uns der überfällige Versteil 8aα (ab: b^{e}mar'ǣ) ein durchaus passendes Wort an die Hand, nämlich b^{e}ḥīdōt[4]. Dies Wort, das sogar mit derselben Prépositon versehen ist wie h^{a}lōm und mar'ā, eignet sich wie die beiden gerade genannten Substantive dazu, die mangelnde Klarheit und Eindeutigkeit des (normalen) Prophetenwortes herauszustellen. Es könnte ursprünglich also gut hinter bah^{a}lōm gestanden haben.

Bei dieser Konjektur erübrigt sich auch die in der BHS empfohlene Einfügung eines Waw vor bah^{a}lōm (gemäß Sam, LXX, Syr u. Vulg.)

So kann man sagen, daß die Einsetzung von b^{e}ḥīdōt in V.6bγ einen guten und sinnvollen Text ergibt. Der chiastische Parallelismus zwischen V.6b und 8a bleibt hierbei erhalten, nur wird das 1. Glied in der 2. Periode von V.6b verdoppelt: bah^{a}lōm ūb^{e}ḥīdōt. Diese Verbindung von Subst. + Konj. + Subst. entspricht formal gesehen sogar noch besser der (ebenfalls aus drei Einzelelementen bestehenden) Verbindung von Subst. + Präp. + Subst. am Anfang von V.8a.

Natürlich ist sogleich die Frage zu stellen, wie es denn zu dem jetzigen Textzustand gekommen ist. Diese Frage ist verhältnismäßig leicht zu beantworten: Ein Abschreiber vergaß das ūb^{e}ḥīdōt in V.6bγ, wollte es aber nicht einfach unter den Tisch fallen lassen. Die einzige Möglichkeit, es noch zur Geltung zu bringen, war, es in V.8a mit negativem Vorzeichen einzuflechten. Um aber den vorhandenen Rhythmus der Gottesrede mit den Perioden 3 + 3 nicht weiter durcheinanderzubringen, setzte er vor das w^{e}lō' b^{e}ḥīdōt das Wort b^{e}mar'ǣ. Dadurch wurde dieser Versteil zu einem Stichos mit 3 Hebungen, der sich rhythmisch gut einfügt.

---

1) C.A. SIMPSON betrachtet den Versteil 8a (ab: b^{e}mar'ǣ) als Glosse (vgl. Traditions, 229), M. NOTH nur das b^{e}mar'æ, scheidet gleichzeitig aber V.8a (ūt^{e}mūnat Jhwh jabbīṭ) als späteren Zusatz aus (vgl. Num, 85).

2) Gegen M. NOTH, Num, 85 ("Die Gottesrede ergeht in einem gehobenen Stil, ohne rhythmisch geformt zu sein").

3) B. BAENTSCH (Ex-Lev-Num, 512 f) zählt in V.6b (bah^{a}lōm '^{a}dabbær-bō) 3 statt 2 Versfüße. Es geht aber nicht an, dem '^{a}dabbær-bo 2 Hebungen zuzugestehen (um so in V.6b einen Doppeldreier zu erhalten).

4) b^{e}mar'ǣ kommt hierfür von vornherein nicht infrage, weil es sich, wie wir oben gesehen haben, mit dem bammar'ā V.6b reibt, also nicht derselben literarischen Schicht angehören kann.

Nun läßt sich freilich nicht übersehen, daß die bisher ausgeklammerte Einleitung V.6bα inhaltlich zu V.6bßγ gehört, so daß sich für V.6b rhythmisch eine Periode mit drei Stichoi ergibt, wir in V.6b-8a also folgenden Rhythmus haben:

V.6b	:	3 + 3 + 3
V.7	:	3 + 3
V.8a	:	3 + 3

Dieser Tatbestand, daß die Periodenabfolge nicht die klassische Form von Perioden mit gleich viel Stichoi aufweist und daß überhaupt ein (in der Poesie äußerst seltenes) Trikolon vorkommt (= V.6b), kann aber sehr wohl darauf zurückgehen, daß sich hier ein Prosa-Schriftsteller an einer poetisch gestalteten Gottesrede versucht.

Es läßt sich mit gutem Grund die Auffassung vertreten, daß das b^{e}ḥīdōt aus V.8aα ursprünglich in V.6bγ gestanden hat, und daß die versehentliche Auslassung dieses Wortes die Entstehung von b^{e}mar'ǣ w^{e}lō̄ b^{e}ḥīdot V.8aα verursacht hat.

V.6b-8 hat nach dieser These in der originalen Form so gelautet:

"(6b)*Wenn ein Prophet unter euch ist, so offenbare ich ihm in der Vision, im Traum und in Rätseln rede ich mit ihm.* (7) *Nicht so (verhält es sich mit) mein(em) Knecht Mose - in meinem ganzen Hause genießt er Vertrauen -: (oder: mit meinem ganzen Haus(wesen) ist er betraut -:)* (8a) *Von Mund zu Mund rede ich mit ihm, und die Gestalt Jahwes darf er schauen."*

Zu V.8a bleibt noch zu bemerken, daß hier wieder das dbr pi. in dem positiven Sinne wie in V.2 und 6b verwendet wird - ein sprachliches Indiz für die literarische Zusammengehörigkeit dieser VV.

V.8b Das im buchstäblichen Sinn des Wortes "kontradiktorische" dbr pi. + b^{e} Aarons und Mirjams in V.8b ist von dem dbr pi. + b^{e} Jahwes in V.2a (das eine freundliche Zuwendung zum Gesprächspartner beinhaltet und für den betr. Menschen eine Gnade bedeutet) literarkritisch abzutrennen. Aus demselben Grunde wurden schon V.1 von V.2a (+6b.8a) abgetrennt[1].
Ist also V.8b dem V.1a literarisch zuzuordnen?[2] Eine solche

---

1) Vgl. z.B. L. PERLITT, der von einer "eklatanten Bedeutungsverschiedenheit von dabbēr b^{e} in V.10.8b einerseits, V.(2.)6b.8a andererseits" spricht (EvTh 31 N.F. 26 (1971), 594, Anm. 23)
2) H. HOLZINGER neigt zu dieser Annahme (vgl. Num, 47).

Zuordnung ist wegen der singularischen Verbalform am Anfang von V.1 (die auf eine ehemalige Mirjam-Fassung hinweist) einerseits und der pluralischen Verbalform $j^{e}r\bar{e}$'tæm in V.8b andererseits nicht ohne weiteres möglich. Auch scheint ja eine Beziehung zum Aaron-Mirjam-Faden vorzuliegen, und zwar durch die Wortverbindung ʿabdī Mōšǣ , die in V.7 begegnete.

Diese Spannung innerhalb der literarkritischen Aufteilung läßt sich wohl nur durch die Annahme lösen, daß der Kompilator, der die beiden (bisher noch hypothetischen) Erzählungen miteinander verbunden hat, selbst gestaltend tätig geworden ist. V.8b ist somit wohl dem Kompilator/Kompositor zuzuschreiben.

V.9 f Die Notiz über den Gotteszorn kommt in V.9 reichlich spät[1]. Denn: Man möchte den Zorn für die erste, spontane Reaktion halten. Inzwischen hat Jahwe, auf Aarons und Mirjams Polemik reagierend, aber schon einiges unternommen. Er hat die beiden Sünder zum Begegnungszelt beordert, ist dort in der Wolkensäule herabgestiegen (und hat sich an den Zelteingang gestellt) und in einer kurzen Rede Aaron und Mirjam in ihre Schranken verwiesen. Geht man von der Erzählung Num 12 in der vorliegenden Textform aus, so zeigt sich in Jahwes Handeln die Abfolge: "Hören-Sprechen(-Herabkommen-Sprechen)-Entbrennen seines Zornes". Organischer ist die Abfolge "Hören-Entbrennen des Zornes-Sprechen", wie sie sich in 1 Sam 17,28 (Subj.: Eliab) findet. Diese Vergleichsstelle macht es sehr wahrscheinlich, daß die Textabfolge in Num 12 nicht ursprünglich ist.

Man mag die Position der Zorn-Notiz damit erklären wollen, daß man sagt, dieser literarische Topos habe hier die Funktion, das plötzliche Aussätzigwerden der Mirjam (vgl. V.10aß) zu begründen. Nun wird man gewiß zugeben müssen, daß der Ausbruch des Aussatzes bei Mirjam als unmittelbare Auswirkung des Gotteszornes verstanden sein will. Das erfordert jedoch eine literarkritische

---

1) Vgl. B. BAENTSCH, Ex-Lev-Num, 512.513; H. HOLZINGER, Num, 46.

Operation: Zwischen der Zorn-Notiz und der Mitteilung über Mirjams Aussatz stehen zwei Sätzchen, die Jahwes Weggang und das Weichen der Wolke vom Zelt konstatieren (vgl. V.9 (letztes Wort). 10aα)[1]. Das Verschwinden Jahwes und der Wolke kann man kaum als Auswirkung des Gotteszornes auffassen. Das wäre eine singuläre Vorstellung[2]. Die beiden Handlungsfolgen sind doch wohl eher sekundär miteinander verbunden. Am besten läßt sich ihre eigenartige Verschränkung[3] durch die (sich auch anderenorts schon nahelegende) Hypothese einer Zweisträngigkeit der Erzählung erklären und auflösen. Es kommen nämlich noch zwei Aspekte hinzu: 1. ist es nur Mirjam, die aussätzig wird - was gut mit dem watt^{e}dabbēr V.1a harmoniert, 2. ist in den VV.9 (ohne wajjēlak). 10aß keine Spur von der Zelttradition der VV.2a(b?).4-8.9 (wajjēlak).10aα zu entdecken. D.h.:die VV.9 (ohne wajjēlak).10aß sind aus ihrem jetzigen Zusammenhang der VV.2a(b?).4-8.9 (wajjēlak).10aα herauszulösen und unmittelbar an V.1a anzuschließen. Dann ergeben sich - zunächst einmal bis zu V.10 - zwei sinnvolle Handlungsabfolgen: a) ein Mirjam-Faden mit den VV.1.9 (mit singularischem Suffix hinter b^{e}[4] oder der Nennung Mirjams; ohne wajjēlak).10aß usw., wobei zu beachten ist, daß die Zorn-Notiz jetzt nicht mehr verspätet kommt[5], und b) ein Aaron-Mirjam-Faden mit den VV.2a(b?).4-8.9 (wajjēlak).10aα usw., dem als integrierender Bestandteil die Zelttradition zugehört[6].

---

1) H. HOLZINGER sieht darin eine Doppelung, die eine literarkritische Scheidung erforderlich mache (vgl. Num, 46). Ebenso H. GRESSMANN (Mose, 264, Anm. 1 und Anfänge, 93). W. RUDOLPH hält wajjēlak V.9 für sekundär, weil es zur Mirjam-Erzählung nicht paßt, in der jetzigen Erzählung nach seiner Meinung aber überflüssig ist. Er vermutet an seiner Stelle ein ursprüngliches wajjakkæha (vgl. "Elohist", 71). C.A. SIMPSON sieht demgegenüber V.10aα als Glosse zu wajjēlak V.9 an (vgl. Traditions, 229).

2) Es gehört konstitutiv zur Vorstellung vom sog. Begegnunszelt, daß Gott nicht im Zelte wohnt, sondern daß er kommt und wieder fortgeht. Sein Weggang kann also nicht als Ausdruck des Zornes verstanden werden.

3) R. SMEND sr. empfindet übrigens nur V.10aα - nicht auch das wajjēlak V.9 - als störend (vgl. Hexateuch, 191).

4) So B. BAENTSCH, Ex-Lev-Num, 513; W. RUDOLPH, "Elohist", 71; V. FRITZ, Israel, 18.

5) Auch die von H. GRESSMANN konstatierte gewisse Disparatheit zwischen V.6-8 und V.9, nämlich daß die "lange Lobrede auf Mose" zu Jahwes Zorn "wenig paßt" (Mose, 271), ist damit aufgelöst.

6) Daß Jahwe in diesem Erzählfaden selbst auftritt, ist wegen des zu verkündenden Gotteswortes ganz natürlich, ja notwendig. Im Mirjam-Faden dagegen würde eine Jahweerscheinung seltsam wirken: Jahwe braucht doch nicht eigens herbeikommen, um Mirjam aussätzig zu machen! (B. BAENTSCH, Ex-Lev-Num, 513. Er hält das Motiv der Theophanie in Num 12 daher für sekundär.)

V.10 In V.10 wird zweimal kurz hintereinander gesagt w^{e}hinnē Mirjām m^{e}ṣōra^{c}at. Beim ersten Mal wird die objektive Auswirkung des Gotteszornes beschrieben, beim zweiten Mal das, was Aaron bei seinem Hinüberschauen zu Mirjam wahrnimmt. Der erste Satz ist also Teil einer Geschehensbeschreibung, der zweite bringt die persönliche Erfahrung Aarons als eines unmittelbar Beteiligten zum Ausdruck. Beide Male wird zwar eine Aussage über dasselbe Ereignis gemacht, aber es geschieht unter verschiedenen Gesichtspunkten. Bei Berücksichtigung des Kontextes kann also im strengen Sinne nicht von einer inhaltlichen Doppelung gesprochen werden. Daß die Wahrnehmung des Aussatzes durch Aaron mit denselben Worten zum Ausdruck gebracht wird wie die Konstatierung des durch Jahwes Zorn geschaffenen Tatbestandes, könnte daran liegen, daß es sich beide Male um die sprachliche Wiedergabe eines Zustandes handelt, für die sich im Hebr. die nominale Sprachfigur hinnē + Subj. bzw. enkl. Pers.-Pron. + Part. besonders gut eignet.

Es steht also der Annahme, daß V.10aß und V.10b (ab: w^{e}hinnā) von Anfang an zu einer und derselben Erzählung gehören, an und für sich nichts im Wege[1].

Aber "die Feststellung des Aussatzes durch Aaron V.10b ist eigentlich für den Gang der Handlung überflüssig"[2]. Das nährt den Verdacht, daß V.10b doch nicht zum ursprünglichen Text gehört.

Unten S.344 werden sich bei der Besprechung der zwei Erzählungsfäden weitere Zweifel an der Ursprünglichkeit des V.10b einstellen.

V.11 In V.11 wendet sich Aaron in seinem eigenen und in Mirjams Namen an Mose mit der Bitte, sie beide doch nicht die Schuld (d.h. eine Strafe für die Schuld) aufzulegen[3], die sie törichterweise begangen haben.

---

1) Vgl. W. RUDOLPH, "Elohist", 72. H. GRESSMANN betrachtet die beiden Sätzchen dagegen von vornherein als Dubletten (vgl. Mose, 264, Anm. 1).
2) V. FRITZ, Israel, 18. FRITZ scheidet die Vershälfte daher als sekundär aus.
3) G.B. GRAY (Numbers, 127) versteht das "nicht auflegen" als Äquivalent zu "wegnehmen" (vgl. das nś' ḥaṭā't in Ex 10,17; 32,32).

Das ist 1. "sinnlos hinter V.10, wo Mirjam bereits vom Aussatz befallen ist"[1]. 2. ist es merkwürdig, daß hier Mose und nicht Jahwe um Schonung angegangen wird. Selbst wenn man das 'al-nā' tāšēt ᶜalēnū ḥaṭṭa't ... als "Nimm doch die Strafe von uns ...!" verstehen und zusätzlich zu der Hypothese greifen wollte, daß in der ursprünglichen Fassung der Erzählung auch Aaron mit Aussatz gestraft war[2], kann man mit V.11 an dieser Stelle der Erzählung nichts Rechtes anfangen.

Denn in jedem Fall müßte doch Jahwe der Adressat der Bitte sein, da er die Strafe des Aussatzes verhängt hat[3]. Und daß Aarons Hilferuf eine Bitte an Mose um Fürsprache bei Jahwe sei, läßt sich in keiner Weise erkennen und ist wegen des Ausdrucks šīt ḥaṭṭā't al eigentlich auch ausgeschlossen.

Die Lösung ist wohl wiederum nur auf literarkritischem Wege zu finden. Läßt man die speziell auf Mirjam bezogenen Versteile V.9 (ohne wajjēlak).10aßb fort und schließt V.11 direkt an die Jahwerede V.6-8a mit der folgenden Notiz über den Weggang Jahwes und der Wolke (V.9(wajjēlak).10aα) an, so ergibt sich tatsächlich ein sehr guter Sinn: Jahwe selbst hat sich einer Bestrafung der beiden Kritiker enthalten. Nun, da Jahwe sich nach seiner admonitio aus dem Zelt entfernt hat, fürchten die beiden, daß der von Jahwe ins Recht gesetzte Mose ihnen eine angemessene Strafe auferlegen werde. Darum die (in sehr unterwürfigem Ton gehaltene[4]) Bitte Aarons an Moses Adresse.

Diese literarkritische Lösung macht auch die Wendung šīt ḥaṭṭā't ᶜal im Kontext erst richtig verständlich. Denn diese setzt streng genommen voraus, daß noch keine Strafe erfolgt ist.

---

1) R. SMEND, Hexateuch, 191. So auch W. RUDOLPH, "Elohist", 70.
2) So z.B. H. GRESSMANN, Mose, 264, Anm. 1, 265 f; H. CAZELLES, Les Nombres, in: La Bible de Jérusalem, 175, Anm. e (- als Möglichkeit in Erwägung gezogen)
3) J.M. SCHMIDT schreibt zur Adressierung dieser Bitte: "Hier nimmt Mose ... geradezu die Stelle Jahwes ein" (Aaron u. Mose, G 18) und schließt daraus vermutungsweise, daß die Bitte ursprünglich "an Jahwe direkt gerichtet worden sei" (G 20).
4) Vgl. das bī 'ᵃdōnī V.11b.

V.12 V.12 schließt sich nicht gerade gut an V.11 an[1]:

1. Nachdem in V.11b eine für beide zu erwartende Strafe im Blick war, geht es hier um die Zurücknahme des Aussatzes von Mirjam.
2. Der in V.12 geäußerte Wunsch Aarons, Mirjam möge doch nicht sein wie eine Totgeburt, würde besser in ein an Jahwe gerichtetes Gebet passen oder könnte auch ein spontaner Ausdruck der Bestürzung und des Mitgefühls mit Mirjam sein. Jedenfalls ist der Satz als Bitte um Fürsprache bei Jahwe ungewöhnlich unpräzise formuliert.

Auch diese Schwierigkeiten lassen sich auf literarkritischem Weg beheben: Wenn man V.12 unter Auslassung von V.11 (der sich ohnehin direkt an V.10a anschließt) und mit einer Redeeinführung versehen unmittelbar auf V.10aßb folgen läßt, ist der Satz als Reaktion auf den an Mirjam festgestellten Aussatz sowohl als eine Bitte an Jahwe um Zurücknahme der Strafe wie auch als Ausdruck des Erschreckens und Mitleids sinnvoll.

Wer aber spricht diesen Satz V.12? Nach dem bisherigen Gang der herauskristallisierten (freilich noch hypothetischen) Mirjam-Erzählung V.1a.9 (ohne wajjēlak).10aßb und mit dem Blick voraus auf V.13, wo Mose sich wegen Mirjams Heilung an Jahwe wendet, kommt dafür eigentlich nur Mose infrage[2]. Denn wie der Mirjam-Faden bisher nichts vom Begegnungszelt verlauten ließ, so auch nichts von Aaron. Und es wäre doch sonderbar, wenn Aarons ganze Funktion in dieser Erzählung nur darin bestünde, die in V.12 enthaltene Äußerung von sich zu geben, ohne daß vorher und nachher von ihm die Rede ist. Der Hinweis, man habe Aaron hier als Fürbitter zu Wort kommen lassen, verfängt nicht, da V.12 streng genommen gar nicht als an Mose gerichtete Bitte um Fürsprache an Jahwe verstanden werden kann. Will man V.13 mit seiner Redeeinführung als Gebet des Mose an Jahwe unangetastet stehen lassen, wird man V.12 am besten als erste, spontane Äußerung des Mose

1) Vgl. J.M. SCHMIDT, Aaron u. Mose, G 19: "V.12 setzt noch einmal neu ein, und zwar im Blick auf Mirjam; das paßt besser zu V.10 als zu V.11." V. FRITZ scheidet den V. einfach aus und weist ihn dem Redaktor (= Kompilator der Mirjam- und der Aaron-Mirjam-Erzählung) zu (vgl. Israel, 18 f).

2) So auch H. HOLZINGER, Num, 47 (HOLZINGER hält V.(11 u.)12 allerdings für einen ursprünglichen Bestandteil des Mosegebetes.)

gegenüber Mirjam auffassen: "(Da sprach Mose zu Mirjam:) 'Mögest du[1] doch nicht wie ein totes (Kind) sein ...!"[2].

Daß Mose in V.(10b u.)12 von Aaron verdrängt wurde, läßt sich unschwer durch den Kompilationsvorgang erklären:

1. In der heute vorliegenden Erzählung, die die beiden ursprünglichen Fäden miteinander vereinigt, kann es nur Aaron sein, der Mirjams Aussatz zuerst feststellt; denn er ist es ja, der draußen bei Mirjam steht, während Mose sich im Zelt befindet.

2. In der Aaron-Mirjam-Erzählung wendet Aaron sich in V.11 mit einer Bitte (um Verschonung vor Strafe) an Mose. Um in der kompilierten Erzählung nun Aaron nicht zweimal hintereinander a) zu Mirjam und b) zu Mose sprechen zu lassen, lag es nahe, die emotionale Äußerung (ursprünglich: des Mose) V.12 jetzt dem an Mose gerichteten Wort Aarons einzuverleiben. Dadurch ergab sich eine klare Struktur:

a) Aaron wendet sich bittend an Mose,
b) Mose betet für Mirjam zu Jahwe.

V.13 Nach V.4 f ist der Ort der Kommunikation zwischen Jahwe und den Israeliten bzw. ihrem Repräsentanten Mose das Begegnungszelt. In gewisser Spannung zu dieser Vorstellung steht, daß Mose in V.13 mit Jahwe redet, obwohl Jahwe im Anschluß an die Belehrung Aarons und Mirjams das Zelt bereits wieder verlassen hat (was ja ausdrücklich mitgeteilt wird).

Diese Spannung entspringt nicht einer erzähltechnischen Notwendigkeit. Sie hätte vermieden werden können, wenn der betr. Autor sich die Notiz V.9 (wajjēlak).10aα etwa für hinter V.14(ff) aufgespart hätte. An der jetzigen Stelle - also vor der Mitteilung, daß Mirjam vom Aussatz befallen wurde - war diese Notiz jedenfalls nicht nötig. Man könnte einwenden: aber spätestens vor V.11, wo Aaron sich an Mose wendet! Denn es mußte erst die Wolkensäule verschwunden sein, daß wieder ein Kontakt zwischen Aaron und dem im Zelt befindlichen Mose zustandekommen konnte. Plausibler aber erscheint mir dies: daß nämlich V.13 gar nicht mit der Zelt-Vor-

---

1) Die Verbalform t^{e}hī ist hier als 2. Pers. Sing. Fem. verstanden. - Die Syr hat übrigens die 1. Pers. Plur. nhw' (= hebr. n^{e}hī). H. OORT schließt sich dieser Lesart an und meint: Da Aaron sich mit Mirjam verbunden fühlt, verstehe er sich selbst sozusagen als die gesunde Hälfte einer schon halbverwesten Mißgeburt (vgl. De Aäronieden, ThT 18 (184), 316).
2) Für V.10b zieht diese These die Konsequenz nach sich, daß man diese Vershälfte, die durch das wiederholte w^{e}hinnē/w^{e}hinnā m^{e}ṣoraᶜat sowieso auffällig ist, als nicht-ursprünglich ausscheidet, oder daß man statt Aaron Mose als Subj. einsetzt.

stellung gekoppelt war[1], also von Hause aus nichts mit dem das Zelt-Motiv enthaltenden Aaron-Mirjam-Faden V.2a(b?).4-8.9 (wajjēlak).10aα.11[2] zu tun hat. V.13 läßt sich völlig problemlos als Fortsetzung der (hypothetischen) Mirjam-Erzählung verstehen, was sich aus der bisherigen Literarkritik ja auch wie selbstverständlich ergibt.

V.14 f Jahwes Antwort auf Moses Bitte (um Heilung der Mirjam) beginnt in V.14a auffallenderweise mit einem Waw copulativum. Weil dies keinen syntaktischen Anknüpfungspunkt hat, liegt es nahe anzunehmen, daß der 1. Teil des (konditional zu verstehenden) Vordersatzes entfallen ist[3].

Es ist allerdings folgendes zu beachten: Manchmal "knüpft das Waw copul.einen Satz ... an einen verschwiegenen und somit aus dem Zusammenhang zu ergänzenden Satz an ... Bisweilen beruht die Unterdrückung des Vordersatzes auf zorniger Erregung oder doch auf einer Hast, die sich gleichsam nicht die Zeit gönnt, den Gedanken voll auszusprechen"[4].

Da Jahwes Antwort in V.14 mit seinem in V.9 erwähnten Zorn in Verbindung steht, scheint in unserem Falle der von Ges.-K. beschriebene Tatbestand erfüllt zu sein, so daß sich aus dem Waw am Satzanfang nicht der Schluß ziehen läßt, daß vor V.14aα (ab: w^{e}'ābīhā) etwas fortgefallen ist.

Trotzdem ist die Möglichkeit eines Textausfalles keineswegs auszuschließen[5]. Eine solche Textauslassung ließe sich unschwer aus der späteren Bedeutung Mirjams erklären: In V.14a "wird darauf angespielt, daß ... ein Mädchen auf irgendeine beschämende Weise schuldig geworden war, so daß ihr Vater 'ihr ins Gesicht gespuckt' hatte. Leider ist der Satz V.14a fragmentarisch überliefert ... so daß nicht mehr zu ermitteln ist, was für ein Fall beschämenden Handelns dem Verfasser vorschwebt"[6]. Es ist nun durchaus möglich, daß es sich in dem nun getilgten Beispiel um eine derartig ehrenrührige Sache gehandelt hat, daß man den Fall später, als Mirjam zur Schwester des Mose avanciert war und zusammen mit Mose und Aaron das Dreigestirn bildete, das Jahwe nach Mi 6,4[sek] beim Exodus aus Ägypten vor Israel hergesandt hat, als unschicklich betrachtete und kurzerhand wegließ.

---

1) Man beachte auch den Ausdruck wajjiṣ^{c}aq Mōšǣ 'æl Jhwh (= "und Mose schrie zu Jahwe"), der innerhalb der Zelttradition frem wirken würde.
2) "Mose bringt nicht das in V.11 angesprochene Anliegen vor Jahwe" (J.M. SCHMIDT, Aaron u. Mose, G 20). SCHMIDT vermutet daher, daß diese Bitte ursprünglich in Parallele zu V.11 gestanden habe (vgl. ebd.).
3) Das nehmen verschiedene Exegeten an, so u.a. M. NOTH, Num, 86; V. FRITZ, Israel, 77
4) Ges.-K., 508, § 154b. Diese Auffassung wird von Ges,-K. durch folgende Schriftstellen belegt: Num 12,14; 20,3; 1 Sam 10,12; 15,14; 22,14; 28,16; 2 Sam 18,12; 24,3; 1 Kön 2,22; 2 Kön 1,10; 7,19 (vgl. V.2); Jes 3,14; Sach 2,10; Ps 2,6. Vgl. auch E, KÖNIG, Lehrgebäude III, 564
5) Die BHS zieht diese Möglichkeit in Erwägung.
6) M. NOTH, Num, 86.

Aus V.14f läßt sich indirekt entnehmen, daß Jahwe seinen Zorn gegen Mirjam gezügelt und dem Mose die Zurücknahme ihres Aussatzes zugesagt und diese Zusage auch unverzüglich wahrgemacht hat. Dies ist aber ohne Frage wichtiger als das, was in V.14aα (ab: w^e'ābīhā)ßb noch folgt. Dieser V. bringt nur noch eine kleinere Bußforderung für Mirjam: sie soll als Geheilte noch 7 Tage außerhalb des Lagers bleiben. Daß der Autor es dem Leser überlassen wollte, aus dem in V.14aα(ab: w^e'ābīhā)ßb und in (dem sich nahtlos anschließenden) V.15 Berichteten die zugesagte und vollzogene Begnadigung Mirjams zu erschließen, ist unwahrscheinlich, und zwar schon deshalb, weil auch für Mose nicht eo ipso vorausgesetzt werden darf, daß Jahwe ihn in jedem Falle erhört habe[1]. So ist für die ursprüngliche Erzählung zu postulieren, daß der betr. Autor das Versprechen der Begnadigung und die Ausführung des Gnadenaktes auch zur Sprache gebracht hat[2]. Dieser Passus, der später - aus Versehen? - entfallen ist, muß vor V.14aα gestanden haben.

Es ist zu fragen, ob die VV.14f nicht gar sekundär sind und irgendwann an die Stelle des ursprünglichen Erzählungsschlusses getreten sind. Dazu folgende Überlegung:

Die Erzählung Num 12 zielt in ihrer jetzigen Form merkwürdigerweise nicht auf Mirjams Heilung, sondern auf ihre 7-tägige Aussperrung aus dem Lager der Israeliten[3]. Weil diese Maßnahme nach dem Zusammenhang nicht als kultische, sondern als disziplinarische Maßnahme verstanden werden will, fällt sie zwar nicht ganz aus dem konsequent fortschreitenden Handlungsablauf heraus. Nichtsdestoweniger darf man wegen der fehlenden Notiz bzgl. des göttlichen Gnadenaktes (Mirjams Heilung) argwöhnen, daß der alte Schluß der Erzählung von einem priesterlichen Autor weggebrochen wurde, um die als Strafmaßnahme verkleidete Reinheitsvorschrift von Lev 14,8 in der alten Erzählung von Mirjams Aussatz zu verankern.

---

1) Vgl. Ex 32,23. Die Gebetserhörung ist prinzipiell Gnade. Das gilt auch für Mose.

2) Das ekatharísthē der LXX in V.15b kann nicht als zusätzliches Argument dienen. Denn diese Textform läßt sich 1. leicht als harmonisierende Korrektur erklären, 2. steht sie in Spannung zum vorhergehenden V.14. Der dort angeordnete Ausschluß aus dem Lager für 7 Tage sieht nämlich ganz wie eine disziplinäre Maßnahme nach bereits erfolgter Heilung aus.

3) Vgl. J.M. SCHMIDT, Aaron u. Mose, G 20; V. FRITZ, Israel, 77 (" ... aller Nachdruck der Erzählung" - gemeint ist der Mirjam-Faden - liegt "auf dem siebentätigen Aufenthalt Mirjams außerhalb des Lagers").

In Lev 14 wird für Aussätzige, die vom Priester für rein erklärt worden sind, im Hinblick auf das Betreten des Zeltes eine Karenzzeit von 7 Tagen vorgeschrieben: "Danach darf er (nämlich der, der für rein erklärt worden ist) ins Lager hineingehen, muß aber noch 7 Tage außerhalb seines Zeltes bleiben" (Lev 14,8aßb).

Die Beziehung von Num 12,14 ff zu Lev 14,8 ist jedenfalls sehr auffällig.

Zu dem hier angesprochenen Komplex "Vorschriften über den Aussatz" paßt auch ausgezeichnet, was in V.10b über Aaron gesagt wird: "Aaron wandte sich zu Mirjam, und siehe, sie war aussätzig". Von Lev 13 her wird dieser Halbvers mit seiner stilistisch ungeschickt wirkenden Wiederholung[1] des "und siehe: sie war aussätzig" erst richtig verständlich - wenn man in Aaron nun nicht (mehr) den prophetischen Mann von V.2a(b?).4-6 sieht, sondern (schon) das Bild des priesterlichen Aaron vor Augen hat: Dem Priester Aaron kommt es nach Lev 13,1 ff zu, den Aussatz in Augenschein zu nehmen und die betr. Person für unrein oder rein zu erklären[2]. Auch diese priesterliche Amtshandlung wäre hier schon im Keime vorgebildet, bevor die ausführlichen Einzelvorschriften des Gesetzes vom Sinai folgen. Zu beachten ist noch, "daß das im Aussatz-Gesetz Lev 13-14 häufig begegnende Verb sgr, das das Ausschließen der Aussätzigen meint, auch im Zusammenhang von Num 12 auftraucht[3].

Die zweifache Beziehung der Mirjam-Erzählung Num 12,*1a.9 (ohne wajjēlæk).10aßb.12-15 zu Lev 13 f P legt es nahe, V.14aα(ab: w^{e}'ābīhā)-15 sowie V.10b als nicht-ursprünglich anzusehen und für die spätere Eintragung eines priesterlichen Ergänzers zu halten[4].

1) W. BAUMGARTNER hat an Beispielen demonstriert, "wie der hebr. Erzähler, abgesehen von Ausnahmen, die ihren besonderen Grund haben, wörtlicher Wiederholung tunlich aus dem Wege geht" (EUCHARISTERION (FS H. GUNKEL), 157).

2) Vgl. H. SCHMID, Mose, 86: "Diese Diagnose ist nach Dt 24,8 f Sache der levitischen Priester. Möglicherweise fungierte ... Aaron hier als solcher".

3) A.H.J. GUNNEWEG, Leviten, 84. Daß auch in Num 12 "der Aussatz nicht als eine beliebige Strafe, sondern als kultische Unreinheit verstanden wird" (ebd.), kann von Lev 13 f her durchaus vermutet werden. Wie A. CODY gegenüber der gerade zitierten Auffassung GUNNEWEGs feststellt, ist der Ausschluß von Leprakranken zwar "a natural thing, whether it is surrounded with cultic prescriptions and taboos or not" (Priesthood, 150), aber im Alten Testament galt der Aussatz nun einmal als kultische Verunreinigung.

4) C.A. SIMPSON betrachtet lediglich V.15b als sekundäre Zutat (vgl. Traditions, 230).

V.16 Dieser V. war schon bei der Abgrenzung des Textkontinuums[1] Num 12 als redaktionell erkannt worden.

2.22 Abgrenzungen innerhalb des Textkontinuums Num 12

Die kritische Durchsicht des Textes hat gezeigt, daß die Einheitlichkeit von Num 12 vielfach gestört ist. Im einzelnen führte die Literarkritik zu folgenden Abtrennungen (von den jeweils angrenzenden VV. bzw. Halbversen):

1.	V.1a
2.	V.1b
3.	V.2a(b?)
4.	V.3
5.	V.4-8a
6.	V.8b
7.	V.9 (ohne wajjēlak).10aß
8.	V.9 (wajjēlak).10aα
9.	V.11
10.	V.12
11.	V.13-14aα (bis: Mōšæ)
12.	V.14aα (ab: w^{e}'ābīhā)-15
13.	V.16

2.23 Zuordnungen

Im Verlauf der Literarkritik ergaben sich auch sehr schnell Beziehungen zwischen verschiedenen VV. bzw. Versteilen, und zwar in der Weise, daß sich sogar zwei potentielle Erzählungsfäden herausschälten (die noch einmal zusammenhängend auf die Logik des Handlungsablaufes und die inhaltliche Vollständigkeit hin zu prüfen sein werden):

a) Erzählung A (Mirjam-Faden): V.1a.(2b?)9 (mit bā bzw. b^{e}Mirjām, ohne wajjēlak).10a.12 (mit einer Redeeinführung)-14aα (bis: Mōšæ) (A^{sek}: 14aα (ab: w^{e}'ābīhā)-15.

---

1) Vgl. Nr. 2.1, S. 311

α) Übersetzung

1a *Mirjam machte Mose Vorwürfe*
wegen der (kuschitischen?) Frau, die er (sich) genommen hatte.

(2b *Jahwe hörte das*[1].)

*9 *(Da) entbrannte der Zorn Jahwes* (oder: *sein Zorn*)
gegen Mirjam (oder: *gegen sie*),
[...]

10aß *und siehe: sie*[2] *war aussätzig.*

12a *(Da sprach Mose zu Mirjam:)*[3]
"Mögest du[4] *doch nicht wie ein totes (Kind) sein,*

---

1) Für diese Vershälfte hatte sich in der Literaturkritik keine eindeutige Zuweisung ergeben. Nun liefert uns aber die Tabera-Geschichte Num 11,1-3 einen Anhaltspunkt zur literarkritischen Beurteilung von Num 12,26. Denn Num 11,1-3 weist die gleiche Struktur auf wie Num 12(A). Der Zorn-Notiz ("und es entbrannte sein Zorn") in Num 11,1 geht aber unmittelbar vorauf eine Mitteilung darüber, daß Jahwe den Vorwurf des Volkes gehört hat: wajjisma^{c} Jhwh. Man kann daher vermuten, daß in Num 12 das wajjisma^{c} V.2b in V.9 (wajjihar-'af Jhwh b^{e}Mirjām bzw. bā) seine eigentliche Fortsetzung hat, d.h. daß V.2b zur Mirjam-Erzählung A gehört. Das ist von der Erzählung B her durchaus möglich, da der Handlungsablauf bei Wegfall des wajjisma^{c} V.2b in keiner Weise gestört wird. Im Gegenteil: Bei Wegfall von V.2b kommt das pit'ōm V.4aα noch besser zu Geltung - denn nun folgt auf Aarons und Mirjams Kritik unmittelbar: "und Jahwe sprach plötzlich ..." -, und außerdem kann dann das Subj. Jhwh in V.4aα stehen bleiben. Die Erzählung Num 12(A) stimmt dann in ihrer Struktur fast völlig mit der Tabera-Geschichte Num 11,1-3 (L; SMEND: J; RUPPERT: E) überein:
1. Vorwurf gegen Jahwe bzw. Mose,
2. Jahwe hört es,
3. Sein Zorn entbrennt,
4. Eintritt der Plage als unmittelbare Auswirkung des göttlichen Zornes (Feuer bzw. Aussatz),
5. Fürsprache des Mose (In Num 11 geht ihr eine Bitte des Volkes voraus.),
6. Erhörung durch Jahwe: Die Plage hört auf.

Num 11 mündet allerdings in eine Ortsätiologie aus, Num 12 (A) nicht. In dem gedrängten Stil stimmen beide Geschichten wiederum weitgehend überein. Fazit: Aufgrund des Vergleichs mit Num 11,1-3 wird Num 12,26 also der Erzählung A eingefügt.

2) Wegen der vorausgegangenen Nennung Mirjams (vgl. V.9) ist für die ursprüngliche Form von V.10aß wohl das Suff. d. 3. Pers. Sing. Fem. hinter w^{e}hinne vorauszusetzen.

3) Diese Redeführung ist ergänzt.

4) Das t^{e}hī könnte an sich auch als 3. Pers. Sing. Fem. interpretiert werden. Dann müßte die Redeeinführung aber neutraler lauten, etwa: "Da rief Aaron: ..."

b *dessen Fleisch beim Hervorgehen aus dem Leibe seiner Mutter (schon) zur Hälfte verzehrt ist!"*

13a *Und er* (oder: *Mose) schrie zu Jahwe mit den Worten:*

b *"Nicht doch! Heile sie doch!"*

14a *(Da) sprach Jahwe zu Mose:*
" [...][1]

β) Handlungsablauf

Mirjam macht Mose Vorwürfe wegen der Frau, die er geheiratet hat. Jahwe hört es und straft Mirjam in seinem Zorn mit Aussatz. Mose äußert im ersten Schrecken spontan den Wunsch, Mirjam möge doch nicht schmählich zugrundegehen. Dann ruft er zu Jahwe um Heilung. (Dieses läßt sich - so ist zu ergänzen - von seinem Knecht erbitten, und das Zugesagte tritt sofort ein.)

(A^{sek}: Jahwe verordnet aber, daß Mirjam sich noch 7 Tage vom Lager fernhalte. Das Volk wartet solange mit seinem Weiterzug.)

In der Erzählung A haben wir einen folgerichtigen und ziemlich vollständigen Handlungsablauf vor uns. Es fehlt die Einführung des Mosewortes V.12 sowie das göttliche Erhörungswort samt einer Notiz über den Eintritt der Heilung (als ursprünglicher Schluß der Erzählung?).

Das Fehlen dieser Teile ist durch die Kompilation bzw. durch die priesterliche Überarbeitung des Erzählungsschlusses zu erklären.

b) Erzählung B (Aaron-Mirjam-Faden): V.2a.4-8a.9(nur: wajjēlak). 10a.11

α) Übersetzung

2a *(Aaron und Mirjam) sprachen:*
"Hat Jahwe (etwa) einzig und allein mit Mose geredet?
Hat er nicht auch mit uns geredet?

---

1) Hier muß eine Notiz über die Zusage der Heilung sowie den sofortigen Eintritt dieser Heilung gestanden haben.

(1. Möglichkeit)

*4a *(Da) sprach Jahwe plötzlich zu Mose:*
"Geh zum Begegnungszelt hinaus!"

b *Und (der) ging hinaus.*

5 a *Jahwe stieg in einer Wolkensäule herab*
und stellte sich am Eingang des Zeltes auf,

b *und er rief Aaron und Mirjam herbei,*
und die beiden gingen (zum Begegnungszelt) hinaus.

(2. Möglichkeit)

4*a *und er sprach plötzlich zu Aaron und (zu) Mirjam:*
"Geht zum Begegnungszelt hinaus!"

b *Und die beiden (*oder: *sie) gingen hinaus.*

5 a *Jahwe stieg in einer Wolkensäule herab*
und stellte sich am Eingang des Zeltes auf,

6a *(Nun) sprach Jahwe (*bzw.: *er):*
"Hört doch meine Worte!

b *Wenn ein Prophet unter euch ist,*
so offenbare ich mich ihm in der Vision,
im Traume und in rätselhaften Worten rede ich mit ihm.

7a *Anders (verhält es sich mit) mein(em) Knecht Mose*

b *-In meinem ganzen Hause genießt er Vertrauen -:*
*(*oder: *- Mit meinem ganzen Haus(wesen) ist er betraut -:)*

8a *(Von) Mund zu Mund rede ich mit ihm*
und die Gestalt Jahwes darf er schauen.
(...?)"

9 [...](Dann) ging Jahwe*[1] *) fort,*

---

1) Der Name "Jahwe" ist hier ergänzt. Denn 1. steht das wajēlak als Einzelwort zu isoliert da, 2. ist nach der (relativ langen) Gottesrede eine erneute Nennung Jahwes als Subj. zu wajēlak angemessen. Vielleicht hat der Kompilator den Namen "Jahwe" bewußt weggelassen, weil dieser noch kurz vorher im A-Teil von V.9 genannt wird (vgl. hierzu Ex 4,14a). Oder ist der Gottesname versehentlich ausgefallen? Oder gehört das wajēlak überhaupt nicht zur Erzählung B und ist erst vom Kompilator aus metrischen Gründen eingesetzt worden? Man beachte, wie er sich in V.8b (3+3) an das Metrum der Jahwerede angepaßt hat.

10a *und die Wolke wich vom Zelt.*

11a *(Nun) sprach Aaron zu Mose:*

b *"Mit Verlauf, mein Herr!*
Laß uns doch nicht die Schuld büßen,
die wir in unserer Torheit begangen haben!"

(...)

β) Handlungsablauf

Aaron und Mirjam[1] fechten Moses unumschränkte religiöse Autorität an, indem sie darauf hinweisen, daß auch sie Jahwes Offenbarungswort empfangen haben. Daraufhin werden sie plötzlich von Jahwe zum Begegnungszelt beordert, wo Mose sich bereits befindet. Der in der Wolkensäule herabgestiegene Gott legt den beiden Kritikern dar, inwiefern dem Mose eine absolute Vorrangstellung gegenüber den (anderen?) Propheten zukommt. (Hier bricht die Gottesrede ab.)

Am Verschwinden der Wolkensäule erkennen die Beteiligten, daß Jahwe sich entfernt hat. Nun wendet sich Aaron als Sprecher der beiden Aufsässigen in unterwürfigem Ton[2] an den durch Gott selbst rehabilitierten Mose und fleht diesen an, Mirjam und ihn doch nicht die Schuld büßen zu lassen, die sie törichterweise begangen haben[3]. Über Moses (vermutlicherweise versöhnliche[4]) Reaktion wird im jetzigen Text nichts mehr mitgeteilt.

In der Erzählung B liegt eine folgerichtig ablaufende und - abgesehen von dem fehlenden Schluß - vollständige[5] Handlung vor.

---

1) Diese beiden Personen sind zu Beginn (V.2a) zwar nicht beim Namen genannt, sind aber aus V.5b (1. Version) bzw. aus V.4a (2. Version) als handelnde Subjekte für V.2a zu erschließen und für die herausgeschälte Erzählung B zu ergänzen. (So auch W. RUDOLPH, "Elohist", 71, Anm. 3.) Im jetzigen Text brauchen sie in V.2a nicht mehr eigens erwähnt werden, da sie in V.1aα (Erzählung A) bereits eingeführt worden sind.

2) Diese kleinlaute Bitte macht die für Aarons und Mirjams Aufbegehren vorauszusetzende tatsächliche Machtfülle des Mose deutlich und paßt außerdem gut zu dem, was in V.7 f über Moses persönlichen Umgang mit Jahwe gesagt ist.

3) Von einer Bestrafung durch Jahwe verlautet nichts. V.11a setzt geradezu voraus, daß der göttlichen Belehrung keine Bestrafung durch Gott selbst folgte.

4) Aus V.13 (A) geht hervor, daß Mose einen hochherzigen Sinn hatte, da er die Kränkung verzeiht und für den Beleidiger eintritt.

5) Wie oben schon zum Ausdruck gebracht wurde, ist vermutlich aber auch am Ende der Jahwerede V.6-8a etwas entfallen. Der jetzige V.8b wäre an sich kein schlechter Abschluß, stünden dem nicht die o.g. sprachlichen Schwierigkeiten im Wege.

Das Fehlen des Schlusses kann nicht ohne weiteres als Argument gegen eine Zweifädigkeit von Num 12 verwendet werden : Der Kompilator mußte sich wohl oder übel für den einen oder anderen Erzählungsschluß entscheiden, weil die beiden nicht miteinander vereinbar waren. Er hat die dramatische Form der Erzählung A vorgezogen: die Bestrafung Mirjams mit nachträglicher Begnadigung.

c) Die Darlegung des Handlungsablaufes der beiden Erzählungen kann als Aufweis dafür angesehen werden, daß es mit der Unterscheidung der zwei (zunächst nur vermuteten und sich dann deutlicher herauskristallisierenden) Erzählungsfäden seine Richtigkeit hat.

d) Es wäre noch die Frage zu beantworten, warum die beiden ehemals selbständigen Erzählungen zu einer einzigen zusammengefügt wurden.

W. RUDOLPH meint: "Die Zusammenfassung von A und B im jetzigen Text erklärt sich leicht aus der Ähnlichkeit des Inhalts"[1]. Die Ähnlichkeit des Inhalts liefert jedoch für sich allein noch keine ausreichnde Erklärung dafür, daß die beiden Erzählungen zu einer einzigen zusammengefaßt wurden.

M.E. liegt der eigentliche Grund in folgendem: In alter Zeit - die Mirjam-Erzählung dürfte einer der alten Pt-Quellen zugehören - war die Heirat einer fremdstämmigen Frau vom religiösen Standpunkt aus gesehen noch nichts Verpöntes. Mirjam tritt daher in Num 12,1 auch nicht etwa als eine Prophetin auf, die dem Mose ins Gewissen redet. Beweis genug ist die Strafe, die Jahwe über Mirjam verhängt: sie hat sich durch die (wie auch immer motivierte[2]) Kritik an Mose schuldig gemacht, Mose aber steht gerechtfertigt da. In späterer Zeit galt dann aber die Heirat einer Nicht-Israelitin als Verstoß gegen das 1. Gebot. Jetzt erschien der Vorwurf Mirjams gegen Mose völlig berechtigt und demzufolge ihre Bestrafung - namentlich vor dem Hintergrund der Aaron-Mir-

---

1) "Elohist", 73
2) Worin für Mirjam das Ärgerliche an der Heirat des Mose lag - ob die Ursache dieses Eiferns etwa verletzter Nationalstolz war -, läßt sich nicht mehr präzise feststellen, ist in unserem Zusammenhang aber auch unwichtig.

jam-Erzählung (in der die beiden wohl glimpflich davonkommen) - als unangemessen hart, ja eigentlich war die Bestrafung als solche gar nicht (mehr) zu rechtfertigen. Wenn man die Mirjam-Erzählung nicht ganz ausscheiden wollte, mußten die beiden Erzählungen Num 12(A) und Num 12(B) irgendwie in einen Ausgleich gebracht werden - was eben durch die Vereinigung der beiden Erzählungen geschah. In dieser kompilierten Erzählung erscheint nun der Anspruch auf Gleichberechtigung mit Mose (aus der Erzählung B) als das eigentliche Vergehen, für das der Aussatz eine zwar drastische, aber doch verdiente Strafe darstellt.

Natürlich fragt man sich, wieso Aaron straffrei ausgeht. Darauf gibt es nur eine Antwort: weil solches dem Aaron nicht mehr zugemutet werden konnte, und das heißt wohl: weil er bereits als Priester galt. Dann wäre gleichzeitig mit der Kompilation auch V.10b - der Priester Aaron stellt den Aussatz fest - und wohl auch der an Lev 13 f erinnernde Erzählungsschluß V.14aα (ab: w^{e}'ābīhā)-15 (die Ausschließung Mirjams für 7 Tage aus dem Lager) hinzugekommen. Vielleicht hat man gerade deswegen keine große Hemmung gehabt, die Aaron-Mirjam-Erzählung mit der Erzählung von Mirjams Aussatz zusammenzuarbeiten, weil man auf diese Weise Aaron in eine damals als priesterlich geltende Funktion bringen konnte.

3. Redaktionskritik

3.1 Zeitliche Prioritäten

Über das zeitliche Verhältnis der Erzählungen A und B läßt sich hier noch nichts sagen.

Als reine Zusätze gaben sich die VV.1b, 3, 10b und 16 (redaktionell) zu erkennen. Die VV.14aα (ab: w^{e}'ābīhā)-15, die ebenfalls sek Natur sind, sind wahrscheinlich an die Stelle des ursprünglichen, aus dem A-Faden stammenden Erzählungsschlusses getreten. Gleichzeitig mit ihnen kam höchstwahrscheinlich V.10b in die Erzählung hinein.

Von den Zusätzen setzt V.8b die Kompilation der beiden Erzählungen voraus. Der Halbvers könnte vom Kompilator selbst stammen. V.1b hat auf jeden Fall die Existenz der Erzählung A (V.1a) zur Voraussetzung, V.3 die der Erzählung B (vgl. V.2a).

Die VV. 14aα (ab: w^e'ābîhā)-15 setzen die Erzählung A voraus. Da diese VV. aber wohl schon die Bestimmungen über den Aussatz Lev 14P voraussetzen, sind sie wahrscheinlich erst längere Zeit nach der Kompilation der beiden Erzählungen hinzugekommen. Gleichzeitig dürfte V.10b eingefügt worden sein, wonach Aaron den Aussatz feststellt.

V.16 ist als redaktioneller Verknüpfungsvers nur locker mit Num 12 verbunden. Er wurde vermutlich erst geschaffen, als die miteinander verbundenen Erzählungen an ihren jetzigen Ort im Pt kamen.

3.2 Redaktionsgeschichtlicher Aufriß

Ein redaktionsgeschichtlicher Aufriß läßt sich aufgrund der bisherigen Anhaltspunkte natürlich nur unter gewissem Vorbehalt erstellen. Der folgende Aufriß ist also nur als eine <u>mögliche</u> Form der Genese von Num 12 anzusehen.

I.	Erzählung A	Erzählung B
II.	+ V.1b	- V.3
III.	Kompilation von A und B	
IV.	V.16	
V.	V.10b + V.14aα (ab: w^e'ābîhā)-15 (mit gleichzeitigem Wegfall des ursprünglichen Erzählungsschlusses der kompilierten Erzählung?)	

2. Teil: Die Erzählung B[1]

4. Formkritik

4.1 Sprachliche Statistik

Num 12(B) besteht fast ganz aus Verbalsätzen: 23 Verbalsätzen (21 verba finita, 2 Imperative) stehen nur 2 Nominalsätze gegenüber. Mehr als die Hälfte der verba finita sind Narrative (11; davon sind 10 w-jiqtol (x)-Formen, 1x findet sich eine x qatal-Form).

Die Zahl der Substantive ist mit 36 auffallend hoch: sie übersteigt fast um die Hälfte die der Verben (24, davon 17 im qal, 4 im piel, 3 im hifil, 1 im hitpael). Freilich handelt es sich bei den Substantiven 14x um einen Personennamen. Die handelnden Personen werden in folgender Häufigkeit genannt: Jahwe 5x, Mose 4x, Aaron 3x, Mirjam 2x.

Der Handlungsablauf wird rein parataktisch dargestellt. Die zwei vorkommenden hypotaktischen Konstruktionen (1 Satz mit 'im, 2 hintereinander geordnete Sätzchen mit '^{a}sær) finden sich innerhalb von Reden.

Die Satzgefüge sind ausnahmslos einfach und kurz.

Annähernd 2/3 des Textes besteht aus wörtlicher Rede.

4.2 Aufbau

Num 12(B) weist verschiedene Szenen und einen mehrfachen Ortswechsel auf:

1. Mirjam und Aaron reden böse über Mose (V.2a),
2. Jahwe redet Mose an (V.4a),
3. Mose geht zum Zelt (V.4b)[2],
4. Jahwe steigt in einer Wolkensäule herab und ruft Aaron und Mirjam (V.5a),

---

1) Da Aaron in der Erzählung A nicht vorkommt, ist für uns nur noch die Erzählung B von Interesse.

2) Hier wird von der 1. der beiden für die Urfassung der Erzählung erwogenen Möglichkeiten (vgl. oben S. 321 ff u. S. 341) ausgegangen.

5. Aaron und Mirjam gehen zum Zelt (V.5b),
6. Jahwe redet vom Zelteingang aus zu Aaron und Mirjam (V.6-8a), dann entfernt er sich (V.*9.10a),
7. Aaron wendet sich bittend an Mose (V.11).

Aarons und Mirjams Beschwerde über Mose gibt den Anstoß zu allen weiteren Handlungen (die sich eine aus der anderen ergeben). Der folgerichtige Handlungsablauf hat seinen Höhepunkt in Jahwes Rede V.6-8a, die die Frage von V.2 definitiv beantwortet (= theoretische Lösung). Die Spannung ist damit aber noch nicht aufgelöst. Denn die Frage der Bestrafung ist noch nicht entschieden. Aarons Wort an Mose leitet zum letzten Akt über (der die praktische Lösung enthält). Dieser ist jedoch bei der Zusammenarbeitung mit dem Mirjam-Faden entfallen.

5. Gattungskritik

Die große Zahl der Verbalsätze (23 bzw. 22)[1] gegenüber nur 2 Nominalsätzen, insbesondere die 11 bzw. 10[2] Narrative weisen den Abschnitt als einen Text aus, in dem es um die Darstellung von Handlungen geht. Weil diese in einer logischen Abfolge stehen und zu einem Ziel führen, kann man hier den Gattungsbegriff "Erzählung" anwenden.

Die Jahwerede V.6-8a ragt nicht nur inhaltlich aus dem erzählerischen Kontext heraus, auch syntaktisch hebt sie sich ab: Hier finden sich die beiden Nominalsätze (V.7), aber keine Narrative.

Formal greift sie die Wendung dbr pi. + b^{e} V.2a aus den empörten Worten der beiden Aufsässigen auf - der zweimaligen Verwendung in V.2 entspricht die zweimalige in der Jahwerede (V.6b.8a)! - und zeigt bereits dadurch an, daß hier das Problem, das sich in V.2 stellte, von Jahwe einer Lösung zugeführt wird. Hier liegt das eigentliche Ziel nicht nur der Jahwerede, sondern der ganzen Erzählung: Mit Mose redet Gott auf andere Weise als mit den (üb-

1) Diese Zahl hängt davon ab, ob das wajjēlak V.9 als sek ausgeschieden wird oder nicht.
2) Vgl. Anm. 1)

rigen?) Propheten, nämlich direkt, ohne Einschaltung eines Mediums. Mit dieser Aussage zielt Num 12(B) auf die Herausstellung von Moses Einzigartigkeit[1].

Die Jahwerede als der belehrende Teil der Erzählung hat in sich betrachtet keine besonders enge Beziehung zu den Personen Aaron und Mirjam[2]. Das erkennt man 1. an der konditionalen Redeweise, wie sie z.T. im kasuistischen Recht gebräuchlich ist, 2. daran, daß die Aussage (vgl. den Anfang "Wenn ein Prophet unter euch ist ...") eher an die Israeliten insgesamt (sprich: die Israeliten z.Zt. des Verfassers) gerichtet erscheint denn an eine konkrete Zweizahl von Personen, eben Aaron und Mirjam. 3. weist das generalisierende "(irgend-)ein Prophet" deutlich genug darauf hin, daß das Interesse des Verfassers nicht eigentlich den beiden Akteuren der Erzählung gilt. Ihm geht es vielmehr um eine

---

1) Vgl. G.B. GRAY, Numbers, 120; M. NOTH, ÜPt, 140. H. GRESSMANN nennt die Jahwerede V.6-8 einen "Hymnus auf Mose" (Mose, 267), W. RUDOLPH einen "Hymnus auf die Größe Moses" ("Elohist", 73). - B. BAENTSCH verfehlt die Pointe der Erzählung, wenn er von einer "prinzipiellen Belehrung über das wahre Wesen der Jahveprophetie" spricht und dazu bemerkt: "Der Verfasser unterscheidet dabei zwischen Propheten, die ihre Offenbarungen durch Visionen und Träume empfangen, und solchen, denen Jahve auf dem Wege eines unmittelbaren, persönlichen Verkehrs seine Offenbarungen zu Teil werden läßt. Er spricht auch den ersteren den Charakter als Jahvepropheten nicht ohne weiteres ab (cf.v.6.), setzt sie jedoch weit unter die Propheten letzterer Art". Damit ergänzt der Verfasser seine zu 11,16f.24b-30 vorgetragene Theorie. Kurz zusammengefaßt lautet seine Überzeugung: Nicht die Zugehörigkeit zu einer privilegierten geistlichen Klasse entscheidet über Echtheit und Wert eines Jahwepropheten, sondern lediglich das Maß der Unmittelbarkeit, in der sich der an keinen besonderen Stand und Ort gebundene Verkehr zwischen Jahwe und den Propheten vollzieht (vgl. Ex-Lev-Num 511).

2) L. PERLITT spricht von einer "lockeren Einbindung von Num 12,6-8 in seinen gesamten Kontext" (EvTh 31 [N.F. 26] (1971), 594).

doktrinäre[1] Aussage über Mose (in seinem Verhältnis zu den Propheten).

Mit der literarischen Form der Erzählung verfolgt der Verfasser die Intention, dem in ein Gotteswort gekleideten Urteil über Mose größere Eindrücklichkeit zu geben und die Erzählung selbst durch Projizierung in die Mosezeit[2] als altehrwürdige Überlieferung hinzustellen.

Weil die Erzählung im Hinblick auf die in der Jahwerede V.6-8a enthaltende Belehrung über Moses religiöse Bedeutung konzipiert ist, kann man sie näherhin als eine "religiöse Lehrerzählung" bezeichnen.

6. Motiv- und Traditionskritik: der Traum[3]

6.1 Traum - Vision - Rätsel

In seiner an Aaron und Mirjam gerichteten Belehrung charakterisiert Jahwe den Offenbarungsempfang des Propheten wie folgt: "In der Vision tue ich mich ihm kund, im Traume und in Rätseln

---

1) "Der ohne Bedenken als Gottesrede eingeführte Spruch - gemeint ist Num 12,6-8a - ist ein Exempel theologischer Doktrin" (ders., 596). Vgl. auch M. NOTHs Urteil über die VV.2-9: "Dieses Stück ... beruht auf verhältnismäßig jungen Reflexionen und stellt den Versuch einer theologischen Formulierung der Einzigartigkeit der Mosegestalt dar. Es ist also weit entfernt von ursprünglicher volkstümlicher Überlieferung und vermutlich ziemlich junger Herkunft; ... hier (wird) über das Wesen des 'Propheten' und über das Verhältnis Moses zur Erscheinung der Prophetie nachgedacht" (ÜPt, 140). Wir haben es nach NOTH in Num 12 "mit einer 'gelehrten' Überlieferung" (ÜPt, 141) zu tun, "also mit einem überlieferungsgeschichtlich jungen Gebilde" (ebd.). G.W. COATS (Rebellion, 264) spricht von "the late character of the reflective description of Moses' office".

2) Vgl. M. NOTH, ÜPt, 140 f: "Wahrscheinlich ist ..., daß hier uns unbekannte geschichtliche Auseinandersetzungen ... in die Mosezeit zurückverlegt und in einem bestimmten Sinne entschieden worden sind".

3) Vgl. zum Thema vor allem E.L. EHRLICH, Der Traum im Alten Testament, Berlin 1953 (BZAW 73); A. RESCH, Der Traum im Heilsplan Gottes. Deutung und Bedeutung des Traumes im Alten Testament, Freiburg - Basel - Wien 1964; W. RICHTER, Traum und Traumdeutung im Alten Testament. Ihre Form und Verwendung, BZ [N.F.]7] (1963), 202-220.

rede ich mit ihm" (V.6bßγ). Darin wird die Art der Kommunikation Jahwes mit Mose scharf abgesetzt von jener mit den (gewöhnlichen?) Propheten. Diese Aussage zielt darauf ab, Mose als konkurrenzlose (Propheten-?)Gestalt hinzustellen. Sie ist provoziert durch die polemische Frage Aarons und Mirjams: "Hat Jahwe denn nicht auch mit uns geredet?" Von daher legt sich die Vermutung nahe, daß die Formulierung der göttlichen Antwort nicht ganz unbeeinflußt ist von dem polemischen Kontext[1]. Bei näherem Eingehen auf den Inhalt wird sich zeigen, daß in Jahwes Auskunft tatsächlich ein polemischer Ton steckt.

Der Wortlaut der Antwort Jahwes ist für die traditionsgeschichtliche Einordnung von Num 12 (B) insofern von besonderer Bedeutung, als hier der Traum als eine der Weisen hingestellt wird, auf die Jahwe seine Offenbarung an die Propheten vermittelt.

Daß die Vision in einer Umschreibung des prophetischen Offenbarungsempfanges nicht fehlen durfte, ist klar; ihre Nichterwähnung wäre undenkbar[2]. Denn "die Propheten waren als Visionäre so bekannt, daß sie Visionen ohne Einleitung 'Jahwe ließ mich schauen' einfach berichteten - im sogenannten perfectum propheticum ...: Jes 5,13-17; 9,1-3; 46,1F. u.ö."[3]

Nicht so selbstverständlich ist die Erwähnung der "Rätsel". Zwar bedurften "die bei den Schriftpropheten sehr beliebte Rede in dichterischen Metaphern und ihre bildhaften Visionen - z.B. Jer 1,11-14, oder 24,1-10 - ... der Interpretation und könnten daher als Rätsel im weiteren Sinn bezeichnet werden. Daß aber trotz Num 12,8 der Begriff ḥīdā bei den klassischen Propheten selbst kaum vorkommt (Hab 2,6 hat er eine echt weisheitliche Nebenbedeutung), wird seinen Grund darin haben, daß die prophetischen Bilderreden meistens ziemlich leicht durchschaubar und ohne grosse Schwierigkeiten deutbar sind. Sie wollen keine dunklen Rätsel aufgeben, sondern von den Hörern verstanden werden. Darin sind

1) Gegen L. PERLITT, EvTh 31 [N.F. 26] (1971), 594, der meint, die Weisen des Offenbarungsempfanges seien in Num 12,6bßγ "ohne Emphase, aber auch ohne jede Abwertung" beschrieben. Vgl. auch das Ergebnis am Ende von Nr. 6.2, S. 354

2) Vgl. vor allem 2 Sam 7,17; Jes 1,1; Dan 9,24; Hos 12,11; Joel 3,1; Mi 3,6; Sach 13,4; 2 Chron 9,29; 32,32

3) L. DELEKAT, Art. "Vision", in: BHHW III, 2110

die prophetischen Reden stark unterschieden von den Orakeln etwa der Pythia, der Sphinx und der Sibyllinen, die oft absichtlich unklar, oder sogar unlösbar sein wollen"[1]. Außer in der schon genannten Stelle Hab 2,6 (wo noch die Begriffe māšāl (= "Gleichnis", "Parabel") und m^e līṣā (= "Rätsel", "rätselhafter Lehrspruch") begegnen), wird das Wort ḥīdā noch in Ez 17,2 gebraucht, wo es die in V.3-10 folgende "dunkle, allegorische Gleichnisrede vom Adler"[2] bezeichnet. ḥīdā ist dort "also mehr Parabel als Rätsel"[3]. Was also soll hier in Num 12(B) die Erwähnung der Rätsel? (Die Antwort werden wir weiter unten geben.)

Ebenfalls überrascht im Zusammenhang der Rede von den Propheten, daß vom Traum als Offenbarungsmittel gesprochen wird. Denn 1. ist das Urteil über den Traum im Laufe der israelitischen Religionsgeschichte nicht immer gleich ausgefallen, und 2. überrascht im besonderen die Zuordnung des Traumes zur Kategorie des Prophetischen.

6.2 Warum zur Charakterisierung des prophetischen Offenbarungsempfanges in Num 12,6b das Wort "Traum" verwendet wird

Num 12(B) nimmt mit seiner Charakterisierung des Prophetentums durch das Medium des Traumes eine Sonderstellung innerhalb des AT ein. Zu 1 Sam 28,6.15; Dt 13,1 und Jer 27,9, wo der Traum von der prophetischen Offenbarungsweise abgehoben wird, steht Num 12,6b geradezu im Widerspruch.

Es wäre voreilig, wollte man gleich von einer "Sondertradition" reden. Vielmehr gilt es zunächst einmal, nach dem möglichen Grund einer solchen Aussage zu forschen.

Worum geht es dem Autor von Num 12,6-8? Ohne Umschweife läßt sich sagen: weniger um die Propheten als um Mose. Es ist ihm also nicht eigentlich darum zu tun, sich gründlich auf die verschiedenen Weisen prophetischen Offenbarungsempfanges zu besinnen und das Phänomen des israelitischen Prophetentums möglichst sorgfäl-

1) V. HAMP, Art. ḥīdā, in ThWAT II, 870-874, hier: 873
2) Ebd.
3) Ebd.

tig zu beschreiben. Vielmehr dient die Umschreibung des (gewöhnlichen) prophetischen Offenbarungsempfanges als eine Art Folie, um davor Moses Einzigartigkeit markant hervortreten zu lassen.

Daß neben dem Medium der Vision auch das des Traumes genannt wird, mag man damit erklären wollen, daß das Hebr. kein eigenes Wort für die Audition hat[1], daß der Terminus ḥ^{a}lōm hier also in der Bedeutung "Audition" komplementär dem Wort mar'ā = "Vision" gegenüberstehe. Doch läßt die Verwendungsweise des Ausdrucks mar'ā ein solches Verständnis kaum zu. Denn in 1 Sam 3,15 wird mit mar'ā eine reine Audition[2] bezeichnet[3].

Es ist wohl möglich, daß der Autor die Beschreibung des prophetischen Offenbarungsempfanges einfach nicht mit einem einzigen Begriff erledigen wollte, daß er also aus schriftstellerischen Bedürfnissen heraus das Traum-Phänomen mitheranzog, das in den elohistischen Vätererzählungen ja eine so positive Rolle spielte. Er mag sich also gesagt haben: Wenn der Traum immer als ein mögliches Mittel göttlicher Offenbarung gegolten hat, warum sollte Gott dies Mittel bei den Propheten grundsätzlich ausgespart haben? Beide Wahrnehmungsweisen - Traum und Vision - stimmen ohnehin darin überein, daß sie nicht im normalen Wachzustand vor sich gehen, und daß sich die Vision überdies nicht selten des Nachts[4] ereignet[5].

Der folgende Gesichtspunkt ist aber sicher wichtiger: Durch die Nennung des Traumes konnte gerade das Moment des Dunklen und Rätselhaften noch stärker zum Ausdruck gebracht werden als durch

---

1) E.L. EHRLICH, Traum, 7, Anm. 5
2) Vgl. 1 Sam 3,10: "Da kam Jahwe, stellte sich hin und rief ..." Vgl. auch die Umschreibung des ganzen Vorganges durch glh ni. + d^{e}bar Jhwh in 1 Sam 3,7.
3) An den übrigen Stellen (Gen 46,2 (E; SMEND: nicht J); Ez 1,1; 8,3; 40,2; Dan 10,7 f.16) verbindet sich in mar'ā das Moment des Visuellen mit dem des Auditiven.
4) Vgl. Num 22,8 (Bileam); 1 Sam 3,1-10 (Samuel); 15,11 (Samuel); 2 Sam 7,14 (Natan); Micha 3,6 (die Propheten generell)
5) Aus diesem Grunde wird man das Wort mar'ā im Kontext von Num 12,2-8 vielleicht am besten mit H. GRESSMANN (Mose, 276) durch "Nachtgesicht" oder "Traumvision" wiedergeben.

den Hinweis auf die Vision. Denn die Vision zeichnet sich gegenüber dem Traum immerhin "durch ein größeres Sinngewicht, durch einen strafferen Ablauf und eine, wenn auch manchmal noch zu deutende, so doch klarere Verständlichkeit"[1] aus. Dem Verfasser kam es aber gerade darauf an, beim Offenbarungsempfang der Propheten einen gewissen Mangel an Eindeutigkeit zu konstatieren, um in wirkungsvollem Kontrast hierzu die an Mose ergangene Offenbaung als reines, unantastbares und für alle Zeiten gültiges Wort Gottes darstellen zu können.

So verwundert es nicht, wenn in V.*6bγ auch noch der Begriff ḥīdā (= "Rätsel") beigefügt wird. Damit ist hier schwerlich die literarische Gattung "Rätsel" gemeint. D.h.: das b^{e}ḥīdōt will hier wohl nicht eine dritte Form der prophetischen Offenbarungsvermittlung herausstellen, sondern ihre prinzipielle Art charakterisieren, nämlich ihre Rätselhaftigkeit und Deutungsbedürftigkeit[2]. Es will wohl herausstellen, daß die prophetische Offenbarung durch Einschaltung der (in ihrer Sprache längst nicht immer eindeutigen) Medien Vision und Traum in ihrer Qualität gemindert und gegenüber der an Mose ergangenen Offenbarung zweitklassig ist.

H.-P. MÜLLER versteht aus diesem Grunde Vision und Traum in Num 12,8a als "symbolische Vision" und "symbolischen Traum"[3] und bemerkt zu dem b^{e}ḥīdōt, es solle mit diesem Wort wohl zum Ausdruck gebracht werden, daß "die ... Bedeutung des Geschauten hinter den mehr oder weniger rätselhaften Chiffren einer oft barocken Traumwelt verborgen bleibt"[4].

Ein solchermaßen skizziertes Prophetenbild ist die unvermeidliche Kehrseite der Medaille mit dem Bilde des Mose als des einzigen Menschen, dem ein unmittelbarer[5] Zugang zu Gott geschenkt war.

---

1) E.L. EHRLICH, Traum, 11

2) M. NOTH übersetzt b^{e}ḥīdōt "in rätselhaften Worten" (Num, 82).

3) Der Begriff Rätsel im AT, VT 20 (1970), 465-489, hier: 471.

4) Ders., 471 f

5) Gegen H.-P. MÜLLER, der aus mir unverständlichen Gründen das über Moses Offenbarungsempfang ausgesagte pæ ʼæl-pæ ʼ^{a}dabbær-bō V.8aα als "Offenbarungstraum" und das ūt^{e}mūnat Jhwh jabbīṭ V.8aß als "Offenbarungsvision" (Unterstreichung jeweils von mir) versteht - wovon der symbolische Traum und die symbolische Vision der (normalen) Propheten abgehoben werde (vgl. VT 20 (1970), 471).

Ergebnis:

Während die Vision als typisch prophetisches Offenbarungsmedium gelten kann, wird der Traum nur deshalb zur Kennzeichnung des prophetischen Offenbarungsempfanges herangezogen, um dadurch die prinzipielle Qualität ebendieses (gewöhnlichen) prophetischen Offenbarungsempfanges gegenüber dem mosaischen herabzumindern.

6.3 Quellenkritische Einordnung

Weil der Traum in Num 12(B) nicht (mehr) als völlig problemloses Vehikel zur Übermittlung göttlicher Botschaften angesehen wird, kommt der E als Verfasser nicht ernsthaft in Betracht.

An den J ist aus einem anderen Grunde nicht zu denken. Nach ihm geschieht es nämlich, daß Jahwe sogar mit Nicht-Propheten, nämlich mit den "Vätern", auf direkte Weise verkehrt (vgl. Gen 18 f; vielleicht darf man auch auf die mehrfach begegnende, unbefangene Redeweise "und Jahwe sprach ..." hinweisen).

So legt sich für Num 12(B) nach-jahwistische und nach-elohistische Herkunft nahe.

7. Zeitliche Einordnung

7.1 Bisheriger Anhaltspunkt

Das Traum-Motiv machte eine nach-jahwistische sowie eine nach-elohistische Entstehung von Num 12(B) wahrscheinlich[1].

7.2 Ein weiterer Gesichtspunkt: der Sitz im Leben

7.21 Der Sitz im Leben von Num 12(B) ist nicht leicht zu bestimmen. Nach M. NOTH fehlen uns sogar "alle Voraussetzungen" zum Verständnis von Num 12: "alle etwa möglichen Kombinationen sind ohne jede sichere Grundlage. Wahrscheinlich ist nur dies,

---

1) Vgl. Nr. 6.3

daß auch hier uns unbekannte geschichtliche Auseinandersetzungen einer nicht mehr feststellbaren späteren geschichtlichen Zeit mit Hilfe einer im einzelnen undurchsichtigen Personifikation in die Mosezeit zurückverlegt und in einem bestimmten Sinne entschieden worden sind"[1]. Ähnlich resignativ urteilt G. von RAD: "... hier kommen wir über sporadische Einblicke in gewisse Kompetenzprobleme nicht hinaus. Eine Geschichte der Moseüberlieferung und ihrer Sitze im Leben kann wohl nicht mehr geschrieben werden"[2].

7.22 Immerhin wagt von RAD auf die Frage "Wer ist hier eigentlich 'Mose'?" die mögliche Antwort, daß sich darin die Priesterschaft zu Wort meldet[3]. Das ist gar nicht so unwahrscheinlich:

a) Daß der Autor von Num 12(B) den Hymnus auf den Über-Propheten Mose nicht völlig uneigennützig und ohne alle Hintergedanken anstimmt, darin sind sich M. NOTH und G. von RAD einig, und dieser Prämisse für die Interpretation von Num 12 wird wohl kaum einer widersprechen.

b) Daß Mose im Num 12(B) über die Propheten erhoben wird - wobei ihm selbst das Prophet-Sein als solches nicht abgesprochen wird -, läßt deutlich erkennen, daß Num 12(B) nicht aus prophetischen Kreisen stammt[4].

c) Daß wir es in Num 12,2 ff "nicht mit einer volkstümlichen, sondern mit einer 'gelehrten' Überlieferung"[5] zu tun haben, paßt ausgezeichnet zur These von einer priesterlichen Herkunft des Textes.

d) Daß die Priester durch Stärkung der Autorität des Mose (sprich: Aufwertung der an ihn ergangenen Offenbarung) ihre eigene Autorität zu stärken vermochten, läßt sich verhältnismäßig leicht ein-

---

1) ÜPt, 140 f

2) Theologie I, 303 f

3) "Diese Aussparung des ganz unmittelbaren Verkehrs - des Mose - mit Jahwe könnte auf die Wahrung des Vorrechtes gewisser priesterlicher Funktionen gegenüber dem prophetischen Offenbarungsempfang zurückgehen" (Theologie I, 303).

4) Schon die Aufwertung des Mose als Weg zur Aufwertung der eigenen Autorität ist dem Prophetentum von seinem Wesen her fremd. Die Propheten berufen sich immer auf Jahwe selbst, nie auf Mose.

5) M. NOTH, ÜPt, 141

sehen. Denn die Priesterschaft war selbstverständlich von Hause aus traditionsbewußt und sozusagen auf Mose "eingeschworen", auf den ja die priesterlichen Traditionen zurückgeführt wurden.

Manch einer mag bei diesem Punkt an die Leviten denken. Nach Ex 32,26-29 zu urteilen, genossen sie nämlich den Ruf - oder erhoben sie nur den Anspruch darauf? -, besonders mosetreu zu sein und im Sinne des Mose für die Reinhaltung der Jahwereligion von heterogenen Elementen zu eifern. Man erinnere sich auch an Dt 33,8-11, wo der ḥasīd Jahwes nach Meinung mancher Kommentatoren[1] Mose ist, so daß "Levi in Mose einen der Seinen und den 'größten Leviten' sah"[2]. Was die Beziehung der Leviten zur mosaischen Überlieferung angeht, so waren wir schon bei der Besprechung von Ex 4,16 darauf gestoßen, daß die Leviten (vielleicht schon seit alter Zeit, jedenfalls aber) in späterer Zeit mit einer Art "Predigttätigkeit" befaßt waren. Wir wissen jedoch trotz der sehr beachtenswerten Studie von A.H.J. GUNNEWEG über die "Leviten und Priester" noch zu wenig über das Levitentum, seine Ursprünge und seine Funktionen (sowie über die Geschichte seines Verhältnisses zum Priestertum), um hier zu einem einigermaßen sicheren Urteil zu kommen.

Ob nicht doch eher die Priesterschaft einer Aufbesserung ihrer (amtlichen) Autorität bedurfte als die Leviten? Wie dem auch sei, auf jeden Fall war es denen, die in Num 12(B) die mosaische Offenbarung als der normalen prophetischen Offenbarung prinzipiell überlegen dargestellt haben, darum zu tun, neben den Propheten als Empfängern und Übermittlern aktueller Gottesworte selber mit ihrer (religiösen) Autorität bestehen zu können.

7.23 Das hinter Num 12(B) sichtbar werdende Anliegen hat zur Voraussetzung, daß das Prophetentum in Israel in hohem Ansehen stand. Daß das ekstatische Prophetentum ein solches Ansehen nicht genoß, ist bekannt. Der Autor von Num 12(B) schaut also gewiß auf das 8. Jahrh. v. Chr. (mit den Propheten Hosea, Amos, Jesaja und Micha), vielleicht auch schon auf das 7. Jahrh. (mit den Propheten Nahum, Zefanja, Habakuk und Jeremia) zurück. Das letztere empfiehlt sich deswegen, weil nach der Katastrophe von 587/86 v. Chr. die klassischen Propheten erheblich an Bedeutung gewannen: Nicht nur Jeremia gelangte über Nacht zu hohem und dauerhaftem[3] Ansehen, gewisse Kreise beschäftigten sich in der Exilszeit auch intensiv mit früheren Propheten. So wird man z.B. von einer "jesajanischen Schule" sprechen können (der wir das im Exil entstandene Buch Deuterojesaja - und auch Tritojesaja - zu verdanken haben). Aus einer solchen Situation heraus läßt sich eine Erhe-

1) Vgl. A.H.J. GUNNEWEG, Leviten, 42 f
2) Ders., 68
3) Man beachte die mehrschichtigen deuteronomistischen Bearbeitungen der Worte (und Taten) dieses Propheten in dem uns vorliegenden Jeremia-Buch.

bung des Mose zum Über-Propheten, wie sie in Num 12(B) vollzogen wird, von seiten der Priester (bzw. der Leviten) recht gut erklären[1].

Falls diese Hypothese stimmt, kommen wir mit der Datierung von Num 12(B) also in die Exilszeit hinein.

7.3 Wendungen und Lexeme

(Die relativ ausführliche Untersuchung der wichtigeren Wendungen und Lexeme aus Num 12(B) bzgl. ihres sonstigen Vorkommens im AT aus der Original-Dissertation muß hier aus Platzmangel fortgelassen werden.)

7.31 Unter den Vergleichsstellen ist der E kaum vertreten: 2x (4x?) mit qr' + Akk. d. Pers., 1x mit mar'ā (LXX und Syr).

7.32 Die sprachlichen Übereinstimmungen mit dem J sind etwas zahlreicher: Je 1x begegnet in jahwistischen Stellen qr' + Akk. d. Pers., d^e^bārīm für ein einzelnes Gotteswort, hlk (im Sinne von "weggehen") mit Jahwe als Subj. und wohl auch šim^c^ū-nā' sowie jd^c^ hitp. (- aber nicht als religiöser Begriff!). Auch das nbt hi. in Ex 3,6 J (EISSFELDT:E; SMEND: nicht J) bildet eine sprachliche Brücke zu Num 12 (V.8a). Doch der Kontext von Ex 3,6 zeigt mit aller Deutlichkeit, daß sich hier ein anderer Verfasser artikuliert als in Num 12(B). Denn 1. ist das Obj. in Ex 3,6 hā'^æ^lōhīm und nicht Jhwh, 2. vermeidet Mose es in Ex 3,6 in scheuer Ehrfurcht, Gott anzuschauen, während nach Num 12,8a die unmittelbare Gottesschau gerade das ist, wodurch Mose vor allen anderen Menschen ausgezeichnet ist.

7.33 Der Aramaismus ḥīdā sowie Moses Titulierung als Knecht Jahwes weisen überhaupt von den alten Quellen weg. Die P aber kommt als Herkunftsort für Num 12(B) auch nicht infrage: 1. wegen des Wortes b^e^pæta^c^ vor pit'ōm, 2. wegen des jd^c^ ni. +

---

1) Gewiß wurde das Verhältnis Priestertum-Prophetentum in Israel schon früh zu einem Problem - man denke etwa an Am 7,10 ff -, aber dies Problem war doch nur von Fall zu Fall akut, und die Priesterschaft wußte sich wohl immer ganz gut durchzusetzen.

'ᵆlōhīm (in Num 12,6b: jdᶜ hitp.!), 3. wegen des Fehlens von 'al-nā' + Imperf. (Prohibitiv) in der P.

7.34 Bemerkenswert scheint mir die sprachliche Beziehung zur Weisheitsliteratur zu sein. In weisheitlich geprägten Texten findet sich 9x (von 25x) pit'ōm, 3x ḥīdā (in Verbindung mit mar'ā), 1x dbr pi. + bᵉ im Sinne von "reden mit" (bᵉlibbō "mit sich selbst"?). Vor allem: die beiden einzigen Vergleichsstellen zu lō'-kēn + Subj. (Ps 1,4ⁿᵉ u. Ijob 9,35) stehen in weisheitlichen Texten.

7.35 Desgleichen bestehen verschiedene sprachliche Beziehungen zum dtrGW[1] sowie zu den späteren Propheten[2]

7.36 Erwähnenswert ist auch das 16-malige Vorkommen von qr' + Akk. d. Pers. in den Psalmen. Nach A. Deißler sind die betr. Psalmen alle nachexilisch; Ps 91, 119 u. 141 sind außerdem weisheitlich geprägt.

7.37 Schließlich ist noch zu beachten, daß das haraq 'ak V.2aα, das pæ 'æl-pæ V.8aα, šit ḥatā'ā ᶜal V.11bß sowie bēt Jhwh = Israel (sonst immer = "Jahweheiligtum, Jahwetempel"!) singulär sind.

7.38 Zusammenfassend ist zu sagen: Der sprachlich-stilistische Befund spricht nicht für eine Zugehörigkeit von Num 12(B)

---

1) (7x (von 13x) ᶜmd + adv. Akk. d. Ortes, 6x qr' + Akk. d. Pers., 5x 'al-nā' + Imperf. (Prohibitiv), 2x šmᶜ + nā' (=Aufforderung zum Hören als Einleitung einer Rede), 3x (oder öfter?) dᵉbārīm für ein einzelnes Gotteswort, 1x mar'ā)

2) Je 1x dbr pi. + bᵉ (= "mit") und ḥīdā bei Hab; 15x die Form dᵉbāraj/dᵉbāraj auf (allerdings mehrere) Jahweworte bezogen, je 4x pit'ōm sowie der Imper. von sm (zu Beginn einer Rede) und 1x 'al-nā' + Imperf. (Prohibitiv) bei Jer; 9x mar'a (Hierbei ist das 6x vorkommende singularische mr'h in Ez 8,4; 11,24 (2x) u. 34,4 (3x) entsprechend dem Plur. mar'ōt in Ex 1,1; 8,3 u. 40,2 - aber entgegen der masoretischen Punktation - als mar'ā vokalisiert), 2x Imper. von šmᶜ als Redeeinleitung und je 1x md + Akk. d. Ortes sowie hīda (+ māsāl) bei Ez; 9x qr' + Akk. d. Pers. bei Jesˢᵉᵏ + Jes II + Jes III; 1x der Imper. von šmᶜ am Beginn einer Rede bei Jes III und Sach; 3x mar'ā bei Dan.

zu einer der alten Pt-Quellen[1]. Die Beziehungen zum weisheitlichen Milieu, zum dtrGW und zu den späteren Propheten weisen in eine späte Entstehungszeit.

7.4 Ergebnis

Die Erzählung Num 12(B) ist nicht nur nach-jahwistisch[2] und nach-elohistisch. Aufgrund des hochentwickelten Mosebildes (Mose = Über-Prophet; vgl. auch die Überlegungen zum "Sitz im Leben")[3] und des sprachlichen Befundes kann Num 12(B) auch wohl nicht mehr als vorexilisch gelten.

8. Die Gestalt des Aaron

8.1 Ursprünglichkeit

Unzweifelhaft ist Aaron ein genuiner Bestandteil der Erzählung Num 12(B). M.W. gibt es keinen einzige Exegeten, der das infragestellt: Jene, die in Num 12 nicht zwei Erzählungsfäden erkennen, sondern die VV.2-8(9) für eine sek Erweiterung der originalen Mirjam-Erzählung halten, sehen Aaron eben als integrierenden Teil der VV.2-8(9) an (die ja den Kern der Erzählung Num 12(B) ausmachen) - wobei manche Aaron übrigens außerdem in der Grunderzählung verwurzelt sehen, nämlich als der, der Mirjams Aussatz feststellt und sich fürbittend an Mose wendet[4].

---

1) Vgl. L. PERLITT: "Num 12,6-8 sperrt sich ebenso wie sein hinführender Kontext schul- oder quellenmäßiger Fixierung" (EvTh 31 [N.F. 26] (1971), 594 f, Anm. 26).

2) Vgl. W. RUDOLPH: "A - das ist mit geringen Abweichungen unsere Erzählung B - hat nichts mit J zu tun" ("Elohist", 72).

3) Vgl. J.M. SCHMIDTs Bemerkung, das Mosebild von Num 12 sei "in einem Maße vollendet, wie es im ganzen AT nicht wieder begegnet" (Aaron u. Mose, G 29). L. PERLITT sagt über den Mose von Num 12,6-8: "Er ist so über alles Maß hinausgewachsen, daß der Ehrentitel Prophet seine Größe nur an den unteren Rändern zu markieren vermag. Ebendarum heißt er nicht Prophet, sondern Jahweknecht" (EvTh 31 N.F. 26 (1971), 596).

4) Vgl. z.B. B. BAENTSCH, Ex-Lev-Num, 511; M. NOTH, ÜPt, 139 f.197 u. Num, 86; A.H.J. GUNNEWEG, Leviten, 83 f; A. CODY, Priesthood, 150; L. SABOURIN, Priesthood, 122 f. Nach G. WESTPHAL ist auch Aarons Beteiligung an der Auflehnungs Mirjams gegen Mose von Anfang an Bestandteil der Überlieferung gewesen (vgl. ZAW 26 (1906), 210).

8.2 Aarons Funktion und Bedeutung

Nicht ganz so einhellig ist die Meinung der Exegeten darüber, was der Aaron von Num 12 denn darstellt.

Der überwiegende Teil der Forscher erkennt in dem Aaron von Num 12 einen Propheten[1], freilich: es bringt sie in Verlegenheit[2]; denn von einem Prophetentum des Aaron ist uns sonst nichts bekannt - im Unterschied zu Mirjam, die in Ex 15,20 "Prophetin" genannt wird[3]. So glaubt denn auch eine Reihe von Exegeten aufgrund von textübergreifenden Überlegungen annehmen zu können oder gar zu müssen, auch der Aaron von Num 12 sei eine priesterliche Gestalt, so E. MEYER[4], R. SMEND(?)[5], J. PEDERSEN[6], G. FOHRER[7], G.W. COATS[8], A.H.J. GUNNEWEG[9]. H. GRESSMANN[10]

1) So z.B. G. WESTPHAL, ZAW 26 (1906), 209; H. GRESSMANN, Mose, 268
2) Vgl. G. WESTPHAL, ZAW 26 (1906), 209; G.W. COATS, Rebellion, 263
3) B. BAENTSCH meint zwar: "Dafür, daß auch Aharon Worte Jahwes gehört habe, kann man sich zur Not auf Ex 4,27 (E) berufen" (Ex-Lev-Num, 512). Aber abgesehen davon, daß man Num 12(B) aller Wahrscheinlichkeit nach früher datieren muß als Ex 4,27, kann man Aarons Instruktion durch Jahwe gewiß nicht so hoch einstufen, wie BAENTSCH es tut. Denn sie hat in Ex 4 eine rein erzähltechnische Funktion.
4) Israeliten, 94
5) Hexateuch, 191
6) Israel III, 192
7) ZAW 73 (1961), 14
8) Rebellion, 263
9) Leviten, 83
10) Mose, 268 ff. "Da Mose später zweiffellos als Prophet oder, wie wir hier hören, als einzigartiger Prophet gedacht wurde, so war es unter dieser Voraussetzung naturgemäß, den Gegensatz zwischen beiden Parteien auf das prophetische Gebiet zu verlegen" (268). Gegen GRESSMANNs Ansicht ist folgendes einzuwenden: 1. Es ist höchst unwahrscheinlich, daß Priesterliches und Prophetisches so "mir nicht, dir nichts" ausgetauscht worden sind. 2. Von einem Priestertum der Frau ist im ganzen Alten Testament nichts auch nur angedeutet. (Bzgl. Mirjam vgl. auch das "Mirjam, die Prophetin" in Ex 15,20. Allerdings ist noch zu untersuchen, ob dieser Ausdruck nicht aus Num 12 abgeleitet ist.) 3. Daß in Num 12 der Prophetentitel vermieden wird, und daß es nur äußerst wenige Stellen gibt, an denen Mose als Prophet bezeichnet wird, zeigt an, daß Moses universale heilsgeschichtliche Funktion durch den nabī'-Titel eben nicht adäquat zum Ausdruck gebracht werden konnte.

sieht gar auch in Mirjam eine Priesterin. Der Text selbst liefert für ein solches Aaronbild keinen Anhalt. A.H.J. GUNNEWEG[1] meint zwar in Aarons Bitte V.11 f ein kultisch-priesterliches Moment zu entdecken. Aber 1. ist Aarons Bitte nicht an Gott, sondern an Mose gerichtet - was schon A. CODY[2] GUNNEWEG entgegengehalten hat, 2. ist V.11 keine reine Fürbitte, da Aaron mitgesündigt hat und somit auch für sich selbst bittet,3. kann V.12 (der sowieso nicht zu Num 12(B) zu rechnen ist) in seinem ursprünglichen Sinn nicht einmal als Bitte um Fürsprache interpretiert werden[3]. Das weitere Argument, das GUNNEWEG anführt, nämlich die Feststellung des Aussatzes durch Aaron, ist in diesem Zusammenhang gegenstandslos, weil V.10b nicht zur Erzählung B gehört und auch nicht zur Erzählung A, also sek ist.[4]

J.M. SCHMIDT sucht eine ausgleichende Position einzunehmen: In der Grundüberlieferung von Num 12 hat Aaron nach seiner Meinung (noch) eine priesterliche Funktion ("im weitesten Sinne"[5]) ausgeübt. Dies priesterliche Aaronbild sei aber "stark umgebildet" worden, so daß Aaron "in der letzten Fassung nur noch in die Reihe der 'nebiim'" gehöre[6]. SCHMIDTs Harmonisierungsversuch überzeugt jedoch nicht.

Mit der vorwurfsvollen Frage von Aaron und Mirjam "Hat Jahwe etwa einzig und allein mit Mose gesprochen? Hat er denn nicht auch mit uns gesprochen?" assoziiert der unbefangene Leser, der noch nichts von Aaron und Mirjam weiß, nicht "Priestertum", sondern "Prophetentum", und dieser Eindruck ist völlig richtig: Aaron erscheint in Num 12 als prophetische Gestalt[7].

---

1) Leviten, 84
2) Priesthood, 150
3) Vgl. die Literarkritik zu V.12, S. 333 f
4) Vgl. die Redaktionskritik, S. 344 f
5) Aaron u. Mose, G 33
6) Ders., G 35
7) J. PEDERSEN (Israel III, 191 f) sieht demgegenüber zwar in Mirjam die Propheten, in Aaron aber die Priester dargestellt: "... it is meant to show that Moses is a person quite apart raised above the priests and the prophets of Israel" (ders., 192).

Die eigentliche Aussageintention von Num 12(B) ist nun aber nicht Aarons (und Mirjams) Prophetentum, dies wird vorausgesetzt und implizit bestätigt. Was also will der Verfasser von Num 12(B) über den Propheten Aaron (und die Prophetin Mirjam) aussagen?

Macht sich - wie A.H.J. GUNNEWEG annimmt - in den (nach seiner Meinung sek) VV.2-8 "eine antiaaronidische Polemik"[1] Luft? Ist die Jahwerede Num 12,6-8 richtig interpretiert, wenn man - wie H. SCHMID es tut - von einem "Sieg"[2] des Mose über Aaron spricht?

Man kann mit Recht fragen: Warum wird dann nicht auch Aaron mit Aussatz geschlagen? Es wäre "doch für einen Bearbeiter nichts leichter gewesen ..., als auch Aaron mit aussätzig werden zu lassen"[3]. Hiergegen läßt sich allerdings einwenden, daß es sehr verwunderlich wäre, wenn die (Jerusalemer) Priesterschaft diesen ehrenrührigen Zug nicht ausgemerzt hätte, nachdem Aaron zu ihrem Ahnherrn aufgestiegen war[4].

Um zu einem sachgemäßen Urteil zu kommen, ist es nötig, folgendes mitzuberücksichtigen: 1. Die entscheidenden VV. sind ohne Zweifel 6-8, also die Jahwerede, in der die Unvergleichlichkeit des (Über-)Propheten Mose herausgestellt wird. Jahwe richtet sein Wort aber nicht nur an Aaron, sondern auch an Mirjam.

Man beachte, wie GUNNEWEG und SCHMID fast ganz auf eine Polemik gegen Aaron abheben und Mirjam - bewußt oder unbewußt - fast ganz ausblenden. So redet z.B. auch W. RUDOLPH nur von einer "Spitze gegen Aaron"[5]. RUDOLPH und SCHMID fühlen sich in ihrer Interpretation durch andere Texte bestätigt, RUDOLPH durch Ex 32, SCHMID durch Ex 4,16 (wo Aaron s.E. "zu Moses Mund degradiert"[6] wird!).

2. Nachdem oben klargestellt worden ist, daß Aaron hier nicht als Priester in Erscheinung tritt, kann hinter Num 12(B) nicht eine Auseinandersetzung innnerhalb der israelitischen Priesterschaft stehen. Dann aber weiß man nicht mehr so recht, was eine "Degradierung"[7] Aarons denn beinhalten solle. Wie weit geht

---

1) Leviten, 83
2) Mose, 86
3) G. WESTPHAL, ZAW 26 (1906), 210. A.H.J. GUNNEWEG macht sich übrigens dies Argument WESTPHALs zu eigen (vgl. Leviten, 83).
4) Vgl. R. SMEND (?), Hexateuch, 191; W. RUDOLPH, "Elohist", 73 (Nach ihm hat schon der Kompilator der beiden Erzählungen die Entlastung Aarons vorgenommen!); H. CAZELLES, Les Nombres, in: La Bible de Jérusalem, 175, Anm. e
5) "Elohist", 72
6) Mose, 86
7) Ebd.

überhaupt das Interesse des Autors an Aaron und an Mirjam? Repräsentieren die beiden Namen je eine Gruppe? Oder ist Mirjam als historische Einzelpersönlichkeit und Aaron als Eponym einer Gruppe zu sehen? Oder aber stehen beide gemeinsam für eine bestimmte Gruppe?

Wie schon in der Gattungskritik ausgeführt wurde, macht das 'im-jihjæ nābī' bākæm (= "Wenn ein Prophet unter euch ist ...") V.6b am Anfang der Jahwerede zur Genüge deutlich, daß es in Num 12(B) nicht um eine spezielle Abgrenzung des Mose von Aaron und von Mirjam geht, sondern um seine generelle Abhebung von den (anderen) Propheten.

Ob der Verfasser von Num 12(B) Mirjam nicht nur deswegen als handelnde Person hat auftreten lassen, weil sie in der ihm vorliegenden Überlieferung (vgl. Ex 15,20 f) als Prophetin galt und überdies die einzige Prophetengestalt innerhalb der Mosegeschichten war? Damit könnte man Mirjams Vorkommen in Num 12(B) in der Tat hinreichend begründen.

Was aber könnte den Autor von Num 12(B) veranlaßt haben, Aaron mitagieren zu lassen, wo über sein Prophet-Sein doch nirgendwo etwas verlautet? Nun, wenn es dem alttestamentlichen Schriftsteller um eine grundsätzliche Stellungnahme zu dem Verhältnis Mose - Propheten ging, war es ratsam, eine Mehrzahl von Propheten auftreten zu lassen. Er mußte der Prophetin Mirjam also wenigstens noch einen (männlichen) Kollegen zur Seite stellen. In den alten Mosesagen gab es aber nur ganz wenige namentlich genannte Israeliten, nämlich Aaron, Hur und Josua[1)] (vgl. Ex 17), Kaleb (vgl. Num 13 f), Datan und Abiram (vgl. Num 16)[2)]. Es bestand also nur eine geringe Auswahlmöglichkeit.

Warum der alttestamentliche Schriftsteller gerade auf Aaron zu-

---

1) Josua als Feldherr (Ex 17,9.13)! Dagegen beruhen der Mose-Nachfolger Josua (Ex 17,14), der Heiligtumswächter (Ex 33,11b) und wahrscheinlich auch der Mosediener (Ex 24,13; 32,17), auf späterer Eintragung. Welche dieser Stellen dem Verfasser von Num 12(B) schon vorlagen, ist schwer zu sagen, spielt hier aber auch keine Rolle.

2) An sich wären hier noch Nadab und Abihu aus Ex 24,1.9 zu nennen. Aber im folgenden Kapitel wird sich bei der Besprechung von Ex 24,1a.9-11 herausstellen, daß Nadabs und Abihus Erwähnung in diesem Text sek Natur ist.

rückgegriffen hat? Nun, von den genannten Männern (von denen, wie gesagt, keiner ein Prophet war) kam Josua als Feldherr von vornherein nicht infrage; aus ähnlichem Grund empfahl sich auch der bei der Kundschafter-Aktion in Num 13 f in Erscheinung tretende Kaleb, der Stammvater der Kalebiter, nicht. Die Aufrührer Datan und Abiram aus der Murrgeschichte Num 16 eigneten sich noch weniger, um der Prophetin Mirjam beigesellt zu werden. So blieben nur Aaron und Hur übrig, zwei Männer, die nach der Überlieferung (vgl. Ex 17,*8-13) offenbar beide zur engeren Umgebung des Mose gehörten. Warum der Autor von Num 12(B) Aaron und nicht Hur nahm[1], wird wohl niemals geklärt werden können. Das ist aber auch gar nicht so wichtig.

Entscheidend ist dies: Die Gestalt des Propheten Aaron ist höchstwahrscheinlich aus einem erzähltechnischen Bedürfnis geboren worden[2]. Neben der Tatsache, daß Aaron weder vor noch nach Num 12 als Prophet in Erscheinung tritt, scheint mir auch die Farblosigkeit, in der Aaron in Num 12(B) verbleibt, für diese These zu sprechen. Was für unser Thema von besonderem Belang ist: Diese These impliziert, daß Aaron noch nicht als Priester galt. Denn sonst hätte der Verfasser ihn nicht ohne Titelangabe der zweifellos als Prophetin geltenden Mirjam zur Seite stellen können. Oder vielmehr: Der Autor hätte gewiß auf die Gestalt des Hur zurückgegriffen.

8.3 Aarons Herkunft

Das Ergebnis zu Kapitel 9 (Zeitliche Einordnung) sowie das soeben unter Nr. 8.2 Gesagte nötigen zu dem Schluß, daß Num 12(B) uns keinen Aufschluß über die Herkunft Aarons zu geben vermag.

---

1) Ob der Autor vielleicht deswegen Aaron dem Hur vorgezogen hat, weil er aus Ex 15,20 wußte, daß Aaron Mirjams Bruder war?

2) Vgl. M. NOTH, Num, 84: "Wurde er vielleicht nur im hiesigen Zusammenhang als männlicher Partner Mirjam beigesellt, weil ... er als eine bekannte Gestalt aus der Umgebung Moses für diese Rolle geeignet war?"

5. Kapitel

Ex 5,1.4.20; 12,31; 15,20;
18,12; 19,24; 24,1.9; 24,14

1. Ex 5,1.4.20

1.1 Literar- und quellenkritische Überlegungen

1.11 Ex 5 handelt von Moses erstem Gang zum Pharao. Gemäß V.1.4.20 ist Aaron dabei Moses Begleiter.

Die dreimalige Anfügung des Namens Aarons an den des Mose durch ein "und" zeigt an, daß Aaron in der Erzählung Ex 5 keine eigenständige, d.h. keine echte Funktion ausübt. Wir finden hier also dasselbe Phänomen vor wie im Plagenzyklus und vermuten hinter dem "und Aaron" darum dieselbe Hand, die im Plagenzyklus interpolierend tätig war.

Ein erstes Indiz für die vermutete sek Einfügung Aarons ist die 1. Pers. Sing. in Moses Mund bei seinem Rückverweis auf den Gang zum Pharao:"Seit ich zum Pharao gegangen bin, ..." (Ex 5,23).

Ein weiteres Indiz ist der Vokativ "Mose und Aaron" in der Frage des Pharao "Warum ... haltet ihr das Volk von seiner Arbeit ab?" (Es 5,4). Diese gekünstelt wirkende und im hebräischen Erzählstil ganz ungebräuchliche[1] ausdrückliche Anrede der Gesprächspartner durch den Pharao hat sicherlich im Grundtext der literarisch uneinheitlichen Erzählung Ex 5 keine Vorgängerin gehabt. Sie wirkt hier zu gewollt, als daß man sie noch als Stileigentümlichkeit ansehen könnte. Vielmehr dürfte sie nachträglich in die Antwort des Pharao hineingezwängt worden sein, um dadurch Aaron zur Geltung zu bringen.

Danach wäre in Ex 5 ursprünglich also Mose allein der Gesprächspartner des Pharao gewesen.

Damit ist anscheinend auch für Ex 5 der sek Charakter der Aaron-Erwähnungen aufgewiesen.

1.12 Aber die These, daß Mose in Ex 5 ursprünglich der allein Handelnde war und daß Aaron ihm nachträglich beigesellt wurde, scheint durch andere Beobachtungen am Text infragegestellt zu werden:

---

1) Nach den Regeln des hebr. Erzählstils pflegt im Verlauf eines Dialogs die Gegenseite nicht genannt zu werden. Geschieht das ausnahmsweise doch einmal, so liegt dafür ein ganz besonderer Grund vor.

Verschiedene inhaltliche und sprachliche Momente weisen auf eine literarische Zusammengesetztheit, die von den meisten Exegeten als Doppelfädigkeit (J + E) ausgelegt wird. Dabei wird V.1 (einschließlich Aaron!) vielfach dem E zugeteilt[1], V.4 ohne "Mose und Aaron" (bzw. mit "Mose und ihr Ältesten"; vgl. weiter unten) und V.20 ohne "und Aaron" (bzw. mit "Mose und die Ältesten") meist dem J[2]. Das ist auch O. EISSFELDTs Auffassung[3].

Die Mehrzahl der in den Anmerkungen zitierten Kommentatoren sieht dementsprechend Aaron in der E-Version von Ex 5 verwurzelt, so daß er nur innerhalb des J-Anteils nachträglich, nämlich bei der Vereinigung von J und E, eingesetzt worden sei.

Im übrigen nehmen viele Exegeten selbst für die originale J-Version keine singularische Fassung (Mose) an, sie sehen hier vielmehr Mose zusammen mit den Ältesten agieren - gemäß Ex 3,18J ("... und du sollst mit den Ältesten Israels zum König von Ägypten gehen ...!"). D.h.: R^{JE} hätte zwei pluralische Versionen - eine Mose-Aaron- und eine Mose-Ältesten-Version - miteinander vereinigt. Die J-Version wäre im Zuge der Kompilierung vom Je dahingehend an die E-Version angeglichen worden, daß der in V.1(E) vorhandene Aaron in V.4. 20 (J) an die Stelle der Ältesten getreten wäre.

---

1) Vgl. H.L. STRACK, Gen-Ex-Lev-Num, 177 (auch V.4 u. 20 = E); B. BAENTSCH, Ex-Lev-Num, 37 f (auch V.4 = E); R. SMEND sr., Hexateuch, 123; S.R. DRIVER, Ex, 34; R. KITTEL, Geschichte, 322; G. BEER, Ex, 3; G. HÖLSCHER, Geschichtsschreibung, 298; G. FOHRER, Ex 56 f u. 124; G. te STROETE, Ex, 58. A. DILLMANN (Ex-Lev, 48), H. GRESSMANN (Anfänge, 40 f) u. C.A. SIMPSON (Traditions, 169, 372 u. 616) klammern dabei aber Aaron aus (nach SIMPSON = E^2). O. PROCKSCH (Elohimquelle, 69) setzt V.1 (u. 4) auf das Konto von E^2.
2) Vgl. J. WELLHAUSEN, Composition, 72 (statt "Aaron": "die (bzw. ihr) Ältesten", auch in V.1); H. HOLZINGER, Ex, XV u. 17 (ohne Aaron); B. BAENTSCH, Ex-Lev-Num, 41 (nur V.20 - ohne Aaron, mit den Ältesten); O. PROCKSCH, Elohimquelle, 69 (nur V.20 - ohne Aaron; aber V.4 (ohne Aaron, mit den Ältesten) =E); R. SMEND sr., Hexateuch, 123 (J^2 "die Ältesten" statt "Aaron"); H. GRESSMANN, Anfänge, 35 u. 43 (nur V.4; "nach dem J gehen Mose und die Ältesten ... zum Pharao" (43). Die Anrede "Mose und Aaron" ist in V.4 aber als ganze nachträglich eingefügt worden.); S.R. DRIVER, Ex, 38 (V.4 aber = E; vgl. 35); W. RUDOLPH, "Elohist", 15 u. 274 (auch V.1 = J); G. BEER, Ex, 38 f (J^2; V.20 ohne Aaron. In V.4 sind "Mose und Aaron aus E, zur Angleichung an 1, ... eingesetzt" (40)); G. HÖLSCHER, Geschichtsschreibung, 298; G. FOHRER, Ex 56 u. 124 (V.4 ohne "Mose und Aaron"); M. NOTH, ÜPt, 32 u. Ex, 34 f, 38-41 (V.4 evtl. = E; Aaron in V.20 sek., Mose und Aaron in V.4; auch V.1 (ohne Aaron) = J); G. te STROETE, Ex, 58 (V.4 wahrscheinlich =E); E. ZENGER, Ex-Übersetzung (V.4 ohne Aaron; V.20 = Je).
3) Vgl. HexSyn, 116*f

Diese quellenkritische Position steht der oben geäußerten Auffassung vom durchgehend sek Charakter der Aaron-Vorkommen in Ex 5 entgegen. Aber die Zweifädigkeit von Ex 5 läßt sich nicht halten:

Zunächst einmal ist darauf hinzuweisen, daß der o.g. singularische V.23a (E[1]) mit der angeblich elohistischen Mose-Aaron-Konzeption der genannten Kommentatoren kollidiert: So kann Mose nicht sprechen, wenn tatsächlich beide zusammen beim Pharao waren. Schon die voraufgehende Frage des Mose "Warum hast du mich gesandt?" (V.22b (E) läßt sich nicht mit der Vorstellung vereinbaren, daß Mose und Aaron von Jahwe beauftragt sind.

Rechnet man andererseits V.23a zur jahwistischen Erzählung, wie es meist geschieht[2], so scheint es nicht unmöglich zu sein, den singularisch gehaltenen V.23 dem übrigen Teil der (in V.3 beginnenden) J-Erzählung zuzurechnen. Denn da gilt Mose ja doch als der Anführer (der Ältesten) und ist dementsprechend auch als der Wortführer anzusehen, so daß der betr. Autor ihn am Ende durchaus sagen lassen kann: "Seit ich zum Pharao gegangen bin, ..." Ein ganz gutes Gefühl hat der kritische Exeget dabei jedoch nicht. Und in der Tat führen weitere Überlegungen zu der Erkenntnis, daß die J-Erzählung in sich mehrschichtig ist:

M. NOTH hat nämlich darauf aufmerksam gemacht, daß Mose in Ex 5 einerseits als handelnde Person auftritt, andererseits aber "in den Verhandlungen mit dem Pharao ... in seltsamer Weise zurücktritt"[3]. Im Unterschied zum Plagenzyklus treten hier die israelitischen Aufseher in Aktion. Sie bringen ihre Beschwerden selbständig vor den Pharao (vgl. V.15 f), während Mose draußen auf sie wartet. NOTH wertet diese Beobachtung nun dahingehend aus, daß er Mose ganz aus der Überlieferung von Ex 5,3 ff heraus-

---

1) HexSyn, 117*. So auch A. DILLMANN, Ex-Lev, 48.51 f; R. SMEND sr., Hexateuch, 124

2) J. WELLHAUSEN, Composition, 72; H. HOLZINGER, Ex, XV u. 17; B. BAENTSCH, Ex-Lev-Num, 42; O. PROCKSCH, Elohimquelle, 69; H. GRESSMANN, Anfänge, 36; S.R. DRIVER, Ex, 38; W. RUDOLPH, "Elohist", 17 u. 124; G. BEER, Ex, 39 f; G. HÖLSCHER, Geschichtsschreibung, 298; G. FOHRER, Ex, 57 u. 124; G. te STROETE, Ex, 58

3) Ex, 38

hält[1] - wie es seiner Auffassung von der prinzipiell sek Beziehung des Mose zum Komplex "Herausführung aus Ägypten"[2] entspricht. NOTHs Schlußfolgerung ist aber keineswegs zwingend, wie schon R. SMEND jr.[3] festgestellt hat. Dieser versteht das Phänomen, daß Mose in der Erzählung anfänglich ganz zurücktritt, als ein Stilmittel, das die Spannung erhöht. Er vertritt unter Hinweis auf 1 Kön 12 (wo der "Held" Jerobeam in einer vergleichbaren Situation zunächst ganz im Hintergrund der Erzählung verbleibt) die Meinung, Mose gehöre einfach deswegen nicht in die Verhandlungen mit dem Pharao hinein, weil der "Held" in der Regel erst dann "aus seiner Verborgenheit heraustritt", wenn "die allgemeine Notlage es nötig macht"[4].

Ich glaube allerdings im Unterschied zu NOTH und SMEND nicht, daß Mose nach der ursprünglichen Fassung der Erzählung bei der ersten Begegnung mit dem Pharao (vgl. Ex 5,3-5) überhaupt nicht mitagiert hätte. Mit Recht hat J.M. SCHMIDT[5] gegenüber M. NOTH (dem er im allgemeinen sehr weitgehend zu folgen pflegt[6]) darauf hingewiesen, daß die Aufforderung in Ex 5,3 einen Einzelnen als Sprecher erforderlich mache. Als diesen Einzelnen, der die Worte von V.3 ursprünglich an den Pharao gerichtet hat, sehe ich nun freilich nicht - wie SCHMIDT[7] es tut - Aaron an, sondern Mose. Mose wäre demnach, wie ja auch weitgehend angenommen wird, zusammen mit weiteren Repräsentanten des israelitischen Volkes - also wohl gemäß Ex 3,18 mit den Ältesten - beim Pharao vorstellig geworden[8]. (Die Ältesten wäre umgekehrt dann auch wohl für

1) V.20 ff, wo Mose offenbar fest verankert ist, trennt NOTH quellenmäßig von V.3-19ab.
2) Vgl. ÜPt, 178-180
3) Jahwekrieg und Stämmebund. Erwägungen zur ältesten Geschichte Israels, Göttingen 1963 (FRLANT 84), 91 f
4) Ders., 91
5) Vgl. Aaron u. Mose, B 8
6) Vgl. vor allem SCHMIDTs Vorbemerkungen zu seiner Dissertation "Aaron u. Mose" (S. 2) sowie die Seite I 42!
7) Vgl. ders., B 11 ff
8) Vgl. J. WELLHAUSEN, Composition, 72; B. BAENTSCH, Ex-Lev-Num, 41; O. PROCKSCH, Elohimquelle, 69; R. SMEND sr., Hexateuch, 123; H. GRESSMANN, Anfänge, 43 f; G. BEER, Ex, 39 f; C.A. SIMPSON, Traditions, 169; G. FOHRER, Ex, 56

V.20 f als Mitanwesende zu denken.) Daß dann nach dem negativen Ergebnis dieses Besuches beim Pharao (Erschwerung der Fronarbeit) die israelitischen Aufseher selber beim Pharao Beschwerde einlegen, läßt sich aus der Situation heraus gut verstehen. Aus diesem Zug der Erzählung, daß Mose nicht die alles beherrschende, d.h. alle anderen Personen an den Rand drängende Figur ist, wird man herauslesen dürfen, daß hier ein Überlieferungsstück erhalten ist, das zeitlich vor dem reichlich stark schematisierenden, ganz und gar auf die zwei Pole Mose (als Sprecher Jahwes) und Pharao (als Widerpart Jahwes) abhebenden J-Plagenzyklus anzusetzen ist. Die ursprüngliche Fassung von Ex 5 wäre dann später unter dem Einfluß des J-Plagenzyklus stärker auf Mose als den Repräsentanten Jahwes gegenüber dem Pharao hin akzentuiert worden. Bei dieser Gelegenheit wären die VV.1 (ohne Aaron).2.23 und vielleicht auch V.22b zum Originaltext von Ex 5 hinzugekommen. Das aber bedeutet:

1.2 Ergebnis

1.21 Auch die VV.1 f sind nicht etwa Teil einer E-Version von Ex 5. Die vielfach als Parallelen zu V.4 bzw. V.7 f angesehenen VV.5 bzw. 9 (die aber keine echten Parallelen sind[1]) wären das einzige, was von einem möglichen E-Faden noch übrig bliebe. Daß sie aber keine E-Version konstituieren können, liegt auf der Hand.

So ist den Forschern recht zu geben, die in Ex 5 mit einem Grundtext rechnen, der entsprechende Erweiterungen erfahren hat[2]. Diese Position wird neuerdings auch von E. ZENGER eingenommen[3].

---

1) Vgl. E. ZENGER (Ex-Übersetzung, 7), der in V.8a u. 9 je eine jehowistische Texterweiterung erkennt.

2) Vgl. u.a. A. DILLMANN, Ex-Lev, 48.52 (Ex 5 = E mit Erweiterungen des Redaktors aus J. DILLMANN hält Ex 3,18 f für elohistisch!); M. NOTH, Ex, 40 f; B.S. CHILDS (Ex, 84) wagt sich nicht definitiv zu entscheiden, neigt aber eher der Erweiterungsthese zu. - Übrigens hält W. RUDOLPH die ganze Erzählung ohne Abstriche für das Werk des J!

3) Vgl. ZENGERs Ex-Übersetzung, 6-8. Im Detail unterscheidet ZENGERs quellenkritische Auffassung von Ex 5 sich allerdings ziemlich stark von der meinigen.

Nach ZENGER ist die jahwistische Grunderzählung vom Je erheblich erweitert und umakzentuiert worden. So stammt u.a. auch V.20 vom Je. In V.4 sind Aaron und Mose (!) von anderer Hand eingetragen worden. Hieraus darf man wohl schließen, daß ZENGER NOTHs These, in der Grunderzählung seien ursprünglich die Ältesten ohne Mose die Gesprächspartner des Pharao gewesen, übernommen hat.

1.22 Vor allem impliziert die hier vorgetragene These zur Textgenese von Ex 5, daß Aaron nicht nur in V.4 und V.20, sondern auch in V.1 erst nachträglich eingefügt worden ist. Damit liegt, wie schon vermutet, in allen 3 VV. dasselbe Phänomen vor wie in den (im 2. Kap. der Einleitung besprochenen) "und Aaron"-Vorkommen des Plagenzyklus. Das aber heißt: Nach den bisherigen Einzelergebnissen dieser Untersuchung dürften die 3 Aaron-Zusätze in Ex 5 wie diejenigen im Plagenzyklus bereits jene Bedeutung Aarons voraussetzen, die er erst aufgrund der P besitzt.[1)]

1) J.M. SCHMIDT hat in seiner verschiedentlich zitierten Dissertation "Aaron und Mose" die These vertreten, die Nennung Aarons in Ex 5,4J stelle in Verbindung mit dem alten, nach SCHMIDTs Auffassung aus einer südpalästinensischen Kultüberlieferung stammenden Fragment V.3 eine echte "historische Reminiszenz" dar. Nach dieser Überlieferung seien irgendwelche Gruppen "aus kultischen Gründen in bestimmten Abständen in die Wüste" hinausgezogen. Dabei habe natürlich auch ein Priester fungiert. Der Kohortativ in Ex 5,3, der sich in Moses und Aarons Wort an den Pharao eigenartig ausnehme, passe ausgezeichnet in den Mund jenes Priesters. Dieser habe damit ursprünglich wohl die Wüstenwallfahrer "zur Opferreise aufgefordert". Von den beiden in Ex 5 namentlich genannten Personen Mose und Aaron könne am ehesten Aaron jene Aufforderung zur Wallfahrt zugesprochen werden. Aufgrund der voraufgegangenen Besprechung von Ex 4,10-16 ist nämlich Aaron für SCHMIDT eine levitisch-priesterliche Figur, die vermutlich einem südpalästinensischen Kultort zuzuordnen ist. (vgl. ders., A 9 f.16-30). - SCHMIDTs These von der Verwurzelung Aarons in jener alten Überlieferung, die in V.3 noch durchschimmert, ist eine Spekulation, die auf einer schwachen Argumentationsbasis aufruht. - Auf die wichtige Frage, die SCHMIDT sich selbst als Einwand stellt, warum Aaron im jetzigen Textzusammenhang überhaupt noch vorkomme - Aaron hat in Ex 5 keine eigenständige Funktion! -, antwortet er, daß Aaron dem J "bereits aus anderen Überlieferungen als eine gesamtisraelitische Gestalt neben Mose bekannt war" (ders., B 14). Daß Aaron im jGW vorkommt, glaubt SCHMIDT aus der Besprechung von Ex 4, 10-16 zu wissen. Es müßte ihm aber zu denken geben, daß Aaron, der in Ex 4,10-16 noch das größte Interesse des J (nach SCHMIDT!) fand und zu Moses Sprecher gemacht wurde, in Ex 5 von demselben J zu einer völlig funktions- und farblosen Figur abgewertet wird.

2. Ex 12,31

2.1 Der Text

Im 2. Kapitel der Einleitung wurden bereits die Erwähnungen Aarons in den außer-priesterschriftlichen Partien des Plagenzyklus besprochen. Dabei blieb aber eine Stelle ungenannt: Ex 12,31. Dieser V. lautet: (a) wajjiqrā' l^{e}Mōšæ ūl^{e}'ah^{e}rōn laj^{e}lā wajjōmær qūmū s^{e}'ū mittōk ᶜammī gam-'attæm gam b^{e}nē-Jiśrā'ēl (b) ūl^{e}kū ᶜibdū 'æt-Jhwh k^{e}dabbærkæm = "(a) *Und er (= der Pharao) ließ Mose und Aaron in der Nacht rufen und sagte: 'Auf! Zieht fort aus der Mitte meines Volkes, sowohl ihr als auch die Israeliten,* (b) *und geht, dient Jahwe, wie ihr gefordert habt!"*

2.2 Warum Ex 12,31 hier gesondert besprochen wird

Zwar ist der Name Aarons auch in Ex 12,31 wie in Ex 8,4.8.21; 9,27; 10,3.8.16 einfach mit Hilfe der Konjunktion "und" an den Namen des Mose angefügt, so daß sich von vornherein Zweifel an seiner Ursprünglichkeit einstellen, aber Ex 12,31 wird von O. EISSFELDT[1] und einigen anderen Exegeten[2] in Abhebung von den eben genannten Stellen zum E-Faden des Plagenzyklus gerechnet und für ursprünglich gehalten. Und da EISSFELDT[3] und jene anderen Exegeten[4] auch Ex 5,1 einschließlich Aaron als elohistisch ansehen, mußte mit der Möglichkeit gerechnet werden, daß sich in Ex 5,1 und 12,31 eine (fragmentarische) Ex-Überlieferung von einem gemeinsamen Gang von Mose und Aaron zum Pharao erhalten hat.

2.3 Die Erwähnung Aarons in dem vermeintlich elohistischen V. Ex 21,31

Nun hat sich aber herausgestellt, daß Ex 5,1 kein elohistischer V. und Aarons Nennung in ihm sek ist. Nachdem sich so alle "und

---

1) Vgl. HexSyn, 131*
2) Z.B. J. WELLHAUSEN, Composition, 73; O. PROCKSCH, Elohimquelle, 76; R. SMEND sr., Hexateuch, 130 u. 133; G. FOHRER, Ex, 124; B. BAENTSCH, Ex-Lev-Num, 103: E (incl. Aaron)
3) Vgl. HexSyn, 116*
4) Vgl. Anm. 2 sowie unter Nr. 1.12, S. 367 , Anm. 1

Aaron"-Vorkommen im Zusammenhang mit dem Auftreten des Mose vor dem Pharao als sek erwiesen haben, wird der Verdacht genährt, daß Aaron auch in Ex 12,31 nicht ursprünglich ist.

Dieser Verdacht wird bestärkt durch die unerwartete Adresse "sowohl ihr als auch die Israeliten" in der Aufforderung des Pharao "Auf! Zieht fort aus der Mitte meines Volkes ... und geht, dient Jahwe, wie ihr gefordert habt!" Die Anrede von Mose und Aaron mit der sich anschließenden Nennung der Israeliten wirkt gekünstelt und ist eher einem Kompilator zuzutrauen. Daß in den pluralischen Imperativformen ursprünglich nur die Israeliten als Gesamheit angeredet waren, legt auch der Beginn des folgenden V. 32 nahe: "Sowohl euer Kleinvieh als auch euer Großvieh nehmt ...!"

EISSFELDT teilt den zuletzt genannten V.32 zwar - mit Recht - nicht dem E, sondern dem J zu, aber auch der hier zur Diskussion stehende und von EISSFELDT als elohistisch eingestufte V.31 läßt sich nicht in einen elohistischen Erzählungsfaden einordnen: 1. Die darin begegnende Wendung "Jahwe dienen" ist innerhalb des Plagenzyklus dem J-Faden zuzuordnen[1]. 2. die E-Quelle kennt weder in der Berufungsgeschichte des Mose noch in der E-Plagenreihe (7.-9. Plage) einen Gang des Mose (und des Aaron) zum Pharao.[2] Tatsächlich wird Ex 12,31 von einer Reihe von Kommentatoren zur J-Erzählung gezählt[3]. Der V. wäre - selbst ohne die Erwähnung Aarons - ein wunderliches E-Fragment, weil er innerhalb der E-Quelle völlig beziehungslos dastünde. Wenn Ex 12,31 demnach zum J-Plagenzyklus gehört, ist über das Vorkommen Aarons dasselbe Urteil zu fällen wie über die anderen Erwähnungen Aarons in den J-Partien des vorliegenden Plagenzyklus.

2.4 Ergebnis

a) Es besteht also weder ein Anlaß, Ex 12,31 zur E-Plagenreihe zu rechnen (statt zum J-Faden) noch Aaron in diesem V. für ur-

---

1) Vgl. Ex 7,16.26; 8,16; 9,1.13; 10,3.7 f.11.24.26
2) Vgl. S. 54, Anm.1 (Nr. 2.31 im 1. Kap. des Hauptteils)
3) Vgl. z.B. H. HOLZINGER, Ex XVII (ohne Aaron); H. GRESSMANN, Anfänge, 40 (ohne Aaron); R. KITTEL, Geschichte I, 309 (486); M. NOTH, ÜPt, 32 u. Ex, 72.76 (ohne Aaron); J. PLASTARAS, Und rettet sie, 113; G. te STROETE, Ex, 94

sprünglich zu halten. Vielmehr ist die Nennung Aarons in Ex 12,31 in die anderen "und Aaron"-Vorkommen des Plagenzyklus einzureihen und als ein sek Zusatz zu betrachten.

b) Bzgl. der Datierung dieses Zusatzes ist von Bedeutung, daß der V., in den er nachträglich eingefügt wurde, allem Anschein nach mehrschichtig ist. Denn allein das "und geht, dient ...!" V.31b, das in Parallele zu dem "Auf, zieht fort ...!" V.31a steht, entspricht der sonstigen Terminologie des (vor-)jahwistischen Plagenzyklus (vgl. besonders das "Geht, dient ...!" Ex 10,8J!), nicht aber das "Auf, zieht fort ...!"[1] So spricht E. ZENGER nur das "und er ließ Mose rufen ... und sagte: '... geht, dient Jahwe ...!" dem J zu, das Übrige - mit Ausnahme der Erwähnung Aarons - dem Je. Danach ist das "und Aaron" und natürlich auch die Anrede "sowohl ihr als auch die Israeliten" als nach-jehowistisch anzusehen. Dieser terminus post quem fügt sich gut zu der späten Datierung, wie sie für die "und Aaron"-Vorkommen im Plagenzyklus[2] und für jene in Ex 5[3] in Aussicht genommen wurde.

---

1) Das "... zieh fort, du und das ganze Volk!" und "... dann werde ich fortziehen" Ex 11,8 ist nicht jahwistischer Herkunft (vgl. E. ZENGER, Ex-Übersetzung, 16 f; gegen O. EISSFELDT, HexSyn, 128* u. andere). Sonst wird jṣ' vom J stets nur für Moses Weggehen vom Pharao gebraucht.
2) Vgl. das 2. Kap. der Einleitung
3) Vgl. die voraufgehende Besprechung von Ex 5,1.4.20 (Nr. 1.22, S. 371)

3. Ex 15,20

3.1 Die Aussage

In Ex 15,20 f wird erzählt, daß unmittelbar nach dem wunderbaren Durchzug der Israeliten durch das Schilfmeer eine Frau namens Mirjam die Handpauke ergreift und einen Dankeshymnus auf den Rettergott Jahwe anstimmt, wobei alle anwesenden Frauen sich unter Paukenschlägen zum (kultischen) Tanz formieren.

In dieser Textstelle wird Mirjam folgendermaßen beschrieben: Mirjām hann^{e}bīʼā ʼ^{a}ḥōt ʼah^{a}rōn = *"Mirjam, die Prophetin, die Schwester Aarons"* (V.20a).

3.2 Das Bemerkenswerte an Ex 15,20a

Diese Aussage ist aus einem dreifachen Grunde bemerkenswert: 1. weil Mirjam nirgendwo sonst den Titel "Prophetin" trägt, 2. weil sie hier durch Aaron näher bestimmt wird, obwohl von diesem in der bisherigen Exodusgeschichte (abgesehen von den sek Vorkommen) noch gar nicht die Rede war, vor allem 3. weil sie hier - darin sind sich die Exegeten einig - ausschließlich als Aarons und nicht (auch) als Moses Schwester gilt.

3.3 Das Alter des V.

3.31 Das in V.21b folgende Mirjamlied "Singet Jahwe! Ja, hoch erhob er sich! Roß und Reiter warf er ins Meer!" wird allgemein für einen der ältesten Texte der Bibel gehalten[1]. Verschiedene Exegeten sprechen ihm sogar zeitgenössischen Charakter zu[2].

---

1) Vgl. die einzelnen Kommentare z.St.

2) Nach R. SMEND (Jahwekrieg, 79 f) betrachtet man das Mirjamlied Ex 15,21b allgemein als "das einzige Dokument im Pentateuch, dem ein den Ereignissen einigermaßen zeitgenössischer Charakter wohl nirgends abgestritten wird, das also so etwas wie einen unmittelbaren Quellenwert besitzt". Vgl. z.B. M. BUBER, Moses, 88 f; G. FOHRER, Ex, 111; G. te STROETE, Ex, 114

Gegen die Auffassung, das Mirjamlied stelle ein zeitgenössisches Dokument des Schilfmeerereignisses dar, haben neuerdings P. WEIMAR und E. ZENGER[1] mehrere Bedenken geltend gemacht. "Alle diese Bedenken ... legen eher eine Datierung in der Frühzeit Davids nahe"[2].

Die beiden Autoren sehen in dem kleinen Lied einen Ausdruck der Kritik an David, dem "gewiegten Machtpolitiker"[3], der zu seiner Zeit in jenem anderen Lied "Saul hat Tausende geschlagen, David aber Zehntausende!" (1 Sam 18,7b) besungen wurde. Sie meinen: "Vielleicht hat sogar dieses Lied ... den Hymnus Ex 15,21b provoziert"[4]: "Die kritische Gegenposition, die hier aufgebaut wird, besteht darin, daß der Sieg im Krieg ganz allein als Jahwes Sieg aufgefaßt wird"[5].

Die von WEIMAR und ZENGER vertretene Ansicht hat viel für sich. Denn durch diese relative (!) Spätdatierung lassen sich nicht zuletzt die Schwierigkeiten, die sich bei der Frühdatierung ergeben[6], vermeiden. Die betr. Züge lassen sich auf dem Entstehungshintergrund der davidischen Zeit sehr wohl erklären. So die "neue theologische Deutekategorie des Jahwekrieges"[7], unter der das Lied steht. "Die prononcierte Herausstellung von 'Roß und Reiter' wird vor diesem Hintergrund ebenso verständlich wie der merkwürdige Tatbestand, daß die Ägypter als Feinde überhaupt nicht genannt sind, aber auch die mangelnde Anschaulichkeit und Blaßheit in der Darstellung der Vorgänge. Hierin wird man ein bewußt eingesetztes Stilmittel sehen müssen, das es erlaubt, gegenwärtiges Geschehen mit Hilfe der Geschichte kritisch zu deuten."[8].

3.32 Stammt also das Mirjamlied aus der Frühzeit Davids, so kann die erzählerische Einleitung V.20.21a natürlich nicht schon aus vordavidischer Zeit stammen. Wenn das Mirjamlied, wie WEIMAR und ZENGER annehmen, ein ursprünglich selbständiges Überlieferungselement darstellt, das in die Exodusgeschichte rezipiert

---

1) Exodus, Geschichten und Geschichte, 80 f
2) Dieselben, 81
3) Dieselben, 82
4) Dieselben, 84
5) Dieselben, 83
6) Vgl. Anm. 1
7) Ebd.
8) Ebd.

wurde, dann müssen die einleitenden VV.20.21a, die das Lied in die Exodusgeschichte einbinden, notwendig jünger sein als das Lied selbst. Immerhin datieren die genannten Autoren Ex 15,20.21a noch in die David-Zeit: Nach ihnen ist es bereits der Verfasser der vor-jahwistischen Exodusgeschichte, der das Mirjamlied aufgegriffen und es mit einer entsprechenden erzählerischen Einleitung versehen hat; für die vor-jahwistische Exodusgeschichte ist an "die spätere Zeit der Herrschaft Davids"[1] zu denken.

3.4 Sind die Appositionen zum Namen Mirjams originaler Bestandteil von Ex 15,20?

Es gilt nun, Mirjams Kennzeichnung in Ex 15,20 in Augenschein zu nehmen und zu untersuchen, ob die Doppelapposition "die Prophetin, die Schwester Aarons" überhaupt ein originaler Bestandteil des Textes ist oder ob nicht wenigstens eine der beiden Appositionen erst nachträglich eingefügt wurde.

3.41 Wort und Begriff nābī' werden in Israel erst etwa mit Beginn der Königszeit geläufig. Die Bezeichnung der Richterin Debora als eine "prophetische Frau" Ri 4,4 bildet nur scheinbar eine Ausnahme. Wenn Ri 4 f auch gewiß eine alte Tradition zugrundeliegt[2], so hat der vorliegende Bericht, der sich ja innerhalb des dtrGW findet, natürlich nicht schon in der Richterzeit seine jetzige literarische Gestalt gefunden. Immerhin aber steht das 'iššā n^{e}bī'ā näher beim ekstatischen als beim klassischen Prophetentum. Die Richterin und Anführerin der Israeliten im Kampf gegen Sisera, den Feldherrn Jabins, des Königs von Chazor, soll durch diesen Titel gewiß als eine charismatische Persönlichkeit gekennzeichnet werden, die von Jahwe erweckt war (vgl. Ri 4,12a, wo von Deboras "Aufwachen" die Rede ist). Sie trägt diesen Titel jedenfalls nicht, weil sie damit als eine Prophetin im Sinne der klassischen Prophetie hingestellt werden

---

1) Dieselben, 94
2) Über das sog. Debora-Lied Ri 5,2-31 schreibt A. VINCENT (Juges, in: La Bible de Jérusalem, 284, Anm. e): "Le cantique de Débora est l'une des plus anciennes pièces poétiques de la Bible et a été composé peu après les événements".

sollte, und ebensowenig als Sängerin des Liedes Ri 5,2-31, das sie ohnehin zusammen mit Barak vorträgt, und dessen Verfasserin sie von Hause aus nicht ist. Was das letztere betrifft: "die das Lied ... einfügten, haben es anders verstanden und Debora für die Dichterin gehalten"[1]. So könnte dann schließlich dieser Zug, daß eine charismatisch begabte Frau ein Siegeslied auf Jahwe, der die Kriege für Israel führt, anstimmt, den Anlaß gegeben haben, auch Mirjam in Ex 15,20 als Prophetin zu bezeichnen.

Was die formale Seite angeht, so ist zu sagen, daß die Kennzeichnung einer Person in der Form "X, der Prophet" noch nicht in den alten Pt-Quellen begegnet, sondern erst in Hab (2x), Jes^{sek} (3x), Jer (36x), dtrGW (24x), Dan (1x), Hag (3x), Sach (1x), Mal (1x) und chrGW (14x) vorkommt. Wenn man aber beachtet, daß unter den Stellen des dtrGW immerhin auch der V. 1 Sam 22,5 ("Gad, der Prophet") ist, der zur Aufstiegsgeschichte des David gehört und daher möglicherweise sehr alt ist, möchte man an sich die Möglichkeit offenhalten, daß auch die Apposition "die Prophetin" in Ex 15,20 zum Originaltext aus der Davidzeit zu rechnen ist. Doch weisen P. WEIMAR und E. ZENGER darauf hin, daß die Kennzeichnung einer Frau als "Prophetin" sich ausschließlich "in jüngeren Texten"[2] findet - sie nennen außer den schon erwähnten Texten Ri 4,4 und 2 Kön 22,14 // 2 Chron 34,22 noch Jes 8,3 und Neh 6,14[3] -, und sprechen den Propheten-Titel in Ex 15,20 dem Je zu[4]. Wenn man bedenkt, daß das Mirjām hann^{e}bī'ā in Ex 15,20 einerseits wohl das D^{e}bōrā 'išša hann^{e}bī'ā von Ri 4,4 voraussetzt, daß andererseits Num 12(B) wahrscheinlich das Mirjām hann^{e}bī'ā von Ex 15,20 bereits voraussetzt, und daß schließlich hann^{e}bī'ā immerhin schon bei Jes begegnet, ist die zeitliche Ansetzung von WEIMAR und ZENGER tatsächlich das Nächstliegende.

Ergebnis: Die Apposition "die Prophetin" in Ex 15,20 ist kein originaler Bestandteil des vor-jahwistischen Textes, sondern

---

1) H.W. HERTZBERG, Die Bücher Josua, Richter, Ruth, Göttingen 1965 (ATD 9),174
2) Exodus. Geschichten und Geschichte, 85, Anm. 151
3) Vgl. ebd.
4) Dieselben, 85

wahrscheinlich vom Je nachträglich eingefügt worden, wobei die "Prophetin" Debora Pate gestanden hat.

3.42 Kann nun wenigstens die zweite Apposition ("die Schwester Aarons") als ursprünglich betrachtet werden?

a) Bei der Apposition "die Schwester Aarons" in Ex 15,20 scheint es sich um die im Alten Orient übliche Sitte zu handeln, eine Person - statt wie in unserem Kulturraum durch den Familiennamen - durch eine entsprechende genealogische Angabe näher zu bestimmen, um dadurch eine Identifikation zu ermöglichen und eine Verwechslung auszuschließen. Eine derartige Herkunftsangabe pflegte aber in der Anfügung des Vaternamens an den Rufnamen zu bestehen: "X, die Tochter des Y". Nur in seltenen Ausnahmefällen nannte man anstelle des Vaternamens den Namen des Bruders bzw. der Schwester oder des Ehemannes bzw. der Ehefrau. Von den 7 Stellen, an denen sich die Verwandtschaftsbezeichnung in der Form "Name - ʾ^{a}ḥōt - Name" sonst noch findet, steht die Bezugnahme auf den Bruder bzw. die Schwester 6x zusätzlich zu derjenigen auf den Vater: "X, die Tochter des Y, die Schwester des (bzw. der) Z". Nur in 2 Sam 13,4 liegt eine ziemlich genaue[1] Parallele zu Ex 15,20 vor: "Tamar, die Schwester meines Bruders Absalom". Hier entspricht die Nennung des Bruders aber auch den Erwartungen: Die Nennung des Vaters (David) wäre fehl am Platze gewesen; denn Amnon, der hier von Tamar spricht, war eben nur ihr Halbbruder, es hätte dann schon jene von den Frauen Davids genannt werden müssen, die ihm die Tamar geboren hatte, nämlich Maacha. Hinzu kommt aber noch, daß Tamars (Voll-)Bruder Absalom in 2 Sam 13 die Hauptrolle spielt: er ist es, der nachher Amnon aus Rache für die Schändung seiner Schwester umbringt. So ist die Apposition "die Schwester meines Bruders Absalom" nach dem Zusammenhang genau das Richtige. In Ex 15,20 dagegen läßt sich das Motiv für die Nennung des Bruders Aaron (der bisher übrigens noch nicht ge-

---

1) Die Nennung des Bruders (Absalom) steht hier anstelle des Vaters (David). Nur liegt nicht wie in Ex 15,20 eine Doppelapposition vor.

nannt worden ist) aus dem erzählerischen Kontext nicht erkennen.

Werfen wir, um unsere Basis für eine Beurteilung zu erweitern, noch einen Blick auf die Apposition "der Bruder des (bzw. der) Z"! In 4 der 31[1] einschlägigen Stellen kommt die Nennung des Bruders zu der des Vaters hinzu. Uns geht es um die 27 Stellen, in denen die Nennung des Bruders diejenige des Vaters ersetzt: "X, der Bruder des (bzw. der) Z". Hierbei haben wir 6 verschiedene Fälle zu unterscheiden (wovon die Nummern 1,3 u. 4 rein literarischer Art sind):

1. Die Bezugsperson ist eine allgemein bekannte Größe (Abraham: Gen 14,12; 22,13; 24,15; David: 2 Sam 13,3.32; 21,21; 1 Chron 20,7; Joab: 1 Sam 18,2; 23,18.24; 1 Chron 11,20.26; 27,7; Goljat: 1 Chron 20,5; Ikabod Ben Pinchas Ben Eli: 1 Chron 20,5): Außerdem spielt die betr. Person übrigens innerhalb des größeren Erzählungszusammenhanges eine entscheidende Rolle.

2. Die Bezugsperson ist die Mutter der angeredeten oder handelnden Person: "(des Bruders) deiner Mutter" (Gen 28,2); "(des Bruders) seiner Mutter" (Gen 29,10).

3. Die Bezugsperson spielt in der weiteren Erzählung die Hauptrolle: "Benjamin, den Bruder Josefs" (Gen 42,4).

4. Die Bezugsperson wurde unmittelbar vorher genannt (Kaleb: Jos 15,17; Schammai: 1 Chron 2,32; Jerachmeel: 1 Chron 2,42; Micha: 1 Chron 24,25).

5. Der Vater der Person X ist offenbar unbekannt (1 Chron 11,28).

6. Der Grund für die Bezugnahme ist (in zwei Fällen) nicht erkennbar:

α) Schem wird in Gen 10,21 als "der ältere Bruder Jafests" bezeichnet, obwohl Cham, der noch kurz vorher genannt wurde, genausogut sein Bruder ist. Sollte Schem dadurch von Cham, dem schlechten Noach-Sohn (und Vater Kanaans) abgehoben werden? Vgl.

---

1) Gen 29,12 ist hier weggelassen, weil 'āh dort nicht mit (leiblicher) Bruder, sondern mit "naher Verwandter" wiederzugeben ist.

Gen 9,21-27!

ß) Ganz unverständlich ist das "Kelub (= Kaleb), der Bruder des <u>Schucha</u>" in 1 Chron 4,11. Denn die Bezugsperson ist uns völlig unbekannt, der Vater des Kaleb, nämlich Jefunnes, dagegen bekannt.

Nach den 25 anderen Stellen zu urteilen, muß die Nennung des Bruders auch in diesen beiden Stellen eine besondere Funktion gehabt haben, die für uns nicht mehr erkennbar ist.

Will man sich nicht damit begnügen, für die Apposition "die Schwester Aarons" in Ex 15,20 einfach auf die für uns nicht erklärbaren Appositionen in Gen 10,21 und 1 Chron 4,11 zu verweisen (um sich damit von dem Bemühen um eine Erklärung für "die Schwester Aarons" in Ex 15,20 dispensiert zu fühlen), so bieten sich die unter Nr. 1 und 5 aufgeführten Fälle als Möglichkeiten für eine Erklärung an.

Zu Nr. 5: Der vollständige Name der historischen Mirjam muß gelautet haben "Mirjām bat Y". Das Abweichen von der streng genealogischen Form "X, die Tochter des Y" in Ex 15,20 könnte darin begründet sein, daß der Vater der Mirjam nicht mehr bekannt war. Damit stünde die zeitliche Nähe des Autors zur historischen Gestalt der Mirjam infrage, und man könnte es niemandem verübeln, wenn er auch die historische Glaubwürdigkeit der Beziehung Mirjam - Aaron in Zweifel zöge. Das würde bedeuten: Ex 15,20 könnte nicht als zuverlässige Basis für eine Aussage über die Herkunft der Aaron-Gestalt angesehen werden.

Zu Nr. 1: Die andere Möglichkeit ist, daß Mirjams leiblicher Bruder so berühmt war, daß jene schon sehr bald nur noch durch Bezugnahme auf ihren Bruder bezeichnet wurde. Diese Möglichkeit ist nicht sehr wahrscheinlich:

1. Wäre nicht anzunehmen, daß die Nachwelt von Aaron, falls er von Anfang an eine Berühmtheit war, seine genaue Herkunft, d.h. den Namen seines Vaters (und vielleicht zusätzlich dessen Abstammung) im Gedächtnis behalten oder ihn von Anfang an durch Beinamen (Berufsbezeichnung oder Titel) charakterisiert hätte? Wäre das erstere der Fall gewesen, stünde in Ex 15,20 gewiß "Mirjām bat Y ʼ^{a}ḥōt Z" (oder eben hinter ʼah^{a}rōn: "bæn-").

2. Wenn auch die Besprechung einiger Einzelverse aus der vorpriesterschriftlichen Überlieferung, nämlich von Ex 18,12; 19,24; 24,1.9 u. 14, noch aussteht, so läßt sich - vorbehaltlich der Ergebnisse aus der Besprechung der genannten Einzelverse - von den bisher gewonnenen Erkenntnissen her jedenfalls sagen, daß der Aaron der alten Überlieferungen eigentlich kein besonders markanter Bezugspunkt war. Das gilt vor allem dann, wenn man Ex 15,*20 (einschließlich der Apposition "die Schwester Aarons") zeitlich noch vor Ex 17,*8-13 ansetzen möchte. In diesem Falle stünden wir - nach dem bisherigen Stand der Untersuchung - völlig hilflos vor der Verwandtschaftsbezeichnung "die Schwester Aarons". Datiert man aber Ex 15,*20 (mit der Apposition "die Schwester Aarons") nach Ex 17,*8-13, so wird die Bezugnahme auf Aaron nicht verständlicher. Es ist schwer vorstellbar, daß ein Autor auf einem bzgl. Aaron derart dürftigen überlieferungsgeschichtlichen Hintergrund - Ex 32 und Num12(B) sind ja, wie wir bereits wissen, auf jeden Fall später anzusetzen als der vor-jahwistische V. Ex 15,*20 - einen Sinn darin gesehen haben könnte, Mirjam durch Nennung Aarons näher zu bestimmen bzw. ihre Dignität zu erhöhen.

b) Will man nicht mit der (fragwürdigen) Annahme operieren, daß Teile einer ehemals reicheren Aaron-Überlieferung verlorengegangen seien[1], so ist es ohne Zweifel das Nächstliegende, die Apposition "die Schwester Aarons" wie jene andere ("die Prophetin") für eine sek Einfügung zu halten, sie aber noch später anzusetzen, nämlich erst nach Num 12 (A + B). Gewiß spricht weder der Autor von Num 12(B) noch auch der Kompilator der beiden Erzählungen von einer Verwandtschaftsbeziehung zwischen Mirjam und

1) Vgl. M. NOTH, der der Meinung ist, "daß Aaron ziemlich lange, d.h. auch noch als die jüngeren vor-priesterschriftlichen Erzählungen von ihm entstanden, eine lebendige Überlieferungsgestalt war, von der man sich immer wieder Neues und Verschiedenes zu erzählen wußte ohne unmittelbare Abhängigkeit von älteren Erzählungen, und daß man überhaupt sich viel mehr von ihm erzählt hat als das, was in der Pentateucherzählung erhalten geblieben ist und was oft den Eindruck macht, nur bruchstückhafter Restbestand reicheren Erzählungsgutes zu sein; so hat es gewiß Geschichten gegeben, aus denen die jetzt unlösbaren Fragen zu beantworten wären, wie das Verhältnis Aaron - Mirjam und das Verhältnis Aaron - Mose entstanden ist" (ÜPt, 198). Vgl. ders., Ex, 98.

Aaron. Sie ist für Num 12 also auch nicht vorauszusetzen. Denn hätten die Verfasser eine solche gekannt, hätten sie das auch zum Ausdruck gebracht. Aber: die Gemeinsamkeit von Mirjam und Aaron in der Kritik an Moses kuschitischer Heirat in V.1 der kombinierten Erzählung Num 12 (A + B) und vor allem das engagierte Eintreten Aarons für die aussätzig gewordene Mirjam in ebendieser kompilierten Erzählung konnten leicht den Gedanken eines Geschwister-Verhältnisses zwischen Mirjam und Aaron aufkommen lassen. Daß sich in späterer Zeit das Bedürfnis einstellte, die einzelnen Gestalten der alten Pt-Überlieferung in verwandtschaftliche Beziehungen zueinander zu bringen, läßt sich an Beispielen aus dem Alten Testament, besonders aber aus der talmudischen Literatur belegen. Ein Beispiel aus dem Alten Testament ist gerade "unser" Aaron: In Ex 15,20; 17,*8-13; 32 und Num 12 ist er noch nicht als Bruder des Mose gesehen; als solcher gilt er erst in der P^s-Genealogie Ex 6,20 und Num 26,59, in Ex 4,16 sowie in der chronistischen Genealogie 1 Chron 5,29. Ein anderes Beispiel - bereits aus früherer Zeit - sind die Erzväter Abraham, Isaak und Jakob: "Vielfach wird angenommen, daß die drei Erzväter je für sich standen und verschiedenen Gruppen angehörten; erst als diese sich zusammenschlossen, wurden auch die Erzväter in genealogische Beziehungen gebracht"[1]. So wird man sagen dürfen, daß es im Laufe der Zeit aufgrund von Num 12 geradezu zu dem in Ex 15,20 zur Sprache gebrachten Geschwister-Verhältnis von Mirjam und Aaron kommen <u>mußte</u>.

<u>Ergebnis:</u> Die Apposition "die Schwester Aarons" in Ex 15,20 läßt sich am besten als eine späte Einfügung verstehen, die bereits die kompilierte Erzählung Num 12 voraussetzt. Das gilt zunächst vorbehaltlich des Ergebnisses der noch folgenden Besprechungen von Ex 18,12; 19,24; 24,1.9.14.

3.5 Endergebnis

Mit dem soeben genannten Vorbehalt gilt folgendes: Die Doppelapposition von Ex 15,20 stellt eine zweistufige Textergänzung dar. Die Aussage, die in diesem V. über Aaron gemacht wird, kann

---

1) G. SCHMITT, Art. "Isaak", in: BHH II, 775-776, hier: 775

also nicht als alte, historisch zuverlässige Überlieferung gelten[1]. Das bedeutet: In Ex 15,20 ist der Ursprung der Aaron-Überlieferung mit Sicherheit nicht zu suchen.

1) Vgl. hierzu das lapidare Urteil von M. NOTH, wonach wir der "literarisch wie überlieferungsgeschichtlich ganz isolierten Bemerkung von Ex 15,20" "überlieferungsgeschichtlich gar nichts mehr zu entnehmen in der Lage sind" (ÜPt, 197).

4. Ex 18,12

4.1 Der Text

Ex 18,12 lautet: wajjiqqaḥ Jitrō ḥōtēn Mōšæ ^{c}ōlāh ūz^{e}bāḥīm l'ēlōhīm wajjābō' 'ah^{a}rōn w^{e}kol ziqnē Jiśrā'ēl læ'ækōl-læḥæm ^{c}im-ḥōtēn Mōšæ lifnē hā'^{æ}lōhīm = *"Und Jitro, der Schwiegervater des Mose, nahm ein Brandopfer sowie Gemeinschaftsopfer, und es kamen Aaron und alle Ältesten Israels, um mit dem Schwiegervater des Mose Mahl zu halten"*[1].

4.2 Formaler Aspekt

4.21 Es "fällt auf, daß der Ausdruck ^{c}ōlā im Singular steht neben pluralischem z^{e}bāḥīm. Das ist ganz ungewöhnlich, weil sonst innerhalb des Alten Testaments die beiden Opferausdrücke, wenn sie nebeneinander genannt werden, durchweg im gleichen Numerus stehen. Weiter zeigt sich, daß die Erzählung Einzelzüge des zæbaḥ-Vollzuges enthält, während von der ^{c}ōlā-Darbringung nichts zu erkennen ist. Man wird deshalb wohl vermuten dürfen, daß die ^{c}ōlā hier nachträglich hinzugefügt worden ist; das ist umso leichter verständlich, als die ^{c}ōlā mehr und mehr zum Hauptopfer wurde, so daß einem Späteren die Veranstaltung von z^{e}bāḥīm bei einem so gewichtigen Anlaß als unangemessen erscheinen konnte"[2].

Das Wort ^{c}ōlā ist daher als späterer Zusatz zu streichen.

4.22 Ungewöhnlich ist ferner folgendes: Das Verb lqḥ begegnet nicht selten wie hier in kultischen Texten. Es hat sonst aber immer eine bestimmte Opfermaterie als Akk.-Obj. hinter sich. Niemals ist das betr. Opfer selbst direktes Obj. zu lqḥ, vielmehr geht ein eigenes Verb (das die Darbringung des Opfers bezeichnet) voraus. So finden sich vor zæbaḥ die Verben zbḥ, bō' hi., ngš hi., ^{c}śh, kūn hi.[3], vor ^{c}ōlā die Verben qrb hi., ^{c}śh

---

1) 'kl + læḥæm ist hier wie so oft nicht wörtlich zu verstehen. Vgl. z.B. R. RENDTORFF, Studien, 145; A. CODY, Exodus 18,12: Jethro Accepts a Covenant with the Israelites, Bib 49 (1968), 153-166, hier: 161

2) R. RENDTORFF, Studien, 139 f. Vgl. auch A. CODY, AnBib 49 (1968), 162-164. CODY verweist auch auf R. SCHMID, Das Bundesopfer in Israel, München 1964 (StANT 9), 85 u. 89 f.

3) Vgl. R. RENDTORFF, Studien, 148

(gelegentlich mit voraufgehendem qrb hi. oder bō hi.), ᶜlh hi.[1], vor šᵉlāmīm die Verben ᶜlh hi., zbḥ, ᶜśh, ngš hi.[2].

Dieser Befund macht es unmöglich, das wajjiqqaḥ Jitrō zᵉbāḥīm als Opferdarbringung zu verstehen[3], er nötigt vielmehr dazu, in dem lqḥ zᵉbāḥīm einen Akt zu sehen, der der Opferdarbringung unmittelbar vorausgeht[4]. Daß über den Akt des Opferdarbringens selbst nichts verlautet, ist nun allerdings sonderbar. Manche Exegeten meinten darum, das lqḥ doch als ein Verb verstehen zu müssen, das den ganzen Opfervorgang bezeichnen will[5]. Auf die einzige vergleichbare Stelle Lev 12,8P kann man sich für diese Meinung jedoch nicht berufen[6]. Dort folgt nämlich auf lqḥ die Nennung der Opfermaterie. Zwar kommt dahinter auch noch die Angabe der beiden Opferarten, aber nicht als Akk., sondern als Dat.-Obj.: lᵉᶜōlā und lᵉḥaṭṭāt (= "für das Brandopfer" und "für das Sühneopfer"). Die Übersetzung von Ex 18,12a "Und Jitro, der Schwiegervater des Mose,brachte Gott Gemeinschaftsopfer dar" findet also in Lev 12,8 keine Stütze.

A. CODY meint das Problem auf andere Weise lösen zu können (wobei er an Veröffentlichungen von BREKELMANS und FENSHAM anknüpft[7]). Gegen die Auffassung, das wajjiqqaḥ bezeichne nur die Bereitstellung des Opfermaterials, wendet er ein: "... what would the narrative's point be in going to the trouble of saying that Jethro gathered material for sacrifices, only to omit any descrip-

1) Vgl. ders., 113
2) Vgl. ders., 123
3) "The verb lqḥ nowhere has the sense of 'to offer'" (A. CODY, Bib 49 (1968) 159
4) Vgl. M. BUBER, Mose, 183: "Jethro vollzieht das Opfer gar nicht, sondern er 'holt' es nur oder läßt es holen".
5) Vgl. u.a. A. DILLMANN, Ex-Lev, 186; H. HOLZINGER, Ex 62; H. GRESSMANN, Anfänge, 82; G. BEER, Ex 94
6) Gegen R. RENDTORFF, der meint: In Lev 12,8 "steht sogar lqḥ allein für den ganzen Opfervorgang" (Studien, 113), und gegen J.M. SCHMIDT, Aaron und Mose, D 12. Dem Autor von Lev 12,8 geht es aber offensichtlich nicht um die Beschreibung des Opfervorganges, sondern um die Bestimmung der Opfermaterie und der Opferarten. Darum spricht er gar nicht von der Opferdarbringung selbst (auf die das Auswählen der Opfergaben selbstverständlich abzielt). Von V.7 her (wᵉhiqrību) kann man sich ein lᵉhaq-rīb 'ōtām in Gedanken ergänzen. In Ex 18,12 fehlt aber im unmittelbaren Kontext ein derartiges Verb.
7) Vgl. Bib 49 (1968), 154 f.165

tion of what was actually done with the material?"[1]. CODY interpretiert Ex 18,12 als Schlußszene eines Vertragsabschlusses (zwischen Israel und Midian) und versteht das lqḥ im Sinne von "annehmen": "... Jethro did not offer the sacrifices: he accepted them. It might be objected that the sacrifices, being offered, or made to God, were God's to accept or not, and not Jethro's The sacrifices were indeed offered, or made, to God, but that does not exclude the possibility of Jethro's accepting a portion of the sacrificial victims proffered to him"[2]. Jethro "signified his acceptance of the covenant initiative having been taken by the Israelites"[3].

Aber die beiden von CODY als Parallelen herangezogenen Stellen Gen 21,27-31 vermögen den Beweis für die Richtigkeit der Interpretation nicht zu liefern: In Gen 21,27-31, wo Abraham Klein- und Großvieh nimmt und Abimelech gibt, und wo diese Übergabe ein Element des Vertragszeremoniells zu sein scheint, wird lqḥ eben gerade nicht für das Entgegenkommen dieser Geschenke gebraucht, sondern ist - dem einleitenden Charakter dieses Verbs in den kultischen Texten entsprechend - dem Verb ntn vorgeordnet: "Abraham nahm ... und gab ..." lqḥ bedeutet also auch hier "nehmen" und nicht "annehmen". Für Jos 9,14 gilt das Gleiche. Dort heißt es in V.24a: wajjiqq^eḥū hā'^anāšīm miṣṣēdām = "Und die Männer nahmen von ihrem Vorrat". Weil in der 2. Vershälfte die Israeliten das Subj. zu šā'ālū sind, müssen auch mit den '^anāšīm in der 1. Vershälfte ebendiese Israeliten gemeint sein. (Man beachte auch das 'īš Jiśrā'ēl in V.6!) Dann aber bedeutet das, daß die Israeliten von ihrem Vorrat nahmen, um - so ist zu ergänzen -, davon den Gibeoniten zu geben - zum Zeichen ihrer Bündnisbereitschaft. lqḥ bezeichnet hier also nicht das Annehmen der Gaben durch die Gibeoniten, sondern die Bereitstellung der Gaben durch die Israeliten. So kann auch CODYs Interpretation nicht überzeugen, selbst wenn man - wie er es tut[4] - annehmen wollte, die Beschreibung

1) Ders., 159
2) Ebd.
3) Ders., 161
4) Vgl. ders., 160

des eigentlichen Vertragsabschlusses sei später getilgt worden, als die Beziehung zwischen Israel und Midian sich zu einer erbitterten Feindschaft entwickelt hatte.

4.3 Ist der vorliegende Wortlaut von Ex 18,12 der ursprüngliche?

4.31 Der Erfolg der angestrengten Versuche, zu einer allseits befriedigenden Lösung zu kommen, ist also gleich Null. Gerade dies krampfhafte, jedoch ergebnislose Bemühen als solches führt aber ein Stück weiter: Man kann nämlich kaum noch dem Schluß ausweichen, daß der Text von Ex 18,12 nicht in Ordnung ist.

Es ist in diesem Zusammenhang zur Kenntnis zu nehmen, daß die Syr anstelle von wajjiqqaḥ ein anderes Verb hat, nämlich qrb pa.: wqrb = "er brachte dar"[1] - was übrigens im Hebr. nicht unbedingt ein wajjaqrēb voraussetzt, wie es die Anmerkung der BH noch insinuierte (nicht mehr die der BHS); denn das Syrische hat z.B. keine exakte sprachliche Entsprechung etwa zu hebr. ᶜlh hi., zu ngs und zu ᶜśh.

Man könnte nun wohl vermuten, die Syr habe das problematische wajjiqqaḥ des MT-Textes durch einen echten Opferterminus ersetzt. Es fragt sich aber, ob man der Syr eine solche Änderung theologisch zutrauen darf. Denn hier wird ja doch einem Midianiter die Darbringung eines Jahweopfers zugesprochen[2]. Sollte es die ausdrückliche Absicht der Syr gewesen sein, gerade dies deutlich herauszustellen? Ist nicht das Umgekehrte wahrscheinlicher: daß

---

1) So auch Targ u. Vulg. Diese beiden Übersetzungen sind hierin aber wohl von der Syr abhängig.

2) Vgl. H. HOLZINGER, Ex, 62 ("Darbringung eines Jahweopfers durch einen fremden Priester ... war für die spätere Denkweise ein starkes Stück"). - Gewiß handelt es sich hierbei um ein Opfer, das dem Gott Israels dargebracht wird. (Auf das Problem, daß in Ex 18,12 nicht ausdrücklich von Jahwe, sondern von ha'ᵆlōhīm die Rede ist, kann hier nicht eingegangen werden.) Die Frage, ob es sich dabei um ein "Bekehrungsopfer" des Jitro handelt, wie z.B. B. COUROYER (L'Exode, in: La Bible de Jérusalem, 103, Anm. g) und J.M. SCHMIDT (Aaron u. Mose, D 11.23) annehmen oder um ein "Initiationsopfer", mit dem Jitro die Repräsentanten Israels in den Kult des Gottes Jahwe einführt (Midianiter-Hypothese), kann hier nicht erörtert werden.

nämlich in der Lesart des MT ein ursprüngliches wajjaᶜal o.ä. in das zurückhaltendere wajjiqqaḥ verwandelt wurde, um der (ursprünglichen) Aussage, daß Jitro unter Anteilnahme der vornehmen Israeliten Opfer dargebracht hat, wenigstens die Eindeutigkeit zu nehmen, es also in der Schwebe zu lassen, wer nun tatsächlich als Darbringer der betr. Opfer zu gelten hat? Nach diesem Verständnis wäre das wajjiqqaḥ paraphrasisch etwa so wiederzugeben: "(Jitro) stellte die Materialien für ... bereit"[1]. Man mag in Gedanken ergänzen, daß Jitro dann auch selbst die Opfer dargebracht habe, - ausdrücklich gesagt ist es aber nicht.

Daß in Ex 18,12 kein originaler Wortlaut vorliegt, wird man kaum bezweifeln können. Wie der ursprüngliche Text gelautet hat, ob an der Stelle von lqḥ ein anderes Verb aus der Opfersprache gestanden hat, etwa zbḥ, bō' hi., ngš oder sonst ein Verb, oder ob das wajjiqqaḥ doch ursprünglich ist, aber - wie üblich - mit einem anderen Akk.-Obj. versehen war und zᵉbāḥīm erst dahinter - und zwar im Dat.-folgte, oder ob nach dem wajjiqqaḥ + Nennung der Opfermaterie ursprünglich gesagt war, daß die Repräsentanten Israels kamen, um Gott die Gemeinschaftsopfer darzubringen und mit dem Schwiegervater des Mose vor Gott ein Mahl zu halten, diese Frage läßt sich nicht mehr mit Sicherheit beantworten. Das ist für uns aber auch nicht so wichtig.

4.32 Nach diesen Vorüberlegungen kann die Frage gestellt werden, ob Aaron ein originaler oder aber ein sekundärer Bestandteil des Textes ist.

Bei den zu den Gemeinschaftsopfern des Jitro Geladenen handelt es sich anscheinend um die Repräsentanten Israels. Als solche treten in Ex 3,16.18; 4,29; 12,21; 17,5 f; 19,7; 24,1[2].9.14; Num 11,16 (2x).24 f die Ältesten in Erscheinung[3].

---

1) B. BAENTSCH ergänzt in seiner Übersetzung ein Objekt: "Darauf liess Jethro, der Schwiegervater Mose's (Tiere zu einem) Brandopfer und Schlachtopfer für Elohim herbeibringen" (Ex-Lev-Num, 165 f).

2) Hier und in V.9 ist von 70 Ältesten die Rede.

3) Die Besprechung von Ex 5 hat gezeigt, daß in Ex 5,1.20 ursprünglich statt "und Aaron" gestanden hat: "und die Ältesten".

Warum heißt es in Ex 18,12 also nicht einfach "Und alle Ältesten Israels kamen ..."? Warum wird Aaron hier zusätzlich zu den Ältesten genannt? (Zu dem Gremium der Ältesten ist er ja nicht zu rechnen; denn die Ältesten bleiben immer eine anonyme Größe, niemals wird in den Pt-Erzählungen irgendeine konkrete Person mit dem Titel "Ältester" bedacht[1]. So kann auch Aaron in der Ausdrucksweise "Aaron und die Ältesten" schwerlich als exponierte Person aus dem Kreis der Ältesten Israels gelten.)

Die Beantwortung dieser Frage fällt im Blick auf alle bisher behandelten Aaron-Vorkommen - erst recht aber im Blick auf die P - nicht schwer: Nachdem Aaron einmal in die Sinaiüberlieferung eingeführt war (vgl. Ex 32 u. Ex 24,14[2]), konnte er als bedeutende Einzelpersönlichkeit auf die Dauer nicht hinter dem Kreis der Ältesten zurückstehen. D.h.:die Nennung Aarons in Ex 18,12 ist gewiß nicht älter als das wohl jehowistische Kap. Ex 32, sei es daß der Name Aarons nachträglich in Ex 18 J+E eingefügt wurde, sei es daß - wie E. ZENGER[3] annimmt - der Grundbestand von Ex 18,1-12 bereits jehowistisch ist.

Ja, man muß sogar sagen: Je später man diese Einfügung datiert, umso verständlicher wird sie: Aller Wahrscheinlichkeit nach steht sie in direktem Zusammenhang mit der (oben angenommenen) Abschwächung der Rolle Jitros. Es soll vermutlich der Eindruck erweckt werden, daß bei der Darbringung der Opfer der (nachmalige) Priester Aaron die entscheidende - zumindest eine wesentliche - Rolle gespielt hat[4]. Vielleicht wurde bei dieser Gelegenheit auch die ᶜōlā in den Text eingefügt.

---

1) Der sing. zāqēn kommt im Pt in der Bedeutung "Ältester" überhaupt nur 1x vor, und zwar zur Bezeichnung des hausältesten Knechtes des Abraham (Gen 24,2). In den übrigen Fällen meint das Wort einen Greis.

2) - zunächst noch ohne Hur. Vgl. hierzu die Besprechung von Ex 24,14 am Ende dieses Kapitels.

3) Vgl. Ex-Übersetzung, 28 f.

4) A.H.J. GUNNEWEG (Leviten, 86) hält Ex 18,12 incl. Aarons Erwähnung zwar für eine alte Überlieferung, sieht Aaron hier aber ebenfalls - wie verschiedene andere Kommentatoren - als priesterliche Figur an: "... neben diese weltlichen Vertreter tritt Aaron als geistlicher Repräsentant".

4.4 Ergebnis

Aarons Nennung in Ex 18,12 ist als spätere Einfügung zu betrachten[1]. Sie ist höchstwahrscheinlich nicht nur von Ex 32 (und Ex 24,14) abhängig, sondern schon von der P. So können wir aus Ex 18,12 keine Erkenntnis über die Herkunft der Aaron-Gestalt gewinnen. Wir erfahren hier lediglich etwas über Aarons spätere Bedeutung.

1) Dahin geht auch das Urteil A. CODYs (dessen erstes von drei Argumenten, Aaron habe bei einem covenant sacrifice neben den Ältesten natürlich keine Funktion, allerdings eine spezifische Deutung von Ex 18,12 voraussetzt, die ich nicht akzeptieren kann): "Aaron's figure, suddenly appearing in the text, is suspect, however, partly because, unlike that of the elders, it has no function in the purpose of such a covenant-making narrative, partly because Aaron's figure ist weaker in earlier traditions, and partly because the mention of both Aaron and the holocaust (itself a later development in Israel) together injects into the text a priestly color which is almost certainly foreign to the original tradition" (Bib 49 (1968), 165). - Gegen H. SEEBASS (Mose u. Aaron, 84: Ex 18,12 einschl. Aaron = E); J.M. SCHMIDT (Aaron u. Mose, D 19.23. SCHMIDT meint: In dem von israelitischen Gruppen und Midianitern geübten Brauch, zu einem hl. Berg in der Wüste zu wallfahren "hat Aaron als Priester - analog zu Jethro, dem Midianiter - die führende Rolle auf seiten der 'israelitischen' Kultteilnehmer gespielt" (D 23)).

5. Ex 19,24

5.1 Der Text

Ex 19,24 lautet: (a) wajjōmær 'ēlāw l^{e}Jhwh læk-rēd w^{ec}ālītā 'attā w^{e}'ah^{a}rōn ^{c}immāk (b) w^{e}hakkōhanīm w^{e}hā^{c}ām 'al|jærhærsū la-^{ca}lōt 'æl Jhwh pæn-jifroṣ|bām = "(a) *Und Jahwe sagte zu ihm (= Mose): 'Geh, steige hinab und komme wieder herauf, du und Aaron mit dir;* (b) *aber die Priester und das Volk sollen nicht durchbrechen, um zu Jahwe hinauszusteigen, daß er nicht gegen sie losbreche".*

Die Anweisung Jahwes an Mose ist stilistisch nicht gerade meisterlich formuliert. Man erwartet nach dem Imperativ "Steige hinab!" zunächst eine Aufforderung, die den Zweck des Hinabsteigens enthält, etwa: "und sprich zum Volke so und so ...!"[1], um dann etwa fortzufahren: "und komme mit Aaron wieder herauf!"[2].
Und schaut man sich die voraufgehenden VV. 21-23 an, so gewinnt man vollends den Eindruck, daß an der Textpassage Ex 19,21-25 stark herumgedrechselt wurde: *"Steige hinab, beschwöre das Volk, daß sie ja nicht zu Jahwe durchbrechen, um (ihn) zu schauen, und dann viele von ihnen umkommen. (22) Und auch die Priester, die sich Jahwe nahen dürfen, sollen sich heiligen, daß Jahwe nicht gegen sie losbreche. (23) Mose antwortete Jahwe: 'Das Volk kann doch gar nicht zum Berg Sinai hinaufsteigen; denn du hast uns folgendermaßen beschworen: 'Grenze den Berg ab und heilige ihn!'"*
So gewinnt man gleich den Eindruck, daß nicht zuletzt in Ex 19,24 die Hand eines zweitklassigen Schriftstellers bzw. eines schriftstellerisch nicht weiter interessierten Interpolators am Werke war.

5.2 Die quellenkritische Beurteilung

Das Textstück, in dem Ex 19,24 sich findet, wird nur von einer Handvoll Exegeten für jahwistisch[3], von der überwältigenden

---

1) Man beachte die Ausführung in V.25: "Und Mose stieg zum Volk hinab und sprach zu ihnen".
2) Vgl. hierzu V.21: "... steige hinab, beschwöre das Volk ... usw."
3) Vgl. A. DILLMANN, Ex-Lev, 198-200 (Nach DILLMANN sind die VV.23.24a vielleicht von dem jahwistischen Text auszunehmen); H.L. STRACK; Gen-Ex-Lev-Num, 240; S.R. DRIVER, Ex, 174; H. GRESSMANN, Anfänge, 57; O. EISSFELDT, Komposition, 19 f (in der HexSyn, 148* noch anders: V.20-22.25 = J, V.23 f = sek); H. SEEBASS, Mose u. Aaron, 106.112 (V.20-21a.22-25a = J, V.21b.25b = R).

Mehrheit dagegen im wesentlichen oder wenigstens in den VV.23 f für einen Zusatz[1] gehalten wird.

Es erübrigt sich, den allgemein anerkannten sekundären Charakter wenigstens der hier zur Diskussion stehenden VV.23 f im einzelnen zu begründen.

5.3 Die Erwähnung Aarons

Weil Aaron hier innerhalb eines gegenüber dem J (und dem E) sekundären Zusammenhanges begegnet, kann in Ex 19,24 auf keinen Fall Aarons Ursprung gesucht werden. Höchstwahrscheinlich ist hier schon das Aaronbild der P vorausgesetzt[2].

---

1) Vgl. J. WELLHAUSEN, Composition, 91 (V.23 f = "harmonistischer Zusatz", V.20-22.25 = J; vgl. 88); B. BAENTSCH, Ex-Lev-Num, 176 (V.22-24 = "Zusatz des Redaktors", V.20 f = J; vgl. 175 f); H. HOLZINGER, Ex, 64 f (V.22(21?) -25 = Erweiterungen des J-Textes; V.24 gilt ihm dabei als "eine recht ungeschickte Glosse"); O. PROCKSCH, Elohimquelle, 82 (V.21-25 = "deuteronomisch", V.20a = Glosse, V.20b = J); B.D. EERDMANS, Studien, III, 64 f (V.20-25 = "Midrasch zu der Erzählung"); R. SMEND, Hexateuch, 174 (V.23 f = Interpolation, V.20-22.25 = J^2; vgl. 166.174); R. KITTEL, Geschichte I, 312, Anm. 1 (V.21-25 = J^2 oder R^d, V.20 = J); W. RUDOLPH, "Elohist", 41 (V.21-24 = "eine Art Midrasch zu V.12 f, V.20.25 = J; vgl. 44.276); G. BEER, Ex, 97 f (V.21-25 = "Geröll", V.20 = J^2); W. BEYERLIN, Sinaitraditionen, 12 (V.20-25 = "ein später, interpretierender Zuwachs"); C.A. SIMPSON, Traditions, 549 (V.21-23.24aßb.25b = später als J^2, V.20.24a.25a = J^2); G. HÖLSCHER, Geschichtsschreibung, 312 (V.20-25 = gegenüber E (u. J) sekundär); M. NOTH, Ex, 129 (V.21-25 = "Nachträge", V.20 = J; vgl. 127 f); G. te STROETE, Ex, 146 (V.21-25 = "een soort midrasj op 12-13a"); F. MICHAELI, L'Exode, 168 (V.21-25 = "une notice rédactionelle plus récente" zu V.12 f); E. ZENGER, Sinaitheophanie, 170-172 (V.20b-21.23-25 = Je, V.22 demgegenüber sekundär, V.20a = J).

2) Auch M.M. MULHALL identifiziert den Aaron von Ex 19,24 mit dem Aaron der P (vgl. Aaron and Moses, 127). Das zeigt sich schon allein darin, daß er Ex 19,24 innerhalb des Kap. "Aaron in the P Narratives" behandelt. - Ganz anders beurteilt H. SEEBASS Ex 19,24. Er sieht in Ex 19.20-21a.22-25a eine jahwistische Überlieferungsparallele zu Ex 20,18-21; 24,1a.9.11bE (vgl. Mose u. Aaron, 105 f) und meint: "Wenn nach J neben Mose nur Aaron zugelassen wird", so muß man darin "eine Einwirkung der ursprünglichen Aaron-Überlieferung erkennen, wobei Aaron allerdings jetzt eindeutig Mose unterstellt ist und die Einladung zu Jahwe nicht als Gottesrecht empfängt" (ders., 105). An Ex 19,24 werde deutlich, warum der J die rigoristische E-Überlieferung von Ex 4,16 unterdrückt habe: Mose sei zwar allein Offenbarungsempfänger. Aber Aaron könne nun ausnahmsweise und ohne Rechtsanspruch wieder neben Mose vor Jahwe auf dem hl. Berg stehen" (Mose u. Aaron, 105, Anm. 5). Hierfür ist SEEBASS' These, daß der E zeitlich vor dem J rangiert, vorauszusetzen!

6. Ex 24,1.9

6.1 Der Text

Ex 24,1.9 lautet: (1a) wᵉ'æl Mōšæ 'amar ᶜᵃlē 'æl-Jhwh 'attā wᵉ'ahᵃrōn Nādāb wa'ᵃbīhū wᵉšibᶜīm mizziqnē Jiśrā'ēl (b) wᵉhištaḥawītæm mērāḥōq. (9a) wajjaᶜal Mōšæ wᵉ'ahᵃrōn (b) Nādāb wa'ᵃbīhū wᵉšibᶜīm mizziqnē Jiśrā'ēl = *"Und zu Mose sprach er (= Jahwe): '* (1a) *Steige zu Jahwe hinauf, du und Aaron, Nadab und Abihu und 70 von den Ältesten Israels* (b) *und betet von ferne an!'* (9a) *Und Mose und Aaron,* (b) *Nadab und Abihu und 70 von den Ältesten Israels stiegen hinauf."*

Im Anschluß an V.9 folgt in V.10 f ein kurzer, aber eindrucksvoller Bericht über die Gottesschau des genannten Personenkreises, der in V.11 mit 'ᵃṣīlē Jiśrā'ēl = "die Vornehmen Israels" umschreibt.

6.2 Das Alter von Ex 24,1.9

Nicht wenige Exegeten[1] sind der Auffassung, daß die in Ex 24,1 f. 9-11 vorliegende, archaisch wirkende Überlieferung (wenigstens in ihrem Kern) ein hohes Alter hat[2]. Von dieser Überlieferung werden in der Regel die VV.1b.2 (wonach - entgegen den Erwartungen von V.1a - allein dem Mose die unmittelbare Gottesschau gewährt wird) ausgenommen[3].

---

1) Vgl. B. BAENTSCH, Ex-Lev-Num, 213 f; H. GRESSMANN, Mose, 186; R. SMEND sr., Hexateuch, 167; S.R. DRIVER, Ex, 252.254 (= J); R. KITTEL, Geschichte, 315, Anm. 3; W. RUDOLPH, "Elohist", 47 (eine "hochmythologische Form"); M. BUBER, Moses, 131 (BUBER ist der Meinung, daß das in Ex 24,4b-11 Berichtete "im wesentlichen" geschichtlich sei); W. BEYERLIN, Sinaitraditionen (V.1a.9-11 = "sehr altes, urtümliches Überlieferungsfragment"). Siehe auch S. 395, Anm.2 (= Zuweisungen zum J)!

2) Anders O. PROCKSCH, Elohimquelle, 86 f (V.1 f.9-11a = P); B.D. EERDMANS, Studien III, 67 f (V.1 f später als "der Kommentar 19,20-25", V.9-11 noch später, durch V.1 hervorgerufen); G. HÖLSCHER, Geschichtsschreibung, 315 f(E^Z).

3) Vgl. H. HOLZINGER; Ex, 104 (in V.1b nur das mērahōq); B. BAENTSCH, Ex-Lev-Num, 213 f (nur V.2); H. GRESSMANN, Anfänge, 58; W. RUDOLPH, "Elohist", 48; G. BEER, Ex, 124.126 (V.2); M. NOTH, ÜPt, 39 u. Ex, 159 f; W. BEYERLIN, Sinaitraditionen, 19.

Vielfach wird Ex 24,1a.9-11 von dem meist als elohistischer Bundesschlußbericht[1] eingestuften Zwischentext Ex 24,3-8 quellenkritisch abgehoben und wegen des "und sie aßen und tranken" V.11bß ebenfalls als Darstellung eines Bundesschlusses, nämlich als jahwistischer Parallelbericht[2] zu Ex 24,3-8, aufgefaßt[3] - trotz der Gottesbezeichnung ’ᵆlōhē Jiśrā’ēl in V.20a und ha’ᵆlōhīm in V.11bα und vor allem trotz Ex 34J. Nicht als jahwistische Parallele, sondern als (inner-)elohistische Variante des Sinaibundesschlusses fassen B. BAENTSCH[4], H. GRESSMANN[5], G. BEER[6], M. NOTH[7] und W. BEYERLIN[8] Ex 24,(1.)9-11 auf.

Für Ex 24,3-8 haben aber u.a. L. PERLITT[9] und E. ZENGER[10] aufgewiesen, daß die Bundestheologie (vgl. vor allem V.7 f) nicht zur Grundüberlieferung gehört, sondern erst durch eine dtr Bearbeitung in den Text hineinkam. Nach ZENGER umfaßt der jahwistische Grundtext nur die VV.4aßb.5[11], die von der Errichtung eines Altars und von 12 Mazzeben berichten sowie von der Darbringung von Brand- und Gemeinschaftsopfern für Jahwe.

Was Ex 24,(1a).9-11 betrifft, so lehnt L. PERLITT ganz entschieden die Auffassung ab, daß das Essen und Trinken auf dem Berge als Bundesmahl zu verstehen sei[12]. Dagegen läßt sich jedoch einwenden: Wenn auch zum einen das

---

1) Vgl. A. DILLMANN, Ex-Lev, 256 f (vgl. 254 f); H. HOLZINGER, Ex, 103 f; B. BAENTSCH, Ex-Lev-Num, 214-216 (V.3a b.4aßb.5f.7b-8); O. PROCKSCH, Elohimquelle, 87.89 f (V.4-8 = E^2): R. SMEND sr., Hexateuch, 166 f(J^1); H. GRESSMANN, Anfänge, 58; S.R. DRIVER, Ex, 252-254, vgl. 175; R. KITTEL, Geschichte, I, 327 f, Anm. 6; G. BEER, Ex 124.126 (V.3a b.4aß-6.8 = E^1); O. EISSFELDT, HexSyn, 48-50.151f*; C.A. SIMPSON, Traditions, 203.622; G. HÖLSCHER, Geschichtsschreibung, 315; M.L. NEWMAN, Covenant, 50, vgl. 8, Anm. 2; J. PLASTARAS, God of Exodus, 221; G. te STROETE, Ex, 182.

2) Vgl. A. DILLMANN, Ex-Lev, 258; H. HOLZINGER, Ex, 104; R. SMEND sr., Hexateuch, 167; R. KITTEL, Geschichte, I, 315 f, Anm. 3; C.A. SIMPSON, Traditions, 211.550 (nur V.1a.9.11b - ohne "und Aaron, Nadab und Abihu"); M.L. NEWMAN, Covenant, 50 f, vgl. 8, Anm. 2 sowie 48, Anm. 5; G. te STROETE, Ex, 182.

3) Umgekehrt (Ex 24,1a.9-11 = E, Ex 24,3-8 = J) J.M. SCHMIDT, Aaron u. Mose, E 2. M. NOTH (Ex, 161) hält Ex 24,9-11 ebenfalls für elohistisch, während er Ex 24,3-8 mit dem Bundesbuch verbindet.

4) Ex-Lev-Num, 213-216 (= E^1)

5) Anfänge, 58

6) Ex, 126 (E^1)

7) Ex, 159; vgl. ÜPt, 39

8) Sinaitraditionen, 22

9) Bundestheologie im Alten Testament, Neukirchen-Vluyn 1969 (WMANT 36), 190-203.

10) Sinaitheophanie, 74-76,100 f.120-147, bes. 147

11) Ders., 120.176

12) Vgl. Bundestheologie, 181-190, bes. 186 f. Vgl. hierzu schon S.R. DRIVER, Ex, 254, vgl. 175, der in dem Essen und Trinken wohl "a sacrificial meal" sieht, aber eben nicht "a covenant meal". Auch G. te STROETE (Ex, 184) erkennt hier kein Bundesmahl: "Het is geen gesamenlijke maaltijd van de verbondspartners. De Israeliten houden geen maaltijd met Jahweh maar in zijn tegenwoordigheid".

Wort b^erīt nicht gebraucht wird und zum anderen sehr stark Gottes Erhabenheit und Transzendenz herausgestellt wird, so läßt sich doch nicht leugnen, daß dieser Gott den Repräsentanten der Israeliten Gemeinschaft gewährt[1]. So schreibt T.C. VRIEZEN: "Though there is also, according to this tradition, an unbrigdeable distance between the majestic Elohim and Israel, He nevertheless allowed the real communication with Israel by inviting a full representation of the people. The word berit may not be used, the matter is a fact"[2].

Wenn also auch nur der zweite von den beiden Texten von einem (Bundes-)Mahl redet und man deshalb dazu neigen könnte, die beiden Passagen als zusammengehörige Teile einer Überlieferung zu betrachten[3] so ist doch aus anderen Gründen zwischen ihnen zu scheiden[4].

Hier noch einige weitere quellenkritische Positionen:

R. KITTEL[5] hält Ex 24,9-11 für einen Bericht, den der J bereits vorgefunden hat. B. BAENTSCH[6] sieht in Ex 24,1 f.9-11 "eine sehr alte nordisraelitische Überlieferung", die aber erst später in den E-Bericht aufgenommen wurde. H. GRESSMANN[7] spricht von einer "Ursage". H. SEEBASS[8] teilt die VV. auf den J (V.10-11a) und den E (V.9.11b) auf. E. ZENGER[9] hält Ex 24,9-11 für jehowistisch - wobei nicht erkennbar ist, ob er dabei evtl. an ein altes, vom Je vorgefundenes Überlieferungsstück denkt. O. EISSFELDT[10] und G. FOHRER[11] schließlich machen hier von der Möglichkeit Gebrauch, auf die L bzw. die N auszuweichen.

---

1) Auch PERLITT gesteht, daß Gott auf dem Berge Gemeinschaft stiftet zwischen sich und den Repräsentanten Israels - wenn auch allein durch die Gottesschau (und nicht auch durch das Mahl).
2) The Exegesis of Exodus XXIV, 9-11, OTS XVII)1972), 100-133, hier: 117. Vgl. W.H. SCHMIDT, Atl. Glaube, 46:"Die Gottesschau ist zwar der Kern, aber nicht das Ziel der Begegnung. Das gemeinsame Mahl, das die Vertreter des Volkes auf dem Berg im Angesicht Gottes einnehmen, soll wohl die entstandene Gemeinschaft bekräftigen ... Auffälligerweise fehlt der Terminus 'Bund'; er wird der älteren Zeit noch nicht geläufig gewesen sein". - Vgl. auch B. BAENTSCH, Ex-Lev-Num, 217: "Durch das Mahl vor der Gottheit ist die Gemeinschaft zwischen Gott und dem Volk vollzogen". Als "Bundesmahl" wird das Mahl ausdrücklich qualifiziert von O. PROCKSCH (Elohimquelle, 90, Anm. 4), H. GRESSMANN (Mose, 183), J. PLASTARAS (God of Exodus, 230). M.L. NEWMAN (Covenant, 50) schreibt: "The covenant sealing itself consists of a sacramental meal". Ähnlich F. MICHAELI (L'Exode, 227): " ... le rite d'alliance est celui d'un repas sacré".
3) So BUDDE (ZAW 11 (1891), 223) nach B. BAENTSCH, Ex-Lev-Num, 213; W. RUDOLPH, "Elohist", 47 f.276(V.3*ab.4aß-6.8-11 = J); M. BUBER, Moses, 131.
4) Vgl. L. PERLITT, Bundestheologie, 182
5) Geschichte, 315, Anm. 3
6) Ex-Lev-Num, 213
7) Mose, 186
8) Mose u. Aaron, 90.104 (+ Anm. 4)
9) Sinaitheophanie, 178
10) HexSyn, 49 f.151*f
11) Einleitung, [11]1969, 177

Ganz im Gegensatz zur gängigen Beurteilung von Ex 24,(1a).9-11 stuft O. PROCKSCH[1] diesen Text als priesterschriftlich ein - was vermutlich durch die Namen Aaron, Nadab und Abihu veranlaßt worden ist. Er nimmt damit eine krasse Außenseiter-Position ein.

So läßt schon die allgemeine Quellenzuteilung erkennen, daß wir es bei Ex 24,(1a)9-11 so gut wie sicher mit einem alten Text zu tun haben[2].

6.3 Die Erwähnung Aarons

6.31 Wenn wir von Ex 19; 20,1-21 her an das 24. Kap. des Ex-Buches herangehen, fällt uns sogleich "das üppige Gefolge Moses"[3] auf: Bisher war es immer nur Mose allein, der zu Jahwe auf den Berg hinaufsteigen durfte. (Ex 19,24 hatten wir ja als sekundär ausgeschieden.) Auch nach dem - bei Ausklammerung der priesterschriftlichen Kap. 25-31,*18 - sich anschließenden Kap. 32 (das wir schon kennenlernten), war Mose ursprünglich allein auf dem Berge - V.17 f, wonach Josua Mose beim Abstieg begleitet (bzw. wenigstens die Erwähnung Josuas in V.17), hatte sich als Zusatz herausgestellt -, weswegen auch auf Josuas Vorkommen in (dem gegenüber Ex 32 wohl sekundären V.) Ex 24,14, wo von derselben Bergbesteigung des Mose berichtet wird, Zweifel fallen[4].

---

1) Elohimquelle, 86 f

2) Vgl. den schon zitierten, sehr umfangreichen Artikel von T.C. VRIEZEN (OTS XVII (1972), 100-133) sowie die neuere Untersuchung des Alters von Ex 24,9-11 durch E.W. NICHOLSON in VT 25 (1975), 69-79 ("The Antiquity of the Tradition in Exodus XXIV, 9-11"). NICHOLSON schreibt in der Zusammenfassung: "We have seen that in its present form the tradition in Exodus XXIV, 9-11 is of great antiquity. The striking theophany it describes, the remarkable claim it makes that a delegation of Israel's ancestors saw God at his holy mountain, the fact that in sharp contrast to other traditions of the events at Sinai other figures in addition to Moses are mentioned as having entered the nearer presence of God and, arising from this, the fact that Moses himself is evidently not yet the dominating figure he is elsewhere in the Sinai narrative - all these surely point to the strong probability that we have in Exodus XXIV, 9-11 a tradition of very great antiquity" (79).

3) L. PERLITT, Bundestheologie, 183

4) Vgl. hierzu die folgende Besprechung von Ex 24,14.

Man schöpft also Verdacht, daß die Aufzählung von vier Einzelpersonen und 70 Ältesten in Ex 24,(1a.)9-11 nicht ursprünglich ist[1]. Um in diesem Punkte zu einem begründeten Urteil zu kommen, ist es zweckmäßig, danach zu fragen, welche Person bzw. Personengruppe denn notwendig von Anfang an in diese Szenerie hineingehört, und für welche Person oder Gruppe sich eine spätere Einfügung plausibel machen läßt.

6.32 Für das Gremium der anonym bleibenden Ältesten läßt sich nicht überzeugend dartun, daß es später dem Mose und den übrigen erlauchten Personen beigesellt worden ist. 1.: Auf dem Hintergrund der massiven Bedrohung derer mit dem Tode (vgl. Ex 19,13), die sich aus den Reihen des Volkes unterstehen sollten, den Berg hinaufzusteigen oder auch nur seinen Rand zu berühren (Ex 19,12b), ist es kaum denkbar, daß jener elitäre Kreis von Mose und Aaron, Nadab und Abihu nachträglich um 70 Personen erweitert worden wäre. (Zumindest müßte die Einfügung zeitlich vor Ex 19,12b-13 liegen.) Ist nicht eher anzunehmen, daß die Zahl der Ältesten erst im Nachhinein auf 70 Auserwählte begrenzt wurde?[2] Der Ausdruck "die Edlen der Israeliten" in V.11a insinuiert ja, daß alle Vornehmen aus Israel und nicht nur eine Auswahl aus ihnen der Gottesschau auf dem Berge gewürdigt wurden. 2.: Es läßt sich kein rechtes Motiv für eine nachträgliche Beteiligung gerade der (70) Ältesten ausfindig machen. Richtig merkt E.W. NICHOLSON an: "It is very unlikely that they owe their position alongside Moses in this tradition to the tradition in Numbers XI. For although they appear in the latter passage as leaders of the people, a distinction is drawn between them and Moses, whilst in Exodus XXIV, 9-11 no such distinction is present: all alike participate in the momentous event described"[3]. 3.: Wir stellten in Ex 5 fest, daß die Ältesten durch Aaron verdrängt wurden. Und schauen wir auf Ex 24,2 ("und Mose soll allein zu Jahwe herantreten, sie aber sollen nicht herantreten, und das Volk soll nicht mit ihm hinaufsteigen"), so erkennen

---

1) Vgl. z.B. H. SEEBASS, Mose u. Aaron, 90 ("V.9 (und V.1) haben einen deutlich überfüllten Personenkreis") und J.M. SCHMIDT, Aaron u. Mose, E 4 ("Was die genannten Personen betrifft, so fällt zunächst ihre Vielzahl auf und erweckt den Verdacht sekundärer Zusammenstellung").

2) Vgl. die Änderung von "die Ältesten" zu "70 von den Ältesten" in Num 11!

3) VT 25 (1975), 75.

wir deutlich, daß später die Tendenz dahin ging, nur Mose der unmittelbaren Gottesschau teilhaftig werden zu lassen (vgl. Ex 33,11a u. Num 12,8a). 4.: Die Ältesten sind für das Geschehen auf dem Berge unbedingt erforderlich, sofern hier wirklich Israel repräsentiert werden soll. Das letztere ist mit L. PERLITT anzunehmen: Dadurch daß die Vornehmen Israels - stellvertretend für alle Israeliten - Gott schauen (und ein hl. Mahl halten) und von nun an des Schutzes dieses Gottes sicher sein dürfen, entsteht die Größe "Israel"[1].

Es ist also höchst unwahrscheinlich, daß die (70) Ältesten in der Überlieferung von Ex 24,(1a.)9-11 ein sekundäres Element darstellen[2]. So ist mir denn auch nur ein einziger Exeget bekannt, der die Ältesten nicht als originalen Bestandteil von Ex 24,1a.9-11 ansieht: J.M. SCHMIDT[3].

6.33 M. NOTH ist nun der Meinung, daß "die siebzig Ältesten Israels die Anwartschaft darauf haben, als die ursprünglich alleinigen Vertreter Israels bei dem geheimnisvollen Bundesmahl zu gelten"[4]. NOTH hält also alle namentlich genannten Personen, sogar Mose, innerhalb von Ex 24,1a.9 für sekundär[5]. Die Ausklammerung (sogar) des Mose hängt bei M. NOTH wohl mit seiner Grundthese zusammen, daß Mose nicht von Anfang an in dem Überlieferungskomplex "Offenbarung am Sinai" vorkam. A.H.J. GUNNEWEG stimmt mit NOTH in der Beurteilung von Ex 24,1a.9 überein. Er schreibt: "Noth wird recht haben, wenn er meint, daß die Ältesten ursprünglich wohl die einzigen Vertreter Israels gewesen sein werden und daß alle anderen Gestalten erst später in diese Überlieferung hineingekommen sind ... Klar ist ..., daß Mose als der große Bundesmittler hier bald, nachdem er diese Bedeutung erlangt hatte, einen Platz beanspruchen mußte"[6].

---

1) Vgl. Bundestheologie, 186. Vgl. auch T.C. VRIEZEN: "... the text could be a poetic fragment, singing of a cultic institution celebrating a new Israelite religious community under the protection of El" (OTS XVII (1972), 129).
2) Vgl. E.W. NICHOLSON: "... the reference to the seventy must have belonged to the tradition in Exodus XXIV, 9-11 from the beginning or from a very early stage in its transmission" (VT 25 (1975), 75).
3) Vgl. Mose u. Aaron, E 4-6
4) ÜPt, 196
5) So auch W.H. SCHMIDT, Atl. Glaube, 45
6) Leviten, 86.

Auch L. PERLITT konstatiert, "daß sogar Mose in V.1.9-11 schlechterdings nichts zu hören, zu sehen und zu tun kriegt, was nicht diese Ältesten auch kriegen"[1], und kommentiert: "Von einer bestimmten Stufe der Überlieferung ab gehört Mose ins Ritual, auch wenn er nichts weiter tut als die anderen auch. Entbehrlich sind in V.10a.11ab nicht die Ältesten, eigentlich aber Mose"[2]. Denselben Standpunkt vertritt E.W. NICHOLSON: "... we regard Moses as having been incorporated into this tradition at a secondary stage"[3]. Die sekundäre Einfügung des Mose - nicht auch von Aaron, Nadab und Abihu - in Ex 24,1.9 vertritt auch J.M. SCHMIDT[4].

Dieser Auffassung schließe ich mich nicht an. Ein späterer Interpolator hätte Mose gewiß entsprechend seiner sonstigen, in Ex 19 f so stark hervorgehobenen Stellung prononcierter zur Geltung gebracht. (Tatsächlich hat eine spätere Hand das in V.2 bewerkstelligt.) M.E. ist Moses Zurücktreten in dieser Überlieferung - ähnlich wie in Ex 5 - durch den Skopus der Erzählung bedingt. Wenn Ex 24,9-11 als Initiationsritus (vgl. Ex 3,*12) zu verstehen ist - in Parallele zu Ex 18,12? -, kann Mose hier nicht im Mittelpunkt stehen, da er ja bereits ein Verehrer dieses Gottes ist.

Daß Mose hier im Unterschied zu den sekundären V.2 so stark zurücktritt, ist also zum einen ein Anhaltspunkt dafür, daß die Ältesten ursprünglicher Bestandteil dieser Überlieferung sind, zum anderen aber kein Argument dafür, daß Mose im Originaltext gefehlt habe und erst nachher eingefügt worden sei.

Es bleibt zu fragen, ob denn auch Aaron, Nadab und Abihu von Anfang an zu den Auserwählten gehört haben, die den Gott Israels auf dem Berge schauen durften.

6.34 Die Verknüpfung der Namen Nadab und Abihu mit demjenigen Aarons ist uns aus der P vertraut. Es wundert uns aber, daß nicht auch die beiden anderen Söhne Aarons, nämlich Eleasar und Itamar, mitaufgeführt sind.

---

1) Bundestheologie, 183
2) Ebd.
3) VT 25 (1975), 75
4) Vgl. Aaron u. Mose, E 4,6 u. 11.

Wenn der Sam demgegenüber Eleasar und Itamar mitaufzählt, so wird man diese Version als eine sek Hinzufügung zum MT ansehen müssen.

Daraus, daß Nadab und Abihu hier ohne Eleasar und Itamar auftreten - wenn Ex 24,(1a.)9 auch die einzige derartige Stelle ist -, ist zu schließen, daß die beiden Genannten überlieferungsgeschichtlich gegenüber Eleasar und Itamar ursprünglich selbständig waren und daß die in Ex 24,(1a.)9 durchschimmernde Nadab-Abihu-Überlieferung vermutlich älter ist als die Überlieferungen über Eleasar und Itamar. M. NOTH meint gar, Nadab und Abihu seien gewiß "noch vor Mose und Aaron, durch die sie in den Schatten gestellt wurden, als Führer des Volkes in die Erzählung einbezogen worden"[1].

Während T.C. VRIEZEN[2] und E.W. NICHOLSON[3] sich dieser Meinung NOTHs anschließen, meldet A.H.J. GUNNEWEG gegenüber dieser überlieferungsgeschichtlichen Einstufung Zweifel an: "Bezüglich der Reihenfolge, worin ihre - gemeint ist: der namentlich genannten Personen in Ex 24,(1a.)9 - Aufnahme erfolgte, wird man zweifeln können"[4]. GUNNEWEG möchte offenbar der Gestalt des Mose in Ex 24,(1a.)9 einen überlieferungsgeschichtlichen Vorrang vor Nadab und Abihu geben.

Worin alle vier Exegeten übereinstimmen, ist dies: Auch Nadab und Abihu können nicht den Anspruch erheben, ein ursprünglicher Bestandteil der Überlieferung von Ex 24,(1a.)9-11 zu sein[5]. Das ist in der Tat die plausibelste Auffassung.

6.35 Auf dem Hintergrund der bisherigen Erörterungen hat es wenig Wahrscheinlichkeit für sich, daß ausgerechnet Aaron in

---

1) ÜPt, 196
2) OTS XVII (1972), 107 f.110
3) VT 25 (1975), 72
4) Leviten, 86
5) Vgl. H. HOLZINGER, Ex, 104; R. SMEND sr., Hexateuch, 169.174; O. EISSFELDT, HexSyn, 50.151 f*; M. BUBER, Moses, 136; H. SEEBASS, Mose u. Aaron, 104, Anm. 4 ("Man muß ... ernstlich fragen, ob nicht ... die Einfügung von Nadab und Abihu auf das Konto des Redaktors geht"). Anderer Meinung ist J.M. SCHMIDT; nach ihm sind Nadab und Abihu wahrscheinlich "in der zugrundeliegenden Tradition verwurzelt" (Aaron u. Mose, E 4). Vgl. aber auch E 11.

Ex 24,(1a.)9 ganz fest und ursprünglich verwurzelt ist[1], wo wir doch gerade von Aaron wissen, daß eine priesterlich-aaronidische Hand seinen Namen in späterer Zeit an nicht wenigen Stellen des Pt nachgetragen hat. So hatte sich auch Aarons Verknüpfung mit den Ältesten in der einzigen Vergleichsstelle Ex 18,12 als sek Eintragung erwiesen.

Darum legt sich gerade für Aaron eine spätere Einfügung in Ex 24,(1a.)9 nahe. Aus der Sicht der P muß es unerträglich gewesen sein, daß zwar die (70) Ältesten Gott auf dem Berge geschaut haben sollen, nicht aber Aaron. So dürfte Aaron in Ex 24,(1a.)9 "den weltlichen Ältesten ... als der kultisch-priesterliche Repräsentant Israels" gegenüberstehen[2], natürlich als der zukünftige[3] - denn er wird dies ja erst in Ex 28 ff; 39 f.

6.4 Ergebnis:

Die Erwähnung Aarons in Ex 24,(1a.)9 ist als sek anzusehen[4]. Da uns Aaron bisher - nur die Besprechung von Ex 24,14 steht noch aus - in vor-priesterschriftlichen Texten nirgends als priesterliche Gestalt begegnet ist, kann diese Einfügung nicht aus vorpriesterschriftlicher Zeit stammen.

---

1) Gegen S. MOWINCKEL, Erwägungen zur Pentateuch-Quellenfrage, Trondheim 1964, 132, Anm. 124. MOWINCKEL meint: "Dass Nadab und Abihu, und damit die Summe 74, nicht ursprünglich sind, ist allgemein angenommen. Sie entstammen der P-Tradition und R^{JP}. Dass Ahron hier sekundär sein sollte und die 70 Ältesten die alleinigen Vertreter des Volkes, wie NOTH (Überlieferungsgeschichte des Pentateuch, S. 196) meint, ist äußerst unwahrscheinlich; dagegen spricht schon die Zahl 70 + 1 (Mose); die ursprüngliche Zahl ist gewiss 72". Mit diesem Zahlenspiel ist aber kein Beweis zu führen.

2) A.H.J. GUNNEWEG, Leviten, 88. Vgl. u.a. B. BAENTSCH, Ex-Lev-Num, 214. Auch nach W.H. SCHMIDT (Atl. Glaube, 45) "gehören die Priester (Aaron, Nadab, und Abihu) ursprünglich kaum zur Gruppe der 'Vornehmen' (V.11; ähnlich wohl Ex 18,22)".

3) Gegen GUNNEWEG, der schon in dem vor-priesterschriftlichen Aaron eine priesterliche Gestalt erkennt.

4) Vgl. H. HOLZINGER, Ex, 104; R. SMEND sr., Hexateuch, 169.174 (Aaron sei aber wohl "schon von einer älteren Hand eingefügt" worden, also früher als die erst aus der P bekannten Aaron-Söhne Nadab und Abihu); O. EISSFELDT, HexSyn, 50.151 f*. Gegen J.M. SCHMIDT, Aaron u. Mose, E 4 u. 9.

7. Ex 24,14

7.1 Der Text

Vor seinem Aufstieg auf den Gottesberg gibt Mose den Ältesten u.a. die folgende Instruktion: w^e^hinnē 'ah^a^rōn w^e^Ḥūr ^c^immākæm mī-ba^c^al d^e^bārīm jiggaš '^a^lēhæm = *"Und seht: Aaron und Hur sind bei euch. Wer ein Anliegen hat*[1]*, wende sich an sie!"* (Ex 24,14b).

7.2 Ex 24,14 = elohistisch?

Ziemlich viele Exegeten halten Ex 24,14 samt der Nennung Aarons und Hurs für elohistisch[2]. Weil aber die einzige Stelle, an der Hur - übrigens zusammen mit Aaron! - sonst noch vorkommt (Ex 17,10.12), nach unserer Analyse von Ex 17,8-16 nicht elohistisch ist, wird auch die Nennung Hurs in Ex 24,14 nicht elohistisch sein. Überhaupt ist der Name"Hur"ja, wie wir bei der Besprechung von Ex 17,8-16 festgestellt haben, dem südpalästinensischen Raum zuzuordnen.

Damit ist freilich noch nicht mehr gewonnen, als daß die Erwähnung Hurs in Ex 24,14 als nicht-elohistisch erkannt ist.

7.3 Literarkritische Überlegungen

Nun beobachten wir aber weiter, daß die Textpassage Ex 24,*12. 13-15a in der vorliegenden Form nicht den Eindruck eines alten, unversehrten Originaltextes macht. Schauen wir uns die VV.13 u. 15 an! Sie lauten: "(13) Und Mose und sein Diener Josua machten sich auf, und Mose stieg auf den Gottesberg ... (15a) Und Mose stieg auf den Berg".

Hierbei fallen uns zwei Dinge auf:

1. Am Anfang ist von Mose und Josua die Rede, danach nur noch

---

1) Mit den d^e^bārīm dürften wohl vor allem Streitfälle gemeint sein (vgl. J. WELLHAUSEN, Composition, 88 f; B. BAENTSCH, Ex-Lev-Num, 218).

2) Vgl. A. DILLMANN, Ex-Lev, 259 f; A. KUENEN, Einleitung, 146; J. WELLHAUSEN, Composition, 88; H. HOLZINGER, Ex, 104; O. PROCKSCH, Elohimquelle, 90; B.D. EERDMANS, Studien III, 69; H. GRESSMANN, Anfäge, 58. S.R. DRIVER, Ex, 256; C.A. SIMPSON, Traditions, 625; G. HÖLSCHER, Geschichtsschreibung, 316; H. SEEBASS, Mose u. Aaron, 38. Demgegenüber ist die Position von R. SMEND sr., der Ex 24,14 für jahwistisch hält (vgl. Hexateuch, 168), ein Einzelfall.

von Mose, und zwar im Hinblick auf dieselbe Handlung.
2. V.15a ist eine reine Wiederholung von V.13b.

Zu 1: Wenn Mose bei seinem Aufstieg auf den Berg von seinem Diener begleitet wird, muß zwar nicht unbedingt in jeder den Aufstieg des Mose betreffenden Bemerkung auch konsequent immer der Diener mitgenannt werden; denn Mose ist nun einmal die entscheidende Person. Man fragt sich aber, wieso Josua überhaupt als Moses Begleiter ausdrücklich erwähnt wird. Schauen wir über Ex 24 hinaus, so erkennen wir, daß seine Erwähnung in Ex 24,13 mit Ex 32,17 f (Gespräch Josuas mit Mose beim Abstieg vom Berge) zusammenhängt[1].

Wenn man nun weiß, daß Ex 32,17 f (bzw. wenigstens Josuas namentliche Nennung in Ex 32) sek eingefügt wurde (vgl. die Literarkritik zu Ex 32!), sieht man sich genötigt, auch das "und sein Diener Josua" in Ex 24,13 als sek, und zwar - weil Ex 32 jejowistischer Herkunft sein dürfte - als nach-jehowistisch anzusehen.

Zu 2: Die beste Erklärung für die Wiederholung der Aufstiegsnotiz in V.13b und 15a scheint folgende zu sein: V.14 stellt eine nachträgliche Einfügung dar, und V.15 nimmt den Faden von V.13 wörtlich wieder auf - ein Fall von "Wiederaufnahme" also, wie C. KUHL[2] sie beschrieben hat. V.14 f wäre danach als Interpolation zu betrachten.

Falls das richtig ist, bestand zuerst nur V.13 (ohne "und sein Diener Josua"), und zwar lautete er: wajjāqom wajjaᶜal Mōšæ 'æl hā'ᵆlōhīm = "Und Mose machte sich auf und stieg auf den Berg Gottes".

Es ist aber zu fragen, ob die VV.*12.*13 innerhalb des größeren Kontextes der alten Quellen überhaupt eine sinnvolle Funktion erfüllt haben können. Vielleicht die der Einleitung des jahwistischen Theophanieberichtes Ex 34? Aber dies Kapitel hat seine

1) Vgl. G. BEER, Ex, 126 ("Josua als Begleiter Moses 24,13a ist Flickvers im Blick auf Ex 32,17-18". Andererseits setzt BEER in V.15a (E¹) mit der LXX "und Josua" ein, vgl. 128) nach der LXX korrigiert.
2) Die 'Wiederaufnahme' - ein literarkritisches Prinzip?, ZAW 64 (1952), 1-11

eigene Einleitung (Befehl Jahwes, mit zwei Steintafeln den Berg hinaufzusteigen), und zwar in original-jahwistischer Form (mit einem sek Einschub in V.1)[1]. Im E-Faden hängt Ex 24,*12.*13 ebenso in der Luft. Daraus ist zu schließen, daß Ex 24,*12.*13 nicht ohne Ex 32 existiert hat. D.h. Ex 24,*12-15a ist in seiner Gesamtheit gegenüber den alten Quellen sek[2]. Dabei muß der "Nachtrag" V.14 mit dem folgenden V.15 nicht unbedingt noch später eingefügt sein: Nach der Jahwerede in V.12 ("und Jahwe sprach zu Mose: ...") konnte der betr. Interpolator nämlich nicht unmittelbar fortfahren: "Und Mose sprach zu den Ältesten ..." Zuerst mußte von irgendeiner Handlung des Mose die Rede sein. Wohl hätte der Interpolator etwa schreiben können: wajjēlak Mōšæ wajjōmær 'æl ... und dabei V.13 hinter V.14 folgen lassen können (unter Weglassung von V.15). Er hat aber einen anderen Weg gewählt, den des "Nachtrags", der auch in einem "Originaltext" durchaus möglich ist. In unserem Fall ist er stilistisch ja durch die Wortstellung angedeutet: w^{e}'æl hazz^{e}qēnīm 'āmar (statt - wie bei normaler Zeitabfolge - wajjōmær 'æl hazz^{e}qēnīm): "Und zu den Ältesten hatte er gesagt: ..."[3]

Eigentlich brauchte das wajja^{c}al Mōšæ 'æl-hāhār V.15a gar nicht mehr zu folgen. Der Text könnte an sich durchaus in V.18b weitergehen: wajehī Mōšæ bāhār 'arbā^{c}īm jōm w^{e}'arbā^{c}īm lāj^{e}lā ="Und Mose weilte auf dem Berge 40 Tage u. Nächte."Weil der Anfang des später eingeschalteten priesterschriftlichen Textstückes Ex 24,15b-18a waj^{e}kas hæ^{c}ānān 'æt-hāhār = "und die Wolke bedeckte den Berg" aber eines unmittelbar vorausgehenden Hinweises auf den Berg bedarf[4], ist es sogar wahrscheinlicher, daß V.15a erst von dem

---

1) Vgl. F.-E. WILMS, Bundesbuch, 207
2) Anders M. NOTH (Ex, 162) zu Ex 24,12-15a: "Jedenfalls aber gehört dieser Passus zum alten Quellenbestand wie Kap. 32 und 34". Demgegenüber schrieb NOTH noch in der ÜPt, 192 f: "... in Ex. 24,12-15a und 32,1 ff haben wir es mit einem überlieferungsgeschichtlich sehr jungen Stück zu tun"! Die Rettung von Ex 32 für den J, wie NOTH sie dann im Ex-Kommentar unternommen hat (freilich: "ein literarisch sekundärer Nachtrag zur J-Erzählung" (Ex, 202)), überzeugt jedoch nicht (vgl. Ex, 200 ff).
3) So auch in Ex 24,1: w^{e}'æl Mosæ 'amar = "Und zu Mose hatte er gesagt". Zu der plusquamperfektischen Übersetzung des 'amar in Ex 24,1 vgl. A. DILLMANN, Ex, 254; B.D. EERDMANS, Studien III, 67 (EERDMANS scheint ein solches plusquamperfektisches Verständnis aber grundsätzlich als Indiz für einen sek Nachtrag anzusehen (vgl. ebd.)); F. MICHAELI, L'Exode, 224.
4) Vgl. W. RUDOLPH, "Elohist", 48: "V.15a ist Vordersatz zu V.15b".

Redaktor, der das P-Stück hier einsetzte, geschaffen wurde. Dann muß man allerdings mit B.D. EERDMANS (Studien III, 69) in Ex 24, 18aP zwischen 'æl und hāhār ein rō'š einfügen (vgl. V.17a), da sich sonst wieder eine Doppelung zu V.15a ergibt, so daß V.18a lautet: "Und Mose ging in die Wolke hinein und er stieg auf die Spitze des Berges" - was ja auch nach V.17 (... b^{e}rō'š hāhār ...) am angemessensten ist.

7.4 Ergebnis

So hat sich letzten Endes die anfängliche Vermutung bzgl. des sek Charakters von V.14 innerhalb der VV.*12-15a zwar nicht bestätigt, dafür hat sich aber gezeigt, daß die ganze Textpassage Ex 24,*12-15 sek ist: die VV.*12.13 (zunächst ohne "und sein Diener Josua"[1]).14 (frühestens) jehowistisch, V.15a wahrscheinlich erst nach-priesterschriftlich.

Bemerkenswert ist, daß Aaron in diesem Zusatz noch keine priesterlichen Züge trägt[2].

---

1) So neben G. BEER, Ex, 126 u.a. auch V. FRITZ, Israel, 58, Anm. 15 ("eine Glosse")

2) Vgl. H. HOLZINGER, Ex, 106

II. ERGEBNIS

1. Kapitel: Einzelergebnisse

1. Es gibt nur ganz wenige vor-priesterschriftliche Aaron-Vorkommen: Ex 17,*8-13; 24,14; 32; Num 12; Dt 9,20[1]. Eine wichtige Erkenntnis ist, daß es sich bei Ex 4,14-16 um einen nach-priesterschriftlichen Text handelt.

2. Eine eindeutige Quellenzuteilung wurde nicht erreicht. Wohl kann man folgendes sagen:

2.1 Ex 17,*8-13 ist eine alte, wohl im südpalästinensischen Raum entstandene Mosesage, die durchaus schon vom J aufgenommen worden sein kann (vgl. im 2. Kap. des Hauptteils die Nr. 8.54, S. 197 f).

2.2 Ex 32 ist nicht vor 750 und kaum nach 700 v. Chr. anzusetzen und am ehesten dem Je zuzuschreiben (vgl. im 3. Kap. des Hauptteils die Nr. 9.23, S. 288 f).

2.3 Ex 24,14 ist dann frühestens jehowistisch.

2.4 Dt 9,20 dürfte der unmittelbar vorexilischen Zeit entstammen (vgl. im 3. Kap. des Hauptteils die Nr. 4.5, S. 275).

2.5 Num 12 wird man schwerlich als vorexilisch ansprechen können (vgl. im 4. Kap. die Nr. 7.4, S. 359 f).

3. Der vor-priesterschriftliche Aaron begegnet uns in folgender Gestalt:

3.1 In Ex 17,*8-13 tritt er - neben Hur - als eine Gestalt aus der engeren Umgebung des Mose in Erscheinung. Seine dortige Funktion läßt sich m.E. am besten verstehen, wenn man ihn als einen mit Mose in gutem Einvernehmen stehenden Unterführer betrachtet.

---

1) Die anderen Aaron-Vorkommen haben sich als sek erwiesen. So ist auch Aarons Nennung in Ex 15,20 eine späte Zufügung: Der im 5. Kap. des Hauptteils (Nr. 3.42, S. 383) gemachte Vorbehalt ist durch das Ergebnis der weiteren Untersuchungen hinfällig geworden.

3.2 Ex 24,14 und Ex 32 zeigen uns Aaron bei Moses Abwesenheit als kommissarischen Volksführer (nicht als Priester!), der sich mit der Herstellung des goldenen Stierbildes als Parteigänger des Volkes in scharfen Gegensatz zu Mose bringt.

3.3 Num 12 zeichnet Aaron als eine prophetische Gestalt. Er opponiert gegen den Primat des Offenbarungsempfängers Mose und beansprucht - zusammen mit Mirjam - die gleiche religiöse Autorität wie Mose.

3.4 Der Zusatz Dt 9,20 rekurriert nur auf die Rolle, die Aaron in Ex 32 bei der Herstellung und Verehrung des goldenen Jungstiers spielt, und will eine Erklärung dafür geben, warum Aaron straffrei ausgeht (vgl. im 3. Kap. des Hauptteils die Nr. 4.41, S. 272 f).

4. Der vor-priesterschriftliche Aaron ist keine priesterliche Gestalt.[1]

5. Im Unterschied zu den priesterschriftlichen und nach-priesterschriftlichen Aaron-Vorkommen steht der vor-priesterschriftliche Aaron innerhalb des jeweiligen Kontextes, in dem er uns begegnet, nicht eigentlich selbst im Blickpunkt des Interesses. Er erfüllt in den betr. Geschichten, in denen es jeweils um Mose oder/und um das Verhältnis Mose - Propheten bzw. Jahwe - Israel geht, eine erzählerisch notwendige Funktion.

---

1) So auch H. HOLZINGER, Einleitung, 176; G. WESTPHAL, ZAW 26 (1906), 215; W. RUDOLPH, "Elohist", 32, Anm. 1; M. NOTH, ÜPt, 198; A. CODY, Priesthood, 45.151; G. CORNFELD / G.J. BOTTERWECK, (unsignierter) Art. "Aaron", in: dieselben (Hrsg.), Die Welt der Bibel, 1; E. AUERBACH, VTS XVII, 44.58; N.M. SARNA, Art. "Aaron. Critical View", in: EncJud II, 4-7, hier: 6 f; R. de VAUX, Histoire I, 438 ("De toute manière, Aaron n'agit jamais comme prêtre dans les récits anciens, et il n'est jamais appellé prêtre").

2. Kapitel: Auswertung

Vorbemerkung

Es sei eigens hervorgehoben, daß es hier nicht nur um stringente Folgerungen geht, daß vielmehr auch interpretiert wird und daß mitunter Annahmen und Vermutungen geäußert werden.

1. Der vor-priesterschriftliche Aaron kann nicht als Eponym einer Priesterschaft angesehen werden.

1.1. So kann Aaron nicht, wie weithin angenommen wird, als Ahnherr der Betelschen Priesterschaft gelten.

Das Letztere gilt auch im Hinblick auf die Annahme einer Ex 32 zugrundeliegenden positiven Kernerzählung (= Kultlegende), in der Aaron(!) als Begründer des Stierkultes von Betel fungiert hat. Denn eine solche Annahme wäre die einzige Quelle, aus der wir für die vor-priesterschriftliche Zeit etwas über einen Priester Aaron erfahren würden. Hätte die Betelsche Priesterschaft (nicht nur den Jungstierkult, sondern auch) sich selbst auf Aaron zurückgeführt, hätte sie sich gewiß mehr von ihm zu erzählen gewußt. Es liegt uns nichts dergleichen vor, obwohl die Jerusalemer Priesterschaft in späterer Zeit vermutlich mit Freuden derartige Erzählungen von dem Priester Aaron (wenigstens auswahlweise) aufgegriffen hätte.

(Die gen. Annahme einer Betelschen Kultlegende mit Aaron als Kultgründer ist also (auch) unter diesem Aspekt wenig überzeugend. Das spricht für die andere, im Kap. 3 (Ex 32) vorgetragene These von einer Kultlegende mit Mose als dem ursprünglichen Begründer des Kultes.)

1.2 Es ist auch nicht möglich, als Hintergrund für Ex 32 (und Num 12) Auseinandersetzungen einer von Aaron abstammenden (bzw. aaronidische Abstammung in Anspruch nehmenden) Priesterschaft mit einer sich auf Mose zurückführenden Priesterschaft anzunehmen.

1.3 Auch kann Aaron nicht der (priesterliche) Repräsentant einer anderen Religion gewesen sein, wie H. GRESSMANN (Aaron = El-priester) und neuerdings H. SEEBASS und H. SCHMID in modifizierter Form vertreten haben.

2. Ob man nun hinter der Erzählung Ex 32 eine Kultlegende (mit Mose als Hersteller des Kultbildes von Betel) erkennt oder nicht, in keinem Falle kann man in Ex*32 den Ursprung der "Aaron-Überlieferung" sehen. In beiden Fällen stammt die Erzählung Ex *32 ja erst vom Je. Betel kann somit nicht als der älteste lokale Haftpunkt der "Aaron-Überlieferung" gelten.

Das ergibt sich auch schon daraus, daß eine solche Annahme mit der offensichtlich alten Überlieferung von Ex 17,*8-13 konkurrieren würde, wonach Aarons Herkunft im südpalästinensischen, amalekiternahen Bereich zu suchen ist. (Und zwei verschiedene Personen mit Namen Aaron anzunehmen, wäre eine reine Verlegenheitslösung.)

So ist Ex 17,*8-13 als der älteste Text zu betrachten, der von Aaron redet.

3. Da also erkannt ist, daß Ex 17,10.12 das älteste literarische Zeugnis über Aaron darstellt, stellt sich die Frage, in welchem Verhältnis die anderen Stellen zu Ex 17,*8-13 stehen.

Diese Frage ist dringlich, weil die vor-priesterschriftlichen Stellen - wie M. NOTH nachdrücklich herausstellt - keine "erkennbare Verwandtschaft"[1] zeigen, sich also keine Abhängigkeiten und keine gradlinige "Entwicklung" des Aaronbildes erkennen lassen.

M. NOTH schließt aus dem kontrastreichen Bild des vor-priesterschriftlichen Aaron, "daß Aaron ziemlich lange, d.h. auch noch als die jüngeren vor-priesterschriftlichen Erzählungen von ihm entstanden, eine lebendige Überlieferungsgestalt war, von der man sich immer wieder Neues und Verschiedenes zu erzählen wußte ohne unmittelbare Abhängigkeit von älteren Erzählungen"[2]. "So hat es - meint NOTH - gewiß Geschichten gegeben, aus denen die jetzt unlösbaren Fragen zu beantworten wären, wie das Verhältnis Aaron-Mirjam und das Verhältnis Aaron-Mose entstanden ist"[3].

NOTHs Hypothese befriedigt mich nicht, weil ich nicht einsehe, wie über eine ganz bestimmte historische Persönlichkeit unabhängig voneinander immer wieder neue und verschiedene Geschichten entstehen konnten, um ein aus so heterogenen Einzelzügen sich zusammensetzendes "Persönlichkeitsbild" entstehen zu lassen. Und daß das im Pt Erhaltene "nur bruchstückhafter Restbestand reicheren Erzählungsgutes"[4] sei, ist eine unbewiesene und unbeweisbare Arbeitshypothese, die m.E. auf die falsche Fährte lockt.

---

1) ÜPt, 197
2) Ders., 198
3) Ebd.
4) Ebd.

Sie legt nämlich nahe anzunehmen, daß wesentliche Teile der "Aaron-Überlieferung" unterdrückt worden seien, und provoziert die Frage, aus welchem Grund solches geschehen sein könnte. Dann entstehen leicht Spekulationen von der Art, wie H. SEEBASS und H. SCHMID sie angestellt haben.

Eine einfachere Erklärung für die divergierenden, ja kontrastierenden Züge im vor-priesterschriftlichen Aaronbild ist die, daß der Aaron von Ex 17,*8-13 - zuerst in Ex 32 und dann noch einmal in Num 12 - als erzähltechnisches Mittel eingesetzt wurde:[1] Der Autor der genannten Erzählungen brauchte jeweils eine Person aus der Mosegruppe als Akteur in einer Geschichte, die in der Mosezeit spielt, und da gab es - wie im Schlußabschnitt des voraufgehenden Kap. 4 (Num 12) schon ausgeführt wurde - keine große Auswahl[2]. So mußte Aaron zweimal in dieser Weise herhalten.

Wenn dem so ist, dann läßt sich nicht mehr im eigentlichen Sinne von einer vor-priesterschriftlichen Aaron-"Überlieferung" reden, auch wenn die vor-priesterschriftlichen Aaron-Vorkommen zusammengenommen - also Ex 17,*8-13; 24,14; 32; Num 12; Dt 9,10 - in der Folgezeit selbstverständlich als wirkliche Überlieferung von einer historischen Persönlichkeit namens Aaron genommen wurden.

Wohl steht hinter dem Namen "Aaron" in Ex 17,*8-13 mit hoher Wahrscheinlichkeit eine historische Persönlichkeit[3]. Aber was sich über diese aussagen läßt, ist sehr wenig:

1. Der Aaron von Ex 17,*8-13 gehörte nicht der Mosegruppe an[4].
2. Er ist geographisch dem südpalästinensischen Raum zuzuordnen.
3. Er tritt (in dem nicht-religiösen Kontext der volkstümlichen Mosesage Ex 17,*8-13) nicht in einer kultischen Rolle auf und war darum gewiß eher ein Stammes- oder Sippenführer denn ein Priester.

---

1) Vgl. hierzu die Bemerkung A. CODY's: "... for a fairly long period in the elaboration of the narrative traditions he (= Aaron) seems to have been a polyvalent figure capable of taking of a plurality of diverse aspects" (Priesthood, 150).

2) Ergänzend sei zu der Frage, warum die betr. Verfasser nicht auf Hur zurückgegriffen haben, angemerkt, daß man es vielleicht aus Rücksichtnahme auf die Hur-Sippe (vgl. 1 Chron 2, 19 f. 50; 4,1.4) vermied, einen Hur in der unvorteilhaften Rolle des Kultbildherstellers auftreten zu lassen.

3) Daß es sich bei Aaron und Hur etwa nur um reine Phantasiegrößen handelt, ist unwahrscheinlich.

4) Damit ist die diesbezügliche Frage aus dem 2. Kap. des Hauptteils (Ex 17, 8-16), S. 185 , Anm. 1, beantwortet.

Die Gestalt des historischen Aaron verliert sich also im Halbdunkel der israelitischen Frühgeschichte. In diesem Punkte ist M. NOTH vollkommen recht zu geben. Aus der Erkenntnis, daß der ursprüngliche, historische Aaron nicht Priester war, und daß sein Name auch nicht als Eponym einer Priesterschaft gelten kann sowie aus meiner gegenüber M. NOTH andersartigen Auswertung des disparaten vor-priesterschriftlichen Überlieferungsmaterials betr. Aaron folgt aber gleichzeitig, daß dem vor-priesterschriftlichen Aaron nicht jene Bedeutung zukommt, die NOTH und fast alle Alttestamentler ihm beimessen. Eine weitere Enträtselung der Herkunft und Person Aarons, sofern sie möglich wäre, würde also nicht, wie häufig erwartet wird, einen entscheidenen Beitrag zur Aufhellung der in ziemlichen Dunkel liegenden Ursprünge des israelitischen Priestertums leisten können. Das ist eine ernüchternde Feststellung. Sie zerreißt die - ich möchte sagen: Gespinste der mit viel Scharfsinn, aber auch mit viel Phantasie gewebten Spekulationen, die auf dem Boden einer äußerst dürftigen (und scheinbar nur bruchstückhaft erhaltenen) vor-priesterschriftlichen Aaron-"Überlieferung" sehr leicht gedeihen konnten, ja geradezu provoziert wurden.

4. Auf die im 1. Kap. der Einleitung gestellte Frage, wie der Aaron der vor-priesterschriftlichen Überlieferung, der nach Ex 32 als der Begründer eines illegitimen Kultes gilt, zum (Hohen-)-Priester par excellence und Urahn der Jerusalemer, ja aller israelitischen Priester werden konnte, mag der Leser sich in Gedanken die Antwort zurechtgelegt haben: "Weil er wohl tatsächlich eine priesterliche Gestalt aus Israels Frühzeit ist oder jedenfalls schon in alter Zeit für eine solche gehalten wurde". Diese Antwort hat sich als irrige Ansicht erwiesen. Dadurch hat sich das Problem des Überschrittes vom vor-priesterschriftlichen zum priesterschriftlichen Aaron verschärft.

Man kann nun ja mit noch mehr Recht fragen, wieso man dann nicht Hur (der doch sozusagen ein "unbeschriebenes Blatt" war) oder Mose selbst zum (Hohen-)Priester gemacht hat und warum es ausgerechnet Aaron sein mußte, wo doch gerade dieser kein gutes Image hatte.

Zu diesem Punkte lassen sich natürlich nur Vermutungen anstellen:

Bzgl. der Alternative "Hur", die an sich möglich gewesen wäre, kann man vermuten, daß die Verfasser der P vielleicht das Moment des Offenbarungsempfanges (der in Num 12 dem Aaron indirekt bescheinigt wird) in das Bild ihres Ur- und Oberpriesters miteinbringen wollten, nachdem das Prophetische namentlich durch die Gestalten eines Jesaja und Jeremia eine so mächtige Aufwertung erfahren hatte. Überhaupt war den betr. Autoren wohl eine Gestalt, die anerkanntermaßen in der Mosegruppe einen großen Einfluß ausgeübt hatte, lieber als jener farblose Hur.

Aber warum nahm man nicht Mose, wenn man dem Priesteramt eine möglichst starke Legitimation und eine möglichst hohe Dignität - denn darauf kam es den priesterschriftlichen Autoren doch wohl letzten Endes an - geben wollte?

Darauf läßt sich erwidern: Weil Mose wohl "eine zu universale Stellung innehatte, um für die Übernahme eines einzelnen Amtes, und sei es auch des für die P zentralen Amtes des Hohenpriesters in Frage zu kommen"[1], galt er doch als der große, alle anderen Gestalten der israelitischen Geschichte weit überragende charismatische Führer, der wundertätige Repräsentant Jahwes, der Bundesmittler und Gesetzgeber, kurz: als der Begründer Israels als des Volkes Jahwes, dem Einzeltitel nur zaghaft gegeben wurden, weil sie jeweils nur einen Aspekt dieser einzigartigen Erscheinung wiedergaben, dem vielmehr meistens das Prädikat "Knecht Jahwes bzw. Gottes" beigelegt wurde, das ihn nicht für eine Einzelfunktion in Anspruch nimmt. Es ist leicht einzusehen, daß die Autoren der P das Mosebild gar nicht mehr umstilisieren konnten, indem sie also Mose über seine fundamentale Funktion des Volksführers und Gesetzesmittlers hinaus zum ersten und exemplarischen Kultdiener Israels gemacht hätten.

---

1) M. NOTH, ÜPt, 195. Dabei waren die Verfasser der P allerdings nicht, wie NOTH meint, "durch ältere Überlieferung gebunden, der bereits Aaron als Bruder Moses und als Priester bekannt war" (ebd.).

Überhaupt eignete sich eine Person, die ganz und ausschließlich für das (mit sehr vielen Obliegenheiten behaftete) Priesteramt in Anspruch genommen werden konnte wie etwa Aaron, besser für die Stelle des ersten und obersten Priesters. Denn indem man die priesterliche Tätigkeit konsequent als eigenständigen Beruf (und nicht nur als eine Nebenbeschäftigung) darstellte, konnte man dieser Funktion noch mehr Gewicht verleihen.

Die Bedeutung des Mose erlitt durch diese priesterschriftliche Konzeption übrigens keine Einbuße (daran konnte den Autoren der P ja auch nicht gelegen sein)[1]. Im Gegenteil: Mose ist es, der als der im Namen Jahwes handelnde Mittler und Gesetzgeber vom Sinai sowohl die Vorschriften für den Bau des hl. Zeltes, seine Einrichtung und seinen Kult und für das dort fungierende Priestertum von Jahwe selbst erhält als auch die Weihe des Zeltes und die Einführung der Priester in ihr Amt vornimmt - wobei es ihm zukommt, eine Woche lang selbst den Dienst des obersten Priesters auszuüben[2].

Damit aber ist der eigentlichen Intention der Verfasser der P Genüge getan, nämlich das israelitische Priestertum am Sinai zu verankern und letztlich auf Mose und durch ihn auf Jahwe zurückzuführen.

Offenbar gab es (noch) keine gesellschaftliche oder religiöse Gruppe bzw. Institution, die Aaron für sich in Beschlag genommen hatte, so daß er für eine solche Inanspruchnahme durch die Priesterschaft noch zur Verfügung stand.

Zwar war das Bild des vor-priesterschriftlichen Aaron nicht makellos (vgl. besonders Ex 32), aber 1. trägt Aaron in Ex 32 nicht die Hauptschuld für die "große Sünde", vielmehr wird dort das Volk insgesamt für schuldig erklärt, 2. ist es für die israelitische "Geschichtsschreibung" typisch, daß selbst große Persönlichkeiten wie etwa Abraham, Jakob, Saul, David, Salomo nicht wie in den Heldensagen vieler Völker als ideale Gestalten ohne

---

1) Darum ist es nicht gerechtfertigt, von einer "Verdrängung" des Mose durch Aaron (so H. GRESSMANN, Mose, 50; Anfänge, 34; W. RUDOLPH, "Elohist", 9; ähnlich A.H.J. GUNNEWEG, Leviten, 95 u. 97 u. andere) zu reden.

2) Vgl. Lev 8

jeden Makel dargestellt werden. Sogar Mose, die größte Gestalt der israelitischen Geschichte, wird im Pt nicht als sündenloser Mensch vorgestellt[1]. Aarons Versagen war offensichtlich also kein Hinderungsgrund, um ihn zum Hohenpriester zu machen. (Konnte nicht gerade seine menschliche Unzulänglichkeit als unverdächtiges Indiz für die Historizität dieses Priesterahn aus der Mosezeit gewertet werden?)

Zur Erklärung dafür, daß Aaron von den Verfassern der P zum Urahn der israelitischen Priesterschaft gemacht wurde, braucht man gar nicht die Hypothese zu Hilfe nehmen, daß die Priesterschaft von Betel sich später doch von Aaron hergeleitet hätte und daß - wie manche Forscher vermutet haben - die Jerusalemer Priesterschaft sich nach der Rückkehr aus dem Exil gezwungen sah, ihre Herkunft von Aaron zu behaupten, weil die aaronidische Priesterschaft von Betel während des Exils - also während der Abwesenheit der Jerusalemer Priester - auch im ehemaligen Südreich allgemeine Anerkennung gefunden hätte. Der Rückgriff auf Aaron lag vielmehr einfach deshalb nahe, weil man Aarons Funktion sowohl in Ex 32 als auch in Ex 17,*8-13 leicht als eine kultisch-priesterliche interpretieren konnte.

---

1) Vgl. Num 20,12P, wo er sich zusammen mit Aaron der Kleingläubigkeit schuldig macht und zur Strafe nicht mit in das gelobte Land ziehen darf.

LITERATURVERZEICHNIS (AUSWAHL)

1. Quelle

Biblia Hebraica Stuttgartensia, Stuttgart 1968-1976 (Hrsg.: K. ELLIGER / W. RUDOLPH)

2. Alte Übersetzungen

Septuaginta. 2 Bde., [8]Stuttgart 1965 (Hrsg.: A. RAHLFS)

Versio Syriaca (Peschitta), [2]Beirut 1951 (Erstauflage: Mossul 1886-1891. Hrsg.: die Dominikaner von Mosul)

3. Sonstige Literatur

Die im Einleitungsteil unter Nr. 2.2 - 2.4 (S. 21-26) vorgestellte Literatur zum Thema "Aaron" wird hier nicht mitaufgeführt. Auch die Kommentare (im engeren Sinne) bleiben unerwähnt. Ebensowenig finden sich in diesem Literaturverzeichnis jene Bücher, Lexikon-Artikel und Aufsätze, auf die in der Untersuchung nur einmal oder ein paarmal verwiesen ist. Wohl enthält das Verzeichnis neben der häufiger zitierten eingesehene, aber in der (gekürzten) Dissertation nicht zitierte Literatur.

Im übrigen beachte man das Autorenregister.

ALONSO-SCHÖKEL, L., Sprache Gottes und der Menschen. Literarische und sprachpsychologische Beobachtungen zur Hl. Schrift, Düsseldorf 1968

- Das Alte Testament als literarisches Kunstwerk, Köln 1971 (Übers. d. span. Originalausgabe "Estudios de Poëtica Hebrea", Barcelona 1963)

ALT, A., Der Gott der Väter. Ein Beitrag zur Vorgeschichte der israelitischen Religion, Stuttgart 1929 (BWANT [3.F.] 12) (jetzt in : ders., Kleine Schriften I, München 1953, 1-78)

ARENHOEVEL, D. / DEISSLER, A. / VÖGTLE, A. (Hrsg.), Die Bibel. Die Hl. Schrift des Alten und Neuen Bundes. Deutsche Ausgabe mit den Erläuterungen der Jerusalemer Bibel, Freiburg - Basel - Wien 1968 (abgekürzt: Jerusalemer Bibel deutsch)

BARR, J., Bibelexegese und moderne Semantik. Theologische und linguistische Methode in der Bibelwissenschaft, München 1965

BARTH, C., Mose, Knecht Gottes, in: PARRHESIA (FS K. BARTH), Zürich 1966, 68-81

BARTH, H. / STECK, O.H., Exegese des Alten Testamentes. Leitfaden der Methodik. Ein Arbeitsbuch für Proseminare, Seminare und Vorlesungen, Neukirchen-Vluyn 1971 (Die noch im selben Jahr erschienene 2. Aufl. enthält einen 18seitigen Nachtrag.)

BAUMGARTNER, W., siehe: HOLLENBERG, W.
siehe: KÖHLER, L.

BEER, G., siehe: MEYER, R.

BEYERLIN, W., Herkunft und Geschichte der ältesten Sinaitraditionen, Tübingen 1961

BOTTERWECK, G.J. / RINGGREN, H., Theologisches Wörterbuch zum Alten Testament, Stuttgart - Berlin - Köln - Mainz 1970 ff

BRIGHT, J., Geschichte Israels von den Anfängen bis zur Schwelle des Neuen Bundes, Düsseldorf 1966 (Reihe "Kommentare und Beiträge zum Alten und Neuen Testament")

COATS, G.W., The Murmuring Motiv in the Wilderness Tradition of the Old Testament: Rebellion in the Wilderness, Nashville - New York 1968

- Moses in Midian, JBL 92 (1973), 3-10

CORNFELD, G., (unsignierter) Art. "Moses", in: dieselben (Hrsg.), Die Bibel und ihre Welt (Bilder - Daten - Fakten), 1053-1065

DAVIES, G.H., The Wilderness Itineraries: A Comparative Study, TyndB 25 (1974), 46-81

DEISSLER, A., Die Psalmen. 3 Bde., Düsseldorf 1963-65 (KK 1/1-3) (seither mehrere Auflagen, neuerdings in 1 Bd.)

- siehe auch: ARENHOWVEL, D.

DORNSEIFF, F., Antikes zum At. 2. Exodus, ZAW 53 [N.F. 12] (1935),153-171

EGNELL, I., Methodical Aspects of Old Testament Study, VTS VII, Leiden 1960

EHRLICH, A.B., Randglossen zur Hebräischen Bibel, Leipzig 1908

EISSFELDT, O., Hexateuch-Synopse. Die Erzählung der fünf Bücher Mose und des Buches Josua mit dem Anfange des Richterbuches in ihre vier Quellen zerlegt und in deutscher Übersetzung dargeboten samt einer in Einleitung und Anmerkungen gegebenen Begründung, Leipzig 1922 (letzter Nachdruck Darmstadt 1973)

- Lade und Stierbild, ZAW 58 [N.F. 17] (1940/41), 190-215

- Jahwe, der Gott der Väter, ThLZ 88 (1963), 481-490

- Die Komposition der Sinaierzählung Exodus 19-34, Berlin 1966 (Sitzungsberichte der Sächsischen Akademie der Wissenschaften zu Leipzig. Philologisch-historische Klasse 113/1)

- Israels Führer in der Zeit vom Auszug aus Ägypten bis zur Landnahme, in: Studia Biblica et Semitica (FS T.C. VRIEZEN), Wageningen 1966, 62-70

ELLIGER, K., Sinn und Ursprung der priesterlichen Geschichtserzählung, in: ders., Kleine Schriften zum Alten Testament, München 1966 (Theolog. Bücherei 32)

FLOSS, J.P., Jahwe dienen - Göttern dienen. Terminologische, literarische und semantische Untersuchung einer theologischen Aussage zum Gottesverhältnis im Alten Testament, Köln - Bonn 1975 (BBB 45)

FOHRER, G. u. andere, Exegese des Alten Testaments. Einführung in die Methodik, Heidelberg 1973 (UTB 267)

FRAENKEL, M. Abraham und Aron. Zwei Beiträge zur bibl. Namensforschung, BiOr 19 (1962), 213-216

FUSS, W., Die deuteronomistische Pentateuchredaktion in Ex 3-17, Berlin - New York 1972 (BZAW 126)

GALLING, K., siehe: BEER, G.

- Die Erwählungstraditionen Israels, Göttingen 1928 (BZAW 48)

GESE, H., Bemerkungen zur Sinaitradition, ZAW 79 (1967), 137-154 (jetzt in: H. GESE, Vom Sinai zum Zion. Atl. Beiträge zur bibl. Theologie, München 1974 (BEvTh 64), 31-48

GESENIUS, W., Hebräisches und Aramäisches Handwörterbuch über das Alte Testament. Bearbeitet von F. BUHL, ^{17}Leipzig 1921 (= unveränderter anastatischer Neudruck der 16. Aufl. von 1915)

- Hebräische Grammatik. Völlig umgearbeitet von E. KAUTZSCH, ^{28}Leipzig 1909 (Nachdruck Hildesheim 1962)

GRADWOHL, R., Zum Verständnis von Ex 17,15 f, VT 12 (1962), 491-494

GRESSMANN, H., Die Anfänge Israels. Von 2. Mose bis Richter und Ruth, ^{2}Göttingen 1922 (SAT I, 2)

GRETHER, O., Hebräische Grammatik für den akademischen Unterricht, ^{2}München 1955

GRÖNDAHL, F., Die Personennamen der Texte aus Ugarit, Rom 1967

GUNNEWEG, A.H.J., Mose in Midian, ZThK 61 (1964), 1-9

HAMP, V., Art. ḥīdā, in: ThWAT, 870-874

HARAN, M., The Nature of the "Ōhel Mô^{c}ēdh" in Pentateuchal Sources, JSS 5 (1960), 50-65

HERRMANN, S., Geschichte Israels in alttestamentlicher Zeit, ^{2}Neukirchen-Vluyn 1974

HEYDE, H., Kain, der erste Jahwe-Verehrer. Die ursprüngliche Bedeutung der Sage von Kain und ihre Auswirkungen in Israel, Stuttgart 1965 (Arbeiten zur Theologie, Reihe 1, H. 33)

HOFFMANN, K., Die theophanen Personennamen des älteren Ägypten, Leipzig 1915 (K. SETHE (Hrsg.), Untersuchungen zur Geschichte und Altertumskunde Ägyptens 7) (Nachdruck Hildesheim 1964)

HÖLSCHER, G., Geschichtsschreibung in Israel. Untersuchungen zum Jahvisten und Elohisten, Lund 1952

HOSPERS, J.H., De Numeruswisseling in het Boek Deuteronomium, Utrecht 1947

HOSSFELDT, F.L. / MEYER, I., Prophet gegen Prophet. Eine Analyse der alttestamentlichen Texte zum Thema: Wahre und falsche Propheten, Stuttgart 1973 (Bibl. Beiträge 9)

HUMBERT, P. Dieu fait sortir, ThZ 18 (1962), 357-361

JENNI, E. / WESTERMANN, C., Theologisches Handwörterbuch zum Alten Testament. 2 Bde., München - Zürich 1971

JIRKU, A., Mantik in Israel, Rostock 1913 (jetzt in: ders., Von Jerusalem nach Ugarit. Gesammelte Schriften. Ergänzt durch neue Anmerkungen u. Tafeln, Graz 1966, 109-162

JUNKER,H., Traditionsgeschichtliche Untersuchung über die Erzählung von der Anbetung des Goldenen Kalbes, TrierThZ 60 (1951), 232-242

KARNETZKI, M., Traditionsgeschichte als Überlieferungsgeschichte, ZNW 47 (1956), 170-180

KEEL, O., Die Welt der altorientalischen Bildsymbolik und das Alte Testament. Am Beispiel der Psalmen. Zürich - Einsiedeln - Köln - Neukirchen 1972

KERBER, G., Die relig.-geschichtliche Bedeutung der hebräischen Eigennamen des Alten Testamentes, Freiburg - Leipzig - Tübingen 1897

KOCH, K. Was ist Formgeschichte? Methoden der Bibelexegese, ^{3}Neukirchen-Vluyn 1974

- Art. "Stiftshütte", in: BHH III, 1871-1875

- Art. 'ōhæl , in: ThWAT I, 128-141

KÖNIG, E., Historisch-kritisches Lehrgebäude der hebräischen Sprache. 2 Teile in 3 Bn., Leipzig 1881-1897 (Bd. I (= 1,1: Lehre von der Schrift, der Aussprache, dem Pronomen und dem Verbum) 1881; Bd. II (= 2,1: Abschluß der speziellen Formenlehre und generelle Formenlehre) 1895; Bd. III (= 2,2: Syntax der hebräischen Sprache) 1897)

KRAUS, H.J. Psalmen. 2 Teilbände, ^{2}Neukirchen 1961 (BK XV/1)

KUHL, C., Die "Wiederaufnahme" - ein literarkritisches Prinzip?, ZAW 64 (1952), 1-11

- Israels Propheten, Bern - München 1956 (Dalp-Taschenbuch 324)

LABUSCHAGNE, C.J., The Particles hēn and hinnē OTS XVIII (1973) (Syntax and Meaning), 1-14

LANDE, I., Formelhafte Wendungen der Umgangssprache im Alten Testament, Leiden 1949

LEHMANN, K., Der hermeneutische Horizont der histor.-kritischen Exegese, in: J. SCHREINER (Hrsg.), Einführung in die Methode der biblischen Exegese, Innsbruck - Wien - München - Würzburg 1971, 40-80

LEHMING, S., Versuch zu Ex. XXXII, VT 10 (1960), 16-50

- Erwägungen zur Zelttradition, in: Gottes Wort und Gottes Land (FS H.W. HERTZBERG), Göttingen 1965, 110-132

LEVINE, B.A., The Descriptive Tabernacle Texts of the Pentateuch, JAOS 85 (1965), 307-318

LEWY, I., The Story of the Golden Calf Reanalysed, VT 9 (1959), 318-322

LISOWSKY, G., Konkordanz zum Hebräischen Alten Testament, Stuttgart 1958

LOHFINK, N., Das Hauptgebot. Eine Untersuchung literarischer Einleitungsfragen zu Dtn 5-11, Rom 1963 (AnBib 20)

LOZA, J., Exode XXXII et la rédaction JE, VT 23 (1973), 31-55

LUBSCZYK, H., Der Auszug aus Ägypten. Seine theologische Bedeutung in prophetischer und priesterlicher Überlieferung, Leipzig 1963 (Erfurter Theologische Studien 11)

LUZARRAGA, J., Las Traditiones de la Nube en la Biblia y en el Judaismo primitivo, Rom 1973 (AnBib 54)

MACK, V., Motivforschung als theologische Methode, NZSTh (1965), 274-296

MAIER, J., Das altisraelitische Ladeheiligtum, Berlin 1965 (BZAW 93)

MANDELKERN, S., Veteris Testamenti Concordantiae Hebraicae et Chaldaicae, ^{8}Jerusalem - Tel Aviv 1969

MEYER, E., Die Israeliten und ihre Nachbarstämme. Alttestamentliche Untersuchungen, Tübingen 1906 (unveränderter Nachdruck, Darmstadt 1967)

MEYER, I., siehe: HOSSFELD, F.L.

MEYER, R., Hebräische Grammatik I-IV, ^{3}Berlin - New York 1966-1972 (Sammlung Göschen 763, 763a, 764, 764a) (= völlig neue Bearbeitung der 1915 erschienenen Hebräischen Grammatik von G. BEER)

MICHAELI, F., Le livre de l'Exode, Neuchâtel 1974

MINETTE de TISSESSE, G., Sections 'tu' et sections 'vous' dans le Deutéronome, VT 12 (1962)

MORGENSTERN, J., Biblical Theophanies, ZA 25 (1911), 139-193

- The Ark, the Ephod and the "Tent of Meeting", Cincinnati 1945

MOTZKI, H., Ein Beitrag zum Problem des Stierkultes in der Religionsgeschichte Israels, VT 25 (1975), 470-485

MOWINCKEL, S., Erwägungen zur Pentateuchquellenfrage, Trondheim 1964

MUILENBURG, J., Form Criticism and Beyond, JBL 88 (1969), 1-18

NEWMANN, M.L. The People of the Covenant. A Study of Israel from Moses to the Monarchy, New York - Nashville 1962

NOTH, M., Die israelitischen Personennamen im Rahmen der gemeinsemitischen Namensgebung, Stuttgart 1928 (BWANT 3,10)

- Überlieferungsgeschichte des Pt, [3]Darmstadt 1966 (= 2. Nachdruck der 1. Aufl. von 1948)

- Überlieferungsgeschichtliche Studien. Die sammelnden und bearbeitenden Geschichtswerke im Alten Testament, [3]Tübingen 1967 (= 2. Nachdruck der 1. Aufl. von 1943)

- Geschichte Israels, [7]Göttingen 1969

OSSWALD, E., Das Bild des Mose in der kritischen alttestamentlichen Wissenschaft seit Julius WELLHAUSEN, Berlin 1962 (Arbeiten zur Theologie 18)

PETUCHOWSKI, J.J. Nochmals zur "Anfertigung des 'goldenen Kalbes'", VT 10 (1960), 74

PERLITT, L., Mose als Prophet, EvTh 31 [N.F. 26] (1971), 588-608

PLASTARAS, J., The God of Exodus. The Theology of the Exodus Narratives, Milwaukee 1966

- Und rettet sie aus Ägypten, Stuttgart 1970 (Bibl. Forum 5) (= gekürzte deutsche Wiedergabe des amerikanischen Originals)

PLÖGER, J.G., Literarkritische, formgeschichtliche und stilkritische Untersuchungen zum Deuteronomium, Bonn 1967 (BBB 26)

PRITCHARD, J.B., Ancient Near Eastern Texts. Relating to the Old Testament. 2 Bde., Princeton - New Jersey 1950

PROCKSCH, O., Das nordhebräische Sagenbuch. Die Elohimquelle, Leipzig 1906

RAD von, G., Zelt und Lade, NKZ 42 (1931), 476-498 (jetzt in: ders., Gesammelte Studien zum Alten Testament, [3]München 1965 (Theologische Bücherei 8), 109-129

- Die Priesterschrift im Hexateuch, literarisch untersucht und theologisch gewertet, Stuttgart 1934 (BWANT 65)

- Literarkritische und überlieferungsgeschichtliche Forschung im Alten Testament, in: VerkF 1947/48, München 1949/50, 172-194

- Theologie des Alten Testamentes. 2 Bde., München 1957 u. 1960 (Bd. 1: [5]1966; Bd. 2: [5]1968)

RENDTORFF, R., Literarkritik und Traditionsgeschichte, EvTh 27 (1967), 138-153

RENDTORFF, R., Der "Jahwist" als Theologe? Zum Dilemma der Pentateuch-Kritik, in: Congress Volume Edinburgh 1974, Leiden 1975 (VTS XXVIII)

RICHTER, W., Beobachtungen zur theolog. Systembildung in der alttestamentlichen Literatur anhand des "Kleinen geschichtlichen Credo", in: Wahrheit u. Verkündigung, (FS M. SCHMAUS), München - Paderborn - Wien 1967, 175-212

- Exegese als Literaturwissenschaft. Entwurf einer alttestamentlichen Literaturtheorie und Methodologie, Göttingen 1971

RINGGREN, H., Literarkritik, Formgeschichte, Überlieferungsgeschichte. Erwägungen zur Methodenfrage der alttestamentlichen Exegese, ThLZ 91 (1966), 641-650

- siehe: BOTTERWECK

ROST, L., Die Gottesverehrung der Patriarchen im Lichte der Pentateuchquellen, VTS VII (1960)

RUDOLPH, W., Der "Elohist" von Exodus bis Josua, Berlin 1938 (BZAW 68)

RUPPERT, L., Synoptische Übersicht über die drei großen Erzählungsfäden des Hexateuch J, E und P (Gen 1 - Ri 1, außer Dt 1-30), in: J. SCHREINER (Hrsg.), Wort und Botschaft, Würzburg 1967, 382-388

SCHMID, H., Mose. Überlieferung und Geschichte, Berlin 1968 (BZAW 110)

SCHMITT, R., Zelt und Lade als Thema alttestamentlicher Wissenschaft. Eine kritische forschungsgeschichtliche Darstellung, Gütersloh 1972 (Diss., ev.-theol. Fak. der Univ. Münster 1970/71)

SCHMÖKEL, H., Jahwe und die Keniter, JBL 52 (1933)

SCHREINER, J. (Hrsg.), Einführung in die Methoden der biblischen Exegese, Würzburg - Innsbruck - Wien - München 1971

SCHREINER, J., Ex 17,8-13 (29. Sonntag des Jahres), in: ders. (Hrsg.), Die alttestamentlichen Lesungen der Sonn- und Festtage. Auslegung und Verkündigung. Lesejahr C. Bd. 3, Würzburg - Stuttgart 1971, 107-118

SEEBASS, H., Der Erzvater Israel und die Einführung der Jahweverehrung in Kanaan, Berlin 1966 (BZAW 98)

SEGAL, The Tent of Meeting, Tar 25 (1955/56), 231-233

SEITZ, G., Redaktionsgeschichtliche Studien zum Deuteronomium, Stuttgart - Berlin - Köln - Mainz 1971 (BWANT 93)

SMEND jr., R., Das Mosebild von Heinrich Ewald bis Martin NOTH. Tübingen 1959 (Beiträge zur Geschichte der bibl. Exegese 3)

- Überlieferungsgeschichtliche Forschung, in: VerkF 1960/62, München 1963/65, 35-68

SMEND jr., R., Alttestamentliches Lesebuch. Literatur des alten Israel in ihrer ursprünglichen Gestalt, [2]Hamburg 1974 (Siebenstern - TB 182) (= Neuauflage von: Biblische Zeugnisse. Literatur des alten Israel, Frankfurt - Hamburg 1967 (Fischer Bücherei 817))

SOGGIN, J.A., Der offiziell geförderte Synkretismus in Israel während des 10. Jahrhunderts, ZAW 78 [N.F. 37] (1966), 179-203

STENDAHL, K., Implications of Form-Criticism and Tradition-Criticism for Biblical Interpretation, JBL 77 (1958), 33-38

STOEBE, H.J., Grenzen der Literarkritik im Alten Testament, ThZ 18 (1962), 385-400

SYDOW von, C.W., Kategorien der Prosa-Volksdichtung, in: E. SEEMANN (Hrsg.), Volkskundliche Gaben, John Meier zum 70. Geburtstag dargebracht, Berlin 1934, 253-268 (jetzt in: L. PETZOLDT (Hrsg.), Vergleichende Sagenforschung, Darmstadt 1969 (Wege der Forschung CLII), 66-89)

THOMPSON, S., Motif-Index of Folk-Literature. A Classification of Narrative Elements in Folktales, Ballads, Myths, Fables, Mediaeval Romances, Exempla, Fabliaux, Jest-Books and Local Legends. 6 Bde., [2]Kopenhagen 1955-1958

VAUX de, R., Histoire ancienne d'Israel I: Des origines à l'institution en Canaan, Paris 1971

- Histoire ancienne d'Israel II: La periode des Juges, Paris 1973 (Etudes Bibliques)

- Das Alte Testament und seine Lebensordnungen. 2 Bde., Freiburg - Basel - Wien 1960 u. 1962 (Die frz. Originalausgabe erschien 1958/1960 in Paris)

VAWTER, B., Mahner und Künder. Die Propheten vor dem Exil, Salzburg 1963

VINK, J.G., The Date and Origin of the Priestly Code, OTS XV (1969) (The Priestly Code and Seven Other Studies), 1-144

VÖGTLE, A., siehe: ARENHOEVEL, D.

VRIES de, S.J., The Origin of the Murmuring Tradition, JBL 87 (1968), 51-58

VRIEZEN, T.C., The Exegesis of Exodus XXIV, 9-11, OTS XVII (The Witness of Tradition), Leiden 1972, 100-133

WEHMEIER, G., Art. "^{c}lh hinaufgehen", in: THAT II, 272-290

WEIMAR, P. / ZENGER, E., Exodus. Geschichten und Geschichte der Befreiung Israels, Stuttgart 1975 (SBS 75)

WELLHAUSEN, J., Die Composition des Hexateuchs und die hostorischen Bücher des Alten Testaments, [3]Berlin 1899 (zuerst in Fortsetzung erschienen in den Jahren 1876-1878. 1. Gesamtausgabe: Berlin 1885. Nachdruck der 3. Aufl.: 1963)

WESTERMANN, C., Art. "Knecht Gottes", in: BHH II, 970-972

- Art. "ᶜæbæd Knecht", in: THAT II, 182-200

- siehe: JENNI, E.

WIJNGAARDS, J., hōṣīʼ and hæᶜælā a Twofold Approach to the Exodus, VT 15 (1965), 91-102

ZENGER, E., Funktion und Sinn der ältesten Herausführungsformel, ZDMG Suppl. I, Wiesbaden 1969, 334-342

- Ein Beispiel exegetischer Methoden aus dem Alten Testament, in: J. SCHREINER (Hrsg.), Einführung in die Methoden der biblischen Exegese, Würzburg - Innsbruck - Wien - München 1971, 97-148

- Die Sinaitheophanie. Untersuchungen zum jahwistischen und elohistischen Geschichtwerk, Würzburg - Stuttgart 1971 (= Forschung zur Bibel 3)

- Das Buch Exodus (= unveröffentlichte Übersetzung des Buches Exodus als Begleitpapier zur Exodus-Vorlesung im WS 1975/76 an der Kath.-Theol. Fakultät der Westfälischen Wilhelms-Universität Münster)

ZIMMERLI, W., Grundriß der alttestamentlichen Theologie, Stuttgart 1972 (Theol. Wissenschaft 3)

AUTORENREGISTER[1]

---

1) Abkürzung A bedeutet "Anmerkung"

STICHWORTREGISTER

Das Stichwortregister versteht sich als Ergänzung zum Inhaltsverzeichnis.

BIBELSTELLENREGISTER

Dies Register ist kein lückenloses Verzeichnis aller in diesem Buche genannten Bibelstellen und ihrer Fundorte. So sind grundsätzlich alle in den Anmerkungen aufgeführten Belegstellen außer acht gelassen. Auch die biblischen Vergleichsstellen innerhalb des fortlaufenden Textes sind, sofern sie nur zitiert, nicht aber kommentiert oder sonstwie beurteilt werden, unberücksichtigt geblieben. Das gilt in der Regel auch für jene Bibelstellen, die jeweils in dem Abschnitt "Lexeme und Wendungen" der vier großen Einzeluntersuchungen des Hauptteils Erwähnung finden. Über die in den vier soeben genannten Kapiteln ausführlich behandelten Bibelstellen befrage man in erster Linie das Inhaltsverzeichnis, besonders die jeweilige Literarkritik.